시장과 네트워크 그리고 경제학

-유형재 대 무형재의 경제학-

최배근 저

집문당

머리말 | 역사성과 국적성이 있는 경제학

대학의 위기는 전 세계적인 현상이다. 1970년대부터 전개돼 온 제3차 기술혁명으로 기술혁명의 직접적 관련 산업은 물론이고 사회 전반적인 구조와 질서의 변화를 몰아오고 있다. 기본적으로 산업사회의 논리에 기초해 온 대학이 사회보다 뒤처지게 된 이유가 여기에 있고, 1990년대부터 전 세계적으로 청년층 실업이 사회문제가 된 이유가 여기에 있다. 특히, 우리나라의 경우 1997년 외환위기를 맞이한 후 지난 10년간 성장동력이 크게 약화되고 사회양극화가 심화되고 있다. 게다가 참여정부가 국정목표 중 하나로 균형발전을 추진했음에도 불구하고 수도권과 지방권 간의 갈등은 더욱 심화되고 있다. 이와 관련하여 교육혁신의 목소리가 크게 증가하고 있다. 예를 들어 기업의 투자 부진 요인 중 하나로 대학교육의 혁신이 요구되고 있고, 양극화 해소의 첩경인 양질의 일자리 창출과 관련하여 교육혁신이 요구되고 있고, 또한 지방권의 경제 자립화와 새로운 성장동력 산업의 육성을 위해 교육혁신이 요구되고 있다.

다시 말해 낡은 교육시스템이 투자 부진 및 고용문제의 핵심으로 지적되고 있다. 현재의 교육시스템은 기본적으로 기업의 투자, 특히 설비투자의 유발경로 변화에 대해 대응하지 못하고 있다. 제조업의 경우 설비투자의 성장 유발효과가 높기에 물적 자본 주도의 성장이 가능한 반면, 유효한 인적자본의 공급 유무에 의해 설비투자가 유발되는 혁신주도형 지식기반경제에서는 인적자본 주도의 성장이 필요하기 때문이다. 우리나라의 경우 물적 자본의 투입위주 성장전략에서 벗어나지 못하여 설비투자 유발경로의 변화에 시의 적절히 대응하지 못한 것이 주요 선진국에 비해 설비투자 부진현상이 심화된 일차적인 요인으로 지적된다. 혁신주도형 지식기반경제에 부응할 수 있는 인적자본의 공급은 교육시스템의 문제다. 다시 말해, 〈신기술-신산업〉 분야, 즉 IT 이후 신성장동력산업에의 투자가 소극적인 이유가 기본적으로 이 분야에 필요한 인적자본 공급의 부족에서 비롯된다. 인적자본의 중요성은 경제의 서비스화에서도 쉽게 확인된다. 서비스업의 일자리 창출효과는 제조업에 비해 월등히 크다. 그런데 서비스업의 경쟁력을 높이기 위해서는 제조업과 달리 물적 자본보다는 인적자본에 대한 투자가 필요하다.

인적자본에 대한 투자는 1차적으로 교육콘텐츠와 관련이 있다. 시대의 변화를 반영하지 못하고 남의 눈으로 자기의 문제를 읽는 학문의 식민지성에서 비롯된다. 특히 사회과학의 모든 개념은 역사적일 수밖에 없다. 저자는 1970년대 처음 경제학을 접했지만 현재의 경제학이 기본적으로 당시의 경제학과 달라진 것은 없다. 지난 한 세대 동안 인류사회 및 우리 사회가 경험한 변화의 폭이 지난 수세기 동안의 어느 변화보다도 충격적인 것임을 고려할 때 1970년대나 지금이나 대학에서 배우는 경제학이 다른 게 없다면 일반인들은 이해하기 어려울 것이다.

1970년대 이후 경제현상에서 발생한 중요한 변화의 하나는 탈산업화, 즉 경제의 서비스화다. 선진국을 중심으로 자본이 제조업에서 이탈하여 서비스 부문, 특히 금융서비스로 이동함에 따라 경제의 금융화가 진행되고 금융경제의 발전에 필수적인 정보통신기술의 혁명이 또한 수반되었다. 정보통신기술의 혁명은 해당 산업 및 관련 산업뿐만 아니라 생산과 경영방식, 경제조직 등을 비롯해 경제 전반에 영향을 미치고 나아가 사회 전반으로 그 영향이 확산되고 있다. 산업화를 만들어 낸 자본집약적 생산방식은 정보 및 지식집약적 방식으로 대체되면서 경제가치는 유형재에서 무형재로 이동하였다. 게다가 경제의 금융화는 지식집약적 생산방식과 결합되어 경제의 글로벌화를 심화시켰다. 이처럼 지난 한 세기 넘게 경제에는 새로운 현상들이 산업사회의 경제현상들을 대체하였다. 그런데 근본적으로 매우 특수한 현상인 (영국) 산업혁명을 역사적 배경으로 갖고 있는 경제학, 즉 시장이론은 "제조 과정을 중심으로 조직된 경제체계의 요구에 부응하는 이론"이다. 즉 경제학은 제조 과정을 중심으로 조직된 경제체계의 특성을 그대로 반영하고 있다. 따라서 경제학은 유형재의 특성에 기초해 있고, 중심과 구분이 있는 이론체계다. 반면, 새로운 경제현상들은 무형재의 특성에서 비롯하고 있고, 또한 다원화의 증대와 상호영향과 상호침투로 경계가 불투명해지는 불투명경제가 전개되고 있다. 게다가 그동안 글로벌경제를 지배하던 미국이 이제는 거꾸로 글로벌시장의 힘에 압도당할 정도로 국민경제의 독립성은 크게 약화되었다. 즉 이미 미국경제조차 글로벌시장의 힘과 논리에 따라 움직이기 때문에 정책효과를 얻기 어려운 상황이다. 이에 따라 달라진 환경을 설명해 줄 수 있는 새로운 경제이론이나 세계경제를 조율할 글로벌 중앙은행의 설립이 필요하다는 주장이 공공연하게 등장하고 있다. 사실 이러한 현상들은 이미 오래전부터 다른 사회과학의 영역에 반영되고 있는 형편이다. 그러나 유독 경제학만이 이러한 새로운 현상들을 외면함으로써 다른 학문들과 충돌까지 하고 있는 실정이다.

그렇다고 기존의 시장경제이론을 폐기시켜야 한다는 주장이 아니다. 경제활동에서 네트워크라는 새로운 영역이 확대되고 있음에도 불구하고 시장은 경제에서 여전히 주요한 영역으로 남아 있기 때문이다. 시장과 네트워크 영역 모두를 포괄할 수 있는 새로운 경제이론의 개발이 경제학계의 시급한 과제다. 그럼에도 불구하고 우리 사회에서는 시장경제에 대한 찬반이나 글로벌화에 대한 찬반만 무성하다. 한편에서는 시장주의를 강화하며 맹목적 글로벌화를 추진하고 있고 다른 한편에서는 시장과 글로벌화의 폐해를 우려하며 대안이론의 개발에는 소홀하다. 한국경제는 1997년 위기 이후 기존의 경제시스템을 폐기하고 영미시스템으로 대체한 결과 한국경제가 위기에 빠졌다. 그럼에도 불구하고 한국경제의 당면문제들을 해소시킬 수 있는 새로운 경제시스템에 대한 모색 없이 글로벌화만을 정당화하는 시장이론은 무책임의 극치일 수밖에 없다. 시장에 의해서 경제가 100% 운영되는 나라는 지구상에 한 나라도 없었고 앞으로도 없을 것이다. 역사적으로 볼 때 시장경제란 국가에 의해 인위적으로 만들어진 제도라는 점을 이해한다면 네트워크라는 새로운 거래 형태의 등장과 지식경제의 도래에 따른 시장의 한계를 이해하는 데 어렵지 않을 것이다.

이 책은 시장을 하나의 이데올로기에서 과학의 관점으로 바라보게 함으로써 시장의 기능을 제대로 이해하고 새로운 경제현상들을 이해하기 위해서 어떠한 상상력이 요구되는가를 보여 주고 있다. 시장 대 정부, 그리고 사유 대 국유라는 이분법을 넘어 자원의 거래형태와 재산권의 다양화를, 분리 및 중심의 관점에서 다원화와 네트워크화에 따른 통합의 사고체계로의 전환의 필요성을 말한다. 이를 위해 이 책은 4부로 구성되어 있다. 제1부에서는 산업사회의 경제학, 즉 시장이론이 작동되는 기본체계와 원리를 설명한다. 이를 기초로 제2부에서는 미시적 시장, 제3부에서는 거시적 시장의 세계를 살펴본다. 미시적 시장의 세계는 특정의 개별 상품을 둘러싼 수요와 공급의 세계를 말하는 것이고 거시적 시장의 세계는 전체 상품을 둘러싼 총수요와 총공급의 세계를 가리킨다. 시장의 세계를 그대로 옮겨 놓기보다는 시장의 세계의 특성과 한계를 간단히 지적하고 있다. 이러한 한계는 새로운 경제현상들을 다루는 제4부의 네트워크경제, 즉 무형재의 경제학으로 설명한다.

최 배 근

차 례

제3부 국민경제와 시장 : 거시적 시장의 세계

제 1 부

시장이론의 기본체계와 원리 : 산업사회의 경제학

사회과학은 자신의 역사성을 갖는 반면, 사회과학의 한 분과학문인 현재의 경제학은 근본적으로 매우 특수한 현상인 (영국) 산업혁명의 결과물로 "제조 과정을 중심으로 조직된 경제체계의 요구에 부응하는 이론"이다. 따라서 현재의 경제학을 이해하기 위해서는 산업사회의 배경을 전제로 해야 한다.

제 1 장 시장이론의 기본체계 : 유형재의 세계

1. 수요와 공급의 법칙

경제의 의미는 "인간생활에 필요한 재화나 용역을 생산 · 분배 · 소비하는 모든 활동과 그것을 통하여 이루어지는 사회적 관계"로 규정된다. 그리고 경제학은 상품이 어떻게 생산되고, 분배되고, 소비되는가 등의 경제문제 및 그것들을 둘러싼 인간들의 사회적 관계를 연구하는 학문이다. 그런데 시장경제를 채택하고 있는 사회에서 상품의 생산과 분배와 소비는 시장 메커니즘을 통해 이루어지고 있다. 그러므로 시장의 세계를 이해하는 것은 경제학의 핵심이다. 이처럼 주류경제학은 기본적으로 시장이론이다. 경제학에서 말하는 시장의 세계는 일반인들이 생각하는 것과 크게 다를 바가 없이 물건을 거래하는 곳이다. 경제학에서는 시장에서 거래를 목적으로 만들어진 생산물을 '상품'이라 하고 거래를 위해 시장에 참여하는 거래주체를 소비자와 생산자로 구분한다. 그리고 소비자와 생산자의 이해관계를 매개하는 수단이 상품의 화폐가치인 가격이다. 따라서 하나의 시장이 존재한다는 것은 그 상품의 가격과 소비자와 생산자 간의 거래량이 성립했음을 의미한다. 그리하여 시장이론은 가격이론이라고도 한다. 가격이론을 한마디로 요약한 것이 '가격의 법칙', 즉 "다른 조건이 일정할 때 가격이 상승

(하락)하면 수요량은 감소(증대)하고 공급량은 증대(감소)한다"는 '수요와 공급의 법칙'이다. 그리고 수요와 공급의 법칙은 소비자와 생산자의 선택행위를 분석한 소비자이론과 생산자이론의 압축본이다. 이와 같이 소비자이론과 생산자이론은 시장이론의 양대축이고 나머지는 이를 응용한 것이다.

2. 시장이론의 기본성질 : 개인주의 가치관

시장이론의 내용은 3대 기본성질, 즉 희소성, 합리성, 효율성으로 이루어진다. 경제학에서는, 물질에 대한 사람들의 욕망은 끝이 없을 정도로 큰데 그 욕망을 충족시켜 줄 경제적 자원은 한정되어 있는 것을 경제문제의 핵심으로 설정한다. 따라서 첫 번째 문제로, 사람들의 물질적 욕망은 자원의 희소성으로 인해 항상 충분히 채워지지 못한 채로 남게 된다. 이것이 '희소성의 제약'이다. 희소성의 문제를 상징적으로 나타내 주는 것이 '물과 다이아몬드의 역설'이고, 이 역설에서 보듯이 가격은 재화의 중요성이 아니라 희소성에 따라 결정된다. 두 번째 문제로, 희소한 자원의 제약으로부터 물질적 욕망을 최대한으로 충족시킬 수 있기 위해서 어떤 일을 해야 하고, 또 수입을 어떻게 써야 할지를 결정해야 하는 '선택'의 문제에 직면한다. 경제학이 '효율성'을 제1의 목표로 추구하고, 그것을 '가지고 있는 희소자원으로부터 한 사회가 최대의 효과를 얻고자 하는 속성'으로 정의하는 연유도 여기에 있다. 여기서 '선택'의 문제를 경제학은 '개인적 차원의 문제'로 접근하고 선택의 문제에 직면한 각 개인은, 비용과 이익에 입각해서 선택을 하고 자신의 이익이 극대화되는 선택을 '합리적 선택'이라 한다.

희소성과 합리성 그리고 효율성을 기본 성질로 하는 시장이론의 양대축이 소비자이론과 생산자이론이다. 경쟁적인 시장에 참여하는 개별 소비자는 상품의 소비를 통해 자신의 효용(utility, 주관적 만족)을 추구하는 데 소비자가 직면한 희소성의 문제는 소득(예산)의 제약이고 제한된 소득하에서 자신의 효용을 극대화시킬 수 있는 상품의 선택의 문제에 직면해 있다.

효용을 극대화시키는 소비자의 선택을 분석한 것이 다름 아닌 소비자이론이다. 반면, 경쟁적인 시장에 참여하는 개별 생산자는 상품의 생산과 공급을 통해 이윤(수익)을 추구하는 데 생산자가 직면한 희소성의 문제는 동원할 수 있는 자본의 제약이고 제한된 자본으로 이윤(≡수입−비용)을 극대화시킬 수 있는 생산방식을 선택해야 한다. 마찬가지로 이윤을 극대화시키는 생산자의 선택을 분석한 것이 다름 아닌 생산자이론인 것이다.

3. 개인적 선택과 사회적 목표의 조절 : 경쟁의 원리와 독립적 최적화

한편, 경제학에서 선택은 개인적 차원이 문제지만 효율성 달성은 사회적 차원의 문제일 수밖에 없다. 양자를 연결하는 수단이 '경쟁의 원리'다. 즉 경쟁의 원리가 작동할 경우 사적 이익의 합인 사회의 이익 또한 극대화된다는 것이다. 이는 각 경제주체의 합리적 선택이 다른 경제주체의 합리적 선택에 영향을 미치지 않는, 즉 사회 전체의 이익극대화와 충돌되지 않는다는 '독립적 최적화(optimization)'가 가능함을 의미한다.[1]

그래야만 개별 경제주체의 사적 이익의 극대화 추구의 결과 사회적 이익 또한 극대화될 수 있기 때문이다. 이는 경제학이 '부분의 합이 전체(collectively exhaustive)'라는 '기계론'(예 : 한 대의 자동차는 부속품 조립으로 완성된다)에 기초하고 있음을 의미한다. 경제학과 시장경제에서는 독립적 최적화가 '경쟁'의 원리에 의해 가능하다고 본다. 경쟁의 원리가 작동할 경우 사적 이익의 극대화는 사회 전체적으로도 가장 바람직한 결과가 된다는 것이다.

예를 들어, 경제학의 아버지로 불리는 애덤 스미스(Adam Smith)는 1776년에 저술한 『국부론』(*An Inquiry into the Nature and Causes of*

1) 최배근, 2006,「지식정보사회의 재산권, 화두는 다원화」,『철학연구』72집.

the Wealth of Nations)에서 모든 개별 경제주체가 자신의 이익만을 위해서 행동해도 '보이지 않는 손(가격)'이 사회 전체의 이익으로 인도한다고 기술하고 있다. "각 개인은……공공의 이익을 증진시킬 의도도 없고, 그가 얼마나 공익을 증진시키고 있는지도 모른다.……개인은 자신들의 사적 이익만을 추구하고 있고, 이 과정에서 그들이 의도하지 않은 어떤 목적을 달성하기 위해, 다른 많은 경우에서처럼, 보이지 않는 손에 의해 인도되고 있다. 그렇지만 각 개인이 그 목적 달성을 의도하지 않았다고 해서 사회적으로 불리하지도 않다. 각 개인은 자신들이 의도적으로 사회적 공익을 증진시키려고 하는 경우보다 자신들의 사적 이익을 추구하는 과정에서 사회적 공익을 더 효과적으로 증진시키는 경우가 많다." 다시 말해 '보이지 않는 손', 즉 시장메커니즘이 인류사회가 가진 희소한 자원을 가장 효율적으로 배분할 수 있게 한다는 것이다.

합리성의 개념이나 애덤 스미스의 인식은 서양의 역사 및 문화와 관계가 있다. 중세 이후의 서양은 물론이거니와 '권력의 분산화'와 '자치도시의 존재'를 특징으로 한 중세 서양은 의심의 여지없이 '경쟁'이 번영했던 곳이다. 경쟁은 두 가지 유형의 사회조직을 전제한다. 첫째, 자율적 행위자들이 타인의 간섭 없이 사적으로 소유한 자원들을 처분할 수 있는 권한을 부여받아야만 한다. 둘째, 시장행위자들 사이의 경쟁은 상호신뢰라는 규범적 규제를 요구한다. 이러한 두 가지 요구는 유럽의 사회구조에서 비롯한 것이다. 10세기까지 이민족의 이주와 침략이 종식되면서 유럽에 형성된 사회구조는 '수많은 그러나 머리가 없는 연방체'였다. 즉 유럽은 어떤 중심도 없었지만, 그 실체는 많은 단위들이 작지만 서로 가로지르는 상호작용의 네트워크로 구성되어 있었다. 그리고 경쟁이 수반할 수 있는 무질서는 기독교라는 '보이는 손'에 의해 조절될 수 있었다.

4. 시장경제와 사유재산권의 관계

"상호배타적인 목표달성"으로 정의되는 경쟁의 원리가 작동하기 위해서는 보조수단으로 사유재산권 체계가 필요하다. 경쟁은 희소한 자원을 가장 잘 사용하는 사람이 자원을 사용하게 하고, 경쟁의 승자가 그 결과를 독점적으로 소유할 권리, 즉 사유재산권 체계를 제공해야만 희소한 자원으로 최대의 효과를 만들어 낼 수 있기 때문이다. 주류사회과학의 표준적인 재산권이론에서 재산권이 명확하게 규정되지 않을 경우 효율성이 담보되지 않는다고 주장하는 이유가 여기에 있다.

한편, 희소한 자원의 제약 속에서 효율성을 달성하는 방식은 경쟁만에 의해 가능한 것은 아니다. 이에 대해서는 제4장에서 자세히 다루고자 한다. 여기서는 시장실패의 경우에 해당하는 공유자원의 경우만을 간단히 언급하고자 한다. 흔히, 소유권이 없는 공유자원의 경우 공동사용이 '공유(동)지의 비극(tragedy of common land)'을 초래한다고 주장하는데 이는 공유자원을 경쟁의 원리에 의해 운용한 결과다. 공유자원이 협력의 원리에 의해 운용될 경우 효율적 결과를 기대할 수 있다. 즉 협조문화가 풍부한 사회에서는 사유재산권보다 공유가 효율성을 보장해 줄 가능성이 높다. 경쟁을 거칠게 이해하면 내가 성공하기 위해서는 상대방이 실패해야 하는 '제로섬게임(zero-sum game)'인 반면, 협력은 목표 달성을 위해 함께 일해야 하는 제도이고 구조적 협력이란 상대방이 성공하는 경우에만 나도 성공할 수 있는 것을 의미한다. 이 경우 보수는 집단적 성과에 따라 결정된다. 이에 대해서는 '시장실패의 세계'를 참조하자.

사유재산권의 개념은 영미 자유주의에서 그 배경을 찾아볼 수 있다. 자연적 권리를 전제로 하는 자유주의의 특성은 주체와 객체를 엄격히 구분하고 있기 때문에 자유주의에서 권리라는 관념은 필연적으로 '배타성'을 내포하게 된다. 영미의 자유주의 자체가 인간은 그 어떠한 권력으로부터 침해받지 아니하는 천부적 권리를 가지고 있으며, 그때그때의 선호와 자신의 독자적인 선택에 따라 이 권리를 행사함에 있어 누구의 간섭이나 제한을

공유지의 비극(The Tragedy of the Commons) 1968년 미국 생물학자 가렛 하딘(Garrert Hardin)이 과학저널 〈사이언스〉를 통해 발표했다. 어장(漁場)을 예로 한다. 한 어장을 가진 어느 마을이 있다. 처음엔 모두 자유롭게 물고기를 잡는다. 그러나 어부가 늘고 고기 잡는 기술도 발달해, 어족의 씨가 마르기 시작한다. 이대로 가다간 모두 망하고 만다. 이 같은 사실을 알면서도 모든 어부는 필사적으로 그물질에 나선다. 왜 그럴까. 잡는 물고기는 나 혼자의 몫이다. 그러나 어족 고갈로 인한 피해는 마을 전체가 지게 되기 때문이다. 설사 의식 있는 어부라고 해도 투망에 나설 수밖에 없다. 자신이 잡지 않아도 다른 어부는 어획량을 최대로 높이고자 계속 물고기를 잡을 것이란 점을 알기 때문이다. 결국 고기떼가 사라지고 마을이 파괴될 때까지 남획은 계속된다. 이게 공유지의 비극이다. 모든 이가 제한 없이 사용할 수 있지만 누구도 자발적으로 그 재화를 공급하려 하지는 않는다. 또 공급에 따른 비용을 부담한다고 해도 혜택에 상응하는 비용 부담은 꺼린다.

받지 아니한다는 명제에 기초하고 있기 때문이다. 즉 로크(Locke)나 몽테스키외(Montesquieu)나 애덤 스미스(Adam Smith) 등이 제기하였던 자유주의 논의들은 경제적으로는 시장질서를, 그리고 정치적으로는 대의제와 최소한의 국가라는 관념을 바탕으로 구성된다. 여기서 국가는 단지 개개인의 목적 실현을 위한 도구로 축소되며 그 국민들을 대함에 있어 국가는 개인들이 자신의 개성을 도야하고 발전시키며 한정시키는 영역으로서의 비국가 영역에 대해 긍정적 관념에 대비되는 개념으로서 일종의 필요악으로 제시된다. 그리고 소유권을 절대적인 권리로 간주하면서 이러한 소유권의 보호자 또는 그 침해에 대한 처벌을 대행하는 기관으로 국가를 개념화하고 그로부터 국가의 역할, 즉 개인의 권리보호를 규정한다. 실제 재산이 하나의 권리로서 등장하게 되는 것은 자연법론 이래 인간의 사물에 대한 지배라는 〈인간-대상〉의 관계에 대한 새로운 개념화로부터 등장한다. 로크의 경우처럼 인간의 신체에 대한 절대적 권리가 그 신체적 활동의 결과로서 획득되는 물건에 대한 지배로 유추·확장되는 논리가 그를 대표한다. 이처럼 자유주의적 재산권 개념에 의하면 인간이 그의 외부에 있는 어떠한 것에 대한 절대적 지배를 행사하는 것이 바로 재산권으로 규정되는 것이다. 이러한 개념화로부터 재산을 매개로 한 인간의 인간에 대한 지배

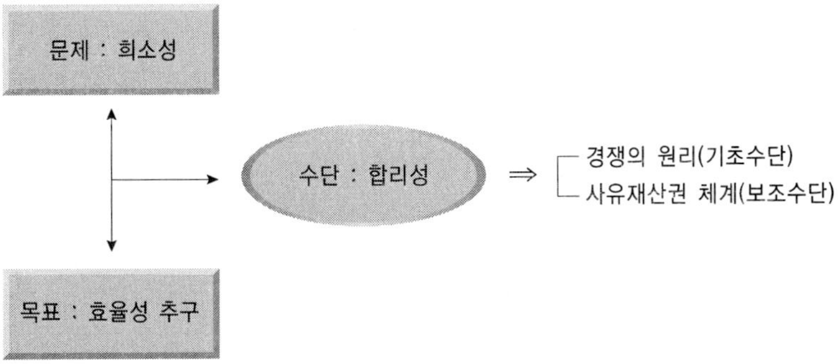

‖ **그림 1-1** ‖ 경제학의 기본체계

가 가능해진다.

이러한 구조는 시장관계에 의해 더욱 확장된다. 생산과 교환의 과정에서 투입되는 인간적 요소는 아무런 고려의 대상이 되지 못한다. 오로지 재산권과 재산권의 관계로 형성되는 형식적이고 추상적인 계약의 관계에 의하여 생산과 교환과정이 규정되고 또 규율될 따름이다. 이처럼 시장은 재산권이 가지는 탈인격성을 재강화한다. '사적 자치'와 '소유권 절대'의 원리가 그대로 시장의 작동원리로 전이되는 것이다. 즉 시장은 재산권을 그 소유주체로부터 분리시켜 '보이지 않는 손'에 의해 익명화시킨다. 교환의 익명성에 기초하는 시장이 경제관계에 편입되는 인간의 인간성을 배제시킨 것이다. 이와 같이 인간의 불가침적 지위를 재산에도 유추 · 적용하는 (영미) 시장질서의 재산권 개념에는 '재산'이 인간으로부터 '분리'되어 그 자체가 독립적 인격으로 작용한다. 즉 (영미) 시장질서에서의 재산권은 타자를 배제하고 오로지 단일한 개인만의 배타적인 지배의 권리를 인정함으로써 재산을 매개로 한 인간의 인간에 대한 지배를 가능케 한다.

제 2 부
미시적 시장

앞에서 설명했듯이 시장은 거래대상과 거래주체 그리고 가격으로 구성된다. 따라서 시장은 상품의 숫자만큼 존재한다. 쌀시장, 소시장, 옷시장, TV시장, MP3시장, 자동차시장, 음반시장, 교육서비스시장, 법률서비스시장, 금융서비스시장 등등 상품의 종류만큼 시장이 존재한다. 즉 시장의 분석단위는 개별 상품이다. 뒤에서 국민경제를 분석할 경우에도 개별 상품에 기초한 '미시적' 시장의 개념을 확대하여 분석할 뿐이다. 개별 상품에 기초한 미시적 시장의 세계와 달리 '거시적' 시장의 세계는 모든 상품과 모든 소비자(총수요)와 공급자(총공급) 그리고 모든 상품의 평균가격인 물가로 구성된다. 이에 대해서는 뒤에서 자세히 다룰 것이다.

제2장 시장의 구성 : 구분과 분리의 세계

1. 경쟁시장

상품의 한 단위를 구입할 때 그 대가로 치르는 화폐량인 가격은 소비자와 생산자의 이해를 결합시키고, 상품이 거래되어 가격이 결정되는 장소 또는 메커니즘을 시장이라고 한다. 즉 '시장'은 "어떤 상품의 판매자와 구매자가 그 가격과 거래량을 결정할 수 있도록 하는 기구, 제도, 장치 등"을 의미하고, 이러한 기구와 제도와 장치 등을 통틀어서 '시장메커니즘'이라고 한다. 따라서 시장경제는 "국민경제의 여러 문제들을 기본적으로 시장의 힘에 의해 해결하려고 노력하는 체제"로 정의할 수 있다. 흔히, 시장경제의 특징을 ① 모든 상품들의 가격은 시장에서 자유로이 결정되고, ② 사람들이 열심히 일하려는 유인을 갖기 위해서는 재산권의 확립이 필요하며, ③ 생산자 및 소비자들 사이에 자유로운 경쟁을 허용하고, ④ 자유로운 경쟁이 허용될 때 경제의 효율성은 가장 높은 수준에 이를 수 있다는 것으로 이해하는 이유가 여기에 있다.

한 사회의 이익을 극대화시키는 운영원리로서 경쟁이 작동하는 시장을 경제학에서는 단순하게는 (완전)경쟁시장, 일반적으로 '충분히' 경쟁적인 시장을 의미한다. 시장이 충분히 경쟁적이냐 아니냐의 가장 큰 기준은 시장에 참여하는 개별 경제주체가 시장가격에 영향을 미칠 수 있는지의 여부다. 이런 점에서 (완전)경쟁시장은 시장에 참여하는 수요자와 공급자 모두가 '가격수용자(price taker)'인 시장을 의미한다.

경쟁시장이 되기 위한 조건 개별 수요자와 생산자의 수요량과 공급량이 시장 전체의 수요량이나 공급량에 영향을 미치지 못할 정도로 충분한 규모의 수요자와 공급자가 존재할 것, 공급자들이 공급하는 상품이 동질적일 것, 모든 자원의 시장 진입과 이탈이 자유로울 것(자원의 완전이동성 보장), 모든 경제주체가 동일한 정보를 가질 것 등의 조건을 충족시켜야 한다.

경쟁시장의 조건들을 충족시키지 못할 때 개별 경제주체는 시장의 가격에 영향력을 행사할 수 있거나 합리적 선택이 어려운 상태, 즉 시장은 불완전경쟁 상태가 된다. 예를 들어, 공급자 수와 상품 질의 차이가 존재할 경우 시장은 경쟁적이지 않다. 공급자의 수에 의해 독점시장과 과점시장, 그리고 시장에 공급되는 상품의 질의 기준에 의해 독점적 경쟁시장으로 구분한다. 즉 공급자 수가 충분치 않은 경우, 공급자가 하나인지 소수인지에 따라 독점시장과 과점시장이라 구분하는 반면, 다수의 공급자가 존재하지만 그들이 공급하는 상품의 질에 차이가 있으면 독점적 경쟁시장이라 한다. 또한, 정보가 불완전한 상황에서는 경제주체는 합리적 선택을 하기 어렵다. 예를 들어, 상품을 판매하는 사람은 자신이 판매하는 상품에 대한 완전한 정보를 갖고 있는 반면, 그 상품의 소비자가 그 상품에 대한 충분한 정보를 갖고 있지 못할 경우, 즉 정보가 비대칭적으로 분포되어 있을 경우 소비자는 자신이 소비하는 상품에 대해 합리적 소비를 하기 어렵다. 정보의 비대칭성(asymmetries of information)문제를 다루는 분야가 정보경제학이다.

정보경제학 2001년 노벨 경제학상은 정보비대칭(asymmetries of information)이론과 관련, 왕성한 연구 활동을 통해 정보경제학의 이론체계를 실질적으로 마무리했다는 평가를 받은 애컬로프(George A. Akerlof), 스펜스(Michael A.

Spence), 스티글리츠(Joseph E. Stiglitz) 등이 공동 수상하였다. 첫째, '정보비대칭이론'의 창시자로 일컬어지는 애컬로프는 1970년 「레몬시장(The Markets for Lemons)」이라는 논문을 발표한다. 이 논문에서 예로 든 중고차시장에서는 중고차를 사려는 사람에 비해 파는 사람이 차의 결함 등에 관해 훨씬 더 잘 알고 있다. 따라서 중고차 구입자는 빛 좋은 개살구처럼 겉만 멀쩡한 '레몬(lemon : 흠이 있는 낡은 차를 가리키는 구어)'을 비싼 값에 속아 사는 낭패를 겪기 일쑤다. 속아 산 적이 있는 사람들은 중고차시장을 찾지 않고 아는 사람을 통해 품질이 담보되는 중고차를 사려 들고, 좋은 차량의 소유자는 제값을 받지 못하기 때문에 아는 사람을 통해 팔려고 든다. 결국 중고차시장에 양질의 매물은 사라지고 질이 낮은 매물들만 남아 있게 된다. 이처럼 정보의 격차가 존재하는 시장에서는 도리어 품질이 낮은 상품이 선택되는 가격왜곡 현상, 곧 '역선택(adverse selection)'이 이루어지거나 전체 시장 자체가 붕괴될 수 있다는 것이 바로 애컬로프의 '레몬원리'다. 그러나 애컬로프는 이 논문에서 단지 비대칭성문제가 시장에 미치는 역효과를 분석하는 데 그치지 않고 문제해결의 가능성까지 예측한다. 곧 경제주체들 스스로 그 역효과를 상쇄하고자 하는 동기가 강하기 때문에 문제해결을 위해 다양한 시도가 이루어질 수 있다는 것이 그의 전망이었다. 이를테면 중고차상들이 판매한 차량에 대해 일정 기간 수리를 보증하는 제도를 도입한 사례라든지 브랜드 유지를 위해 프랜차이즈 등 다양한 계약형태가 등장하는 경향 따위도 그 예측의 타당성을 입증한다. 또 애컬로프는 이 같은 정보의 비대칭성문제가 특히 개발도상국 경제권에서 만연해 있다는 점을 지적하면서, 제3세계 지방금융시장에서 엄청난 고금리의 대출이 빚어지는 까닭도 이를 통해 해명한다. 그는 오늘날 이른바 '닷컴사'들의 상장가가 추락을 거듭하면서 주식시장의 'IT 거품'이 터져 버린 이유도, 정보가 부족한 개미군단이 부실한 닷컴사가 남발하는 주식의 수익성을 과대평가하게 되고 그런 닷컴사들이 외형상 급성장함에 따라 '역선택'이 이루어지면서 '레몬' 주식이 주식시장을 지배하게 된 데 따른 것으로 풀이하고 있다.

둘째, 경제학에 '신호'개념을 처음으로 도입한 스펜스는 1970년대 초 박사학위논문 「시장신호(Market Signaling)」에서 정보가 비대칭적인 상황에서 한 개인이 독점하고 있는 정보는 그 사람이 표출하는 행동, 즉 신호에 따라 추론할 수밖에 없고, 그 예로 고용시장을 제시한다. 기업에 입사를 원하는 구직자는 자신의 능력에 대해 잘 알고 있지만, 기업은 구직자에 대한 정보를 자세히 알 수 없기 때문에 구직자가 제출한 학력 등의 신호를 통해 입사 희망자를 평가하게 된다. 따라서 교육은 신호를 발생시키는 중요한 요인이 되며, 사람들이 굳이 상급학교에 진학하려는 이유 역시 자신이 일을 잘할 수 있다는 신호를 보내기 위해서라는 것이다. 이러한 그의 신호이론은 기업들이 배당금 액수를 통해 증권시장 참여자들에게 기업 경영상태를 알 수 있게 해주는 데 응용되는 등 여러 분야에서 활용되고 있다.

셋째, 스티글리츠는 보험시장을 전형적인 사례로 들어 스펜스의 신호와는 역방향의 상황을 분석하면서 정보 불균형이 해소될 수 있는 또 다른 메커니즘을 제시한다. 보험사는 보험상품 판매 초기에 개별 고객의 신상이나 성향에 관한 정보 보유량에서 해당 고객 본인에 미치지 못한다. 고객이 더 많은 보험금을 노리고 자신의 상황을 자신에 유리한 쪽으로 조작해 제시한 경우라도, 보험사는 평균 사고위험률을 기준으로 보험금을 지급하기 때문에 적정한 금액보다 더 많은 액수를 지급할 수밖에 없다. 이럴 경우, 보험시장에는 보험 가입자 가운데 사고위험률이 낮은 우량 고객은 비싼 보험료에 반발해 사라지고, 사고 경험이 있거나 위험이 상대적으로 큰 가입자만 남는 까닭에 보험사로서는 역선택의 상황에 처하게 된다. 스티글리츠는 이러한 시장왜곡 상황을 피하기 위한 방안으로 이른바 '스크리닝(screening)'에 주목한다. 보험사는 고객에게 효과적인 인센티브를 제시함으로써 고객의 위험 상황에 관한 정보를 추출해 낼 수 있다. 정보를 추출·심사하는 이 스크리닝 과정을 통해 보험사와 고객 사이에 비로소 정보의 균형 상태'가 형성되며 보험사는 보험 계약자들을 대상으로 상이한 사고 위험 등급을 설정하고 고객의 성향에 따라 다양한 보험상품을 제시할 수 있게 되는 것이다. 또 스티글리츠는 경제주체 간 정보의 비대칭성으로 빚어지는 비효율 사례를 설명하기 위해 '도덕적 해이(moral hazard)' 개념을 처음 도입했다. 가령, 자동차보험 가입자는 일단 보험에 가입하고 나면 사고에 대한 경각심이 전보다 느슨해지거나 구태여 전처럼 비용을 들여가며 차량을 정비하려 하지 않을 수 있다. 보험 처리라는 뒷받침을 믿기 때문이다. 스티글리츠는 전통경제학에서 말하는 '완전한 시장', 곧 수요·공급의 일치로 효용이 극대화되는 시장 개념은 정보의 완전성을 전제로 했다고 지적하고, 현실 시장경제는 정보에서 심대한 결함 또는 불완전성이 존재하는 특성을 나타내기 때문에 '완전한 시장'이란 있을 수 없다고 못 박았다. 그는 정보의 불완전성이 비록 사소한 정도일지라도 막대한 경제적 후퇴를 초래할 수 있다고 강조하면서 경제학은 정보의 비대칭성을 고려해야 한다고 보았다.

2. 시장의 거래대상과 상품의 구분

경제학에서 말하는 상품은 시장거래를 목적으로 만들어진 생산물만을 의미한다. 시장에서 판매(수익)를 목적으로 만든 생산물만이 상품이고, 농부가 자신과 가족의 소비를 위해 생산한 쌀처럼 자신의 소비를 위해 만든 생산물은 상품이라 하지 않는다.

시장에서 거래하는 대상인 상품은 여러 가지 기준에 의해 구분하는데 무엇보다, 형태에 따라 기계나 가구 등과 같은 유형물(재화)과 교육이나 의료 등과 같은 무형물(서비스 혹은 용역)로 구분한다.

둘째, 경제적 가치의 유무에 따라 자유재와 경제재로 나눈다. 자유재는 바닷물이나 공기나 일광 등 희소성이 없는 재화로 경제대상이 되지 않는다. 반면, 경제재는 희소성을 가지며 시장적 교환대상물이 되므로 그 기능이나 성질에 따라 다음과 같이 구별된다. ① 한 번 사용으로 소모되는 내구재화와 그렇지 않은 단용재화(單用財貨), ② 공원이나 도로 등 정부나 공공단체가 제공하는 재화인 공공재화와 민간이 공급하는 일반재화인 사적 재화, ③ 개인의 욕망을 직접적으로 충족시키는 최종생산물인 소비재(소위 최종소비재)와 최종소비재의 생산과정에 사용되는 중간재 혹은 생산재(소위 생산요소) 등으로 구분한다. 특히 최종소비재와 생산자가 소비하는 상품인 생산재는 많은 차이를 보여 준다. 예를 들어, 산업사회에서 생산의 3대 요소라고 일컫던 노동, 자본, 토지는 생산재에 해당한다. 이와 관련하여 칼 폴라니(Karl Polani)[1]는 일찍이 이들을 본래 상품이 될 수 없는데 상품이 된 '허구적 상품(fictitious commodity)' 이라 표현하였다. 노동, 자본, 토지의 원형인 인간, 화폐, 자연은 상품의 목적으로 공급된 것이 아님에도 불구하고 오늘날 주요한 상품으로 거래되고 있다. 그리고 생산재는 최종소비재에 비교해 가격 변화에 대한 공급량의 변화가 적어도 단기에서는 크지 않다.

셋째, 상품의 성질인 경합성(rivaly)과 배제성(excludability)의 유무에 따라 구분하기도 한다. 경제학에서는 경합성과 배제성 모두를 갖는 상품을 순수한 '사적 재화(private goods, 예 : 자동차나 TV 등)', 둘 다 없는 재화를 순수한 '공공재(public goods, 예 : 국방이나 치안서비스 등)', 경합성은 있으나 배제성이 없는 것을 '공유자원(common resources)' 이라 부른다. 그런데 유감스럽게도 경합성은 없으나 배제성이 있는 상품, 대다수의 무형재들(예 : 소프트웨어나 의료 · 법률 · 교육 등 전문서비스)은 오늘날 가장 중요성이 큰 상품임에도 불구하고 경제학에서 이를 지칭하는 용어가 없다. 이는 경제학이 현실과 얼마나 거리를 두고 있는가, 즉 과거 산업사회의 단계에 안주하고 있는가를 보여 주는 반증이기도 하다. 현대 경제

1) K. Polani, 1957, *the Great Transformation*, Boston : Beacon Press.

의 특징을 경제의 서비스화나 탈소재화, 무중량경제 등으로 부르고 있지 않는가. 일반적으로 경합성이 적용되지 않는 무형재인 용역은 ① 교육이나 의료 등은 인간의 욕망을 직접적으로 충족시키는 직접용역과 통신이나 운수 등처럼 용역 자체가 인간의 욕망을 충족시키는 것이 아닌 간접용역, ② 공적 용역과 사적 용역 등으로 구별된다.

경합성 한 사람이 재화를 소비하면 다름 사람의 소비가 제한받는 속성
배제성 사람들이 재화를 소비하는 것을 막을 수 있는 가능성

그런데 시장의 목표인 효율성을 달성하기 위해서는 시장에서 거래되는 상품은 경합성과 배제성을 모두 가져야 한다. 배제성이 없는 상품의 경우 소비자가 값을 지불하지 않고서도 소비할 수 있기 때문에 시장에서 공급되지 않는다. 또한, 경합성이 없는 상품의 경우 소비를 하더라도 소모되지 않기에, 즉 희소성의 제약을 받지 않기에 자연독점으로 귀결된다. 즉 시장은 경쟁적이지 못하기에 경합성이 없는 상품이 시장에서 거래될 경우 효율성이 보장되지 않는다.

자연독점 시장 전체 수요를 여러 생산자보다 하나의 생산자가 더 적은 비용으로서 생산 공급할 수 있는 시장조건, 즉 생산을 증가시킬수록 상품생산에 지출되는 단위당 비용인 평균비용이 하락하는 기술적 속성을 지닌 산업의 시장조건
시장실패 시장이 자유롭게 기능하는데도 자원배분이 효율적이지 않은 상태

3. 시장경제에서 경제주체 : 소비와 생산의 분리

경제학에서는 선택의 문제를 갖고 시장에 참여하는 개인을 소비자와 생산자로 구분한다. 그리고 소비자는 상품(재화와 용역)의 소비를 통해 자신의 효용을 극대화시키는 존재이고, 생산자는 상품의 공급을 통해 자신의

이윤을 극대화하는 존재로 이해한다. 종종 경제주체를 3주체로 말할 때는 소비자와 생산자 이외에 정부를 추가한다. 경제학에서 정부의 경제개입은 시장이 실패할 경우에 정당성을 갖는다. 따라서 시장이 완벽하게 작동할 경우에는 정부가 경제에 개입할 근거가 존재하지 않기 때문에 경제주체를 2주체로 이해할 수 있는 반면, 정부가 경제개입의 정당성을 갖거나 실제로 개입하는 경우를 고려하면 3주체로 이해할 수 있다. 시장에 참여하는 경제주체들은 자신이 동원 가능한 자원의 제약 안에서 자신의 목적을 달성하고자 할 것이다. 소비를 통해 효용을 얻는 소비자는 한정된 소득을 갖고 효용을 극대화시키는 상품을 선택할 것이고, 생산과 판매를 통해 이윤을 추구하는 공급자는 자신이 투입한 자본을 갖고 이윤을 극대화시키는 생산하고 판매하는 방식을 선택할 것이다.

제3장 시장의 균형과 가격의 법칙

앞에서 설명했듯이 소비자이론과 생산자이론으로 구분할 수 있는 시장이론을 한마디로 표현한 것이 '가격의 법칙', 즉 '수요와 공급의 법칙'이다. 수요의 법칙이 소비자이론을 압축한 것이라면 공급의 법칙은 생산자이론을 압축한 것이다. 소비자이론과 생산자이론을 분석하기 전에 수요와 공급의 법칙의 내용을 구체적으로 살펴보고, 그 관련 개념들을 소개할 것이다.

1. 수요와 공급의 법칙 그리고 시장의 균형

먼저 어떤 상품에 대한 수요란 "어떤 기간 동안 소비자가 그 상품을 구매하고자 하는 욕구"를 말하며, 수요량은 "소비자가 그 상품을 구매할 의사가 있는 양"을 의미한다. 수요는 개별수요와 시장수요로 구분하는데 전자는 각 개인이 수요를 의미하고, 후자는 시장 전체의 수요로 각 개별수요의 합이다. 어떤 상품에 대한 시장수요를 결정하는 요인으로는 해당 상품의 시장가격, 관련이 있는 다른 상품의 가격, 소비자의 소득수준이나 선호, 그 사회의 인구 크기 및 구성, 소득분포 등에 의해서 영향을 받는다.

수요량을 결정하는 요인들과 수요량 간의 함수관계를 '수요함수'라 한다. 가장 단순한 형태의 수요함수는 해당 상품의 가격과 수요량 간의 함수 관계로 표현할 수 있다. 다시 말해, 경제학에서는 수요량을 결정하는 가장 중요한 요인으로 해당 상품의 가격으로 보고 해당 상품의 가격을 제외한 다른 요인들이 변하지 않을 경우(ceteris paribus ; other things being equal)를 전제(여건 불변의 가정)로 특정 상품에 대한 수요량은 그 상품의 가격만으로 함수로 표현할 수 있다. 예를 들어, 어떤 상품 X의 수요량 Dx는 상품 X의 가격 Px의 함수로 표현할 수 있다.

$$Dx = f(Px)$$

수요함수를 그림으로 표현한 것이 수요곡선이다. 수요곡선은 우하향하는 형태를 갖는데 이는 상품의 가격과 수요량이 서로 역의 관계에 있다는 것을 말한다. 즉 다른 사정이 동일하다면 해당 상품의 가격이 하락/상승하면 그 상품의 수요량은 증가/감소하는 관계에 있음을 의미하고, 이 관계를 '수요의 법칙'이라 한다. 따라서 해당 상품의 가격 변화는 수요곡선상에서 이동을 의미하고, 해당 상품 이외의 요인이 변화할 경우에는 수요곡선 그 자체의 이동으로 표현된다. 해당 상품의 가격 이외의 요인들이 변화하면 수요량은 어떻게 변화할 것인지 생각해 보자.

다음으로 '공급'이란 "생산자가 어떤 기간 동안 상품을 판매하고자 하는 의도"를 말하고, '공급량'이란 "생산자가 상품을 판매하고자 하는 양"을 말한다. 공급 역시 개별공급과 시장공급으로 구분하는데 전자는 특정 상품에 대한 각 개별 생산자의 공급을 의미하고, 후자는 시장 전체의 공급으로 각 개별공급의 합이다. 공급량은 그 상품의 시장가격, 그 상품을 생산하는 데 사용되는 생산요소의 가격, 다른 모든 상품의 가격, 기술수준, 기업 등 생산자의 목표 등에 의해 영향을 받는다.

공급량을 결정하는 요인들과 공급량 간의 함수관계를 '공급함수'라 한다. 가장 단순한 형태의 공급함수는 해당 상품의 가격과 공급량 간의 함수관계로 표현할 수 있다. 다시 말해, 경제학에서는 공급량을 결정하는 가장 중요한 요인으로 해당 상품의 가격으로 보고 해당 상품의 가격을 제외한 다른 요인들이 변하지 않을 경우를 전제(여건 불변의 가정)로 특정 상품에 대한 공급량은 그 상품의 가격만으로 함수로 표현할 수 있다. 예를 들어, 어떤 상품 X의 공급량 Sx는 상품 X의 가격 Px의 함수로 표현할 수 있다.

$$Sx = f(Px)$$

공급함수를 그림으로 표현한 것이 공급곡선이다. 공급곡선은 우상향하는 형태를 갖는데 이는 상품의 가격과 공급량이 서로 정의관계에 있다는 것을 말한다. 즉 다른 사정이 동일하다면 해당 상품의 가격이 하락/상승하면 그 상품의 공급량은 감소/증가하는 관계에 있음을 의미하고, 이 관계를 '공급의 법칙'이라 한다. 따라서 해당 상품의 가격 변화는 공급곡선상에서 이동을 의미하고, 해당 상품 이외의 요인이 변화할 경우에는 공급곡선 그 자체의 이동으로 표현된다. 해당 상품의 가격 이외의 요인들이 변화하면 공급량은 어떻게 변화할 것인지 생각해 보자.

경제학에서 사용되는 균형의 개념은 일반적으로 상반된 힘이 맞아떨어진 상태를 의미한다. 따라서 일단 균형이 이루어지면 다른 교란요인이 없는 한 그 상태를 그대로 유지하려는 경향이 나타난다. 상품시장에서의 균형은 수요측의 힘과 공급측의 힘이 맞아떨어진 상태를 뜻한다. 수요와 공급 두 가지 힘이 상호작용하여 결정된 시장가격을 '균형가격(equilibrium price)'이라 한다. 즉 균형가격의 상태에서는 수요와 공급이라는 두 개의 상반된 힘이 일치한다. 균형가격에 대응하는 수량을 '균형거래량'이라 한다. 어떤 상품의 가격이 균형가격보다 높게 되면 수요량보다 공급량이 더 큰 초과공급의 상태가 된다. 반대로 가격이 균형가격보다 낮게 되면 수요량이 공급량보다 더 큰 초과수요의 상태가 된다. 어떤 상품에 대한 균형상태는 수요와 공급의 힘의 변화에 의해 변화할 수 있다.

2. 수요와 공급의 탄력성

가격이 변화하였을 때 수요량/공급량이 어느 정도 변화하는가를 이해할 수 있는 개념이 '탄력성(elasticity)'이다. 즉 '탄력성'은 상호 관련을 갖고 있는 두 변수들 사이에서 한 변수의 변화로 다른 변수에 변화가 생겼을 때 얼마나 민감한 반응을 보이느냐 하는 것을 이해하는 개념이다. 예를 들어, 수요량/공급량을 결정하는 여러 요인에 변화가 생겼을 때 수요량/공급량이 얼마나 민감하게 반응을 하느냐에 따라 다양한 수요/공급탄력성을 구할 수 있다.

1) 가격탄력성

수요/공급의 가격탄력성은 어떤 상품의 가격이 변했을 때 그 상품의 수요량/공급량에 발생한 변화를 측정하는 개념이다. 가격탄력성은 수요량/공급량의 변화율(%)에 대한 가격의 변화율로 나타낸다. 단지 수요의 법칙에 따르면 가격의 변화와 수요량의 변화는 역(−)의 관계를 갖기 때문에 편의상 탄력성이 양(+)의 값을 갖도록 만들기 위해서 탄력성 앞에 마이너스 (−) 부호를 붙일 뿐이다.

$$\text{수요/공급의 가격탄력성} \equiv \frac{\text{수요량/공급량의 변화율(\%)}}{\text{가격의 변화율(\%)}} \gtreqless 1 \Leftrightarrow \begin{matrix}\text{탄력적}\\ \text{단위탄력적}\\ \text{비탄력적}\end{matrix}$$

실제에 있어서 가격탄력성은 두 가지 방식으로 측정될 수 있다. 매우 작은 변화량의 경우 수학에서의 극한의 개념이 사용되고 이를 '점탄력성'이라 한다. 반면 변화량이 큰 경우에는 '호탄력성'을 사용한다. 점탄력성은 $-(dQ/Q)/(dP/P)$으로 계산되고, 호탄력성은 $-[dQ/\{(Q_1+Q_2)/2\}] \div [dP/\{(P_1+P_2)/2\}]$으로 계산된다. 수요의 가격탄력성을 결정하는 요인에는 필수품이냐 사치품이냐에 따라, 대체재의 존재 여부에 따라, 소비자의 전체 지출에서 차지하는 비중의 정도에 따라, 그리고 고려되는 기간 등에 따라 영향을 받을 것이다. 반면, 공급의 가격탄력성은 시설용량의 확장이나 추가적인 투입요소의 구입 등이 측면에서 어려움의 정도에 따라, 다른 상품의 생산으로 전환이 쉬울수록, 그리고 고려대상의 기간 등에 따라 영향을 받는다.

가격탄력성은 여러 경우에 응용할 수 있다. 무엇보다 수요의 가격탄력성은 공급자가 공급하는 상품의 가격 책정에 중요한 기준이 된다. 판매수입의 극대화를 원할 경우 공급자가 자신이 공급하는 상품의 가격을 인상하는 것이 반드시 바람직하지는 않다. 상품의 수요가 탄력적일 경우에는 가격 인하를 통해 판매수입을 증대시킬 수 있는 반면, 비탄력적일 경우에만 상품의 가격 인상을 통해 판매를 증대시킬 수 있기 때문이다. 예를 들어, 최근 우리 사회에서 논의되는 담배소비세 인상이나 흡연세 신설문제도 수요의 가격탄력성과 무관하지 않다.[1] 여기서 흡연율을 낮추려는 이유로 담뱃값을 올리기 위해서는 흡연에 대한 가격정책의 효과가 입증되어야 한다.[2]

반면, 토지보유에 대한 과세문제는 공급의 가격탄력성으로 이해할 수 있다. 우리나라의 경우 근로소득 분배는 상대적으로 평등한 반면, 자산소득 분배는 매우 불평등한 것으로 나타난다. 특히 토지소유의 분배구조는 매우 왜곡되어 있다. 예를 들어 2000년 상반기 도시근로자의 근로소득에 대한 지니계수는 0.286을 보인 반면, 재산소득의 지니계수는 0.570을 보였다. 참고로 제7장에서 자세히 소개될 지니계수는 0에 가까울수록 평등하고 1

1) 정부는 2005년 8월 12일 임시국무회의에서 국민건강증진법 일부개정안의 의결을 통해, 그리고 여당 또한 국민건강증진법과 지방세법 개정을 통해 2006년부터 담뱃값을 500원 인상키로 방침을 정하고 현재 한 갑(20개비)당 담배소비세도 641원에서 772원으로 131원 인상하는 지방세법 개정을 고려하다가 반대여론에 밀려 서민경제와 내수의 어려움을 들어 처리를 포기한 적이 있다.

2) 가격정책의 효과에 대해 의구심을 갖는 입장들은 흡연이 중독성을 지니고 있어 수요의 가격탄력성이 매우 낮아 가격 인상 효과가 제한적이라며 선진국에서도 담뱃값과 흡연율 사이의 인과관계를 찾을 수 없다고 주장한다. 게다가 소득분배문제에 대해서도 흡연자의 비율은 저소득층에서 상대적으로 높기 때문에 담뱃값 인상은 소득분배에 역진적인 부작용을 초래할 것이라 주장한다.

에 가까울수록 불평등하다. 재산소득의 불평등한 분배는 토지소유의 분포를 보면 쉽게 이해된다. 토지소유에 대한 지니계수는 0.88을 보이고 있다. 전체 인구의 1%가 우리나라 전체 토지의 41% 그리고 인구의 8.5%가 전체 토지의 76%를 소유하고 있는 반면, 전체 인구의 약 55%가 토지를 전혀 소유하지 못하고 있다. 토지소유의 과도한 집중은 지가 및 주택가격의 상승, 부동산투기의 주요 요인으로 작용한다. 즉 인구가 증가하고 소득이 증가함에 따라 토지에 대한 수요는 점차 증가한다. 반면 토지는 공급이 고정되어 있기 때문에 공급탄력성이 완전 비탄력적이다. 수요가 급증하는데 공급이 고정되어 있다면 토지임대료는 빠르게 상승할 것이고, 그 결과 경제성장은 토지소유자들을 더욱 부유하게 만들 것이다. 이와 관련하여 기업의 비업무용 토지나 토지소유에 대한 중과세(重課稅)의 필요성이 제기되고 있다. 세금부과의 경우 상대적으로 덜 탄력적인 쪽이 세금부담을 더 많이 지게 되고 자연 그대로의 토지에 대해 토지세를 부과할 경우 공급탄력성이 0이기 때문에 세금부담은 전액 토지소유자들이 지게 된다. 금융소득과 토지소유로 발생하는 소득에 대한 과세문제는 재산소득(금융소득과 부동산소득 등)이 우리 사회의 소득분배를 악화시키는 주요 원인이라는 점에서도 의미를 지닌다.

임금에 대한 노동공급의 탄력성이나 이자율에 대한 저축(대부자금의 공급)의 탄력성 등도 가격탄력성으로 이해할 수 있다. 대개 생산요소의 공급탄력성은 단기에서는 매우 비탄력적이다. 이는 근로소득세의 인하에 따른 세후 임금의 증가로 노동공급을 증대시키는 조세정책은 단기적으로 효과를 보기 어렵다는 것을 의미한다. 마찬가지로 저축에 대한 이자율의 탄력성 역시 단기적으로 비탄력적이기 때문에 이자소득세의 효과 또한 크게 기대하기 어렵다는 것을 의미한다. 마찬가지로 이자율이 하락하더라도 투자가 증가하리란 보장은 없다. 지난 몇 년간 우리 경제가 (명목금리에서 물가상승률을 뺀) 실질금리가 마이너스(−)일 정도로 저금리 기조가 지속되었는데도 투자는 살아날 기미를 보이지 않았다.

이와 유사한 논의가 법인세 인하 논쟁이다.[3] 법인세는 법인기업의 자기

자본소득에 과세하는 것으로 법인이 납세의무자가 된다. 법인세 폐지를 제안하는 측에서는 법인세 과세 여부 문제로 세 부담의 공평성문제와 투자 위축 등 경제에 대한 부정적 효과를 주장한다. 무엇보다 법인세가 법인이 취득한 소득에 대해 법인과 주주 두 단계에 걸쳐 이중적으로 과세함에 따라 세 부담의 공평성에 문제가 있다는 것이다. 또한, 법인세는 기업의 투자 의욕을 위축시켜 경제 활성화를 저해하고 외부차입을 유발시킴으로써 기업의 부채비율을 증가시키며, 국내자본의 해외이동을 촉진하는 등 지속적인 경제성장 원천을 고갈시킨다고 주장한다. 이윤을 극대화하는 기업은 세후투자수익률이 자본비용과 같게 될 때까지 투자를 증가시키기 때문에 만일 법인세가 없었더라면 투자대상이 되는 사업도 법인세가 부과되는 경우에는 투자대상에서 제외되고, 또한 법인세가 부과되지 않는다면 기업은 투자수익률이 자본비용과 같게 되는 수준까지 투자를 확대한다는 것이다. 예를 들어, 한국경제연구원이나 재계에서는 세계 각국이 기업 경쟁력 및 경제의 체질을 강화하기 위해 법인세율을 잇따라 내리고 있어 우리나라도 법인세를 대폭 인하해야 한다고 주장하고 있고, 자본시장의 세계화가 급진전되면서 주요 국가들이 자본 수익에 대한 세율을 인하해 국제자본시장으로부터 자본유입을 확대시키려는 노력을 경쟁적으로 하고 있다는 주장을 전개하고 있다.

그러나 이런 주장들은 근거나 이론의 뒷받침이 취약하다. 첫째, 배당소득에 대한 이중과세를 방지하기 위해 배당소득공제제도가 있다.[4] 게다가 법인세는 원천과세를 통해 세금 누수를 차단하고 법인이 누리는 사회적 서비스에 대한 대가를 지불하는 등 다른 조세가 할 수 없는 기능을 가지고 있으며, 그것을 폐지하고 대체 세원을 마련할 경우의 문제점이 크기 때문

---

3) 법인세율은 종래보다 1%씩 인하하여 2002년부터 소득 1억 원 이상이면 27%, 1억 원 미만은 15%가 적용되다가 2002년 11월에 다시 2%씩 인하하여 2005년부터 25%와 13%가 시행되고 있다.

4) 실제로, 이중과세의 문제보다는 오히려 배당소득과 주식양도차익에 대한 종합소득과세 시스템의 개편이 필요하다. 기업의 잉여금은 크게 주주에게 지급하는 배당금(dividends)과 투자를 위해 회사에 간직하는 사내유보금(retained earnings)으로 구분한다.

에 많은 선진국들은 법인세 폐지를 함부로 단행하지 못하고 있는 실정이다.[5] 그리고 법인세를 폐지할 경우, 법인의 이윤은 주주들의 지분비율대로 주주들에게 소득으로 배당되어 개인소득세로 과세된다. 이렇게 되면 주주들의 소득세 부담이 급증하여 소득세 납세자들의 저항이 거세지고, 세후소

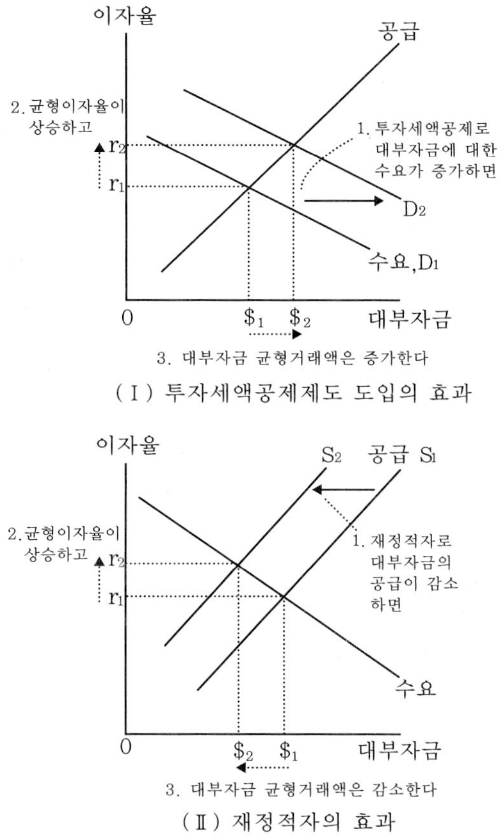

‖ **그림 3-1** ‖ 투자세액공제제도 도입과 재정적자의 효과

5) 2003년 기준으로 법인세율은 미국 35%, 영국 30%, 프랑스 33.33%, 일본 30%, 이탈리아 34%, 중국 30%, 말레이시아 28%로 우리나라보다 높고 독일 26.5%, 캐나다 23%, 대만 25%, 싱가포르 22%, 홍콩 17.5% 등이 우리나라보다 낮다.

득 감소는 저축을 줄여 결국 기업투자를 저해하는 효과로 돌아올 것이다. 특히 기업인들이 내 돈과 기업 돈을 구분하지 못하는 우리나라의 경우는 세금부담은 일반주주에게 돌아가지만 기업이득의 상당 부분은 재벌총수를 비롯한 대주주에게 돌아갈 가능성이 높다. 뿐만 아니라 법인세 폐지로 남는 돈을 모두 재투자에 쓴다는 보장도 없다.

무엇보다, 기업 살리기 차원에서 제기하는 법인세 폐지론은 투자활성화를 통한 경기부양에 대해선 그것을 뒷받침할 수 있는 실증적인 근거가 아직까지 견고하지 못하다. 법인세 인하는 실현된 이윤에 대해 세금을 인하해 주는 것이기 때문에 수익이 하락하는 경기침체 시기에는 그 효과가 크기 어렵다. 기업의 세후이윤은 배당이나 사내유보로 구분되는데 외환위기 이후 배당률의 증대 경향이나 현금보유 규모의 증대 경향에서 보듯이 기업이 투자에 필요한 자금을 확보하지 못해 투자가 침체된 것이 아니기 때문이다. 증권선물거래소와 상장사협의회에 따르면 2006년 상반기 유가증권시장 상장사들이 순매수(취득-처분)한 자사주는 4조 3,505억 원에 달했는데 이는 2005년 한해치인 4조 8,265억 원에 육박하는 규모인 반면, 증시를 통해 주식 형태로 조달한 자금은 1조 8,809억 원에 머물렀다. 외환위기 이후 주주 중시 경영이나 경영권 위협 등의 영향으로 자사주 매입이 유행처럼 확산되고 있는 현실을 보면 기업의 세후수익의 증대가 투자로 이어질 가능성은 낮다.

이론적으로도 법인세 인하가 재정적자로 연결될 경우 이자율 상승과 금융비용 상승으로 투자에 대한 법인세 인하의 효과가 상쇄될 가능성이 높다. 투자증대가 목적이라면 오히려 법인세 폐지보다 기업이 새로운 설비에 투자한 자금에 대하여 세금을 공제해 주는 '투자세액공제(investment tax credit)'나 '특별감가상각'같이 그 투자 효과가 직접적이고 분명한 제도를 택하는 것이 더 효과적이다.[6] 예를 들어 투자세액공제가 도입되면 기업들

6) 재정경제부는 기업의 투자 활성화를 통해 일자리를 창출하고 성장잠재력을 확충하기 위하여 2004년 말 종료된 임시투자세액공제를 2005년 말까지 1년간 연장하였다. 다만, 2005년부터 법인세율이 2% 포인트, 소득세율이 1%p 인하되어 세 부담이 경감되는 점과 재정여건 등을 감안해 공제율은 2004년 말까지의 15%에서 10%로 낮추었다.

의 자금차입과 투자에 대한 경제적 유인이 달라지므로 대부자금의 수요가 변한다. 경험적으로도 단기적인 경기부양을 위해선 감세보다는 재정지출 확대가 바람직하고, 감세를 정책수단으로 사용하는 경우에도 법인세율 인하보다는 소비세 인하나 투자에 대한 조세지원이 바람직한 것으로 보고되고 있다. 우리나라의 경우 특별소비세 등 소비세, 임시투자세액공제, 양도소득세 및 특별부가세 등 소비 · 투자 · 부동산 관련 조세가 경기와 밀접한 관계를 갖고 있는 것으로 확인되고 있듯이 투자촉진을 위해선 법인세율 조정보다 감가상각이나 투자세액공제 등이 더 바람직한 방법이다. 일부에서는 장기적인 성장을 꾀하기 위해선 법인세 인하도 대안이 될 수 있다는 주장을 하고 있지만 투자보다 저축(자본소득에 대한 개인소득세)이 더 왜곡적이고 직접투자보다 포트폴리오 투자가 더 민감하므로 법인세보다 자산 전반에 대한 합리적 과세체계 정비가 필요한 실정이다.

감가상각(depreciation) 기업에 장치된 기계, 건물 등 설비물은 해가 지날수록 소모되어 나중에는 쓸 수 없게 된다. 때문에 가치의 소모분 만큼 제품이나 서비스 원가에 포함시켜 매 영업 연도의 비용으로 계상하였다가 설비가 노후됐을 때 갱신할 자금으로 활용한다. 이처럼 고정자산 가치의 감소분을 보상하는 회계절차를 감가상각이라 한다. 특별감가상각은 정규의 감가상각 이외에 특정 자산에 대해 추가적인 감가상각을 인정하는 것을 말한다. 이는 기업이 투자자본을 조기에 회수함으로써 새로운 고정자산에 대한 투자를 촉진하는 일종의 가속상각제도다.

2) 소득탄력성

수요의 소득탄력성은 소비자들의 소득이 변할 때 수요량이 어떻게 변하는지를 나타내는 것으로 수요량의 변화율을 소득변화율로 나눈 값이다.

$$\text{수요의 소득탄력성} \equiv \frac{\text{수요량의 변화율(\%)}}{\text{소득의 변화율(\%)}} \gtrless 0 \Leftrightarrow \begin{matrix}\text{정상재}\\ \text{열등재}\end{matrix}$$

해당 상품의 가격이 변하지 않더라도 일반 상품(정상재)은 소득이 증가할 때 수요가 증가한다. 소득이 증가해도 수요는 감소하는 경우가 있는데 이런 상품은 열등재라 한다. 여기서 어느 상품이 정상재인지 열등재인지의 문제는 전적으로 개인의 선호에 따른 상대적인 것이다. 우리 사회의 쌀문제는 소득탄력성과 관련이 있다. 가을철이면 신문지상에서 "쌀이 쌓이면 농민은 운다"라는 문구를 본 적이 있을 것이다. 쌀 생산이 풍년이라는데 농촌경제는 무너질 위기에 처해 있다고 한다. 이는 쌀이라는 상품이 갖는 수요의 비탄력성에서 찾을 수 있다. 즉 쌀의 과잉공급은 가격폭락을 가져오는 반면, 가격이 하락해도 쌀에 대한 수요는 증대하지 않기 때문에 농민의 수입은 크게 감소한다. 농산물의 이러한 특성으로 인해 농업 보호는 정부의 분배정책에서 중요한 과제로 되어 왔다. 전통적인 농업보호정책들로는 가격지지정책이나 생산량제한정책 등이 있다.

3) 교차탄력성

해당 상품과 연관을 갖는 다른 상품의 가격이 상승할 때도 해당 상품의 수요량이 감소 또는 증가할 수 있다. 한 상품의 가격이 상승함에 따라 다른 상품의 수요가 감소할 경우 두 상품은 서로 보완관계에 있다고 하고, 이런 관계에 있는 상품을 '보완재'라고 한다. 반대로 한 상품의 가격이 상승함에 따라 다른 상품의 수요량이 증가하면 두 상품은 서로 대체관계에 있다고 하고, 이런 관계에 있는 상품을 '대체재'라고 한다. 이처럼 어떤 상품의 가격이 변화한 데 대해 다른 상품의 수요량이 반응을 보일 수 있는데 이런 반응의 민감성을 측정하는 지표가 교차탄력성이다.

$$\text{수요의 교차탄력성} \equiv \frac{\text{다른 재화의 수요량의 변화율(\%)}}{\text{한 재화의 가격의 변화율(\%)}} \gtreqless 0 \Leftrightarrow \begin{matrix}\text{대체재}\\ \text{독립재}\\ \text{보완재}\end{matrix}$$

3. 소비자잉여와 생산자잉여

효율성은 시장의 성과를 측정하는 기준이다. 다시 말해, 시장기능에 의한 자원배분이 효율적이지 못할 때 시장은 그 정당성을 위협받는다. 한 경제가 효율적인가를 측정하는 방식은 여러 가지가 있다. 생산활동을 기준으로 할 때 사용하는 개념이 "한 나라의 경제가 주어진 생산요소와 생산기술을 사용하여 최대한 생산할 수 있는 산출물의 조합"을 나타내는 '생산가능곡선(production possibilities frontier)'이다. 따라서 어느 경제가 생산가능곡선 내부에서 생산이 이루어지고 있다면 이는 그 경제에 존재하는 자원을 활용하여 얻을 수 있는 최대의 효과를 포기한 것이기 때문에 비효율적인 생산 상태다.

효율성을 측정하는 또 다른 방식은 '경제적 총잉여(economic surplus, ES)' 를 비교하는 것으로, 사회구성원이 누리는 총잉여를 극대화시킬 때 자원이 효율적으로 배분되었다고 말한다. 여기서 사회전체의 경제적 후생수준을 측정하는 지표인 총잉여는 '소비자잉여(consumer surplus, CS)'와 '생산자잉여(producer surplus, PS)'의 합으로 구성된다. 소비자잉여는 소비자의 최대 지불용의금액에서 실제 지불금액을 제외한 나머지고, 생산

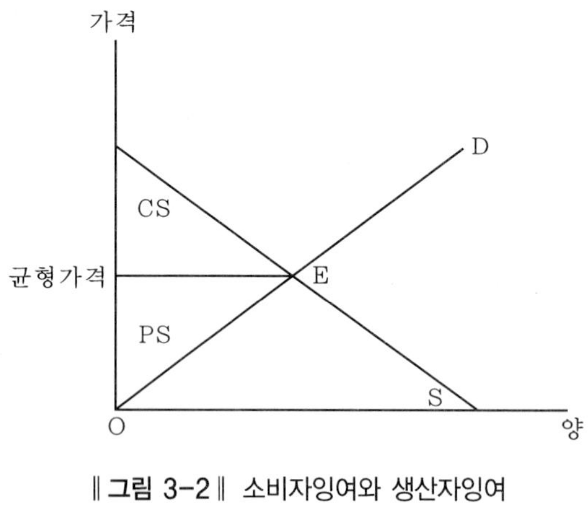

‖ **그림 3-2** ‖ 소비자잉여와 생산자잉여

자잉여는 기업의 총수입에서 총생산비용을 제외한 나머지다. 총잉여가 소비자잉여와 생산자잉여의 합으로 구성된다는 것은 정부를 비롯해 시장 밖으로부터 어떤 개입도 없는 자유로운 시장기능에 의해 자원이 배분될 때 총잉여가 극대화된다는 것이다.

요약하면, 주류경제학에서 "어떤 것이 효율적이다"라는 표현은 자원배분이 아주 잘 되어 조금의 낭비도 없는 상태를 의미하고, 구체적으로 자원배분의 결과 총잉여[≡소비자잉여(CS)+생산자잉여(PS)]가 극대화되면 이러한 배분을 효율적이라고 한다. 자원의 배분상태가 효율적이지 않다면 시장거래에 의해 얻을 수 있는 이득 중 일부를 얻지 못하고 있다는 뜻이다. 만약 어떤 재화의 생산이 생산비가 낮은 생산자에 의해 이루어지지 않는다면 자원배분은 비효율적이 된다. 이때 고비용 생산자로부터 저비용 생산자로 생산활동을 이전하면, 사회적 총비용이 낮아지고 따라서 사회적 총잉여는 증가한다. 마찬가지로 어떤 재화에 가장 높은 가치를 부여하는 소비자가 그것을 소비하지 못한다면 이는 비효율적인 자원배분이다. 이 경우 낮은 가치를 부여하는 소비자에서 높은 가치를 부여하는 소비자로 소비가 이전될 때 총잉여가 증가한다. 정부역할의 최소화, 예를 들어, 조세부과 등에 의한 정부의 개입보다 비개입(시장방임)이 바람직하다는 주장은 경제적 총잉여가 증가한다는 주장에 기반하고 있는 것이다. 그러나 이러한 주장들은 시장이 제대로 작동하는 것을 전제로 한 것이다. 즉 수요와 공급의 법칙이 작동할 수 있어야 한다. 따라서 수요와 공급의 법칙이 작동할 수 없음에도 불구하고 시장만능이나 개방만능을 주장하는 것은 과학이 아니라 이데올로기다.

4. 국제무역과 경제적 총잉여

각국의 경쟁적인 자유무역협정(Free Trade Agreement, FTA) 추진이나 세계무역기구(WTO)가 새로운 라운드를 계속 추진하는 배경에도 자유무역(Free Trade)의 경우가 관세부과나 쿼터(Quota)와 같은 '제한적인 교역(Restricted Trade)'과 폐쇄경제의 '비교역(No Trade)'보다 사회적으로 바람직하다는, 즉 경제적 총잉여가 증가한다는 주장에 기반하고 있는 것이다. 자유무역이 제한된 교역이나 비교역보다 바람직하다는 주장의 이론적 근거를 구체적으로 살펴보기 전에 무역에 대한 기초이론을 소개한다. 소비자들은 거래를 선호한다. 자급자족에만 의존한다면 궁핍해질 것이기 때문이다. 그리고 이런 거래를 국내에서만 할 필요는 없을 것이다. 그런데 저렴한 외국 상품의 국내 유입은 국내 노동자의 직장과 생산자의 이익을 위협하게 될 것이다. 자유무역은 국내의 후생수준을 증대시킬 것인가, 또는 나쁜 영향을 미치기 때문에 통제되어야 하는가? 세계무역을 관장하기 위해 1995년에 탄생한 WTO의 장기적 목표는 수출입에 관한 모든 장벽을 제거하는 것이다.

경제학자들은 처음에 한 국가의 절대우위에 초점을 맞추어 국제무역의 이익을 논의하기 시작하였다. 한 국가에서 다른 국가에 비해 적은 자원으로 재화를 생산하면 그 재화에 절대우위가 있다고 할 수 있다. '절대우위론(absolute advantage theory)'은 현대경제학의 아버지라고 불리고 있는 애덤 스미스(Adam Smith)에 의하여 처음 제기되었다. 그가 1776년에 『국부론』을 발표하였을 때 유럽에서는 중상주의적인 사고방식이 지배하고 있었다. 중상주의적 사고방식이란 그 당시 유럽에서 금과 은이 국부를 축적하는 중요한 방법이고 무역거래수단이 되었으므로 가능한 한 수출을 많이 하고 수입을 적게 하여 금과 은이 자국에 많이 쌓이는 것을 선호하는 것이다. 이러한 중상주의 정책하에서는 정부는 가능한 한 수입을 억제하고 수출을 장려하는 정책을 실시하였다. 이와 같은 목적을 위해 수입은 관세나 쿼터에 의해서 제한이 되었고 수출은 보조금을 지급하여 장려하였다. 그러나 이러한 중상주의 정책의 가장 큰 오류는 무역을 한 나라가 이익을 보면 다른 나라는 반드시 손해를 보는 제로섬게임으로 파악한 것이다. 즉 무역으로 발생하는 새로운 가치의 창출은 등한시한 채, 고정된 가치를 어느 나라가 더 많이 차지하는가의 경쟁관계로만 본 것이 중상주의자들의 가장 큰 오류라고 볼 수 있다. 애덤 스미스는 무역은 제로섬게임이라는 중상주의자들의 주장을 비판하고 각국이 생산성이 높은 재화(생산에 있어서의 절대적인 우위를 가진 제품)의 생산에 특화하고 이러한 재화를 다른 나라에서 특화되어 생산된 제품과 교환함으로써 전체적인 부의 증대가 가능하다고 보았다. 예로 영국과 프랑스가 각각 직물과 포도주를 생산하여 교환하는데 각 나라에서 한 단위의 재화를 생산하는 데 필요한 노동의 단위수가 영국의 경우 모직물이 10이고 포도주가 20인 반면, 프랑스의 경우에는 모직물과 포도주가 모두 20이라 가정하자. 이 가정하에서 영국은 직물생산에서 절대우위에 있고, 프랑스는 포도주생산에서 절대우위에 있게 된다. 영국은 20단위의 노동을 포도주생산에 투여하면 한 단위의 포도주밖에 얻을 수 없지만, 이를 직물생산에 투입하면 두 단위의 직물을 생산하게 되고, 이를 프랑스의 포도주와 교환하게 되면 네 단위의 포도주를 얻을 가능성이 있기 때문이다. 프랑스의 경우도 같다. 그러므로 양국은 절대우위에 있는 재화를 생산하는 데 특화하여 교환함으로써 그렇지 않은 경우보다 더 많은 재화를 획득할 수 있게 된다. 이것이 국제분업을 통하여 얻는 이익이다.

그러나 절대우위가설은 생산비상 절대우위의 것이 없는 나라와 모두 절대우위에 놓여 있는 나라 사이의 무역이론을 설명하기에는 어려운 취약점을 지니고 있다. 그리하여 데이비드 리카도(David Ricardo)의 '비교우위론(comparative advantage theory)'이 등장하였다. 절대우위론은 한 나라가 다른 나라에 대하여 모든 재화의 생산에 있어서 절대적으로 우위가 있을 때에는 두 나라 간에 무역이 발생하지 않는 것처럼 설명하고 있다. 그러나 비교우위론에 따르면 설령 한 나라가 다른 나라에 대해서 모든 재화에 대해 절대우위 또는 절대열위에 처해 있다고 할지라도 상대적인 효율성이 높은 산업에 전문화함으로써 두 국가 모두에게 무역의 이익이 발생한다. 즉 비교우위는 자국에서 생산된 상품이 외국에서 생산된 상품과 비교하여 상대적으로 생산비가 싼 비교우위에 있는 상품일 때 각국은 이를 특화하여 다른 국가와 무역을 하는 것이 유리하다는 무역이론이다. 예를 들면, 중국과 미국의 가상적인 두 국가가 양복과 컴퓨터를 생산한다고 가정하고 중국에서 양복과 컴퓨터 1단위를 생산하는 데 필요한 노동시간이 각각 10시간, 15시간이고, 미국에서는 9시간, 8시간이라고 할 때 미국은 양복과 컴퓨터 모두 절대적 우위에 있으나 상대적 우위인 컴퓨터 생산에 주력하고, 중국은 두 재화 모두 절대적 열위에 있으나 상대적 우위인 양복생산에 주력하여 양국이 함께 상대적 열위에 있는 상품을 수입하는 것이 국내에서 자급자족하는 것보다 이익을 얻을 수 있다. 그리고 중국은 더 많은 양복을 생산할 수 있고, 미국은 더 많은 컴퓨터를 생산할 수 있기에 세계의 총생산은 증가할 것이고, 두 국가 또한 서로 무역을 함으로써 더 많은 것을 얻을 수 있다.

여기에서 보듯이 한 국가가 자유무역으로부터 얻을 수 있는 실질적인 이익은 무역으로 인해 크게 증가하는 추가생산이 된다. 무역효과를 살펴보기 위해 양복 한 벌에 중국에서는 250달러에 시장에서 거래되고 있는 반면 미국에서는 같은 양복이 한 벌에 500달러에 거래된다고 하자. 그런데 자유로운 교역의 결과 양복 한 벌에 대한 국제가격은 350달러에 형성되었다고 하면 중국과 미국은 무역으로 어떠한 효과를 가졌겠는가?

다음 그림에서 보듯이 수출국인 중국의 경우 새로운 국제가격에서 소비자잉여는 감소하고 생산자잉여는 소비자잉여의 감소를 상쇄하고도 남을

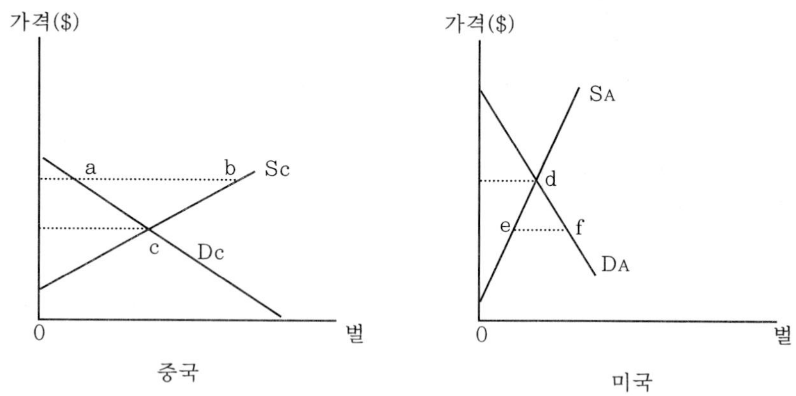

‖ **그림 3-3** ‖ 비교우위에 따른 경제적 총잉여의 변화

정도로 크게 증가한다. 결과적으로 자유무역으로 사회 전체의 순후생은 ▽abc만큼 증가한다. 반면, 수입이 크게 증가하는 미국의 경우 소비자잉여가 생산자잉여의 감소를 상쇄하고도 남을 만큼 크게 증가하여 사회 전체의 순후생은 △def만큼 증가한다. 제한된 교역이 비교역보다 낫다는 것도 경제적 총잉여의 비교를 통해 알 수 있다.

절대우위나 비교우위 모두 각국이 자신이 절대 혹은 비교우위에 있는 산업에 집중함으로써 생산에 있어서의 효율성이 발생하여 두 국가를 합친 생산량은 크게 증대한다는 점을 강조하였다. 즉 절대 혹은 비교우위가 발생하는 근본적인 원인은 각국마다 서로 다른 제품을 생산하는 데 있어서의 생산성의 차이가 있기 때문이다. 예를 들어, 비교우위론에 따르면 각 국가들이 비교우위를 바탕으로 특화한다면, 다른 재화 생산의 감소는 없으면서도 동일한 자원으로 세계는 최소한 그 재화를 더 많이 생산할 수 있게 되기 때문에 주어진 자원을 보다 효율적으로 사용하게 되는 것이다.

오늘날 세계무역기구 체제하에서 대부분 국가의 정부는 자유무역의 증진을 위한 환경 조성에 노력하고 있다. 그러나 어느 생산이 비교우위가 있고, 또는 무엇을 생산해야 하는가의 문제에는 개입하지 않는다. 오늘날의 세계는 시장경제이기 때문에, 개인 소비자 또는 기업이 무엇을 구입하고, 국내 또는 해외에서 구입할지를 결정하기 때문이다. 예를 들어, 소비자가 가장 낮은 가격에 상품을 구입할 수 있다면 당연히 그 상품에 대해 상대우위가 있는 국가의 상품을 구입할 것이고 해당 국가는 그 상품의 생산은 증가시키고, 다른 상품의 생산을 감소시킬 것이다. 따라서 해당 국가는 비교우위가 있는 상품생산에 특화의 정도를 높여갈 것이다. 이와 같은 논리는 단순한 예에서 뿐만 아니라 그 이상에서도 적용된다. 즉 여러 국가와 수많은 상품의 경우에도 적용된다. 또한 한 국가가 생산에 노동만을 사용하지 않고 다양한 생산요소를 사용하는 경우에도 적용된다.

그런데 현실경제에서는 무역규모가 감소하기도 하고, 불완전한 특화가 나타나기도 하는데 몇 가지 이유를 살펴보자. 첫째, 국경을 넘어 무역을 할 때 수송비가 높거나 거래에 따른 비용이 높을 경우 무역은 감소하거나 전혀 이루어지지 않을 수도 있다. 둘째, 어떤 경우에는 대국(large country)과 소국(small country) 사이에 교역이 이루어지기도 하는데 소국이 한 상품에 대해 완전하게 특화를 한다고 해도 그 국가의 생산량이 대국의 수요량에 미치지 못하는 경우도 있다. 참고로 경제학에서 소국과 대국은 국제사회에 영향을 미칠 수 있는 정도로 구분한다. 셋째, 일반적으로 생산이 증가함에 따라 기회비용이 불변이라고 가정하는데 생산이 증가하면 기회비용도 증가하기 때문에 결국 무역이 성립되면 완전한 특화는 사실상 어렵게 된다. 넷째, 무역에 대한 정부의 장벽이 있을 경우이다. 기회비용의 개념에 대해서는 제5장 2절을 참고할 수 있다.

비교우위를 결정하는 가장 큰 요인은 한 국가가 사용 가능한 특정 자원에 대해 상대적으로 많은 부존량을 보유할 때이다. 즉 그 자원을 집중적으로 사용하는 재화의 생산에 비교우위를 갖게 되기 때문이다. 그러나 뒤에서 살펴보겠지만 많은 국가의 성장의 경험을 보면 자원의 부존량에 따른 자원배분의 결과가 아니었다. 또한, 어떤 국가에서는 과거에 생산하던 재화에 대한 비교우위를 높은 수준으로 유지하기도 하는데 이 경우 처음에 왜 이 재화가 생산되었는지는 중요하지 않다.

그렇다면 특화 후 무역을 하면 국가가 이익이 있음에도 불구하고 왜 많은 사람들은 자유무역을 반대하는가? 무엇보다 자유무역은 전반적으로는 국가의 이익을 발생시키지만, 국가 내 어떤 그룹은 단기적으로 자유무역으로부터 손실을 입기도 하고 또 다른 그룹은 커다란 이익을 얻기도 한다. 그런데 손실을 입는 그룹을 보상하기보다는 일반적으로 그 그룹을 자유무역으로부터 배제시키는 무역정책을 수행함으로써 갈등을 유발시킨다. 게다가 국가 간 자유무역이 각국 모두에게 유리하다는 근거를 제시한 비교우위론은 노동의 동질성을 비롯하여 완전고용, 생산수단의 산업 간 자유이동 등 시장의 완전 작동을 전제로 한 것이다. 게다가 오늘날 많은 국제상거래가 동일 기업 내에서 이루어지고 있거나 혹은 공급자들을 대규모 구매자들의 생산주문에 묶는 계약 의무의 형태로 이루어지고 있듯이 순수한 시장교환을 넘어서 이루어지고 있다. 이는 무역을 통한 이득과 경제성장에 대한 합의가 전통적인 국제무역 이론들에서 얻어진 결론과 일치하지 않을 수 있음을 보여 주는 것이다. 자유무역에 대한 이익과 손실 배분의 문제와 더불어 자유무역의 효과에 대한 의문은 새로운 라운드 합의를 어렵게 하거나 FTA 추진을 둘러싼 사회갈등을 유발시키고 있다. 2005년 초부터 시작되어 우리 사회를 양분시킨 한 · 미 FTA 협상은 그 예다.

제4장 소비자이론과 수요의 법칙 : 한계효용체감의 세계

1. 효용극대화 조건 : 한계효용균등의 법칙

소비자의 경우 개별 소비자가 '효용극대화'를 추구하고—이는 소비 증대를 통해 이루어지는 것으로 상정—제한된 소득(희소성)의 상황에서 가장 커다란 효용을 획득(효율성)할 수 있는 선택행위가 합리적 소비행위라는 것이다. 소비자가 어떤 상품 또는 상품 묶음을 소비함으로써 얻는 주관적 만족감, 즉 효용은 다음의 두 가지 속성을 갖는다. 재화의 소비량에 증가함수라는 조건, 즉 재화의 소비를 증가시킬수록 만족의 절대량은 항상 증가한다는 조건, 그리고 만족의 절대량은 증가하나 그 증가율이 체감하는 한계효용이 체감한다는 조건을 전제로 한다.

일정한 소득을 가지고 있는 소비자가 재화를 소비할 경우 만족이 극대화되기 위해서는 화폐 한 단위당 각 재화의 한계효용이 균등하도록 소비해야 하고, 이를 '한계효용균등의 법칙'이라 한다. 다시 말하면, 한정된 소득을

한계효용(marginal utility, MU) 어떤 재화 한 단위 소비에 의해 추가적으로 더해지는 총효용의 증가분

가진 사람이 서로 다른 복수의 재화를 소비할 때, 각 상품의 한계효용을 가격으로 나눈 값이 같을 때 최대의 효용을 얻을 수 있다. 예를 들어, 소비하는 재화(X, Y, Z)와 각 재화의 가격(P_X, P_Y, P_Z)이 주어졌을 때 효용극대화는 다음 조건에서 성립한다.

$$\frac{MU_X}{P_{X1}} = \frac{MU_Y}{P_{Y1}} = \frac{MU_Z}{P_{Z1}} = \text{화폐 1단위의 한계효용}$$

그리고 소비자의 효용극대화 조건, 즉 한계효용균등의 법칙으로부터 '수요의 법칙'을 도출할 수 있다. 예를 들어, 다른 재화들의 가격은 변화가 없는 상황에서 X재만의 가격(P_X)이 상승($P_{X1} \rightarrow P_{X2}$)하였다고 하자. 그러면 효용극대화 조건은 다음과 같이 변화한다.

$$\frac{MU_X}{P_{X2}} < \frac{MU_Y}{P_{Y1}} = \frac{MU_Z}{P_{Z1}}$$

따라서 소비자는 X재의 소비를 줄이고 Y재와 Z재의 소비를 증가시켜야 효용이 증대할 것이다. X재의 소비가 증대함에 따라 X재의 한계효용은 감소하게 되고, Y재와 Z재의 소비를 증대시킴에 따라 Y재와 Z재의 한계효용들은 감소하게 된다. X재의 소비량 감소와 Y재와 Z재의 소비량 증가는 다음의 조건이 충족될 때까지 진행될 것이다.

$$\frac{MU_X}{P_{X2}} < \frac{MU_Y}{P_{Y1}} = \frac{MU_Z}{P_{Z1}}$$

이처럼 다른 조건이 일정할 때 가격이 상승하면 해당 재화의 수요량은 감소함을 알 수 있다. 즉 '수요의 법칙' 은 다른 조건이 일정할 때 어떤 재화의 가격이 하락/상승하면 해당 재화의 수요량이 증가/감소한다는 현상을 말한다. 어떤 재화의 가격은 소비자가 그 재화의 소비를 통해 얻는 효용에 대한 화폐가치를 의미한다. 따라서 재화의 가격이 하락해야 수요량을 증가시킨다는 수요의 법칙은 소비를 증대시킴에 따라 한계효용이 하락해야만 성립하는 것이다. 이처럼 수요의 법칙은 '한계효용의 체감'을 반영한다. 수요의 법칙을 그림으로 표시한 수요곡선도 한계효용체감의 법칙으로 설명할 수 있다. 개별 소비자의 수요곡선은 해당 상품의 가격에 대해 개별 소비자가 수요하려는 양의 관계들을 그림으로 옮긴 것이다. 다른 조건이 일정할 때 가격과 수요량 간에는 마이너스(−)의 관계가 존재하기 때문에 수요곡선은 우하향한다. 다시 말해 소비자는 수요를 증가시킴에 따라 한 단위 소비의 증가에 따른 추가효용(한계효용)이 감소(체감)하고, 따라서 가격이 하락해야만 추가적인 소비를 하려고 할 것이다. 우하향하는 수요곡선 역시 한계효용균등의 법칙으로부터도 도출할 수 있다.

2. 무차별곡선과 예산선

앞에서 소비자이론의 분석은 이해를 돕기 위해 소비자가 소비함으로써 얻은 효용을 구체적인 수치로 나타낼 수 있다는 가정에 기초하였다. 그런데 소비자가 느끼는 주관적인 만족의 정도를 구체적 수치로 표현한다는 것은 쉽지가 않다. 사실 소비자가 어떤 상품을 더 선호하는지의 여부만 알더라도 소비자이론의 분석은 가능한데 이것이 '무차별곡선(indifference curve)' 개념이다. 무차별곡선은 소비자에게 동일한 수준의 효용을 주는 상품 묶음들의 집합을 그림으로 표현한 것이다. 즉 무차별곡선 위에 있는 상품 묶음 사이에는 선호의 차이가 없다. 그리고 효용개념을 전제로 무차별곡선은 우하향하고, 원점에서 멀리 떨어질수록 더 높은 수준의 효용을 의미하고, 무차별곡선은 서로 교차할 수 없고, 원점에 대해 볼록한 특성을 갖는다. 무차별곡선의 기울기가 되는 '한계대체율(marginal rate of substitution, MRS)'은 두 상품이 소비자의 효용에 아무 변화가 없으면서 어떤 특정한 비율로 대체될 경우의 비율을 의미한다. 그런데 무차별곡선의 우측으로 이동하면서 한계대체율은 점차 감소하는데 이를 '한계대체율 체감의 법칙'이라 한다. 무차별곡선이 원점에 대해 볼록할 경우 한계대체율

체감의 법칙이 성립한다. 특수한 무차별곡선으로 두 상품이 완전대체재일 경우 우하향의 직선이 되고, 완전보완재일 경우에는 'ㄴ' 자 모양이 된다.

이처럼 무차별곡선이 주어졌을 때 소비자는 가능한 원점에서 가장 멀리 떨어져 있는 무차별곡선을 선택하면 최대의 효용을 획득할 수 있다. 그러나 소비자는 소득의 제약으로 예산제약의 범위 안에서 효용극대화를 추구할 수밖에 없다. 예를 들어, 소비자가 두 상품 X와 Y를 을 소비하고 두 상품의 가격이 P_X와 P_Y라 가정할 때 소비자의 소득(M)에서 최대한 소비를 할 수 있는 상품의 양은 다음의 조건에서 제한된다.

$$M = P_X * X + P_Y * Y$$

소비자는 예산선상의 어떤 점뿐만 아니라 예산선과 XY축 사이에 위치한 어떤 점도 선택할 수 있다. 그런데 주어진 소득을 모두 지출해 구입할 수 있는 상품 묶음은 예산선상에 있을 것이다. 따라서 예산제약하에서 소비자에게 최대의 효용을 만족시켜 주는 상품 묶음의 선택은 원점에서 가장 멀리 떨어져 있는 무차별곡선이 예산선과 한 점에서 만날 경우가 될 것이다. 즉 무차별곡선의 기울기와 두 상품의 상대가격비율과 같은 경우가 된다.

$$MRS(= \frac{MU_X}{MU_Y}) = \frac{P_X}{P_Y} \qquad \text{혹은} \qquad \frac{MU_X}{P_X} = \frac{MU_Y}{P_Y}$$

마지막 조건은 화폐 1단위당 한계효용이 서로 같아지도록 선택할 경우 효용이 극대화된다는 것을 말해 준다. 따라서 무차별곡선과 예산선을 통해 소비자이론을 분석하더라도 결과는 한계효용균등의 법칙과 동일하다. 또한, 무차별곡선과 예산선을 이용하여 가격의 변화에 따른 최적 선택이 어떻게 변화하는지 알 수 있다. 즉 다른 조건의 변화가 없이 한 상품의 가격만 계속 변화할 때 소비자의 선택점이 어떻게 변화하는가를 보여 주는 곡선이 '가격소비곡선(price-consumption curve, PCC)'이고 이를 통해 수요곡선도 도출할 수 있다.

3. 가격효과

이처럼 예산선과 무차별곡선을 이용하여 가격 변화만에 따른 소비자의 선택점의 변화를 보여 주는 가격소비곡선은 가격이 하락할 경우 소비자는 수요량을 증가시키고 있음을 보여 준다. 여기서 어떤 상품의 가격의 변화에 따른 해당 상품의 수요량의 변화를 '가격효과'라 하는데 가격효과는 '대체효과(substitution effect)'와 '소득효과(income effect)'로 구분하여 이해할 수 있다. 대체효과는 어떤 상품이 다른 상품에 비해 상대적으로 더 싸졌기 때문에 이의 소비량이 늘어나는 것을 의미하고, 소득효과는 상품가격의 하락에 따른 실질소득의 변화가 가져오는 수요량의 변화를 말한다. 따라서 대체효과는 가격 변화 이전의 상태(E)에서 원래의 무차별곡선이 새로운 상대가격의 비율의 예산선과 만나는 점(E′)으로의 이동을 의미하고, 소득효과는 하락에 따른 상대가격비율의 변화에 따른 새로운 예산선이 새로운 무차별곡선과 만나는 가격점으로 이동(E″)한 것을 의미한다(〈그림 4-1〉 참고).

일반적으로 정상재의 경우에는 대체효과와 소득효과가 같은 방향으로 작용한다. 그러나 열등재의 경우에는 대체효과와 소득효과가 서로 다른 방향으로 작용하지만 대체효과가 소득효과보다 크기 때문에 수요의 법칙이 성립하는 반면, 특수한 열등재인 기펜재(Giffen goods)의 경우에는 대체효과보다 소득효과가 크기 때문에 수요의 법칙이 성립하지 않는다.

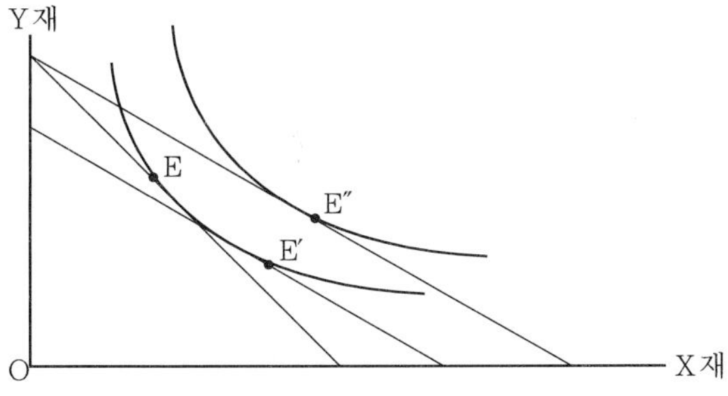

‖ **그림 4-1** ‖ 대체효과와 소득효과

‖ **표 4-1** ‖ 가격 하락의 경우 가격효과

	대체효과(s)	소득효과(i)	가격효과(s+i)
정상재	+	+	+
일반열등재	+	−	+
특수열등재(기펜재)	+	−	−

가격효과는 일반적으로 수요량과 관련하여 얘기되고 있지만 공급량에도 적용할 수 있다. 예를 들어, 임금의 변화가 노동공급량에 미치는 영향의 정도나 이자율의 변화가 대부자금의 공급량(저축)에 미치는 영향을 가격효과로 이해할 수 있다. 대부분의 가계소비자들은 노동의 공급자이기도 하다. 하루 24시간을 가지고 있는 소비자에게 노동의 공급은 여가(자유시간)의 감소를 의미한다. 소비자가 자신의 노동을 판매할 경우 여가(효용)의 감소를 임금소득(효용)으로 보상받는 것이다. 즉 소비자는 자신의 시간 중 노동과 여가의 배분을 노동과 여가 한 단위에서 얻는 효용이 같도록 할 것이다. 이제 임금이 증가하게 되면 노동의 공급량이 어떻게 변화할 것인가 살펴보자. 단위 노동(시간)당 임금이 증가함으로써 한 단위 노동으로부터의 효용(임금)이 한 단위 여가에서 얻는 효용보다 크게 된다. 따라서 효용극대화를 추구하는 소비자는 여가를 줄이고 노동의 공급을 늘릴 것이다. 즉 임금이라는 가격이 상승함에 따라 효용이 상대적으로 더 커진 노동의 선택을 늘리고 여가를 줄인 것이기에 대체효과에 해당한다. 반면 한 단위 여가로부터 얻는 효용은 소득이 높아질수록 커지기 때문에 임금이 증가하여 소비자의 소득이 증가하면 상대적으로 효용이 더 커진 여가에 대한 선택이 노동보다 증가하게 되고 이를 소득효과라 할 수 있다. 임금 증가에 따른 노동공급의 탄력성은 이 두 가지 효과를 비교하여 결정될 것이다. 소득효과가 대체효과보다 크면 노동공급은 감소할 것이다. 노동의 공급곡선이 임금 증가에 따라 우상향하다가 임금이 일정 수준 이상이 되면 임금이 증가하더라도 노동의 공급량이 감소하는, 즉 노동공급곡선이 후방굴절하는 이유를 가격

효과에 의해 설명할 수 있다. 실제로 지난 역사를 돌아보면 노동시간은 짧아지고 실질임금은 증가했다. 노동시간의 지속적인 단축은 이론적으로 볼 때 생산성 증대로 인해 노동자에게 할당되던 수익이 소득 증대와 여가시간의 확대로 분배되는 과정에서 나타나는 현상이었다.

마찬가지로 대부자금 시장의 가격인 이자율이 변화할 때 대부자금의 공급량(저축)은 어떻게 변화할 것인가도 가격효과로 설명할 수 있다. 개인의 소득을 (현재)소비와 저축(미래소비)으로 구분할 수 있을 때 같은 조건이라면 (현재)소비에서 얻는 효용이 미래소비에서 얻는 효용보다 크다. 따라서 저축은 (현재)소비를 통해 얻을 수 있는 효용을 유보하는 것을 의미하고, 이 유보에 대한 보상이 이자소득으로 이해할 수 있다. 즉 개인은 자신의 소득을 소비와 저축 한 단위에서 얻을 수 있는 효용이 같아지도록 배분할 것이다. 이런 균형상태에서 이자율이 상승하게 되면 (현재)소비의 기회비용이 증가하여, 즉 미래소비인 저축에서 얻는 효용이 (현재)소비에서 얻는 효용보다 크게 되기 때문에 (현재)소비를 줄이고 저축을 증가시킬 것이다. 이를 대체효과라 할 수 있다. 반면 이자율이 상승하면 보다 일정한 미래소비를 위해 필요한 소득을 확보하기 위한 저축의 양은 감소할 것이다. 즉 이자율이 상승하면 (현재)소비를 증가시키고 저축을 감소시키는데 이를 소득효과로 생각할 수 있다. 이처럼 이자율 상승에 따른 저축의 변화는 대체효과와 소득효과의 크기에 달려 있다. 지난 몇 년간 저이자율 추세 속에서도 저축의 증가 현상을 경험하였는데 이를 가격효과로 이해할 수 있다.

현재 우리나라는 세계에서 가장 빠른 속도로 고령화가 진행되고 있다. 최근 저축률 하락에도 불구하고 저축이 증가하는 현상은 '고령화사회(Aging society)'의 주요 특징이다. 일반적으로 65세 이상 연령층이 7%를 넘으면 '고령화사회'로 보는데 한국의 경우 2000년 8월 노인인구 비중이 7%를 넘어섰다. 이 비율은 2019년 14.4%까지 올라갈 전망이다. 일반적으로 '고령화사회'에서 65세 이상 인구 비중이 14% 이상이 되는 '고령사회(Aged society)'로 진입하는 데 영국 45년, 프랑스 115년, 서독 45년, 스웨덴 85년이 걸린 반면, 한국의 경우 불과 19년이 소요될 것으로 예상한다.

저이자율 추세와 더불어 고령화사회가 전개되면서 사람들의 저축 행태는 크게 변화하고 있다.

또한, 저축이 이자율에 어떻게 반응하는가는 조세정책에 중요한 영향을 미친다. 예를 들어 저축을 증대시키기 위해 이자소득과 같은 금융소득에 대한 조세 인하를 주장하려면 대체효과가 소득효과보다 크다는 사실을 입

‖**표 4-2**‖ OECD 국가 고령화 유형(1960년과 2004년 비교)

2004 \ 1960	청장년사회 (7% 미만)	고령화사회 (7~14%)	고령사회 (14~20%)
청장년사회 (7% 미만)	멕시코, 터키	한국, 폴란드, 슬로바키아	
고령화사회 (7~14%)		미국, 캐나다, 호주, 뉴질랜드, 아일랜드, 네덜란드, 포르투갈	영국, 일본, 오스트리아, 벨기에, 덴마크, 핀란드, 프랑스, 그리스, 헝가리, 이탈리아, 룩셈부르크, 노르웨이, 스페인, 스웨덴, 스위스

주 : 한국은 2018년 고령사회, 2026년 초고령사회에 진입할 전망.

‖**표 4-3**‖ 주요국의 노인부양비율 추이 및 전망(단위 : %)

	1980	1990	2000	2030	2050
한 국	6.1	7.4	10.0	37.3	69.4
미 국	16.9	18.9	18.6	32.9	34.9
일 본	13.4	17.2	25.2	51.7	71.3
영 국	23.5	24.1	24.1	40.1	47.3
프 랑 스	21.9	21.3	24.5	39.8	46.7
OECD 평균	18.0	18.8	20.6	37.5	48.9

주 : 65세 이상 노인 인구/20~64세 인구.
자료 : OECD Economic Outlook.

증해야만 한다. 만약 소득효과가 대체효과보다 클 경우에는 금융소득에 대한 조세 인상을 통해 저축의 감소 없이 소득분배를 개선시킬 수 있을 것이다. 최근 우리 사회의 금융자산의 분포를 보면 상위 1% 가구가 전체 금융자산의 19.4%, 상위 5% 가구가 38%, 상위 20% 가구가 71%를 소유할 정도로 부가 집중되어 있다. 상위 5% 계층의 개인 금융자산 총액 862조 원은 2003년 정부예산 111.7조 원의 약 8배에 해당하는 규모다. 상위 20% 가구의 평균 금융자산(2억 1,575만 원)은 하위 20% 계층(346만 원)의 62배에 달하고 있는데, 이러한 자산의 격차는 통계청이 분기별로 발표하는 가계지수동향에 나타난 상위 20%와 하위 20% 간의 소득격차 5배를 훨씬 상회하는 수준이다.[1)]

참고로 은행 이자에 대한 이자소득세는 금융소득 종합과세를 재실시하면서 이자소득세율을 인하하여 22.0%에서 소득세 15%와 주민세 1.5%를 합해 16.5%로 인하되었고, 다시 최근에 이자소득세를 1% 인하하여 소득세 14%와 주민세 1.4% 합해 15.4%가 되었다.

1) 이는 2002년 국민은행이 '금융자산 부채구조 현황'을 조사한 결과에 근거한 것임.

제 5 장 생산자이론과 공급의 법칙 : 유형재의 수확체감의 세계

1. 생산과 생산과정

경제학에서 생산은 투입물(생산요소)을 산출량으로 변환시키는 기술적 행위로 정의된다. 효율성 추구를 목표로 하는 경제학에서 생산능력을 증대시키는 것은 주요 목표가 될 수밖에 없었다. 개념상 생산은 보다 많은 투입물을 사용함으로써, 그리고 같은 투입물로 보다 많은 산출량을 가져다주는 개선된 생산방식(혁신들)에 의해 증가시킬 수 있다. 첫째, 생산물을 만드는 데 필요한 투입물(생산요소)은 '고정투입물(fixed inputs)'과 '가변투입물(variable inputs)'로 구분한다. 전자는 상품생산량과 관계없이 투입량이 언제나 일정한 수준에 유지되는 투입물이고, 후자는 상품생산량이 증가함에 따라 투입량도 증가하게 되는 투입물을 지칭한다. 예를 들어, 제조업의 경우 고정투입물의 대표적 예는 공장이나 기계 등이고, 가변투입물의 대표적 예는 노동력이나 원자재 등이다. 그리하여 제조업을 기반으로 만들어진 경제학에서는 생산함수에 표현하는 대표적 투입물을 물적 자본(K)과 노동력(L)으로 구분하고, 대표적 생산함수를 다음과 같이 표현한다.

$$Q = f(L, K)$$

여기서 Q는 산출량, L은 노동력, K는 물적 자본이다. 참고로 경제학에서 자본은 자신의 가치를 증대시킬 목적을 갖는 화폐라는 점에서 일반 화폐와 개념상 구분한다. 노동력을 가변투입물의 대표적 투입물로, 물적 자본을 고정투입물의 대표 투입물로 상정한 것이다. 예를 들어, 제조업의 경우 고정투입물의 대표적 예는 공장이나 기계 등이고, 가변투입물의 대표적 예는 노동력이나 원자재 등이다. 그리하여 제조업을 기반으로 만들어진 경제학에서는 생산함수에 표현하는 대표적 투입물을 물적 자본(K)과 노동력(L)으로 구분하고, 대표적 생산함수를 'Q=f (L, K)'로 표현하는 것이다.

일정한 기간 동안 사용한 여러 생산요소의 양과 이를 통해 그 기간 동안에 생산할 수 있는 최대한의 상품량 사이의 관계를 나타내는 함수를 '생산함수'라 한다. 생산함수를 그림으로 표현한 것이 생산곡선이다. 이제 투입물과 산출량(총생산) 사이의 관계를 살펴보자. 생산곡선을 표시한 그림에서 X축의 절편은 고정투입물이 된다. 그리고 가변투입물을 증가함에 따라 총생산은 증가하게 되고 가변투입물을 한 단위 늘림에 따라 얻을 수 있는 상품 생산량(총생산)의 증가분을 '한계생산(marginal product, MP)'이라 한다. 그렇다고 한계생산은 가변투입물, 예를 들어 노동에 대한 한계생산(MP_L)만이 존재하는 것은 아니다. 단기에서는 일정한 시설규모 같은 고정투입물이 존재하지만 장기에서는 공장이나 설비의 규모도 바꿀 수 있다는 점에서 모든 투입물이 가변적이기 때문이다. 즉 고정투입물에 대한 한계생산, 예를 들어 자본의 한계생산(MP_K)도 존재한다. 가변투입물을 늘려 나감에 따라 어느 단계에서 한계생산이 줄어들기 시작하는 현상이 나타나는데 이를 '한계생산체감 혹은 수확체감의 법칙'이라 한다. 일반적으로 한계생산이 증가하는 부분에서는 생산을 중단할 이유가 없기 때문에 생산곡선은 한계생산이 체감하는 영역만으로 표현하기도 한다.

산업사회의 경제학에서는 이 법칙을 일반화하는 경향이 있으나 가변투입물이 경합성이 없는 지식 및 정보재의 경우 이 법칙은 적용되지 않는다. 이에 대해서는 뒤에서 자세히 살펴볼 것이다. 공급곡선이 우상향하는 이유도 한계생산의 체감을 전제로 한 것이다. 공급의 법칙은 다른 조건이 일정할 때 어떤 상품의 가격이 하락/상승하면 해당 상품의 공급량이 감소/증가한다는 현상을 말한다. 즉 공급의 법칙은 가격이 상승해야만 공급량이 증가할 수 있음을 말해 준다. 왜 그런가? 이는 공급량을 한 단위 증가시킴에 따라 보다 많은 투입물이 요구되기 때문이다. 이는 역으로 산출량을 증가시킴에 따라 한계생산이 점차 감소하고 있음을 의미한다. 다시 말해, 산출량 한 단위 증가시킴에 따라 비용의 증가분, 즉 '한계비용(marginal cost, MC)'이 증가하기 때문이다. 또한, 투입물 한 단위당의 평균적 생산량을 '평균생산(average product, AP)'이라 한다. 한계생산체감의 법칙이 작용할 경우 평균생산의 최대값에서 한계생산과 같고, 평균생산 최대값의 좌측에서는 한계생산이 평균생산보다 크고 평균생산 최대값의 우측에서는 평균생산이 한계생산보다 크게 된다. 반면 한계생산이 일정할 경우 한계생산은 평균생산보다 항상 작을 수밖에 없다.

둘째, 주류경제학에서는 기술진보의 기여를 일정 기간 이후 산출량의 변화 중에서 투입물의 변화로 인해 증가한 산출량의 변화를 제외한 나머지 부분으로 설명한다. 이 나머지 부분을 효율성의 개선으로 부른다. 그림으로 이해하자면, 투입물 변화에 따른 산출량의 변화는 '생산곡선상의 이동'인 반면, 효율성의 개선에 의한 산출량의 변화는 '생산곡선 자체의 이동'을 의미한다. 경제학에서 효율성의 개선은 '총요소생산성(total factor productivity, TFP)' 혹은 '다요소생산성(multi-factor productivity, MFP)'의 증가분으로 측정한다. 흔히, 경제학에서는 총요소생산성의 증가를 기술진보 및 혁신에서 비롯한 것으로 보면서, 이것이 투자율과 개개인이 숙련의 축적을 위해 지출한 시간에 의해 결정된다고 설명한다. 그러나 효율성의 크기는 생산기술의 진보 이외에도 여러 가지 요인들에 영향을 받는다. 경영방식의 개선이나 생산조직의 변화나 근로의욕의 향상은 물론이거니와 제도의 변화, 부패의 정도, 자연재해의 발생, 범죄나 환경오염의 증가 등에 의해서도 영향을 받는다. 경제학에서도 기술진보 혹은 효율성의 개선으로 이해하는 총요소생산성의 증가를 투입물의 변화에 따른 산출량의 변화를 제외한 '잔차항(residual)' 혹은 '설명되지 않는 부분

(unexplained parts)' 혹은 '무지의 측정분(measure of ignorance)' 등으로 표현한다. 즉 경제학의 구조상으로는 정확하게 설명되지 않는 부분이다. 다시 말해 경제학에서 생산성은 '외생변수'인 것이다. 이처럼 주류경제학은 왜 어떤 나라는 보다 많은 투자를 할 수 있고, 왜 개인들마다 새로운 기술을 사용하기 위한 학습에 투입하는 시간의 지출이 상이한가에 대한 대답을 주지 못할 뿐 아니라 투입물과 생산기술로 설명되지 않는 부분을 구체적으로 고려하지 않는다. 경제학에서 사용하는 생산성은 총요소생산성 이외에 단일 요소 생산성이 있는데 '노동생산성'이나 '자본생산성'이 그것들이다. 노동/자본 생산성은 노동/자본 투입물당 산출량으로 정의되기에 노동/자본의 평균생산(AP_L/AP_K)과 같다.

2. 생산비용

경제학에서 얘기하는 비용은 일반인이 생각하는 비용이나 회계학상의 비용과는 다른, '기회비용(opportunity cost)'의 개념이다. 모든 경제주체는 어떤 경제행위를 선택하고 그 선택을 통해 어떤 대가를 얻을 수 있는 반면, 그것을 얻기 위해 포기하는 것이 존재한다. 즉 어떤 경제적 자원의 기회비용은 그것을 얻기 위해 포기해야 하는 모든 것을 의미한다. 따라서 기업의 생산비용은 재화와 서비스를 생산하는 데 따른 모든 기회비용을 포함한다. 기업의 기회비용은 크게 현금지출을 필요로 하는 요소비용인 '명시적 비용(explicit costs)'과 현금지출을 필요로 하지 않는 요소비용인 '묵시적 비용(implicit costs)'으로 구분한다. 예를 들어 어떤 사람이 식당을 운영할 때 종업원이나 요리사의 인건비, 음식재료비, 그리고 음식점의 시설들에 지출한 투자금의 은행차입에 대한 이자비용 등은 명시적 비용에 해당하지만, 임금을 지불할 필요가 없는 자기 자신의 노동력으로 다른 경제활동을 할 경우 예상되는 수입은 묵시적 비용이 된다. 이처럼 경제학에서 말하는 기회비용은 회계학상 비용과 차이가 있기 때문에 경제학상 이윤 또한 회계학상 이윤과 다를 수밖에 없다. '경제학상 이윤'이 기업의 총수입에서 명시적 및 묵시적 비용을 제외한 나머지 부분이라면, '회계학상 이윤'은 기업이 총수입에서 명시적 비용만을 제외한 나머지 부분이다. 즉 회계학상 이윤에는 경제학상 이윤에 묵시적 비용이 포함된다.

비용(TC)은 생산의 결과라는 점에서 고정비용과 가변비용으로 구분할 수 있다. 생산물을 만드는 데 필요한 투입물(생산요소)에 대한 화폐적 지출이 기업의 비용에 해당하기 때문이다. 따라서 '고정비용(fixed costs, FC)'은 고정투입물에 대한 화폐적 지출이고 '가변비용(variable costs, VC)'은 가변투입물(variable inputs)에 대한 화폐적 지출을 의미한다. 그리고 고정투입물은 상품생산량과 관계없이 투입량이 언제나 일정한 수준에 유지되는 투입물이고, 가변투입물은 상품생산량이 증가함에 따라 투입량도 증가하게 되는 투입물을 지칭한다. 그리고 앞에서 설명했듯이 상품생산량을 한 단위 증가시키는 데 추가적으로 드는 비용을 한계비용이라 하고, 상품 한 단위당의 생산비용을 '평균비용(average cost, AC)'이라 한다. 한계생산이 체감한다는 것은 한계비용이 체증한다는 것을 의미한다. 비용곡선은 투입물을 x축 그리고 산출량을 y축으로 표현한 생산곡선을 45° 선, 즉 y=x를 대칭으로 이동시킨 것이다. 따라서 비용곡선의 y축 절편이 고정비용이 된다. 생산곡선과 마찬가지로 한계비용이 체감하는 경우에는 생산 중단을 고려할 필요가 없기 때문에 비용곡선은 한계비용이 체증하는 영영으로만 표현하기도 한다. 그리고 한계비용의 체증을 가정할 경우 평균비용의 최소값에서 한계비용과 같고 평균비용의 최소값 좌측에서 평균비용은 한계비용보다 크고 평균비용의 최소값의 우측에서 한계비용이 평균비용보다 크다. 반면 한계비용이 일정할 경우에는 한계비용은 평균비용보다 항상 작을 수밖에 없다.

비용 역시 단기와 장기로 나누어 생각할 수 있는데 장기생산곡선에 대응한 것으로 장기비용곡선이 존재할 수 있다. 한계생산체감의 법칙이 작용할 경우 장기평균비용곡선은 U자 모양을 갖게 되는데 장기평균비용의 최소값의 좌측 영역에서는 '규모의 경제(economies of scale)'가 존재하고, 우측

영역에서는 '규모의 불(비)경제(diseconomies of scale)'가 존재한다. 즉 생산의 규모가 커질수록 생산단가가 낮아질 때 규모의 경제가 있다고 말하고, 규모가 커짐에 따라 생산단가가 높아지는 경우에는 규모의 불경제가 있다고 말할 수 있다. 그리고 "평균비용이 최소가 되는 산출량 수준"을 '효율적 산출량(efficient scale)'이라고 한다. 규모의 경제와 불경제는 비용탄력성과도 관계가 있다. 비용탄력성은 산출량이 증가함에 따라 평균비용(≡총비용/산출량)의 변화를 측정하는 지표다. 산출량이 증가함에 따라 평균비용이 하락/상승하면 '규모의 경제/불(비)경제'가 존재한다고 말하고, 평균비용이 산출량과 관계없이 일정하면 '규모에 대한 수확불변'이라고 한다. 분업과 전문화를 통해 규모의 경제를 달성한 것이 바로 현대사회가 지금과 같이 물질적 풍요를 누릴 수 있는 이유다. 예를 들어 현대적인 조립라인으로 생산방식을 운영하기 위해서는 많은 노동자가 각자의 직무에 특화해야 하므로 규모의 경제가 성립한다. 또한, 비용탄력성은 한계비용(MC)을 평균비용(AC)으로 나눈 값으로 이해할 수 있고 따라서 전자가 후자보다 큰 영역(규모의 경제 영역)에서는 비용탄력성이 1보다 크고 반대(규모의 비경제 영역)의 경우 비용탄력성은 1보다 작게 된다.

$$\text{비용탄력성} \equiv \frac{\text{비용의 변화율(\%)}}{\text{산출량의 변화율 변화율(\%)}} \gtreqless 1 \Leftrightarrow \begin{array}{l}\text{규모이 불(비)경제}\\ \text{규모에 대한 수확불변}\\ \text{규모의 경제}\end{array}$$

분업과 전문화를 통해 규모의 경제를 얻을 수 있다면, 다각경영을 통해서는 '범위의 경제(economies of scope)'를 얻을 수 있다. 즉 한 기업이 여러 상품을 동시에 생산함으로써 비용상의 이점이 생길 때 범위의 경제가 있다고 말한다. 범위의 경제가 나타날 수 있는 대표적 예가 '결합생산물(joint products)'의 경우다. 즉 어떤 종류의 상품들은 그 성격상 같은 기업에 의해 함께 생산되는 경우 자연스러운데 이런 상품들을 결합생산물이라 부른다. 예를 들어, 구두와 핸드백, 닭고기와 계란 등을 결합생산물이라 할 수 있다. 결합생산이 일어나는 것은 생산과정에서 어떤 투입물이 '공동투입물(joint inputs)'의 역할을 하기 때문이다. 사실 공동투입물이 아니더라도 생산시설이나 유통망, 그리고 심지어 연구개발(R&D)의 경우 여러 가지 다른 상품을 생산 · 판매하는 데 공동으로 사용될 수 있는 투입물이 존재할 경우에도 범위의 경제가 발생할 수 있다. 만약 여러 가지 생산라인을 갖고 있는 거대기업을 여러 개의 독립된 기업으로 분할시켜야 하는가의 문제에서 이 범위의 경제는 중요한 고려사항이 될 수 있다. 만약 범위의 경제가 현저하게 존재한다면 인위적으로 여러 개의 독립된 기업으로 분할하는 것은 비효율성을 유발할 수 있다. 한국 재벌기업의 다각경영도 이에 해당할 수 있다. 과거 인위적인 업종전문화 정책이 실패한 연유도 이에서 비롯한다.

3. 등량선과 등비용선

이론적으로 이윤을 극대화시키기 위해서는 일정한 비용으로 수입을 극대화, 즉 산출량을 극대화하거나 일정한 산출량을 만들어 내기 위해 비용을 최소화시키면 된다. 이를 등량(곡)선과 등비용(곡)선으로 설명할 수 있다. 등량선과 등비용선은 두 개의 가변투입요소를 고려할 경우 생산과정을 분석하는 데 사용한다. 등량선은 똑같은 상품의 양을 생산할 수 있게 만드는 생산요소의 조합들로 구성된 집합을 그림으로 나타낸 것이고, 등비용선은 주어진 총지출의 한도 안에서 구입할 수 있는 노동과 자본의 조합을 그림으로 옮겨놓은 것이다. 등량선에는 네 가지의 성격이 있다. ① 우하향한다. ② 원점에서 멀리 떨어진 등량선일수록 더 높은 생산량을 뜻한다. ③ 두 등량선은 서로 교차하지 않는다. ④ 등량선은 원점에 대해 볼록한 모양을 갖는다. 등량선의 마지막 성격은 '한계기술대체율(marginal rate of technical substitution, RTS)' 체감의 법칙을 전제로 한 것이고, 이는 다시 한계생산물체감의 법칙을 전제로 한 것이다. 한계기술대체율이란 자본투입량을 일정한 양만큼 줄이고 노동투입량을 일정한 양만큼 늘려도 생산량에 변화가 없다면 생산과정에서 자본과 노동이 바로 그 비율로 대체될 수 있다는 것을 뜻하는데, 이 비율을

'한계기술대체율'이라 한다. '한계기술대체율체감의 법칙'은 등량선 위에서 오른쪽으로 움직여 감에 따라 한계기술대체율이 점차 작아지는 현상이 나타난다는 것을 의미한다. 즉 노동과 자본 두 투입요소를 사용하여 생산할 때 한계기술대체율은 다음과 같이 정의한다.

$$RTS \equiv \frac{MP_L}{MP_K}$$

이제 기업의 이윤극대화 조건은 산출량을 일정하게 가정할 경우에는 총지출을 최소화시키는 것이고, 총지출을 일정하게 가정할 경우에는 산출량을 최대화시키는 것이 된다. 전자는 등량선이 주어졌을 때 등량선과 한 점에서 접하는 등비용선을 찾는 문제고, 후자는 역으로 등비용선과 한 점에서 접하는 등량선을 구하는 문제일 것이다. 결국 이윤극대화는 한계기술대체율이 노동과 자본의 상대적 가격비율인 등비용선의 기울기와 같을 때 가능해진다. 즉 비용선을 다음과 같이 규정할 때 이윤극대화를 추구하는 기업은 한계기술대체율(RTS)과 두 생산요소의 가격비율이 같아지도록 생산요소를 고용할 것이다.

$$C = wL + rK$$

여기서 C는 생산에 지출된 총비용, L과 K는 생산에 투입된 가변투입물 노동과 고정투입물 자본의 양, w와 r은 노동력과 자본의 한 단위당 가격으로 정의한다.

$$RTS \equiv \frac{MP_L}{MP_K} = \frac{w}{r} \qquad \text{혹은} \qquad \frac{MP_L}{w} = \frac{MP_K}{r}$$

즉 노동의 구입에 지출한 화폐 한 단위당의 한계생산이 자본의 구입에 지출한 화폐 한 단위당의 한계생산과 같아야 가장 적은 비용으로 생산할 수 있다.

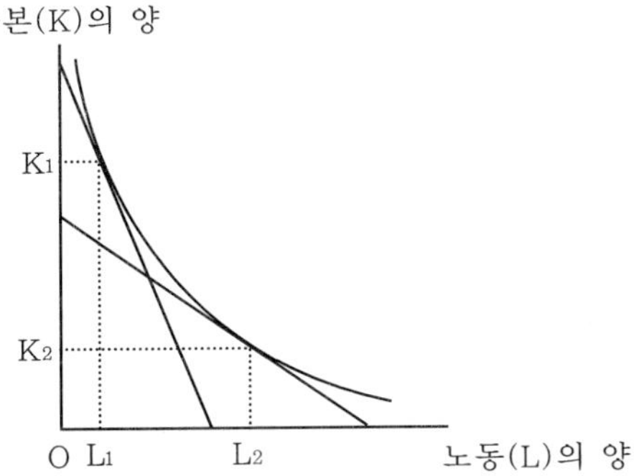

‖ **그림 5-1** ‖ 등량선과 등비용선

4. 생산기술과 산업

각 생산물은 각각의 고유한 기술 특성을 내포한다. 이는 각 산업이 투입물과 산출량 간의 고유한 관계를 갖고 있음을 의미한다. 이를 생산과 비용 개념을 통해 살펴보자. 예를 들어, 제조업의 경우 경공업과 중화학공업은 산업의 특성에서 커다란 차이를 보인다. 섬유산업의 경우 고정 투입물/비용이 총 투입물/비용에서 차지하는 비중이 크지 않지만, 산출량을 증대시킴에 따라 가변 투입물/비용에 대한 의존도가 높아진다. 그리고 한계생산체감/한계비용체증의 법칙이 작동된다. 따라서 섬유산업 같은 경공업의 경우 기업의 최적 생산수준, 즉 '평균비용이 최소가 되는 산출량 수준'인 '효율적 산출량'은 크지 않고, 따라서 해당 산업의 공급자는 다수가 존재할 수 있다.

반면 자동차산업 같은 중화학공업의 경우 초기 투자 혹은 고정 투입물/비용이 총 투입물/비용에서 차지하는 비중이 매우 크다. 그리고 중화학공업의 경우 역시 경공업과 마찬가지로 일반적으로 한계생산체감/한계비용체증의 법칙이 작동된다고 할 수가 있다. 따라서 기업의 최적 생산수준은 산출량의 규모가 커야만 가능하고, 따라서 해당 산업의 공급자는 소수만이 존재할 수 있다. 다시 말해 경공업은 경쟁적인 시장구조가, 중화학공업은 독과점 시장구조가 형성될 가능성이 높다. 실제로 19세기 말에 제2차 산업혁명이 가져온 중화학공업 중심의 산업구조는 독과점 시장구조의 형성과 맥을 같이 했다. 이처럼 중화학공업이 독과점적 시장구조를 형성하고 있는 이유는 그 산업의 생산기술 특성과 깊은 관계를 갖고 있다. 따라서 이러한 산업을 인위적으로 경쟁적인 시장구조로 만들 경우, 즉 많은 기업이 공급할 경우 시장을 소규모로 분할한 각 기업들은 최적의 생산수준을 달성할 수 없다. 그리고 최적의 생산규모를 추구할 때 시장은 과잉생산에 직면한다. 규모의 경제를 갖는 산업은 시장이 경쟁적으로 될 수 없고, 시장에 맡길 경우 독과점의 비효율성을 피할 수 없다. 이처럼 독과점의 성립은 새로운 기술혁신으로 유발된 불가피한 측면이 존재한다. 이론적으로 총비용 중 고정비용의 비중이 증대함에 따라 평균비용이 최저점에 도달하는 최적의 생산규모 또한 증대한다. 즉 총비용(≡가변비용+고정비용) 중 고정비용의 비중이 증대할수록 한계비용은 낮아지고 (한계비용에 설정한 가격이) 평균비용을 보상해 주는, 즉 한계비용과 평균비용이 일치하는 최적의 생산규모는 매우 클 수밖에 없다. 그 결과 시장은 독점구조가 될 수밖에 없다. 최적의 생산규모를 여러 기업이 나누어 생산할 경우, 즉 시장이 경쟁적일수록 기업은 효율적으로 자원을 배분할 수 없기 때문이다.

역설적으로 시장의 역사적 변화과정을 보면 기술진보가 경쟁의 측면을 약화시키는 경향이 있다. 18세기 후반부터 19세기 전반까지 진행된 제1차 산업혁명의 기술적 특성은 산업구조를 경쟁적 시장구조로 만들었다. 그러나 18세기 말에 영국에서 본격적으로 건설되기 시작한 공장은 19세기에 구미제국에 확산되었고, 1870년대 이전까지 서구의 주요 국가들에서 제1차 산업혁명이 완료됨에 따라 국민경제 간 및 산업자본 간에 경쟁이 심해진다. 서구제국의 공업화는 1870년대 이후 제2차 산업혁명이라 부르는 공업기술상의 새로운 변혁을 기축으로 새로운 단계에 진입했다. 제1차 산업혁명이 면공업의 기계화를 중심으로 하는 소비재생산 부문의 기술혁신이었다면, 공업화 확산 및 그에 따른 경쟁의 격화로 나타난 제2차 산업혁명은 기계제의 완성을 추구한 철강 · 전기 · 화학 · 동력산업 등 중화학공업 중심의 기술혁신이었다.

예를 들어 철강공업에서 베세머 제강법(1856), 지멘스 · 마르탱 평로 제강법(1867), 염기성 베세머 제강법(1878) 등 일련의 새로운 제강법이 도입되면서 양질의 저렴한 철강의 대량생산이 가능해져 공업일반에 커다란 전 · 후방효과를 가져왔다. 또한 화학공업에서는 합성염료 생산방법의 개발, 유산 및 소다 제조방법의 개량, 폭약개발(노벨의 다이너마이트 발명, 1898년 퀴리부부의 라듐 발견), 인조감미료, 인견 및 플라스틱 등의 합성제품의 생산에 기여했다. 전기산업에서는 1831년에 패러데이(Faraday)의 전류 발견을 기초로 발전기가 발명(1867)되어 전기가 산업화되었고, 그 결과 전기기계(1877년과 1879년 에디슨의 축음기 및 전등 발명), 통신(1895년 Marconi의 무선전신 발명), 전화(1876년 벨의 전화기 발명), X선(Rontgen, 1895) 등의 발달을 가져왔을 뿐만 아니라 동력 · 전기 · 도금 · 전기분해 · 전기로 등에 이용되었다. 19세기 말에 발생한 제2차 산업혁명은 산업과 자본의 집중을 가져왔다. 공업화가 심화되고 외연적으로 확대되면서 자본은 이윤을 안정적으로 확보하고 나아가 고이윤을 유지하기 위해 자유경쟁을 지양하고, 해당 산업에서 지배력을 확보하기 위해 기업규모의 확대나 기업통합, 즉 생산의 집적과 집중을 통해 독점자본을 성립시켰다. 이윤을 유지하기 위해 자본은 경쟁을 회피하는 수단으로 자본 간의 결합을 추구하고, 그 결과 소수의 독점적 기업에 생산이 집중되었던 것이다.

마찬가지로 1970년대 이후 현재에도 진행되고 있는 제3차 기술혁명은 시장의 성격과 역할을 변화시키고 있다. 경제의 탈산업화 및 서비스화, 특히 경제의 금융화, 경제의 무중량성과 탈소재로 표현되는 유형재에서 무형재로 가치의 이동, 단일시장의 형성과 그를 둘러싼 경쟁이 전개되고 있는 세계화(글로벌화), 일국 독점을 넘어 세계시장의 독점도 가능해지고 있고, 시장과 기업을 대체하는 새로운 거래형태의 등장 등이 그것들이다. 이에 대해서는 제4부 네트워크경제에서 자세히 소개할 것이다.

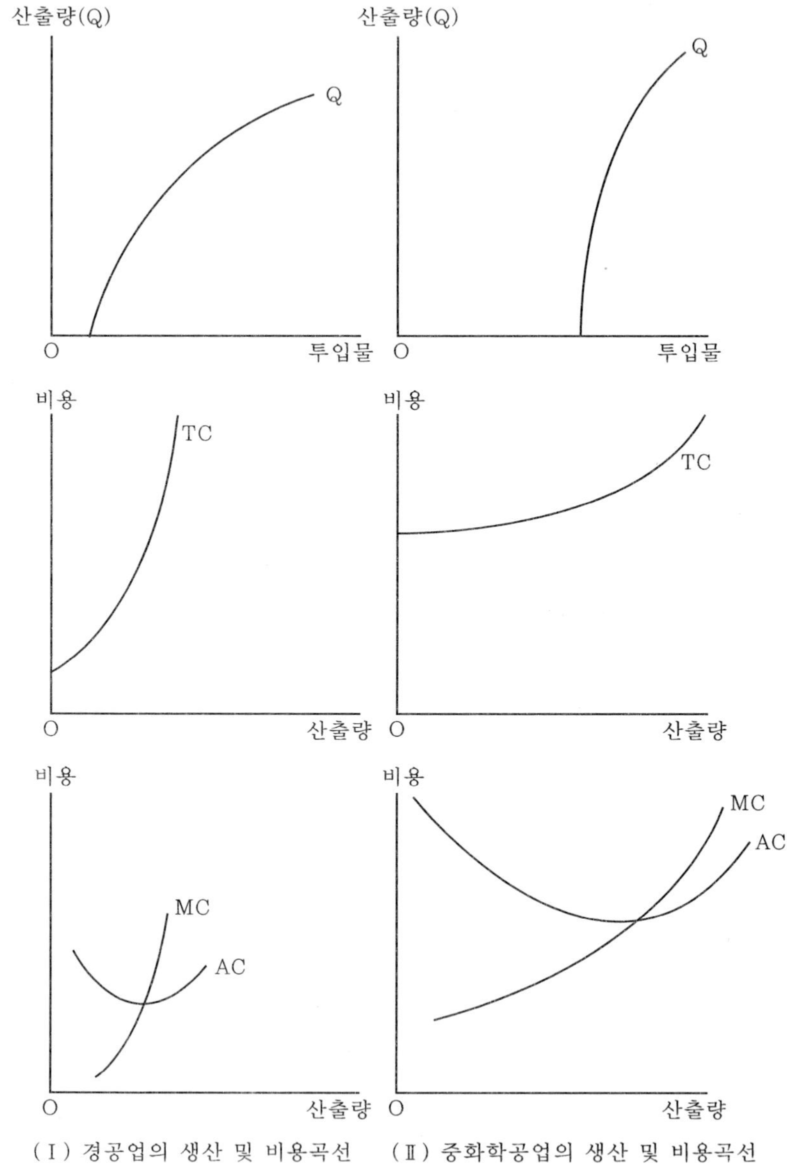

‖그림 5-2‖ 경공업과 중화학공업의 생산 및 비용곡선

5. 이윤

경제학에서는 상품의 공급자를 이윤극대화를 추구하는 존재로 규정한다. 상품을 생산 · 판매한 수입(TR)에서 생산에 투입된 비용(TC)을 뺀 나머지가 이윤이다. 기업의 이윤은 한계수입(marginal revenue, MR)과 한계비용이 일치할 때 극대화된다. 다시 말해, 기업이 몇 단위를 생산할 것인가는 추가생산 · 판매로 인해 발생하는 총수입의 변화인 '한계수입'과 추가생산 · 판매로 인해 발생한 '한계비용'을 비교하여 결정할 것이다. 한계수입이 한계비용을 초과하는 한 기업은 추가로 생산하여 판매하려 할 것이다. 궁극적으로는 한계수입이 한계비용과 일치할 때까지 생산하여 판매할 때 기업의 수익은 최대가 될 것이기 때문이다.

이윤극대화가 생산활동의 목표라고 가정할 경우 중요한 기준이 되는 것이 이윤율이다. 생산자가 동원하는 자본에 대한 기회비용들인 시장 이자율과 이윤율이 비교되기 때문이다. 투자(투하, 투입)자본에 대한 이윤(액)으로 정의되는 이윤율은 노동생산성(노동의 평균생산)과 실질임금의 상대적

‖ 표 5-1 ‖ 서구 주요국들의 산업 전체의 수익성과 결정요인들 1965~1987년(연평균 변화율)

	1965 ~1973	1973 ~1987	1973 ~1975	1975 ~1979	1979 ~1982	1982 ~1987
이윤율	-2.8	-0.9	-12.8	1.9	-5.6	5.1
이윤몫	-1.7	0.2	-6.8	1.5	-1.8	3.4
노동생산성	3.2	1.5	-0.7	2.5	0.4	2.3
실질임금	3.5	0.9	1.0	2.0	-0.2	0.8
실현된 부가가치/투자자본	-1.1	-1.1	-6.5	0.3	-3.8	1.7

자료 : Amstrong, P., A. Glyn, and J. Harrison, 1991, *Capitalism Since 1945*, 김수행 역, 『1945년 이후의 자본주의』, 1993, 동아출판사, 표 14-9.

크기에 의해 결정되는 이윤몫, 자본생산성, 그리고 판매율 등 세 부분으로 구성할 수 있다. 이윤몫과 자본생산성(자본의 평균생산)은 가치가 창출되는 생산과정의 영역이고, 판매율은 가치가 실현되는 판매영역의 문제다. 즉 기업은 자신이 동원한 자본으로 투입물을 구입하여 상품을 생산하는데, 가치의 창출과정에서 노동의 기여는 노동생산성으로 기업가의 기여는 자본생산성으로 구현된다. 노동생산성의 증가율보다 실질임금의 증가율이 낮을수록 기업가의 이윤몫은 커지게 되고 이윤율 역시 커진다. 자본생산성 역시 이윤율과 정(+)의 관계를 갖는다. 그리고 생산된 상품은 시장에 판매될 때 최종적으로 이윤이 실현되는데 이는 판매율, 즉 시장의 크기에 의해 결정될 것이다.

경제학에서 정의하는 이윤율 개념과 별개로 실제로 다양한 수익률 개념이 존재한다. 가장 대표적인 수익률 개념으로 매출액영업이익률(≡영업이익/매출액)과 매출액경상이익률(≡경상이익/매출액)이 있다. 영업이익(operating profit)은 영업을 통해 얻어진 수입에서 제품 원가와 영업에 필요한 비용(직원 월급, 관리비, 기타 경비)을 차감한 금액으로 이해한다. 영업이익에서 영업외비용을 차감한 후 법인세를 차감한 금액이 단기순이익이다. 여기서 영업외비용은 은행이자라던가, 기타 회사 운영에서 영업외적으로 투자된 금액을 말한다. 경상이익(ordinary profit, 經常利益)은 기업의 경영활동에서 경상적으로 발생하는 이익으로 영업외수익(수입이자 및 할인료 등)을 가산하고 영업외비용(지급이자 및 할인료 등)을 공제한 것이며, 일정 기간의 경상적 수입과 지출의 차액을 말하는데 일시적으로 발생하는 특별이익 등은 포함하지 않기 때문에 기업의 업적실태를 파악하기가 쉽다. 일반적으로 매출액과 영업이익과 경상이익간의 관계는 다음과 같다.

매출액 − 제조원가 − 판매비 및 일반관리비 = 영업이익

영업이익 + 영업외수익 − 영업외비용 = 경상이익

참고로 기업회계기준(78조)에는 영업외수익을 일반적 상거래 이외에서

발생한 수익 중 특별이익에 속하지 않는 것으로 한다고 되어 있다. 즉 수입(受入)이자와 할인료 · 유가증권이자 · 수입배당금 · 주식배당액 · 신주인수권 처분이익 · 원가차익(差益) · 수입임대료 · 유가증권처분이익 · 매입할인 · 외환차익(外換差益) · 외화환산이익 · 잡수입 등이다. 특히 관계회사에 대한 대부금의 이자 또는 지주(持株)에 의한 배당금이 큰 비중을 차지한다. 또한, 기업회계기준(81조)에는 일반적 상거래 이외에서 발생한 비용 중 특별손실에 속하지 않는 것을 영업외비용으로 한다고 하는데, 즉 지급이자와 할인료 · 사채(社債)이자 · 창업비상각(償却) · 신주발행비상각 · 연구개발비상각 · 기타 대손(貸損)상각 · 유가증권처분손실 · 유가증권평가손실 · 투자자산평가손실 · 원가차손(差損) · 매출할인 · 외환차손(外換差損) · 기부금 및 기타로 되어 있다. 한국의 기업은 은행차입금이 많아 지급이자와 할인료가 대부분을 차지하고 있다.

즉 한국은행의 『기업경영분석』에 따르면 1988~1997년 기간 동안 한국 제조업체의 평균 매출액대비 경상이익률은 2.1%로 대만의 4.5%, 미국의 4.2%, 일본의 3.3%에 비해 낮지만, 이자 등 금융비용을 제외한 매출액대비 영업이익률은 7%로 미국의 6.6%, 대만의 6.5%, 일본의 3.3%에 비해 높았다. 그러나 97년 외환위기 이후 한국 제조업의 매출액대비 경상이익률은 2002년부터 크게 증가하여 4.7%, 2003년 4.7%, 2004년 7.8%로 1974년 이래 최고를 기록하고 있다. 이러한 수익성 향상은 금리 하락과 차입금 축소에 따른 금융비용 경감에서 주로 기인한 것이었다. 차입금 평균 금리는 2000년 9.9%, 2001년 8.9%, 2002년 7.4%, 2003년 6.5%, 2004년 5.0%로 지속적으로 하락하였다. 반면, 1998~2004년 한국 제조업의 평균 매출액대비 영업이익률은 6.7%로 이전 기간과 큰 변화가 없었다. 이에 대한 보다 자세한 내용은 제8장을 참조할 수 있다.

이밖에도 여러 유형의 수익률 개념들이 존재한다. 첫째, 경영자가 기업에 투자된 자본을 사용하여 이익을 어느 정도 올리고 있는가를 나타내는 기업의 이익창출능력으로 '자기자본수익률(return on equity, ROE)'이 있는데, 이는 기업의 당기순이익을 자기자본으로 나눈 뒤 100을 곱한 수치이다. 예를 들어 자기자본이익률이 10%라면 주주가 연초에 1,000원을 투자했더니 연말에 100원의 이익을 냈다는 뜻이다. '당기순이익'이란 것은 일정 기간(해당 기간)의 순이익을 의미한다. 기간이익으로는 경상이익, 세전순이익, 세후순이익 등이 이용되며, 자기자본은 기초(期初)와 기말(期末)의 순자산액의 단순평균을 이용하는 경우가 많은데 이는 기간 중에 증 · 감자(增 · 減資)가 있을 경우 평균잔고를 대략적으로 추정하기 위한 것이다. 기간 중에 증 · 감자가 없었다면 기초잔고를 이용해도 된다. 일반적으로 순이익은 세후순이익을 의미하고 이는 경상이익에서 특별손실과 특별이익을 가감한 후 법인세를 뺀 것이다. 여기서 '특별손익'이란 영업외손실과 영업외수익 중에서 특별하게 액수가 많다거나 어쩌다가 갑자기 발생한 것을 말한다. 예를 들어 갑자기 홍수가 나서 공장이 물에 잠겨서 손실을 봤다거나 회사 소유의 부동산을 매각해서 갑자기 돈이 들어오는 것처럼 정상적인 기업활동과 무관하게 발생한 손익이다. 자기자본이익률이 높은 기업은 자본을 효율적으로 사용하여 이익을 많이 내는 기업으로 주가도 높게 형성되는 경향이 있어 투자지표로 활용된다. 투자자 입장에서 보면 자기자본이익률이 시중금리보다 높아야 투자자금의 조달비용을 넘어서는 순이익을 낼 수 있으므로 기업투자의 의미가 있다. 시중금리보다 낮으면 투자자금을 은행에 예금하는 것이 더 낫기 때문이다. 여기서 자산(≡자본+부채)은 자본(주주들의 몫)과 부채(채권자의 몫)을 합한 것이기에 일반적으로 '총자산'이라고도 칭하고, 자본은 총자산에서 채권자의 몫을 뺀 주주(주인)들의 몫이기에 '자기자본' 혹은 '순자산'이라고도 칭한다. 둘째, 세금 차감 후 순이익을 평균총자산으로 나눈 '자산수익률(return on assets, ROA)'은 매출과 비용을 얼마나 잘 관리했는지, 그리고 얼마나 효과적으로 유가증권, 재고자산 및 고정자산 등과 같은 자산들을 잘 운용했는지를 나타낸다. 일정기간의 평균총자산 값을 알기 위해서는 기초의 총자산에다 기말의 총자산을 더한 후 2로 나누면 된다. ROA는 한 회사가 자신을 경쟁회사와 비교할 수 있는 도구가 된다. 셋째, 기업의 당기순이익을 총자본으로 나눈 '총자본이익률(return on investment, ROI)'은 기업이 일정 기간 실행한 의사결정에 대한 성과의 평가나 투자의 우선순위 결정에 참고한다. ROI는 '투자자본수익률(return on invested capital, ROIC)'과 같은 의미로 사용된다. 한국 기업의 경우 매출액대비 경상이익(수익성)의 향상에 따라 자산수익률(ROA)도 1997년 −1.3%에서 2003년 4.3%로, 그리고 자기자본이익률(ROE)도 같은 기간에 −6.8%에서 9.2%로 증가하였다. 참고로 2003년 미국 기업의 경우 ROA와 ROE가 각각 4.7%와 12.0%, 일본의 경우 2002년 기준으로 ROA와 ROE가 각각 0.9%와 2.2%였다.

이윤율은 두 가지 방식으로 표현할 수 있다.

I.

$$\text{이윤율} \equiv \frac{\text{이윤}}{\text{투자자본}}$$

$$= \frac{(\text{산출} - \text{비용})}{\text{산출}} \times \frac{\text{산출}}{\text{투자자본}}$$

$$= (1 - \text{산출당 비용}) \times (\text{자본생산성})$$

$$= (1 - \text{산출당 비용}) \times \frac{\text{산출}}{\text{조업 중인 자본}} \times \frac{\text{조업 중인 자본}}{\text{투자자본}}$$

여기서 산출은 생산액을 의미하고, 이윤(≡수입−비용) 개념에 따라 산출된 것은 모두 판매된다는 것을 전제로 한다.

Ⅱ.

$$\text{이윤율} \equiv \frac{\text{이윤}}{\text{투자자본}} = \frac{\text{이윤}}{\text{실현된 부가가치}} \times \frac{\text{실현된 부가가치}}{\text{투자자본}}$$

$$= \text{이윤몫} \times \frac{\text{실현된 부가가치}}{\text{투자자본}}$$

여기서

$$이윤몫 \equiv \frac{이윤}{실현된\ 부가가치} = \frac{실현된\ 부가가치 - 노동비용}{실현된\ 부가가치}$$

$$= 1 - 노동몫$$

$$노동몫 \equiv \frac{노동비용/노동력}{실현된\ 부가가치/노동력}$$

$$= \frac{노동력\ 한\ 단위의\ 노동비용}{한\ 단위\ 노동력으로\ 만든\ 부가가치}$$

$$= \frac{실질임금}{노동생산성}$$

$$\frac{실현된\ 부가가치}{투자자본} = \frac{실현된\ 부가가치}{산출} \times \frac{산출}{자본스톡}$$

$$= \frac{실현된\ 부가가치}{산출} \times 자본생산성$$

$$이윤율 = \left(1 - \frac{실질임금}{노동생산성}\right) \times \frac{실현된\ 부가가치}{산출} \times 자본생산성$$

제6장

시장의 형태와 효율성

소비자이론과 생산자이론의 분석을 통해 소비자와 생산자의 선택 행위, 즉 수요와 공급을 이해하였다면 양자의 결합인 시장의 분석이 가능해진다. 경제학에서 시장 분석은 기본적으로 생산자 중심의 분석이다. 즉 시장의 수요가 주어진 것을 전제로 생산자의 이윤극대화를 가능케 하는 생산의 조건을 찾고 그 의미는 무엇이가에 대해 관심을 갖고 있다. 이는 경제학이 시장이론이고, 시장이 제대로 작동하는 한 생산은 소비로 이어진다는 믿음을 전제로 하기 때문이다.

1. 완전경쟁시장의 균형

앞에서 설명했듯이 완전경쟁시장에 놓여 있는 개별 기업은 시장에서 결정된 가격을 주어진 것으로 수용할 수밖에 없는 입장이다. 따라서 시장 전체의 수요곡선은 우하향하는 모양을 갖지만, 개별 기업이 직면하게 되는 수요곡선은 시장가격의 수준에서 x축에 평행인 수평선이 된다. 시장가격을 주어진 것으로 받아들인다는 것은 시장가격이 개별 기업의 한계수입이 된다는 것을 의미한다. 그러므로 완전경쟁시장의 개별 기업은 시장가격(수요곡선)과 한계비용곡선이 만나는 점의 산출량에서 이윤극대화가 될 것이고, 이 산출량 수준에서 시장가격이 평균비용보다 낮지 않는 한 이윤은 0 이상이 될 것이다. 한계수입과 한계비용이 일치하는 산출량 수준에서 일시적으로 시장가격이 평균비용(=평균가변비용+평균고정비용)보다 낮더라도 평균가변비용보다 낮지 않는 한 생산을 중단할 필요는 없다. 생산을 중단할 경우 기업은 고정비용만큼 손실을 보게 되는 반면, 생산을 계속할 경우에는 고정비용의 일부를 보상받을 수 있기 때문이다. 다시 말해 평균가변비용곡선의 최저점이 '생산중단점(shutdown point)' 혹은 '생산중단가격(shutdown price)'이 된다. 이는 생산중단가격부터 그 윗부분에 있는 한계비용곡선이 개별 기업의 (단기)공급곡선이 된다는 점을 의미하는 것이다. 그리고 산업 전체의 생산량이 늘어나더라도 그 산업에서 사용하는 투입물의 가격이 변화하지 않을 때 개별 기업의 공급곡선을 수평방향으로 합치게 되면 시장공급곡선이 도출된다.

완전경쟁시장에 놓여 있는 기업들이 일시적으로 플러스(+)의 이윤, 즉 초과이윤을 얻는다 하더라도 이 상태는 지속될 수 없다. 초과이윤이 존재할 경우 산업 전체의 공급의 증가하는 등 시장조정이 일어나 궁극적으로 시장 안의 모든 기업들이 0의 이윤, 즉 정상이윤만을 얻게 되는 균형상태에 놓이게 된다. 즉 한계생산체감이 작동할 경우 평균비용의 최저점에서 한계비용곡선과 평균비용곡선 그리고 시장가격(개별기업의 수요곡선)이 만나게 된다. 이처럼 완전경쟁시장의 장기 균형상태에서 각 기업은 평균비용곡선의 최저점에서 생산하게 된다는 점에서 효율성을 보장해 준다. 그러나 완전경쟁시장이 효율성을 보장해 줌에도 불구하고 문제는 완전경쟁시장을 충족시킬 수 있는 까다로운 조건들과 더불어 '독립적 최적화'가 충족되어야 하고 거래 상품이 경합성과 배제성을 가져야만 한다는 점이다. 다시 말해 이런 조건들 중 어느 하나라도 충족시키지 못할 경우 자원배분의 효율성은 보장되지 않는다. 게다가 자원의 효율적 배분이 분배가 공평한 것을 의미하지는 않는다.

2. 불완전경쟁시장의 균형과 비효율성

1) 독점시장

완전경쟁시장의 극단에 놓여 있는 시장이 전체 시장을 하나의 기업이 독점하고 있는 경우다. 시장에서 경쟁을 불완전하게 하는 진입장벽은 여러 요인들에 의해 발생할 수 있다. 예를 들어, 산업의 기술적 특성상 규모의 경제가 발생하는 자연독점의 경우나 정부정책의 결과나 경쟁의 결과나 정보의 부족 등으로 진입장벽이 만들어질 수 있다. 독점시장은 시장에 단 하나의 공급자가 존재하는, 즉 기업이 바로 산업이 되고, 좋은 대체재가 존재하지 않고, 완벽한 진입장벽이 존재해야 한다. 따라서 독점시장에서의 기업은 우하향의 수요곡선에 직면하고, 수요곡선이 우하향할 경우 한계수입곡선 또한 우하향하게 된다. 따라서 독점시장에서 기업은 가격을 한계비용보다 높게 설정하게 되고, 그 결과 완전경쟁시장보다 더 작은 양이 공급되기 때문에 비효율적이다.

효율성의 개념 중 경제적 총잉여 개념으로 독점시장의 비효율성을 살펴볼 수 있다. 독점시장은 완전경쟁시장보다 경제적 총잉여의 크기가 작게 된다. 완전경쟁시장에 비해 경제적 총잉여의 크기가 감소한 부분, 즉 '사회적 후생의 손실(social welfare loss)'을 '자중손실(自重損失)' 혹은 '사중손실(死重損失, deadweight loss)'이라 한다. 시장지배력 덕택에 높은 이윤을 얻는 독점기업이 비난을 받는 것은 독점이윤 그 자체에 있지 않다. 소비자로부터 생산자로 부가 이전하는 것이 사회적으로 총잉여의 합을 변화시키지 않는 한 효율성은 변하지 않기 때문이다. 즉 경제학에서의 효율성 문제는 총잉여의 부분이지 소비자잉여와 생산자잉여의 배분이 아니다. 생산자보다 소비자가 더 중요하다는 것이 전제되지 않는다면－이것은 경제효율, 즉 주류경제학의 영역을 넘어선 주제다－독점이윤은 사회적으로 문제가 되지 않는다. 예를 들어 독점의 문제는 독점기업이 사회적 최적 생산량보다 낮은 수준에서 생산함으로써 경제적 총잉여가 극대화되지 못한다는 것이다. 독점 때문에 경제적 순손실이 발생했다는 것은 독점 때문에 경제적 파이가 작아졌다는 것을 의미한다. 본질적으로 이 비효율은 한계비용보다 가격이 높아 소비자들이 수요량을 줄이기 때문에 발생한다. 동시에 한계비용보다 높은 가격으로 소득분배에도 부정적으로 영향을 미친다. 완전경쟁 시장에서의 소비자잉여의 일정 부분이 생산자에게 귀속되기 때문이다.

지금까지는 수요자의 특성이 동일하다는 것을 전제로 분석한 반면, 수요자의 특성이 다를 경우에는 소비자의 유형에 따라 다른 가격을 받음으로써 이윤을 극대화시킬 수 있다. 즉 '가격차별(price discrimination)'은 동일한 상품을 서로 다른 소비자에게 서로 다른 시장에서 상이한 가격을 부과하는 행위로 시간대에 따른 극장표가격의 차이나 전력사용량에 따른 상이한 전력요금 부과 등을 지적할 수 있다. 소비자의 유형이 상이한 복수의 시장이 존재할 경우 기업의 이윤극대화는 각 시장의 상이한 수요곡선에서 도출된 한계수입과 한계비용을 일치시켜 가격을 책정할 것이다. 따라서 독점시장의 기업은 이윤을 극대화하기 위해서 수요의 가격탄력성이 작은 시장에서 가격을 상대적으로 높게 책정할 것이다.

이처럼 사회적 후생의 측면에서 부정적 효과를 낳는 독점시장의 폐해를 막기 위해 전통적으로 국유화, 가격규제, 경쟁촉진정책 등 정부가 개입하였다. 그러나 시장실패를 정부개입으로 해결하는 것은 간단하지도 않고 지금까지의 경험으로 볼 때 바람직한 것 같지도 않다. 게다가 오늘날 신자유주의 세계화 물결 속에서 '시장은 선, 정부는 악'이라는 '과학'이 아닌 '이데올로기'가 지배하고 있는 실정이다. 사실 이러한 흐름은 정부실패와 관련이 있다. 현실이 그러다 보니 일부 경제학자들은 아예 독점문제를 그대로 놓아두는 것(자유방임정책)이 더 우월한 정책이라고 주장한다. 자연독점이라도 민간소유가 정부소유보다 더 바람직하다고 본다. 민간소유주들은 비용을 조금이라도 절약하면 그만큼 자기들 이윤이 증가하기 때문에 비용을 가급적 최소화하려는 유인을 갖는다. 따라서 경영진이 비용최소화에 실패하면 소유주들은 이들을 교체하려 할 것이다. 하지만 국영기업을 경영하는 관료들이 경영을 잘못할 경우, 이 때문에 손해를 보는 사람들은 소비자와 납세자들이다.

국민들이 국영기업 경영진에게 책임을 묻는 것은 정치적 경로를 통해서만 가능하지만 관료집단 스스로도 하나의 이익집단이 되어 비용절약을 위한 개혁에 저항하려 할 것이다. 즉 투표함(정치적 동기)보다는 이윤동기가 기업경영을 잘하도록 유도하는 데 더 효과적이라는 것이다. 예를 들어 노벨 경제학상을 받은 조지 스티글러(George Stigler)는 *Fortune Encyclopedia of Economics*에 기고한 글에서 "경쟁적인 기업경제가 제한된 자원으로부터 최대의 소득을 올린다는 것은 경제학의 유명한 정리 중 하나지만, 현실의 모든 시장은 이상적인 시장조건에 못 미치는 시장이고, 이를 시장의 실패라고 부른다. 그러나 내 생각에 미국에서 시장실패의 정도는 불완전한 현실 정치구조가 만들어 내는 불완전한 경제정책의 결과인 정치실패보다는 작다"고 주장했다.

이처럼 시장주의자들은 불완전한 현실 정치구조가 만들어 내는 '정치실패'가 '시장실패'의 정도보다 크기 때문에 독점문제를 그대로 놓아두는 것(자유방임)이 더 우월한 정책이라고 주장한다. 그러나 "독점적 시장 상태임에도 불구하고 정부에게 간섭하지 말라고 하는 자칭 시장주의자는 독점기업의 하수인이 아니면, 사이비시장주의자"[1]라 할 수밖에 없다. 즉 시장주의자들의 주장은 민주주의의 강화를 통해 정치실패를 교정하기보다 시장의 실패를 방치함으로써 사회적 후생 혹은 경제적 잉여의 감소를 방치할 뿐만 아니라 자본의 일방적 이익을 옹호하는 무책임한 견해이다.

현실적으로 지금까지 시장 외에 존재하는 유일한 제도는 (시장의 반대명제로서의) 국가였기 때문에 시장의 실패에 대한 유일한 해결책도 국가의 개입이었다. 그러나 경제환경의 변화에 따라 정부개입이 더 이상 불필요한 경우도 발생하였다. 예를 들어, 세계화의 진전에 따라 시장에서의 경쟁 정도는 전 지구적 관점에서 평가해야만 한다. 그러나 정부개입이 여전히 필요한 영역임에도 불구하고 정부실패가 너무 클 경우, 즉 국가의 역할이 너

1) 이근, 2001, 『한국인을 위한 경제학』, 박영사, 141쪽.

무 실망스러워 시장주의가 지나치게 강조되기도 한다.

정부 역할이 일정하게 필요하다고 주장하는 많은 사람들 역시 경제가 효율적이어야 한다는 점에는 동의한다. 한정된 자원을 가지고 많은 사람들의 욕망을 충족시켜야 하기 때문이다. 그리고 그들은 시장이 경제의 효율성을 실현시키는 한 수단이라는 데도 동의한다. 하지만 이들은 시장이 거기서 파생되는 문제들을 스스로 해결하지는 못한다고 생각한다. 그 문제들을 해결하기 위해서는 정치적인 판단과 개입이 필요하다고 보는 것이다. 더 많은 공익을 실현하기 위해서는 시장의 규율을 제도화해야 하는데 이 과정에서 정치의 개입이 불가피하다는 입장이다.

경험적으로 정부의 역할은 국가에 따라 상이하게 나타나고, 국가개입의 질은 기본적으로 민주적 제도의 질에 의존한다. 정부실패는 정치실패의 결과물로, 이는 민주주의의 결핍에서 비롯하기 때문이다. 정부실패 혹은 정책실패를 악화시키는 주요 요인으로 흔히 '비밀주의'를 지적한다. 신뢰할 수 있는 책임 부여를 어렵게 하는 비밀주의는 근본적으로 소수에게 집중된 의사결정에서 비롯한다. 투명성이 담보되지 않을 때 부정과 부패 그리고 비효율이 만연될 수밖에 없고, 투명성과 개방성이 확보되지 않는 곳에서는 신뢰가 형성되기 어렵다. 아무리 공정하고 효율적으로 결정된 정책이라 하더라도 그 과정이 외부에 투명하게 밝혀지지 않으면 신뢰할 수 없는 것과 같은 이치다. 정책을 정책결정자 또는 집행자의 주관과 양식에 맡길 수밖에 없는 상황에서는 장기적으로 비효율과 부패를 피할 수 없다. 실제로 권위적인 정부일수록 부패에 대한 공공의 압력에 별로 반응을 보이지 않기 때문이다.

따라서 정부실패를 방지하고 정부의 역할을 통해 효율성 개선을 획득하기 위해서는 여론 형성에 더욱 많이 참여하여 정부의 정책결정 과정을 좀 더 개방적이고 투명하고 민주적으로 만들어야 한다. 직접참여 같은 직접민주주의 제도들은 유권자들이 정치가들을 통제할 수 있도록 한다. 따라서 민주적 규율제도가 뒷받침되는 한 국가권력의 역할과 능력은 여전히 유효할 수 있다. 이처럼 정치실패는 민주주의의 심화를 통해서 개선할 수 있다는 점에서 자유방임은 학문하는 사람으로서 무책임한 주장이다. 1965~1997년간 173개 국가들을 대상으로 각국의 시장경제와 민주주의의 요소들이 경제성과에 어떠한 영향을 미쳤는가를 살펴본 실증분석[2)]에 따르면 경제자유화가 높을수록 1인당 국민소득의 성장률이 높다는 것을 확인시켜 주지 않는다. 즉 '국가 없는 시장'만을 강조하는 것은 '계획실패'와 '정부실패' 그리고 '정부실패'와 '정치실패'를 구분하지 못하는 극단적 '시장주의'에 불과할 뿐이다. 반면, 부패지수와 1인당 국민소득의 연평균 성장률 간의 관계를 살펴본 결과 부패의 정도가 낮은 국가일수록 성장률이 높다는 사실을 확인할 수 있었다.

물론 시장의 경쟁을 전 지구적 관점에서 평가할 필요가 증가하듯이 민주주의나 공익의 부분 역시 전 지구적 관점에서 고려해야 할 부분이 빠르게 증가하고 있다. 세계화는 다양한 조직 및 제도가 공존할 수밖에 없음을 시사하고 있다. 시장을 곧 경제로 보는 주류경제학의 입장에서 보면 시장의 실패는 경제체제 전체의 실패를 의미하는 심각한 현상이다. 그러나 시장을 자본주의 시장경제를 구성하는 여러 경제제도 중 하나로 본다면 시장의 실패는 별 문제가 되지 않을 수 있다. 한 사회 혹은 인류사회 전체의 이익의 관점에서 볼 때 시장을 유일한 기준으로 삼을 필요가 없는 것이다. 역사 경험적으로 볼 때도 자본주의 시장경제 속에는 국가 외에도 여러 가지 비시장제도 및 조직이 존재해 왔고, 시장이 실패한다 해도 경제활동을 조직해 왔기 때문이다.

2) 과점시장

과점시장의 가장 중요한 특징은 공급자가 소수라는 점이다. 즉 과점시장은 한 기업이 의사결정을 할 때 다른 기업의 반응을 명시적으로 고려하지

2) 최배근, 2004, 「민주주의와 시장경제 그리고 경제성과의 관계」, 『산업경제연구』, 제17권 제3호, 한국산업경제학회.

않으면 안 될 정도로 소수의 기업이 존재하는 경우를 말한다. 이는 가장 현실성이 높은 시장이기도 하다. 과점의 발생 원인은 자연적인 것과 인위적인 것으로 나눌 수 있다.

자연적인 요인으로는 규모의 경제를 들 수 있는데, 최소효율규모가 상당히 큰 경우 몇몇 대규모 기업에 의한 과점이 발생할 수 있다. 제2차 산업혁명에 의해 등장한 대개의 산업들이 이러한 특성을 갖는다. 인위적인 요인으로는 전략적 형태를 들 수 있다. 기업을 흡수·합병하거나 진입장벽에 의해 과점시장이 형성되는 것이 하나의 예다. 경쟁의 경우와는 달리 과점 상태가 되면 각 기업의 이윤극대화 행위가 곧 시장가격에 영향을 주어 다른 기업들의 이윤에도 영향을 미친다. 이러한 상황에서는 상대편 기업의 반응을 고려해 가면서 자신의 행동을 결정해야 할 것이다. 즉 과점시장의 기업들은 의사결정과정이 서로 연결되어 있는 상호의존관계를 갖고 있다. 이처럼 과점기업들은 다른 시장조직 안에 있는 기업들과는 달리 가격이나 생산량을 결정할 때 다른 기업들이 어떻게 반응을 보일 것인가 고려한다. 문제는 이 반응이 항상 일정한 것으로 나타나지 않는다는 점이다. 그 결과 과점시장의 분석은 매우 복잡하다.

과점기업의 가장 단순한 형태가 복점시장이다. 복점시장의 구조가 소득분배에 미치는 영향은 두 기업이 협조, 즉 담합을 할 경우와 개별적으로 이윤극대화를 추구할 경우로 구분하여 생각할 수 있다. 전자의 경우 복점시장의 기업들은 협조를 통해서 생산량을 줄이고 가격을 인상하여 하나의 독점기업처럼 행동한다. 반면 복점기업들이 생산량을 결정할 때 각자 자기의 사적 이윤을 추구하면, 시장의 전체 생산량은 독점생산량보다 많아지고 가격은 독점가격보다 낮아지며 기업이윤의 합은 독점이윤보다 작아진다. 즉 후자의 경우 독점기업보다 소비자잉여가 증대하고 생산자잉여는 감소하여 소득분배가 개선된다. 물론 복점기업의 시장공급량은 사적 이윤동기에 의한 행동으로 독점기업의 공급량보다 많아지지만, 완전경쟁 상태의 공급량 수준까지 증가하는 것은 아니다.

한 가지 예를 들어 보자.[3] 어느 지역에 갑과 을 두 명이 각각 한 개씩 소유하는 두 개의 약수터가 존재하고 있고, 지역사람들은 이 약수터의 물만을 소비하고 있다고 가정하자. 분석의 편의를 위해 각 약수터의 물의 질은 동일하고 물의 공급비용은 전혀 들지 않는다고, 즉 약수터 물 생산의 한계비용은 0이라 가정한다. 이때 물에 대한 수요는 〈표 6-1〉과 같다. 먼저 이 지역의 물시장이 복점시장이 아니라 완전경쟁시장이라 한다면 물의 가격은 한계비용, 즉 0과 같으므로 물 생산량은 120리터가 될 것이다. 다음으

‖**표 6-1**‖ 물에 대한 수요

물의 수량(단위 : 리터)	리터당 물의 가격(단위 : 원)	총수입(=총이윤)(단위 : 원)
0	6,000	0
10	5,500	55,000
20	5,000	100,000
30	4,500	135,000
40	4,000	160,000
50	3,500	175,000
60	3,000	180,000
70	2,500	175,000
80	2,000	160,000
90	1,500	135,000
100	1,000	100,000
110	500	55,000
120	0	0

3) 김경환 · 김종석 옮김, 2001, 『맨큐의 경제학』, 2판, 교보문고, 384쪽.

로 물시장이 독점시장이라면 총이윤은 물값이 3,000원이고 생산량이 60리터일 때 180,000원으로 극대화된다. 사회적 최적 수량인 120리터의 절반 수준에 불과하게 되고, 소비자는 리터당 3,000원씩 비싸게 소비하게 되고 독점이윤은 180,000원이 된다.

이제 복점시장의 경우를 살펴보자. 복점시장의 경우에는 갑과 을이 가격과 수량을 협의하여 결정(담합)할 경우와 각자 이윤을 극대화할 경우로 나누어 생각할 수 있다. 갑과 을이 담합하면 사실상 시장이 독점화되어 두 사람의 이윤의 합이 최대가 되는 60리터의 물을 3,000원에 판매하고자 할 것이다. 이 경우 갑과 을의 각자의 생산량은 30리터가 되고, 이윤은 각각 90,000원이 되어 경제적 효율성이나 소비자와 생산자잉여 간의 크기에는 독점시장과 비교해 변화가 없다.

이번에는 갑과 을이 각각 독자적으로 생산량을 결정한다고 가정하자. 우선 갑과 을은 공동으로 이윤을 극대화하는 독점생산량과 독점가격을 상대방이 선택할 것이라 가정할 수 있는 반면, 양자간에는 구속력 있는 계약이 없기 때문에 독점시장의 결과는 불가능하다. 예를 들어 갑은 을이 독점생산량의 절반인 30리터를 생산한다고 생각하면 자신은 40리터를 생산하려 할 것이다. 이 경우 물 공급량은 70리터가 되어 가격은 2,500원에 형성된다. 총이윤은 175,000원으로 담합했을 때보다 줄어드는데, 을의 이윤이 75,000원으로 줄어드는 반면, 갑의 이윤은 100,000원으로, 담합했을 때보다 증가한다. 이때 을도 40리터로 생산을 증가시킴으로써 자신의 이윤을 75,000원에서 80,000원으로 증가시킬 뿐만 아니라 갑의 이윤을 100,000원에서 80,000원으로 하락시킬 수 있다. 여기서 갑과 을은 더 이상 생산을 증가시키지 못할 것이다. 그럴 경우 자신의 이윤이 하락하기 때문이다. 이처럼 각자가 독립적으로 자신의 이윤 대화를 추구할 경우 시장공급량은 독점이나 담합하는 복점시장의 경우보다 증가하여 경제효율성이 개선되고 가격도 하락하며, 소비자와 생산자 간의 소득분배도 개선될 것이다.

3) 게임과 전략

과점시장은 소수의 기업들이 경쟁하는 체제이기 때문에 각 기업은 상대방의 반응에 많은 신경을 써야 한다. 예로 어떤 기업이 상품가격을 인상할 것인지를 고려할 때는 경쟁상대가 어떻게 반응할 것인지를 생각하지 않을 수 없다. 이처럼 과점시장에서는 상대방의 반응을 고려해 자신의 행동을 결정해야 하는 전략적 상황이 존재하기에 게임이론은 과점시장을 분석하는 데 적합한 수단이다. 게임은 한 경기자의 전략적 행동이 경쟁자의 전략을 변화시키는 상황이다. 게임이론은 게임적 상황에서 경쟁자의 전략에 대해 자신의 전략을 선택 · 조정하는 의사결정이론이다. 즉 경쟁주체가 상대편의 대처행동을 고려하면서 자기의 이익을 효과적으로 달성하기 위해 수단을 합리적으로 선택하는 행동을 수학적으로 분석하는 이론이다. 예를 들어, 한 집단, 특히 기업에 있어서 어떤 행동의 결과가 게임(놀이)에서와 같이 참여자 자신의 행동에 의해서만 결정되는 것이 아니고 동시에 다른 참여자의 행동에 의해서도 결정되는 상황하에서, 자기 자신에 최대의 이익이 되도록 행동하는 것을 분석하는 수리적 접근법이다. 이처럼 게임이론이란 상충적이고 경쟁적인 조건에서의 경쟁자 간의 경쟁상태를 모형화하여 참여자의 행동을 분석함으로써 최적전략을 선택하는 것을 이론화하려는 것이다. 게임이론은 주로 군사학에서 적용되어 왔으나, 경제 · 경영 · 정치 · 심리학 분야 등에도 널리 적용되고 있다.

게임의 구체적 형태가 다양함에도 불구하고 기본적으로 공통되는 구성요소가 있다. 게임에 참여하는 경제주체(경기자, player)가 있고, 어떤 행동을 취할 것인가에 대한 경기자의 계획(전략, strategy), 게임의 결과에 따른 보수(payoff) 등이 그것이다. 게임에는 다양한 형태가 있는데 여기서는 게임 유형 중 대표적 경우인 '용의자의 딜레마(prisoner's dilemma) 게임'을 소개한다. 어떤 범죄를 저질렀으리라 의심되는 두 용의자가 검거되어 검사의 심문을 받게 되었다. 검사는 두 사람의 자백을 끌어내기 위해 심문하는데 함께 심문할 경우 서로 입을 맞출 가능성이 높기에 분리시켜 심

‖ **표 6-2** ‖ 용의자의 딜레마 게임의 예

		용의자 I	
		부인	자백
용의자 II	부인	둘 다 1년형	I=15년형, II=방면
	자백	I=방면, II=15년형	둘 다 5년형

문을 하고 동시에 자백을 유도해 내기 위해 용의자에게 다음의 보수행렬(payoff matrix) 제안을 한다. 즉 한 사람이 범행을 자백하고 상대가 부인하면 자백하는 사람에게 법정최고형인 15년형을 구형하고 상대에게는 수사 협조에 대가로 방면을, 둘 다 자백하면 법정최저형인 5년 구형을, 둘 다 모두 부인하면 확실한 단서를 갖고 있는 다른 범죄를 수사해 1년형을 받도록 하겠다는 제안이다.

두 용의자는 어떻게 행동할 것인가? 용의자 I의 경우 자백하면 확률적으로 2.5년형을 받는 반면, 부인하면 확률적으로 8년형을 받게 된다. 용의자 II의 경우도 마찬가지다. 즉 경쟁의 원리가 작동하는 사회에서 각 경제주체가 합리적 선택을 할 경우 상대방의 전략에 관계없이 자신에게 언제나 더 유리한 결과를 가져다주는 전략인 우월전략(dominant strategy)을 사용하기 때문이다. 따라서 게임의 균형은 각 경기자가 우월전략을 사용한 결과인, 즉 두 사람 모두 자백하고 만다. 이를 '우월전략균형(dominant strategy equilibrium)'이라 한다.[4] 문제는 결과가 두 사람 공동으로 달성할 수 있는 최선의 결과가 아니라는 점이다. 양자간에 무언의 협조가 이루어진다면 모두 범행을 부인하고 둘 다 1년형을 받을 수 있기 때문이다. 즉 각 경기자가 열위적 전략을 택할 때보다 보수가 나쁘다. 문제는 양자 모두 완전히 격리되어 심문을 받기 때문에 서로 입을 맞출 수가 없어 그런 결과가 불가피하다는 점이다. 즉 이 게임에서 중요한 사실은 협조가 이루어질

4) 여기서 두 사람 모두 부인하는 전략, 즉 경기자의 다른 어떤 전략보다 보수가 낮은 전략을 '열위적 전략(dominated strategy)'이라 한다.

수 없는 상황이 조성되어 있다는 점이다. 만약 협조가 이루어질 수 있다면 게임은 가장 바람직한 상황이 조성될 것이다. 이런 점에서 '우월적 전략균형'은 '파레토 효율적'인 자원배분이 아니다.

물론 이 게임에서는 게임이 단 한번만 이루어진다는 가정을 전제로 한다. 이런 게임이 반복될 경우 서로 협조하는 태도가 형성될 수 있기 때문이다. 반복게임은 경쟁자의 비협조적 전략에 대해 보복을 할 수 있는 시간이 있다. 보복전략에는 '항구적 보복전략(grim strategy)'과 '맞불보복전략(tit-for-tat strategy)'으로 구분한다. 전자는 경기자가 협조적 전략으로 출발하여 경쟁자가 비협조적 전략을 택하지 않는 한 계속해서 협조적 전략을 택하는 반면, 만약 경쟁자가 비협조적 전략을 택하면 그 이후로 영원히 비협조적 전략으로 보복하는 전략으로 정의한다. 후자는 경기자가 협조적 전략으로 출발하고 n기에 경기자는 (n-1)기의 경쟁자의 전략을 채택하여 대응하는 전략을 말한다. 따라서 반복게임에서 각 경기자가 항구적 보복전략이나 맞불보복전략을 택하고 경쟁자가 이 보복전략에 대해 신뢰를 가지면 경기자들은 협조적 전략을 택하는 것이 합리적이다. 즉 균형은 협조적 전략의 배합으로 나타난다. 물론, 여기서 균형이 협조적 전략이 되기 위해서는 협조적 전략을 택했을 때 얻을 것으로 기대되는 보수가 비협조적, 이기적 전략을 택했을 때보다 기대보수가 커야 한다. 많은 현실 상황에서 협력이 단기적 관계보다 장기적인 관계에서 더 쉽게 유지되는 이유가 여기에 있다.

용의자의 딜레마 게임 이는 본래 튜커(A. Tucker)의 고백(confess) 게임에서 유래한 것이다. 스탈린 시대에 소련의 어느 오케스트라 지휘자는 연주회장으로 가는 전차 안에서 그날 밤 지휘할 곡의 악보를 대강 훑어보고 있었다. 두 사람의 KGB 요원이 그것을 지켜보고 악보 속에 무언가 비밀암호가 있는 것은 아닐까 의심하고, 그를 간첩혐의로 체포하였다. 그는 차이코프스키의 바이올린 협주곡이라 항의하였지만 받아들여지지 않았다. 감옥에 갇힌 지 이틀째 되는 날 조사요원이 들어와 "당신 친구 차이코프스키도 우리들에게 체포됐고, 이미 다 털어 놓았으니까 숨김없이 말하는 것이 좋을꺼야!" 하여 용의자의 딜레마라는 저 유명한 게임 이야기가 시작된다. KGB는 이름이 그저 차이코프스키라는 이유만으로 체포된 다른 사람에 대해서도 지휘자를 다루었던 것과 똑같은 심문을 다른 방에서 하였다.[5]

파레토 최적(Pareto optimum) 파레토 최적은 생산의 효율과 교환의 효율 두 가지에 대하여 다음 조건을 충족시켜야 한다. 전자에 대해서는 어느 한 상품의 생산량을 증가시키기 위해서는 다른 상품의 생산을 감소시켜야 하는 상태(다른 재화의 감소 없이 어느 재화의 생산을 증가시킬 수 있는 상태는 아직도 원료 · 재료에 여유가 있다는 증거로 최적배분의 상태로 볼 수는 없음)에 있을 것, 또 후자에 대해서는 어느 소비자의 효용을 증가시키기 위해서는 다른 소비자의 효용을 감소시키지 않으면 안 될 상태에 있어야 한다. 파레토 최적의 상태란 이상의 두 가지 조건이 동시에 성립하고 있는 경우를 가리킨다. 파레토 최적의 개념은 다른 어느 누구의 상태도 불리하게 하는 일 없이 한 개인의 상태를 유리하게 하는 일은 사회적으로 바람직한 것이라는 비교적 약한, 그러기에 누구라도 받아들이기 쉬운 가치판단을 기초에 둔다. 또 자원배분은 그 사회를 구성하는 개개인의 선호에 의해서 정해져야 한다는 소비자주권 내지는 개인주의 원칙을 기반으로 한다. 파레토 최적은 자원배분의 효율성에 관하여 그 중핵을 이루는 중요한 분석개념으로서, 이러한 면의 이론분석에 극히 유용하다. 파레토 최적은 완전경쟁시장에서 달성되어, 각 개인은 최대의 만족을 얻고, 기업은 이윤최대화가 달성되는 등, 중요한 법칙이 성립한다. 그러나 이 이론은 자원배분에만 관여하고 소득분배에 대해서는 아무런 언급이 없다. 또 파레토 최적 상태는 무수히 존재하여 우열의 결정이 안 된다는 등의 한계가 있다.

4) 독점적 경쟁시장

독점적 경쟁(monopolistic competition)시장은 완전경쟁과 독점의 성격을 나누어 가지고 있는 시장조직이다. 산업 안에 많은 기업이 존재하고 기업의 자유로운 진입과 퇴거가 보장되는 점은 완전경쟁과 같다. 물론 독점적 경쟁기업의 수효는 완전경쟁의 수요는 완전경쟁기업의 수효보다는 현저히 작다. 무엇보다 완전경쟁기업은 시장지배력을 가지지 못하는 반면

5) 최병권, 1999, 『현대경제학(I)』, 법문사, 328쪽에서 재인용.

에 독점적 경쟁기업은 독점기업처럼 완벽한 시장지배력은 아니지만 공급량을 조절하여 시장가격을 조금씩 변경시킬 수 있는 힘을 가지고 있다. 이 약간의 시장지배력은 독점적 경쟁기업들이 다른 기업들의 제품과는 약간씩 다른 차별화된 상품(differentiated products)을 생산하는 데에서 기인한다. 즉 독점적 경쟁기업은 같은 소비자의 기호를 충족시키는 제품일지라도 다른 기업들과는 약간씩 다른 차별화 상품을 만들어 낸다. 상품의 차별화의 결과, 각 기업은 약간의 시장 지배력을 가진다. 이는 독점적 경쟁기업이 단기에 독점기업처럼 우하향하는 곡선에 직면하고 있다는 것을 뜻한다. 단지 독점기업과는 달리 독점적 경쟁기업에는 밀접한 대체재가 존재하여 수요의 가격탄력성이 크다. 따라서 독점적 경쟁기업의 수요곡선은 우하향하더라도 독점기업의 그것보다 훨씬 완만한 기울기를 가지게 된다. 보통 독점적 경쟁으로 분류되는 업종으로는 이발소, 미장원, 목욕탕, 세탁소, 약국, 음식점, 서점 등이 있다.

이처럼 독점적 경쟁기업들은 비슷비슷하면서 약간씩 다른 상품을 생산하기 때문에 자기제품이 다른 제품보다 우수한 점들을 강조하여 다른 기업들보다 더 많은 매출을 올리려는 경쟁이 일어난다. 이러한 경쟁이 제품가격보다는 판매서비스나 품질의 개선 혹은 광고 등의 형태로 일어날 때 이를 '비가격경쟁(non-price competition)'이라 한다. 완전경쟁시장과 독점에서는 찾아볼 수 없는 비가격경쟁이 존재한다는 것이 독점적 경쟁의 특징이다. 그러나 독점적 경쟁하에서의 비가격경쟁은 과점하에서의 비가격경쟁보다는 그 강도가 훨씬 약하다.

독점적 경쟁시장의 경우에는 제품차별화로 기업이 가격수용자가 아니라 우하향하는 수요곡선(시장에 대한 일정한 영향력)을 갖게 되는 반면, 다수의 기업들이 똑같은 소비자를 대상으로 하기 때문에 장기적으로 공급자의 수는 경제적 이윤이 0이 될 때까지 증가하거나 감소할 것이다. 즉 장기적으로는 독점시장과 마찬가지로 재화의 가격이 한계비용을 초과하여 소비자잉여가 완전경쟁시장보다 감소하지만, 재화의 가격이 평균비용과 일치하기 때문에 공급자의 초과이윤이 존재하지는 않는다. 따라서 독점기업이나 과점기업과 비교해 생산자잉여는 증가하지 않지만, 완전경쟁시장에 비해서는 소비자와 생산자잉여 간의 소득분배가 불평등하게 된다. 즉 재화의 가격이 한계비용을 초과하는 독점적 경쟁시장에서도 각 생산요소는 그 요소의 기회비용과 불일치하게 소득을 분배받으므로, 독점적 경쟁시장은 소득을 공평하게 배분하지 못하는 것이다. 지금까지 보았듯이 불완전경쟁 생산물시장에서 기업의 생산공급곡선은 존재하지 않는다.

제 7 장 생산요소시장의 균형과 소득분배

1. 생산요소시장의 균형

지금까지 다룬 상품이 최종소비재라면 공급자가 상품을 공급하기 위해서 소비해야 하는 상품이 생산재 혹은 중간재 혹은 생산요소라 할 수 있다. 따라서 생산요소 역시 경제학에서는 최종소비재와 마찬가지로 시장이론으로 분석을 한다. 단지 최종소비재와 달리 생산요소에 대한 수요는 최종소비재 수요에서 파생되어 나온다는 점이 다르다. 즉 최종소비재가 팔리지 않는다면 기업 등 공급자는 상품을 생산하기 위해 필요한 생산요소를 구입할 필요가 없을 것이다. 게다가 여기서는 논의를 단순화하기 위해서 생산요소 시장이 경쟁시장임을 가정으로 분석할 것이다.

1) 생산요소에 대한 수요와 수요탄력성

기업 등 공급자가 생산요소를 고용할 때 기준은 이윤극대화가 된다. 그런데 생산요소의 구입은 공급자에게는 비용에 해당하기 때문에 이윤을 극대화하기 위해서는 비용최소화 차원에서 분석을 해야 한다. 다시 말해 비용최소화를 위해 기업은 화폐 한 단위당 각 생산요소의 한계생산이 같아지도록 생산요소를 고용할 것이고, 화폐 한 단위당 각 생산요소의 한계생산은 한계비용의 역수와 의미가 같다.

$$\frac{MP_L}{P_L} = \frac{MP_K}{P_K} = \cdots = \frac{1}{MC}$$

그리고 이윤극대화 조건에서 한계비용과 한계수입이 같으므로

$P_L = MP_L * MR$(≡노동에 대한 한계수입생산, MRP_L)

$P_K = MP_K * MR$(≡자본에 대한 한계수입생산, MRP_K)

⋮

$P_j = MP_j * MR$(≡생산요소 j에 대한 한계수입생산, MRP_j)

여기서 MR은 생산물의 추가 생산 · 공급에 따른 한계수입, j(=L, K, M, E, …)는 생산요소(노동, 자본, 중간재, 에너지 등), MP_j는 j라는 생산요소에 대한 한계생산, P_j는 j라는 생산요소의 한 단위 가격이다. 즉 P_j는 기업이 고용한 생산요소에 대해 지불한 비용이 되고, ($MR * MP_j$)는 고용된 생산요소가 기업에 기여하는 수입이 되고 기업이 이윤을 극대화시키기 위해서는 양자가 같아질 때까지 생산요소를 고용할 것이다. 그리고 최종소비재시장의 경쟁시장일 경우 한계수입은 상품의 가격과 같아지고 생산요소의 '한계수입생산(marginal revenue product, MRP)'은 각 생산요소의 '한계생산가치(value of marginal product, VMP)'가 된다.

$P_L = MP_L * P$(≡노동에 대한 한계생산가치, VMP_L)

$P_K = MP_K * P$(≡자본에 대한 한계생산가치, VMP_K)

⋮

$P_j = MP_j * P$(≡생산요소 j에 대한 한계생산가치, VMP_j)

즉 생산요소의 한계생산가치곡선이 각 생산요소의 수요곡선이 되는 것이다.

한편, 생산요소에 대한 가격탄력성은 최종소비재에 대한 가격탄력성과 차이를 보여 준다. 최종소비재와 마찬가지로 생산요소에 대한 수요의 가격탄력성은 여러 요인들에 의해 영향을 받는다. 첫째, 한계생산이 체감하는 속도에 영향을 받는데 다른 조건이 일정할 경우 한계생산의 체감이 빠를수록 가격탄력성은 더 작게 된다. 한계생산의 체감이 빠르다는 것은 한계생산의 가치가 빠르게 하락한다는 의미이기 때문에 생산요소에 대한 수요량 역시 크게 증가할 수 없다. 둘째, 다른 생산요소로 대체가 용이할수록 다른 조건이 일정하다면 수요의 가격탄력성이 클 것이다. 셋째, 총비용에서 차지하는 비중이 높을수록 다른 조건이 일정하다면 수요의 가격탄력성이 커질 것이다. 넷째, 최종소비재에 대한 수요의 가격탄력성이 클수록 다른 조건이 일정하다면 생산요소에 대한 가격의 수요탄력성 역시 크게 될 것이다.

2) 생산요소의 공급

생산요소의 수요와 달리 공급의 경우 생산요소에 따라 공급자가 상이하기 때문에 개별적으로 논의할 수밖에 없다. 예를 들어, 생산요소를 전통적 방식에 따라 대표적인 가변투입물과 고정투입물로 노동과 자본을 생각하자. 첫째, 노동의 공급자는 소비자가 되고 소비자는 주어진 시간을 어떻게 배분할 것인가를 효용극대화 차원에서 접근할 것이다. 가격효과에서 설명했듯이 대체효과와 소득효과의 크기에 의해 결정되는 개인의 노동공급곡선은 후방굴절곡선이 될 것이다.

둘째, 자본의 경우 공급자는 노동과 달리 기업이 된다. 그런데 자본을 기계나 설비라고 할 때의 자본은 엄밀히 얘기하면 자본재를 의미한다. 반면, 기업이 이윤극대화를 위해 자본의 가격이 자본의 한계생산가치와 같아지는 수준까지 고용한다고 할 때의 자본은 자본재를 일정 기간 동안 사용하여 얻어지는 자본서비스를 말한다. 따라서 자본의 가격도 자본재의 가격이 아니라 자본서비스를 일정 기간 동안 사용하는 데 대해 지불하는 대가, 즉 자본의 임대료가 된다. 이처럼 자본재를 공급하는 기업은 자본의 임대료에 따라 자본서비스를 공급할 것이므로 자본의 공급곡선은 다른 공급곡선처럼 우상향의 모양을 갖는다.

2. 노동시장과 노동조합

앞에서 살펴보았듯이 시장에서 결정된 임금은 노동의 한계생산가치 혹은 한계수입생산과 같게 된다. 다시 말해 경제학에서 노동소득은 노동자의 한계생산, 즉 다른 사람들의 생산에 추가한 개인의 기여도와 대체로 일치한다. 이 이론은 상품을 판매하는 상품시장과 노동자를 고용하는 고용시장에 존재하는 경쟁 때문에 고용주가 지불하는 임금은 노동자의 기여 정도에 따라 결정된다고 주장한다. 개인이 생산하는 만큼, 즉 다른 사람이 이미 생산한 제품에 덧붙여 추가로 기여하는 만큼 수입을 얻는다는 것이다. 따라서 임금은 대략 노동생산성과 비슷한 추이를 보이며 변화할 것이라 예상할 수 있다. 예를 들어, 개별 노동자의 임금 역시 그의 생산성에 의해 결정되고, 생산성은 개별 노동자의 학력이나 숙련 정도 등에 의존할 것이다. 예를 들어, 대졸자와 고졸자의 임금 격차가 그것이다. 앞에서 설명했듯이 노동생산성이란 생산과정에 투입된 노동 한 단위당의 생산량, 즉 노동의 평균생산(AP_L)을 의미하는데 경제 전체의 노동생산성은 "일정 기간 동안에 어느 나라에서 생산된 모든 최종재화와 서비스의 시장가치"로 정의되는 '국내총생산(GDP)', 즉 국민소득을 노동투입량으로 나눈 값이 된다. 1970년 이후 노동생산성 증가율과 실질임금 상승률의 변화 추이를 보면 1970년대 중반과 1980년대 후반에 실질임금의 상승률이 노동생산성 증가율을 앞섰다. 전자의 기간의 경우에는 중동건설 붐과 중화학공업화 육성정책 등으로 인해 노동에 대한 수요가 급증한 데 그 이유가 있었고, 후자의 기간의 경우에는 사회민주화 및 노동운동의 활성화에 따른 결과였다.

한편, 어느 사회든 특정한 집단에 속하는 노동자에게 정당한 이유도 없이 부당한 대우를 하는 차별이 존재한다. 이 차별은 나이, 성별, 출신 민족 등 여러 기준에 의해 행해지고 있다. 이 차별로 인해 비슷한 능력을 갖고 있음에도 불구하고 더 낮은 임금을 받고 노동을 제공해야 한다. 차별이 행해지는 이유는 편견이나 정보 부족 등에 의해 비롯한다. 예를 들어, 한국의 노동시장구조에서는 성별 요인이 노동시장 분절(分節)에서 가장 큰 변수로 작용하고 있다. 여성 취업은 상대적으로 학력과 임금 수준이 높은 행정 관리, 전문 기술직에는 제한되어 있으며 학력과 임금수준이 낮은 서비스, 판매직에 집중되어 있다. 여성 노동은 남성에 비해 보조적이며 부차적인 것으로 상대적으로 낮은 가치를 생산한다는 사회인식을 이용하여 여성 노동력에 대해 실제보다 낮은 임금을 지불하고 있는 것이다. 예로 50개 상장사들이 금융감독원에 제출한 2005년 상반기(1~6월) 보고서에 따르면 2000년과 비교해 남녀직원 임금격차는 월평균 162만 1,000원으로 2000년 같은 기간(106만 1,000원)에 비해 52.8% 확대된 것으로 나타났다. 일부 상장사의 경우 월평균 남녀간 임금격차가 300만 원 이상인 것으로 조사됐다. 이 같은 남녀간 임금격차는 회사 고위직에 진출하는 여성이 남성에 비해 적은 데다 저임금 생산직에 근무하는 여성이 많기 때문으로 분석된다.

여성 노동자에 대한 차별은 어떤 상품에 대한 단 하나의 수요자가 존재하는 '수요독점자(monopsonist)' 시장 개념으로 일정 부분 설명할 수 있다. 즉 경쟁시장에 놓여 있는 기업이 남성과 여성 노동을 고용하여 생산을 하는 노동에 대한 수요독점자라 가정할 경우 남성 및 여성 노동의 한계생산을 남성과 여성에 대한 한계비용을 일치시킴으로써 이윤을 극대화시킬 수 있을 것이다. 여기서 남성과 여성의 한계생산이 같다면 남성과 여성의 노동공급곡선은 상이하다는 것을 의미한다. 그 결과 남성노동과 여성노동에 대한 고용량 및 임금수준은 상이하게 된다.

$$\text{이윤}(\Pi) = \text{수입}(TR) - \text{비용}(TC) = P * Q(L_1, L_2) - W_1(L_1) * L_1 - W_2(L_2) * L_2$$

이윤극대화 조건으로부터

$$P*MP_{L1} = MC_{L1}, \qquad P*MP_{L2} = MC_{L2}$$

남성과 여성 노동의 한계생산이 같다($MP_{L1}=MP_{L2}$)고 가정하면 한계수입생산($MRP=P*MP_{L1}$)은 일정한 값이 되고 한계수입생산은 한계비용과 같기 때문에 다음과 같이 된다.

$$P*MP_{L1} = P*MP_{L2} = MC_{L1} = MC_{L2}$$

$$\text{따라서 } W_1(L_1) \neq W_2(L_2)$$

$$\text{즉 } L_1 \neq L_2, \qquad W_1 \neq W_2$$

임금격차가 현실에 있어서 구조적으로 존재하는 현상을 설명하는 개념이 '이중노동시장이론'이다. 이 이론에 따르면 한 경제에 질적으로 다른 두 가지 노동시장이 공존하고 있는데 두 시장 사이에 상호교류가 거의 존재하고 있기에 사실상 두 개의 상이한 계급이 존재하는 모습이다. 하나는 1차 노동시장으로 전문직이나 숙련기능직 같은 대부분의 좋은 직종을 포함하는데 이 시장에서는 비교적 높은 보수가 지급되고 있을 뿐 아니라 지위 상승의 기회도 주어져 있는 반면, 막노동꾼처럼 특별한 기능이 없는 사람이 취업하는 2차 노동시장의 노동자들에게는 기술을 향상시킬 기회가 주어져 있지 않아 계층 상승의 여지도 없다. 그런데 노동자가 어느 시장에 속하게 될지를 결정하는 요인에는 여러 가지가 존재하지만 그 중에서 가장 중요한 요인은 교육수준이라 할 수 있다. 따라서 교육기회가 균등할수록 이중노동시장의 이론에서 주장하는 것처럼 상호교류가 완전히 단절된 두 노동시장으로 구성된 사회를 실제로 찾기는 어려울 것이다.

이처럼 기본적으로 자유시장 경제에서 한 사람이 자신의 노동력으로 얻는 소득의 크기는 생산과정에서 공헌하는 정도에 따라 결정된다. 그리고 자신이 노력해서 얻는 소득의 변화는 생산기술의 변화와 깊은 관련이 있다. 즉 한 사람의 노동력은 다른 생산요소와 결합되지 않으면 기본적으로 거의 가치가 없다. 예를 들어, 대기업에서 근무하는 개인의 생산능력은 다른 생산요소와 기술을 가진 사람들과 얼마나 협조를 잘 하는가에 달려 있다. 이러한 상호작용은 생산요소의 다양성 때문에 복잡한 형태를 띤다. 즉 노동력은 다른 생산요소와 분리해서는 의미가 없기 때문에 노동자의 소득은 생산요소를 소유한 사람이 결정한다. 이러한 딜레마는 마르크스(Karl Marx)가 공산주의 이론을 만든 동기였다. 생산에 필요한 요소는 공동으로 소유해야 한다는 마르크스 주장에서 공산주의라는 말이 생겼다. 공산주의 아래에서는 더 이상 개인이 기업에 기여하는 정도에 의해 개인의 소득이 결정되지 않는다. 그런데 마르크스 주장은 '도덕적 해이'와 잘못된 인센티브라는 현실적인 문제에 직면했다. 현재 전 세계 대부분의 사람들은 그들의 노동력을 기업에 팔아야 한다. 따라서 마르크스가 비판하던 딜레마는 아직도 존재한다.

이것이 노동자들이 노동조합을 만드는 배경이고, 노동자를 노동조합을 통해 임금협상에 영향을 끼친다. 경제학에서는 노동과 자본을 모두 시장(수요와 공급의 법칙)에 의해 설명하나 사실 노동과 자본은 근본적으로 차이가 있다. 노동은 언제나 가난한 사람이 팔고 언제나 부자가 사며 저장해 둘 방법이 전혀 없어 즉시 팔거나 그렇지 않으면 상실할 수밖에 없다. 노동과 자본이 같은 법을 따르는 것은 결코 정당하지 못하다. 자본과 재산은 보호되고 있지만 노동은 우연에 내맡겨져 있다. 따라서 자본과 노동에는 동일한 시장규칙을 적용할 수 없다. 자본과 동일한 생산요소로 취급하고 그 결과 시장주의자들로부터 노동시장의 유연성에 장애물로 비난받는 노동조합이 등장한 배경도 자본과 달리 시장에서 자신의 자유의지를 발휘할 수 없는 노동의 입장에서 비롯한 것이다. 노동시장이 제대로 형성되지 않았던 19세기 초에 이미 영국의 직조공들은 노동과 자본의 본질적 차이를 정확하게 인식하고 있었다. "자본이란 다름 아닌 노동의 산물의 축적이라고 나는 이해하고 있다.……노동은 언제나 그것밖에는 가지고 있지 않거나 팔 것이 아무 것도 없는, 따라서 그것을 즉각 내놓아야 하는 사람들에 의해 시장에 나온다.……내가 이번 주에 할 수 있는 노동을……만약 내가 자본가를 본떠서 내게 제시된 가격이 부당하니까 내놓지 않겠다고 하더라도, 그것을 내가 병 속에 저장해 둘 수 있는가? 그것을 소금에 절여 둘 수 있는가?…… 노동과 자본의 본질 간의 이와 같은 차이는 내게 노동이 자본이 같은 법을 따르는 것이 결코 정당하지 못하다는 것을 충분히 확신시켜 준다."[1)]

각국의 노동조합은 서로 다른 역사적, 문화적 배경을 갖고 있어 다양한 모습을 보이고 있음에도 불구하고 노동조합은 일반적으로 임금소득의 증가, 작업조건의 개선, 그리고 고용 안정 등의 공통된 목표를 갖고 있다. 물론 노동조합이 추구하는 목표들이 때로는 서로 충돌할 수 있다. 예를 들어, 임금소득의 증가와 고용안정이라는 목표 사이의 충돌이 그것이다. 즉 노동조합은 노동의 독점적 공급자 역할을 하기 때문에 자신이 공급하는 노동에 대해 우하향하는 수요곡선에 직면한다. 따라서 노동조합은 임금소득의 증가와 고용안정이라는 두 가지를 동시에 확보하기 어렵다. 그런데 현실에서는 노동조합이 고용을 희생하지 않으면서도 임금을 인상시키곤 한다. 즉 노동조합이 고용량을 감소시킴이 없이 임금을 상승시켜 주는 경우는 해당 산업이 노동수요독점으로 특징지어지는 산업의 경우다. 특히 기업이 대규모 설비투자의 형태로 막대한 고정비용을 이미 지불한 경우라면 고용을 현재 수준에서 유지하면서 임금 인상을 요구하는 노동조합의 압력에 굴복할 가능성이 존재한다. 물론 장기에서는 모든 투입물이 가변투입물이 되기에 매몰비용의 성격을 갖는 고정비용의 지출이 적어지고 따라서 노동조합의 위협은 큰 효과를 거두기 어려울 수 있다. 그래서 고용주들은 노동자들이 노동조합을 결성하여 고용주와 단체계약을 맺을 때 노동조합 대표들이 흔히 부당한 임금인상을 요구한다고 주장한다.

경쟁시장이었던 노동시장에 강력한 노동조합이 등장할 때에도 실업이

1) E.P. Thompson, *The Making of the English Working Class*, 2000, 나종일 외 옮김, 『영국 노동계급의 형성』 상, 창작과비평사, 413~414쪽에서 재인용.

증가하듯이 국가가 임금액의 최저한도를 결정하고 사용자에게 그 지급을 법적으로 강제하는 제도인 최저임금제 역시 비슷한 효과를 갖는다. 임금은 원래 노사간의 근로계약 또는 단체협약에 의하여 자주적으로 결정되는 것이 원칙이나, 근로계약의 당사자인 개별노동자와 사용자 간에는 대등한 교섭관계가 이루어질 수 없기 때문에, 임금결정을 근로계약에만 맡겨 놓으면 노동자는 실질적으로 적정임금의 확보가 어렵게 된다. 또한 모든 사업장의 근로자들이 노동조합에 의하여 조직되어 있는 것도 아니므로 단체교섭을 통하여 임금이 결정되기를 기대할 수 없다. 따라서 최저임금제도를 통한 국가의 강제에 의한 임금액의 보호는 노사간에 실질적인 교섭 평등관계가 유지되고 있지 않은 사업장의 근로자들을 위해서는 절실히 요구된다.

이 제도는 자본주의가 독점단계에 들어선 19세기 말부터 20세기 초에 걸쳐 성립되었다. 목적은, ① 임금률을 높이고, ② 임금생활자의 소득을 증가시키며, ③ 수준 이하의 노동조건이나 빈곤을 없애고, ④ 임금생활자의 노동력 착취를 방지하며, ⑤ 소득재분배를 실현하는 데 있다. 최저임금제도는 1894년 뉴질랜드의 강제중재법과 1996년 오스트레일리아 빅토리아주(州)의 공장법에 의해 창설되어 구미 선진자본주의에 커다란 영향을 미쳤다. 1902년 영국에서 임금위원회법이 성립되고, 1915년 프랑스에서도 가내노동법이 성립되었으며, 미국에서는 1912년 이후 주법(州法)에 의해 최저임금제도가 차례로 도입되었다. 이러한 추세 속에서 1928년 국제노동기구(ILO)가 '최저임금결정기구의 창설에 관한 조약'을 비준하고 보급에 힘씀으로써, 세계 경제공황 이후 각국에 널리 보급되었다.

한국의 경우 1960년대 이후부터 국회와 관련기관에서 수차에 걸쳐 최저임금의 법제화에 관한 논의가 있었지만, 국제경쟁력의 약화와 고용증대에 대한 악영향을 이유로 시기상조론이 대두되어 오다가 1986년 최저임금법이 제정되어 1988년부터 최저임금제도가 정착되었다. 동 법상 최저임금은 근로자의 생계비 · 유사근로자의 임금 및 노동생산성을 고려하여 사업의 업종별로 정하고(4조), 금액은 시간 · 일 · 주 또는 월단위로 정하되, 시간급으로도 표시한다(5조). 최저임금의 결정방식은 임금심의회방식을 채택하고 있으며, 최저임금심의위원회(근로자 · 사용자 · 공익위원 각 9인으로 구성)가 심의 · 의결한 최저임금액을 노동부장관이 결정하게 되어 있는데, 이 경우 노동부장관은 동 위원회가 제출한 최저임금안에 따라 결정하는 것이 어렵다고 인정되거나 고시된 최저임금안에 대하여 노 · 사 대표자의 이의가 있는 때에는 동 위원회에 재심의를 요청할 수 있다. 최저임금심의위원회는 2005년 9월부터 2006년 8월 31일까지 적용될 노동자의 최저임금이 9.2% 인상된 시간급 3,100원, 8시간 기준 일급 24,800원으로 각각 결정했다. 이를 월급으로 환산하면 주당 44시간 근무제가 적용되는 기업은 70만 600원, 주 40시간제가 적용되는 300인 이상 기업은 64만 7,900원이 각각 적용된다. 이처럼 최저임금제를 실시하는 것은 노동자들, 특히 미숙련 저임노동자들이 최소한도의 인간적인 삶을 누릴 수 있게 하기 위한 것인데 무리한 임금제를 실시하면 일부 노동자들의 인간적인 삶은 보장될지 모르지만 다른 노동자들이 일자리를 잃게 되어, 혹은 새로 노동시장에 들어오는 신규 노동인력들이 일자리를 잡을 수 없어 그 소기의 목적을 달성할 수 없게 된다는 문제가 있다.

3. 자본시장

자본재를 의미하는 자본은 오랜 기간 동안 사용될 수 있다는 점에서 내구성이 있으며 산출물이자 동시에 투입물이 된다는 독특한 성격을 갖는다. 즉 보통의 상품은 소비자들에 의해 직접 소비되지만 자본재는 다른 기업이 사들여 생산과정에서 사용된다는 특징이 있다. 기업이 자본을 투자한다는 것은 더 높은 생산성이 나올 수 있기 때문이다. 자본재를 생산하는 행위를 투자행위라 부를 수 있다. 자본재의 양을 늘리는 것, 즉 자본을 축적한다는 것은 미래의 더 큰 소비 가능성을 위해 현재의 소비를 희생하는 것을 뜻한다. 따라서 자본이라는 개념은 저축과 밀접한 관련을 맺는다. 이처럼 투자행위를 하는지의 여부에 따라 현재와 미래의 소비 가능성이 달라진다. 일반인들이 생각하는 투자, 예를 들어 주식, 채권, 부동산 투자 등은 이미 존재하고 있는 자산의 소유권이 이전되는 결과만을 가져온다는 점에서 투자지출의 의미와는 거리가 멀다. 투자는 새로 만들어진 자본재를 구입하는 것을 뜻하기 때문에 투자가 증가한 만큼 국민경제의 자본량이 증가한다. 즉 어떤 기간(t)에 이루어진 투자를 I_t, 감가상각을 D_t라고 할 때 이들과 총자본량(K_t) 사이에는 다음의 관계가 성립한다. 여기서 총투자(I_t)에서 감가상각(D_t)된 부분을 뺀 것을 순투자라 하고, 총자본량은 자본스톡이라고 부르기도 한다.

$$K_{t+1} = K_t + I_t - D_t$$

자본재에는 공장, 기계, 공구, 자동차, 컴퓨터, 도로, 다리 등 다양한 형태를 갖는데 크게 세 부류로 구분한다. 첫째는 공장이나 집 등 고정되어 있는 구조물이고, 둘째는 기계나 공구 등 생산과정에서 활용될 수 있는 물건들인 설비이고, 셋째는 투입물이나 생산물의 재고가 있다.

이윤극대화를 추구하는 기업의 입장에서 볼 때 투자의 결정요인으로는 미래에 예상되는 수익, 자본재 구입비용의 기회비용에 해당하는 이자율, 자금조달의 용이성 등을 생각할 수 있다. 그런데 미래에 예상되는 수익은 흐름의 형태로 발생하기 때문에 할인을 통해 현재가치(present value, PV)로 통일하는 작업이 선행되어야 한다. 예를 들어, 기업이 구매하려는 기계장비의 가격이 10억 원이고 이를 생산과정에 투입하면 향후 6년간 매년 1억 원의 수익을 가져오고 그 이후에는 아무 쓸모없는 고철덩어리가 될 것으로 예상한다. 금융기관의 연간이자율이 4%를 할인율로 사용한다고 가정하면 6년간 예상되는 수익의 현재가치는 다음과 같이 된다.

$$PV = \frac{1억}{(1+0.04)} + \frac{1억}{(1+0.04)^2} + \frac{1억}{(1+0.04)^3} + \frac{1억}{(1+0.04)^4} + \frac{1억}{(1+0.04)^5} + \frac{1억}{(1+0.04)^6}$$
$$\approx 9억\ 8{,}540만\ 원$$

이처럼 이 기계장비가 가져다주는 수익의 흐름이 현재가치로 약 9억 8,540만 원밖에 되지 않는다는 것을 알 수 있다. 따라서 기업은 이 기계장비를 구입할 필요가 없다는 결론이 나온다. 이처럼 어떤 자본재의 구입가격이 C고 수익의 현재가치가 PV라 한다면 투자여부는 PV가 C보다 클 때만 가능할 것이다. 여기서 어떤 자본재의 수익의 흐름이 같다 하더라도 할인율이 올라가면 현재가치가 내려가고 그 반대면 현재가치는 올라간다. 즉 다른 조건이 일정할 때 시장이자율이 할인율로 사용한다면 이자율이 올라갈수록 투자수요가 감소하고 그 역이면 투자수요가 증가한다는 결론이 나온다.

한편 이자율은 남에게 빌려 줄 수 있는 돈인 대부자금의 시장에 의해서 결정될 것이다. 대부자금의 대부분 수요가 기업의 투자와 관련이 있다면 다른 조건이 일정할 때 자금에 대한 수요는 이자율과 역의 관계에 있을 것이다. 그러나 이자율에 대한 대부자금의 수요의 변화는 탄력성에 따라 다를 것이다. 반면, 대부자금의 공급의 대부분은 소비자들의 저축에서 나올 것이다. 저축을 통해, 즉 현재소비를 유보한 대가에 대한 보상이 이자소득이기 때문에 대부자금의 공급은 이자율과 정(+)의 관계에 있을 것이다. 그러나 이자율이 올라간다고 혹은 내려간다고 반드시 저축이 증가하거나 혹은 하락하지 않을 것이다. 이자율에 대한 대부자금의 공급은 가격효과에 의해 결정될 것이다. 그런데 시장이자율은 현실에서 하나만 존재하지 않는데 그 이유는 위험성의 차이, 대부기간의 차이, 대출협정의 체결이나 대출자금 회수 등에 소요되는 행정비용의 차이, 조세상 대우의 차이 등 때문이다.

4. 소득분배

1) 생산요소시장의 균형과 소득분배

소득분배는 기본적으로 주류경제학의 주요 관심사가 아니다. 효율성 달성을 최대의 목표로 추구하는 주류경제학에서 소득분배는 심지어 효율성 달성에 암묵적인 장애물로 설정된다. 예를 들어, 『맨큐의 경제학』(2판, 5쪽)에서는 경제학의 10대 기본원리 중 첫 번째 기본원리로, 효율성(efficiency)과 공평성(equity)의 상충관계를 얘기하고 있다. "가지고 있는 자원으로부터 한 사회가 최대의 효과를 얻고자 하는 속성"이 효율성인 반면, "희소자원의 활용의 혜택을 사회구성원에게 공정하게 분배하는 것"이 공평성이다. 그러나 효율성과 공평성 간의 상충관계는 과학적으로 입증된 것은 아니다. 시장구조와 관련하여 볼 때 효율성이 증대할수록 공평성은 증대하는 경향이 있다. 그리고 최근의 논의는 공평성이 증대할수록 효율성이 증대함을 보여 주고 있다.

주류경제학에서는 소득분배를 각 생산요소의 기여에 따라 결정되는 것으로 설명한다. 즉 노동자는 노동력을 제공하여 임금을 얻고, 자본소유자는 자본의 제공을 통해 자본소득, 즉 이자나 이윤을 얻는다. 생산요소시장에서의 요소가격과 고용량이 어떻게 결정되는가를 설명하기 위해서는 기본적으로 생산물시장과 연계하여 분석할 수밖에 없다. 즉 생산물시장은 불완전경쟁이고 생산요소시장은 완전경쟁인 경우, 생산요소의 수요가 불완전경쟁적으로 이루어지는 경우, 생산요소의 공급이 불완전경쟁적으로 이루어지는 경우, 생산요소의 수요와 공급이 모두 불완전경쟁적으로 이루어지는 경우 등으로 구분할 수 있다. 예를 들어, 불완전경쟁을 독점으로 대표시킨다면 두 번째 경우를 요소의 수요독점이라 하고, 세 번째 경우를 요소의 공급독점, 마지막 경우를 쌍방독점이라 한다.

먼저 완전경쟁 생산요소시장에서 소득배분을 보자. 첫째, 경쟁기업이 완전경쟁인 노동시장에서 노동을 수요할 경우 노동이 유일한 가변요소라면 앞에서 설명했듯이, 이 기업의 노동에 대한 수요곡선은 노동의 한계생산물가치곡선의 우하향하는 부분과 같고, 노동의 한계생산물가치란 노동의 한계생산물에 노동을 들여 생산한 상품의 가격을 곱하여 구한 값이다. 즉 노동을 한 단위 더 고용함으로써 늘어나는 기업의 수입, 즉 한계요소수입이다. 노동을 한 단위 더 고용하기 위하여 들이는 비용인 임금과 노동을 한 단위 더 고용해서 늘어나는 수입인 한계요소수입이 같아지는 수준에서 노동의 고용량을 결정하면 경쟁기업의 이윤이 극대화된다는 것이다. 둘째, 마찬가지로 생산물시장이 불완전경쟁일 때에는 노동을 한 단위 더 고용해서 늘어나는 수입인 한계요소수입을 포착하는 개념으로서 노동의 한계생산물가치 대신 노동의 한계수입생산물을 사용한다. 앞에서 설명했듯이 노동의 한계수입생산물은 기업이 한 단위 노동을 더 고용할 때 증가하는 총수입으로 정의된다. 노동의 한계생산물에 노동을 사용하여 생산물 한 단위가 증가할 때 늘어나는 기업의 수입인 한계수입을 곱하여 얻는다. 생산물시장에서 불완전경쟁인 기업은 이윤을 극대화하기 위하여 임금과 노동의 한계수입생산물이 같아지는 수준에서 노동의 고용량을 결정한다.

다음으로 불완전경쟁 생산요소시장에서 소득분배를 살펴보자. 첫째, 요소시장에서 한 기업 또는 기업군이 요소를 독점적으로 수요하는 것을 요소의 수요독점이라 한다. 요소시장이 완전시장일 경우 개별기업들은 시장에서 결정된 요소가격으로 요소를 수요할 뿐 요소가격에 아무런 영향력을 행사하지 못한다. 즉 요소를 몇 단위 구입하든 요소가격은 변하지 않는다. 따라서 요소가격이 곧 한계비용이 된다. 그러나 요소를 독점적으로 수요하는 기업은 우상향하는 노동의 시장공급곡선에 직면하게 되므로 '한계요소비용(marginal factor cost, $MFC_L \equiv MP_L \times MC$)'이 요소의 시장가격을 상회하게 된다. 기업이 노동을 고용할 때 노동을 한 단위 더 고용함으로써 늘어나는 수입인 한계수입생산물과 늘어나는 비용인 한계요소비용이 같아지는 수준에서 고용량을 결정하면 이윤은 극대화가 되는 것이다. 요소시장이 불완전경쟁일 경우와 완전경쟁인 경우가 기본적으로 다른 점은 불완전경쟁 요소시장에서는 완전경쟁 요소시장에서와 같은 요소의 수요곡선을 기업이

가지지 않는다는 점이다. 생산물공급의 독점적 착취와 마찬가지로 요소수요의 독점적 착취도 요소수요독점기업이 시현하는 독점이윤의 원천이 된다. 노동시장과 생산물 시장이 불완전경쟁적일수록 노동고용량이 줄어들고 이에 따라 임금도 낮아지는 것을 알 수 있다.

2) 소득분배의 측정지표

생산요소시장의 분석은 소득분배를 구체적으로 설명해 주지 못한다. 기껏해야 생산요소의 희소성이나 생산에 있어서 생산요소의 기여도 등으로 각 생산요소 몫의 비중을 설명할 뿐이다. 그리하여 주류경제학에서는 소득분배의 원인보다는 결과의 설명에 치중한다. 예를 들어 소득이 가장 큰 사람부터 차례로 배열했을 때 각 소득계층에 돌아가는 소득의 몫이 얼마나 되는지(계층별 소득분배)에 관심을 갖는다. 여기서는 소득분배의 측정과 관련하여 대표적인 방식을 몇 가지 소개한다. 가장 대표적이고 전통적인 측정방식이 '로렌츠곡선(Lorenz curve)'이다. 로렌츠곡선은 "가장 가난한 몇 퍼센트의 사람들이 전체 소득 중 몇 퍼센트를 차지하고 있는가를 나타내는 점들을 이어 만든 곡선"이다.

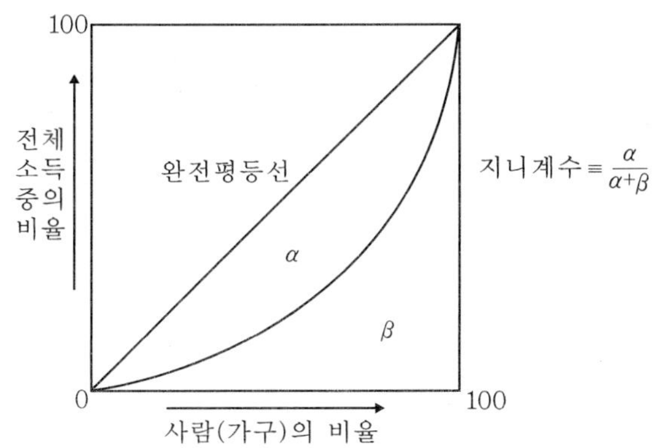

‖ **그림 7-1** ‖ 로렌츠곡선(Lorenz curve)과 지니계수

〈그림 7-1〉에서 보는 정사각형의 수평측은 사람의 비율을 퍼센트(%)로 나타내는 한편, 수직축은 전체소득 중의 점유비율을 퍼센트로 나타내고 있다. 수평측에 나타나 있는 사람의 비율은 가장 가난한 사람부터 순서대로 배열했을 때의 비율을 뜻한다. 예컨대 20%를 나타내는 지점은 가장 소득이 낮은 20%의 사람들을 뜻하는 것이다. 즉 최하위의 몇 퍼센트의 사람들이 몇 퍼센트의 소득을 점유하는지를 찾아 점으로 나타낸 다음 이들을 연결하면 그림에서 보는 로렌츠곡선이 된다. 만약 모든 사람들이 똑같은 소득을 얻고 있으면 로렌츠곡선은 대각선과 일치한다. 반면 오직 한 사람이 모든 소득을 독점하고 나머지 사람들은 전혀 소득을 얻지 못하는 극단적인 불평등을 나타내는 로렌츠곡선은 '⌋' 형태가 될 것이다. 소득이 평등하게 분배되어 있을수록 로렌츠곡선은 대각선에 더욱 가까이 위치하게 된다. 따라서 한 사회의 로렌츠곡선이 다른 사회의 그것보다 대각선에 가까이 위치해 있다면 소득이 더 평등하게 분배되었다고 평가할 수 있다.

그런데 복수의 로렌츠곡선을 비교해 분배상태를 비교하는 것은 두 곡선이 서로 교차하지 않을 때만이 가능하다. 만약 곡선들이 서로 교차한다면 판단을 내리기가 쉽지 않다. 현실에서는 로렌츠곡선이 교차하는 경우는 허다하다. 이런 문제를 해결하기 위한 방식 중 하나가 '지니계수(Gini' s coefficient)'[2]다. 지니계수란 대각선과 로렌츠곡선 사이의 면적(α)을 대각선 아래의 삼각형 면적($\alpha+\beta$)으로 나눈 것이다. 만약 로렌측곡선이 대각선과 일치한다면 α의 넓이는 0이 될 것이고 지니계수도 0이 된다. 반면 로렌츠곡선이 '⌋' 형태가 되면 β의 값이 0이 되어 지니계수는 1이 된다. 이처럼 지니계수는 0에서 1 사이의 값을 가지며 그 값이 클수록 더욱 불평등한 분배상태를 의미한다. 우리나라의 지니계수는 외환위기 이후 높아진 것으로 나타난다.

지니계수는 소득이 얼마나 균등하게 분배되었느냐를 설명할 수 있는 반

2) 이탈리아의 인구학자 · 통계학자 · 사회학자인 지니(Corrado Gini)의 소득분포에 관해 제시한 통계적 법칙인 '지니의 법칙'에서 나온 개념이다.

면, 누가 어떤 방법으로 얼마나 많은 소득을 얻고 있느냐를 모두 반영하지는 못한다. 이를 보완해 주는 측정방식 중 하나가 계층별 소득분배다. 계층별 소득분배는 소득이 가장 큰 사람부터 차례로 배열했을 때 각 소득계층에 돌아가는 소득의 몫이 얼마나 되는지를 보는 방식이다. 대표적인 계층별 소득분배 측정방식 중에는 가장 가난한 10%의 사람부터 가장 부유한 10%의 사람까지 각기 10%씩의 사람들로 구성된 소득계층인 소득 10분위와 가장 소득이 낮은 계층부터 가장 높은 계층까지 총 5개의 소득계층으로 구분하는 소득 5분위가 있다.

10분위 소득분배율(decile distribution ratio)은 가장 못사는 40%의 사람들이 차지하는 소득의 비율을 가장 잘사는 20%의 사람들이 차지하는 소득의 비율로 나누어 구해지는 값으로 이것이 작을수록 더욱 불평등한 분배를 의미한다. 이론적으로 10분위 소득분배율은 0부터 2까지 값을 가질 수 있다. 한국노동연구원이 2004년 4,762가구를 대상으로 실시한 '제7차 한국노동패널조사'를 분석하여 내놓은 연구보고서(2006년 4월 30일)에 따르면 2003년 기준으로 최상위 1분위 가구의 연간 총소득은 9,208만 원에 달한 반면 최하위 10분위 가구의 소득은 186만 원에 그쳐 양계층 간 소득격차가 49.5배에 달했다. 최상위 1분위 가구가 전체 소득에서 차지하는 비중은 지난 1997년 30.3%, 1998년 30.5%로 높아지다 1999년 29.8%로 낮아졌으나 2000년 30.6%를 기록하며 다시 30%대로 진입한 뒤 2001년 31.3%, 2002년 31.4%, 2003년 31.7% 등으로 꾸준히 높아지고 있다. 반면, 최하위 10분위 가구의 소득 비중은 1999년 0.9%를 정점으로 2000년 0.7%, 2001년 0.7%, 2002년 0.6%, 2003년 0.6% 등으로 하락세를 이어가고 있다.

또한, "가구 총소득이 중위소득(100명 중 소득순위 50번째의 소득)의 50% 이하 계층비율"인 '상대빈곤율'도 2000년 20.2%에서 2001년 20.8%, 2002년 21.0%, 2003년 22.5% 등으로 높아져 소득분배구조가 악화되고 있음을 나타냈다. 통계청의 2006년 1분기 도시근로자가구의 가계수지 자료를 보더라도 2002년 이후 2006년까지 4년간 도시근로자가구 상위 10%(10분위)의 연간 가구소득은 8,241만 원에서 1억 144만 원으로 23% 증가할 것으로 전망되는 반면, 하위 10%(1분위)는 998만 원에서 1,024만 원으로 3% 늘어날 것으로 전망됨으로써 참여정부 들어 양극화 현상이 심화된 것으로 나타났다. 즉 지난 2002년에는 상위 10% 가구의 소득이 하위 10% 가구에 비해 8.3배 정도 많았으나, 2006년에는 9.9배까지 벌어질 것으로 보인다. 또한, 통계청의 2006년 1분기 전국 가구의 가계수지 동향에 따르면 소득 최상위 10%에 해당하는 10분위 계층의 월 평균 근로소득은 491만 원으로 최하위 10%인 1분위 계층 11만 2,000원의 43.8배에 달했다. 이런 격차는 2005년 1분기의 38.8배보다 훨씬 확대된 것으로 전국 가구의 가계수지 통계가 작성된 2003년 1분기 이후 가장 크다. 1분기 기준으로 10분위와 1분위의 근로소득 격차는 2003년 35.1배에서 2004년 34.8배로 소폭 축소됐지만 2005년부터 다시 확대되기 시작했다.

5분위 소득분배율은 상위 20%의 소득을 하위 20% 소득으로 나눈 값으로 정의되고 이론상 0에서 무한대의 값을 가진다. 즉 5분위배율은 값이 낮을수록 분배가 평등하게 이루어진 것을 의미한다. 통계청의 2005년 2분기 도시근로자가구를 기준으로 한 소득5분위배율은 5.13으로 1분기에 비해 낮아졌으나 2004년 같은 분기(4.93)에 비해 0.2포인트 증가했다. 전국가구로 조사범위를 확대하면 상 · 하위 가구의 소득격차는 좀 더 뚜렷하게 확인된다. 전국 가구를 기준으로 한 2005년 2분기 소득5분위배율은 2004년 같은 기간(6.83)에 비해 0.41포인트 증가한 7.24를 기록했고 2006년 2분기 역시 7.24로 같은 수준에 머물며 소득격차에 별다른 개선을 나타내지 않았다.

또한, 전국 가구의 소득계층별 소득점유율을 보면 하위 20%는 5.6%를 점유하고 있는 반면 상위 20%는 40.4%를 차지했다.[3] 즉 한국 도시근로자

3) 이러한 사실은 금융경제연구원의 조사에서도 확인되고 있다. 동 연구원에 따르면 한국사회는 외환위기 이후 상위 25%의 소득만이 큰 증가를 보이고 있고 그 결과 소득불평등이 심화되고 있다. 금융경제연구원, 「외환위기 이후 가계소비행태 변화의 원인 분석」, 『금융경제연구』, 제243호, 2006. 2.

‖ **표 7-1** ‖ 외환위기 전후의 지니계수와 십분위분배율

연도	지니계수	십분위분배율	연도	지니계수	십분위분배율
1992	0.284	0.5913	1999	0.320	0.4960
1993	0.281	0.5929	2000	0.317	0.5039
1994	0.284	0.5837	2001	0.319	0.4967
1995	0.284	0.5849	2002	0.312	0.5136
1996	0.291	0.5657	2003	0.306	0.5317
1997	0.283	0.5872	2004	0.310	0.5196
1998	0.316	0.5072			

자료 : 통계청.

가구 중 소득 상위 20% 계층과 하위 20% 계층 간 격차를 나타내는 소득배율이 2001년 5.04, 2002년 5.02, 2003년 5.00, 2004년 4.93 등으로 하락세를 보이다가 2005년(5.13)부터 상승세로 돌아섰고 2006년 2분기에는 5.24로 더 나빠졌다. 이는 2분기 기준으로 2000년의 5.28 이후 6년 만에 최고치다.

이러한 소득불평등 자료는 도시가계자료(표본가구의 가계부로 추정한 것)로 계산한 것으로, 자산이나 금융소득을 고려하면 소득불평등도는 더욱 높다. 예를 들어 정부의 중산 · 서민층 지원대책에도 불구하고 계층 간 소득격차가 더욱 벌어졌던 이유로는 고소득자들의 자산(저축예금, 주식, 부동산 등) 수입의 증가가 지적된다. 즉 외환위기 이후인 소득이 줄어든 가구는 근로소득 감소가, 소득이 늘어난 가구는 주식배당의 증가 등 재산소득의 증가가 주원인으로 지적된다. 예를 들어 2000년 상반기 도시근로자의 근로소득에 대한 지니계수는 0.286을 보인 반면, 재산소득의 지니계수는 0.570을 보였다. 최근 우리 사회의 금융자산의 분포를 보면 상위 1% 가구가 전체 금융자산의 19.4%, 상위 5% 가구가 38%, 상위 20% 가구가 71%

를 소유할 정도로 부가 집중되어 있다. 상위 5% 계층의 개인 금융자산 총액 862조 원은 2003년 정부예산 111.7조 원의 약 8배에 해당하는 규모다. 상위 20% 가구의 평균 금융자산(2억 1,575만 원)은 하위 20% 계층(346만 원)의 62배에 달하고 있는데, 이러한 자산의 격차는 통계청이 분기별로 발표하는 가계지수동향에 나타난 상위 20%와 하위 20% 간의 소득격차가 5배를 훨씬 상회하는 수준이다.

재산소득의 불평등은 토지소유의 분포에서 더욱 명확하게 나타난다. 행자부 부동산정보관리센터가 부동산 종합대책을 마련하기 위해 2005년 3월 개인소유 토지에 대한 전국단위 거주지별, 연령대별 부동산(토지·건물) 소유 현황을 분석한 결과에 따르면 2005년 7월 기준 땅부자 상위 5%가 전체 개인소유 토지(5만 7,218㎢, 173억 3,390만 평)의 82.7%를 차지하고 있는 것으로 집계됐는데 이는 정부가 토지공개념을 도입하기 위해 처음으로 개인토지소유 편중비율을 조사했던 1986년 상위 5%의 토지보유비율 65.2%에 비교하여 17.5%p나 급등한 것이다. 또 상위 1%는 51.5%, 상위 10%는 91.4%를 차지했다. 2004년 12월 기준 우리나라의 국토 면적은 9만 9,642㎢, 이 중 국유지·도유지·군유지 등 국가나 지방자치단체가 보유하고 있는 토지비율은 약 30%다. 나머지 70%는 개인 또는 법인이 소유하고 있다. 이들 사유지 대부분이 부동산 투기의 대상이 되고 있다고 봐도 과언이 아닌 셈이다. 다른 나라들의 경우 국공유지비율은 싱가포르 81%, 이스라엘 86%, 대만 69%, 미국 50%, 스웨덴 40% 등으로 우리나라보다 훨씬 높다. 특히 우리나라는 국유지의 대부분이 임야와 도로·학교 등 공공시설 용지로 이용되고 있으며, 공공 부문이 소유하고 있는 주거용·상업용·공업용 등의 도시용지 보유비율은 0.1%에 불과한 실정이다. 사유지비율이 높다는 것은 토지시장의 수급 불균형이 발생하더라도 정부가 이를 조율하는 데 한계가 있음을 의미한다. 자산소득의 불평등은 소득분배를 악화시키는 주요 요인으로 작용하고 있다. 한 예로 도시근로자의 전체 소득은 2005년 1분기 5.2% 증가했지만 이 중 부동산값 폭등 등의 불로소득과 금융소득을 제외한 근로소득은 물가상승률보다 낮은 2.4% 증가에 그쳐서 성장의 과실이 부유층에게만 집중되었음을 잘 보여 준다.

그런데 부모의 소득격차가 자녀의 교육격차로 이어지고 있는데 교육격차는 소득격차로 이어질 수 있다는 점에서 경제력의 차이가 고착화되는 우려가 높아지고 있다. 예를 들어, '양극화 해소를 위한 교육 부문의 과제와 대책'에 관한 한국교육개발원 내부 자료집(2005년)에 따르면 서울 소재 4년제 대학 진학자 부모의 소득은 월평균 246만 원으로 미진학, 전문대학 진학자, 지방 소재 4년제 대학 진학자 부모의 소득에 비해 훨씬 높았다. 미진학자의 부모의 소득은 131만 원, 전문대학 진학자의 부모의 소득은 146만 원, 지방 소재 4년제 대학 진학자 부모의 소득은 189만 원 등이었다. 아울러 교육 기회의 확대로 인해 저소득층과 고소득층 자녀의 대학취학률의 차이는 작으나 명문대 진학률에서 큰 격차가 발생하고 있다. 서울대 사회과학원의 연구결과에 따르면 고소득층 가정 자녀의 서울대 입학비율이 일반 가정 자녀에 비해 1985년에는 1.3배에 불과했으나 15년 사이 무려 16.8배로 늘어난 것으로 나타났다. 자립형 사립고 진학에서도 학부모의 월평균 소득이 200만 원부터 700만 원 이상에 이르기까지 폭넓은 분포를 보이고 있지만 대체로 중류층 이상이다. 민족사관고등학교의 경우 부모의 월평균 소득이 700만 원을 넘는 경우가 35%에 달했다.

자본주의 사회에서 소득불평등을 해소하는 대표적 방법은 조세정책이

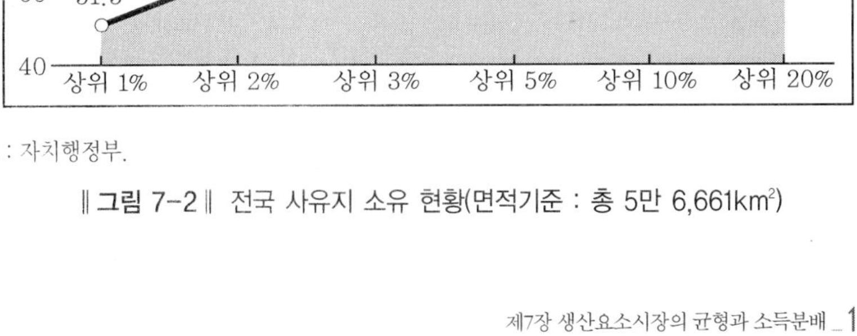

자료 : 자치행정부.

‖ 그림 7-2 ‖ 전국 사유지 소유 현황(면적기준 : 총 5만 6,661km²)

다. 자산소득에 대한 과세의 경제적 효과와 관련이 있다. 제3장에서 보았듯이 저축이 이자율에 어떻게 반응하는가는 이자율에 대한 저축의 탄력성으로, 토지보유에 대한 과세문제는 공급탄력성으로 이해할 수 있다.

또한 소득분배와 효율성 사이에는 오래된 논쟁이 존재한다. 한쪽에서는 효율성과 공평성의 상충관계를 주장한다. 이 주장에 따르면 경제적 혜택을 보다 평등하게 분배하는 정책(예 : 사회복지제도나 실업보험제도), 예를 들어 개인소득세[4]제도를 통해 시행될 경우 열심히 일하는 데 대한 보상이 줄어드는 효과를 내게 되어 사람들이 덜 열심히 일하게 되고 결과적으로 재화와 서비스의 생산이 줄어들게 되는, 즉 경제적 효율성을 낮추는 대가를 치르게 한다. 효율성과 공평성 간의 상충관계 '가설'은 "경제발전 초기에는 소득의 불평등이 증가하다가 경제발전에 따라 소득분배가 개선된다"는 이른바 '쿠즈네츠(Kuznets) 가설'－일명 '역U자곡선'－과 결합하여 형평과 성장(효율성) 간에 상충관계(the equality-growth trade-off)가 확실하게 존재하는 것으로 단정짓거나 정치적으로 악용하곤 했다. 실제로 경제적 후진국가들에서 일부 정치적 이해집단들이 경제발전을 위해서 불평등을 수반하는 초기의 성장을 감내해야만 한다는 정치적 선전도구로 사용했다. 즉 이들은, 빈곤은 분배할 수 없기 때문에 소득분배를 개선하는 데 힘을 쏟기 전에 성장하는 것이 절대적으로 중요하고 한 국가가 빠르게 발전하기 위해 요구되는 빠른 자본축적을 위해서는 폭넓은 불평등을 감내할 것을 강조한다. 반면, 세계은행은 지난 1980년대 후반부터 지금까지 통계자료를 통해 국가정책이 성장(효율성)을 향상(개선)시키면서 동시에 불평등을 줄일 수 있음을 강조해 오고 있으며, 그 대표적 경우로 동아시아 신흥공업국가의 '공유된 성장(shared growth)'을 지적한다. 일본을 포함해 동아시아의 고성취경제들(High-performing Asian economies, HPAEs)의 지니계수(Gini Coefficient)는 1965~1970년 동안 평균 0.41에서 1971~1980

4) 세액은 (과세표준소득×소득세율)로 구성되고 우리나라의 경우 세율은 2005년 이전까지 1천만 원 이하는 9%, 1~4천만 원은 18%, 4~8천만 원은 27%, 8천만 원 이상은 36%였으나, 2005년부터 구간별로 1%씩 인하되어 소득세율은 8~35%가 되었다.

년 동안 평균 0.39, 그리고 1981~1990년 동안에 평균 0.36으로 고성장 속에서 꾸준히 개선되었다.[5] 이는 동기간에 0.50, 0.50, 0.48을 기록한 기타 후진국들[6]의 경험과 대조를 이룬다. 하위 20% 계층의 소득에 대한 상위 20% 계층의 소득을 보더라도 1976~1988년 동안 일본과 동아시아 제2세대 신흥공업국들(한국, 대만, 싱가포르, 홍콩)이 7.0배, 동아시아 제3세대 신흥공업국들(인도네시아, 필리핀, 타이, 말레이시아)이 8.3배, 그리고 중남미국가들(브라질, 멕시코, 페루, 베네수엘라, 코스타리카, 콜롬비아)이 16.4배로 추정된다.[7]

효율성과 공평성의 관계에 대한 최근 연구들은 분배의 형평성이 경제성장(효율성의 개선)에 유익하다는 측면들에 주목하고 있다. 이와 관련된 몇 가지 측면들을 소개하면 다음과 같다. 첫째, 경제 및 분배구조의 차이를 지속시키는 주요 요인으로 기술이나 지식 등 인적자본 투자의 차이들을 지적하고, 또한 이를 신용시장의 불완전성과 연결시키고 있다. 즉 부가 균등하게 분배된 국가일수록 사회 총소득에서 미숙련노동력(상대적 저임노동력)의 부가 차지하는 비중이 클 것이고, 따라서 기술진보에 따른 숙련노동력의 임금 상승은 사회 전체적으로 인적자본에 좀 더 많은 인원을 투자하도록 유인할 것이다. 실제로 한국은행에 따르면 도시근로자 가계 중 저소득층의 취업률은 평균을 지속적으로 밑도는 데다, 그 격차도 계속 커지고 있다. 2005년 상반기 하위 10%(1분위)의 취업률은 39.8%로 평균 취업률(45.5%)보다 5.7%p나 낮았다. 지난 2001년 하위 10%의 취업률은 39.4%로, 당시 평균 취업률(43.6%)과 차이는 4.2%p였다. 4년 새 격차가 4.2%p에서 5.7%p로 1.5%p나 더 벌어진 데서 알 수 있듯 저소득층은 갈수록 취업이 어려워지고 있다.

---

5) Campos, J.E. and Hilton L. Root, 1996, *The Key to the Asian Miracle : Making Shared Growth Credible*, The Brookings Institution.

6) 여기에서는 인디아, 파키스탄, 네팔, 방글라데시, 스리랑카, 필리핀, 아르헨티나, 브라질, 콜롬비아, 칠레, 멕시코, 페루, 베네수엘라, 가봉, 수단, 잠비아, 케냐를 포함한 것임.

7) 라틴아메리카의 소득불평등은 하위 20% 계층의 소득에 대한 상위 20% 계층의 소득 비중이 15.0배인 아프리카국가들(케냐, 가나, 아이보리코스트, 보츠와나)보다 큰 것이다.

‖ **표 7-2** ‖ 도시근로자 가계의 취업률 추이(단위 : %)

	2001년	2002년	2003년	2004년	2005년 상반기
1분위	39.4	39.8	39.2	40.2	39.8
2분위	39.4	40.7	40.1	39.9	40.6
3분위	39.8	40.1	41.4	42.0	41.0

※ 소득 기준 1분위는 하위 10% 이하, 2분위는 11~20%, 3분위는 21~30%.
※ 도시근로자 가계 취업률=취업자 수÷가구원 수×100.

이처럼 부의 분배가 잘된 사회는 인적자본에 투자하여, 미숙련노동자나 이들의 후손들이 새로이 성장하는 부문으로 이동하기가 용이하다. 반면 부의 분배가 불평등한 국가의 경우 저소득층인 미숙련노동자들은 신용시장에 접근하는 것이 불리하기 때문에 인적자본에 대한 투자를 증대시키기 어렵고 그에 따라 혁신으로부터 발생하는 경제적 이득으로부터 배제될 가능성이 높다. 이처럼 소득분배가 평등한 경제일수록 기술진보나 거시경제적 충격으로 인한 소득의 손실이 적고 보다 잘 적응할 수 있다. 실증연구 또한 초기의 소득분배가 1인당 소득의 수준뿐만 아니라 경제성장률과도 정(+)의 상관관계를 형성하고 있음을 보여 준다.

둘째, 소득의 불평등은 총수요, 즉 시장의 규모를 감소시킴으로써 성장에 부정적인 효과를 미칠 수 있다. 일반적으로 소득이 낮을/높을수록 평균소비성향이 높기/낮기 때문에 소득분배가 평등할수록 한 사회의 시장규모는 커진다. 그런데 공업화가 성공적으로 진행되기 위해서는 국내 제조업에 대한 충분한 시장이 창출되어야 하고, 이를 위해서는 농업(내수)이나 무역(해외) 부문 같은 선도 부문들의 붐(boom)이 균등하게 배분되어야만 한다.[8] 선도 부문들의 성장과 이것의 균등한 배분이 제조업에 대한 수요의 크기를 결정하기 때문이다. 특히 제조업 부문의 기술채산성을 실현해 주

8) P. Gottsxhalk and T. Smeeding, 1997(June), "Cross-National Comparisons of Earnings

평균소비성향 주어진 가처분소득(조세를 납부한 후의 소득)에서 소비가 차지하는 비율

는 규모의 경제 효과는 고정비용을 덮어 줄 정도의 충분한 시장(수요)을 전제로 한다.

그 밖에도 소득분배는 사람들의 사회적 행동이나 정치적 채널을 통해 경제의 효율성에 영향을 미친다. 예를 들어 소득분배가 불평등할수록 낮은 소득계층으로 하여금 지대추구 활동과 범죄에 개입할 인센티브를 크게 하고, 이는 투자와 성장에 장애로 작용할 가능성이 높다.[9] 또한 소득은 유권자들의 선호를 결정하는 주요 요인이다. 분배의 갈등이 큰 사회에서는 정치적 채널을 통해 투자 및 성장을 촉진시키는 경제정책보다 소득재분배정책에 자원을 많이 할당한다. 소득의 불평등은 사회 불만과 혼란 등 정치적 불안정을 증대시켜 경제성장에 해롭게 작용할 수 있다. 이것이 빈부격차에 따른 사회적 비용이다. 지배계급이 굳어지고 사회에 무기력과 냉소가 흐를 때 그 사회는 더 이상 발전할 수 없다. 실증분석을 보아도 중간소득계층의 비중이 클수록 성장률이 높은 것으로 나타나고 있다.

최근의 연구 결과 또한 빈부격차 심화를 경제성장의 큰 걸림돌로 지적하고 있다.[10] 이들에 따르면 사회 내 빈부격차가 확대되면 의료비용 증가, 부패만연, 부자들에 편향된 경제정책, 심리적인 박탈감 등으로 자원배분이 왜곡되고 생산성이 떨어지면서 경제 성장률이 하락할 수 있다는 것이다. 즉 빈부격차는 가난한 계층의 질병 양산과 의료비용 부담가중으로 이어져 저축과 투자를 위축시키고 저임금 근로자들의 노동생산성을 떨어뜨리게 된다. 실제로 조사결과 부자와 가난한 자의 소득격차가 더욱 심화되고 있

---

and Income Inequality," *Journal of Economic Literature*, Vol. XXXV, pp. 633~687.

9) A. Etzioni, 1988, *The Moral Dimension*, N.Y. : Free Press ; J. Elster, 1989, *The Cement of Society*, Cambridge University Press.

10) New York Times, 2006. 6. 25에서 재인용.

는 미국이 영국보다 질병 발병률이 높은 것으로 나타났다. 또 빈부격차는 사회부패를 조장한다. 즉 부와 정치권력의 변화가 심한 민주주의 사회에서는 빈부격차가 심할수록 계층상승에 대한 욕구가 높아지면서 부패가 만연해 진다는 것이다. 또 지나친 소득격차는 부자들에게 유리한 경제정책을 수립할 위험도 있다. 즉 부자들은 정치권력도 함께 확보하면서 자신들에게 유리한 경제정책을 유도할 수 있기에 가난한 자들의 희생으로 부자들은 더 큰 부자가 된다고 설명했다. 특히 빈부격차는 근로자들의 상대적인 박탈감을 초래해 업무 효율성을 떨어뜨린다. 최고경영자(CEO)와 임원들이 보너스와 스톡옵션을 포함해 수천만 달러의 연봉을 받는 상황에서 근로자들은 사기저하로 생산성 저하가 불가피하다는 지적이다.

소득분배와 성장에 대한 다양한 경험들은 분배에 대한 각국 국민들의 상이한 가치관 및 반응과 관련을 갖고 있다. 예를 들어 스칸디나비아 국민들은 부의 불평등과 재분배에 대한 인식이 다른 서구국가들에 비해 유달리 높고 보수와 권력의 부당한 차이에 대한 인식 또한 매우 높다는 주장이 제기되곤 한다. 많은 사람들은 스칸디나비아 지역 사람들의 '평등에 대한 열정'이 높다는 주장에 공감한다. 반면 미국 국민들은 부에 대한 정부의 재분배정책에 우호적이지 않다. 이는 '균등한 소득'보다 '균등한 기회'를 더 선호하는 미국민 의식체계의 반영물인 것이다. 실제로 미국은 서구의 상위소득국가들 중에서도 소득분배가 매우 불평등한 국가로 알려져 있다. 참고로 2000년 이래 미국의 지니계수는 0.46이 넘어섰을 정도다. 이처럼 불평등에 대한 규범적 토대는 사회화의 결과물이다. 불평등에 대한 인식은 사회 구성원들의 순수한 이기심에 기초한 규범적 고려의 결과이기도 하지만, 때로는 역으로 규범적 고려들이 이러한 인식들을 규정하기도 한다. 즉 개개인들은 어린 시절의 사회화부터 친구나 작업장 동료로부터의 영향, 그리고 정당의 동원화에 이르기까지 불평등을 인식하고 설명하는 방식에 자신들의 인상을 남기는 수많은 규범적 근원들에 노출되어 있다. 그리고 현실은 다양한 집단 간의 권력투쟁의 산물인 정치와 정책에서 국가 간에 중요한 차이들이 나타난다는 것을 보여 주고 있다.

제8장 기업조직의 다양성과 재벌 그리고 네트워크

1. 기업의 경제활동 동기

주류경제학은 공급 중심의 이론체계다. 따라서 대표적 생산주체인 기업의 입장에서 시장이론이 구성된다. 기업은 소비자와 달리 그 자체가 경제인이라기보다 하나의 조직이다. 그런데 경제학에서는 기업을 생산요소를 적절히 결합하여 상품을 생산하고 이를 시장에 판매하는 것을 주요 목적으로 하는, 즉 단기이윤의 극대화를 추구하는 경제조직으로 설정한다. 즉 경제학에서는 기업을 재화와 용역의 공급자로서 단순 생산공장에 불과한 것으로 묘사한다. 그러나 급격한 경제 환경의 변동을 감안할 때 전통적인 경제학처럼 기업을 단순히 주어진 환경 속에서 주어진 조직 및 기술을 가지고 이윤을 극대화하는 존재로 생각하기보다 좀 더 동태적이며 능동적인 존재로 설정할 필요가 있다. 왜냐하면 기업은 주어진 상황 속에서 주어진 기술을 이용해 이윤을 극대화하는 존재가 아니라 적극적으로 기술을 혁신하고 여타 기업과 지속적으로 경쟁하는 존재이기 때문이다.

'이윤극대화' 가설은 구체적으로 '결합비용(overhead cost)'의 존재, 주주와 경영자의 목표 불일치, 미래의 시장가격에 대한 불확실성 등의 문제를 안고 있다. 첫째, '결합비용'이란 기업이 여러 재화를 생산할 때 공통으로 들어가는 비용을 말한다. 예를 들어 텔레비전과 냉장고를 생산하는 기업에서 총무부와 기획부의 비용은 두 상품을 생산하는 데 공통으로 투입되는 결합비용이다. 이 경우 각 상품의 한계비용을 구분하기 어렵다. 둘째, 경영과 소유가 분리되어 있는 현대기업들에서 경영자들은 최저이윤만 보장되면 매상고 극대를 추구할 가능성이 높다. 실제로 기업의 이윤극대화 동기는 고전파시대의 소상인의 목적에 기원을 두고 있다. 그 후 기술진보와 기업구조의 변화에 따라 성장의 동기는 이윤극대화 동기 못지않게 기업의 주요 목적이 되었다. 기업이 장기적으로는 이윤극대화를 추구하지만 단기적으로는 시장점유율 유지나 확대를 극대화한다는 주장이 '매출액극대화' 가설이다. 그런데 '매출액극대화' 가설도 시장 전체의 균형이 어떻게 달성되는지에 관한 이론적 문제를 안고 있다. 셋째, 기업의 이윤은 총수입에서 총비용을 제외한 것인데 총수입(≡가격×판매량)을 결정하는 가격은 많은 경우 상품이 시장에서 매매될 때 결정되기 때문에 사전에는 불확실하다.

이처럼 기업의 생산목적은 이윤극대화나 매출액극대화로 간단히 규정하기 어렵다. 기업의 생산 동기는 기업마다 다를 수 있기 때문이다. 기업이 속한 산업이나 시장, 그리고 기업을 둘러싼 경제 환경 등에 따라 기업은 다양한 모습을 보일 수 있다. 이윤극대화 가설과 매출액극대화 가설을 결합한 '효용극대화' 가설에서는 기업가가 시장점유율과 이윤에 의해 결정되는 효용극대를 추구한다고 본다.

그러나 기업이 사회에서 차지하는 중요성은 경제학 교과서에서 제시한 수준을 훨씬 넘어선다. 현대인들 대부분이 자신의 하루 일과 중 거의 대부분을 기업에서 보내고 있다는 것만 보아도 이 점은 충분히 이해할 수 있다. 따라서 이러한 사회적 중요성을 감안하여 기업이 경제 속에서 어떤 위치를 차지하고 있으며 또 어떤 위치를 차지해야 하느냐는 관점에서 기업에 관한 논의를 전개해야 한다. 그런데도 기존의 경영학적 관점 역시 기업을 경제 전체와 분리시켜 보는 경향이 강했고 그것의 효율성이나 경쟁성에 대해서만 관심을 기울였다는 한계가 있다. 기업은 경제와 동떨어져 존재할 수 없으며, 기업이 존재하지 않는 경제 역시 생각할 수도 없다. 주류경제학의 흐름 속에서 커다란 주목을 받지는 못했지만, 비주류경제학—마르크스경제학, 역사학파, 그리고 제도학파 등—은 기업이 사회와 경제 속에서 윤리적으로 행동하거나 혹은 그렇게 해야 한다는 점을 강조했다.

실제로 윤리적 기업에 투자하는 것이 투자수익률이 보다 더 높다는 것이 실증적으로 증명되기도 했다. '사회적 책임투자(socially responsible investing, SRI)' 이론에서는 다우존스(Dow Jones) 공업지수가 1976~1989년의 13년간 174% 증가하였는데, 여기에 비해 '윤리적인 기업' 30개를 선정하여 조사한 '착한 기업 공업지수(Good Money Industrial Average)'는 같은 기간 동안 무려 647%나 증가하였다고 한다. 또한 대기업 및 중소기업 1,000개 중에서 윤리수준이 높은 400개 회사를 선정하여 작성한 평균주가지수인 '사회지수'와 S&P사 선정 500개 회사의 평균지수를 1983~1988년 사이 비교한 결과, 1983년에 1,000달러를 투자하였다면 사회지수 수익률은 164.7%였는 데 비해 S&P 500개 회사의 투자수익률은 101.7%였다고 한다. 이처럼 시장경제체제의 틀 안에서 기업이 효율적으로 활동하자면 일정한 제약조건하에서 자기 이익을 추구하는 기업시민으로서 책임 있는 윤리적 행동을 수행해야 한다. 그렇지 않을 경우 시장실패를 유발하여 정부의 시장개입을 자초하게 된다. 특히, 한국경제에 관해서는 적어도 표면적으로는 기업을 위시한 모든 경제주체들이 어느 정도 윤리적이어야 한다는 것이 내적이거나 외적인 제약조건으로 되어 있다는 점에서, 이런 관점은 의미가 있다고 생각한다. 더구나 한국경제에서 기업은 정부와 무관하게 이윤 추구에만 몰두하기보다 정부와 지속적인 상호작용 속에 존재해 왔기 때문이다.

2. 기업의 등장배경

제도는 시대에 따라 변동 · 진화한다. 그것은 외적으로 나타나는 것이기도 하지만 각 개인들에게 내부화되어 이들의 행동에 타성이나 습관으로 작용한다. 기업 또한 경제제도 중 하나이므로 기업조직의 특성을 이해하기 위해서는 기업이 어떻게 진화해 왔는가에 관심을 가질 필요가 있다.

먼저 지적할 점은 기업이라는 조직이 기본적으로 반(反)시장적인 성격을 갖고 있다는 것이다. 시장은 자유로이 진입·퇴출하는 멤버가 가격을 가장 중요한 신호로 하면서 수익·효용의 최대화를 행동원리로 하여 자유로운 교환을 반복하는 장으로 시장은 공급자와 수요자 모두에게 다음의 이점을 제공한다. 첫째, 시장을 통해 생산자는 많은 고객에게 상품을 팔 수 있기 때문에 더 많은 경험을 얻게 되고, 다양한 고객 간에 생산부담을 균등하게 배분하며 규모의 경제를 획득하게 된다. 이러한 이점들은 일반적으로 효과적인 생산을 가능하게 한다. 또한, 공급자 간의 경쟁은 생산의 효율성을 증대시킨다. 둘째, 시장에서 자유로운 선택권을 가지고 독점공급자의 기회주의적 행동에 포로가 되지 않는 수요자들도 시장에서 가격, 품질, 그리고 다른 바람직한 특성들을 종합적으로 고려하여 최적의 구매를 할 수 있다.

반면, 조직은 구성원들이 고정적·지속적이며 최종적으로는 권한에 의한 명령을 결정원리로 하여 거래를 하는 장이다. 따라서 시장의 원리와 조직의 원리는 본래적으로는 모순된다고 볼 수 있다. 시장 내의 독립적인 행동주체이면서도 그 자체가 다수의 사람으로 구성되어 있는 기업은 하나의 계층이 있는 유기구조의 모습을 하고 있다. 다시 말해, 상품의 획득이 수요공급의 법칙에 의존하는 시장과 달리 기업 내 생산의 경우 경제적 결정이 경영자의 명령에 의해 이루어지는 위계제에 기초하고 있다. 이처럼 피라미드의 형태를 띠고 있는 위계제 기업구조에서는 자율적인 행동원리를 제한하고 있으며, 외부로부터의 여러 가지 영향 또는 경쟁 등을 차단한다. 예를 들어, 모든 개인은 시장거래를 통해 경제생활을 영위하지만 기업의 구성원 간에는, 예컨대 노동의 경우처럼 기업활동에 필요한 자신의 생산요소를 다른 시장재처럼 거래하지 않는다. 경제 내의 자원배분에서 어떤 것은 시장기구를 통해 이루어지고 또 어떤 것은 기업이라는 조직을 통해 이루어진다. 이처럼 기업은 외적으로 시장거래에 참여하는 주체이면서 내적으로는 시장기구와는 다른 유인체계를 갖고 있다.

그렇다면 생산적 투입물의 소유자들은 어떠한 이유 때문에 시장거래를 통해 이를 공급하지 않고 기업이라는 별개의 조직을 구성하게 되는가, 즉 시장(기구) 내에서 기업은 왜 존재하는가? 이를 설명할 하나의 통일된 이론은 아직 존재하지 않는다. 거래비용경제학, 대리인이론, 자원기초론, 그리고 최근의 지식기초론 등이 기업의 존재 이유를 설명하는 이론들이다. 각각의 개념들을 구체적으로 살펴보자.

1) 거래비용경제학

시장경제에서 자원배분을 담당하는 것은 수요와 공급에 의해 결정된 가격이다. 가격이 희소한 자원을 적재적소에 배분하는 역할을 맡고 있다. 즉 경제학이 답해야 하는 세 가지 문제(무엇을 얼마나 생산할 것인가, 어떻게 생산할 것인가, 누구를 위하여 생산할 것인가)를 해결하는 것이 바로 가격이다. 그러나 재화와 용역을 생산함에 있어 가격기구(price mechanism)를 이용(거래)하는 데에도 비용이 들기 때문에 이러한 비용을 줄이기 위한 방편으로 기업이 탄생한다. 거래란 생산에서 시작하여 최종소비에 이르는 연속적인 전 경제순환과정에서 기술적으로 분리될 수 있는 중간단계 간에 상품이 이전되는 경우를 말한다. 각 중간단계에는 여러 종류의 물적 · 인적 투입(비용)이 이루어지고 다음 단계로 이동한다. 이 일련의 과정이 시장을 경유할지, 기업이라는 비시장적인 조직 내의 거래를 경유할지는 거래 형태에 따른 거래비용에 의해 결정된다.

생산과 비용의 개념에서 지적했듯이 경제학에서는 거래기능을 수행하는 데 드는 거래비용이 없는 것으로 보고 있다. 즉 전환비용(transformation cost)만을 생산비로 보고 있는 것이다. 그런데 실제로는 개방된 시장을 통한 거래에서 가장 큰 문제가 거래비용이 높다는 점이다. 산업사회의 역사를 보면 시장에서의 거래가 확대되고 심화될수록 역설적이게도 시장 외부에서 일어나는 외부성(시장 부재)은 오히려 증가했다.[1] 예를 들어, 미국경제에서 시장을 통한 거래비용의 규모를 측정한 결과 1870년에는 (“일정 기간 동안에 어느 나라에서 생산된 모든 최종재화와 서비스의 시장가치”로 정의되는) GNP에서 약 1/4을 차지하였으나 그로부터 1세기 후인 1970년에는 GNP의 절반 이상까지 증가하였다.[2] 경제규모의 증가에 따른 거래비용의 증가 경향은 개별 기업의 규모와 거래 부문에 흡수되는 자원의 비중이 함께 증가한 데서도 확인된다.[3]

거래비용은 거래에 따른 정보비용, 거래를 담당하는 개인들의 제한된 합리성, 다른 개인이나 조직의 기회주의적 행동, 비예측성 및 환경적인 불확실성으로 인하여 거래되는 상품 및 그 상품을 생산하는 데 투입되는 물적·인적자원의 자산특수성(asset specificity) 등이 있는 경우 어떤 형태의 거래방식도 비용을 수반한다.[4] 첫째, 가격기구를 이용하는 데, 즉 관련 가격을 알아내는 데 정보비용이 들어간다. 이러한 정보를 알아서 파는 전문가가 있다면 비용은 감소하겠지만 결코 소멸되지는 않는다. 둘째, 인간의 제한적 합리성 때문에 미래를 정확히 예측하는 것이 불가능한 상황에서 완벽한 계약을 작성하려면 엄청난 거래비용이 필요할 것이다.

따라서 이러한 세계에서는 고정된 위계질서(hierarchy)를 가진 항구적인 집단을 형성하여 계약에 명시되지 않은 상황이 발생할 경우 미리 정해진 상급자가 하급자에게 지시를 내릴 수 있는 기업제도를 도입하는 것이 종종 더 경제적일 수 있다. 즉 B(boss)가 W(worker)에게 X(작업의 종류)를 선택하고 W를 감독할 권한을 가지는 위계적 관계는 불확실한 예측하에서 고정된 과제에 대해 일일이 계약을 체결함으로써 발생할 수 있는 상호분

1) Andreas A. Papandreous, 1994, *Externality and Institutions*, Clarendon Press.

2) Wallis, John J., and Douglas C. North, 1986, “Measuring the Transaction Sector in the American Economy, 1870~1970,” in Stanley L. Engerman and Robert E. Gallman(eds.), *Long-Term Factors in American Economic Growth*, The University of Chicago Press, p. 121.

3) Edward N. Wolff, 1987, *Growth, accumulation, and unproductive activity : An Analysis of the postwar U.S. economy*, Cambridge University Press.

4) O.E. Williamson, 1985, *The Economic Institution of Capitalism : Firms, Markets and Relational Contracting*, New York : The Free Press, p. 19.

‖ **표 8-1** ‖ 시장과 기업의 차이

	기 원	이 점	운영원리
시장	사람 간의 자연스런 본능	거래를 통한 상호이익	상호간 협상과 합의 민주적 수평관
기업	시장거래에 수반하는 '거래비용'을 절약	경제 전체의 비용절감	수직적 명령체계

시사점 : ① 시장효율성↑→ 거래비용↓→ 기업에 대한 수요↓
② 정부개입에 의한 시장운영의 명령체계화 대 기업경영의 수직적 명령체계의 효율성 비교.
자료 : 좌승희, 2001, 「기업이론과 기업금융발전 비전-신제도학파의 패러다임-」, 한국경제연구원 자료집.

코즈의 정리 민간경제주체들이 아무런 비용을 치르지 않고 자원배분에 관한 협상을 할 수 있다면, 외부효과로 인해 초래되는 비효율성을 시장에서 그들 스스로 해결하고 자원을 효율적으로 배분하게 된다. 코즈 정리의 핵심은 당사자들 간의 갈등조정에 드는 '거래비용'이다. 외부성의 문제해결 시에도 시장에서의 거래비용이 적게 들 것 같으면 정부개입 없이 시장 자율적으로 문제를 해결하면 효율적이라는 것이다. 그런데 재판 내지는 판결이라는 것은 정부개입을 통해 문제를 해결하는 경우다. 따라서 판결을 통한 문제해결은 효율성의 관점에서 재판을 통한 강제적 조정비용이 자율적인 협의에 드는 거래비용보다 적을 때에나 타당성을 갖게 된다.

쟁과 기회주의적 행동, 그리고 그에 따른 비용을 회피하게 해준다. 일찍이 코즈(R. Coase, *The Nature of the Firm*, 1937)는 거래에 필요한 정보수집비용이나 거래과정에서 소요되는 비용 등이 내부조직의 운영비용을 초과하는 한 거래를 내부화하는 조직체로서 기업이 존재한다고 설명했다.

이제 몇 가지 예를 들어 보자. 먼저 노동시장을 보자. 기업이 언제나 시장수요의 규모에 적합한 만큼의 노동만을 고용한다면 수요의 변동에 따라 고용규모도 변할 것이다. 신규인력을 채용하기 위해서는 구직광고부터 면접심사 및 연수과정에 이르기까지 많은 고용비용을 부담하게 된다. 또한 해고할 때도 퇴직금을 비롯하여 별도의 해고비용이 소요되며, 해고가 잦을 때는 고용기간 동안 노동자에게 실시된 기술훈련비용을 비롯한 투자비용도 회수하기 어려울 수 있다. 고용 및 해고비용은 노동시장에서 거래비용에 해당된다. 기업은 수요변동기에도 거래비용이 큰 전문기술직 사원과 경험적 지식의 축적이 중요한 일부 관리직 사원들을 고정적으로 확보할 수 있다. 노동자들과 기업 간의 이러한 고용계약은 시장거래 같은 일시적 단기계약이 아닌 장기계약의 형태를 취한다. 한 걸음 더 나아가 이런 노동자들은 입사한 후부터 기업 내부조직의 일원으로서 상부로부터 지시와 통제를 받으며 생산과 판매활동에 참여하게 된다. 반면 고용과 해고비용이 상대적으로 적은 단순생산직 노동자와 고용계약은 단기적이며 고용규모도 수요변동기에 크게 변할 수 있다.

마찬가지로, 한 기업의 상품생산에 필요한 자산항목이 타 기업에서 독점적으로 공급되는 상황에서 이 특정 자산항목을 공급하는 기업은 구매자가 자신에게 전적으로 의존하고 있으며 다른 곳에서 그 자산을 손쉽게 구할 수 없다는 사실을 이용하여 터무니없는 높은 가격을 요구하는 것과 같은 기회주의적 행동을 취할 가능성이 높다. 이때 기업으로 하여금 이 특정 자산항목을 기업 내에서 생산하도록 유도할 가능성이 높다. 즉 시장에 의한 외주생산(외주계약에 의한 거래)은 거래조정을 필요로 하기 때문에 상대적으로 높은 '조정비용'을 초래한다. 예로 원자재의 외부공급은 내부공급에 비해 지리적으로 멀리 떨어져 있기 때문에 생산을 조정하는 것이 상대적으로 어렵고 게다가 외부공급자는 단기간 동안만 함께 일하기 때문에 학습을 통한 이점을 얻기 어렵다. 이처럼 외주계약에 의해 원료나 부품을 공급받는 경우 기업은 적절한 공급자를 물색해야 하고('탐색비용'), 계약을 구체화해야 하며 이를 강제하고('강제비용'), 재정적 장치를 다루는 데 드는 추가비용을 지불해야만 한다. 그리하여 기업들은 시장에서 상품과 서비스를 구매할 때 필요한 협상, 감독 등 거래비용을 줄이기 위해 계층제를 형성하고 기업 내에서 생산하게 된다.

또한, 기업은 시장에서 이루어지는 단기적 계약이 불만족스러운 경우에 발생하기 쉽다. 가격기구 내에서 생산을 조직하는 기업의 입장에서는 특정 상품이나 용역의 공급에 관해 매번 계약을 할 때 소요되는 거래비용을 절감하고 장래의 위험을 피하기 위해 장기계약을 희망한다. 그러나 예측이 어렵기 때문에 장기계약의 경우 공급자와 구매자가 계약조건을 명시하는 것이 어려워지고 바람직하지도 않다. 따라서 제공되는 용역은 일반적인 조건으로 표현되고 자세한 것은 장래의 상황에 따라 결정되도록 하며, 계약의 내용은 생산요소가 특정한 보상의 대가로 일정한 관계 내에서 기업가의 지시를 받는 것에 동의하는 것이 된다. 다시 말해 계약의 한계 내에서 수직적인 위계질서를 가지는 조직이 자원을 관리할 때 기업이라는 관계가 성립한다. 이처럼 시장에서 매번 거래에 대한 계약을 교섭하고 매듭짓는 데 드는 비용이 발생하고, 이러한 계약비용을 최소화하는 기법이 고안될 수 있지만 이 역시 비용을 완전히 제거하지는 못한다. 물론 기업이 존재한다 하여도 계약비용을 완전히 제거하지는 못하지만 크게 감소시킬 수 있다.

요약하면, 거래비용경제학(Transaction cost economics)은 시장에서 가격기구를 이용하여 상품을 생산하는 데에도 많은 비용이 수반되고, 기업이라는 조직이 이러한 비용을 줄이는 또 다른 자원배분 기구로서 등장하게 되었다는 점에 주목한다. '제한적 합리성'의 제약은 지식자원의 합동사용(pooling)에 의해, 그리고 '기회주의'는 보수체계와 결합한 모니터링(monitoring)의 범위를 증대시킴으로써 기업에 의해 완화시킬 수 있다. 이처럼 시장경제의 주역이라 할 수 있는 기업의 출현은 역설적으로 시장거래의 비효율성에 대응한 결과물이었다. 그러나 거래비용경제학에서 기업가의 고유한 역할은 거래비용 절감을 위한 조직관리와 운용으로 제한되는 문제를 갖는다. 게다가 거래비용경제학은 생산의 문제를 간과하고 있다.

기업규모의 적정성에 대해서도 거래비용으로 설명할 수 있다. 경제학에 따르면 기업의 범위는 기업들이 이윤극대화를 실현시키는 표준적 기술을 채택하고 준지대(準地代, quasi-rent)가 소멸하는 가격, 즉 장기평균비용과 장기한계비용이 일치하는 가격에서 생산량을 공급할 뿐 아니라 장기평균비용의 최저점을 실현시켜 주는 기업규모가 선택된다. 일반적으로 기업의 크기는 비용곡선이 우상향한다는 사실을 바탕으로 설명한다. 그러나 왜 비용곡선이 우상향하는가에 대한 설명은 명확하지 않다. 현재까지의 설명으로서는 기업의 크기가 커질수록 경영자의 기능 및 능력에 규모의 비경제

준지대 마셜(A. Marshall)은 공장, 기계 등과 같이 내구적 자본설비의 이용에서 이루어지는 초과이윤으로서의 소득은 지대와 같은 성질의 것으로 보지만, 지대라고 하는 말은 자연의 은혜로 이루어지는 소득에만 한하기 때문에 토지와 비슷한 고정적인 내구적 자본설비에서 이루어지는 소득을 '준지대'라고 불렀다.

가 작용한다는 점, 조직화된 거래가 증가할수록 경영자가 생산요소를 적재적소에 배치하는 데 실패하기가 쉽다는 점, 하나 또는 몇 개의 생산요소의 공급가격이 기업이 커짐에 따라 증가한다는 점 등을 들 수 있다.

이와 관련하여 거래비용경제학에 따르면 기업 내에서 추가적 거래를 조직하는 비용이, 같은 거래를 공개된 시장에서 교환을 통해 수행하는 비용 또는 다른 기업에서 조직하는 비용과 같아질 때까지 기업은 확장될 것이다. 예를 들어 철강회사와 강판회사가 서로 인접되어 있으면 생산비용을 감소할 수 있다. 여러 철강회사와 강판회사가 경쟁하여 각각 한 개의 회사가 인접하여 건설된다. 그러나 일단 건설이 되고 나면 사후적으로는 쌍방독점이 되어 상호 기회주의적인 행동을 할 수 있는데 이럴 경우 비용이 발생한다. 따라서 어느 한 기업이 다른 한 기업을 흡수할 수 있는데 이를 기업결합(integration)이라고 한다. 이처럼 기업의 크기는 기업 내에서 추가적인 거래를 함으로써 들어가는 한계비용이, 그 거래를 시장이나 다른 새로운 기업을 조직하여 수행하는 데 추가적으로 들어가는 한계비용과 일치할 때까지 기업은 커진다고 할 수 있다. 따라서 한국의 기업, 특히 대기업의 규모가 큰 것은 바로 기업의 규모가 상당히 커질 때까지 기업 내에서 거래하는 비용이 동일한 거래를 시장을 이용하는 데 소요되는 비용보다 작다는 것을 의미한다.

역사적으로 보더라도 대량생산체제의 확립은 대량생산을 통해 생산비용을 낮출 수 있었기 때문이다. 그런데 기업이라는 생산조직이 존재하지 않고 각 개인들이 모든 상품을 소규모로 생산하는 체제에서는 기술상으로 대량생산의 이점이 있어도 이를 제대로 활용할 수가 없다. 기업 같은 조직화된 생산활동의 주체가 대규모로 상품을 생산하는 체제를 갖춰야 규모의 경제를 충분히 활용할 수 있기 때문이다. 역사적으로도 오늘날의 주식회사형 기업이 등장한 것은 대규모 생산의 이점을 가진 중화학공업을 등장시킨 제2차 산업혁명의 시기와 일치한다. 기술발전에 따라 생산활동은 대규모 투자를 필요로 했던 반면, 개인이 아무리 부유하더라도 혼자 대규모의 재원을 조달한다는 것은 어렵다. 대규모의 자금은 주식이나 회사채 발행 혹은 은행차입을 통해 해결할 수밖에 없고 이를 위해서는 개인기업보다 주식회사형 기업조직이 유용했다.

참고로 주식회사의 등장 배경을 이해하기 위해서는 먼저 재산권이 생기는 이유를 살펴보아야 한다. 회사 형태의 발전은 경영에 있어서의 규모의 경제와 의사결정에 있어서의 조정비용, 그리고 외부효과 등이 서로 작용하여 새로운 형태의 재산권을 형성해 가는 과정으로 이해할 수 있다. 다른 사항은 일정하다고 하고 외부효과에 초점을 맞추어 보자. 외부효과를 내부화함으로써 희소한 자원이 효율적으로 사용되도록 하는 제도가 재산권제도다. 즉 외부효과와 관련하여 주식회사는 외부효과로 인한 비용을 당사자가 지불하게 함으로써 외부효과를 줄이는 장치로서 발달하였다. 초창기의 회사 형태는 '합명회사(合名會社)'로서 회사에 출자한 사람은 무한책임을 졌다. 즉 경영진이 회사 운영을 잘못하여 회사가 망했을 경우 주주들은 출자액과 상관없이 자기의 전 재산을 처분하여 회사의 부채를 갚아야만 했다. 경영진의 잘못이 주주에게 미치는 외부효과가 매우 클 수밖에 없었다. 따라서 기업가가 자본을 조달하는 데 커다란 어려움을 겪었으리라는 것은 쉽게 짐작할 수 있다. 따라서 이러한 외부효과를 줄이기 위해 다음으로 나타난 회사가 무한책임 주주와 유한책임 주주가 함께 참여하는 '합자회사(合資會社)'이다. 무한책임 주주의 책임은 합명회사의 경우에서와 같지만 유한책임 주주는 회사가 망했을 경우 출자액만큼만 손해를 보면 된다. 경영자가 주주들에게 미치는 외부효과가 한결 줄어들었다고 할 수 있다. 유한책임 사원은 유한의 책임을 지는 데 불과한 반면, 출자는 재산출자에만 한하고, 회사의 업무집행 · 대표로는 참여하지 않는다. 합자회사도 사단법인이지만 사원 간의 개인적 신뢰를 기초로 하기 때문에, 실질적으로는 조합적 성격을 띠며 인적 회사에 속한다. 합자회사는 유한책임사원의 책임의 유한성에서 생기는 결과를 제외하고는, 원칙적으로 합명회사와 마찬가지로 취급할 수 있다. 따라서 상법도 별단의 규정이 있는 외에는 합명회사의 규정을 준용하여 기본적으로 합명회사의 한 변형으로 하고 있다.

따라서 이 경우에도 역시 기업가는 자본을 조달하는 데 어려움이 있다. 그 결과 현재의 주식회사 형태로 발전한 것이다. 주식회사는 많은 사람들로부터 자본을 조달하고, 회사에 투자한 사람들은 모두 주주가 된다. 주식회사는 경영자가 주주들에게 유발할 수 있는 외부효과를 최소화하기 위한 구조로 되어 있다. 첫째, 회사가 도산했을 경우 각 주주의 손실은 보유하고 있는 주식에 국한되는 유한책임제도를 채택하고 있다. 둘째, 경영자의 경영방식이 주주에게 손해를 입히게 될 것으로 판단되면, 각 주주는 어느 누구의 동의를 받을 필요도 없이 자신이 소유하는 주식을 주식시장에서 팔고 떠날 수 있도록 되어 있다. 즉 주식시장은 주주가 입게 될지도 모를 손실을 줄일 수 있을 뿐만 아니라, 경영자를 견제할 수 있는 탈출구 역할을 하도록 발전한 것이다.

2) 대리인이론

기업조직과 구조의 특징, 특히 소유지배구조를 설명하는 방식 중 하나가 대리인이론(agency theory)이다. 대리인이론은 기업을 하나의 권한기구로부터 전문적인 투입물들을 조정하기 위해 고안된 하나의 구조, 혹은 대리인비용을 최소화하기 위해 고안된 일종의 계약관계로 이해한다. 즉 대리인이론은 '주인-대리인 문제(principal-agency problem)'를 전제로 한다. 대리인이론이 금융경제학에서 기원했듯이 기업 내부에서 발생하는 인간계약관계들에 존재하는 다양한 요인들, 즉 정보의 비대칭성이나 기회주의, '역선택(adverse selection)' 이나 '도덕적 해이(moral hazard)' 등의 효과에 초점을 맞춘다.

예를 들어 고용주(주인)는 피고용자(대리인)에 대한 불완전한 지식(정보

주인-대리인 문제 어떤 일을 주인이 직접 하기에는 능력이 없거나 시간이 없어 대리인을 선정해 그에게 일 처리를 맡길 때 대리인이 주인을 위해 얼마나 열심히 노력했는지에 관한 정보가 비대칭적으로 분포되어 있는 데서 발생하는 문제를 '주인-대리인 문제'라고 부른다.

도덕적 해이 주인-대리인 문제가 발생하는 비대칭적 정보하에서 어떤 경제주체(대리인)의 합리적 행동의 결과가 다른 경제주체(주인)의 목표에 반하는 결과로 귀결되는 경우를 말한다. 예를 들어, 기업의 주인인 소유주(주주)가 대리인인 경영자의 행위를 관찰하지 못할 때 대리인의 합리적 행위(이기심)가 초래하는 현상을 '도덕적 해이'라 할 수 있다.

역선택 거래 상대방에 대한 정보가 부족한 상황에서 막상 바람직하지 않은 상대방과 거래할 가능성이 높은 현상을 가리킨다. 예를 들어 보험회사는 가입을 원하는 사람 중 사고의 위험이 낮은 사람만 받아들이고 높은 사람은 배제하고 싶어 한다. 그런데 가입을 원하는 사람이 어느 유형인지 판별할 수 없다면 사고의 위험성이 높은 사람들이 주로 가입하는 역선택 현상이 나타날 수 있다.

의 비대칭성)이나 대리인의 허위진술로 업무에 부적합한 대리인을 고용하게 된다. 이런 문제들이 존재할 경우 주인은 대리인을 모니터링하고, 경우에 따라서는 대리인을 주인에게 구속시킬 필요성을 갖는다. 모니터링은 대리인의 투입물과 산출물을 측정하는 비용을 포함하고, 구속은 주주에 대한 경영진의 회계보고 같은 주인을 만족시킬 수 있는, 즉 책임을 잘 수행하고 있고 게으름을 피우지 않는다는 대리인의 정보제공 비용을 포함한다. 대리인이론에 의하면 기업은 공동목표를 추구하는 이기심을 갖는 다양한 개인들의 투입물을 결합하고 조정할 필요 때문에 출현했다.

참고로 기업의 소유지배구조와 관련하여 소유와 지배가 분리된 기업의 경우 '주인-대리인 문제'가 나타나고, 이 문제를 해결하기 위해 도입된 제도 중 하나가 '스톡옵션(stock option)'제도이다. 즉 스톡옵션은 소유와 지배가 분리된 (영미형) 기업에서 기업의 소유자인 주주가 경영자로 하여금 자신이 위임한 재산의 효율적 사용을 증진할 수단으로 도입한 제도 중 하나다. 소유와 지배가 분리된 (영미형) 기업에서 경영자는 이윤극대화를 위한 기계적 의사결정만 하는 것이 아니다. 경영자는 자본가의 이윤은 감소할지라도 가능한 한 노동자들에게 높은 임금을 지불하려고 하는 개인적 경영동기를 가질 수도 있다. 그리고 경영자는 기업의 사회적 공헌에 대해 강한 개인적 동기를 가지기도 한다.[5] 경영자들은 좋은 경영성과에 대해서 급여인상, 상여금, 승진 등으로 보답을 받게 되는데 좋은 경영성과는 이윤에 의해서만 판단되는 것이 아니라 효율성, 기업의 성장, 일의 추진력 등과 같은 여러 가지 기준에 의해서 판단되기 때문에 경영자들은 좋은 경영성과를 얻기 위해 이윤 이외의 개인적인 동기를 가지게 마련이다.

이처럼 잔여청구권자인 주주가 수익성 극대화를 추구하는 데 반해서 경영자는 잔여청구권자가 아니기 때문에 수익성 극대화는 경영자의 목표가 아니다. 경영자는 현금흐름을 최대한 확보해 기업 내에 재투자함으로써 자신이 통제하는 조직자산을 확대하여 자기권력을 극대화하는 것을 추구한다. 즉 조직 확대와 제국 건설이 경영자의 목표이다. 구상기능을 전담하고 있는 전문기술자들 또한 생산과정에 완전히 통합되어 있는 내부자이기 때문에 조직 확대와 제국 건설은 곧 자신의 승진가능성과 미래소득의 안정적 증가를 의미한다. 따라서 이들은 경영자와 이해가 일치하며 경영자의 경영목표를 적극적으로 지지하는 경향이 존재한다. 이런 이유로 경영자는 매출극대화, 즉 성장극대화를 추구한다고 이해할 수 있다. 매출액의 크기는 종종 기업의 성공을 측정하는 기준으로 사용되기도 한다. 이처럼 경영자의 개인적 동기하에서는 과다한 생산비 지출로 인해 기업이윤이 감소하고 비효율성이 나타날 수 있다(X-비효율성). 특히 영미형 기업처럼 경영과 소유가 완전히 분리되어 있는 경우, 경영자의 개인적 동기와 소유주(주주)의 이윤극대화 동기는 일치하지 않을 가능성이 높다.

주주와 경영자로 구성된 노동시장에서 경영자의 도덕적 해이를 방지하기 위한 제도 중 하나가 스톡옵션이다. 스톡옵션이란 기업이 임직원에게 일

5) 예를 들어, 노동자들에게 일자리를 제공할 목적으로 이윤이 없는 공장도 가동시켜야 하고 또한 이윤이 없는 지역에도 새 공장을 건설해야 하는 것이 그 예에 해당한다. 그리고 비영리적인 문화사업 등을 실시하는 것도 예가 될 수 있다. 물론 기업의 사회적 공헌이 기업의 사회적 평판을 좋게 해준다는 측면에서 이윤증대에 도움이 되기도 한다. 반면 기업 내부의 중요한 정보를 자세히 알고 있는 경영자는 이 정보를 기업을 위해 활용하려는 동기뿐만 아니라 자기 개인의 이익을 위해 활용하려는 개인적 동기도 가진다.

정 기간이 지나면 일정 수량의 자사 주식을 특정한 가격에 매입할 수 있는 권한을 주는 것이다. 주식과 주식을 매입할 수 있는 권한 또는 옵션은 명확히 구분해야 한다. 스톡옵션은 주가하락의 위험을 부담하지 않고, 스톡옵션의 가치는 주식 자체의 가치보다 작다. 예를 들어 국내에서는 김정태 국민은행장이 1998년 주택은행장 취임 당시 연봉 12원에 30만 주(행사가격 5,000원)의 스톡옵션을 받기로 해 화제가 됐으며, 하영구 한미은행장은 163만 주(행사가격 7,310원)의 스톡옵션을 부여받았다.[6] 이 밖에 한빛 · 조흥 · 제일 · 광주 · 경남 · 평화 등 공적자금 투입 6개 은행은 2000년과 2001년 임원들에게 963만 3,471주의 스톡옵션을 부여했다. 하지만 제일은행을 제외한 한빛 · 광주 · 경남 등 우리금융그룹 자회사에 편입된 은행의 임원들은 대부분 경영부실 책임을 지고 퇴진하여 스톡옵션이 취소됐다.

스톡옵션은 주식 자체가 아니라 주식을 매입할 수 있는 권한, 즉 주식에 대한 일종의 콜옵션(Call Option)[7]이다. 그러나 스톡옵션은 일반적 콜옵션과 차이가 있다. 일반적인 콜옵션은 시장에서의 매입과 매각을 통한 거래가 가능하지만 스톡옵션은 거래가 불가능하다. 스톡옵션 보유자는 옵션의 행사를 통해서만 이익을 실현할 수 있다. 그리고 스톡옵션의 가치는 일반적인 콜옵션의 가치보다 낮다. 스톡옵션은 주식연계보상제도의 하나이고 더 나아가서는 성과보상제도 중의 하나일 뿐이다. 스톡옵션의 가장 중요한 목적은 유인일치적(Incentive Compatible)인 경영자 보상체계의 설계를 통해 경영자가 주가의 극대화를 위한 의사결정을 하도록 유도하여 궁극적으로는 주주의 이익을 극대화시키는 것이다. 따라서 주주의 이익증대가 전제되지 않은 스톡옵션은 진정한 의미의 스톡옵션이 아니다. 다시 말해 소유와 경영이 분리된 기업의 경우 경영자의 경영능력에 대한 정보는 경영자(대리인)와 주주(주인) 간에 비대칭적이고 주주가 경영자를 감독하는 비용

6) 김정태 은행장의 경우 스톡옵션 행사 개시일은 2002년 8월 6일이었고, 당시 국민은행의 3개월 평균 주가(스톡옵션 가격 산정 기준)는 6만 원대였다.

7) 콜옵션은 매수자가 매도자로부터 지정된 날짜(만료일) 또는 이전에 미리 정한 가격(권리행사가격)으로 대상자산을 매수할 수 있는 권리를 말하고, 매도할 수 있는 권리는 풋옵션(put option)이라 한다. 즉 가격 상승이 예상되면 미리 사고, 하락 예상 시 미리 파는 권리들인 것이다.

이 대단히 커서 충분하게 감독하지 못한다.

비대칭적 정보하에서 경영자의 우월적 전략을 도출해 보자. 먼저 주주의 효용함수를 도출해보자. 주주의 효용함수는 기업의 이윤의 증가함수이다. 즉 기업의 이윤이 증가할수록 주주의 효용은 커진다. 이를 반영한 주주의 효용함수는 다음과 같이 표시된다.

$$U_p = U_p(\Pi),\ U_p' > 0\ (\text{여기서 }\Pi\text{는 기업의 이윤})$$

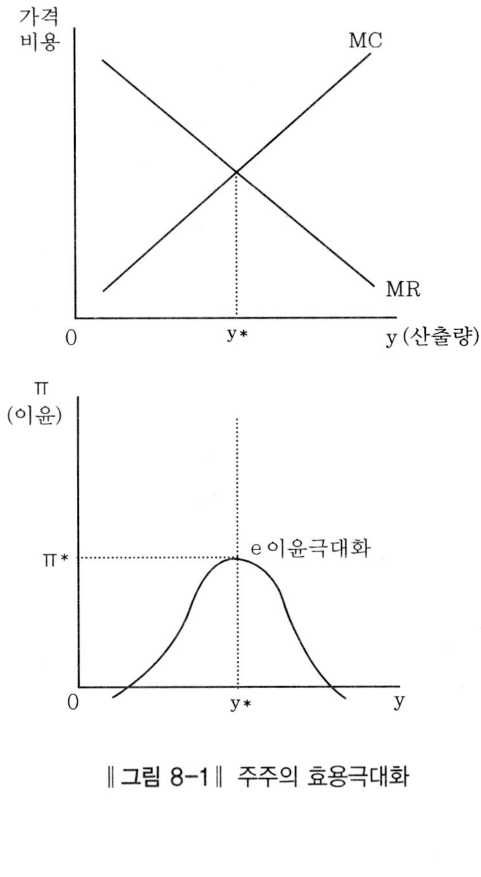

‖그림 8-1‖ 주주의 효용극대화

주인의 효용극대화는 기업의 이윤극대화 산출량 수준에서 실현된다. 왜냐하면 앞의 식에서 기업의 이윤이 극대일 때 주주의 효용이 극대화되기 때문이다. 이는 MR=MC에서 실현된다. 〈그림 8-1〉에서 기업은 MR=MC가 성립하는 e점에서 y* 산출량을 생산할 때 π^*의 극대이윤을 실현한다. 이 값을 위 식에 대입하면 주주의 효용이 극대화된다.

다음은 경영자의 효용함수를 도출해 보자. 한 기업에서 경영자의 효용수준은 급여수준과 기업가로서 사회적 명성에 의해서 결정된다고 하자. 구체적으로 경영자는 현재 주주로부터 w의 급여를 받고 있고, 기업가로서 사회적 명성 B는 산출량 수준 y의 크기에 의해서 결정된다. 경영자의 효용함수는 이상의 두 가지 요소를 고려하여 급여와 명성의 증가함수로 다음 식과 같이 표시된다.

$$U_a = U_a\{\underset{\oplus}{w},\ \underset{\oplus}{B(y)}\}$$

이 식의 핵심은 경영자의 효용수준이 기업의 이윤수준과 무관하다는 것이다. 따라서 이윤(π)-산출량(y) 평면에 경영자의 무차별곡선은 〈그림 8-2〉의 (I)처럼 수직이다. 그림에서 경영자의 효용수준은 기업이윤과 관계없이 기업의 산출량 y수준에 의해서 결정된다. 즉 산출량이 증가할수록 경영자의 효용수준은 커진다. 따라서 U_1이 U_0보다 효용수준이 높다. 한편 경영자의 효용극대화는 일종의 예산제약식 역할을 하는 기업의 이윤곡선하에서 극대효용이 실현되는 수준에서 이루어진다. 〈그림 8-2〉의 (II)처럼 이윤제약이 없을 때 경영자의 우월적 전략은 기업이윤이 0인 y_0까지 산출량을 확대하는 것이다. y_0에서 경영자는 U_1 효용을 실현하면서 효용을 극대화한다. 만약 주주나 거래은행과 지속적으로 거래하기 위해 일정 수준 이상의 이윤($\bar{\pi}$)을 실현해야 한다는 제약이 있다면 〈그림 8-2〉의 (III)처럼 e점에서 효용극대화를 이룬다. 이때 기업의 산출량은 y_1, 경영자의 효용수준은 U_0이다. 〈그림 8-2〉의 (II)와 (III)에서는 주주의 효용극대화 산출량 y*와 경영자의 효용극대화 산출량 y_0 또는 y_1과 불일치하는 경영자의 도덕적 해

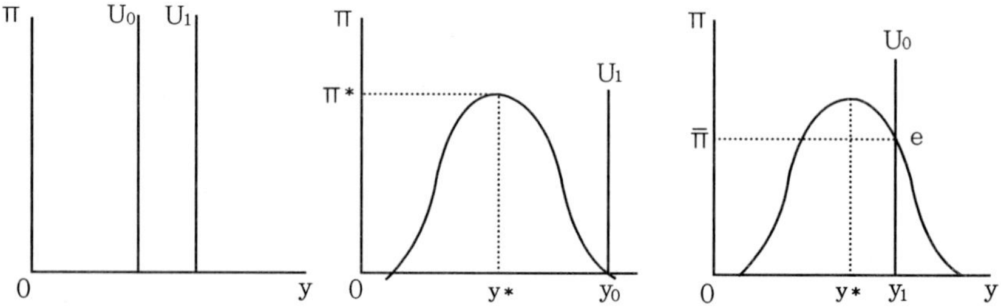

‖ **그림 8-2** ‖ 경영자의 효용극대화

이가 발생한다. 그 크기는 이윤제약이 없는 경우에는 (y_0-y^*)이고 일정한 이윤제약하에서는 (y_1-y^*)이다.

노동시장에서 도덕적 해이를 해결하기 위해서는 대리인의 효용함수에서 본인의 이익을 넣어 대리인의 보수를 극대화하는 유인설계가 필요하다. 스톡옵션이 그 한 방안이다. 이는 경영자의 보수를 주가와 연결시키는 방법이다. 스톡옵션과 도덕적 해이의 연결구조를 보면 주가가 기업의 이윤을 정확히 반영할 때 기업의 이윤 증가는 자사의 주가를 상승시키고 경영자의 보수를 증가시켜 도덕적 해이를 줄이게 된다. 스톡옵션에서 대리인의 효용함수는 다음 식으로 새롭게 정의된다.

$$U_a = U_a(\underset{\oplus}{\Pi},\ \underset{\oplus}{y})$$

이 식에 의하면 기업의 이윤 증가는 경영자의 효용을 높인다. 즉 주주의 목적과 경영자의 목적이 일치하는 유인설계가 반영되었다. 그리고 앞의 식에 따라 경영자의 무차별곡선은 〈그림 8-3〉처럼 원점에 대해서 볼록하다. 스톡옵션에서 경영자의 효용극대화는 이윤함수를 제약식으로 하여 이윤함수와 무차별곡선이 접하는 수준에서 실현된다. 즉 〈그림 8-3〉에서 e_1점은 스톡옵션을 행할 때 경영자의 효용극대화 상태를 나타낸다. 도덕적 해이를

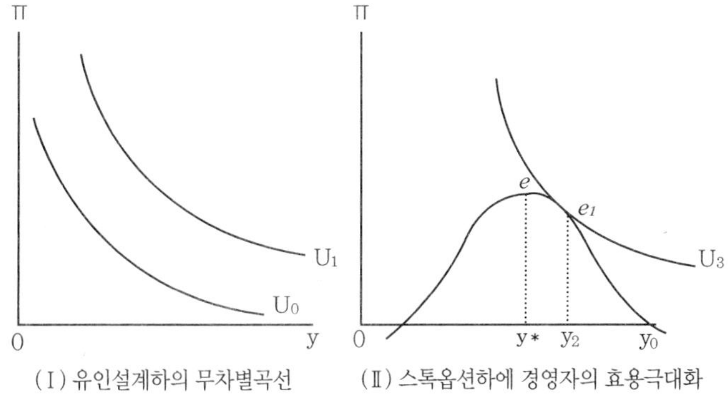

‖ **그림 8-3** ‖ 스톡옵션 하에서 경영자의 효용극대화

보였던 y_0 산출량 수준에서 산출량이 주주의 효용극대화 산출량 수준 y*에 접근하고 있다. 따라서 스톡옵션은 도덕적 해이를 줄이고 있다.

그러나 이 제도는 그림처럼 도덕적 해이를 완전히 없애지는 못하고 있다. 이 밖에도 스톡옵션에는 여러 문제점이 있다. 예컨대 기업의 장기적 비전보다 주가관리에만 전념함으로써 기업에 장기적으로 마이너스(-)가 된다. 게다가 직원 간 신뢰 · 화합의 저해 가능성이 있고, 주가상승이 경영성과의 향상 결과인지 아니면 단순한 시장 전체의 주가상승에 기인한 것인지 모호하다. 또한 경영진의 과다한 이익의 향유로 주주의 이익을 침해할 가능성이 있고, 기업의 임직원이 자신의 부의 축적을 위해 의도적으로 스톡옵션을 부여하는 등 제도를 악용할 가능성이 있다. 예를 들어, 장기성과급의 개념으로 도입된 스톡옵션제도가 경영성과에 관계없이 터무니없이 낮은 가격에 시행되는 등 취지를 살리지 못하고 있다는 지적에 따라 금융감독원은 2002년부터 금융기관 임직원에게 부여되는 스톡옵션의 행사가격을 계약을 할 당시의 '시가'로 하기로 결정했다. 실제로 일부 시중은행은 스톡옵션의 행사가격을 턱없이 낮은 가격에 행사토록 해 경영성과와 관계없이 일종의 보너스 형태로 지급하고 이사회 결의만으로 결정하는 등 처리절차가 투명하지 못했다는 지적을 받아 왔다.

스톡옵션을 부여받은 임직원 역시 자신은 노력을 다해 회사가치를 증대시켰지만 당시 주식시장의 침체로 자신의 성과를 제대로 보상받지 못할 수 있고, 너무 장기간 동안 양도를 제한하거나 행사조건을 제한하여 오히려 임직원에게 짐을 지울 수도 있다. 게다가 사회 전체적으로는 일확천금이라는 사행심을 조장하여 각 경영자가 기업윤리보다 돈벌이에 치중하고 기업의 사회적 책임을 등한시할 수 있다. '분식회계'가 한 예이다. 기업이 자산이나 이익은 크게 부풀리고 부채나 손실은 작게 보이도록 하는 등 회계장부의 수치를 조작하여 회사 재무상태를 실제보다 좋게 위장하는 것을 말하는 분식회계는 세계 여러 나라에서 나타나지만 회계부정과 부실감사는 법으로 금지된 범죄행위다. 그러나 CEO(최고경영자)들에게는 고성장 · 고수익에 대한 집착과 심리적 부담에다 도덕적 해이까지 맞물려서 쉽게 물리칠 수 없는 유혹이다. 2001년 10월 미국 재계 7위이자 세계최대 에너지 기업인 엔론사가 15억 달러에 달하는 분식회계 사실이 밝혀져 파산했다. 2002년 6월에는 미국 2위의 통신업체 '월드컴'에서 사상 최대인 38억 달러 규모의 분식회계 사실이 드러났으며 '제록스'는 19억 달러의 매출 과다 계상으로 물의를 빚었다. 세계적인 기업들에 대해서도 분식회계 의혹이 제기된 것이다. 한국의 경우에도 최근 'SK글로벌'이 2001회계연도 은행명의의 채무잔액증명서를 위조해 1조 1,881억 원의 은행채무를 없는 것처럼 처리하고 1조 5,587억 원의 이익을 부풀렸다. 또 존재하지도 않는 가공채권을 회계장부에 포함시키고 해외법인 자산을 과다 산정하기도 했다. 그러나 더욱 근본적인 문제점은 스톡옵션제도가 전문경영인체제가 미확립된 한국 재벌기업의 경우에는 의미가 없다는 사실이다.

3) 역량이론[8)]

역량이론에서는 기업을 기본적으로 역량의 저장소로 본다. 정보기술혁

8) N.J. Foss and C. Knudsen, 1996, *Towards a Competence Theory of the Firm*, London : Routledge.

명에 따라 기업성공의 원천을 내부에서 찾으려는 노력을 배경으로 기업에게 강조되는 것은 핵심역량이다. 이때 핵심역량이란 단순히 그 기업이 잘하는 활동을 의미하는 것이 아니라 경쟁기업에 비하여 훨씬 우월한 능력, 즉 경쟁우위를 가져다주는 기업의 능력으로서, 보다 우수한 수준으로 고객에게 만족을 제공할 수 있는 기업의 힘을 말한다. 기업은 자신이 확보한 핵심역량을 최대한 보호하려 하고 모방을 방해하기 위해 기밀을 유지하려 하기 때문에 이런 자원은 당연히 시장에서 거래되기 어렵다. 심지어 시장 자체가 형성되지 않는 경우도 흔한 일이 될 것이다.

역량이론에는 자원기초이론이나 지식기초이론 등이 있다. 자원기초이론(Resource-based theory)에서는 기업을 생산자원의 수집체로 보고, 기업의 장기적 경쟁력은 이것을 축적, 보호, 적절히 배치할 수 있는 능력으로 본다. 그리고 기업의 지속적인 경쟁력은 주로 기업 자원의 비모방성에서 나온다. 예를 들어, 모방할 수 없는 기업의 자원으로 특허발명 같은 유형자산과 명성이나 브랜드 이미지나 숙련 같은 무형자산을 지적한다. 이처럼 역량은 대체로 특수한 지식이나 모방이 쉽지 않은 암묵적 요소(tacit components)로 구성되어 있으며 단기간에 기존 시장에서 구입할 수 있는 자원을 결합하여 실현할 수 있는 성질의 것이 아니고 기업 내에서 장기적이고 자연적인 성장과정을 거쳐 획득되는 것이 일반적이다.

특히, 최근의 지식기초이론에서는 주요 자원을 지식으로 본다. 여기에서 기업의 주요 역할은 전문화된 지식의 보호와 통합에 있다. 지식을 이용하는 기업의 역량은 대개 기업의 지식과 생산물 간 관계의 함수이다. 이들은 단순한 지식의 프로세서가 아니라 지식의 통합자로서 기업의 역할을 이해한다. 경제활동에서 지식의 역할이 강화됨에 따라 기업조직의 내용 또한 크게 변하고 있다. 명백하고 비기업 특수적인 지식을 포함하는 경제활동들은 기업구조나 법적 재산권에 의해 보호되지 않는 한 시장으로 이동할 것이고(외부화), 암묵적이고 전문적인 지식만이 기업 내부에 남을 것이다(내부화). 다시 말해 물적 자산과 명백한 지식의 특수성은 전반적으로 쇠퇴할 것으로 예상되는 반면, 주요 지식자원들과 그것의 암묵적인 지식에 대한 기업의 의존은 심지어 더욱 중요해질 것이다.

기업의 규모와 관련해서도 핵심역량이론에서 기업의 규모는 타 기업과의 관계에 따라 달라지는 것이고 그 결정요인은 전략적인 고려에 있다고 보고 있다. 위협적인 경쟁자의 출현은 핵심역량을 이용하여 확장하고 있던 기업에 대한 중대한 위협으로 되며 이 위협에 직면한 기업은 모든 보조역량이나 경쟁력의 기반이 되지 않는 활동영역이나 외부조달이 가능한 분야에서의 철수나 합작 등을 통한 역량의 강화나 새로운 역량의 개발 등을 시도하게 될 것이다. 요약하면, 거래비용이라는 부(−)의 가치(비용)를 절약하는 점에 주목하는 거래비용경제학과 달리 핵심역량이론은 어떻게 더 정(+)의 가치를 생산하는가에 초점을 맞추고 있다.

3. 기업조직의 다양성

오늘날 기업이라는 조직 및 관련제도들이 다양한 형태로 존재하고 있음에도 불구하고 경제학에 등장하는 기업은 단순히 주주의 이익을 실현하는 수단으로 여기는 미국의 기업이다. 그러나 미국의 기업문화는 대부분의 다른 유형의 시장경제와 공유되지 않는다. 기업의 발전은 크게 각국의 시장경제들의 특성과 맞물려 있다. 기업이라는 조직은 그 나라와 사회의 역사와 문화의 배경에 따라 발전하는 사회적 존재이자 연속적인 존재로서의 특징을 지닌다. 기업은 시장경제제도의 산물이고 그 시장경제제도도 각국마다 다른 형태를 띠고 있기 때문이다. 또한, 하나의 경제조직인 기업은 역사적 산물이며, 각 국가의 기업은 경제발전의 정도와 경제구조의 차이를 반영한다. 따라서 기업의 조직형태와 소유지배구조에 정답은 존재하지 않는다. 이들 변수는 기업을 둘러싼 주변 환경과 기업 내부의 요인에 의해 내생적으로 결정되는 것이며, 같은 선진국 내에서도 미국과 독일, 일본의 모델이 다른 것도 이 때문이다. 현실적으로 존재하지 않는 정답을 염두에 두고 기업모형을 인위적으로 설계해 보려는 것은 정책결정자의 지나친 오만이

요, 정책실험에 수반하는 엄청난 사회적 비용을 전혀 고려하지 않은 발상이다. 정부 일각에서 종종 "우리나라 대기업집단은 막강한 지배주주가 존재하며, 영미식 모형에 비해 후진적 구조를 갖고 있다"고 하는데 이러한 주장이 타당하려면 적어도 우리나라의 기업환경이 영미의 기업환경과 매우 유사하다는 전제가 있어야 한다.

1) 주주 자본주의 대 이해관계자 자본주의

모든 나라는 각각 서로 다른 정치 · 문화적 환경을 가지고 있고, 각국의 법체제, 제도 등은 그 나라의 정치 · 문화적 환경에 영향을 받아 형성되듯이 기업지배구조 또한 마찬가지이다. 유럽의 각국은 서로 비슷한 정치 · 문화적 환경으로 사회적 합의를 중시하는 문화이기에 기업지배구조 또한 그 영향을 받아 합의를 중시하는 지배구조를 가지고 있는 반면, 영국과 미국은 합의를 중시하기보다는 원칙을 중시하는 지배구조를 가지고 있다. 시장경제에서 기업은 가장 중요한 경제주체이기에 기업에 대한 소유와 통제를 누가 하느냐를 기준으로 흔히 '주주 자본주의(shareholder capitalism)' 대 '이해관계자 자본주의(stakeholder capitalism)'로 구분하는 경향이 있다. 즉 회사가 추구하는 목적이 서로 다르다. 유럽식 지배구조는 주주, 채권자, 근로자 등 모든 이해관계자가 참여하는 이해관계자 자본주의로 사회적 합의를 중요시한다. 따라서 회사의 목적은 이윤극대화가 아니라 근본적으로 회사를 어떻게 계속해서 사업을 할 수 있도록 하느냐에 관심을 가지고 회사를 운영한다. 반면, 영국과 미국의 회사는 주주가치 극대화를 추구한다.

첫째, 영국, 미국, 캐나다, 호주, 뉴질랜드를 포함한 영미권 자본주의에서 발달한 연유로 영미형 모델로 알려진 주주 자본주의에서 기업은 주주를 위한 것이며 경영자는 주주의 이해를 반영하는 대리인으로 이해한다. 여기서는 기업이라고 하는 경제활동체를 자본의 결합체로서 파악하고, 경영은 주주를 위해 작동하는 다양한 장치들에 의해 통제된다. 주주 자본주의는 주식시장의 발달, 그리고 기업과 대규모 은행의 분리를 특징으로 한다. 즉 미국기업은 주주가 주인이라는 인식이 가장 일반화되어 있는 기업구조로서, 은행, 종업원, 고객, 관계회사 등 이해관계자 들은 기업지배와 일정한 거리를 두고 있다. 은행은 기업에 대하여 단기금융을 제공하되 경영과는 일정한 거리를 두고 있기 때문에 기업지배구조와는 별로 관계가 없다. 종업원도 지배구조와는 별 관련이 없다. 또한 미국의 많은 대기업들은 일반적으로 경영자가 종업원 집단 중에서 승진하여 선택되는 경우가 드물고 경영자 자신들의 노동시장에서 적절히 인재가 선택되어 계약에 근거하여 경영진을 받아들이는 것이 통례다. 그 평가는 기업경영의 성과에 따라 결정되며 그 경영자는 기업의 주가에 강하게 영향을 받는다.

기업의 경영자는 분기마다 기업의 성과에 대한 정보를 시장에 보고해야 하고 이에 따라 보상을 받거나 책임을 지기 때문에 단기 주식의 이익극대화를 목표로 경영을 하게 된다. 특히 미국 기업의 경우 경영진이 가장 중시하는 경영지표는 물건을 많이 팔고 순이익을 많이 내는 것이 아니다. 주주에 대한 배당이나 시세차익을 확보해 주고 세금을 최대한 적게 내서 주주에게 금전적 혜택을 많이 안겨주는 것이다 출자자 등 대주주는 물론 이익배당을 노리고 주식을 매입한 투자자들을 크게 의식하고 경영한다. 그래서 매분기, 경우에 따라선 반기마다 이들에게 경영실적을 공개해야 한다. 이처럼 주주 자본주의에서 경영자의 보수는 기업이윤과 주가에 의존하기 때문에, 주가가 하락하면 시장에서 경영자에 대한 평가가 나빠지고 경영자의 보수가 줄어들게 된다. 따라서 경영자는 주가를 올릴 강한 동기를 가지게 되며 주가가 떨어지면 기업이 인수될 위험이 커진다. 이것은 경영자에게 잠재적인 위협이며 경영자는 주가를 극대화하려고 최종적인 처방도 거침없이 사용한다. 실제로 경영자들은 단기적으로 주가를 상승시킬 수 있는 유인을 찾게 되고, 그 대표적 경우가 기술혁신이나 구조조정(restructuring)으로 기업의 부가가치를 상승시키는 것이다. 이러한 실적 위주의 경영방식에 따라 연봉을 파격적으로 증액 지급하고 승진과 해고의 기회를 병존시켜 운영하는 연봉제가 미국식 경영이다. 때문에 대량실업이 빈번하게 일어나고 가장 많은 노동자를 해고시킨 경영자가 최고의 연봉을 받는 일도 일어난다. 이처럼 주주 자본주의에서는 다수의 소액주주들과 기관투자자들이 소유권을 갖고 있으며 전문경영인들이 통제권을 보유하고 있기 때문에 주주 이익극대화와 단기적 관점의 투자결정이 중시된다. 그러나 주주 자본주의는 단기적 효율성을 극대화시키는 경향을 갖는 위험자본의 이해가 핵심인 개인주의 가치 시스템에 기초하기 때문에 단기적 유연성을 이점으로 하는 반면, 관계 특수적인 투자를 요구하는 장기적 효율성은 취약하고 경영의 안정성이 취약한 단점을 갖는다.

전통적으로 주식소유가 광범위하게 분산된 미국의 대기업들에서는 1920년대부터 1970년대에 이르기까지 전문경영자들이 기업을 장악 · 지배하는 '경영자 지배'구조가 확립되어 있었다. 그러나 1970년대 미국의 대기업들이 경영위기에 빠지자 경영자 지배를 '도덕적 해이(moral hazard)'로 비판하고 주주지배를 요구하는 기업지배권, 즉 기업인수와 합병(M&A) 시장이론 등이 시카고학파에 의해 제시되고, 레이건(Reagan)-부시(Bush) 행정부 시절 주주 이익을 우선시하는 금융, 증권, 기업시스템을 혁신하는 주주가치 혁명이 수행된다. 이와 비슷한 일이 영국에서는 마가렛 대처(Margaret Thatcher) 수상에 의해 이루어진다.

그 후 주주가치 자본주의 이념은 오늘날에 이르기까지 지난 20년간 미국과 영국을 지배하고 나아가 '글로벌 스탠다드(global standard)' 로 자신을 격상시키고 있다. 즉 뉴욕과 런던의 연금펀드, 뮤추얼펀드(mutual fund)들이 (특히 1980년대 후반 이래) 국경을 넘어 유럽과 아시아 각국으로 투자범위를 넓힘에 따라 글로벌 펀드매니저들은 자기들에게 익숙한 영미의 기업 기준을 세계 각국에 요구하고 있다. 이에 부응하여 세계은행, IMF, OECD 등도 주주가치를 유럽과 아시아 각국의 기업제도 개혁 방향으로 공식적으로 요구하고 있다. 주주가치 이념은 미 재무부가 주도하여 전 세계,

뮤추얼펀드 고객이 맡긴 돈을 모아서 펀드매니저(fund manager : 투자운영담당자)가 주식이나 채권 등에 대신 투자해 주는 상품으로 환매가능 여부에 따라 개방형과 폐쇄형으로 구분된다.

특히 개발도상국에 요구하는 '워싱턴 컨센서스(Washington Consensus)'를 반영하는 핵심 아젠다(Agenda)의 하나이다.

둘째, 독일, 스웨덴, 오스트리아, 벨기에, 덴마크, 네덜란드 등 유럽 대륙의 국가들에서 발달하여 유럽형 모델로 알려진 '이해관계자 자본주의'에서는 기업의 주요 사안을 이해관계자들이 공동으로 결정하고 주주 자본주의보다 주식시장의 영향력이 작다. 이는 주식시장의 구조적 차이와도 무관하지 않다. 즉 영미와 유럽은 주식시장의 규모와 유동성, 주식의 소유구조에서 서로 다르다. 유럽은 주식시장에 상장된 회사 수가 적다. FESE(유럽주식거래연합회 : www.fese.be)에 의하면, 2003년 6월 주식시장에 상장된 회사 수는 독일은 898개, 이 중 199개가 외국 기업이었으며, 이탈리아는 287개, 스웨덴은 285개, 브뤼셀, 파리, 암스테르담, 리스본 거래소가 통합되어 만들어진 Euronext 시장에 1,079개다. 거래규모 또한 작아 유동성이 낮고, 소유가 널리 분산되어 있지 않고 집중되어 있다. 2002년 기준 네덜란드와 독일은 지배주주의 소유비율이 50% 이상인 회사의 비율이 각각 39.4%와 64.2%에 달하며, 25% 이상인 회사의 비율이 각각 80.4%, 82.5%에 달한다. 그 외에 오스트리아, 벨기에, 이탈리아도 마찬가지로 대주주가 주식을 50% 이상 소유하고 있는 회사의 비율이 매우 높다. 반면, 영국과 미국은 주식시장에 상장돼 거래되는 회사 수가 많다. 영국은 2003년 6월 현재 2,727개에 이르렀으며, 미국은 2003년 현재 뉴욕증권거래소에만 약 2,800개 회사가 2001년에 NASDAQ 시장에는 4,109개 회사가 상장돼 거래되고 있다. 따라서 미국의 투자자들은 유럽의 투자자들에 비해 투자하고 싶은 회사들의 선택기회가 많다는 것을 의미한다. 주식의 거래규모 또한 매우 크며 유동성이 풍부하다. 그 결과 회사의 주식소유 또한 유럽과 달리 널리 분산되어 있다.

그 결과 이사회의 운영구조가 서로 다르다. 영국과 미국은 이사회가 회사의 경영과 감독을 동시에 맡고 있는 일원적 구조를 가지고 있으며, 주주가 이사를 선임하고 해임할 수 있는 반면, 유럽은 경영이사회와 감사회로 구성된 이원적 이사회구조를 가지고 있다. 독일에서는 주주 이외에도 많은 이해당사자(stakeholders)가 기업의 이사회를 대표한다. 독일 주식회사의 이사회제도는 경영이사회(Vorstand : management board)와 감독이사회(Aufsichtrat : supervisory board)로 구성되는 이원적 이사회다. 경영이사회는 경영업무를 독립적으로 집행하며 외부에 대해 회사를 대표하는 반면, 기본적으로 주주인 감사만으로 구성되는 감독이사회는 경영진의 선임, 해임, 감독 및 자문기능을 수행한다. 독일은 감독이사회 이사 선임은 노조와 주주에 의해 이루어지며, 경영이사회는 주주에 의해 선임된다. 이러한 이원적 이사회제도로 독일 주식회사의 경영이사회와 감독이사회 중 어느 기관도 절대적 힘을 갖고 있지 않다. 이원적 이사회제도의 근본취지는 결국 두 기관 간 힘의 균형을 통해 주주, 경영진, 노동자, 채권자 등 기업을 둘러싼 이해관계자 간 협력적 관계를 창출하는 것에 있다. 이러한 이원적 이사회구조로 주주총회의 권한은 기본적인 내용으로 제한되어 있다. 독일 기업지배구조의 가장 기본적인 특징이 이원적 이사회제도라면, (노동자)공동결정제도(Mitbestimmung : codetermination system)는 이원적 이사회제도에 노동자의 경영참여를 접목시킨 것이다. 노동자 대표를 감독이사회나 경영이사에 참여시킴으로써 노동자는 주주와 함께 기업경영과 관련한 주요 정보에 접근할 수 있고 경영진의 활동을 감시할 수 있으며, 이를 토대로 기업의 의사결정에 노동자의 이해가 반영되도록 하고 있다. 기업규모에 따라 노동자들은 이사회에 노동자 대표를 과반수까지 선임할 수 있다. 즉 기업에서 노동과 자본의 협력적 관계를 설정하고 있다. 네덜란드의 경우는 근로자들의 대표가 이사로 선임되지 않지 않는 대신, 회사는 법적으로 근로자평의회를 구성해야 하며, 근로자평의회를 통해 이사회에 참여하지만, 의결권은 행사할 수 없다. 그리고 감독이사회와 경영이사회 모두 감독이사회에서 임명된다. 심지어, 감독이사회 임원 또한 감사회가 스스로 선임한다. 노동자들의 경영참여와 관련하여 네덜란드의 경우는 노동자들의 대표가 이사로 선임되지 않지 않는 대신, 회사는 법적으로 노동자평의회를 구성해야 한다. 그리고 비록 의결권은 행사할 수 없지만 노동자평의회를 통해 이사회에 참여한다. 이에 비해 영국과 미국은 노조의 경영

참여를 원칙적으로 인정하지 않고 기업의 자율에 맡기고 있다.

유럽국가의 기업들이 상이한 법체계와 제도를 만들어 낸 것은 영미와 다른 경제환경에서 비롯한 것이다. 기본적으로 유럽의 작은 국가들에서는 자유무역과 공정경쟁을 내세운 주변 강대국의 위협에 대항하여 민족적 소유-통제를 유지하기 위한 방법으로 '기업집단'이 발전하였다. 기업집단이란 다양한 업계의 유력 기업이 주식을 상호 보유함으로써 성립한 집단으로 "모회사와 관계회사로 이루어진 하나의 경영결합체"로 정의하고 "기업집단은 중간조직 등이 아니라 하나의 내부조직으로 파악"하여야 하다. 역사적 과정의 측면에서 기업집단의 기본적인 기능은 주식상호보유에 의한 주주안정화에 있다. 이처럼 영국과 미국은 주주가 모든 권한을 행사하며 이사의 잘못된 경영에 대해 손해배상을 청구할 수 있도록 제도적 장치가 마련되어 있어 상대적으로 주주권리가 잘 보호받고 있는 반면, 유럽식 지배구조는 주주의 권리 보호가 매우 제한적이다. 스웨덴, 핀란드, 벨기에, 네덜란드 같은 소규모 후발공업국들은 영국, 미국, 독일 등 주변 강대국으로부터 자국의 공업 대기업을 보호, 육성하기 위한 방법의 하나로 다각화된 기업그룹(지주회사 형태)이 발전하였다. 특히 안정적인 경영권 확보를 위해 스웨덴, 스위스, 핀란드는 1주당 10~1,000표의 차등주식 발행을 허용함으로써 자국 기업 및 은행이 외국에 인수되는 것을 방지하였고, 독일, 스위스, 오스트리아 등에서는 은행이 대기업의 안정 대주주 역할(universal banking)을 수행함으로써 대기업에 대한 민족적 소유-통제를 유지하고 있다. 즉 자금조달방식에서 영국과 미국은 자금을 주식시장에서 주로 조달하는 반면, 유럽은 자금조달을 차입(debt)에 의존한다.

한 예로 스웨덴의 대표적 그룹인 발렌베리 그룹은 150년 전(1856년)에 창립되었고 지금은 5세대 후계자가 가업을 이어받고 있다. 발렌베리 그룹은 유럽 재계에서 최고의 명가로 통하는 발렌베리 가문이 실질적으로 지배하는 기업집단을 일컫는다. 발렌베리 가문이 경영권을 직접 또는 간접적으로 행사하고 있는 기업은 총 15개 안팎이다. 각종 투자펀드까지 합치면 200여 개에 달한다. 주요 계열사로는 제조 분야의 에릭슨 사브 WM데이터

유니버셜 뱅킹시스템(Universal Banking System) 은행-증권-보험의 자유로운 상호 진출. 금융기관이 여·수신의 전통적인 금융업무 외에 유가증권의 매매 등 증권업무도 겸업하도록 하는 제도이다. 전통적으로 유럽의 금융기관들은 겸업주의를, 미국 및 일본의 금융기관들은 전업주의(분업주의)를 고수해 오고 있다. 미국은 대공황 이후 1933년부터 최근까지 '글래스-스티걸(Glass-Steagall)'법에 의해 은행-증권-보험 등의 칸막이를 설정해서 분리했던 반면, 독일을 중심으로 유럽의 많은 국가들에서는 오래 전부터 겸업금융기관을 중심으로 금융산업이 발전해 왔던 관계로 미국의 금융기관에 비유할 때 유니버셜하기 때문에 '유니버셜 뱅킹'이라 했다. 이와 같이 금융시스템별(국가별)로 겸업의 허용 여부가 차별화되는 것은 국가별 사정 및 환경, 역사적 배경에 따른 것이다. 그러나 1980년대 이후 전 세계적으로 확산되고 있는 금융규제의 완화와 이에 따른 국제화의 급속한 진전은 국제 금융시장에서 전업주의 국가의 금융기관과 겸업주의 국가의 금융기관간의 경쟁을 촉발하였고, 많은 경우보다 다양하고 우수한 서비스를 제공하는 겸업 금융기관들이 상대적으로 경쟁력을 확보하고 있는 것으로 나타났다. 미국의 경우도 1999년 '금융서비스 현대화법'으로 알려진 GLBA(Gramm-Leach-Bliley Act)의 제정에 의해 업무영역 제한이 사라지게 되었고, 일본의 경우도 1998년 6월 금융시스템개혁법이 국회에 통과되어 금융기관 간 업무제휴가 허용되게 되었다.

스카니아 일렉트로룩스, 의료·제약 분야의 아스트라제네카와 감브로, 엔지니어링 분야의 아틀라스 콥코와 아베베(ABB) 등이 포진해 있다. 금융 분야에서는 SEB와 오엠엑스(OMX)가 있다. 이들 기업에 지분을 갖고 있으면서 지주회사 역할을 하고 있는 인베스터의 총 자산가치는 2004년 기준으로 1,160억 7,400만 크로네(한화 150조원 상당)로 삼성그룹과 엇비슷한 수준이다. 또 계열 기업들의 시가총액은 스웨덴 상장사 전체의 35~30%를 차지한다.

1920년대 초반에 시작되어 사회민주당 집권 후인 1930년대까지 지속된 노사대립을 종식시키기 위해 사회민주당은 1930년대 말 역사적인 노사대타협을 이끌어 냈고, 타협의 내용으로 발렌베리 가족 등 부유층 전체에 대해 매우 높은 소득세나 상속-증여세 등을 부과하면서 그 대신 기업국유화 방안을 포기하였다. 이들 발렌베리 가족들에게는 차등주식과 피라미드형 기업그룹의 도입 등을 이용하여 그룹 계열사들을 계속 지배하는 것을 제도적으로 보장하였다. 즉 발렌베리 그룹 지배구조의 정점에는 지금까지 수차례에 걸쳐 발렌베리 가족들이 재산을 출연해 만든 재단이 있다. 크누트앤엘리스재단, 마리앤느앤마쿠스재단, 마쿠스앤아말리아재단 등이다. 발렌베리 오너들은 이 재단을 통해 주력 계열사들의 주식을 보유하고 있는 투자지주회사 '인베스터AB'의 경영권을 장악하고 있다. 외견상 발렌베리 가족들이 재단이나 인베스터AB의 대주주는 아니다. 주요 재단의 이사회를 구성할 수 있는 권한만 갖고 있다. 결국 재단 인사에 대한 영향력을 앞세워 발렌베리 그룹에 속한 수많은 기업들의 경영을 좌지우지하고 있는 셈이다. 하지만 이것만으로는 발렌베리 가문이 5대째 경영을 이어오고 있는 배경을 설명할 수는 없다. 휘하의 기업들이 대부분 세계적 상장기업들인 만큼 독보적인 대주주가 없고 외국인을 비롯한 일반 주주들의 입김도 셀 수밖에 없기 때문이다. 따라서 발렌베리의 지배구조를 파악하려면 이 그룹이 적용하고 있는 차등의결권제를 이해해야 한다. 스웨덴 법령은 '1주에 1표'의 의결권을 행사할 수 있는 정상주식(A주식)과 1주의 의결권을 10분의 1에서 1000분의 1까지 제한할 수 있는 차등주식(B주식)을 발행할 수 있도록 하고 있다. 스웨덴 상장기업의 3분의 2가 이 제도를 채택하고 있다. 발렌베리 재단 역시 1916년 설립한 인베스터에 이 제도를 도입해 실제 지분보다 2배 이상 많은 의결권을 행사하고 있다. 세 재단의 지분은 21%에 불과하지만 의결권은 46%에 이르고 있는 것이다. 이 같은 구조는 인베스터가 지분을 갖고 있는 아틀라스콥코, 스카니아, 일렉트로룩스, 사브, 에릭슨 등에도 그대로 적용되고 있다. 차등주식제는 스웨덴 경제가 미국 대공황의 여파로 극심한 침체에 시달리던 1930년대, 국민들이 원하는 수준의 투자와 고용을 유지하는 기업들에 대해 오너의 경영권을 보장해 주기 위해 만들어졌다.[9] 그 결과 스웨덴의 기업집단들은 국민기업으로 성장할 수 있었던 것이

9) 차등의결권제는 독일의 대표기업인 지멘스에서도 도입되었다. 창업주 베르너 폰 지멘스의 아들인 칼 프리드리히 폰 지멘스는 1919년 대규모 증자를 추진하면서 가족 소유 지분에 일반주의 30배에 달하는 차등의결권을 부여했다. 당시 지멘스 가문의 의결권 지분은 전체의 50%에 달했다. 이후 주주 숫자가 급격히 늘어나 현재 지멘스 가문의 보유 지분은 5.5%로 낮아진 상태지만 여전히 최대 주주의 위치를 차지하고 있다. 180명에 달하는 지멘스 가족들이 나눠 보유하고 있는 이 지분은 현재 '지멘스 vSV'라는 신탁회사를 통해 위탁 관리되고 있다.

다. 주지하듯이 스웨덴은 유럽에서도 사회주의 색채가 강한 나라다. 20세기 초부터 사민당이 정권을 잡았고 성장보다는 분배를 요구하는 노조나 시민단체들의 입김도 셌다. 이런 환경 속에서 어떻게 발렌베리와 같은 초대형 기업이 탄생할 수 있었을까. 또 많은 스웨덴 국민들은 어떤 이유로 가족들을 중심으로 승계되고 있는 오너십에 지지를 보내고 있는 것일까. 발렌베리는 분명 초우량 그룹이지만 여느 기업처럼 이윤 추구에만 연연하지 않았던 것이다. 멀리 보고 투자를 했으며 근로자들의 생산적 복지를 구현하는 데도 열성적이었다.

이처럼 스웨덴에서는 '1주 1표'라는 주주 자본주의 원리를 훼손한 것이다. 대기업그룹들의 유지를 보장하고 성장을 격려하는 대가로 부유층과 자본가계급은 높은 소득세 부과를 수용하였던 것이다. 이것이 대기업 위주의 경제발전과 사회민주당의 기초인 대기업 노조 중심의 노동운동이라는 스웨덴의 공업화와 정치구조를 결정한 것이다. 피라미드형 기업그룹과 차등주식제는 일반 기업뿐 아니라 금융 부문에도 마찬가지로 적용되고 있다. 예를 들어, 스웨덴의 최대은행인 SHB(스벤카 상업은행)는 발렌베리에 이어 스웨덴 제2의 기업그룹으로 이 그룹은 1920~1930년대의 불황과 세계대공황기에 파산한 많은 대기업들을 구제하는 과정에서 성립하였다. 즉 SHB는 부실기업에 대한 부채-출자 전환을 통해 소유-경영권을 인수하였고, SHB는 지금까지도 이들 과거 부실기업들의 지분을 매각하지 않은 채 대주주 역할을 수행하고 있다. 그리고 발렌베리 그룹과 마찬가지로 SHB 그룹 역시 피라미드와 차등주식을 이용하여 계열사구조를 유지하고 있다. 네덜란드 역시 근로자 수 100명 이상이고 자본금과 준비금이 1,200만 유로 이상인 회사는 Structuurmodel로 적용되어 주주들이 권리를 행사할 수 없다. 이 모델에 속하는 회사의 주주들은 배당권을 제외한 모든 주주들의 권한을 감사회에 양도해야 한다. 감사회는 주주 대신 이사의 선임과 해임, 회사의 중요한 의사결정 등 모든 권한을 행사한다. 대주주에 대한 엄청난 특혜처럼 보이는 이러한 일은 어떻게 가능했을까. 효율을 중시하는 미국사회 분위기와 달리 유럽사회에서는 고통과 이익의 공동분담이라는 의

차등주식제 차등주식제도란 창업자들에게는 의결권이 높은 주식을 인정하기 위한 것이다. 즉 차등주식이란 주식을 A주식, B주식으로 나누어 발행하는 것으로 A주식은 1주당 10표에서 1천 표의 의결권을 가지는 데 반해 B주식은 1주당 1표밖에 없다. 조사에 따르면 스웨덴 상장 대기업의 압도적 대다수가 최소한 1 : 10 비율의 A주식 발행을 통해 대주주에게 경영권을 보장하고 있다. 발렌베리 그룹의 경우는 가장 심해서 일렉트로룩스, ABB, SKF 등의 기업은 1주당 1,000표의 A주식을 발행했고 A주식 대부분을 발렌베리 가족이 독점적으로 보유했다. 에릭슨의 경우에도 창업관련 주주들은 일반 주식에 비해 한 주당 10배의 의결권을 가진 주식을 소유하고 있어 적은 주식소유비율로도 회사 경영권을 행사한다. 이러한 차등주식에 덧붙여 피라미드까지 이용한 결과 스웨덴의 기업그룹들은 한국 재벌그룹들의 주주가치 왜곡(11.5배)보다 훨씬 심한 왜곡을 행해 왔다. 그럼에도 불구하고 이 모든 것은 스웨덴에서 사회-경제 민주화와 복지체제, 노동자 경영참여(공동결정제)의 발전에 전혀 걸림돌로 작용하지 않았다.

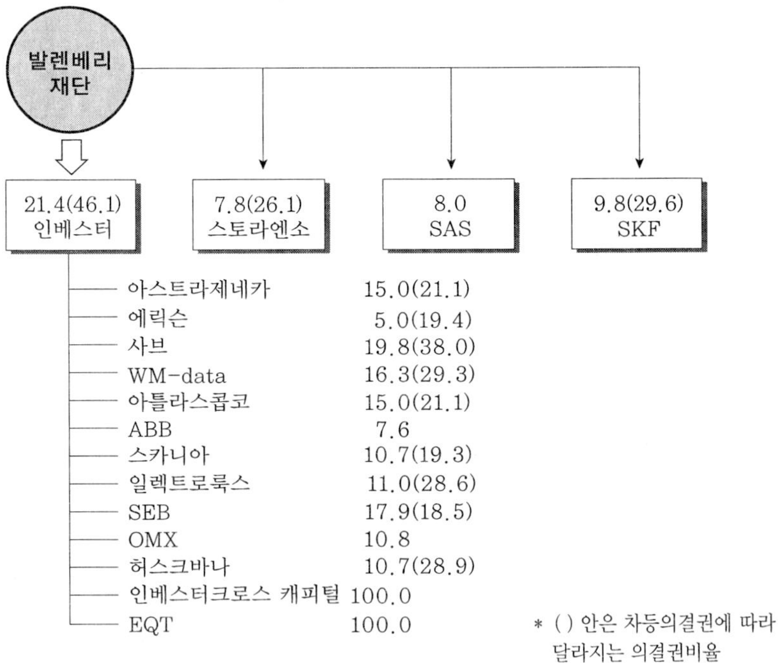

| 발렌베리 그룹 지배구조 |

미에서의 정의가 중시되는 이유도 외부사회로부터의 위협에 대응하여 공동 번영을 위한 사회 내부의 대타협의 결과였던 것이다.

한편, 최근 스웨덴 등에서도 대기업그룹들이 소액주주운동과 같은 주주가치 옹호자들의 공격 목표가 되고 있다. 한국 재벌과 마찬가지로 발렌베리 그룹, SHB 그룹 등도 '1주 1표 원칙'에 위배되는 제도들을 이용하여 적은 지분만으로도 계열사들의 대주주 노릇을 하고 있기 때문이다. 그러나 (뉴욕과 런던의 글로벌 투자펀드들이 후원하는) '주주가치 캠페인'은 유럽 사회민주주의자들과 여타 좌파들의 큰 호응을 받지 못하고 있다. 첫째는, 주주 자본주의 이론이 유가증권거래세, 주식배당세, 누진소득세, 상속-증여세 등 부유층에 대한 모든 자산소득세의 완전 폐지를 주장하는 영국의 마가렛 대처, 미국의 레이건-부시 논리와 본질적으로 결합되었기 때문이고, 둘째로 주주 자본주의 이론에 따른 기업그룹의 약화, 해체가 결국은 영미 다국적 기업에 의한 경제지배로 이어질 위험이 크기 때문이다. 그러나 이해관계자 자본주의에서의 기업은 단기적 이윤보다 시장점유율 위주의 장기적인 기업전략을 추구하는 이점을 갖는 반면 환경변화에 대응한 기업의 조직재편과 경영혁신에 신속하게 대응하지 못한다는 지적을 받고 있다.

가족경영이냐 아니냐는 기업경영의 본질이 아니다. 그 기업의 역사와 사업 특성에 맞게 장기적인 이익을 낼 수만 있다면 경영 형태는 문제가 되지 않기 때문이다. 한 기업의 역사적 배경과 사업체계가 어떤가에 따라 가장 적합한 경영 형태가 좌우된다. 기업 형태는 단기적인 이익을 중시하는 기업과 장기적인 이익을 중시하는 기업이 있다. 대부분의 비가족 기업들은 단기 이익을 내는 데만 집착하는 경향이 있다. 반면, 가족경영은 기업의 단기적인 이익보다는 장기적인 성장을 더욱 추구하는 특징을 갖고 있을 뿐더러 강력한 주인 의식을 기반으로 기업가 정신을 구현하는 데도 유리하다. 예를 들어, 자기 책임 아래 장기투자를 하고 그 성과를 내는 것은 발렌베리의 전매특허다. 1990년대 세계 제약업계의 판도를 뒤흔든 아스트라제네카의 '로섹'이라는 제품은 무려 20여 년의 준비 끝에 나온 것이었다. 또한 유럽의 여러 일류 기업들이 가족경영을 고집하는 이유는 기업 공개를 통해 외부 자본을 끌어들이면 회사 규모를 더 키울 수 있기 때문이다. 물론, 위험성도 그만큼 커진다. 남의 자본을 끌어들여 투자함으로써 나타날 수 있는 위험부담과 경영권 위협 등이 그것이다. 가족경영에 기초하고 있는 유럽의 일류기업들(첨단기술강국 독일을 대표하는 전기전자 기업인 지멘스와 세계적인 프리미엄 가전업체인 밀레, 스웨덴의 초대형 기업인 발렌베리 등)을 보면 가족경영과 기업의 투명경영과는 양립불가능한 것이 아님을 보여 준다.

2) 일본과 동아시아의 기업조직

이처럼 앞에서 제시한 두 가지 모델은 기업을 자본의 결합체로 파악하는가, 아니면 사람(넓은 의미에서의 노동)의 결합체로 파악하는가에 따라 구분되고 있다. 그러나 주주 자본주의와 이해관계자 자본주의 모델 중 어느 모델이 우월하다고 평가할 수는 없다. 이들 모델들이 각자의 경제발전 과정이나 경제환경과 관련하여 발전해 왔기 때문에 각각의 장단점을 갖고 있다. 어느 한 모델이 특정 국가에서 성공적으로 작동하였다고 하여 상이한 경제발전 과정과 경제환경을 갖고 있는 다른 국가에서 성공적으로 작동하리란 보장은 없다. 이런 점에서 또 다른 후발국가인 동아시아 국가의 기업들은 또 다른 다양성을 보여 주고 있다.

흔히, 이해관계자 자본주의에 가까운 것으로 평가되는 일본 모델(J-모델)에서는 유럽형 모델보다 더 광범위한 이해관계자들(주주, 피고용자, 공급자, 소비자, 기업집단)이 기업을 통제한다. 즉 유럽 모델과 달리 이해관계자 중 노동자의 비중이 상대적으로 작고, 내용적으로 국민기업의 성격을 가진다. 대개 일본인들은 기업을 확대된 가문으로 인식한다. 본래 법인격을 갖춘 기능공동체의 기업(法人)을 그들은 동시에 운명공동체로 인식하고 있는 것이다. 사주가 종업원과의 '정서적인 인간관계'를 중요시하는 일본의 기업문화는 계약을 통해 권리와 의무로서 관계를 맺는 서구의 그것과는 대조적이다. 의리, 인륜, 인정 등의 정서적 인간관계에서 비롯된 기업문화는 산업별 노조보다는 기업별 노조라는 노사관계, 그리고 능력에 따른 고용과 임금체계보다는 평생고용과 연공서열제로 나타났다. 그리고 이러한 기업문화는 집단응집력과 안정성을 제공한다. 종신고용제는 글자 그대로 풀이했을 때 죽을 때까지 기업이 고용을 계속하는 것을 의미하고, 실제로는 기업이 종업원을 55~60세까지의 정년제로 고용하는 것을 의미한다. 이것은 기업에 정규 채용된 종업원을 경영곤란의 경우 이외에는 기업 측의 문제로 해고하거나 일시퇴휴(payoff)시키지 않는 관행이다. 연공서열의 관행은 문자적으로 연(年)의 공(功)에 맞게 급여를 기계적으로 해석하는 것이다. 학력이나 근속연수가 동일한 사람은 취직의 기간에 따라 급여를 받으므로 승급과 승진에서 동일하며 근무성적과 능력의 평가에 따라서는 적은 차이를 보인다.

일본에서 종신고용제와 연공서열제는 전전(戰前)에 이미 대기업을 중심으로 도입되었다. 제1차 세계대전의 종료로 세계경기가 공황에 직면하면서 유치산업단계에 있던 중화학공업 대부분은 심각한 경영 악화 및 도산에 직면하자 기업 간 통폐합과 산업조직 재편성 추진을 통해 기업체질의 강화를 시도하였다, 그런데 당시 불황에도 불구하고 숙련기술 노동시장에서는 기술인력의 부족으로 노동이동이 빈번히 발생함으로써 기업차원에서의 기술축적이 제약을 받자 이에 대한 대응책으로 종신고용 및 연공서열 등 일본적 경영방식이 출현하였다, 그리고 이는 기업 차원에서 기술축적의 토대로 작용하였다. 종신고용제와 연공서열제는 특히 고도성장이 시작된 1950년대 중반 이래 종업원 전원이 '공동체'를 이루어 기업을 발전시키자는 이념이 종업원 전체에 널리 퍼지면서 정착되었다. 이론적으로 종신고용이나 연공서열은 장기근속에 대한 인센티브시스템이라고 생각할 수 있다. 즉 고도성장 때와 같이 급속히 경제규모가 확대되는 가운데 노동력의 확보가 중요한 과제였던 시기에는 장기근속에 대한 인센티브를 노동자에게 제시하는 것이 기업으로서는 합리적 선택이라 할 수 있다. 또한 종신고용과 연공서열을 유지하기 위해서도 고도성장이 필요했다. 신규 채용한 종업원이 승진함에 따라 이들에게 상위의 직책을 제공할 필요가 있고, 그러기 위해서도 새로운 영역으로 사업을 확대할 필요가 있었다. 이처럼 일본기업의 성공은 종신고용제 및 연공서열제도와 긴밀히 관련되어 있었다.

그런데 1990년대 초 이래 장기불황을 겪으면서 종신고용제와 연공서열제가 비판을 받으며 축소되었다. 즉 연봉제를 실시한다든지 정년제를 폐지한다든지 하는 움직임이 광범위하게 관찰되어 더 이상 장기고용이 일본기업의 특징이라고 말하기 어려운 상황에 빠져 있다.[10] 그러나 그렇다고 해서 영미식의 고용제도, 즉 경기변동에 따라 신축적으로 고용을 조정하는 제도가 정착되어 있는 것도 아니다. 첫 직장을 종신직장으로 여기는 일본인들의 의식이 하루아침에 바뀌지도 않겠지만, 노동시장이 활성화되어 있지 않은 점도 문제이다. 또한, 실업에 대한 보장제도도 충실하지 못함으로써 실업의 발생은 실업률이 보여 주는 수준 이상으로 일본인에게 고통을 가져다주고 사회불안을 야기할 수도 있다. 종신고용 및 연공서열이 한편으로 유지되는 가운데 연봉제 및 스톡옵션제도가 도입되는, 말하자면 집단주의 속에서 개인주의 경쟁제도를 도입하는 식으로 대응하고 있다. 장기불황 과정에서 미국식 경영방식을 도입한 소니나 히타치를 일본식 경영방식을 유지하는 토요타나 캐논 등과 비교하면 일본식 경영방식을 비난하기 어렵다. 이는 일본의 경우 기업지배구조 개혁과 기업성과 사이에 유의미한 상관관계가 존재하지 않는 데서도 확인된다.

이러한 일본기업의 특성들은 일본의 원세트(one-set)형 산업조직 및 대기업과 중소기업의 중층적 하청조직구조에서도 잘 드러난다. 일본의 산업조직은 원료만 해외에서 수입하면 전 가공과정을 미쓰이나 미쓰비시 등 개별 기업집단 내의 개별 기업에서 생산하는 그룹 내 기업 간의 내부거래화를 통해 이루어지는 원세트형 산업조직이다. 즉 외부, 특히 해외로부터 수입할 필요가 없는 산업조직이다. 또한, 특정산업에서의 생산방식을 보면 모기업이 핵심부품을 생산하거나 조립을 하고 적지 않는 부품류 생산은 단

10) 일본의 실업률은 1997년 3.4%, 1998년 4.1%, 1999년 4.7%, 2000년 4.7%, 그리고 2001년 7월부터는 5%선에 들어섰다. 일본 총무성 통계국.

위(unit) 부품을 생산하는 1차 하청업체와 단일부품을 생산하는 2차, 3차 하청업체에서 생산하는 중층적 하청조직에 의해 이루어진다. 그 결과 외부 기업, 특히 해외기업의 일본시장 진출을 다른 국가에 비해 극히 어렵게 하고 있다. 즉 여러 산업 분야로 다각화한 기업들이 긴밀한 네트워크를 형성하고 있다 보니 경제거래는 개방된 시장에서 이루어지기보다 기업 내부 혹은 기업과 기업의 이해관계자들 사이에서 실행되는 '내부거래(≡계열사간 내부거래/총매출액)'가 특징을 이룬다. 흔히 일본시장의 '폐쇄성'이 문제가 되는 것은 미국과 비교하여 일본에 '조직된 시장'이 상당 정도 존재하기 때문이다. 예를 들어 동일 산업 내에서도 미국과 일본의 대표적 기업들의 내부조직 범위가 다르고 도급관계도 뚜렷한 차이를 보이고 있다. 일본의 '조직된 시장'의 특징 중 하나인 장기거래는 수평적인 관계에 있는 기업만이 아니라 수직적인 관계에 있는 기업간에도 존재하고 있다. 부품조달을 둘러싼 하청계열이나 부품판매를 둘러싼 유통계열이 그것이다. 그래서 어떤 이는 이를 현대의 일본에서는 "시장이라고 하는 바다의 가운데 기업(조직)이라고 하는 섬이 존재할 뿐만 아니라, 섬과 섬을 잇는 다리나 정기선의 네트워크가 상당히 발전해 있다"[11]고 비유하고 있다.

이러한 일본의 산업조직은 일본경제의 성장 배경과 관련을 갖고 있다. 1868년 명치유신부터 경제적 근대화를 시작한 일본은 1880년대에 근대화의 궤도에 진입하였다. 즉 구미 선진기술과 생산방법을 활용하고, 생산조직은 일본 요소가격에 적합한 요소비율을 채택하고, 철도, 해운 등 사회간접자본(SOC)에 투자하면서 요소부존비율을 고려한 경공업부터 착수하였다. 1900년까지 경공업의 국내대체를 완료하고 본격적인 수출화의 길로 나아간다. 1910년대에는 일본 산업조직의 특성인 원세트형 경제구조가 형성된다. 즉 기계류, 철강 및 수출활동에 불가결한 선박 중심의 중화학공업의 국내대체화가 추진하는데 제1차 세계대전은 중화학공업의 국내대체화의 외생적 요인으로 작용하였다.

11) 宮本又郎 외, 1995, 『일본경영사』, 정진성 옮김, 2001, 한울, 347쪽.

1990년대 일본경제가 심한 어려움을 겪으면서 기업의 소유지배구조와 고용구조에 변화가 발생했지만 여전히 기본틀은 유지되고 있다. 예를 들어, 경영의 안정성을 확보하기 위한 제도적 장치인 주식의 상호출자제도도 과거에 비해 다소 축소된 것은 사실이지만 여전히 해외자본으로부터 경영권을 지키는 강력한 기능을 수행하고 있다. 참고로 일본의 기업은 미국의 기업과 같이 자본주의 시스템에서 활동하고 있지만, 주식회사의 최종의결기관이어야 할 주주총회가 대개의 경우 형해화(形骸化)되어 있다. 일본의 기업에서는 경영자는 최고로 출세한 종업원이긴 해도 종업원의 대표는 아니다. 일본 대기업의 경우 미국의 그것과 달리 경영자가 종업원 집단 중에 경쟁하여 선출되고 누가 경영자인지는 주가와 큰 관계가 없다. 일본의 대기업들은 상호 일정 지분의 주식을 보유하고 있으며, 주거래은행과 상사 등이 주식을 보유하고 있다(소위 '주주안정화' 정책). 또한, 기업의 구조조정은 추진하되 급격한 추진에 따른 근로자의 대규모 퇴출은 피해 왔기 때문에 전 종업원 중 비정규직의 비중은 25% 수준에 불과하며 바로 이 점이 노사안정의 토대이고 가계의 소비지출을 크게 변화되지 않게 하는 기능을 수행했다. 1997년 위기 이후 구조조정에 따른 한국의 소비 양극화와 비정규직문제 등과 대비된다.

한편, 동아시아 기업 간에도 상당한 차이들이 존재한다. 흔히, 동아시아 기업들은 일반적으로 가족지배의 기업그룹 형태를 취하는 것으로 평가한다. 예를 들어, 화교기업이라고도 불리는 중국계 기업들은 강력한 가족통제 아래 매우 복잡한 상호 주식소유의 형태를 취하고 있다. 반면, 같은 동아시아 국가라 하더라도 중국이나 대만의 기업활동과 달리 일본의 기업은 친족관계의 테두리를 넘어서는 신뢰관계에 기초하는 경우가 흔하다. 또한, 일본 대기업의 경우는 한국 대기업에 비해 소유와 경영의 분리가 현저하게 진행되어 왔고, 일반적으로 주주가 기업경영에 직접적으로 개입하거나 발언력을 강하게 행사하는 것이 불가능하다. 즉 일본의 대기업 부문은 소유와 경영의 분리가 영미의 기업보다 더 진전되었는데도 기업에 대한 주주의 발언권과 영향력이 약하다. 또한, 비슷한 발전단계에 있던 한국과 대만의 두 경제에서도 서로 다른 형태의 내부조직적 특성을 가지는 기업들이 출현했으며, 기업과 기업 간의 관계도 상이한 형태로 발전했다.

이처럼 기업에 대한 주주의 영향력이나 기업에 대한 통제의 내용 등이 국가마다 상이하게 발전해 왔는데도 경제학에서는 영미형 기업만을 상정하고 있다. 기업은 영업활동을 통해 이익을 내고 기본적으로 이를 주주들에게 배당하는 경제조직이지만, 기업의 성장은 주주에게만 귀속되는 것이 아니라 노동자와 고객, 그리고 사회에도 어느 정도 분배된다. 사실, 경제학은 기업의 내부조직 행태와 운용 메커니즘을 설명하지 못한다. 물론 '거래비용경제학'이 불완전 정보에서 연유하는 거래비용으로 기업의 존재 이유를 일부 설명하고 있지만, 국가 간 기업 행태의 차이까지는 설명하지 못하고 있다. 예를 들어, 문화의 차이는 기업의 형태나 규모에 영향을 미친다. 문화는 근본적으로 제도와 조직을 배태시킴으로써 스스로를 명시하는 것이라 할 수 있는 반면, 기업은 하나의 조직이자 제도이기 때문이다. 여기서 조직이란 특정 목적을 실현시키기 위한 특수한 방법체계를, 그리고 제도란 전체 사회의 이득에 도움이 되는 특정업무들을 수행하기 위해 필요한 권위를 부여한 조직을 의미한다.

3) 금융시스템과 기업조직

기업의 자금조달방식 또한 기업조직의 특징을 규정하는 또 하나의 중요한 요인이다. 흔히, 일본기업 모델(J-Model)과 서구기업 모델(H-Model)의 특징으로 수평적 조정 대 위계적 통제, 시장지향적 인센티브 계약 대 서열위계제, 은행주도 대 시장주도의 금융통제로 대비한다. 원래 기업은 개인이나 가족에 의해 소유되어 왔다. 모든 자본, 위험, 권력 및 통제권한은 동일한 소유권자의 몫이었다. 그러나 산업규모의 증대와 더불어 기업의 소유는 개인에서 파트너로, 나아가 주주형태로 변해 왔다. 즉 산업사회에서 기업의 성장은 실물자산의 지배와 비례했다. 이는 기술적 특성으로 경제력이 '규모의 경제성'에 의해 결정되었기 때문이다. 이처럼 규모의 경제를 추구하다 보니 한 사회의 경제력은 점점 소수 기업에 집중되었으나, 이득을 배분하는 기준인 소유는 계속 분할되었다. 소유의 분산과 경제력의 집중이라는 특성을 갖는 주식회사제도가 확립된 것이다. 주식소유의 분산은 소유의 성격을 능동적인 것(생산시설이나 조직 등)에서 수동적인 것(주식이나 사채 등)으로 변화시킨다. 즉 소유자 자신이 실물재산을 직접 지배하고 책임을 진다기보다 기업에 관한 일련의 권리와 기대를 나타내는 주식을 보유할 뿐이다. 이로 인해 기업의 소유는 유동성을 띠게 되었으며 다양한 자본조달이 가능하게 되었다. 요약하면, 새로운 기술적 및 경제적 조건에 대응하여 대기업이 설립되기 위해서는 개별적으로 조달할 수 없는 거대한 자본이 필요했고, 막대한 자본수요를 해결하기 위해서는 대중자본을 동원하는 방식인 주식회사 조직의 보급이 확산되었다.

그런데 기술진보 및 기업의 규모가 증대함에 따른 막대한 자본의 수요는 금융시장구조에 따라 상이했고, 역으로 자금조달방식의 차이는 기업구조가 상이하게 발전하는 데 주요한 요인으로 작용했다. 즉 대중자본을 조달하는 방식은 경제발전의 정도와 경제환경의 차이에 따라 국가마다 상이했는데, 제2장에서 자세히 살펴보겠지만, 크게 은행을 매개로 자금을 조달한 간접금융시장방식과 자본시장을 매개로 자금을 조달한 직접금융시장방식으로 구분할 수 있다. 전자는 공업화에 뒤쳐졌던 국가들에서, 후자는 대개 영미를 중심으로 발전했다. 즉 후발공업국은 자본축적이 미흡한 상태에서 은행을 통한 저축동원과 기업투자 지원정책으로 경제를 발전시킬 수밖에 없었고, 그 결과 은행 중심의 금융제도가 형성되었던 것이다. 이들 국가에서 생산의 집중과 집적은 막대한 자본의 수요를 가져왔기 때문에 규모가 큰 은행을 중심으로 금융부문의 집중과 독점화 현상도 초래하였다.

은행 중심의 간접금융시장이 발달한 곳에서 기업은 차입의존적 기업구조를 수반했다. 한국기업, 특히 재벌기업들의 높은 부채비율을 흔히 지적하곤 하는데 이것 역시 은행 중심의 금융시스템에서 비롯한 것이다. 예를 들어 1980~1991년간 평균 부채비율을 국제적으로 비교한 세계은행의 한

연구[12]에 의하면 한국(366%)의 평균 부채비율은 미국(179%)이나 영국(148%)보다 높고, 또한 비교국가들인 싱가포르(123%), 홍콩(132%), 말레이시아(94%), 태국(222%), 브라질(56%), 멕시코(82%) 등보다 훨씬 높은 비율을 기록했다. 그러나 일본(369%), 프랑스(361%), 이탈리아(307%) 등과는 비슷했고, 스칸디나비아국가들, 예컨대 노르웨이(538%)나 스웨덴(555%), 핀란드(492%)보다는 훨씬 낮은 수준을 보여 주었다. 즉 자본시장이 발달한 선발 공업국의 경우 상대적으로 부채비율이 낮은 반면, 후발국가 중 고도성장을 한 경우 대체적으로 부채비율이 높은 것으로 나타나고 있다.

기업의 자금조달구조는 기업의 소유지배구조와도 밀접한 관련을 갖고 있다. 예를 들어, 앞에서도 지적했듯이 독일기업의 이사회는 감독이사회와 경영이사회라는 독특한 이중 이사회구조를 이루는데, 감독이사회에는 은행대표와 주주대표가 참여하고 노사공동의사결정제도에 의하여 종업원대표도 다수 참여하고 있다. 감독이사회는 경영진의 선임과 해임, 경영전략의결, 경영진감시 등의 기능을 수행한다. 독일기업의 경우 은행의 지배권이 강화된 것은 자본시장이 발전하지 못하고 기업들이 부채로 성장했기 때문이다.

차입금 의존형 기업금융이 발달한 국가들에서 주거래은행제도가 발달한 것도 같은 맥락이다. 즉 은행 중심의 간접금융시스템이 발달한 국가들에서는 기업과 은행 사이에 자금을 둘러싼 장기 일대일 거래가 널리 보급되어 있다. 특정 사업회사에 대한 융자액 1위 은행이 그다지 변화하지 않는다거나 혹은 각각의 사업회사에 주거래은행이 존재한다고 말하는 것이 이를 가리키는 것이다. 주거래은행의 존재 이유로 안정적인 대규모 자금공급원의 확보, 대외적인 신용력의 제고, 다양한 거래의 장에서 유리한 작용 등을 지적한다. 은행의 경우에도 주거래은행은 커다란 의미를 갖는다. 여러 은행 간에 주거래은행을 둠으로써 감시 및 심사작업을 집중하여 신용비용의 절약을 도모하고, 또한 주거래은행이 됨으로써 개별은행은 감시 및 심사의

12) A. Demigruc-Kunt and V. Maksiovic, 1996, "Stock market Development and Firm Financing Choices," *World Bank Economic Review*, Vol. 10, No. 2.

능력을 높여 예금 흡수상의 우위를 획득할 수 있다.

직접 및 간접 금융시스템은 각각의 장단점을 갖고 있다. 먼저 자본을 조달하는 기업에게 있어서 주식은 기본적으로 위험분산 수단으로서 부채보다 훨씬 우월하다. 즉 주식자본은 만기 개념이 없기 때문에 일단 기업에 납입되면 기업조직이 해산되거나 기업이 자사주를 재매입하지 않는 한 기업으로부터 분리할 수 없는, 가장 헌신적 자본이다. 반면, 주주는 경영이 실패할 경우 기업 손실을 일차적으로 부담해야 하면서 기업이 생산한 부가가치 중 잔여소득에 대한 권리만을 갖는다. 배당금 결정은 사실상 경영자의 권한이기 때문이다. 주식은 원래 기업의 수입에서 비용을 뺀 잔여 이윤에 대한 청구권을 가진 유가증권이며 주식시장에 양도할 수 있다. 기업경영의 내부가 악화되면 장래 이윤을 기대할 수 없고 주주는 기업의 주식을 매매하고 다른 기업의 주식을 팔고 살 수 있다. 게다가 소유가 분산된 경우 무임승차 때문에 분산된 외부주주가 의결권 행사를 통해 경영자 재량권을 규율하는 것은 매우 힘들다. 결국 기업경영이 불만스러울 때 주주가 취할 수 있는 방어전략은 주식을 매각하는 것이다. 그러나 이러한 주식매각의 이탈효과는 부채처럼 강력하지 못하다. 왜냐하면 주식매각은 주권을 다른 주주에게 양도하는 것일 뿐 투자된 자금을 기업으로부터 회수하는 것이 아니기 때문이다. 주식매각이 경영자 재량권을 규율하는 효과는 주가하락을 통해 주식발행의 자금조달비용을 높이고 적대적 인수합병(M&A)의 가능성을 높이는 것이다. 그러나 만일 적대적 인수합병(M&A)이 경제구조의 특성상 성사되기 어려운 상황이라면 경영자는 주가하락으로 자금조달비용이 증가하는 것에 크게 구애받지 않는다.

주주가치를 중시하는 영미 모델에서 기업지배권시장이 발전한 것도 이런 배경을 갖고 있다. 흔히 주주가치 자본주의의 이념으로 기업에 대한 (증권)시장의 직접통제를 핵심으로 지적한다. 즉 증권시장의 이념은 유동성과 환매성이 완벽하게 보장되는 완벽한 재산권(유가증권)시장을 요구한다. 따라서 증권시장은 기업의 소유 및 지배 역시 재산권시장에 의해 직접 관리·통제될 것을 요구하고 그 결과로서 기업지배권시장이 등장한 것이다.

(적대적) M&A시장으로 표현된 기업지배권 시장의 발전은 주주 자본주의의 절대적 필수구성요소인 것이다. 이처럼 주주 자본주의가 확립되지 않은 상태에서 투자자금을 주식발행에 의존한다면 경영자의 비효율적 경영에 대해 외부주주가 주식 매각 외에 취할 수 있는 행동이 별로 없다. 때문에 주식은 부채보다 대리인비용과 거래비용이 클 수밖에 없다. 즉 경영자 충실의무를 효과적으로 감시하는 제도적 장치가 발달되어 있지 않은 경우 매우 큰 유휴현금흐름(free cash flow) 대리인비용을 야기해 부채보다 더 비효율적일 수도 있다. 즉 경영자는 수익극대화를 추구하는 주주와는 달리 투자를 통해 경영권력을 극대화하려고 한다. 기업의 외적 성장은 경영자가 통제할 수 있는 자원의 규모를 증대시킴으로써 경영자권력을 확대시킨다. 반면 유휴현금흐름을 주주에게 배당한다면 경영자 통제하에 있는 자원규모가 축소되고 그만큼 경영자권력은 감소한다.

따라서 기업 내에 상당한 유휴현금흐름이 존재하는 경우 기회비용 이상의 수익을 낼 만한 적당한 투자기회가 없더라도 주주에게 배당하기보다는 비효율적이더라도 기업 내부에 투자함으로써 자신이 통제하는 자원과 조직 규모를 확대시키려고 한다. 즉 경영자는 기업을 최적 수준 이상으로 성장시키려는 인센티브를 갖는다. 현금흐름을 주주에게 배당금으로 지급하면 기업이 신규자금을 조달해야 할 때 자본시장의 감시 · 간섭을 받아야 한다. 따라서 경영자는 자본시장의 간섭 · 감시를 피하기 위해서 투자자금을 내부에서 조달하려고 하기 때문에 현금흐름이 과도하게 기업 내에 유보되는 경향이 발생하는 것이다. 따라서 수익성을 무시하고 외적 성장을 추구하는 경영자 행동을 감시하는 제도적 장치가 마련되어 있지 않다면 유휴현금흐름이 기업 내에 비효율적으로 과잉투자되고 기업이 과대성장될 가능성이 상존하는 것이다.

예를 들어, 부채비율이 낮은 미국기업들의 경우에도 1970년대에 유휴현금흐름비용이 심각하게 발생했으며 1980년대 구조조정은 이러한 저부채비율이 갖는 '연성예산제약(soft budget constraint)문제'를 외부 자본시장 규율로 해결하는 성격을 띠고 있었다. 기회비용 이상의 내부수익률을 낼 수 있는 투자기회를 많이 갖고 있는 성장단계의 기업의 경우 경영자가 현금흐름을 배당하지 않고 기업 내부에 투자하더라도 주가상승을 통해 주주의 이익을 증가시키기 때문에 경영자와 주주의 이해상충은 크게 발생하지 않으며 기업의 효율성을 저해시키지도 않는다. 그러나 산업발전 주기상 성장단계에서 성숙단계로 넘어가 적절한 투자기회를 찾기 어려운 기업의 경우 유휴현금흐름 대리인비용은 커질 것이다. 즉 내부유보를 통한 투자확대가 주가를 상승시켜 주주 이익을 충족시키는 한 경영자 자본주의는 주주이익을 충족시키지만 기업성장이 둔화되어 기회비용 이상의 투자수익을 얻어낼 만한 마땅한 투자기회를 찾기 어려워지면 현금흐름의 통제를 둘러싼 주주와 경영자 간의 이해상충문제가 발생하게 된다. 유휴현금흐름 대리인비용의 대표적 예는 석유회사들이었다. 미국의 석유회사들은 1970년대 유가 상승으로 막대한 현금흐름을 보유하게 되었다. 석유회사들은 석유수요 감소가 예상되고 있어 마땅한 투자처를 찾지 못하고 있었지만 주주에게 유휴현금흐름을 배당하기보다는 유통업, 부동산업, 광산업 등에 진출하는 다각화전략을 추구했다.

연성예산제약(soft budget constraint)문제 국가가 특정기업에 일정 정도의 예산만 지원하기로 했던 애초의 약속(precommitment)을 그 기업이 나중에 사업을 잘못했음에도 사회적 파장을 우려하여 지키지 못할 때 발생하는 것을 가리킨다.

그러나 이러한 다각화전략은 경영전문성 부족으로 대부분 실패했다. 경영자는 불확실성이 높은 혁신전략보다는 적응전략을 선호할 수도 있는 것이며 다각화전략을 통해 자신의 권력극대화를 추구할 수도 있다. 특히 풍부한 현금흐름을 보유하고 있는 성숙단계의 독과점기업들의 경우 외부시장의 규율과 간섭을 피할 수 있었기 때문에 이런 현상이 나타날 가능성이 높았다. 과거에는 생산기술에 대해 전문적 지식을 갖고 있는 사람들이 경영자의 역할을 수행했지만 M형(M-Form) 기업이 출현하면서 생산에 관한 일상적 의사결정권한은 하부 사업본부들에 위임되었고 중앙통제기구의 최고경영자는 내부 자본시장의 현금흐름을 통제하고 중요한 핵심전략만 결정하게 되면서 점차 생산기술전문가보다는 금융·재무전문가로 채워지기 시작했고, 이들 금융·재무전문가들은 적응전략을 중시하는 경향이 있었다. 더욱이 경영자시장이 발전하면서 최고경영자가 외부에서 채용되는 예가 늘어났다. 따라서 경영자들은 기업특수적 경영지식보다는 다른 기업에서도 사용할 수 있는 일반적 경영지식을 더욱 중시하게 되었고, 이것은 경영자가 생산기술전문가에서 재무전문가로 전환되는 현상을 촉진시켰다. 더욱이 단기수익성을 강조하는 외부 자본시장의 압력이 강화되면서 경영진에서 기술전문가의 영향력은 더욱 약화되고 재무전문가의 영향력은 더욱 강화되었다.

사업부제 조직구조(multi-divisional structure, M-Form 조직) 사업부제는 하나의 제품계열을 담당하는 부서 내에 생산, 판매, 기술개발, 관리 등을 포함시켜 최고경영층의 의사결정권한을 단위 부서장에게 대폭 위양하는 동시에 각 부서가 마치 하나의 독립회사처럼 자주적이고 독립채산제적인 경영을 하는 시스템으로 시장의 거래비용과 불확실성을 완화하는 장점이 있다. 챈들러(A. Chandler)에 따르면 사업부제의 출발은 1920년대 듀퐁사(Du Pont)와 GM(General Motors)과 같은 미국 대기업이 사업 및 지역 다각화를 추진함에 따라 야기되는 기능별 조직구조의 문제점을 해결하기 위하여 다사업부제 조직구조를 채택하기 시작했다.

한편, 미국 복합기업 최고경영자들이 적응전략에 빠져 있었을 때 일본과 독일 기업들은 장기적 혁신투자를 과감하게 지속함으로써 경쟁력을 강화하고 있었고, 이것은 세계시장에서 이들의 시장점유 확대로 나타났다. 독일, 일본 기업 그리고 그 이후 신흥공업국가(NICS)의 기업들이 세계시장에 진출하면서 경쟁은 더욱 치열해졌고 경쟁우위를 상실한 미국 기업들의 이윤율은 저하되기 시작했다. 가격경쟁력을 상실한 미국의 한계기업들은 구조조정을 하거나 퇴출해야 했다. 그러나 경영자 지배체제인 대규모 공개기업의 경우 자본시장이나 생산물시장의 압력이 없는 상태에서 내부 경영시스템이 경영전략의 잘못을 인정하고 자발적으로 구조조정을 하는 경우는 극히 예외적이다. 이는 과잉생산, 과잉설비에 대한 시장조정은 한계가 있기 때문이기도 하다. 자본시장이 불완전한 상태에서 과잉설비에 의한 가격 전쟁이 이루어질 때 외부투자자는 어느 기업이 장기적 내재가치가 우수한데 일시적 요인에 의해 과잉설비를 겪고 있고, 어느 기업이 구조적 과잉설비를 겪고 있는지를 구분하기 힘들다. 유동성 위기를 겪는 기업이 반드시 비효율적인 한계기업인 것은 아니며 자본시장의 선별은 케인스가 말하듯이 미인대회 선발의 성격을 지니고 있기 때문에 장기적 내재가치가 우수한데도 불구하고 일시적 요인에 의해 유동성 위기를 겪는 기업이 퇴출과 구조조정을 강요받을 수 있는 것이다. 따라서 경영자는 자기 기업의 과잉설비를 해소하려 하기보다는 경쟁상대 기업이 퇴출해 과잉설비문제가 해결될 때까지 버티려고 한다. 더욱이 고정비용은 대부분 매몰비용이기 때문에 고정자본에 대한 정상수익률을 얻지 못하더라도 유동자본(circulating

유동자본(circulating capital) 생산자본 중 자본의 1회전으로 그 전 가치가 생산물로 이전하는 자본 부문으로 고정자본에 대립된다. 원재료 · 반제품 및 완성품의 재고 등에 투하되는 자본을 말한다. 생산과정에서 원재료나 보조재료 등의 생산수단은 상품 한 단위를 생산할 때마다 반드시 소재(素材) 전체가 소비된다. 따라서 되풀이 생산할 경우에는 소재까지 되풀이하여 마련해야 한다. 이 재생산을 자본의 회전운동으로 볼 때, 소재에의 자본의 투하는 상품 1단위의 가치가 실현될 때마다 전면적으로 회수되어 다음 생산에 필요한, 같은 소재로의 자본의 투하를 단행해야 한다. 즉 원료 등과 같이 소재가 가지는 가치의 운동을 자본의 자태(姿態)변환운동에 전면적으로 대응시켜 생각할 수 있는 자본 부문을 유동자본이라고 한다. 가변자본(可變資本) 부분도 회전양식으로 보아 유동자본에 속하지만, 가변자본을 형성하는 임금과 불변자본 중에 고정자본을 제외한 원료를 포함한다. 여기서 가변자본과 불변자본은 마르크스경제학의 특수 개념으로, 가치형성과정의 요인으로 파악되는 자본의 기능에 따라 구별된 개념이다. 즉 생산수단의 구입에 투하된 자본을 '불변자본'이라 하고, 노동력의 구입에 투하되는 자본을 '가변자본'이라 한다. 전자는 생산과정에서 그 자신의 가치 크기가 변하지 않으나, 후자는 생산과정 동안 그 자신의 가치 이상으로 증가한다는 이유에서 구분하였다. 불변자본의 가치는 생산과정에서 감가되는 정도에 따라 새롭게 생산되는 상품에 단지 이전될 뿐이다. 불변자본은 건물 · 설비 · 기계처럼 여러 번의 생산주기에 걸쳐 생산에 참여하고 일부분씩 그 가치를 이전하는 불변고정자본과 원료 · 연료 · 보조재료 등과 같이 1회의 생산과정에 그 자신의 가치를 새로운 상품에 완전히 이전하는 불변유동자본으로 나누어진다.

capital)에 대한 정상수익률이 보장되는 한 경영자는 퇴출보다는 현상유지를 선호했다. 여기에 1970년대의 케인스주의적 수요확장정책, 달러인하정책도 미국 한계기업의 잔존을 도왔다. 이와 같이 한계기업의 퇴출과 구조조정이 지연되었기 때문에 이윤율이 저하된 상황에서도 과잉생산, 과잉설비의 세계시장 상황은 지속되었고, 이것은 1970년대 이후의 장기불황을 야기한 원인이 되었다.

경영자 자본주의의 포드주의와 주주 자본주의의 갈등관계는 금융세계화가 진행되면서 더욱 심화되었다. 경영자 자본주의가 주주 이익보다 기업성장을 더 중시하는 포드주의 체제의 기업지배구조를 가능하게 한 중심축이었다면, 케인스주의 국민국가는 금리생활자 이익보다 국민경제의 성장을 더 중시하면서 포드주의적 노사 간 계급타협과 자본축적의 호순환을 가능하게 한 또 다른 축이었다. 그러나 경영자 자본주의가 경쟁우위를 상실하고 테일러주의의 한계가 노정되면서 케인스주의적 성장 지향의 거시경제정책은 인플레이션, 재정적자, 경상수지적자 문제를 심화시켰고 정부는 금융자본보다 산업자본의 이익을 우선하는 정책을 유지할 수 없었다. 금융자본은 금융세계화가 강화되면서 금융유동성과 국가 간 자본이동을 통한 이탈효과의 규율을 통해서 경영자지배체제, 포드주의적 노사 간 계급타협을 가능하게 했던 케인스주의 국가정책을 압박하면서 금융자본과 주주 이익을 중시하는 경제환경을 조성해 나갔다.

여기에 미국정부의 경제정책은 경영자 자본주의와 친화성을 갖고 있던 케인스주의 정책에서 벗어나 고달러, 고금리를 사용해 물가안정을 거시정책의 최대목표로 삼는 통화주의 긴축정책으로 전환하고 노동시장 유연화, 한계기업 퇴출 등 기업구조조정을 강요함으로써 주주 자본주의가 경영자 자본주의를 공격할 수 있는 길을 열었다. 그 결과 1970년대까지만 해도 기업이윤의 대부분은 내부유보되어 투자자금으로 활용되었으나 1980년대에는 내부유보가 급속히 감소하며 장기불황 상황임에도 불구하고 배당금 비중은 크게 증가했다. 포드주의 황금기였던 1940년대 초부터 1960년대 중반까지 S&P 주가지수는 연평균 8%씩 증가했고, 침체기였던 1969~1979

‖ **표 8-2** ‖ 미국 제조업의 이윤 분배구조

(단위 : %)

	1950~65	1965~73	1973~79	1979~82	1982~90	1990~96
이자	1	11	15	31	35	24
배당금	24	26	16	24	27	36
내부유보	75	63	69	44	37	40

자료 : R. Brenner, 1998, "The Economics of Global Turbulence," *New Left Review* No. 229, May/June, p. 210.

년 동안에는 −0.4%인 데 반해 1980~1995년 동안에는 무려 10%씩 상승했다. 이것은 케인스주의 국민국가의 후퇴, 금융세계화와 신자유주의의 득세라는 사회배경 속에서 주주 자본주의가 경영자 자본주의를 대체해 나갔다는 것을 반영한다.[13)]

주주 자본주의의 반격은 유휴현금흐름 대리인비용을 해결하기 위해 1980년대에 적대적 M&A, 차입매수 등의 활성화에 의한 구조조정의 형태로 전개되었다. 미국의 경우 1960~1970년대에 융성했던 복합기업의 다각화현상이 약화되었는데, 이것은 적대적 M&A의 활성화 등 외부 자본시장의 통제가 정교해지고 발전하면서 다각화기업이 갖는 내부 자본시장의 장점들을 압도하기 시작했기 때문이다. 미국에서는 1980년대에 들어서 기관투자가의 비중이 크게 확대되고 자본시장에 대한 규제완화로 자본시장 내의 금융기관 사이에 경쟁이 크게 강화되며 뮤추얼펀드, 연금기금 등 기관투자자들의 기업 감시와 성과분석 능력이 크게 강화되고 기관투자자들이 기업정보 공개를 강력하게 요구하면서 외부 투자자와 기업 간의 정보비대칭성도 크게 완화되었던 것이다. 이런 상황 속에서 외부 자본시장이 내부 자본시장을 압박 · 대체해 나가고 매수 · 합병이 비효율적인 다각화기업을 분할매각시킴으로써 다각화현상을 약화시켰던 것이다.

13) 조영철, 2002, 「美國과 獨逸은 왜 달라졌나? : 所有 · 支配構造의 差異를 中心으로」, 『경제학연구』, 제50집 제2호, 5~42쪽 참조.

포드주의(Fordism) 디트로이트의 중소자본가들의 자금을 모아 포드 자동차 회사를 설립했던 1903년을 '현대'의 출발점으로 기록하게 만듦으로써 현대를 발명한 사람으로 기억되는 헨리 포드(Henry Ford, 1863~1947)가 최초의 T형 자동차를 생산하기 시작하던 1908년 당시 다른 자동차 회사들의 자동차 값은 평균 2천 달러 정도였다. 그러나 포드는 이때 T-형 자동차를 825달러에 팔았다. 그 후 가격은 더욱 떨어져 3백 달러 미만의 가격으로 판매되기도 했다. 포드 이전까지의 자동차가 장인들에 의해 수공 생산되던 수공품이었다면 포드는 대량 생산과 생산기술 혁신을 통해 자동차를 공산품으로 생산해 낸 결과였다. 지금까지는 노동자들이 공구를 들고 작업대로 찾아가 제품을 만들고 조립해 왔지만 포드에 이르러서는 컨베이어 벨트가 끊임없이 생산조립품을 실어 나르고, 노동자들은 나눠 받은 작업동작을 온종일 반복하는 풍경이 일상화되었다. 지금으로서는 이런 광경이 저녁 뉴스 시간대마다 언젠든 볼 수 있는 풍경이지만 당시로서는 혁명적 발상이었다. 대규모 공장단지와 전용기계 등을 이용한 대량생산시스템은 이후 점차 미국사회의 구조까지 바꿔 나가게 된다. 현재 전 세계를 주름잡는 미국의 대기업들과 수많은 체인사업들의 밑바탕에는 형태는 많이 달라지고 변형되었지만 이런 '포드주의'가 그 밑바탕을 이루고 있다. 이른바 '규모의 경제'는 원가절감의 기획을 원료부터 판매까지를 장악하는 데까지 나아갔다. 헨리 포드의 이런 컨베이어 벨트에 의한 노동통제시스템은 노동자 자신을 노동으로부터 소외되도록 했다. 더 이상 노동자는 장인일 수없고, 자신이 생산하는 제품의 부품처럼 되어 갔다. 이런 식의 현대를 간파한 이가 찰리 채플린(Charles Chaplin, 1889~1977)이었고, 그의 영화 〈모던 타임즈〉는 포드주의가 노동자의 시간과 동작을 컨베이어 벨트에 의해 중앙통제하고, 노동자라 불리는 인간을 결국 부속품처럼 소모하고 있다는 사실을 갈파한다. 한편 헨리 포드는 이런 생산시스템으로 인해 생긴 생산비 절감의 효과를 노동자들에게 나눠 주겠다고 선언하고 1914년부터 노동시간을 하루 9시간에서 8시간으로 줄이고, 당시 동종업체의 평균임금 수준이 2.34달러였던 때에 하루 최저임금을 5달러로 인상한다. 많은 노동자들이 이른바 '포드맨'이 되기 위해 장사진을 쳤고, 포드는 그들 가운데 우수한 인력만을 골라 쓸 수 있는 여유를 즐겼다. 이처럼 포드주의적 생산과정은 테일러주의적 노동편성원리와 컨베이어 벨트에 의한 일관조립공정을 도입해 생산성을 비약적으로 향상시키고 표준화된 상품을 대량생산했고, 이러한 생산방식에서 발생한 생산성 향상의 이익의 분배를 통한 대량생산 · 소비의 조화를 만들어 냈다. 따라서 포드주의는 생산성의 상승 → 실질임금의 상승 → 임금노동자의 소비수요 증대→ 생산 및 투자의 증대→ 생산성의 상승이라는 축적의 호순환을 의미한다. 케인스주의적 총수요관리정책과 소비자신용의 정비에 기반해 포드주의는 전후 자본주의 경제의 고도성장을 가능케 하였다.

테일러주의(Taylorism) 미국의 경영관리체계 창시자인 테일러에 의한 고유한 의미의 과학적 관리법은 종래에 노동자의 창의와 이에 대한 자극에 의존하던 작업관리를 경영자의 과학적인 과업설정이라는 계획적 관리로 전환시켜서 노동생산성을 높이고 조직적 태업을 방지하며, 임금문제해결을 위하여 과학적 객관적인 표준작업량을 설정하여 고임금 · 저인건비를 이루어 노사 쌍방이 만족하도록 하는 것이었다. 테일러는 임금인하를 방지할 수 있는 기준으로서 과업제도(task system)를 구상하였다. 이 과업제도가 테일러리즘의 달성수단이다. 과업제도는 공평한 1일의 작업량(a fair day's work)을 합리적으로 결정하고, 그에 의하여 노동자의 작업표준을 결정하는 기준이다. 이 방법에 의하면, 종래의 자의적 · 전습적(傳習的)인 과업결정방법이 배제된다. 합리적으로 과업설정을 하기 위하여 과학적인 시간연구(time study)를 하였고, 시간연구의 전제조건으로서 작업조건과 작업방법을 표준화할 필요가 있었다. 그리하여 시간연구에 의한 표준과업의 설정을 임무로 하는 기획 부문을 설치하고, 소정의 작업방법을 지휘 감독하기 위하여 종래의 직계식 관리조직을 개혁하여 기능조직으로 바꾸어 기능적 직장제도(職長制度)로 하였다. 그리고 지도의 합리화를 위하여 지도표제도(instruction card system)를 채용하였으며, 차별적 성과급제도에 의하여 과업달성으로 유도하는 통제를 할 수 있게 하였다. 그러므로 테일러의 과학적 관리법의 수단인 기구(mechanism)는 과업관리이고, 관리방법은 현대적인 말로 표현하면 계획(과업설정을 하는 기획부), 조직(직장제도), 지휘(지도표제도), 통제(차별적 성과급제도)라는 관리순환(management cycle)을 통해서 노동자는 소정의 작업조건 아래에서 소정의 작업방식으로, 소정의 시간 내에 소정의 작업을 수행할 수밖에 없었다. 이대로만 되면 노동생산성 향상에 따라 노동자는 고임금을 받게 되는 동시에 기업주는 일정 금액에 대한 생산량 증가에 따른 저인건비의 혜택을 받게 되는 것이다. 테일러의 과학적 관리법은 이를 발전시키는 데 협력한 H.L. 간트, 길브레스 부처(夫妻), H.B. 에머슨 등에 의하여 과업의 과학적 설정에 필요한 동작연구, 시간과 동작을 결합한 작업연구, 표준원가에 의한 통제기능의 강화 등 많은 발전이 이룩되었고, 인간노동을 기계화하여 노동생산성을 높이는 데 사상 전무후무한 관리법을 이룩하였다.

S&P(Standard & Poor's) 주가지수 세계적인 신용분석 및 신용정보기관으로, 무디스(Moody's Investors Service) · 피치(Fitch)와 함께 세계 3대 신용평가기관으로 꼽힌다. 1916년 설립하여 투자에 대한 정보나 조언을 제공하며 세계적인 출판 · 재정 · 정보 · 미디어서비스업체인 맥그로힐(McGraw-Hill Companies, Inc.)에 속해 있다. 다우-존스공업평균지수(Dow Jones Industrial Average) 및 나스닥지수와 함께 미국의 3대 주요 지수의 하나이며 뉴욕 증시의 주가 동향을 가장 폭넓게 반영하는 S&P 500지수를 발표한다. 동 지수는 공업주(400 종목), 운수주(20 종목), 공공주(40 종목), 금융주(40 종목) 등으로 선정된 500 종목의 주가에 상장주식수(일종의 가중치)를 곱하여 시가총액을 구하고 전체의 시가총액합계를 기준년도인 1941~1943년의 평균시가 총액으로 나눈 뒤에 그 몫에 기준시의 지수(10)를 곱하여 산출한다. 즉 '주가지수=당해일의 시가총액/기준시가총액×10'으로 계산된다. 동 지수 외에도 보조지수로서 세가지로 분류된 업종별주가지수, 자본재그룹과 소비재 그룹별 지수, 우량주그룹과 저위주 그룹별 지수 등이 발표되고 있다. 기업크기보다 앞으로의 성장성을 중시하며, S&P지수에 들어가는 기업의 20%가량은 '테크주(株)'라 불리는 첨단산업 관련 기업이다.

다우-존스공업편균지수(Dow Jones Industrial Average) 1884년 미국의 월스트리트 저널(Wall Street Journal) 편집장인 찰스 다우(Charles Dow)가 처음 창안한 것으로 뉴욕증권시장에 상장되어 있는 주식 가운데 가장 신용 있고 안정된 공업주 30개 종목을 표본으로 시장가격을 평균하여 산출하는 주가지수로

'DJIA' 또는 'Dow' 라고도 부른다.

나스닥지수(NASDAQ, National Association of Securities Dealers Automated Quotation) 나스닥은 전미증권업협회(NASD)가 컴퓨터전산망을 통해 운영하고 있는 미국 장외시장의 시세보도시스템을 말한다. 1971년 개설된 나스닥은 뉴욕증권거래소와 같이 특정 장소에서 거래가 이뤄지는 증권시장이 아니라 컴퓨터 통신망을 통해 거래 당사자에게 장외시장의 호가를 자동적으로 제공, 거래가 이뤄지도록 하는 일종의 자동시세통보시스템이다. 마이크로소프트, 인텔, 애플사 등 하이테크산업의 기업들이 다수 상장돼 있으며 거래량 면에서 이미 뉴욕증권거래소를 추월했다. 나스닥에서 거래되는 종목은 인터넷 등 첨단 관련 주나 벤처기업 주식이 대부분이다. 나스닥지수는 지수 100의 기준시점이 1971. 2. 5이며 이후 나스닥증시의 모든 보통주를 시가총액에 따라 가중치를 부여해 산출하고 있다. 일본은 나스닥을 본떠 자스닥시장을 만들었고, 우리나라도 나스닥시장을 본떠 1996년 7월 코스닥시장을 열었다.

이제 간접금융시스템이 장단점을 살펴보자. 주식과 달리 부채는 만기가 있을 뿐만 아니라 사전적 계약에 의해 고정이자의 형태로 투자수익을 회수할 수 있기 때문에 채권자는 기업경영이 불만스러울 때 만기 연장이나 부채계약 갱신을 거부하고 이탈효과의 압박을 가함으로써 경영자 재량권을 강력하게 규율할 수 있다. 투자자는 기업의 청산을 선호할지라도 경영자는 항상 현재의 기업활동이 유지되는 것을 원한다. 반면 기업이 지급불능 상태에 처할 때 채권자는 청산을 강제할 수 있는 권한을 보유하고 있기 때문에 주주보다 강력한 이탈효과를 가지며 그만큼 투자자와 경영자 간의 이해상충이 완화된다.

그러나 차입의존적 경제구조도 여러 내부적 문제점을 갖고 있다. 첫째, 고부채 모델에서는 부채의 대리인비용문제가 심각하다. 투자재원이 부채를 통해 조달될수록 채무자는 채권자가 원하는 것 이상으로 위험부담이 큰 투자를 선호한다. 채무비율이 높을수록 주주는 고수익이 따르는 위험이 높은 투자안을 선호한다. 성공하는 경우 주주는 큰 이익을 보지만, 실패하는 경우 채권자에게 부담 전가한다. 성공 시 금융기관은 한정된 이익만 얻고 실패 시 큰 부담을 안게 되는 것이다.[14] 즉 고부채비율의 기업은 위험사업

14) Milgrom and Roberts, 1992, *Economic, Organization and Management*, Prentice Hall.

을 선택하는 경향, '역선택'의 문제를 갖고 있다.

둘째, 자기자본의 대리인비용문제이다. 경영자의 대리인비용은 경영자의 주식소유지분이 늘어날수록, 부채비중이 높을수록 줄어든다.[15] 이에 따른다면 한국과 같이 전문경영인체제가 아닌 재벌가족의 소유경영자체제에서는 자기자본의 대리비용문제가 심각하지 않다고 말할지도 모른다. 하지만 소유경영자체제에서도 지배대주주가 주식을 100% 소유하지 않는 한, 자기자본의 대리인문제가 발생한다. 대부분의 재벌기업에서는 재벌총수와 그 가족이 최고경영자 직위를 장악하고 있으며 이사회 구성원에 대한 임면권을 행하고 있다. 지배 대주주가 자신의 이익을 추구하는 과정에서 소액주주의 이익을 침해할 수 있다. 재벌기업의 경영을 감시 감독할 효과적인 기구가 존재하지 않는 경우, 이들 재벌가족이 소액주주의 부를 착취하게 된다.

셋째, 경기순환에 따라 위험성이 높다는 고유한 한계를 가지고 있다. 즉 거시경제 측면에서 고부채 모델의 문제점으로서, 은행융자에 의존하는 자본조달구조에서는 자금흐름을 감소시키거나 고정비용 지불부담을 증가시키는 외부 충격에 취약하다.[16] 자본공급이 위축되면 유동성 부족, 채무불이행에 쉽게 노출된다. 그러므로 이와 같은 금융구조에서는 〈정부-은행-기업〉 간의 협력이 중요하며, 정부가 기업과 은행의 자유로운 해외차입을 제한하고 조정하는 것이 이 시스템에 필수적이다.[17] 고부채 모델에 내재한 이러한 문제점 때문에 위험도가 큰 투자사업들을 규제하고 조정하는 국가의 역할이 요구된다. 국가는 전략산업을 담당할 기업을 직접 선별하고 여기에 직접금융을 제공하는 형태를 취한다. 국가가 정책금융을 통해 대기업을 지원할 때 수출실적과 재무구조 등 과거의 경영실적을 기준으로 하며 국가가

15) Jensen and Meckling, 1976, "Theory of Firm: Managerial Behavior, Agency Costs and Ownership Structure," *Journal of Financial Economics*, 3 ; Jensen, 1986, "Agency Costs of Free Cash Flow, Corporate Finance, Takeovers," *American Economic Review*, Vol. 76.
16) R. Wade, 1998, "From Miracle to Cronyism ; Explaining the Great Asian Slump," *Cambridge Journal of Economics*, Vol. 22, No. 6.

기업경영의 직접적인 감시자 역할을 한다. 경영자에 대한 감시는 M&A 등 시장을 통한 감시나 채권자인 은행을 통한 감시감독체계가 미비한 상황에서 국가가 외부 주주나 채권자의 감시를 대체하게 된다. 요컨대 국가주도의 감시감독체제에 의해 부채와 자기자본의 대리인문제가 조정되는 것이다.[18]

기본적으로 영미식 직접금융 시장지향적 기업통제방식은 좋은 프로젝트지만 단기적 수익성 때문에 일찍 종료되는 문제를 갖는다. 반면 독일-일본식의 은행지향적 기업통제방식은 성과가 나쁜 프로젝트가 장기간 지속되는 문제를 안고 있다. 최근 우리 사회 일각에서는 신자유주의자들의 영미식을 반대하고 독일-일본식을 무조건적으로 옹호하는 경향이 있다. 우리 현실에서 독일-일본식을 채택하는 것이 좀 더 쉽다는 점에서는 고려를 해야 할 것이다. 그렇지만 독일-일본식은 담합과 산업집중의 위험에 빠지기 쉽기 때문에 그것이 제대로 작동하기 위해서는 앞에서 지적했듯이 은행을 누가 규율할 것인가의 문제를 심각하게 고려해야 한다.

---

17) Wade and Veneroso, 1998, "The Asian Crisis : the High debt Model vs the Wall Street-Treasury-IMF complex," *New Left Review* Vol. 228.

18) 홍장표, 2000, 「재벌체제에서의 대리인문제와 시장의 민주적 규제」, 『경제발전연구』, 6권 1호, 한국경제발전학회.

‖ **표 8-3** ‖ 금융제도와 기업행태

	직접금융(주식시장) 중심	간접금융(은행) 중심
자본구조	(부채/자산)↓	(부채/자산)↑
주주구성	다수의 소액주주 중심 소유분산	대주주 중심 소유집중
사외이사제도의 발달	소유와 경영분리→대리인문제 발생→대리인비용↑→주주견제 장치 필요→사외이사제 발달	소유와 경영 미분리 →대리인문제(비용) 부재 →주주견제장치 불필요 →은행견제장치 발달
지배구조	1) 지배구조 투명성↑ (대주주의 독점력↓) 2) 주주(Stockholder) 중심	1) 지배구조 투명성↓ (대주주의 독점력↑) 2) 이해관계자(Stakeholder) 중심
기업가 대 투자가 보호	투자가 보호	기업가 보호
경영목표	주주가치 극대화	기업 확장(계열사)

자료 : 좌승희, 2001, 「기업이론과 기업금융발전 비전-신제도학파의 패러다임-」, 한국경제연구원 자료집.

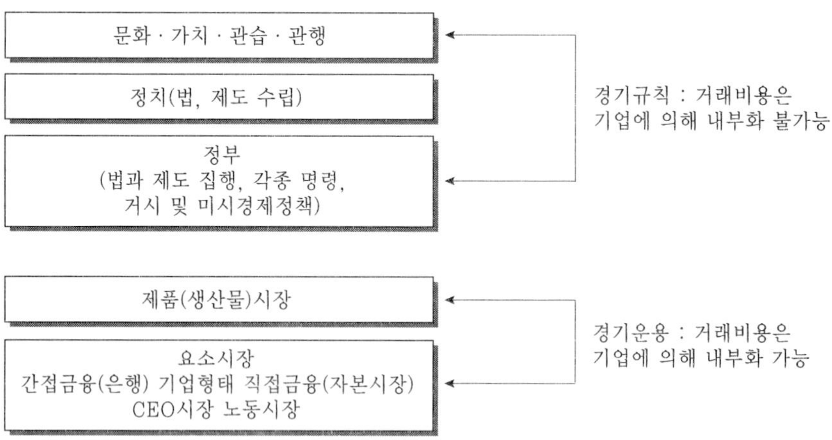

자료 : 좌승희, 2001, 「기업이론과 기업금융발전 비전-신제도학파의 패러다임-」, 한국경제연구원 자료집.

‖ **그림 8-4** ‖ 기업행태를 결정하는 외생변수

4. 한국의 재벌 : 불공정 공유시스템의 적자(嫡子)

앞에서도 지적했듯이 한국 재벌에 대한 우리 사회의 상반된 평가는 평행선을 달리며 에너지 소모적인 논쟁을 되풀이하고 있다. 실제로 지난 1997년 위기' 이후 재벌에 대한 개혁의 목소리가 이전보다 더욱 강해졌음에도 불구하고 경제성장률이나 기업의 설비투자는 후퇴하였고, 양극화는 갈수록 심화되고 있다. 한국 재벌은 미국을 비롯해 외국 기업을 기준으로 이해할 수 없다. 한국 재벌의 성격은 또한 분단체제 속에서 이룩한 한국경제의 압축성장의 특성에서 자유롭지 못하기 때문이다. 즉 재벌의 진화과정은 시장 부재와 은행 중심의 간접금융시스템 그리고 분단체제(민주주의의 빈곤) 속에서 이룩한 압축성장의 산물이다.

1) 한국 재벌의 특징

먼저 한국 재벌의 외형상 특징을 몇 가지로 요약하면 다음과 같다. 첫째, 경제력 집중이 대단히 높다. 둘째, 많은 계열사를 거느린 복합 기업집단이다. 셋째, 사업구조가 여러 업종에 다변화되어 있다. 넷째, 계열사들은 순환적인 출자관계로 서로 얽혀 있다. 다섯째, 일본의 기업집단보다 더 중앙집권적으로 경영한다. 여섯째, 자신의 계열은행을 갖고 있는 일본의 기업집단과 달리 한국의 재벌은 증권 · 보험사 등 비은행 금융회사를 보유하고 있다. 일곱 번째, 1997년 위기 이전까지 재벌은 부채지향형 자금조달을 선호했다. 한국의 재벌그룹들은 대개 창업주와 그 가족이 경영권을 행사하고 있다. 그러나 창업 초기에 이들이 가지고 있던 절대적 과반수 지분은 기업공개와 함께 점차 줄어들어 현재 이들의 경영권은 창업주 일가의 개인지분보다는 계열사의 우회출자를 통한 간접자본에 의존하고 있다.

이처럼 한국의 재벌은 특수한 기업조직이다. 현재 재벌에 대한 정의는 다양한데, 대개 대기업과 재벌을 구분하여 재벌을 "총수나 그 가족이 지배하는 대규모 기업집단, 즉 가까운 족벌에 의하여 소유 · 경영되는 다각화된 대규모 기업집단"으로 정의한다. 현행법상 '기업집단'이라 함은 공정거래법('독점규제및공정거래에관한법률') 제2조 제2호의 규정에 의하여 "동일인이 회사인 경우 그 동일인과 그 동일인이 지배하는 하나 이상의 회사의 집단, 동일인이 회사가 아닌 경우 그 동일인이 지배하는 둘 이상의 회사를 집단이 일정한 기준에 의하여 사실상 그 사업내용을 지배하는 회사의 집단"을 말한다. 그런데 외형상으로 기업집단은 합법적인 독립기업들의 집합으로 구성되어 있다.

계열회사 동일인 또는 동일인으로 간주되는 자를 합하여 최다출자자가 발행주식 총수의 30% 이상을 소유하고 있거나 기타 임원의 임면 등으로 경영에 영향력을 행사하고 있다고 인정되는 회사를 말한다. 다만 소속회사가 전부 금융 혹은 보험회사인 기업집단과 금융 및 보험회사, 정부투자기관, 공공법인이 동일인인 경우의 기업집단 등은 대규모 기업집단 지정에서 제외된다.

동일인 친인척 혹은 동일인 지배하의 비영리법인, 계열회사, 사용인 등을 지칭한다.

그런데 이러한 특징을 갖는 한국의 재벌은 이미 알려진 대로 전쟁 전의 일본 이외에는 거의 유사한 조직이 발견되지 않는 조직이다. 흔히 한국과 일본의 재벌을 비교하곤 한다. 그러나 재벌의 경제력 집중 정도를 보면 지표상으로 양자가 매우 유사하지만 그 소유구조와 경영방식은 매우 다른 모습을 보인다. 첫째, 소유형태에서 전전의 일본 재벌은 한국처럼 재벌가족이 실질적 대주주라는 점에서 유사했지만, 현대 일본의 기업집단은 완전히 다르다. 즉 일본의 기업집단은 상층부의 사장회 회원사들이 상호주식을 보유함으로써 실질적으로는 대주주가 없으며, 굳이 주인을 찾는다면 바로 기업 자신으로 볼 수밖에 없다. 이러한 상황을 놓고 일본의 일부 학자들은 일본을 '법인자본주의'라고 부르고 있다. 이에 반해 한국은 기업을 혈연에 승계시키는 이른바 '족벌자본주의'라고 볼 수 있다. 결국 일본의 기업집단에게는 경제력은 집중되어 있지만 소유는 분산되어 있는 반면, 한국 재벌의 경우 경제력의 집중과 더불어 소유까지도 특정의 개인 및 그 가족에게 집중되어 있는 것이 확연히 다른 점이라고 할 수 있다. 일본의 기업집단이 그

규모나 경제 전체에서 차지하는 비중에서는 한국의 재벌에 결코 뒤지지 않는데도 국민들의 지탄을 덜 받고 있는 것은 바로 이러한 점 때문인지도 모른다.

둘째, 경영형태 면에서 한국의 재벌은 재벌총수가 경영까지도 장악하는 반면, 일본의 경우에는 소유구조가 비슷한 전전의 재벌에서도 경영은 전문경영인에게 위임하고 있다는 점에서 크게 차이가 난다. 특히 전후의 기업집단에서는 사장회 회원사들의 경영이 사실상 사장을 정점으로 한 사원집단에 위임되어 있고, 기업의 임원들도 대부분 내부 승진자들이다. 따라서 경영도 한국과 같이 재벌총수가 그룹총괄기구의 도움을 받아 산하 계열기업을 중앙집권적이고 상의하달식으로 일사불란하게 움직이는 형태가 아니라, 전문경영인들에 의해 분권적이고 하의상달식의 형태로 이루어진다. 즉 일본 기업집단의 사장회 회원사들은 서로 상당히 독립성을 유지하면서 느슨한 형태로 결합되어 있어 계열기업들이 총수의 지시하에 일사불란하게 움직이는 한국의 재벌기업에 비해 그들이 개별시장에서 발휘할 수 있는 총체적 복합력이 상대적으로 작다. 이 중 어느 쪽이 사원들에게 주인의식을 심어 주고 기업을 위해 자발적으로 헌신하도록 동기를 부여하는 데 적합할 것인가는 자명하다. 물론 일본 기업집단에서도 하부의 기업그룹에서는 친(親)회사가 자(손)회사를 강력히 통제한다. 그러나 이들도 친회사의 본업과 수평적 혹은 수직적 분업관계에 있는 기업으로서 상대적으로 관련이 없는 분야로 확장하는 한국 재벌과는 차이가 있다.

한국과 일본 재벌의 이러한 차이는 앞에서 살펴보았듯이 한일 경제의 발전구조의 차이 그리고 이와 관련된 양국의 사회 · 정치구조의 차이에서 비롯된다. 첫째, 자본조달방식의 차이를 보면 일본은 높은 저축률로 주로 국내자본의 축적을 통해 자본을 조달함으로써 과시효과 없는 소비구조의 발전이 가능했던 반면, 한국은 해외자본에 상당 기간 의존함으로써 소비성향이 높고 경기회복 시의 과소비현상도 해외자본 의존적 경제성장방식의 산물이다. 둘째, 자본조달방식의 차이는 일본경제로 하여금 원세트(one-set)형 자기중심적 경제발전구조의 형성을 가능케 하였다. 앞에서 설명했듯이 원료만 해외에서 수입하면 전 가공과정을 개별 기업집단 내의 개별 기업에서 생산하고, 그 그룹 내의 기업 간 내부거래를 하는, 즉 외부, 특히 해외로부터 수입할 필요가 없는 중층적 하청조직을 통해 이루어지는 산업 조직이 형성되었다(소위 일본의 '원세트형 산업조직과 중층적 하청조직'). 다시 말해, 소속 그룹기업이 대외거래를 관장하고, 거래규모의 대형화를 달성하고 상사와 메이커와의 협력적 진출이 가능하였다. 그리고 많은 중소기업에의 자본 참여를 통해 독점판매계약을 맺은 종합상사의 존재와 역할이 있었다. 반면, 한국은 그룹 내의 개별기업 등이 각각 해외기업과 다른 파이프를 갖고 있는 경우가 허다하여 대외거래에서 종합상사에의 통합은 실현 불가능하였고, 한국의 중소기업은 국제하청적 성격으로 성장하여 종합상사와 협력적 관계가 결여되었다. 셋째, 그 결과 산업발전방식의 차이를 가져왔다. 일본 산업발전의 특징은 소위 안행(雁行)형태론적 발전패턴으로 묘사된다. 즉 수입 단계에서 내수 창출 단계를 거쳐 내수규모가 일정 수준 도달하면 국내대체화를 하고, 국내대체화 과정에서 국내기업 간 경쟁을 통해 정태적 · 동태적 규모의 경제효과를 높여 국제경쟁력을 확보하고 수출화로 이어졌다. 이는 다시 소비재산업에서 자본재산업으로 전개되었고, 자본재산업도 조잡품부터 점차 정공품으로 발전하였다. 즉 한국은 외형상 비슷한 구조지만 외부로부터 침투되기 쉬운 구조다. 일본의 낮은 무역의존도와 한국의 높은 무역의존도가 여기에서 비롯한다.

2) 재벌 형성의 역사적 배경

한국기업의 성장사는 수백 년의 역사를 갖고 있는 서구 기업과 달리 반세기 정도의 짧은 역사를 갖고 있다. 한국경제가 압축성장했듯이 시장경제에서 주도적 역할을 하는 기업 역시 마찬가지였다. 한국기업의 성장사는 대체적으로 기반형성기(1955~1970), 고도성장기(1971~1987), 전환기(1988~1997), 그리고 '1997년 위기' 후 재도약기(1998~현재) 등으로 구분할 수 있다. 첫 번째 시기는 생필품 제조, 건설, 무역업 등이 발전하기 시작했으나 삼백(三白)산업이 주류를 이룰 정도로 산업구조가 취약하였고, 한국기업들이 수입대체 및 수출산업으로 진출하기 시작한 시기였다. 두 번째 시기는 중화학공업과 수출드라이브정책으로 대기업집단 주도로 경제가 급성장한 시기로, 예를 들어 상위 6대 기업의 연간 매출액이 중화학공업화를 선언한 해였던 1973년 4,000억 원에서 1980년에 14조 7,000억 원으로 약 37배가 증가하였고, 계열사 수도 116개에서 308개로 거의 세 배나 증가하였다. 한국 재벌의 부정적 특징들로 종종 거론되는 대규모 차입경영이나 전방위적 사업다각화가 한국경제와 기업의 고도성장이 있었던 이 시기에 진행되었다. 세 번째 시기는 대내적으로는 민주화운동으로 기업과 정부의 관계가 재정립되고, 노동운동의 활성화로 저임금체제가 종식되어 기업의 자본비용이 급등하였고, 대외적으로는 무역자유화 정책으로 시장이 개방되면서 기업들의 수익성이 저하되고 국제경쟁력이 약화되면서 기업의 경영패러다임에 변화가 발생한 시기였다. 네 번째 시기는 1997년 위기로 30대 기업집단 중 절반이 몰락할 정도로 위기를 겪은 시기이고 그 위기의 극복과정이 현재까지 진행되는 시기다.

한국주식회사가 한국전쟁 이후에 출범을 하였으나 한국 재벌기업 출현의 결정적 배경이 된 해방 이후 '귀속재산(歸屬財産)'의 배분을 짚고 넘어가지 않을 수가 없다. 해방 후 당시 한국 내에 있던 일본의 모든 공유 및 사유재산은 미군사정부에 의해 몰수되었으며, 이것은 다시 대한민국 정부수립 뒤 1948년 9월 11일에 체결된 협정에 의거하여 대한민국 정부에 이양되었다. 대한민국 정부와 미국 정부 간에 체결된 '재정 및 재산에 관한 협정' 제5조의 규정에 의하여 대한민국 정부에 이양된 일체의 재산을 '귀속재산'이라 한다. 따라서 귀속재산을 획득할 수 있는가의 여부가 초기 자본조달이 가능했는가 여부를 결정하는 중요한 기준이 되었다.

재벌의 부의 축적은 또한 미국 및 국제사회의 원조와 외국상품의 수입권을 누가 획득하였는가에 의하여 결정되었다. 외국의 원조나 수입권에는 환율 면에서 그리고 판매 · 배급 면에서의 독점권이 주어지기 때문에 그러한 권한을 얻은 기업이 그대로 이익을 보게 되었다. 참고로 해방 이후 1960년대 초까지 진행된 원조는 크게 미국과 유엔의 원조로 구분된다. 미국의 원조는 미군정이 실시된 1945년 9월부터 1950년 6월 한국전쟁이 발발할 때까지 정치적 혼란과 민생고를 해결하기 위한 긴급구호의 성격의 소비재 원조, 한국전쟁 3년간 이루어진 전쟁물자 중심의 군사원조, 1953년 7월 휴전 이후 1960년대 초까지 전재(戰災) 복구와 전후 재건을 위한 경제부흥원조 등 약 38억 6,620만(1960년까지는 총 23억 8,110만) 달러가 이루어졌다. 여기에 1949년부터 1960년까지 진행된 유엔의 원조 5억 7,940만 달러를 합치면 총 44억 4,560만 달러의 원조가 이루어졌다. 이때까지 재벌의 부의 축적은 4 · 19혁명과 5 · 16군사쿠데타 이후 '부정축재환수법'의 제정이 보여 주듯이 기본적으로 '정경유착'에 의한 것이었고, 정당성을 확보하지 못한 것이었다.

미국의 원조를 지렛대로 운영되어 오던 한국경제는 1950년대 말에 이르러 근본적인 방향 전환이 불가피해졌다. 미국의 원조규모가 감축되고 무상원조가 (유상베이스) 차관으로 전환되면서 당시까지 무상원조에 맡겨져 온 경제운용방식의 변경이 필요했다. 즉 소비재 중심의 무상원조경제하에서는 정부가 경제에 개입하지 않고 경제운용을 시장에 맡겨도 큰 문제가 발생하지 않았던 반면, 차관 원리금의 상환을 위해서는 경제의 계획적 운영이 불가피해졌고 이는 정부의 중장기 경제개발계획의 수립과 추진으로 나타난다. 즉 원리금 상환용 외환을 벌기 위한 수출 확대가 불가피하게 됨에 따라 수출과 관련한 산업에 대한 지원이 활발해졌다. 이를 구체적으로 살펴보면 다음과 같다. 1960년대 이후 한국의 급속한 공업화는 정부의 선별적 산업육성정책에서 이루어졌다. 금융지원으로 특혜금리와 신용보조가 있고, 재정지원으로 조세감면, 특별상각, 관세감면이 있고, 요소지원으로 용지나 시설물의 지원을 하였다.

특히 원화 및 외화 자금의 배분과정에 대한 통제는 이 시기 정부의 산업정책을 수행하는 데 있어서 중요한 수단으로 사용되었다. 첫째, 국가의 원화 자금의 배분과정에 대한 통제는 산업정책의 목적을 달성하기 위하여 국가가 은행의 신용배분에 강력히 개입했다. 예를 들어, 1960년대 박정희 정부는 수출 경공업 육성을 내세워서 일부 부문에 자금을 집중하였는데 1964년에는 특혜금융 편타대출(便他貸出)문제가 제기되기도 하였다. 즉 1964년 8월 말 현재 거액대출 현황을 보면 판본방적 55억 5,000만 원을 비롯하여 삼호방직 37억 2,000만 원, 화신산업 31억 5,000만 원, 금성방직 26억 원, 삼성물산계 8억 2,000만 원 등 9개 그룹에 176억 4,000만 원이 대출되었다. 이것은 당시 화폐발행고 214억 원의 82%, 일반금융기관 대출잔액 462억 원의 약 40%를 점하는 규모였다. 당시 물가가 35%나 상승하였고, 사채금리는 월 3~4%인데 은행대출 금리는 연 16%에 불과했으므로 은행대출은 큰 특혜였다. 인플레이션 속의 편중대출로 인해 중소기업과 농촌부문이 자금회수대상이 되었다. 금융특혜 시비는 1965년 금리자유화를 촉진하는 자극제가 되었다.

> **편타대출(便他貸出)** 편타란 타점권의 교환결제 전 지급을 약칭한 것으로서 타금융기관을 지급 은행으로 한 수표를 받은 금융기관이 어음의 교환결제기구를 통하여 그 대금이 추심되기 이전에 거래선의 지급요구에 응해 주는 금융행위를 말한다.

당시 금융시장이나 금융회사란 게 정말 보잘 것 없었다. 은행이 있긴 했지만 정부 통제대로 움직이는 허수아비였다. 정부가 제도금융권의 돈줄과 금리를 직접 쥐고 흔들어 댄 소위 '관치금융'시대였다. 국가의 금융시장 개입의 절정판이 1972년 '8 · 3 사채동결조치'다. '8 · 3 조치'의 목적은 기업을 사채의 중압에서 해방시키고 특별지원금융을 베풀어 줌으로써 기업의 취약한 재무구조를 개선하고 금리인하를 통하여 생산비 절감을 유도하며 인플레이션 압력을 제거하고 금융질서를 시정하는 것이었다. 당시 은행 문턱이 너무 높아 개인은 물론 대다수 기업이 사금융에 의존해 필요한 돈을 끌어 쓸 수밖에 없었다. "고물 삽니다. 채권 삽니다." 광복 후 1970년대 말까지 전국 어디서나 흔히 들을 수 있었던 소리였다. 엿장수들이 고물을 사들이면서 채권까지 수집했다. 그러다 보니 채권값(채권금리)이란 게 엿장수 마음대로였다 액면단위가 낮은 채권들은 무게를 달아 거래되기도 했다.

1970년대 초 기업들이 "살인적인 고금리 때문에 다 죽겠다"며 정부에 특단의 대책을 요청했고, 박정희 정권은 재계의 요구를 받아들여 1972년 8월 2일 오후 11시 40분에 "기업들이 안고 있는 사채를 일정 기간 갚지 않아도 되며(3년 거치 5년 분할상환), 금리도 시중 실세금리의 1/4인 월 1.35%만 내도록 한다"는 '대통령 긴급명령'을 전격 발표했다. 당시 사채평균이자는 월 3.5%였다. 단 소액사채권자의 사채는 예외로 다루었다. 정부는 아울러 사금융을 활성화하겠다며 '단기금융업법' '상호신용금고법' '신용협동조합법' 등 3개의 법을 만들었는데 (후에 종금사로 전환한) 단자회사와 신용금고와 신협 등이 탄생한 배경이다. '8 · 3조치'의 결과 사채조정의 내용을 보면 1972년 8월 2일 현재의 기업채무를 8월 3일부터 8월 9일까지 관할 세무서와 금융기관에 신고토록 하고 이에 응하지 않는 경우 사채의 변제를 금지하도록 했다. 신고접수를 마감한 결과 채권자의 신고가 21만 906건, 3,571억 원, 채무기업의 신고가 4만 677건 3,456억 원에 이르렀는데 신고금액은 당시 통화의 거의 90%에 이르는 거액이었다. 이와 동시에 한국은행이 제공한 저리(연 5.5%)의 특별금융자금(2,000억 원)으로 기업의 단기대출금 잔액의 30% 해당액을 연 8%의 이자, 3년 거치 5년 분할 상환의 장기대출로 전환해 주는 특별금융조치가 취해졌고, 합리화 대상산업에 대하여는 산업은행이 장기저리의 산업합리화자금을 공급했다. 그러나 만성적인 자금 부족과 공금리 통제가 이어지는 상황에서 사금융은 다시 활개쳤고, '장영자 · 이철희 거액 어음사기사건(1982)'이나 '김철호사건(1983)' 등 1980년대 초 금융사건도 이러한 배경에서 비롯한 것이었다.

둘째, 국가의 외화자금의 배분과정에 대한 통제 역시 마찬가지였다. 1960년대에는 투자재원 조달의 40% 이상을 외채에 의존하였고, 1962년부터 1971년까지 도입된 공공차관과 상업차관의 합계는 24억 5,000만 달러에 달했다. 차관도입이 가장 많았던 1971년에는 차관액이 국내 총고정자본형성의 35.8%, GNP의 7.8%에 달하였다. 그 결과 GNP 대비 외채비율은 1965년 7%에서 1967년 14%, 1971년에는 30%로 높아졌다. 1972~1979년에는 125억 5,000만 달러의 차관이 도입되었다. 기간 중 차관도입액은

GNP의 5%를 상회했다.[19] 외자도입은 국내이자율보다 싼 금리와 환율의 차이에서 오는 이익뿐만 아니라 정부의 지급보증도 받는 이중적 특혜였다. 1960년대의 일반은행 대출금리는 17.5~26.0% 수준이었지만 외자금리는 5.6~7.1%에 불과했다. 1969년 말 기준으로 차관을 가장 많이 받았던 쌍용(1.5억 달러), 럭키(1.23억 달러)는 1960년대 초에는 10대 재벌에 들지 못했으나 1970년대 초에는 새로운 10대 재벌로 성장했다.

이처럼 국내은행의 신용과 해외자본을 장악하였던 국가는 기업에게 낮은 비용으로 자본을 이용할 수 있게 해줌으로써 1960년대와 1970년대 동안 연평균 각각 15%와 35% 이상의 높은 자본투입 증가율이 가능하였다. 1963~1990년 동안 시장가격을 기준으로 GDP가 9.6배 증가하기 위해 노동투입은 3.7배의 증가가 있었던 반면 (비주거용) 자본스톡은 20.8배의 증가가 있었다. 저렴한 노동력이 풍부하고 자본축적이 결여된 저개발국가에서 자원이 시장에 의해 배분되었다면 불가능한 일이었다. 즉 국가의 금융개입의 결과 임금에 비해 자본조달의 비용은 상대적으로 하락하였고, 그 결과 수출 부문을 자본집약적으로 만들어 규모의 수익증대를 가능케 하였기 때문이었다. 예를 들어, '임금/자본임대료' 비율은 1962~1975년 동안 3.4배가 증가했다. 정부의 보조금과 기업에 맞춰진 저이자율정책으로 자본의 임대료는 시장가격 밑으로 하락했고 그 결과 시장은 자본집약적 부문에 유리하게 구성되었기 때문이다. 또한, 실증연구는 1960년대와 1970년대의 높은 수출 신장률이 일반대출금과 수출대부금 간의 이자율 차이와 밀접한 관련을 맺고 있음을 보여 준다. 즉 연평균 40.3%의 수출 증가를 기록하였던 1961~1965년 동안 양자의 이자율 차이는 8.9%였고, 연평균 37.7%의 수출증가율을 기록하였던 1966~1972년 동안은 17.1%, 그리고 연평균 35.1%의 수출증가율을 기록한 1973~1981년 동안은 7.6%였다.

수출 증대와 산업구조의 고도화를 통한 경제개발은 1979년에 경제협력개발기구(OECD)가 '충격(*The Impacts of the Newly Industrializing*

19) 경제기획원, 『한국경제주요지표』, 1983.

Countries on Production and Trade in Manufacturing)'으로 표현할 정도로 성공적인 것이었다. 반면 이 과정에서 재벌들은 수출산업에 특화하면서 정부의 지원을 받아냈고, 중화학투자는 정부가 보증하는 것이기 때문에 무리한 것임을 알면서도 이에 참여하게 되고, 이에 참여한 기업은 오늘날 재벌의 위치에 오르게 되었다. 즉 박정희 대통령은 1973년 1월 '중화학공업화 선언'으로 방위산업에 속하는 철강, 기계, 조선, 정유, 전자, 비철금속 등 주요 6개 산업을 정책적으로 육성하고자 하였다. 지원대상 산업 부문에 배정된 자금이 다른 용도로 전용되지 않도록 방지하기 위하여 정책금융과 여신관리제도를 도입하였다. 그러나 이 과정에서 정책금융과 여신관리 등의 수단을 통하여 정경유착에 의한 재벌육성이 이루어졌다.

한편, 중화학공업은 재벌그룹으로서는 지속적인 성장과 발전을 위해서는 반드시 진출해야 할 분야이었으나 당시까지 한국기업의 주력사업 분야였던 경공업과 비교할 수 없을 정도로 대규모 자본을 요구였을 뿐만 아니라 기술축적도 결여하고 있었기 때문에 쉽게 새로운 사업을 결정하기는 어려운 것이었다. 이에 정부로부터 보조금, 융자 지원, 조세 감면, 단지조성 등과 같은 막대한 지원을 전제로 재벌기업들은 정부가 제시한 육성계획 중 자기그룹에 적합한 부문을 선택하여 앞 다투어 중화학 부문에 진출하였다. 예로 삼성그룹은 삼성석유화학, 삼성중공업, 삼성조선, 삼성코닝 등을 설립하고 한국반도체, 한국전자통신, 대성중공업 등을 인수하였다. 현대재벌은 현대건설에서 현대중공업이 분리 독립하고, 현대미포조선, 대한알루미늄, 현대강관, 현대엔진공업, 현대정공, 현대중전기 등을 설립하였다. 럭키금성그룹은 금성사를 주축으로 전자산업 분야에 적극 참여하게 되는데 금성자판기, 금성정밀, 금성통신, 금성계전, 서통전기, 삼우특수금속, 대한반도체 등을 설립하거나 인수했다. 대우그룹은 신아조선공업, 새한자동차에 경영참가하고 제철화학, 대우전자, 대우ITT, 대우기계, 대우마르코 풍국정유, 한국기계 등을 설립하거나 인수하였고, 선경그룹의 경우는 대한석유공사를 인수함으로서 사세가 급성장했다. 8대 재벌의 매출액은 1973년 4,790억 원에서 1980년에는 16조 8,550억 원으로 7년간 30배, 연평균

67.9%로 크게 증가하였다. 재벌 위주로의 투자는 세계경제의 침체 속에서 과잉중복투자의 문제로 나타났다. 정부는 1980년대 중화학 투자조정과 부실기업 정리 과정에서도 부실기업 인수업체에 대해여 상환유예, 신규대출, 조세감면 등의 혜택을 부여하였다. 이러한 혜택은 1986년 경상수지 흑자전환 시까지 계속되었다.

그렇지만 재벌은 정부의 지원에 의해 성장한 것만은 아니었다. 예를 들어, 정부가 제공하는 외자배분, 금융 및 세제 지원 등의 혜택은 대체적으로 수출에 성공하는 기업들에 집중됐다. 독점에 입각한 확장이 아니라 수출시장에서 경쟁을 통한 확장이 요구된 것이다. 이 과정에서 구 재벌이 몰락하고 신흥재벌이 등장했다. 1965~1985년 중의 10대 재벌의 변화를 보면 1965~1975년에는 10개 중 3개만이 10대에 남아 있는 반면 1975~1985년의 기간 중에는 10대 중 8개가 10대에 남아 있다. 이처럼 1960년대 이후 한국 재벌의 자본축적 과정에서도 정경유착이라는 부정적 측면이 해소되지 않았음에도 불구하고 경제개발의 '성공'과 비례하여 성공의 주역 중 하나였던 재벌의 부의 축적에 대한 평가는 복잡해진다. 즉 1960년대 이후 한국경제에 대한 재벌의 긍정적 기여는 재벌의 확장능력과 국민경제 발전을 연결시킬 수 있는 정책적 환경이 조성되었기 때문에 가능하였다. 이런 점에서 한국 재벌의 이중성은 분단체제와 민주주의 결여 등에서 비롯한 정치실패(정경유착)와 '정부정책'의 유효성(시장실패)이라는 이중성의 다른 표현이기도 하다.

요약하면, 한국경제의 고도성장과 재벌의 성장 과정을 보면 경제학 교과서가 묘사하는 시장의 원리만이 작동한 것이 아니었다. 앞에서 보았듯이 국가는 자본을 창출하는 역할을 충실히 수행했다. 특히 박정희 정권은 거시적 경제운영뿐만 아니라 미시적 산업구조 개편까지 정부가 주도하여 관리하였다. 당시 경제수석 비서관 오원철은 이것을 '경제건설의 공학적 접근(Engineering Approach to Economic Construction)' '국가적 계획경제 체제' 또는 '한국경제 주식회사체제'로 불렀다. 국가가 목표를 제시하고, 목표달성을 위한 방법론을 선택하며, 시기별 계획을 세우며, 외국의 경험과 지식이 도입하여 더욱 세부계획을 세우고, 기업을 주체로 하여 경제계획의 실천을 강행토록 하였다. 정부에서 계획한 일을 기업가에게 실천시키려면 기업가에게 이윤이 보장되어야 했고, 이를 위해 박정희 정권은 산업단지 제공, 저리 장기상환 조건의 특혜금융, 관세와 내국세의 감면, 독점의 조장과 수입금지정책, 공업용 사회간접자본 건설, 기술자와 기능공 양성, 기업가와 근로자의 사기 진작 등 재벌을 육성하기 위한 지원조치들을 강구했다.[20)]

이러한 조건에서는 정치권력과 가까운 것이 기업성장의 결정적 요소였다. 특히 1960, 1970년대는 정부가 자원배분을 주도하던 시기였으므로 정치권, 행정부, 재벌 간의 위계질서가 분명하여 단연코 1위는 정치권력, 2위 행정부, 3위 재벌 순이었다. 기업들은 직접적 이익을 기대하고 정치권력에 자금을 제공하고 반대급부로 특혜를 받는 경우가 일반적이었다. 이러한 관행은 재벌 간의 우열구조와 순위에 큰 변화를 줄 수 있었으며, 권력과 긴밀한 관계를 유지할 수 있었던 재벌은 계속 성장했으나 그렇지 못한 재벌은 뒤떨어졌다. 즉 박정희 정권하에서는 외자도입, 특혜금융, 8 · 3조치, 중화학공업 육성 등을 통하여 재벌을 육성했고, 정권은 재벌 육성의 대가로 대규모 정부사업 발주에서 일정비율을 정치자금으로 받았고, 외국차관도입에서도 정치자금을 받았다. 처음에는 차관이 들어오기도 전에 정치자금을 떼는 것이 관행이었다가 후에는 차관을 도입하여 이익을 내면 정치자금을 바치는 식으로 바뀌었다. 당시 정부는 부정축재 처리로 시중은행을 국유화하여 완전한 통제권을 소유하고 있었고, 차관도입과 관련한 정부의 보증, 기술도입에 있어서 정부의 인허가 등으로 자원배분권 및 기술도입허가권을 장악, 기업에 대한 절대적 우위를 점하고 있었다. 정부는 단기간 내에 공업화를 이룩하기 위하여 차관, 정부의 재정투융자, 기술도입 허가 등의 특혜를 대기업을 중심으로 재벌 편중의 성장정책을 전개하였다. 특히 제3, 4차 경제개발계획(1972~1981) 과정에서 추진된 중화학공업정책은 재벌그

20) 오원철, 『한국형 경제건설』, 기아경제연구소, 1996, 제3권 12장.

룹의 위치를 확고하게 해주었고 자체 성장을 위한 완벽한 구색을 갖추어준 계기가 되었다.

전두환 정권 아래서 정경유착은 기본적으로 박정희 정권하의 그것과 동일한 행태를 보였다. 대표적으로 1980년대 초에 시행한 중화학투자조정이나 1986~1988년에 5차에 걸친 부실기업 정리 등은 불황을 극복하기 위한 것이었으나 이 과정에서 재벌과 권력의 유착관계가 더욱 심하게 작용했다. 첫째, 발전설비 분야를 한국중공업에 일원화한 것을 제외하고는 자동차 분야는 1980년 8월 20일의 1차 조치에서는 승용차가 일원화되었다가 GM의 반대로 통합이 백지화되었다. 중전기기 분야는 효성중공업과 현대중전기로 이원화되었다. 디젤엔진 분야는 현대엔진과 쌍용중공업, 대우중공업 이외에 신규참여를 금지하고 엔진의 용량별로 생산영역을 분할하였다. 전자교환기는 네 개 업체에서 삼성반도체통신과 금성반도체로 이원화되었다. 둘째, 기업을 인수하면 웃돈을 얹어 주는 것이 원칙인데도 부실기업 정리 때는 오히려 거꾸로 관리은행(사실상 정부)이 종자돈을 지원해 주고 이자 및 부채를 탕감해 주고 장기분할상환을 허용하는 등 각종 특혜를 제공했다. 5공화국시절에 정리된 부실기업은 모두 78개 업체로 이 가운데 70개 기업에 금융 및 세금 특혜가 제공되었고, 정부는 이를 위해 조세감면규제법까지 대폭 개정했다. 개별 정리된 57개 기업에 대해 4조 1,947억 원의 이자가 유예 또는 탕감되었으며, 9,863억 원의 원금이 면제되고 4,608억 원이 종자돈으로 지원되었다. 그리고 정리된 57개 기업 가운데 51개 기업은 제3자에게 인수되었는데 26개가 30대 재벌에 의해 인수되었다. 6개 해운합리화 대상업체는 7,942억 원의 은행대출이 상환 유예되었고, 7개 해외건설 합리화업체에는 4,611억 원의 이자 및 원금 상환 유예 등의 특혜가 제공되었다. 부실기업과 인수기업이 받은 조세감면 혜택은 총 2,411억 원에 달했고, 부실기업을 보유했던 은행에는 1조 7,220억 원의 특별융자가 한국은행으로부터 지원되었다. 이처럼 재벌과 정치권력과의 관계, 정부의 경제개발정책에의 관여의 강약은 재벌의 부침에 많은 영향을 미쳤다.

3) 재벌에 대한 사회적 평가 : 공정거래법을 중심으로

우리나라는 개발연대에 있어서 고도의 경제성장을 목표로 특정기업 및 산업에 대해서만 집중적으로 지원하는 이른바 불균형개발정책을 시행함으로써 고도경제성장이라는 정책목표를 달성시켰다. 그리고 이 과정에서 재벌 역시 한 축을 담당하였다. 경제성장 과정에서 재벌의 역할에도 불구하고, 앞에서 살펴보았듯이 재벌의 부의 축적과정은 긍정적 평가를 받지 못하는 게 사실이다. 예를 들어, 한국의 재벌은 미국이나 유럽의 부자, 심지어 일본의 재벌이나 부자와 비교된다. 후자들은 그 사회에서 존경받는 경향이 있는데 우리 사회에서 재벌에 대한 평가는 부정적이고 냉소적이다. 즉 우리에게 재벌은 교활, 부정부패, 돈세탁 등으로 얼룩진, 서민들에게 멸시적이고 부도덕한 이미지로 떠오르지만, 일본의 경우 다수의 보통 일본인들에게 가전제품을 생산한 마쓰시타 재벌의 창업주 마쓰시타 고노스케(1894~1989)나 전후 소비 붐의 상징이 된 자동차를 만들어 준 혼다 소이치로(1906~1991) 등 일각의 기업인들은 '국민 스타'가 되어 있다.

2001년에 한국경제학회가 일반인(1,011명), 대학생(833명), 경제학과 교수(220명) 및 기업 인사담당자(43명), 신입사원(107명) 등 다섯 개 집단을 대상으로 '우리는 기업을 어떻게 보는가'란 주제로 조사한 결과를 보면 일반 국민은 정경유착과 족벌경영이 마음에 들지 않고 도덕성이 부족하다는 이유를 들어 대기업과 기업가를 좋아하지 않는 것으로 나타났다. 반면 기업이나 기업가 모두에게 호감을 갖고 있는 것으로 나타난 경제학과 교수들은 이에 대해 일반국민들이 기업에 대해 오해와 불신이 강하다고 평가한다. 그러나 사실은 일반인들이 정확히 인식하고 있고, 경제학자들이 착각을 하고 있는 것이다. 대부분 경제학자가 외국에서 공부한 이유로 선진국에서의 기업인에 대한 평가를 우리 기업인도 당연히 받아야 하는 것으로 착각하고 있는 것이다. 이는 한국 기업인들이 드라마까지 이용하면서 아무리 자신들을 '애국자'로 부각시키고 그들이 말하는 '반기업 정서'를 해소하려 노력해도 그들이 '한국의 마쓰시타'나 '한국의 혼다'가 되지 않는 이유를 간과하는 것이다.

이처럼 재벌의 부의 축적에 대한 부정적 평가와 더불어 재벌 중심의 경제성장으로 인한 경제력 집중, 그리고 대주주(Owner) 중심의 외형확장주의의 선단식(船團式) 경영방식에 따른 중복 · 과잉투자 및 기업집단의 전문성 결여에 따른 경제적 비효율성은 재벌에 대한 규제의 근거가 되고 있다. 재벌에 대한 규제를 나타내는 대표적 제도가 소위 '공정거래법(독점규제및공정거래에관한법률)'이다. 우리나라 공정거래정책은 1975년 당시 시행되고 있던 '물가안정에 관한 법률'을 입법화하면서 출범하였지만, 당시까지 경제력집중 억제정책은 이에 포함되지 않았다가 1986년 말 공정거래법 1차 개정 시 도입되었다. 이때에 지주회사설립금지, 대규모 기업집단 지정, 채무보증제한, 상호출자금지, 출자총액제한, 금융 · 보험회사의 의결권제한 등 경제력 집중억제 시책의 기본적 틀이 형성되었다. 즉 재벌이라고 불리는 '대규모 기업집단'은 1986년 1차 공정거래법 개정 시 경제력집중 억제시책의 일환으로 도입된 개념으로 도입 당시에는 지정기준이 자산총액 4,000억 원 이상이었으나 1992년부터 동일한 지배관계하에 있는 회사들, 즉 동일기업집단 소속 국내계열회사들의 총자산액(금융 및 보험회사는 자본금 또는 자기자본 중 큰 금액으로 계산) 합계액의 순위가 1위부터 30위까지의 순위 기준으로 변경되었다. 그러나 2001년 말 법 개정을 통해 '30대 기업집단' 지정제도를 폐지하고 형태별 규율방식으로 전환하여 출자총액제한, 상호출자제한 및 채무보증제한 대상 기업집단을 별도로 규정하였다. 그리하여 출자총액제한 기업집단은 자산총액 합계액의 5조 원 이상, 상호출자제한 기업집단 및 채무보증제한 기업집단은 자산총액 합계액이 2조 원 이상으로 규정하였다.

현재 공정거래위원회는 공정거래법 제14조 제1항의 규정에 의하여 매년 1회 기업집단을 지정하고 각 상호출자제한 기업집단, 출자총액제한 기업집단, 채무보증제한 기업집단에 속하는 회사에 이를 통지한다. 일정한 규모의 기업집단을 대상으로 각종 제한을 가하는 것은 자산규모가 상당히 큰 기업집단이 공정하고 자유로운 경쟁에 의하여 발전하는 것은 문제되지 않겠지만, 막강한 경제력을 이용하여 계열사 확장을 꾀하고 이를 통해 더욱 경제력을 집중시키는 것은 국민경제의 균형 있는 발전을 저해할 가능성이 높다는 논리에 기반하고 있다. 이 밖에도 출자총액제한제도는 대다수 주주들의 권익을 보호하기 위해, 그리고 금융사 의결권제한은 예금자들이 재벌총수의 경영권을 확대하는 데 이용되는 것을 제한하는 장치로서 의미를 부여한다. 이상의 내용들을 구체적으로 살펴보면 다음과 같다.

첫째, 지주회사란 기업결합의 한 형태로서 트러스트나 카르텔보다는 강고한 결합이며 합병과 달리 간접적 결합이다. 현행 공정거래법 제2조에서 지주회사는 주식(지분을 포함)의 소유를 통하여 국내회사의 사업내용을 지배하는 것을 주된 사업으로 하는 회사로서 자산총액이 대통령령이 정하는 금액 이상인 회사를 말한다. 지주회사에는 순수지주회사와 사업지주회사가 있으며, 순수지주회사란 주식을 소유함으로써 타기업 사업활동의 지배를 주된 사업으로 하는 지주회사를 말하고, 사업지주회사란 자기사업을 영위하면서 부차적으로 타기업 사업활동을 지배하는 지주회사를 말한다. 여기서 "자산총액이 대통령령이 정하는 금액 이상인 회사"라 함은 직전 사업연도 종료일 현재의 대차대조표상의 자산총액이 1,000억 원 이상인 회사를 말한다고 규정되어 있다(시행령 제2조). 주된 사업의 기준은 회사가 소유하고 있는 자회사의 주식(지분)을 포함한다. 공정거래법에서의 지주회사란 순수지주회사를 의미한다. 사실, 공정거래법상의 지주회사 금지규정은 1997년 개정 전 일본의 독점금지법 제9조를 모방한 것으로서, 구미 등 나라에서는 그 예가 거의 없다. 더욱이 1997년 일본에서, 제한적이긴 하지만 우리가 모방했던 지주회사 금지에 관한 조문을 전면 개정함으로써 전 세계적으로 지주회사 형태를 금지하고 있는 곳은 우리나라 밖에 없었다. 1999년 4월, 당시 IMF 경제위기를 조속히 극복하기 위해 지주회사가 가지는 순기능을 충분히 활용할 수 있도록 하기 위하여 일정한 요건하에서 그 설립을 제한적으로 허용하게 된 것이다. 이는 외국인과의 합작지주회사의 설립을 통한 외자유치, 비주력 사업부문의 분리 · 매각 등 원활한 기업구조조정의 지원을 위함이었다.

공정거래법에 따르면 지주회사를 설립하거나 지주회사로 전환한 자는 대통령령이 정하는 바에 의하여 공정거래위원회에 신고하여야 한다(제8조). 그리고 지주회사는 자본총액을 초과하는 부채액을 보유하는 행위,[21] 계열회사(자회사)가 아닌 국내회사의 주식을 당해 회사 발행주식 총수의 100분의 5를 초과하여 소유하는 행위, 금융업 또는 보험업을 영위하는 자회사의 주식을 소유하는 지주회사('금융지주회사')인 경우 금융업 또는 보험업을 영위하는 회사(금융업 또는 보험업과 밀접한 관련이 있는 등 대통령령이 정하는 기준에 해당하는 회사를 포함)외의 국내회사의 주식을 소유하는 행위,[22] 금융지주회사 외의 지주회사('일반지주회사')인 경우 금융업 또는 보험업을 영위하는 국내회사의 주식을 소유하는 행위,[23] 일반지주회사의 경우 사업 관련 손자회사의 주식을 당해 사업 관련 손자회사 발행주식 총수의 100분의 50(그 사업 관련 손자회사가 증권거래법의 규정에 의한 주권상장법인 또는 협회등록법인이거나 공동출자법인인 경우에는 100분의 30) 미만으로 소유하는 행위 및 사업 관련 손자회사가 아닌 국내계열회사의 주식을 소유하는 행위 등을 금지한다. 이처럼 2005년 개정된 법에서 지주회사 설립 및 운용 조건을 과거보다 완화하였으나 지주회사체제의 투명성을 강화하는 등 정부는 지주회사가 소액 자본으로 경제력을 집중하는 데 악용할 수 있다는 점을 걱정, 그 설립과 운용에 대해 여전히 엄격한 제한을 가하고 있다.

둘째, 채무보증제한제도란 공정거래위원회가 지정하는 기업집단에 속한 계열사가 그룹 내 다른 계열사에 대해 채무보증을 서지 못하도록 하는 것

---

21) 다만 지주회사로 전환하거나 설립될 당시에 자본총액을 초과하는 부채액을 보유하고 있는 때에는 지주회사로 전환하거나 설립된 날부터 2년간은 자본총액을 초과하는 부채액을 보유할 수 있다.

22) 다만 금융지주회사로 전환하거나 설립될 당시에 금융업 또는 보험업을 영위하는 회사 외의 국내회사 주식을 소유하고 있는 때에는 금융지주회사로 전환하거나 설립된 날부터 2년간은 그 국내회사의 주식을 소유할 수 있다.

23) 다만 일반지주회사로 전환하거나 설립될 당시에 금융업 또는 보험업을 영위하는 국내회사의 주식을 소유하고 있는 때에는 일반지주회사로 전환하거나 설립된 날부터 2년간은 그 국내회사의 주식을 소유할 수 있다.

을 말한다. 2005년 4월 1일 기준 자산규모 2조 원 이상인 채무보증제한 기업집단은 55개이다. 채무보증을 제한하는 이유는, 계열사 간에 거미줄처럼 얽혀 있는 채무보증이 경제력 집중과 연쇄도산의 원인이 되는 것은 물론 구조조정과 외자유치의 장애물이 되기 때문이다. 계열사의 보증에 따른 폐해는 크게 세 가지가 있다. 첫째는 대규모 기업집단에 속하는 회사는 경쟁력이 없는 회사임에도 불구하고 채무보증을 통해 용이하게 자금을 차입할 수 있어 자금시장에 있어 독립기업, 특히 중소기업과의 공정한 경쟁을 저해하고 여신 접근기회를 제약함으로써 대기업집단으로의 여신 편중문제를 야기하고, 둘째는 채무보증을 통한 계열관계의 공고화를 통해 선단식 경영구조가 고착화되고, 채무보증관계가 한계부실기업의 퇴출장벽으로 작용하여 원활한 기업구조조정의 걸림돌이 될 뿐 아니라 일부 계열회사의 부실경영이 그룹 전체로 파급됨으로써 연쇄도산을 초래하여 국민경제에 막대한 피해를 야기하고, 채무보증을 통한 경쟁력 없는 기업의 적정수준 이상의 차입은 금융기관에게 부실채권을 발생시킴으로써 금융기관의 부실화를 심화시켜 국민경제 전체의 위기로 확산되는 주요인이 될 수 있다. 이처럼 계열회사 간 채무보증은 대기업집단으로의 편중여신을 초래하여 상호출자와 함께 경제력집중을 심화시키는 주요인으로 지적받아 왔다. 공정거래법 제10조의2에 따르면 일정규모 이상의 자산총액 등 대통령령이 정하는 기준에 해당되어 제14조(상호출자제한 기업집단 등의 지정) 제1항의 규정에 따라 지정된 기업집단('채무보증제한 기업집단')에 속하는 회사(금융업 또는 보험업을 영위하는 회사는 제외)는 국내계열회사에 대하여 채무보증을 하여서는 아니 된다. 현재 자산 2조 원 이상 그룹 계열사 간에는 채무보증이 금지되어 있다.

셋째, 상호출자란 둘 이상의 회사 간에 상대회사의 주식을 보유함으로써 소유권의 전부 또는 일부를 상호보유하는 것을 말한다. 독점규제법은 상호출자제한 기업집단에 속하는 회사가 주식을 취득 또는 소유하고 있는 계열회사의 주식을 취득 또는 소유하는 것을 금지하고 있다. 기업 간의 주식의 상호보유(이른바 상호주보유)의 모습에는 직접적 상호보유(A↔B), 환상(環

狀)형 상호보유(A→B→C→D→A), 복합형 상호보유 등이 있다. 직접 상호주보유란 두 회사 간에 서로 상대방의 주식을 보유하는 것을 의미한다. 우리나라에서는 1982년에 개정된 증권거래법에서 상호출자를 최초로 규제하기 시작하였다. 당시에 상호출자를 규제하는 목적은 오로지 주식의 위장 분산을 막기 위한 것이었다. 그런데 이러한 상호출자는 주식의 위장 분산을 위한 수단으로 이용되는 데에 그치지 않고, 재벌의 계열 확장을 위한 수단으로 널리 이용되기 시작함에 따라, 정부는 재벌의 무리한 계열 확장을 억제하기 위하여 상호출자를 규제하기 시작하였다. 즉 상호출자는 기업의 자본충실을 저해하고, 회사지배권을 왜곡하고, 계열기업의 확장 수단 등이 되기 때문이다. 즉 상호주보유의 문제는 본질적으로 자기주식 취득이며 출자 없이 회사를 지배하는 수단이 되기 때문에 자본의 공동화를 초래하여 회사의 자본의 유지 및 충실의 원칙을 위반한다는 점에 있다. 특히 가공적 자본으로 자기자본을 늘려 금융기관의 자기자본 집중의 대출관행에서 연유한 더 많은 대출한도를 얻어 계열기업을 확장하는 수단으로 이용하거나 금융지배 수단으로 이용하는 한편 여신을 독점하여 중소기업에 돌아가는 금융자원을 잠식할 가능성이 높다는 점이다. 그리고 회사가 소유하는 주식의 의결권은 주식소유회사의 대표이사에 의해 행사되는데, 대표이사는 대규모 결합기업군의 경영자에 의해 선임되므로 기업군 경영자의 1인 지배가 가능해진다는 점이다. 마지막으로 상호출자는 주식의 위장 분산을 가능하게 하며 기업공개제도가 추구하는 자본시장의 육성이나 대기업주식의 다수 국민에의 분산이라는 대명제를 실추시키는 역할을 하게 한다. 이런 문제점으로 공정거래법 제9조에서는 일정규모 이상의 자산총액 등 대통령령이 정하는 기준에 해당되어 제14조(상호출자제한 기업집단 등의 지정) 제1항의 규정에 따라 지정된 기업집단(상호출자제한 기업집단)에 속하는 회사는 자기의 주식을 취득 또는 소유하고 있는 계열회사의 주식을 취득 또는 소유하여서는 아니 된다고 규정하여 상호출자제도를 금지시키고 있다. 구체적으로 상호출자제한 기업집단은 자산 2조 원 이상 그룹의 계열사 간 상호출자가 전면 금지된 기업집단이다.

2005년 4월 1일 기준 상호출자제한 기업집단은 55개다. 상호출자 · 채무보증제한 기업집단으로 지정된 대표적 기업집단(자산총액)의 계열사 수를 보면 삼성(107.62조)이 62개, 현대자동차(56.04조)가 28개, LG(50.88조)가 38개, SK(47.96)가 50개, 롯데(30.30조)가 41개, 한진(24.52조)가 23개, GS(18.72조)가 50개, 한화(16.22조)가 30개 등이다. 자산총액 기준으로 10대 기업집단에 속하면서 총수가 없는 상호출자 · 채무보증제한 기업집단(자산총액, 계열사 수)으로 한국전력공사(98.31조, 11개), 한국도로공사(32.38조, 3개), KT(29.32조, 12개), 포스코(25.71조, 17개), 대한주택공사(24.95조, 2개) 등이 있다.

넷째, 출자총액제한제도는 재벌이 계열사 간 순환출자로 가공자본을 만들어 과도한 지배력을 형성하는 폐해를 막기 위해 도입된 장치로 현재 자산규모 6조 원 이상 기업집단 소속회사가 순자산의 25%를 넘어 계열사 등 다른 회사 주식을 보유하는 것을 제한하는 "타회사 주식보유한도제"이다. 즉 이 제도에 따르면, 순자산 1,000억 원을 가지고 있는 대기업의 경우 5개의 계열사가 있을 때, 이 5개의 계열사에 출자하는 합계액이 순자산의 25%인 250억 원을 넘을 수 없다. 1987년 처음 도입 당시에 출자총액제한제도는 30대 대규모 기업집단 소속 계열사들을 모두 적용대상으로 했고 대신 출자총액 한도는 순자산의 40%까지 허용했다. 정부에서는 순자산에 대한 정의를 1987년 제도도입 시에는 '자본총액-계열사 출자분'으로 정의했으나 2002년 4월부터는 '자본총액 또는 자본금 중 큰 금액-계열사 출자분'으로 기준을 바꾸었다.

출자총액제한제도는 IMF 직후인 1998년 2월에 폐지되었다가 3년 후인 2001년 4월 1일부터 다시 부활되어 시행되고 있다. 1998년 일시적으로 폐지된 것은 외환위기 당시 국내기업들이 재무구조 등이 취약한 상태에서 외국기업에 무차별적으로 팔려 나가는 것을 방지하기 위한 것으로서 그룹 계열사 간의 순환출자 등을 묵시적으로 허용함으로써 국내 기업에 경영권 방어수단을 주기 위함이었다. 당시 시민단체 등은 재벌개혁이 대폭 후퇴하는 것이라고 정부를 공격했다. 시민단체 등이 우려했던 것처럼 출자총액제한

제도가 철폐되면서 30대 그룹의 출자총액비율은 계속 높아졌다. 1997년 4월 27.5%에 머물던 출자총액비율은 1998년 4월에는 29.85%, 1999년 4월에는 32.5%로 증가했다. 특히 5대 그룹의 출자총액비율이 크게 늘어나 1999년 4월 44.3%에서 2000년 4월에는 50.5%까지 치솟았다. 출자총액제한제도는 2001년 4월부터 다시 부활하면서 종전과 마찬가지로 30대 대규모 기업집단 소속 계열사들을 적용대상으로 했다. 한도는 1995년 당시 기업들에게 3년의 유예기간을 주어 조정하도록 했던 순자산의 25%로 이내로 정했다. 정부에서는 한도를 넘어선 초과출자분에 대해 1년의 조정기간을 주어 2002년 3월 말까지 모두 해소토록 했다. 2002년 4월 공정거래법이 개정되면서 30대 대규모 기업집단 지정제도는 폐지되고 대신 자산규모 5조 원 이상 기업집단을 출자총액제한 대상으로 지정했다. 그리고 2005년에 다시 기업의 자산총액기준을 5조 원에서 6조 원으로 상향 조정했다.

2005년 4월 1일 기준 출자총액제한 기업집단은 11개이다. 정부는 출자총액제한제도의 필요성으로 계열사 간 상호보조 · 부당 내부거래 등을 통한 독과점 시장구조 및 진입장벽 구축 등 공정한 시장경쟁질서의 왜곡 방지, 집단 내 계열사의 부당지원을 받는 기업과 독립 중소 · 중견기업과의 불공정한 경쟁의 차단, 한 계열사의 부실이 다른 계열사로 연쇄 파급되는 기업집단 전체의 동반부실화 및 채권 · 금융시장까지도 마비시킬 수 있는 시스템리스크의 예방, 소수주주권 보호를 위하여 지배주주의 실제 출자지분 이상의 과도한 지배권 남용 및 사익추구의 방지 등을 지적하고 있다. 공정거래법 제10조의 규정에서는 자산총액 · 재무구조 · 계열회사의 수 및 소유지배구조 등이 대통령령이 정하는 기준에 해당되어 제14조(상호출자제한 기업집단 등의 지정) 제1항의 규정에 따라 지정된 기업집단('출자총액제한 기업집단')에 속하는 회사는 당해 회사의 순자산액에 100분의 25를 곱한 금액('출자한도액')을 초과하여 다른 국내 회사의 주식을 취득 또는 소유하여서는 아니 된다고 규정하고 있다. 앞에서 지적했듯이 2002년 이전의 공정거래법에서 대규모 기업집단은 자산총액기준으로 상위 30위 기업집단을 지정하고 있으나, 이러한 자산순위방식에 따른 지정은 예측가능성이 낮

내부거래 대규모 기업집단, 즉 한 재벌 그룹에 속하는 계열회사 간에 이루어지는 거래행위를 말한다. 내부거래는 법률상의 용어는 아니다. 계열회사 간에서도 필요한 거래는 있을 수 있기 때문에 내부거래를 모두 위법한 것이라고 볼 수는 없다. 심지어 시장거래에 대비되는 거래로서 기업 내의 거래를 뜻하는 내부거래란 거래비용경제학이 말하듯이 개방된 시장을 통한 거래에서 발생하는 높은 거래비용에서 비롯하는 것이다. 내부거래에 대해 부정적 인식을 갖는 일반인들 중에는 흔히 기업의 내부거래를 특정기업과 특별한 관계에 있는 사람이 자신의 지위를 이용해 회사정보를 입수, 이를 기초로 주식을 매매하는 '내부자거래'와 혼동하는 경향이 있다. 내부거래가 문제되는 것은 그것이 부당 내부거래로 인정되는 경우이다. 부당 내부거래의 네 가지 유형으로는 제품가격 · 거래조건 등에서 계열회사에 유리하게 하는 차별거래, 임직원에게 자사 제품을 사거나 팔도록 강요하는 사내판매 강요행위, 납품업체에 자기 회사 제품을 사도록 떠맡기는 거래강제, 정당한 이유 없이 비계열사와의 거래를 기피하는 거래거절 등을 들 수 있다. 특히, 한 대규모 기업집단 내에서 어떤 계열회사를 지원하기 위하여 물품을 비계열사에 대한 판매가격보다 싼 가격에 공급하거나 계열회사의 제품을 비싸게 사주는 등 거래조건이나 지불조건 등에서 차등을 두어 혜택을 주는 차별거래의 경우가 특히 문제가 된다. 중복거래나 상식을 넘어선 과도한 지원을 통해 내부거래가 부실 계열회사를 도와주는 수단으로 악용될 경우 공정한 경쟁을 가로막고 경쟁업체에는 간접적인 피해를 주게 되기 때문이다. 특히 거대한 자금력과 인력 동원력을 갖고 있는 대기업이 내부거래에 나설 경우 경쟁력 집중에 대한 염려도 지적된다. 국제화 시대를 맞아 기업의 체질과 경쟁력을 강화해야 한다는 취지 아래 정부는 1993년부터 30대 대규모 기업집단의 부당 내부거래를 금지하고 있다. 1997년 공정거래위원회는 30대 기업의 부당 내부거래 심사지침을 마련하여 이들 기업집단의 부당 내부거래에 대한 감시를 더욱 강화하였다. 대규모 기업집단이 부당 내부거래를 했을 경우에는 공정거래위원회는 행정조치를 취하거나 검찰에 고발하도록 되어 있다. 이러한 행정조치에는 해당 기업에 거래행위 중지명령을 내리고, 부당 내부거래 규모의 2%까지 과징금을 부과하며, 법 위반사항은 신문에 공표하는 것이 있다.

출자총액제한의 네가지 졸업기준 첫째 기준은 내부견제시스템을 잘 갖춘 지배구조 모범기업, 둘째 기준은 지주회사 및 그 소속 자회사 · 손자회사, 셋째 기준은 지배주주의 소유와 지배 간 괴리가 작은 기업집단, 넷째 기준은 계열회사 수가 적고 3단계 이상의 계열사 간 출자가 없는 기업집단이다. 그리고 민간이 소유권을 갖는 방식의 SOC 법인 출자에 대한 적용제외를 신설하고, 기업구조조정 관련 출자(현물출자 · 물적분할 · 분사 등)의 예외인정을 부활하고, 기업구조조정 · 중소기업과의 기술협력 · 신산업 · 10대 성장동력산업 등 출자의 경우 예외인정시한(최장 8년)을 폐지하고, 외국인투자기업에 대한 출자 예외인정요건을 강화(모든 외국인투자기업 → 단일 외국인이 10% 이상 보유)하되, 외국인투자자가 경영권 획득과 관련하여 악용할 소지를 차단하기 위해 단일 외국인 개념에 특수관계인을 추가하였다.

아 하위 기업집단들의 경영안정성이 저해될 우려가 있는 점을 감안하여 자산규모방식으로 지정기준을 전환한 것이다. 그리고 2004년 12월 법을 다시 일부 개정하여 2005년 4월부터 시행되는 공정거래법에서는 자산 2조 이상 대기업집단 소속 비상장 · 비등록 회사의 소유지배구조, 재무구조 및 경영활동 관련 중요사항의 공시를 의무화하였고, 지주회사제도를 보완하여 부채비율(100%) 충족 유예기간의 연장, 모든 설립 · 전환 유형에 유예기간의 인정, 자회사간 출자금지, 비계열사 주식 5% 초과소유를 금지하였고, 출자총액제한제도는 네 가지 졸업기준을 도입하고 적용제외 · 예외인정제도도 보완하였다.

다섯째, 금융 · 보험회사의 의결권제한으로 공정거래법 제11조에 보면 상호출자제한 기업집단에 속하는 회사로서 금융업 또는 보험업을 영위하는 회사는 취득 또는 소유하고 있는 국내 계열회사주식에 대하여 의결권을 행사할 수 없다고 규정하고 있다. 즉 대규모 기업집단에 속하는 회사로서 금융업 빛 보험업을 영위하는 회사는 취득 또는 소유하고 있는 국내 계열회사주식에 대하여 의결권을 행사할 수 없다. 다만, 단서규정에 따라서 금융 · 보험회사가 금융업 또는 보험업을 영위하기 위하여서나 보험자산의 효율적인 운용 · 관리를 위하여 관계법령에 의한 승인 등을 얻어 주식을 취득 또는 소유하고 있는 경우에는 그 예외가 인정된다. 또한, 동조 단서에서는 금융업 또는 보험업을 영위하기 위해서나 보험자산의 효율적인 운용관리를 위하여 관계법령에 의한 승인 등을 얻어 주식을 취득 또는 소유하고 있는 경우에 대한 예외를 규정하고 있는바, 예외조항에 해당되는지 여부는 특정한 사안에서 구체적인 자료를 기초로 개별적으로 판단하고 있다.

게다가 2004년 12월에 재개정된 법의 부칙 9조에서는 "금융회사 또는 보험회사의 의결권 제한에 관한 특례" 조항으로 상호출자제한 기업집단에 속하는 회사로서 금융업 또는 보험업을 영위하는 회사가 단서 및 규정에 따라 그 회사가 취득 또는 소유하고 있는 국내 계열회사주식 중 의결권을 행사할 수 있는 주식의 수에 대하여 2006년 3월 31일까지는 그 계열회사 발행주식 총수의 100분의 30을, 2006년 4월 1일부터 2007년 3월 31일까지는 100분의 25를, 2007년 4월 1일부터 2008년 3월 31일까지는 100분의 20을, 2008년 4월 1일부터는 100분의 15를 각각 초과할 수 없다고 규정하고 있다. 즉 그동안 자산규모 2조 원 이상 대기업집단 소속 금융·보험사는 자신이 보유하고 있는 계열사 주식에 대해 임원선임·해임, 정관변경, 합병·영업양도 등에 대한 주총 의결 시 30%까지 의결권 행사가 가능하였으나, 2006년 4월 1일부터 3년 동안 매년 5%씩 단계적 축소하여 계열금융사 의결권 행사 범위를 현행 30%에서 15%로 축소하기로 했다. 1986년 제도도입 시에는 의결권 행사가 전면 금지되었으나, 외국인에 의한 적대적 M&A 위협이 제기되어 2002년 관련 의결권을 30%까지 예외 허용하였다. 그러나 의결권제한 완화 이후 당초의 개정 취지와는 달리 금융보험사의 고객자산이 대주주의 지배권 강화수단으로 이용되는 등 폐해가 발생하여 2004년 12월 재개정하게 되었다. 즉 금융계열사의 고객자산이 지배주주의 의결권으로 활용됨으로써 발생하는 지배주주와 고객 간 이해상충 문제 등 산업자본의 금융지배에 따른 부작용을 방지하고, 계열 금융보험사의 지원을 받는 기업과 그렇지 않는 독립 중소·중견기업 간의 공정한 경쟁을 촉진할 목적으로 법을 재개정하였다.

4) 재벌에 대한 오해 : 학문의 식민지성

지금까지 한국 재벌에 대한 몇 가지 중요한 규제들을 살펴보았듯이 재벌에 대한 규제는 앞에서 지적한 재벌의 부의 축적에 대한 부정적 인식을 배경으로 그리고 경제력집중이나 경제의 비효율성 등 재벌에 대한 부정적 평가를 전제로 하고 있다. 그러나 경기 침체와 투자 부진 속에서 끈질기게 이어지는 재계의 요구를 비롯해 사회 일각으로부터 재벌에 대한 규제 철폐의 목소리도 적지 않은 게 현실이다. 예를 들어, 경제력집중 억제정책이 자본시장이 개방된 글로벌 경쟁시대에 국제자본이 동원되어 경영권 경쟁에 노출된 국내 대기업에는 외국인에 비해 상대적으로 역차별로 작용하고, 이에 따라 기업의 자원이 실물투자에 활용되지 못하고 경영권 방어에 사용되는 자원의 비효율성을 초래한다는 재계의 주장에 힘이 실리고 있다. 최근 공정거래위원회는 구조조정기업(공적자금을 투입해 살아난 옛 대우그룹 6개 계열사)의 출자 예외 인정, 민영화된 공기업 중 총수 없는 기업집단(한국전력, 케이티, 포스코, 철도공사 등)의 출총제 적용 배제, 내부거래위원회 요건(4인 이상과 전원 사외이사에서 3인 이상과 2/3 이상 사외이사로 완화)과 운용(10억 원 이상에서 100억 원 이상 내부거래로 완화) 기준의 완화 등을 내용으로 하는 '대기업집단 소유지배구조개선 유도를 위한 공정거래법 시행령 개정안'을 마련하였다. 심지어 정부나 여당 내에서조차 재벌총수들의 영향력 행사 수단인 계열사 순환출자를 일정 수준으로 묶어 두는 대표적인 재벌 규제 수단인 출자총액제한제도에 대한 폐지 목소리가 나오고 있다. 이에 대해 일부 시민단체를 비롯해 사회 일각에서는 참여정부의 재벌정책이 후퇴하였다고 크게 반발하는 실정이다.

이처럼 평행선을 긋고 있는 우리 사회의 재벌에 대한 대립적 인식은 한국 재벌에 대한 역사적 몰이해에서 비롯한다. 앞에서 지적했듯이 한국 경제환경의 역사특수적 상황의 산물인 재벌을 이해할 때 특정 국가의 기업의 잣대로 이해할 경우 많은 문제가 발생한다. 예를 들어, 경제력집중 억제정책은 그동안 그 목적을 대주주의 과도한 지분분산 → 업종전문화 → 기업구조조정 → 기업지배구조 개선으로 바꾸는 등 일관성을 보이지 못해 왔는데 이처럼 정책의 목적이 수시로 변경된 것이나 그 효과를 입증하는 데 실패한 이유도 재벌에 대한 정확한 이해 부족에서 발생한 것이다. 그런 점에서 재벌에 대한 규제들은 기본적으로 재계의 주장처럼 "재벌에 대한 (부정적) 여론을 의식한 정책유행의 산물"이거나 재벌이 등장할 수밖에 없었던 우리나라의 특수한 상황에 대한 이해 부족에서 비롯한다.

구체적으로 몇 가지 예를 들어보자. 흔히 재벌문제의 핵심으로 이른바 '문어발식' 확장, 차입경영, 소유와 경영의 미분리, 그리고 높은 내부지분율문제 등을 지적하는데 이것들은 재벌 문제의 본질이 아니다. 첫째, 문어발식 확장의 경우 이는 학문적 표현이라기보다 저널리즘적 표현으로서 정확히 표현하자면 '비관련다각화'라 할 수 있다. 즉 재벌그룹 내 계열기업들을 보면 상대적으로 업종 간 상호 관련이 적다는 것이다. 그 결과 비효율성이 매우 크다는 것이다. 흔히 '방만한 차입경영'의 비효율성과 관련하여 한국 기업의 낮은 수익성을 지적한다.

그런데 한국 재벌기업의 다각경영(업종다양화), 이른바 '선단식전략'은 시장이 부재한 가운데 고성장을 추구했던 결과물이다. 즉 특정사업을 하는 기업이 그것을 제대로 하기 위해서는 그에 필요한 자원의 원활한 공급이 필요하다. 예를 들어 자동차를 제대로 만들어 팔기 위해서는 좋은 페인트와 부품이 있어야 하고, 할부금융을 해주는 금융업체가 있어야 하고, 자동차가 잘 다닐 수 있는 도로가 건설되어 있어야 한다. 이런 제반 여건이 갖추어져 있지 않은 상태에서 고성장을 추구하는 기업은 관련 산업에 진출할 동기를 갖는다. 이는 수익을 목적으로 위험자산을 보유하는 개인투자자가 여러 종류의 자산구성(포트폴리오)을 갖춤으로써 체계적인 위험을 회피하려는 행동과 같은 동기에서 발생하는 것이다. 게다가 산업화 과정에 있는 나라에서 사업하는 기업은 대체로 국제경쟁력을 결여하고 있다. 국제경쟁력을 가져다줄 수 있는 물적 및 인적 기반이 존재하지 않기 때문이다. 즉 제대로 기능하는 시장제도는 짧은 시간 내에 만들어지지 않는다. 성장을 위한 소프트 인프라스트럭처에는 금융 · 경영 · 고용 · 기술시장 등이 포함되며 공업화의 역사가 긴 서구에서는 잘 발달된 투자은행, 회계사, 경영대학원 등이 그 역할을 맡고 있다.

반면 한국에서는 재벌이 시장기구를 대신하는 역할을 수행하면서 많은 부가가치를 창출했다. 즉 부가가치 창출을 위해 재벌이 (전문적 자본 중개시장이 발전하지 않은 곳에서 정부와 더불어) 새로운 사업을 수행하는 벤처캐피털(신규사업을 위한 중요한 자금조달 및 운용원)의 역할을 수행했다. 재벌그룹들은 기존의 사업에서 확보할 수 있는 자금과 인력을 새로운 사업에 활용한다. 따라서 창업투자회사 같은 중간매체를 필요로 하지 않는 것이다. 즉 한국의 기업들이 세계적인 거대기업으로 성장하고 한국경제가 성장의 발판을 마련한 것은 자동차와 조선을 포함한 다양한 부문에서 새로운 사업을 시작할 수 있는 능력이었다. 그런 새로운 사업을 시작하는 데는 모험자본, 뛰어난 관리인력, 선진국 기술이 필요하다. 제도적으로 확립된 기관이 없는 한국에서 기업가가 그런 모든 요소를 확보하는 것은 매우 어려운 일이다. 그러나 재벌그룹들은 이미 보유하고 있는 사업체의 자금과 인력을 활용할 수 있었다. 아울러 외국 파트너와의 거래경험을 바탕으로 외국기술의 도입도 가능했다. 따라서 기존의 시스템을 해체한 한국이 만일 벤처자본가와 같은 전문적인 자본시장 중간매체를 확립하지 않는다면 앞으로 새로운 기업을 성장시키기는 어려울 것이다.

또한, 산업화 과정의 국가들에서 경영자와 경영기술에 대한 초과수요가 존재하기 때문에 재벌은 노동시장기구의 역할(예 : 삼성은 그룹 내부의 노동시장을 통해 경영관리자를 육성, 활용)도 수행했다. 당시의 한국기업은 기술력을 포함하여 경쟁력이 없었다. 필요한 기술자나 숙련노동자들을 노동시장에서 채용해야 하는데 기술적 지식을 지닌 노동시장이 존재하지 않아 기업 내부에서 노동력을 양성했다. 이른바 현장교육(실습, 'on-the-job training')이라는 능력개발과 숙련공 형성이 기업에 닥친 긴급한 과제였고 가장 효율적인 방법으로 이를 수행했던 것이다. 즉 재벌그룹들이 노동력시장 조직의 역할을 대신하였다. 우수한 경영대학원이 그리 많지 않았으며 뛰어난 관리인력에 대한 수요가 공급을 훨씬 앞지르는 실정이었다. 그러나 다양한 사업 부문을 갖고 있는 재벌그룹 내 기업들은 관리 인력에 대한 내부적인 시장을 형성할 수 있었고, 다양한 사업 부문을 활용해 관리자들에게 다양한 상황을 경험할 수 있도록 하였다. 재벌그룹의 인력개발원은 모든 산하 기업체가 간부들(특히 해외 지사 경험자)의 경험과 통찰력을 공유할 수 있도록 지식관리 부문에 대한 투자를 아끼지 않았다.

게다가 기업이 국제경쟁력이 없으면 무역장벽에 의해 어느 정도 보호되는 국내시장을 공략해야 한다. 그러나 국내시장 규모가 작았기 때문에 고성장을 추구하는 기업은 다른 산업에 뛰어들고자 하는 동기를 갖는다. 달리 말하면 재벌의 네트워크 구축은 세계 시장에서 한국 재벌기업의 경쟁력이었다. 예를 들어, 기업집단은 자원의 공유 및 정보의 교환, 리스크 셰어링(Risk Sharing), 거래비용의 삭감 등의 이점을 갖는다. 즉 브랜드, 기술, 경영자원 등 계열사 간의 자원공유 효과가 수익성에 긍정적 효과를 내는 것이다. 예를 들어, 세계 전역의 고객을 상대로 유수한 다국적 기업과 경쟁을 벌이고 있는 재벌그룹은 세계적인 수준의 질과 고객서비스를 상징하는 공통의 그룹 브랜드를 개발함으로써 가치를 창출할 수 있었고, 그런 브랜드는 한국 같은 수출주도형 경제에서는 극히 소중한 가치를 지닌다. 미국의 학자들조차[24] 많은 신흥경제 국가에서 다각적인 부문의 사업에 진출함으로써 자본-노동력-상품-용역 부문에서 효과적인 시장 확립을 뒷받침하는 제도적인 장치를 대신하고 있는 재벌그룹들을 해체하는 것은 민간 부문의 비효율성을 악화시키고 사회적인 스트레스만 가중시킬 수 있음을 지적한다. 즉 재벌그룹들이 특정 사업 부문에 주력하고 효율적인 회사가 되기 위해서는 자본, 경영, 노동력, 국제 기술 등에서 원활한 기능을 가진 시장의 존재가 전제되어야 하고, 또한 그런 시장을 뒷받침할 수 있는 제도적인 장치와 중재적인 기관이 확립되어 있어야 하기 때문이다. 따라서 재벌그룹의 해체는 '소프트' 인프라를 제공할 수 있는 제도적인 장치를 전혀 남겨 두지 않는 결과를 가져올 수 있고, 그런 전략은 이미 막대한 손실을 가져다주고 있다. 이처럼 한국의 재벌들은 요소시장의 불완전성을 극복하기 위해 '내부화전략'으로 '업종다양화' 전략을 채택했던 것이다. 그 결과로 '범위의 경제'가 실현되었고 이것이 국민경제 전체적으로는 '규모의 경제'로 나타났던 것이다.

한국 재벌기업의 비관련 다각경영은 비효율성(낮은 수익성)의 원인으로 지적되는데 이런 상황에서 대주주의 목적은 개별 계열사 수준이 아니라 그룹 전체 차원에서 평균적인 수익성을 일정하게 유지, 확보하는 것일 수밖에 없다. 구체적으로 '1997년 위기' 이전 한국 재벌기업들의 비효율적 과잉투자의 증거로 낮은 경상이익률(=경상이익/매출액)을 거론한다. 앞에서 살펴보았듯이 기업수익성을 비교하는 지표는 여러 종류가 있는데, 그 중

24) 예를 들어, Tarun Khanna and Krishna Palepu, 1999(July-August), "The Right Way to Restructure Conglomerates in Emerging Markets," *Harvard Business Review*.

매출액대비 영업이익률(≡영업이익/매출액)은 기업의 실질적 효율성과는 별로 관계가 없는 이자지급이나 자산매각에 따른 수입 등에 영향을 받는 경상이익률보다 측정지표로 장점을 가진다. 그런데 '1997년 위기' 이전 한국 제조업의 매출액대비 영업이익률을 보면 미국이나 일본, 그리고 경쟁국가인 대만에 비교해 큰 차이가 없었다. 즉 한국제조업의 경상이익률이 매우 낮았던 것은 영업외수지에서 금융비용이 컸기 때문이다. 예를 들어, 한국은행의 1997년 기업경영분석에 나타난 제조업의 수익성을 미국, 일본 및 대만과 비교해 보면 1997년 중 우리나라 제조업의 매출액영업이익률은 8.3%로 미국(1996) 7.4%, 일본(1996) 3.6%, 대만(1995) 7.3%보다 높지만 매출액경상이익률은 -0.3%로 미국 8.3%, 대만 5.1%, 일본 3.4%에 비해 크게 낮은 것으로 나타났다. 이는 우리나라 기업이 영업활동에서는 이들 국가들보다 양호한 수익성을 나타내었으나 높은 외부자금 의존도와 고금리로 인해 금융비용 부담이 컸던 데다 환율 급등으로 대규모의 환차손이 발생하여 영업외수지가 크게 악화되었기 때문이다. 실제로 1997년 위기 이후 한국기업의 매출액대비 경상이익률이 크게 증가하였는데 수익성 향상은 금리 하락과 차입금 축소에 따른 금융비용 경감에서 주로 기인하였다. 뒤에서 자세히 살펴보겠지만 특히 2000년대 들어와서 경상이익률이 높아졌지만 오히려 영업이익률이 전보다 떨어졌는데 기업의 가처분소득이 늘어난 이유는 기업 자체의 노력보다는 정부의 저금리정책과 부채비율을 낮추는 구조조정 덕택이었다. 이론적으로 보더라도 소유와 경영이 완전히 분리되어 있지 않고 최고경영자가 바로 대주주일 경우 경영자의 동기는 소유자의 동기와 마찬가지로 이윤극대화가 될 것이기 때문에, 즉 대리인비용이 존재하지 않을 것이기 때문에 보다 높은 수익률을 실현할 것이다. 실제로 여러 통계자료들에 의하면 경영자와 소유자가 일치하는 소유자 지배기업이 양자가 분리된 경영자 지배기업보다 더 높은 이윤율을 나타내고 있다.

둘째, 재벌 순위는 '빚 많은 순서'라는 말도 있었듯이 (과거) 한국 재벌의 문제로 높은 부채비율(≡부채/자기자본)과 차입경영을 지적하였다. 사실 한국기업의 높은 부채비율은 1997년 위기 이전의 특징에 불과하다.

‖ **표 8-4** ‖ 제조업 수익성의 국제비교

(단위 : %)

	한 국		미 국	일 본	대 만
	1996	1997	1996	1996	1995
매출액 영업이익률	6.5	8.3	7.4	3.6	7.3
매출액 경상이익률	1.0	-0.3	8.3 [1]	3.4	5.1
금융비용/매출액	5.8	6.4	-	1.0	2.2
차입금 의존도	47.7	54.2	25.6	33.1	26.2

주 1) 법인세차감 이전의 순이익/매출액.

자료 : 일본 대장성, 『재정금융통계월보』, 1997. 8.
대만은행, 『중화민국 대만지구 공업재무상황보고』, 1996.
U.S. Department of Commerce, *Quarterly Financial Report*, 4th Quarter 1996.

‖ **표 8-5** ‖ 제조업 재무구조 지표의 국제비교

(단위 : %)

	한 국		미 국	일 본	대 만
	1996	1997	1996	1996	1995
자기자본비율	24.0	20.2	39.4	34.1	53.9
부채비율	317.1	396.3	53.5	193.2	85.7

자료 : 일본 대장성, 『재정금융통계월보』, 1997. 8.
대만은행, 『중화민국 대만지구 공업재무상황보고』, 1996.
U.S. Department of Commerce, *Quarterly Financial Report*, Fourth Quarter 1996.

‖ **표 8-6** ‖ 제조업의 매출액경상이익률/매출액영업이익률 추이

(단위 : %)

	1980년대 (1981~90)	1990년대(A) (1991~96)	2000년대(B) (2002~04)	개선폭 (B-A)
매출액경상이익률	2.5	2.1	6.0	3.9
매출액영업이익률	5.4	5.8	1.9	-3.9

2004년 기준 한국 전 기업의 부채비율은 114.0% 제조업만은 104.2%에 불과하고, 이는 2003년 일본 전체 기업과 제조업의 부채비율 253.6%와 145.4%, 2004년 미국 제조업체의 부채비율 141.2%에 비해 낮다. 한국의 재벌들은 전통적으로 자금 조달원으로서 자본보다는 부채를 선호했다. 그런데 이는 한국의 경제성장방식과 관련을 맺고 있고, 또한 한국 금융제도의 특수성에 기인한다. 한국의 경제성장은 '고부채-고투자-고성장' 모델이다. 한국의 경제성장에서는 투입물, 특히 자본투입의 기여도가 가장 높았다. 앞에서 지적했듯이, 1960~1994년 노동력당 소득의 연평균 증가율은 5.7%였는데 이 중 노동력당 자본스톡 증대에 의한 성장 기여율은 3.3%를 차지하고 이는 전체 성장률의 약 58%를 구성하는 것이었다. 이처럼 한국경제의 고성장은 기업의 높은 투자율에 의해 가능했다.

그런데 기업의 높은 투자를 가능케 하였던 기업의 자금조달방식은 앞에서 살펴보았듯이 은행 중심의 간접금융시스템과 관련을 맺고 있다. 다시 말해 경제개발 초기부터 은행을 중심으로 한 금융기관이 기업금융을 주도적으로 담당해 왔다. 기업의 높은 투자를 가능케 했던 은행의 자금공급은 높은 저축률에 의해 가능했다. 즉 국내저축은 가계소비를 제외한 저축의 규모에 의해 결정되는데, 한국 가계의 저축 형태를 보면 은행을 통한 저축의 비중이 높다. 심지어 '1997년 위기' 이후 자본시장의 개방 및 형성에도 불구하고 2000년 6월 기준 주식 및 채권의 보유 비중이 19%에 불과하고 현금과 예금 보유 비중이 60%나 될 정도였다. 반면, 미국의 경우 가계의 주식 및 채권의 보유 비중은 45%에 달하는 반면, 현금 및 예금 보유 비중은 21%에 불과했다. 2003년 말 기준으로도 한국 가계의 금융자산 구성비율을 보면 현금과 예금 보유 비중이 57.2%에 달한 반면, 주식(7.5%)과 채권(3.9%)의 보유 비중이 11.4%에 불과하였다. 같은 기간에 미국 가계의 경우 현금과 예금 비중이 12.4%에 불과한 반면, 주식(32.4%)과 채권(7.3%)의 비중이 약 40%에 달하였다.

이러한 경향은 펀드 등을 통한 최근 한국 사회의 간접투자 붐 이후에도 그대로 확인되고 있다. 즉 전체 금융자산의 약 2/3가 현금과 예 · 적금에

‖ **표 8-7** ‖ 한 · 미 · 일의 개인금융자산

(2005년 말 기준, 단위 : %)

국 적	금융자산총액	현금 · 예금	채 권	투자신탁 · 수익증권	주식 · 출자금	보험 · 연금	기 타
한국	1,167조 원	58.4	4.1	6.3	7.0	20.9	3.4
미국	38조 5,000억 달러	12.8	6.7	13.4	33.2	30.6	3.3
일본	1,509조 엔	51.9	2.8	3.4	11.4	25.9	4.7

자료 : 한국은행, 일본은행, 미연방준비제도이사회, 국제통화기금.

쏠려 있을 정도로 최근의 국내 금융자산은 여전히 저축과 같은 '안전자산'에 편중돼 있는 것으로 확인된다. 증권선물거래소에 따르면 2005년 말 우리나라의 개인 금융자산은 1,167조 원에 달했는데 이 중 현금 및 예금 비중이 58.4%에 달했던 반면 간접투자인 수익증권(펀드)투자 비중은 6.3%에 불과했다. 직접투자 자산인 주식과 출자금(7.0%), 그리고 채권(4.1%) 투자 비중을 모두 합해도 고작 17.4% 정도이고, 이는 보험과 연금의 비중(20.9%)에도 못 미친다. 이와 대조적으로 적극적인 투자 성향이 뚜렷한 미국인들은 38조 5,000억 달러에 육박하는 미국의 개인 금융자산 중 주식 또는 펀드 등의 투자상품 비중이 53.3%에 달한 반면, 현찰이나 예금 등 현금성 자산은 전체 금융자산의 1/8, 즉 12.8%에 불과했다. 이는 최근까지도 간접금융시스템을 손상시키지 않고 있는 일본의 경우에서도 확인된다. 일본인의 금융자산 1,509조 엔 중 주식 및 출자금 비중(11.4%)은 한국인보다 훨씬 높지만, 저축 등 안전자산에 매달리는 경향은 우리와 비슷하다.

이처럼 자본시장의 개방을 비롯해 금융시스템에 커다란 변화를 수반한 외환위기 이후조차, 게다가 저축을 통한 자산증식방식이 한계가 있는 저금리-고령화 시대가 도래했음에도 불구하고 이런 경향이 바뀌지 않고 있는 것이다. 따라서 한국의 높은 저축률이 주로 가계저축률에 기인하고 가계가 은행예금 중심의 저축구조를 갖고 있는 한 기업의 자금조달방식도 은행차입에 의존해야 했다. 다시 말해 '고저축-고투자'가 은행 중개로 연계되는 기업금

융체제에서는 정상적인 기업들이라고 해도 부채비율이 높을 수밖에 없다. 실제로 저축률이 10% 미만이었던 1965년까지 한국 제조업의 부채비율은 100%를 밑도는 낮은 수준이었던 반면, 이후 1967년에는 저축률과 부채비율이 각각 12.8%와 151.2%, 1968년에는 각각 15.1%와 201.3%로 높아져 1968년부터 부채비율이 200%를 넘기 시작했다. 이처럼 한국의 기업들은 구조적으로 주식 등의 발행에 의한 직접금융 조달보다 은행차입에 의해 자금을 조달했다는 점에서 기업과 경제의 성장방식은 '은행에 기반을 둔 고부채 모델(bank-based high debt model)'이었다.[25] 1997년 위기 이후 기업의 설비투자율과 경제성장률이 크게 하락했는데 이는 한국기업의 부채비율 감소와 무관하지가 않다. 예를 들어, 공정거래위원회에 따르면 대기업집단의 부채비율은 1998년 이후 계속 감소하였는데 1998년 4월 기준 518.9%에서 1999년 4월에는 379.8%, 2000년 4월에는 218.7%, 2001년 4월에는 171.2%(이상 30대 기업집단), 2002년 4월(34개 민간 상호출자제한 기업집단)에는 138.7%, 2003년 4월(42개 민간 상호출자제한 기업집단)에는 128.9%, 2004년 4월(45개 민간 상호출자제한 기업집단)에는 115.9%, 2005년 4월(48개 민간 상호출자제한 기업집단)에는 102.2%로 지속적으로 하락하였다.

셋째, 전문경영인체제 도입의 지연 또한 한국 재벌의 문제 중 하나로 지적된다. 즉 자질이 부족한 경영자가 창업주의 후계자로서 최고경영자가 된다거나 외부주주에 의한 비효율적 경영진의 교체가 사실상 불가능한 것 등은 대주주경영자가 기업을 실질적으로 지배하고 있기 때문에 발생하는 현상이다. 이 문제를 해결하기 위한 방안들로 영미경제학에서는 사외이사제나 소액주주제 도입, 그리고 주주민주주의나 집중투표제도의 도입 등을 주장한다. 그러나 이러한 제도들은 소유와 경영이 분리된 미국의 기업구조에 적합한 제도들에 불과하다. 예를 들어 미국식 기업구조하에서 전문경영자

25) R. Wade, 1998, "From Miracle to Cronyism ; Explaining the Great Asian Slump," *Cambridge Journal of Economics*, Vol. 22, No. 6 ; R. Wade & Veneroso, 1998, "The Asian Crisis : the High debt Model vs the Wall Street-Treasury-IMF complex," *New Left Review*, Vol. 228.

가 독자적인 목표를 추구함으로써 발생할 수 있는 문제, 즉 '주인–대리인' 문제를 소유자의 입장에서 통제 감독하려는 방안 중 하나가 사외이사제도이다. 따라서 사외이사제는 '소유–지배–경영'구조가 거의 일치하는 한국의 재벌에는 적절하지 않은 제도다. 증권거래법에 의하면 상장기업은 1/4 이상을, 그리고 자산 2조 이상의 상장기업은 과반수 이상의 사외이사를 선임하도록 되어 있다. 회사와 무관한 사람들을 사외이사로 임명하여 경영진의 전횡을 감시한다는 것이다. 사외이사가 경영진을 잘 감시한다면 대리인 비용을 상당히 감소시킬 수 있다. 무엇보다 전문경영자 시장이 충분히 발달하지 못했을 뿐만 아니라 인맥이 극히 중시되는 한국적인 사회환경에서는 사외이사의 선정과정부터 대주주경영자의 영향력을 배제하는 것이 사실상 불가능하다. 게다가 일반적으로 사외이사는 내부이사(경영진)에 비해 경영현황에 관해 많은 정보를 갖고 있지 못하기 때문에 이른바 '정보의 비대칭성' 문제로 인해 실효를 거두기 어렵다. 다시 말해 사외이사는 회사의 경영진을 감시할 만큼 업무에 익숙하지 못한 사람들이다. 이들은 사업에 익숙하지 못하고 전문성이 부족하다. 전문성이 부족한 이들에게 회사의 합병이나 영업의 양도, 그리고 신제품 개발과 같은 사업을 해야 하는지 등에 관한 중요한 일에 대해 제대로 된 결정을 기대한다는 것은 매우 어려운 일이다. 또 본업을 가지고 있으므로 이사회 의결 사항에 대하여 검토할 시간이 부족하다. 또 세부적인 사항까지 숙지한다고 할지라도 그러기 위해서는 많은 시간이 소요되므로 의사결정 과정이 길어진다. 그 결과 재벌의 입장에서 사외이사제는 결국 현재로서는 불필요한 비용을 유발하는 제도에 지나지 않는다.

그리하여 재벌들은 그 대안으로 기업지배권시장의 발전을 통한 외부지배구조의 형성(기업인수권시장의 활성화)을 주장한다. 그러나 기업인수권시장이 활성화되더라도 창업주 및 그 가족의 내부지분율이 매우 높고 증권이나 보험회사 등 자금동원력이 큰 비은행금융기관을 직접 소유하고 있는 상황에서는 적어도 단기적으로 경영권 탈취의 주 대상은 상대적으로 소유분산이 잘 되어 있고 대주주의 지배력이 취약한 기업이 될 가능성이 크다. 즉 업종전문화가 잘 된 중견기업이나 자금력이 취약한 우량 중소기업이 인수대상이 될 수 있다. 이 경우 경제력 집중이 오히려 심화되는 역효과가 발생할 가능성도 존재한다. 실제로 미국기업의 경우 소유구조의 분산과 증권화뿐 아니라 공격적 인수(hostile takeover)의 파동으로 경영관리 기능 자체도 기업의 성과에 좌지우지되는, 즉 기존의 기업자산과 경영진의 고정적인 관계는 붕괴되었다.

이처럼 전문경영인제도의 도입도 합리적인 관점에서 논의되고 있지 못하다. 그동안의 논의는 '오너는 절대악이요 전문경영인은 절대선'이라는 단순하고도 위험한 이분법적 사고에서 벗어나지 못한 측면이 있다. 실제 우리는 대표적인 전문경영인으로 불렸던 기아 김선홍 회장의 참담한 경영실패 현장을 목도하면서 전문경영인체제에도 한계가 있음을 교훈으로 얻었다. 이는 한편으로 경영능력이 검증된 총수 2세라면 전문경영인보다 더 나은 기업경영을 할 수 있음을 반증하는 것이기도 하다. '전문경영인=절대선'이라는 환상에 젖기에 앞서 책임경영체제를 확고히 구축해 총수든 전문경영인이든 경영을 잘못하면 그에 대한 책임을 확실히 지고 물러나는 제도를 마련하는 것이 급선무다. 한국은 재벌의 역사가 짧기 때문에 총수는 사실 전문경영인이기도 했다. 게다가 앞에서 지적했듯이 한국에는 전문경영인 시장도 존재한 적이 없다.

사실 가족경영이냐 아니냐는 기업경영의 본질이 아니다. 그 기업의 역사와 사업 특성에 맞게 장기적인 이익을 낼 수만 있다면 경영 형태는 문제가 되지 않기 때문이다. 한 기업의 역사적 배경과 사업체계가 어떤가에 따라 가장 적합한 경영 형태가 좌우된다. 기업 형태는 단기적인 이익을 중시하는 기업과 장기적인 이익을 중시하는 기업이 있다. 대부분의 비가족 기업들은 단기 이익을 내는 데만 집착하는 경향이 있다. 반면, 가족경영은 기업의 단기적인 이익보다는 장기적인 성장을 더욱 추구하는 특징을 갖고 있을 뿐더러 강력한 주인의식을 기반으로 기업가정신을 구현하는 데도 유리하다. 예를 들어, 자기 책임 아래 장기 투자를 하고 그 성과를 내는 것은 가족경영을 하는 유럽 일류 기업들의 전매특허다. 1990년대 세계 제약업계의 판도를 뒤흔든 스웨덴 발렌베리그룹의 아스트라제네카의 '로섹'이라는 제품은 무려 20여 년의 준비 끝에 나온 것이었다. 가족경영에 기초하고 있는 유럽의 일류기업들(첨단기술강국 독일을 대표하는 전기전자 기업인 지멘스와 세계적인 프

사외이사제 영어로는 Board of Directors로 '이사회'로 불러야 할 용어인데 우리나라처럼 이사들이 사내에 있는 경우와 구분하기 위해서 '사외'란 말을 덧붙였다. 우리나라에서는 이사는 부장들이 진급하는 자리고 따라서 우리나라의 이사는 '사내이사'들이다. 이사회는 원래 주주들을 대변하여 경영이 잘되는지를 감독·관리하는 기구인데 우리나라는 사내에서 경영에 참여하는 사람들이 경영을 감독해야 하는 야릇한 입장이어서 사실상 이사회로서 제 구실을 하지 못하게 된다. 그래서 말이 주식회사지 사실상 개인기업처럼 운영되는 경우가 많다. 그러다 보니 비자금 같은 뒷주머니를 주주들로부터 아무런 제재를 받지 않고 대주주이자 또 대표이사인 사람들이 마음대로 마련한다. 소유와 경영이 분리되어 있고 또 이사회를 좌지우지하는 대주주가 있다면 감히 '고용사장'이 회사돈으로 비자금을 만들 수 있겠는가를 생각해 보면 사외이사제의 필요성을 쉽게 이해할 수 있다. 사외이사제가 돼 있어야 합병, 인수뿐 아니라 중요한 투자 또는 인사 등 회사의 중요한 의사결정에 대주주, 소액주주 구분 없이 주주들의 의견을 반영할 수 있다. 사외이사제가 있으면 대주주라고 해서 무조건 사장이나 회장이 될 수 없고 이사회가 그 사람들의 경영능력을 평가하여 임명하게 된다.

집중투표제(Cumulative Voting) 집중투표제는 소액주주권 보호 및 기업지배구조 개선을 위한 제도로, 2명 이상의 이사를 선임할 때 주당 이사수와 동일한 수의 의결권을 부여하는 것이다. '누적투표제'라고도 말한다. 예를 들면 이사 3명을 선임한다면 주당 3개의 의결권을 부여한다. 3명의 이사를 선출할 때 1주를 가진 주주의 의결권은 3주가 된다는 계산이다. 이때 주주는 특정 이사에 집중적으로 투표하거나 여러 명의 후보에게 분산해 투표할 수 있다. 즉 이사 3명을 뽑을 때 한 주를 가진 주주는 3표를 행사할 수 있으며 이 표를 한 후보에게 몰아 줄 수 있다. A, B, C 3명의 임원을 뽑는 주주총회에서 한 주주가 100주를 갖고 있을 경우 예전에는 3명에게 각각 100주의 찬반권을 가졌지만, 이 제도가 도입되면 A임원에게 찬성 또는 반대 300표를 던지고 B, C임원 선임에 대해서는 의결권을 포기할 수 있다. 투표결과 최다수를 얻은 자부터 순차적으로 이사에 선임되기 때문에 이 제도가 의무화되면 소액주주들이 자신을 대표하는 사람을 이사로 선임하거나, 대주주가 내세운 후보 중 문제가 있는 사람이 이사로 선임되는 것을 저지할 수 있게 된다. 그동안 각 후보마다 별도로 한 표씩 주도록 돼 있어 지분이 많은 대주주가 절대 유리했다. 하지만 집중투표제가 도입되면 소수주주도 의결권을 하나에 집중시켜 자기가 원하는 이사를 뽑을 수 있는 장점이 있는 것이다. 정부는 1998년 말 상법을 개정, 기업이 주총의 특별결의로 배제하지 않는 한 이사의 선출을 집중투표방식으로 하도록 했다. 다시 말하면 정관으로 집중투표제를 배제할 수도 있어 이 제도는 유명무실해졌다. 그러나 기업지배구조 모범규준에는 집중투표제를 도입했는지 여부를 공시토록 기업에 권고하고 있다. 정관에 집중투표제 배제 조항이 없는 경우, 2인 이상의 이사의 선임을 목적으로 하는 상장기업의 주주총회 소집이 있는 때에는, 발행주식 총수의 1% 이상에 해당하는 주식을 가진 주주는 집중투표의 방법으로 이사를 선임할 것을 청구할 수 있다. 이때 주총 7일 전까지 서면으로 집중투표를 실시할 것을 회사에 청구해야 한다.

내부지분율 대주주 개인과 특수관계인인 가족의 지분율과 실질적으로 대주주의 통제하에 있는 계열기업의 지분율의 합으로 구성한다. 여기서 특수관계인이란 "기업의 대주주(소유주)와 대주주의 친·인척, 그리고 출자관계에 있는 사람과 법인"을 지칭한다.

리미엄 가전업체인 밀레, 스웨덴의 초대형기업인 발렌베리 등)을 보면 가족경영과 기업의 투명경영과는 양립 불가능한 것이 아님을 보여 준다.

넷째, 높은 내부지분율문제다. 이는 한국 재벌의 핵심문제로 지적되는 것이기도 하다. 2005년 4월 기준 총수가 있는 상호출자제한기업집단(38개)의 경우 총수일가는 4.94%의 적은 지분으로 계열사 간 순환출자 등을 통해 형성된 지분을 이용하여 그룹 전체를 지배하고 있다. 즉 총수일가지분은 4.94%에 불과하지만 내부지분율은 51.21%에 달하였다. 예를 들어, 〈표 8-8〉에서 보듯이 총수가 있는 자산 6조 원 이상 기업집단(14개)은 대부분의 경우 계열사 간 순환출자관계가 형성되어 있는 것으로 나타났다. 그리고 총수일가의 지분구조에 있어서는 대체적으로 동일인이 가장 많은 지분을 가지고 있으며 동일인과 촌수가 멀어질수록 지분보유 비중이 낮고 인척보다는 혈족의 비중이 높은 것으로 나타났다.

‖ **표 8-8** ‖ 자산 6조 원 이상 기업집단의 주요 순환출자 현황

기업집단	주요 순환출자 현황
삼성	삼성에버랜드 → 삼성생명 → 삼성전자 → 삼성카드 → 삼성에버랜드
현대자동차	현대자동차 → 기아자동차 → 현대모비스 → 현대자동차
에스케이	에스케이 → 에스케이씨 → 에스케이케미칼 → 에스케이
한진	한진 → 대한항공 → 한진중공업 → 한진
한화	한화 → 한화석유화학 → 한화종합화학 → 한화증권 → 한화
현대중공업	현대중공업 → 삼호중공업 → 현대미포조선 → 현대중공업
금호아시아나	아시아나항공 → 아시아나씨씨 → 금호렌터카 → 아시아나항공
두산	두산 → 두산중공업 → 두산산업개발→ 두산
동부	동부건설 → 동부제강 → 동부생명 → 동부건설
현대	현대상선 → 현대증권 → 현대엘리베이터 → 현대상선
롯데	롯데건설 → 롯데산업 → 롯데리아 → 롯데건설

또한, 금융보험사를 가지고 있는 기업집단은 23개이며 그 중 13개 집단 소속 금융보험사(29개)가 78개 계열회사에 출자하고 있는 것으로 나타났는데 78개 계열회사의 평균 12.58% 지분을 보유(계열사 전체 출자분 41.69%의 30.17%를 차지)하는 것으로 나타났다. 예를 들어, 삼성은 5개 금융계열사가 27개 계열회사에 1조 2,756억 원을 출자하여 전체 피출자회사(78개)의 34.61%, 전체 출자금(2조 4,307억 원)의 52.47%를 차지하고 있다. 금융보험사가 계열사 주식을 보유하고 있는 대부분의 그룹의 경우 주력회사의 지분을 보유하고 있고 주력회사가 계열사에 출자하고 있는 구조를 취하고 있어 금융계열사가 지배구조의 중요한 축을 형성하는 것으로 밝혀졌다.

‖ **표 8-9** ‖ 금융보험사의 계열사 출자 현황(출자금 기준)

(단위 : 개사, 억 원, %)

순위	집단명	출자금융사 수	피출자회사 수	금융보험사출자금	금융보험사지분율
1	삼성	5	27	1조 2,756	16.40
2	동양	6	12	6,143	42.74
3	동부	4	9	1,449	9.32
4	현대차	1	4	1,227	4.67
5	한화	2	6	1,122	2.76
6	씨제이	1	1	625	91.80
7	현대중공업	1	2	325	65.03
8	에스케이	3	5	295	2.62
9	롯데	2	2	174	4.54
10	태광산업	1	4	92	16.12
11	현대	1	3	58	6.15
12	금호	1	1	24	6.24
13	코오롱	1	2	7	2.50
계		29	78	2조 4,307	12.58

‖ **표 8-10** ‖ 계열 금융보험사가 출자하고 있는 주력회사 현황

기업집단	피출자회사(출자회사, 보통주 기준)
삼성	에버랜드(삼성카드 25.64%)
	삼성전자(삼성생명 7.23%, 삼성화재 1.26%)
	삼성물산(삼성생명 4.80%, 삼성투신 0.10%)
에스케이	에스케이(에스케이생명 0.47%)
	에스케이텔레콤(에스케이생명 0.01%)
한화	한화(한화증권 4.94%)
동부	동부건설(동부생명 9.46%, 동부화재 13.73%)
동양	동양레저(동양캐피탈 35.00%), 동양메이저(동양생명 1.63%)
태광산업	태광산업(흥국생명 9.99%)

한편, 흔히 기업 · 기업집단 소유지배구조의 왜곡 정도를 나타내는 지표인 소유지배괴리도 · 의결권승수를 보면 총수가 있는 상호출자제한기업집단의 소유지배 간 괴리도는 31.21%p, 의결권승수는 6.78배로 나타나 대기업집단의 소유지배 간 괴리 정도가 큰 것으로 나타났다. 그리고 출자총액제한기업집단의 소유지배 간 괴리도는 35.24%p 의결권승수는 8.57배로 나타났다. 이처럼 소유지배괴리도 · 의결권승수가 크다는 것은 지배주주의 소유지분은 낮지만 의결지분이 높다는 것으로 소유지배구조의 왜곡이 심함을 의미한다.

소유지배괴리도 기업집단 총수(일가)의 소유지분율과 의결지분율간 차
의결권승수 의결지분율과 소유지분율 간 비율
유지분율 총수(일가)가 계열회사에 대하여 직접 보유하고 있는 지분으로서 총수 및 총수 친인척 지분의 합
의결지분율 총수가 실제로 영향력을 행사할 수 있는 지분으로서 총수, 친인척, 임원, 비영리법인, 계열사 지분의 합

‖ **표 8-11** ‖ 대기업집단의 소유지배괴리도/의결권승수 현황

(단위 : %, %p, 배)

	소유지분율 (A)[1]	의결지분율 (B)	소유지배괴리도 (A-B)	의결권승수[2]
상호출자집단	9.13	40.33	31.21	6.78
출총집단	6.49	41.73	35.24	8.57

주 1) 소유지분율은 전체 발생주식에서 자사주 · 우선주 · 상호주를 제외한 의결권 있는 지분만을 기준으로 계산한 것이기 때문에 보통주 기준의 동일인 및 친족의 지분합보다는 다소 높음.

2) 의결권승수는 B/A가 아니라 각 기업집단별 의결권승수를 먼저 계산한 후 이를 각 기업집단의 자본총계(또는 자본금)의 합으로 가중 평균한 것임.

‖ **표 8-12** ‖ 6조 이상 기업집단의 소유지배괴리도/의결권승수 현황

(단위 : %, %p, 배)

순위	집단명	소유지분율 (A)	의결지분율 (B)	소유지배괴리도 (A-B)	의결권승수
1	**삼성**	4.41	31.13	26.72	7.06
2	현대차	5.58	39.07	33.49	7.00
3	엘지	5.34	41.30	35.96	7.74
4	에스케이	2.15	34.06	31.91	15.83
5	**롯데**	10.53	48.58	38.05	4.61
6	**한진**	12.42	31.76	19.35	2.56
7	지에스	18.02	51.63	33.60	2.86
8	한화	4.87	48.95	44.08	10.05
9	**현대중공업**	11.32	27.93	16.61	2.47
10	금호	12.28	50.69	38.40	4.13
11	두산	5.78	57.36	51.58	9.92
12	동부	14.42	53.32	38.90	3.70
13	현대	3.98	20.12	16.14	5.06
14	**신세계**	24.79	39.99	15.20	1.61

※ **볼드체**는 출총졸업집단.

한국 재벌기업의 높은 내부지분율은 몇 가지 그 배경을 갖고 있다. 첫째, 높은 내부지분율은 대주주가 곧 창업경영주인 한국적 상황과 관련을 갖고 있다. 다시 말해 높은 내부지분율은 재벌총수들이 행사하고 있는 절대적인 기업지배권에 비해 그들이 보유하고 있는 지분이 크게 낮아진 상황의 대응물이다. 고도성장의 결과, 다른 나라에 비해 창업경영자가 압도적인 한국에서는 경영권 유지에 대한 욕구가 강하게 작용했다. 기업집단은 다양한 업종의 유력기업이 주식을 상호 보유함으로써 주주안정화를 기본 기능으로 성립한 집단이다. 역으로 주식시장이 기업통제시장으로서 충분히 기능하지 못하는 것도 기업 간의 주식 상호보유라고 하는 주식보유구조의 특질(높은 내부지분율)과 관련 있다. 즉 빠른 압축성장 과정에서 대기업의 대주주 소유지분은 크게 축소될 수밖에 없었고, 경영권의 안정성을 확보하기 위한 대응이 주식의 상호출자였다.

둘째, 높은 내부지분율을 가능케 한 계열사 간 순환출자는 자본 부족에 대한 대응물이기도 하였다. 즉 계열사 간 상호주식소유가 자본부족에 시달려 온 재벌들로 하여금 주식시장에서 자본을 조달하는 지렛대 역할을 하는 가공자본 창출을 제공했던 것이다. 내부자본의 부족을 고려할 때 이러한 상호출자의 가공자본 창출 기능은 재벌의 성장에 절대적인 역할을 수행했다. 예를 들어 4개의 계열사를 가지고 있는 어떤 재벌이 그 중 A 계열사가 20억 원의 내부 유보를 축적해 다른 계열사 B에게 출자했고, 또 B는 그것을 다른 계열사 C에, C는 다른 계열사 D에, 그리고 마지막으로 D는 A에 출자를 했다고 하면, 그룹 전체로 볼 때에는 장부가격으로 자본금이 100억 원이 증가한 셈이다. 이러한 증식이 장부상으로만 이루어진다면 실제 투자에 필요한 자본조달에 도움이 되지 못한다. 그러나 계열사들이 이 가공자본을 바탕으로 신주를 발행한다면 투자자금 자체도 증가할 수 있다는 것이 상호출자가 갖는 중요한 기능이다. 즉 모든 계열사들이 상호출자분의 두 배에 해당하는 유상증자를 실시하고 이를 주식시장에서 소화시켰다고 가정하면 자본금의 증가는 장부상 200억 원에 이르고 투자자금의 순증가분도 80억 원에 이른다. 물론 이런 투자자금이 증가할 수 있는가는 주식시장의 유동성에 달렸다. 만약 주식시장의 유동성이 충분하다면 재벌은 낮은 비용으로 자본을 동원할 수 있다는 점에서 주식시장에서의 자본동원에 적극적이게 된다. 영미의 학문적 입장은 한국과 같은 추격국 경제에서 공동출자가 선진국이 독점하고 있는 신규사업 분야 진출을 위한 유효한 자본조달, 위험 분산, 유치산업보호 수단이라는 측면을 간과하고 있다. 한국이 선진국이어서 이런 신사업 분야 진출과 추격이 필요 없다면 모를까, 그렇지 않은 상황에서 이 제도의 실과 득에 대한 균형적 고려가 필요하다. 개방된 세계화 환경일수록 상호출자의 이런 추격 도구로서의 이점은 더욱 중요하다. 미국에는 출자제한과 같은 제도는 없다. 그럼에도 기업들이 순환출자를 하지 않는 것은 별도 법인을 설립해 소수 지분을 인정할 경우, 이들의 주주 집단소송 때문에 사업하기가 힘들어서다. 따라서 사내사업부로 하거나 100% 지분방식으로 한다. 즉 상호출자는 내부지배권의 안정과 더불어 증자와 차입 그리고 우량계열사의 지급보증으로 투자 확대로 이어져 재벌의 성장에 절대적인 역할을 수행하였다. 실제로 출자총액제한은 계열기업들이 신규사업에 진출하거나 기존사업에서 투자를 확대할 때 걸림돌로 작용하듯이 실제로 투자 위축과 경제성장 둔화의 큰 요인이 되고 있다. 기업의 〈부채/자본〉 비율이 1997년 396.3%에서 2002년 130%로 크게 감소했던 반면, 투자율 역시 크게 감소하였던 것이다.

셋째, 내부지분율을 통한 대주주의 존재는 자본의 공급 및 소유와 경영의 분리에서 파생되는 대리인비용을 경감하고 소액주주의 무임승차문제(free-rider problem)를 완화시키는 장점도 있다. 이 효과는 주식의 대량 보유자가 기업경영이 효율적으로 이루어지는지를 감시하는 데서 나오는 이익이 크기 때문에 발생한다. 반면 소액주주들은 경영감시에 대한 비용을 자기가 전부 부담해야 하는데도 경영개선에서 돌아오는 반대급부는 자기의 지분만큼밖에 되지 않기 때문에 경영자 감시의 동기가 낮다.

그러나 높은 내부지분율은 또한 여러 문제들을 갖고 있다. 첫째, 계열사간 순환출자를 통해 만들어진 지분상의 지배력과 사실상의 지배력에 엄청난 괴리의 존재, 즉 재벌의 왜곡된 지배구조가 총수 1인의 '황제식 경영',

유상증자(有償增資, paid-in capital increase) 주주로부터 증자납입금을 직접 징수하는 증자로 무상교부와 구별된다. 유상증자의 형태에는 다음 세 가지가 있다. ① 주주에게 신주인수권을 주어서, 이들로부터 신주주를 모집하는 주주할당방법, ② 회사의 임원 · 종업원 · 거래선 등 연고관계에 있는 자에게 신주인수권을 주어서 신주를 인수시키는 제3자 할당방법, ③ 신주인수권을 준다는 행위가 아니라 널리 일반으로부터 주주를 모집하는 방법 등이다.

무상교부(無償交付, free issue) 상법상 준비금이나 재평가적립금의 자본전입에 있어서 신주를 무상으로 발행하여 전체 주주에게 그 지주 수에 비례하여 무상으로 교부하는 일이다. 이러한 주식을 무상주라고 하며 주주는 신주발행에 관한 이사회의 결의가 있었을 때부터 신주에 관하여 주주가 된다(제461조). 무상교부는 실질적으로는 주식의 분할과 같은 효과가 있다.

나아가 경영의 불투명성으로 이어질 수밖에 없다는 문제를 갖고 있다. 1997년 위기나 정경유착, 경제력 집중 같은 정치 · 경제적 문제를 끊임없이 일으켜 온 것이다. 이보다 더 큰 문제는 비정상적 수단과 방법을 통한 경영권과 부의 대물림, 황제 지위의 세습에 있다. 대기업이 투자를 꺼리는 중요한 이유 중의 하나가 2세, 3세에게 경영권을 물려주기 위해 '올인'하고 있기 때문이라는 지적도 나오는 실정이다.

둘째, 상호채무보증이고 상호출자를 통해 자원, 특히 금융자원을 독점함으로써 특히 중소기업의 발전을 가로막았다. 즉 한 계열사가 돈을 빌리면 다른 계열사가 보증 서 주고, 보증 선 계열사가 돈을 빌릴 때는 또 다른 계열사가 보증을 서 재벌들은 금융기관 돈을 끌어들였다. 이런 방식으로 확장을 거듭했던 것이다. 참고로 공정거래위에 따르면 1997년 4월 1일을 기준으로 30대 그룹의 상호채무보증 총액은 무려 64조 4,000억 원에 달한다. 1997년 명목 GDP(약 491조 원)의 13%에 해당하는 규모였다. 또한, 은행연합회가 1997년 5월에 발표한 "96년 말 51대 그룹 총차입금" 자료에 의하면 금융시장에서 삼성이 18.6조 원, 현대가 21조 원, 대우가 14.8조 원, LG가 13.6조 원을 거둬가고 있고, 5~10대 재벌도 5~7조 원씩 가져다 쓰는 등 51대 재벌그룹의 총차입금(은행대출금+종금사대출금+회사채발행액)은 169조 원으로 전체 시중자금(현금+은행예금+제2금융권예금) 614조 9,000억 원의 28%에 이르고 있다. 재벌들이 쓸어 가는 돈만큼 시중자금 사정은 마르게 되어 있고, 중소기업이 회사채를 발행하거나 제2금융권에서 대출받기가 '하늘에 별따기'만큼이나 어려웠던 이유가 여기에 있다. 이러한 현실은 "한국에서 중소기업이 살아남으려면 재벌 계열사가 되거나 협력사가 되는 방법밖에 없다"는 2006년 11월 권오승 공정거래위원장의 발언에서 보듯이 현재 진행형이다.

셋째, 더 큰 문제는 계열사 간 얽히고 보증이 되어 있어 돈 빌릴 때는 좋았지만 계열사 한 곳이 쓰러지면 재벌 전체가 무너져 버린다. 즉 우리 경제를 연환계(連環計)에 얽매이게 했다. 즉 증권거래소가 금융업을 제외한 30대 그룹 소속 상장계열사 158개를 대상으로 1996년 그룹 내 계열사 간의 매출과 매입거래 현황을 분석한 결과를 보면 매출액과 매입액의 합계 522조 2,074억 원 중 계열사 간 거래가 138조 1,072억 원으로 26.5%를 차지하는 것으로 밝혀졌다. 이 중 매출의 경우가 총매출액 279조 347억 원 중 26.4%, 그리고 매입의 경우 총매입액 243조 1,727억 원 중 26.5%가 계열사 간 거래였다. 또한, 이는 재벌들이 내부거래를 통해 특정 계열사에 비싸게 사 주고 싸게 팔아 주는 '특정 계열사 밀어주기'가 성행한다는 것을 의미한다. 이처럼 국내 재벌그룹 계열사들의 계열사 간 거래에 대한 지나친 의존은 한 개 계열사만 부실화돼도 그 여파가 전체 계열사에 파급될 가능성이 높다는 것을 의미하는 것으로서, 특히 경기침체가 장기화될 경우 연쇄부실화 가능성이 높을 수밖에 없다.

이밖에도 계열사 간 상호지급보증문제로 알려진 대주주경영의 자기거래(self-dealing)나 내부거래의 문제, 예컨대 비효율적인 계열기업에 대한 채무보증이나 상장계열사와 비상장계열사 간의 자기거래를 통해 상장기업의 외부주주들은 손해를 보고 비상장기업, 나아가 그룹 전체의 실질적 소유주인 대주주경영자는 이득을 보는 문제가 발생하고 있다. 물론 내부거래를 개별 기업의 외부주주들 입장에서만 판단할 수는 없다. 그러나 예를 들어 재벌 오너가 계열사 혹은 그 자산을 친족들에게 낮은 가격으로 매각하거나 높은 가격으로 매입하는 사례가 공정거래위원회에 의해 종종 적발되곤 한다. 실제로 집단소송제도가 없는 한국에서 상호출자를 통해 오너-경영자는 사적 이득(대출, 상속, 판공비) 등을 누리고 있다. 따라서 원인적 처방은 이러한 사적 이득을 줄여 나가는 법적 · 제도적 개혁이다. 기업지배구조 이론에서도 대주주 존재에 따른 비용으로 다른 투자자, 경영자, 노동자에 대한 직접적인 재산권 침해는 물론, 기업의 이윤극대화가 아닌 개인적 이해 추구에 따라 발생하는 간접적인 재산권 침해, 대주주의 사익추구 행동이 다른 이해관계자에게 미치는 부정적 파급효과 등을 지적한다.

물론, 재벌기업의 지배구조를 주주 중심으로만 바라볼 수는 없다. 그런데 현재 우리 사회에서의 재벌개혁에 대한 입장은 주주가치 이념에 기초한 (미국식) 독립기업화를 목표로 하고 있다. 앞에서도 지적했듯이 주주가치 이념은 기업에 대한 주식시장의 직접 통제가 핵심이다. 주식시장의 이념은 유동성, 환매성이 완벽하게 보장되는 완벽한 재산권(유가증권)의 확립이듯이 기업의 소유-지배 역시 재산권시장에 의해 직접 관리 · 통제될 것을 요구하고, 그 결과로서 M&A시장으로 표현된 기업지배권시장의 발전은 절대적 요구사항이다. 따라서 기업집단의 존재는 기업지배권시장의 이념(1주 1표 원리)에 근본적으로 배치된다. 예를 들어, 출자총액제한제의 구상이 대표적으로 '재벌그룹의 독립기업화' 작업으로 기업에 대한 주식시장의 직접 통제를 목표로 하는 기업지배권(적대적 M&A) 시장이론에 기초하고 있다. 이 이론에서 볼 때 (고수익 사업과 저수익 사업이 골고루 섞여 있는 다각화 기업집단인) 재벌그룹은 그룹의 내부통제(계열사 통제)를 이루어 냄으로써 (자본)시장에 의한 직접통제(직접적 기업통제)의 의미를 반감시키며, 또한 기업그룹은 내부 자본/자원시장을 형성함으로써 시장(자본/노동/기술시장)의 의미를 반감시키기 때문에 바람직한 기업지배구조가 될 수 없다. 이런 차원에서 주주가치를 중시하는 기업지배권 시장이론은 지주회사화를 통한 재벌의 형태 전환에도 반대한다. 지주회사 역시 기업지배권 시장원리를 침해한다는 이유다.

주주가치 자본주의 이념에 대해 재벌들이 보이는 모습도 모순적이다. 주주가치의 실체가 사유재산권(주주권)의 신성함이라는 점에서, 재벌들은 국가 및 사회의 개입에 대항해 자신들의 재산권 보호를 위한 목적으로 이른바 오너의 주주권(재산권)을 적극 옹호하고 있으면서도 동시에 소액주주운동(=주주행동주의)같은 주주가치 이념의 확산을 경계하고 있다. 그럼에도 불구하고 기본적으로 재벌기업들은 1997년 위기 이후 주주가치 자본주의(=증권시장 자본주의)의 지배, 확립이라는 새로운 환경에 적응하기 위해 경영의 최우선 목표로 주주가치 경영을 내걸면서 주가 및 (기관)투자자 관리(IR) 등에 적극 나서고 있다. 예를 들어, 1997년 위기 이후 해외금융자본의 요구에 따른 한국경제시스템의 개혁으로 경제의 중심축은 자본시장으로 이동하였고, 그 결과 단기실적주의와 상시 주가관리가 뿌리를 내렸다. 이로 인해서 자금 사정이 괜찮은 기업들도 중장기 투자를 기피하는 현상이 발생하고 있다. 실증적으로도 자본시장과 기업의 경쟁력투자 간에 상충관계의 존재가 확인되고 있다.[26] 우량기업의 경우 기업 내부자금 순환에서 금융자산운용이 큰 비중을 차지하고 있다는 것도 투자처를 못 찾고 있다는 의미이다. 실제로 현재 기관투자자들(펀드매니저들)은 기업(집단)을 최소수익단위까지 해체할 것을 요구하고 있다. 즉 펀드매니저들은 높은 투자기준에 부응하는 고수익 사업부 및 제품조직만 남겨 두고 역량을 집중하면서 저수익 사업부 및 제품조직은 매각, 청산할 것을 요구(소위 핵심역량이론)하고 있는 실정이다.

이론적으로 다각화 경영과 독립경영 중 어느 것의 절대적 우월성을 주장할 수 없다. 한국의 경우 단위기업별로 독립 채산을 강조했으면 지금의 삼성전자나 현대조선, 현대자동차, SK텔레콤은 존재할 수 없었다는 점이다. 오늘날의 삼성전자가 있기까지는 삼성그룹 전체 차원의 '리스크 테이킹(Risk Taking)'이 있었기 때문에 가능했다. 즉 오늘날 삼성의 가장 큰 수익원은 반도체인데 반도체 사업을 성공시키기 위해 삼성전자뿐만 아니라 삼

26) 예를 들어, 굿모닝신한증권이 2001년부터 2002년 9월 말까지 시설투자를 공시한 코스닥기업 113개사를 대상으로 공시를 전후한 6개월간의 주가움직임을 분석한 결과 시설투자가 주가에 부담으로 작용한 것으로 나타났다(경향신문, 2003. 4. 29).

성그룹 전체가 위험을 떠안았다. 삼성전자의 역사를 보면 실제로 초기 5~6년 동안 막대한 적자가 났고 삼성그룹 전체가 1차 부도 위기에까지 몰리기도 했다. 이처럼 모든 것을 건 도전이 가능했던 것은 후발국의 경우 기업집단의 장점에서 비롯한 측면이 있다. 그런 점에서 2003년의 SK글로벌 사태는 우리에게 시사하는 바가 많다. 기업그룹을 보면 현금흐름이 좋은 기업과 좋지 않은 기업이 동시에 존재하기 마련이다. 기업그룹 차원에서는 현금흐름이 좋지 않은 기업을 우량기업이 지원할 필요가 있으나 소액주주들은 반발하는 실정이다. 그러나 우량기업인 SK텔레콤은 SK그룹 차원에서의 자금지원 없이 존재할 수 없었다. 형평의 차원에서도 과거 혜택을 입은 SKT의 다른 기업그룹 지원은 당연하다. 일부 외국인 대주주와 국내 소액주주, 그리고 일부 시민단체들이 SK글로벌에 대한 지원 반대, 독자 생존을 주장하고 있으나 독자 생존을 하지 못하여 부실화하면 많은 국내 금융기관들이 부실해지며 이 부담은 우리 국민들이 고스란히 지게 된다. 과거 성장 과정에서 SK글로벌의 지원을 받았던 SK 계열사들의 이익은 소수의 주주에게, 그리고 적지 않은 몫이 외국인들에게 넘어가고 부실해진 계열사들의 책임만 우리 국민들이 떠맡게 되는 것이다.

유럽 공동체 차원에서 실시한 기업 지배구조에 관한 가이드라인에 따르면 (우리와는 형식이 다르지만) 기업집단의 존재가치를 인정한다. 즉 유럽도 기업집단 내 자회사 간 서로 도와주는 것은 정당하다고 판결하고 있다. 또한 장기적인 관점에서 기업을 도와주는 것이 역설적으로 주주의 권익을 지키는 것이기도 하다. 이는 유치산업 보호나 새 산업을 육성할 때 국민들이 비용을 부담하는 것에 비유될 수 있다. 예를 들어 철을 일본에서 싸게 구매할 수 있었음에도 불구하고 수입제한조치로 포항제철에서 비싼 가격에 구매를 강요받았다. 그 결과 포스코는 한국경제의 주축산업으로 성장하였다. 기업그룹도 마찬가지로 기업그룹 내 유치산업 보호를 위한 그룹의 역할이 필요한 것이다. 게다가 한국의 경우 외부 자본시장이 발달되지 않았기 때문에 재벌 내부에서 작동하는 내부 자본시장의 기능을 살릴 필요가 있고, 자금력 좋은 기업과 어려운 기업 간에 상호 부조할 수 있는 상생의 메커니즘을 대안 없이 파괴해서는 곤란하다.

이처럼 한국 재벌에 대한 일부 부정적 평가는 잘못된 기준에 의한 오해에서 비롯한다. 재벌의 대부분 특성들은 한국의 경제발전 과정의 산물이었고 국민경제와 기업의 압축성장이 보여 주듯이 성장의 동력이기도 하였다. 그럼에도 불구하고 재벌의 성장이 국가에 의해 이루어진 국내외 자본차입에 대한 지급보증과 은행파산에 대한 구제신뢰라는 전사회적 지원시스템 속에서 가능하였을 뿐 아니라 여전히 재벌의 지배구조가 국민경제를 담보로 유지되고 있고 국민경제의 균형발전에 장애로 작용하고 있다는 점은 명백하다. 앞에서 살펴봤듯이 한국 재벌은 국민경제에서 차지하는 비중이 절대적이라는 점 이외에도 그 성장과정이 사회 많은 부문의 희생과 총력지원의 결과, 즉 위험공유시스템에 기초해 성장하였고, 그 속에서 유지되고 있다는 점에서 사실상 국민기업이다. 따라서 재벌문제의 본질에 접근하려면 재벌기업의 국민기업 내용을 현실화 · 제도화시켜야 한다. IMF 구제금융 기간 동안 재벌총수들에게 사재를 내놓아 국민들에게 사죄하라는 '초법적'인 압박(?)이 가능했던 것은 국민정서 때문이었을 것이다. 법이 국민정서를 담아내지 못하는 현실을 반영하는데도 이 나라의 일부 엘리트들은 '법의 지배'를 들고 나온다. "시장경제는 자유롭고 공정한 경쟁의 틀에서 꽃을 피우며 그 틀은 확고한 게임의 룰, 즉 법의 지배에 의해 제대로 마련될 수 있다"는 이른바 '법치경제론'은 법이 한국의 경제환경, 즉 '한국형' 시장경제를 제대로 반영할 때 가능한 것이다. 예를 들어, 최근 기업호감도에 대한 대한상공회의소와 현대경제연구원이 조사한 결과는 오래전에 한국경제학회에서 조사한 결과와 다름없는 것으로 나타났다. 2006년 7월 발표한 조사 결과에 따르면 우리 국민의 기업에 대한 호감도는 48.7점에 불과했고, 또 국민 10명 중 4명은 기업활동의 우선순위로 부(富)의 사회 환원을 꼽았다.

기업집단에서 내부인과 외부인 간에 벌어지는 결제갈등의 정치적 표현인 재벌의 비민주성의 문제다. 내부인과 외부인 간에는 주식을 보유하는 목표가 다르다. 외부인은 기업집단 차원에서의 성장이나 수익에는 관심이 없다. 외부인은 자신이 보유하고 있는 회사만이 관심대상인 반면, 내부인은 기업집단 전체에 관심을 둔다. 사업을 확장하려고 할 때 현재 수익성이 높은 기업을 통해 신규 사업을 보조하는 경우가 많다. 이 기업에 투자한 외부인이 반대할 수밖에 없는 요인이 여기에 있다. 〈표 8-13〉은 이 같은 내부인과 외부인 간 상충되는 이해관계를 나타내 본 것이다. 즉 기업집단을 통한 다각화를 하기 전에 기업A가 존재한다 가정하자. 이 기업의 자본금은 100, 매출액은 100, 수익은 10에 수익률은 10%다. 내부인 입장에서는 기업A를 활용해 기업B를 만드는 것이 바람직할 것이다. 이 두 기업을 합쳤을 때 자본금은 150, 매출액은 150, 수익은 12로 다각화하기 이전보다 더 커지기 때문이다. 내부인 입장에서는 개별 기업의 수익률이나 기업집단의 평균수익률이 10%에서 8%로 하락한 것은 문제가 되지 않는다. 그러나 이것은 외부인 입장에서 볼 때 바람직하지 않다. A가 B를 지원하는 과정에서 자신이 주식을 보유하고 있는 기업A의 수익이 8로 떨어졌고 그 결과 주식의 가치는 떨어졌기 때문이다. 외부인의 경우 비합리적 경영이라 주장할 수 있는 반면, 내부인의 입장에서는 기업집단의 평균 수익률을 떨어뜨리는 게 합리적 의사결정인 것이다.[27)]

‖ **표 8-13** ‖ 내부인과 외부인 간의 이해 상충

	다각화 이전				다각화 이후			
	자본금	매출액	수익	수익률	자본금	매출액	수익	수익률
기업A	100	100	10	10%	100	100	8	8%
기업B	0	0	0	0%	50	50	4	8%
기업집단(A+B)	100	100	10	10%	150	150	12	8%

자료 : 신장섭(2005 : 450, 〈표 14-3〉에서 재인용).

27) 신장섭, 2005, 「기업집단과 재벌정책」, 이대근 외, 『새로운 한국경제발전사』, 나남출판.

다시 말해, 한국 재벌의 책임경영문제는 총수 및 그 가족과 외부주주 간의 '한국적'인 '주인-대리인'문제로서 효율성의 문제뿐 아니라 사회적 형평의 문제까지 포함한다. 기업 내부의 이해당사자 간의 관계뿐 아니라 노동자와 농민, 소비자, 정부, 하도급기업과의 관계까지 포괄하는 보다 넓은 의미에서 기업지배구조의 문제인 것이다. 이런 점에서 한국 재벌기업에서 '주인-대리인'문제는 주주와 경영자 간의 문제라기보다 오히려 기업을 지배하고 있는 대주주경영자와 형식적 혹은 내용적으로 기업에 대한 일정한 지분을 갖고 있는 외부주주 및 일반국민 사이에 발생하는 구체적인 문제다. 이런 측면에서 한국의 노동자와 노동운동진영 역시 한국의 재벌이 국민기업 성격을 제대로 이해해야 한다. 한국 재벌의 경우 기업을 둘러싼 이해관계자의 범위가 또 하나의 기업집단을 이루는 유럽기업들과 비교해 훨씬 넓다는 것을 이해해야 한다. 유럽 기업집단들의 경우 기업주와 노동자가 주요 이해관계자라면 한국의 경우 압축성장의 탓으로 농민을 포함하여 전체 국민의 희생과 참여 속에서 기업과 국민경제가 성장하였다는 점에서 이해관계자 중 노동자가 차지하는 비중이 상대적으로 작은 편이다. 오히려 일반국민 모두가 기업의 이해관계자의 범주에 포함된다 할 수가 있다. 이런 인식 속에서 기업의 성과가 기업을 둘러싼 이해관계자 모두가 공유할 수 있다면 재벌에게 (경영능력이 존재하는 한) 경영의 안정성 보장은 문제될 사항이 아닌 것이다. 이런 방향에서 우리 사회는 대타협이 필요하다. 예를 들어, 재벌에 대한 경영의 안정권 보장은 기업과 국민경제의 성장이라는 목표를 공유할 수 있다는 점에서 재벌과 국민경제 모두의 이익에 부합하는 측면이 있다.

최근 투자 부진을 담보로 재벌기업의 요구에 의해 출총제 폐지가 제기되고 이에 따른 대안으로 순환출자 규제에 대한 논란이 재계 입장을 대변하는 측과 공정위를 비롯해 소위 재벌개혁을 주장하는 측 사이에 평행선을 보이고 있다. 예를 들어, 공정위는 순환출자구조가 해소돼도 재벌그룹들의 내부지분율은 현재 40% 수준에서 38.5% 정도로 소폭 줄어들기 때문에 경영권이 위협받을 가능성은 크지 않다는 입장인 반면, 재계에서는 38.5%가 전체 재벌그룹의 평균일 뿐 개별기업, 특히 삼성그룹을 포함한 주요 그룹은 순환출자가 금지되면 적대적 M&A 위협에 노출된다고 주장한다. 삼성그룹의 경우 집권 여당 내에서 제기되는 순환출자 금지방안, 즉 (기업들의 부담을 줄이기 위해 순환출자구조를 이루는 여러 개의 연결고리 중 가장 지분율이 낮은 고리 부분인) 최소지분 의결권을 제한할 경우 기존 대주주와 특수관계인이 삼성전자에 행사할 수 있는 영향력의 척도인 내부지분율(2006년 11월 초 기준)은 18.1%에서 12.2%까지 떨어지는데 삼성전자 지분 11.2%를 보유하고 있는 미국 씨티은행이 다른 외국계 투자자와 연합해 공격해 온다면 국내 시가총액 1위 기업 삼성전자의 경영권은 외국인의 손으로 넘어가게 된다는 것이다. 순환출자 금지 방안으로 논의되는 다른 하나의 방안인 임의 선택 지분에 대한 의결권 제한이 도입되더라도 결과는 마찬가지라는 것이다. 즉 삼성그룹이 삼성물산의 삼성전자 지분 대신 삼성SDI의 삼성물산 지분을 털어 내면 삼성물산의 내부지분율은 14.9%에서 6.9%로 떨어지게 되고 이 경우 8.0%의 지분을 가진 플래티넘에셋매니지먼트에 삼성물산 최대주주 자리가 넘어가게 되기 때문이다. 현대자동차의 경우에도 전자의 방법(최소지분 의결권 제한)이 도입될 경우 기존 대주주와 특수관계인이 현대자동차의 내부지분율 25.5%가 5.5%까지 떨어져 6.0%를 소유하고 있는 캐피털리서치&매니지먼트나 5.6%를 소유하고 있는 캐피털그룹인터내셔널보다 낮게 된다는 것이다. 이렇게 전자의 방법이 순환출자 금지의 방안으로 도입될 경우 두 그룹 이외에도 SK그룹, 현대중공업그룹, 한솔그룹, 현대그룹이 경영권 위협에 처하게 된다고 주장한다. 결국 정부 내 재경부와 산자부가 공정위 대안('환상형 순환출자 규제+출총제 유지' 방안)에 대해 '기업부담 완화' 원칙에 어긋난다며 반대 입장을 고수해 (2006년 11월 16일 확정된) 정부안은 순환출자 규제를 제외하고 자산 6조 원 이상 그룹 소속의 전 계열사를 대상으로 순자산의 25%가 넘게 다른 회사의 주식을 보유하지 못하도록 한 현행 출총제가 자산 10조 원 이상 그룹에 속하는 자산 2조 원 이상의 대기업으로 대상을 축소하고 순자산 대비 출자한도도 25%에서 40%로 크게 높였다. 이렇게 되면 출총제 적용대상은 14개 그룹 343개사에서 7개 그룹 24개사로 줄어들고 출총제가 유지되는 24개사의 출자여력은 현재 16조 원에서 33조 원으로 늘어난다.

그런데 재벌에 대한 규제 철폐를 주장하는 이들은 순환출자의 부정적 측면들을 외면하고 유럽의 일류기업들이 가족경영기업이라는 주장 등을 하고 있으나 유럽의 일류기업들이 투명경영이나 국민경제에 대한 책임을 통해 사회로부터 신뢰를 얻고 있다는 사실은 도외시하고 있다. 경영권의 안정화를 위해 국민경제를 담보로 하고 있다면 국민경제에 대한 책임을 다해야 국민들에게 신뢰를 얻을 수 있는 것이다. 왜 재벌개혁을 요구하는 주장들이 국민들에게 일정한 공감을 갖고 있는지 생각해야 한다. 재벌의 혼자 힘으로 해결될 문제들은 아니지만 비정규직의 급증 등 고용의 질 개선이나 중소기업의 문제 등을 비롯해 국민경제 전체의 문제로부터 한국의 재벌들은 자유롭지 못하다.

제 3 부

국민경제와 시장 : 거시적 시장의 세계

미시적 시장의 세계가 개별 경제주체들의 개별 상품에 대한 선택행위에 초점을 맞추는 반면, 전체 경제주체들을 수요자와 공급자 입장에서, 그리고 시장에서 거래하는 전체 상품들을 대상으로 분석할 수 있다. 시장은 기본적으로 수요와 공급, 그리고 수요와 공급을 안내하는 가격으로 구성되듯이 거시적 시장의 세계 역시 균형거래량과 균형가격의 개념이 존재하는데 전자의 경우 거시적 시장의 세계에서는 시장에서 거래하는 전체 상품이기에 국민소득이 되고, 후자의 경우 전체 상품의 가격이기에 물가가 된다. 즉 경제학에서는 국민소득과 물가 결정 과정을 설명할 때도 기본적으로 시장의 개념, 즉 수요와 공급의 틀을 사용하는 데 개별 수요와 공급 대신 총수요(aggregate demand, AD)와 총공급(aggregate supply, AS)이라는 표현을 사용하는 것뿐이다. 총수요와 총공급이 균형을 이루는 상태에서 국민소득과 물가수준이 결정되는 것이다. 여기서 한 나라의 국민경제는 가계, 기업, 정부, 해외 부문의 네 주체로 구분할 수 있고, 주어진 물가수준에서 이 네 주체가 수요하는 상품의 양을 모두 합한 것이 총수요다. 또한 총공급은 주어진 물가수준에서 한 경제의 모든 기업들이 생산 · 판매하려는 상품의 양을 말한다.

제 9 장 국민소득과 물가

1. 국민소득의 개념

국민소득은 한 나라의 경제력이나 그 국민들의 생활수준 등을 파악하기 위해서 활용되는 대표적인 경제지표다. 국민소득은 가계, 기업, 정부 등 모든 경제주체가 일정기간 새로이 생산한 재화와 서비스의 가치를 시장가격으로 평가 · 합산해서 산출한다. 국민소득은 세 가지 측면, 즉 생산, 분배, 지출 면에서 산출할 수 있다. 국민소득이 생산→분배→지출 과정을 통하여 순환되기 때문이다. 먼저 기업이 노동, 자본, 토지 및 경영 등의 생산요소를 투입하여 생산활동을 수행한 결과로 생산국민소득이 발생하면 여기에서 생산에 참여한 노동자는 임금, 돈을 빌려 준 사람은 이자, 토지를 빌려 준 사람은 임대료를 받게 된다. 이들 소득을 공제한 나머지가 기업에 이윤으로 돌아가는데 이와 같은 소득을 합하여 분배국민소득이라 한다. 분배된 소득은 개인이 물건을 구입하는 데 사용(소비)하거나 기업이 다음 생산을 위하여 공장을 짓거나 기계를 사들이는 데 지출(투자)함으로써 최종생산물에 대한 수요로 나타나며, 이를 지출국민소득이라 한다.

경제성과를 설명할 때 첫 번째로 강조되는 것이 총산출량(GDP나 GNP) 및 1인당 산출량(1인당 GDP나 GNP)의 수준이나 성장률이다. 즉 한 사회의 경제가 얼마나 잘 운영되고 있는가를 나타내 주는 것이 그 경제 구성원의 총소득, 즉 국내총생산(GDP)이나 국민총생산(GNP)이다. GDP는 "일정 기간 동안에 어느 나라에서 생산된 모든 최종재화와 서비스의 시장가치"로 정의하고, GNP는 "일정 기간 동안에 한 나라 국민들이 생산한 모든 최종재화와 서비스의 시장가치"로 정의한다. 즉 GDP에는 국내에 거주하는 비거주자(외국인)에게 지불되는 소득과 국내 거주자가 외국에 용역을 제공함으로써 수취한 소득이 포함된다. 반면 GNP는 한 나라의 국민이 생산활동에 참여한 대가로 받은 소득의 합계로서 해외로부터 국민(거주자)이 받은 소득(국외수취요소소득)은 포함되고 국내총생산 중에서 외국인에게 지급한 소득(국외지급요소소득)은 제외된다. 이처럼 GDP는 국내에 거주하는 모든 생산자가 생산한 부가가치를 합산한 것이므로 국외거래에 의하여 발생하는 생산은 고려하지 않아 GDP와 GNP는 '국외순수취요소소득(Net Factor Income from the Rest of the World)' 만큼 차이가 발생하게 된다.

GNP = GDP+국외순수취요소소득

국외순수취요소소득은 한 나라의 국민이 해외에서 노동이나 자본 등의 생산요소를 제공한 대가로 받은 '국외수취요소소득'에서 국내의 외국인이 생산활동에 참여함으로써 발생한 '국외지급요소소득'을 차감한 것으로 국외순수취 기업 및 재산소득과 피용자보수를 더하여 구한다. 즉 국외순수취요소소득은 국내에서의 모든 경제주체가 생산활동에 참여한 결과 발생한 국내총생산과 한 나라의 국민이 생산활동에 참여한 결과인 국민총소득의 차이를 의미한다. 우리나라는 최근 들어 우리 기업의 해외투자가 늘어나고 또한 외국인 기업들의 국내투자도 그 규모가 커짐에 따라 1995년부터는 세계적인 추세에 맞추어 GDP를 중심지표로 발표하고 있다.

또한, 한국은행은 1999년부터 GNP 대신 유사한 의미를 갖는 국민총소득이란 용어를 사용하고 있다. 그동안 소득지표로서 이용하였던 실질

GNP는 생산물량 변화를 반영하는 GDP와 소득을 반영하는 국외순수취요소소득이 혼합되어 있어 성격이 불명확하였다. 그러나 명목GNP는 생산물량뿐만 아니라 임금, 기업채산성, 교역조건 등이 포함되어 있는 소득지표이므로 현행 명목GNP를 명칭만 명목GNI로 변경하여 사용하였다. 〈표 9-3〉에서 보듯이 1인당 국민총소득(GNI)은 1995년에 처음으로 1만 달러를 넘어섰다가 1997년 외환위기를 맞으면서 1998년에 7,000달러대로 후퇴했다가 2004년 말 현재 1만 4,162달러를 기록하고 있다.[1] 우리나라의 경우 주로 대외채무에 대한 이자지급으로 말미암아 국외순수취요소소득이 마이너스(−)로 나타나 국민총소득이 국내총생산보다 작은 것으로 나타난다. 참고로 우리나라의 국외순수취요소소득의 추세를 보면 1996년 −1조 7,400억 원, 1997년 −2조6,770억 원, 1998년 −7조 8,570억 원, 1999년 −6조 1,440억 원, 2000년 −2조 5,050억 원, 2001년 −1조 950억 원으로 마이너스(−)를 기록했으나, 2002년 8,060억 원, 2003년 7,450억 원, 2004년 1조 230억 원으로 플러스(+)를 기록하였다.

한편, 실질GNI란 한 국가의 국민이 일정 기간 생산활동을 통해 벌어들인 소득으로 무엇을 얼마나 살 수 있느냐를 수치화한 것으로 이해할 수도 있다. 즉 생산량은 동일하더라도 수출품의 가격이 떨어진다면 벌어들인 소득으로 해외에서 사들일 수 있는 능력은 줄기 때문에 실질GNI를 국민의 체감경기를 나타내는 지표라고 부르기도 한다. 이처럼 체감경기와 지표경기의 격차는 교역조건과 밀접한 관련을 맺고 있는 것이다. 여기서 한 나라의 상품과 다른 나라의 상품(또는 재화)의 교환비율로 정의되는 교역조건은 일반적으로 수출상품 1단위와 교환으로 얻어지는 수입상품 단위수로 표현한다. 그 지표는 수출가격지수의 수입가격지수에 대한 비로써 표시된다. 이때 수출과 수입의 가격지수의 기준연차와 비교연차는 각각 동일 연차로 한다. 이 교환비율이 수출국에 유리할 경우는 수출국교역조건의 유리화,

---

1) 우리와 같은 동아시아 신흥공업국 중 하나인 싱가포르의 1인당 국민총소득은 1989년, 대만은 1992년에 1만 달러를 넘어섰다.

그 반대의 경우는 수출국교역조건의 악화라고 한다. 예를 들어, 한국은행의 '2005년 국민계정(잠정)'에 따르면 2005년 GDP 성장률은 4.0%를 나타내 3년째 잠재성장률 수준을 밑돌았으며, 실질GNI는 국제유가 상승과 반도체가격 하락 등으로 인해 수출물가가 하락하고 수입물가가 급등하는 등 교역조건이 악화되면서 2004년보다 0.5% 늘어나 실질GDP 성장률을 크게 밑돌았다. 실질GNI 증가율이 실질GDP 성장률보다 낮은 것은 반도체 및 통신기기, 컴퓨터, 자동차 등 주요 수출품목의 가격이 하락한 반면 원유 등 수입원자재 가격이 상승한 결과 교역조건이 악화되어 실질 무역손실이 전년보다 확대된 데 기인하였다. 참고로 실질GDP와 실질GNI는 2006년 1분기의 경우 전기대비 1.2%와 −0.6%, 2006년 2분기의 경우 0.8%와 1.4%, 2006년 3분기의 경우에는 1.1%와 0.0%를 기록하였다.

> **국민계정**(National accounts) 일정 기간 중 국민경제를 구성하고 있는 모든 경제주체들의 다양하고 복잡한 경제활동의 결과와 일정 시점에서 국민경제 전체의 자산과 부채상황을 정리해 보기 위해, 정해진 회계기준(국민계정체계)에 따라 작성한 국민소득 통계.

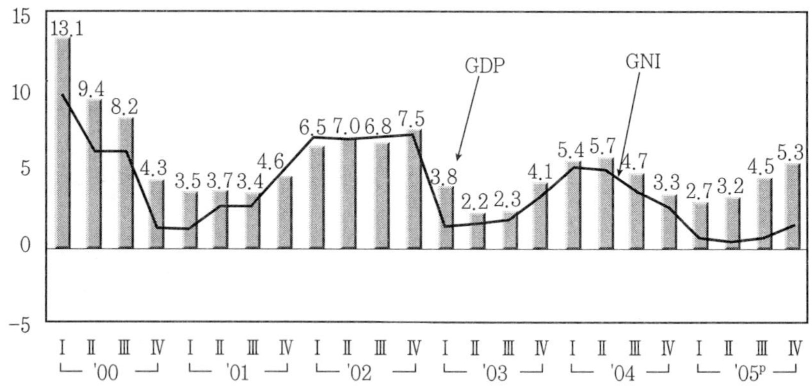

자료 : 한국은행.

‖ **그림 9-1** ‖ 분기별 경제성장률 추이(2000년 기준, 전년동기대비, %)

‖ **표 9-1** ‖ 교역조건지수[1] 추이

(2000=100)

	2004					2005*				
	1/4	2/4	3/4	4/4	연간	1/4	2/4	3/4	4/4	연간
교역조건지수	91.9 (-0.4)	93.7 (-0.8)	93.3 (-1.8)	92.5 (-1.8)	92.9 (-1.1)	88.7 (-3.5)	89.1 (-4.9)	87.1 (-6.6)	86.5 (-6.5)	87.8 (-5.5)

주 1) 재화와 서비스의 수출 및 수입 디플레이터 기준, ( ) 안은 전년동기대비 증감률(%).

‖ **표 9-2** ‖ 실질소득지표 추이

(2000년 가격 기준, 단위 : 10억 원)

	2004					2005*				
	1/4	2/4	3/4	4/4	연간	1/4	2/4	3/4	4/4	연간
실질 국내총생산[1] (실질GDP)	160,896.7 (5.4)	172,921.5 (5.7)	170,593.4 (4.7)	189,584.0 (3.3)	693,995.5 (4.7)	165,258.0 (2.7)	178,396.4 (3.2)	178,266.3 (4.5)	199,570.6 (5.3)	721,491.4 (4.0)
교역조건 변화에 따른 실질 무역손익	-6,699.6	-5,363.8	-5,586.9	-6,821.4	-24,471.6	-10,154.6	-10,009.7	-12,342.0	-13,801.3	-46,307.6
실질 국외순수취 요소소득	628.8	-1,045.1	592.2	1,338.0	1,513.8	291.8	-1,646.6	166.4	554.4	-633.9
실질 국민총소득[1] (실질GNI)	154,826.0 (5.0)	166,512.5 (4.9)	165,598.7 (3.5)	184,100.5 (2.5)	671,037.7 (3.9)	155,395.3 (0.4)	166,740.2 (0.1)	166,090.7 (0.3)	186,323.7 (1.2)	674,549.9 (0.5)

주 1) ( ) 안은 전년동기대비 증감률(%).

생산지표와 소득지표를 요약하면 다음과 같다.

첫째, 명목 국내총생산(GDP valued at current prices)은 경제규모, 산업구조 등의 파악에 이용되는 지표로서 국내에서 생산된 최종생산물의 수량에 그 때의 가격을 곱하여 산출하므로 명목GDP의 변동분은 최종생산물의 수량과 가격변동분이 혼재되어 있다.

둘째, 실질 국내총생산(GDP valued at xxxx constant prices)은 국내경제의 생산활동 동향을 나타내는 경제성장률 산정에 이용되는 지표로서 국내에서 생산된 최종생산물의 수량에 기준연도(xxxx년, 현재 2000년)의 가격을 곱하여 산출한 물량측정치이므로 실질GDP의 변동분은 가격변화분을 제거한 순수한 생산수량의 변동분만을 나타낸다.

셋째, 실질GDI는 국내에서 생산된 최종생산물의 실질구매력을 나타내주는 지표로서 명목GDP에서 개별상품의 절대가격변화에 따른 변동분을 제거한 것이 실질GDP(물량측정치)이며 실질GDP에서 교환되는 상품 간의 상대가격 변화에 따른 구매력의 변동분, 즉 상대가격변화에 따른 실질거래손익을 조정한 것이 실질GDI(구매력측정치)이다. 여기서 상대가격변화에 따른 실질거래손익은 거주자 간의 거래에 있어서는 거래손실과 거래이익이 서로 상쇄되므로 거주자와 비거주자 간의 거래, 즉 무역에서만 발생한다. 따라서 이를 교역조건 변화에 따른 실질 무역손익이라 한다.

넷째, 실질GNI는 우리나라 국민이 국내는 물론 국외에서 벌어들인 소득의 실질구매력을 나타내는 지표로서 실질GDI에서 외국인이 국내에서 벌어간 실질소득은 차감하고 우리 국민이 국외에서 벌어들인 실질소득은 더하여 산출한다.

다섯째, 명목GNI는 1인당 국민소득, 국가경제규모 등을 파악하는 데 이용되는 지표로 우리나라 국민이 국내는 물론 해외에서 생산활동에 참여한 대가로 벌어들인 명목총소득을 의미하므로 명목GDP에 명목 국외순수취요소소득을 더하여 산출(종전의 명목GNP)한다. 1인당 GNI는 국민들의 생활수준을 나타내는 지표로서 연간의 명목 국민총소득을 연앙(年央)인구(7월 1일)로 나누어 구하며 국제비교를 위해 미 달러화(연평균 환율 적용)로 표시한다.

여섯째, 국민총처분가능소득(Gross National Disposable Income)은 소비율, 투자율, 저축률 등의 산정에 이용되는 지표로서 소비나 저축으로 자유로이 처분할 수 있는 총소득으로 GNI에 국외순수취경상이전을 더하여 산출하며 일반적으로 명목지표만 편제한다.

실질GDI ≡ 실질GDP + 교역조건 변화에 따른 실질 무역손익
실질GNI ≡ 실질GDI + 실질 국외순수취요소소득
명목GNI ≡ 명목GNP

지난 2004년 우리나라의 1인당 국민총소득(GNI)이 세계 50위로 2003년보다 1단계 떨어진 것으로 집계됐다. 2005년 5월 한국은행이 세계은행

의 '세계발전지수(World Development Indicators 2006)'를 요약 정리한 자료에 따르면 시장환율을 기준으로 한 우리나라의 2004년 1인당 GNI는 1만 4,000달러로 비교대상 208개국 가운데 50위를 차지했다. 우리나라의 1인당 GNI는 포르투갈(1만 4,220달러, 49위), 바레인(1만 4,370달러, 48위) 등과 비슷한 수준이지만 홍콩(2만 6,660달러, 27위), 싱가포르(2만 4,760달러, 29위)에는 훨씬 뒤처졌다. 세계 1위는 1인당 5만 6,380달러인 룩셈부르크가 차지했으며 2위는 노르웨이(5만 1,810달러), 3위는 스위스(4만 9,600달러)였다. 미국은 4만 1,440달러로 5위, 일본은 3만 7,050달러로 9위를 차지했다. 한편 2004년 우리나라의 명목 국내총생산(GDP)은 6,797억 달러로 비교대상 186개국 가운데 11위를 차지, 2003년과 같은 순위를 유지했다. 우리나라의 GDP 규모를 100으로 잡으면 미국은 1,723, 일본은 680, 중국은 284, 유럽연합은 1,884를 나타냈으며 아세안(동남아국가연합)도 115로 한국을 능가했다. GDP 세계 1위는 미국이 차지했으며 다음으로 일본, 독일이 2, 3위를 차지했다. 한국의 명목 GNI는 6,731억 달러로 비교 대상 208개국 가운데 12위를 차지했다.

경제적 후생을 나타내는 지표들로서 GDP나 GNP 개념의 한계는 GDP나 GNP 개념들을 구성하는 핵심적 부분들과 관련을 맺고 있다. 그 한계는 첫째, 시장가치라는 점이다. 가정에서 생산된 재화(요리 등)나 서비스(자녀양육 등) 혹은 비급여 · 비지불노동이나 자발적 노동과 봉사활동 등 화폐로 환산되지 않는 노동은 개인의 후생이나 사회복지의 주요 구성요소인데도 GDP나 GNP에는 포함되지 않는다. 이미 오래 전부터 세계는 고전적인 산업사회에서 서비스사회로 이행하고 있다. 선진 산업국가에서 좁은 의미의 산업상품 생산과 관계를 갖는 일자리는 이제 20%에 불과하고, 서비스 활동이 전체 일자리의 80% 가량을 차지하고 있다. 현대 후기 산업사회에서 경제활동을 구성하는 본질적인 부분이 화폐교환을 위해 조직되어 있다는 사실을 부정할 수는 없지만, 서비스사회에서는 자급적인 활동, 선행, 자발적인 비지불활동이 중요한 경제적 가치를 가진다. 예를 들어 가족과 공동체를 위한 노동, 심지어 취미를 위한 노동도 가치가 인정되어야 한다. 서비

‖ 표 9-3 ‖ 한국의 국민계정

	GDP (10억 원)	GNI (10억 원)	1인당 GNI (달러)	실질 GDP 성장률	실질 GNI 성장률	총저축률	총투자율	GDP 디플레이터 상승률
1990	186,691	186,560	6,147	9.2	8.9	37.5	37.4	10.5
1991	226,008	225,660	7,105	9.4	9.8	37.6	39.7	10.7
1992	257,525	257,108	7,527	5.9	5.8	36.8	37.2	7.6
1993	290,676	290,088	8,177	6.1	6.3	36.7	35.7	6.4
1994	340,208	339,343	9,459	8.5	9.2	36.3	36.9	7.8
1995	398,838	397,459	11,432	9.2	9.5	36.3	37.8	7.4
1996	448,596	446,856	12,197	7.0	5.6	35.5	39.0	5.1
1997	491,135	488,457	11,176	4.7	2.7	35.5	36.1	4.6
1998	484,103	476,245	7,355	−6.9	−8.3	37.5	25.2	5.8
1999	529,500	523,355	9,438	9.5	9.4	33.3	29.3	−0.1
2000	578,665	576,160	10,841	8.5	5.5	33.7	31.1	0.7
2001	622,123	621,028	10,160	3.8	2.8	31.7	29.4	3.5
2002	684,264	685,069	11,499	7.0	7.0	31.3	29.1	2.8
2003	724,675	725,420	12,720	3.1	1.9	32.8	30.1	2.7
2004	779,381	781,174	14,193	4.7	3.9	34.9	30.4	2.7
2005p	806,622	805,886	16,291	4.0	0.5	33.0	30.2	−0.4

주 1) 달러 기준으로 2005년도 GDP는 7,875억 달러로 2004년의 6,809억 달러에 비해 1,000억 달러가 증가했으나 이는 환율이 큰 폭으로 하락(2004년 1달러에 1,145원에서 2005년 1,024원)한 결과에서 비롯.

2) 2005p는 2005년도에 대한 추정치.

자료 : 한국은행, 『국민계정』(http://www.bok.or.kr/).

스사회에서 생산활동의 부문 간 이전은 더 이상 화폐로 환산되는 체계 내에서만 발생하지 않는다. 이 생산활동들은 많은 경우 화폐로 환산되지 않는 세계로 사라져가고, 이 사라진 생산활동의 대가는 자유시장에서는 거의 지불되지 않는다. 따라서 상품, 서비스, 인력을 얻기 위한 금전상의 지불 여부와 상관없이 이들을 수량화하여 실질적인 복지수준을 나타낼 수 있는 지표가 개발되어야 한다. 주류경제학의 국민총생산에서 모든 가치의 합계는 생산량, 즉 화폐로 환산되는 부문에 투입된 노동력과 물질자원의 화폐로 표시된 비용의 크기를 나타낸다. 예를 들어 파괴 뒤 복구에 소모되는 총비용은 원인과 상관없이 (자연적 재앙이건 인위적 재앙이건 간에) 국민복지의 증대로 간주된다. 다시 말해 구덩이를 파는 일에 돈을 지불하고 다시 그 구덩이를 메우는 일에 또 돈을 지불하는 사회가 그런 어리석은 짓을 하지 않는 사회보다 더 부유해진다는 것이, 복지와 안녕의 증대에 관한 주류경제학의 평가방식이 갖는 어처구니없는 논리적 귀결이다.

GDP나 GNP 개념의 두 번째 한계는 그것이 생산된 모든 재화와 서비스라는 점이다.[2] 상품을 생산하는 데 쓰인 시간만을 가치 있는 것으로 파악하기 때문에 한 사회의 복지수준의 지표인 여가로 소비되는 시간의 가치는 GDP나 GNP에 포함되지 않는다. 동시에 핵무기 같은 생산물은 인류사회의 파괴를 가져올 수 있고 생산활동의 부산물(환경을 악화시키는 오염물질 등)이나 부작용(교통혼잡, 인구집중, 범죄의 증가 등)이 사회후생 또는 삶의 질을 감소시킬 수 있는데도 그러한 폐해가 고려되지 않는다. 따라서 경제적 후생을 보다 정확히 나타내기 위해서는 여가의 가치와 지하경제에서 생산·거래된 가치를 추가하고, 여기에 환경오염 관련 비용을 빼야 할 것이다. 순경제후생(net economic welfare, NEW)은 이런 부분들을 고려한 지표다. 반면 환경GDP(EDP)는 환경악화나 자연자원의 소모로 발생한 비용을 GDP에서 뺀 개념이다. 참고로 우리나라 한 연구원에서 추정한 EDP

2) 여기에는 합법적으로 생산·거래된 재화나 서비스로 제한한다. 즉 불법적으로 생산·거래되는 재화나 서비스(지하경제)는 측정상의 곤란으로 포함되지 않는다.

‖ **표 9-4** ‖ 그린GDP 추정결과와 관련지표

(단위 : 10억 원)

항　목	1993	1994	1995
1. 총산출	578,270.60	651,787.40	748,785.60
2. GDP	267,146.00	305,970.10	351,974.10
3. NDP	240,182.20	276,059.80	316,430.60
4.1. 자연자원소모	98.20	87.90	112.20
4.2 환경악화(환경비용)	6,266.30	6,526.10	8,164.10
4.3. 환경비용이전	1,566.60	1,631.50	1,464.60
4. 합계	7,931.10	8,245.50	9,740.90
5. EDP(=3-4)	232,251.10	267,814.30	306,689.70
6.1. EDP/총산출	40.16	41.09	40.96
6.2. EDP/NDP	96.70	97.01	96.92

주 : 총산출은 산업연관표의 자료로 중간재가 중복계산된 것임. NDP는 GDP에서 Net GDP로 GDP에서 감가상각을 뺀 것임.

자료 : 한국환경정책 · 평가연구원 보고서.

를 소개하면 〈표 9-4〉와 같다. 물론 여기 소개된 자료는 신뢰성이 높다고 볼 수 없다.

한편, 한 나라의 국민소득이 얼마큼 증가했는가를 나타내는 지표가 국내총생산의 성장률이다. 흔히 경제성장률로 표시하는 GDP 성장률은 다음과 같이 나타낸다.

$$\text{경제성장률} \equiv \frac{\text{금년도 불변GDP} - \text{전년도 불변GDP}}{\text{전년도 불변GDP}} \times 100$$

우리나라는 1970년 이래 1997년 외환위기 전까지 연평균 약 8%의 성장

률을 기록하여 이 기간 사이에 GDP가 7.5배나 증가했다.

경제성장은 GDP의 장기적 변화 추세를 나타내는 반면, 단기적 변화 추세는 '경기변동'이라는 말로 표현한다. GDP의 실제 움직임과 장기추세 사이의 차이는 'GDP갭(GDP gap)'이라 하고, GDP갭이 양(+)의 값을 가질 때는 경기호황, 음(−)의 값을 가질 때는 경기불황이라고 말한다. 달리 표현하면 GDP갭은 한 나라 전체산업의 잠재적 생산능력, 노동과 자본 등의 생산요소를 완전히 고용할 경우 달성할 수 있는 최대 GDP 또는 인플레이션을 가속화시키지 않고 달성할 수 있는 GDP와 실제 GDP와의 차이를 일컫는다. 불황 등으로 기업이 조업을 단축하면 그 차가 커지고, 반대로 완전고용하에서는 그 차가 영(0)이 된다. 따라서 GDP갭과 실업률 사이에는 마이너스(−) 관계를 예상할 수 있다. 경기변동률과 실업률 간에 존재하는 체계적인 관계는 '오쿤의 법칙(Okun' s Law)'이라 한다. 오쿤의 법칙은 미국에서 실업률이 1% 증가할 때 GDP가 약 2% 정도 감소했던 경험을 기초로 한 법칙이다. 오쿤의 법칙은 미국의 특정 시기를 관찰한 결과이기에 어느 국가와 시기에나 적용될 수 있다고 생각할 필요는 없다. 국가마다 GDP 성장률과 실업률 간의 관계는 일정치 않기 때문이다. 게다가 최근의 '고용 없는 성장(jobless growth)'이 새로운 추세로 자리 잡고 있다. 소수의 창조적인 인재만을 필요로 하는 첨단기술 분야들은 생산은 증대시키지만 고용은 필요로 하지 않는 반면, 노동집약적 부문은 세계화로 급속히 위축되고 있기 때문이다. 예를 들어 한국의 제조업 고용은 2001년 이후 성장률과 관계없이 계속 감소하고 있다.

잠재성장률 결정요인과 추정방법 잠재GDP 성장률은 적정 인플레이션 하에서 한 국가가 달성할 수 있는 최대 생산수준으로 정의되며 장기적 안목에서 일국의 성장잠재력을 평가하는 유용한 지표로 성장잠재력은 일반적으로 다음과 같은 요인들에 의해 결정되는 것으로 알려져 있다. 첫째 요인은 적정 인플레이션이 유지되는 가운데 최대로 투입 가능한 노동, 자본스톡 등 생산투입요소다. 생산가능인구수, 경제활동참가율, 자연실업률 등에 의해 최대 투입가능 노동력이 결정된다. 그리고 현재 자본스톡, 신규투자 및 자연가동률 등에 의해 최대 투입가능 자본스톡이 결정된다. 둘째 요인은 투입생산요소에 의해 설명되지 않는 총요소생산성(total factor productivity, TFP)이다. 교육 및 R&D 투자를 통한 인적자본 축적과 기술력 제고는 생산성을 상승시키고, 대외개방의 확대와 국내소비자들의 제품 질에 대한 개선요구 증가는 국내제품의 품질경쟁력을 향상시키고, 소재·부품의 국산화율이 상승하여 최종재-중간재, 대기업-중소기업 간 산업 연관관계가 높아지면 생산유발효과가 높아져 동일한 규모의 수요 증가에 대해 더 많은 부가가치가 창출된다. 또한, 금융의 산업 부문에 대한 자금중개기능이 강화되면 연구개발 및 시설자금의 원활한 조달이 가능하여 고기술·고부가가치 산업의 확충이 가능하다. 마지막으로 정치·사회적 안정은 미래에 대한 불확실성 제거를 통해 투자에 긍정적으로 작용하고 소득불균형의 완화는 장기적인 소비기반 확대에 도움이 된다. 잠재GDP는 직접적인 계측이 불가능하기 때문에 다양한 계량분석방법에 의존하여 추정하는데, 추정방법은 크게 생산함수접근법과 시계열분석법으로 구분된다. 여기서는 전자만 소개한다. 생산함수접근법은 노동, 자본 등 생산요소와 생산량(GDP) 간의 관계를 나타내는 생산함수를 설정하고 동 함수식을 추정한 후 최대 투입가능 자본스톡과 노동력을 대입하여 잠재GDP를 추정한다. 즉

$$Y = AK^{a}L^{(1-a)}$$

Y : GDP, A : 총요소생산성, L : 노동력, K : 자본스톡

여기서 총요소생산성(A)은 상수항의 형태로 추정하거나 매 시점별로 변동한다는 가정하에 기술스톡, 교육수준 등의 대용변수를 이용하여 추정한다. 생산함수접근법을 사용하는 경우 잠재성장률 변동을 요인별로 분해하여 설명 가능하고 각 요인별 미래 예측을 전제로 향후의 잠재GDP 추정도 가능하다. 한국은행에서 생산함수접근법을 이용하여 잠재GDP를 추정한 결과 2001~2004년 중 잠재성장률은 4.8% 수준으로 1990년대(1991~2000년, 6.1%)에 비해 1.3%p가량 하락한 것으로 나타났다. 요인별로 살펴보면 자본기여도 하락이 1%p로 가장 높고 총요소생산성과 노동의 기여도 하락은 각각 0.2%p와 0.1%p로 분석되었다. 외환위기 이전 기간인 1991~1997년 중에는 6.9%로 2001년 이후의 잠재성장률은 외환위기 이전 기간에 비해 2%p가량 하락하였다. 외환위기 시를 포함하는 경우와 비교하여 자본기여도의 하락폭(위기시기 포함 시 1%p, 위기시기 제외 시 1.6%p)이 크게 차이를 보이는데 이는 외환위기 이전의 높은 투자 증가율에 기인한 것으로 해석된다.

2. GDP 디플레이터와 물가지수

명목가격은 당해연도 현재의 가격으로 GDP를 평가한 것이며 실질가격은 임의로 정한 특정연도의 가격으로 평가한 것으로서 일정 기간 동안 가격이 변하지 않는다는 전제하에 물량변동을 파악하기 위해 작성되는 통계다. 예를 들어 일반미 한 가마의 가격이 1990년에 9만 원, 1991년에 10만 원, 1992년에 11만 원이었다고 하자. 1992년 일반미 한 가마의 명목가격은 11만 원으로 1991년보다 10% 상승했으나 실질가격은 1990년을 기준으로 할 경우 9만 원으로 1991년과 1992년 가격이 서로 같게 된다. 이와 같이 특정기준시점(이 경우에는 1990년)을 기준년이라 하고 기준년 가격으로 평가한 금액을 실질가격, 당해연도(1991, 1992년)의 가격으로 평가한 금액을 명목가격이라고 부른다. 명목GDP를 실질GDP로 나누어 사후적으로 얻어지는 값을 GDP 디플레이터(deflator)라 한다. 즉 GDP 디플레이터는 재화와 서비스 생산량이 아닌 가격만을 반영한다. 예를 들어 1997년 경상가격으로 나타낸 GDP는 420조 9,867억 원이고, 1990년 기준 불변가격으로 나타낸 GDP가 290조 8,882억 원이므로 GDP 디플레이터는 144.7(=420,986.7/290,888.2)이 된다. GDP 디플레이터는 생산자물가지수나 소비자물가지수와 함께 국민경제 전체의 물가 상승을 나타내는 지표로 사용되기도 한다. 참고로 국민경제에서 물가는 모든 상품가격의 평균적인 수준을 뜻한다. GDP 추계 시 생산자물가지수(PPI)나 소비자물가지수(CPI)뿐만 아니라 수출입물가지수, 임금 등 각종 가격지수를 종합적으로 이용하고 있다는 점에서 GDP 디플레이터는 국민소득에 영향을 주는 모든 물가요인을 포괄하는 종합적인 물가지수이며 GDP라는 상품의 가격수준을 나타낸다고 할 수 있다. GDP 디플레이터와 여타의 물가지수는 대체로 같은 방향으로 움직인다.

여기서 '생산자물가지수(producer price index, PPI)'는 국내시장의 제1차 거래단계에서 기업 상호 간에 거래되는 상품과 서비스의 평균적인 가격변동을 측정하기 위해 작성하는 물가지수다. 생산자물가지수는 그 대상 품목의 포괄범위가 넓어 전반적인 상품과 서비스의 수급 동향이 반영된 일반적인 물가수준의 변동을 측정할 수 있기 때문에 일반목적지수의 성격을 갖는다. 지수작성에 이용하는 가격은 제1차 거래단계의 가격, 즉 국내생산품의 경우 부가가치세를 제외한 생산자 판매가격(공장도 가격)을 원칙으로 하고 있다. 생산자물가지수는 1910년부터 한국은행에서 작성하고 있으며 2000년 기준지수의 경우 923개(상품 846개, 서비스 77개) 품목을 조사대상으로 하고 있다.

소비자물가지수(consumer price index, CPI)는 일반 도시가구가 소비생활을 영위하려고 구입하는 각종 상품과 서비스의 가격 변동을 종합적으로 파악하기 위해 작성하는 지표다. 소비자가 일정한 생활수준을 유지하는데 필요한 소득이나 소비금액의 변동을 나타내기 때문에 소비자의 구매력과 생계비 등의 측정에 사용되며 매년 노동자들의 임금인상 기초자료로도 이용하고 있다. 소비자물가지수는 1965년 이후 통계청에서 작성해 오고 있다. 2000년 기준지수의 경우 전국 36개 도시가계의 총소비지출액 중에서 구입비중이 0.01% 이상인 516개(도시가계조사 결과에 의거 총소비지출상의 중요도와 가격변동의 대표성을 고려하여 선정)의 상품 및 서비스 품목을 대상으로 조사된 소비자 구입가격을 기준으로 하고 있다. 그러나 소비자물가지수 조사 대상에 비교적 가격이 안정적인 공산품이 많이 포함돼 있어 실제 피부로 느끼는 물가와 차이가 크다는 비판이 곧잘 제기된다. 통계청은 이런 점을 고려해 소비자물가지수의 보조지표로 '생활물가지수'를 내놓고 있다. 생활물가지수는 일상생활에서 소비자들이 자주 구매하는 필수품 154종을 뽑아 내 별도로 작성한다. 따라서 서민들의 체감물가와 가까워 '장바구니물가지수'로도 불린다. 보통 소비자물가지수보다는 상승률이 높게 나타나는 게 특징이다. 아울러 물가의 큰 흐름을 살펴보기 위해 석유류 농산물 등 가격변동이 심한 품목을 빼고 계산한 소비자물가지수를 '근원인플레이션(core inflation)'이라 부른다. 이 지수는 한국은행이 매년 물가안정 목표를 정할 때 기준이 된다.

‖ **표 9-5** ‖ 한국의 물가지수

항목명	생산자물가지수	소비자물가지수	수출물가지수	수입물가지수
1995	83.2	82.3	92.87	74.77
1996	85.9	86.4	88.96	75.31
1997	89.2	90.2	94.84	82.44
1998	100.1	97.0	124.52	105.71
1999	98.0	97.8	101.03	92.88
2000	100.0	100.0	100.0	100.0
2001	99.5	104.1	96.19	103.53
2002	99.2	106.9	89.48	97.11
2003	101.4	110.7	87.51	98.85
2004	107.6	114.7	92.93	108.89

자료 : 한국은행.

수출입물가지수는 수출 및 수입상품의 가격변동을 측정하는 지표로서 동 지수는 대외의존도가 높은 우리나라의 경우 수출입 상품의 가격변동이 국내물가, 생산활동 및 대외경쟁 등에 미치는 효과를 사전에 측정하기 위해 작성한다. 주로 수출입 관련 업체들의 수출채산성 변동이나 수입원가부담 등을 파악하는 한편, 수출입물가지수의 상호 비교를 통해 가격 측면에서 교역조건 등을 측정하는 데에 이용한다. 1995년 기준지수의 경우 조사대상품목이 수출물가지수는 220개, 수입물가지수는 223개이며, 조사되는 가격기준은 수출은 FOB, 수입은 CIF를 원칙으로 하고 있다.

FOB free on board의 약자로 흔히 본선인도조건, 본선적재가격 혹은 수출항 본선인도가격이라 부른다. free on board는 화물을 수출하는 수출업자의 책임이 화물을 본선 갑판에 적재하는 것과 동시에 면제된다는 뜻이다.

CIF Cost, Insurance, Freight의 첫머리 글자를 딴 약자로 보험 운임 포함 조건으로 풀이한다. 이 조건은 화물수출업자가 화물을 본선까지 적재하는 데 필요한 모든 비용과 위험부담 이외에 해상운임과 보험료까지 부담하여 거래하는 조건이다.

한편, 물가지수를 계산할 때 기준연도의 재화가격 혹은 구입량을 가중치로 작성한 라스파이레스지수(Laspeyres' index)와 비교연도의 재화가격 혹은 구입량을 가중치로 작성한 파셰지수(Paasche index)가 있는데 우리나라를 비롯한 대부분의 국가에서 물가지수나 생산지수 작성할 때 전자를 사용한다. 라스파이레스(Laspeyres)에 의해 1871년에 창안된 지수의 한 형태로 물가지수의 경우 우선 기준시점에서 일군의 품목집합가격과 수량을 파악하여 기준시점가격과 기준시점수량을 정한 후 비교시점에서는 기준시점수량은 고정시키고 가격의 변동분만을 반영한 비교시점가격 · 기준시점수량을 기준시점가격 · 수량과 대비하여 물가지수를 계산하는 방법이다. 즉

$$\text{라스파이레스 물가지수} = \frac{\text{전품목의 } \Sigma(\text{품목별 비교시점 가격} \times \text{기준시점 수량})}{\text{전품목의 } \Sigma(\text{품목별 기준시점 가격} \times \text{기준시점 수량})}$$

3. 국제수지

국제수지란 한 나라의 거주자와 비거주자 사이에 일정한 기간 동안에 일어난 모든 경제적 거래를 체계적으로 기록한 것을 말한다. 여기서 경제적 거래란 상품의 소유권 이전, 서비스의 공여, 화폐 및 기타 자산(모든 금융 청구권이 포함)의 이전 등을 포괄한다. 이처럼 국제수지는 모든 형태의 국

‖ **표 9-6** ‖ 국제수지의 차변과 대변 항목

차변(–)	대변(+)
1. 상품의 수입 2. 용역의 수입 3. 화폐 및 기타 자산의 비거주자로부터의 매입 4. 비거주자에 대한 이전지출 5. 금 및 외환의 공적 매입	6. 상품의 수출 7. 용역의 수출 8. 화폐 및 기타 자산의 비거주자에 대한 매각 9. 비거주자로부터의 이전수입 10. 금 및 외환의 공적 매각

주 : 차변의 '–'는 자금의 해외로의 유출을, 대변의 '+'는 자금의 해외로부터의 유입을 각각 나타낸다.

제거래를 다 포함하는 광범위한 거래이기 때문에 외환시장에서 일어나는 거래에 국한시킬 필요가 없다. 예를 들어, 두 나라 간의 물물교환은 외환거래가 수반되지 않으나 국제수지에는 계상이 된다. 또한, 국제수지에 계상되는 거래는 법률상의 국적을 기준으로 한 것이 아니고 이익의 중심을 기준으로 한다. 예를 들어, 개인의 경우 외국인이라 하더라도 1년 이상 국내에 거주하며 생산활동에 종사한 경우 이익의 중심이 국내에 있으므로 거주자로 취급하고 반대로 국적은 내국인이더라도 해외에 장기거주하면 비거주자로 취급한다. 국제수지는 복식부기의 원리에 따라 작성된다. 즉 어떤 거래든 차변과 대변거래를 동시적으로 일으키며 그에 따라 기장을 하게 된다. 국제거래 중 국제수지 작성국으로 자금이 유입되는 성질의 것이면 대변에, 반대로 자금이 유출되는 성질의 것이면 차변에 기입된다. 이러한 원리를 요약하면 〈표 9-6〉과 같다.

국제수지의 차변과 대변 항목은 네 가지 주요 계정으로 나눌 수 있다. 즉 경상계정(1, 2, 6, 7번 항목), 자본계정(3, 8번 항목), 이전계정(4, 9번 항목), 공적 준비계정(5, 10번 항목) 등이 그것이다. 여기에 '오차 및 누락계정'이 추가된다. 그 이유는 국제수지는 복식부기의 원리에 따라 기장을 하므로 이론적으로 항상 균형을 이루지만, 실제에 있어서는 통계수집의 어려움으로 차변과 대변의 합계가 일치하는 경우가 거의 없기 때문이다. 경상계정은 상품 및 용역거래를 포함하고 있는데 상품거래는 상품의 수출입, 즉 상품의 무역을 나타내며 가시적 무역(visible trade)이라 부르고, 용역거래

‖ 표 9-7 ‖ 국제수지표(예)

(단위 : 달러)

경상수지(A)	50
수　입	100
지　급	50
자본수지(B)	-20
수　입	0
지　급	20
종합수지(A+B)	30
금융계정	-30
자산(증-)	-80
부　채	50

는 운송료, 항공료, 선박운송료, 보험료 등을 포함하며 비가시적 무역(invisible trade)이라 부른다. 자본계정은 화폐 또는 대외자산거래를 포함하는데 예를 들어 우리나라 국민이 미국의 국채를 매입한다든지 반대로 미국인이 우리나라의 국내증권을 취득하는 경우가 그것이다. 여기서 해외자산의 취득은 자본의 유출을 의미하므로 차변에 기록하고 반대로 외국인의 국내자산 취득은 자본의 유입을 의미하므로 대변에 기록한다. 이전계정은 어느 한 나라의 일방적 지출을 나타내는데 예를 들면 우리나라가 외국에 보낸 구호품, 종교적 자선기금 등이 여기에 해당한다. 각 계정별로 차변과 대변에 차이가 생기게 되는데 그것을 '수지'라 부른다. 대변의 금액이 차변의 금액보다 크면 '흑자'라 하고, 반대의 경우 '적자'라 부른다. 간단한 연습을 해보자. 상품 X를 100달러에 수출, 상품 Y를 50달러에 수입, (가)기업이 상업차관 20달러를 상환, (나)예금은행이 은행차관 50달러 도입의 경우 국제수지표는 〈표 9-7〉과 같다.

이와 같은 원리에 따라 국제수지는 하나의 표로 작성되며 그것을 국제수지표라 부른다. 국제수지표는 다음의 주요계정으로 구성된다. 다음의 〈표 9-8〉은 한국의 국제수지를 보여 준다. 한국의 경우 선진국의 시장개방 압력과 한국의 OECD 가입추진 등을 배경으로 자본자유화가 폭넓게 추진된

‖표 9-8‖ 한국의 국제수지

(단위 : 백만 달러)

	경상수지	상품수지	서비스수지	소득수지	경상이전수지	자본수지	투자수지	기타자본수지
1980	-5,312.2	-4,613.2	-723.0	-511.5	535.5	6522.3	6,518.3	4.0
1981	-4,606.6	-3,848.8	-486.1	-886.8	615.1	5312.9	5,348.3	-35.4
1982	-2,550.5	-2,827.2	264.8	-644.3	656.2	3935.1	4,031.7	-96.6
1983	-1,524.1	-1,848.5	393.5	-792.8	723.7	2391.2	2,470.8	-79.6
1984	-1,293.1	-1,089.1	373.4	-1,263.7	686.3	3059.1	3,141.1	-82.0
1985	-795.1	-20.2	458.6	-2,085.6	852.1	1632.5	1,725.2	-92.7
1986	4,709.4	4,299.1	1,351.9	-2,310.2	1,368.6	-4216.6	-4,120.4	-96.2
1987	10,058.4	7,529.4	2,276.5	-1,586.5	1,839.0	-10368.9	-10,159.8	-209.1
1988	14,505.4	11,283.3	2,257.0	-1,327.6	2,292.7	-5067.5	-4,714.1	-353.4
1989	5,344.2	4,345.3	444.0	-577.5	1,132.4	-2885.9	-2,567.5	-318.4
1990	-2,014.4	-2,461.3	-614.9	-87.7	1,149.5	2564.4	2,895.6	-331.2
1991	-8,317.4	-6,903.6	-2,152.7	-163.8	802.7	6411.8	6,741.3	-329.5
1992	-4,095.2	-1,907.0	-2,883.8	-395.7	1,091.3	6587.0	6,994.0	-407.0
1993	821.1	2,150.1	-2,126.2	-391.2	1,188.4	2740.7	3,215.8	-475.1
1994	-4,024.2	-3,017.2	-1,800.6	-486.8	1,280.4	10295.1	10,731.6	-436.5
1995	-8,665.1	-4,364.6	-2,978.8	-1,302.8	-18.9	16785.6	17,273.2	-487.6
1996	-23,120.2	-15,077.1	-6,179.4	-1,814.5	-49.2	23326.8	23,924.4	-597.6
1997	-8,287.4	-3,255.7	-3,200.3	-2,454.3	622.9	1314.4	1,922.0	-607.6
1998	40,371.2	41,665.0	1,024.1	-5,638.3	3,320.4	-3196.7	-3,367.8	171.1
1999	24,521.9	28,463.0	-651.0	-5,159.0	1,868.9	2040.3	2,429.6	-389.3
2000	12,250.8	16,953.0	-2,847.8	-2,412.3	566.3	12110.0	12,725.2	-615.2
2001	8,032.6	13,488.0	-3,872.1	-1,198.1	-385.2	-3390.8	-2,659.8	-731.0
2002	5,393.9	14,777.4	-8,197.5	432.3	-1,618.3	6251.5	7,338.3	-1086.8
2003	11,949.5	21,952.0	-7,424.2	326.3	-2,904.6	13909.4	15,307.8	-1398.4
2004	28,173.5	37,568.8	-8,046.1	1,082.8	-2,432.0	7598.8	9.351.6	-1,752.8
2005	16,558.5	33,473.0	-13,092.2	-1,320.1	-2,502.2	490.5	2,803.5	-2,313.0

자료 : 한국은행.

결과 자본수지 흑자규모가 1990~1993년 연평균 52.3억 달러에서 1994년 116.1억 달러, 1995년 174.2억 달러, 1996년 232.2억 달러로 대폭 확대되었다. 그런데 이는 경상수지 적자로의 전환 및 적자폭의 확대에 따른 결과로 경상수지 적자를 보전하기 위해 외자도입의 필요성이 증대했고, 여기에 해외로부터의 자본유입이 증가한 것도 자본수지 흑자 증대의 원인으로 작용했다. 경상수지의 적자규모는 1990~1993년 연평균 37.6억 달러에서 1994년 45.3억 달러, 1995년 89.5억 달러, 1996년 237.2억 달러로 빠르게 증가했다.

그런데 자본자유화가 폭넓게 추진된 결과 자본수지 흑자규모가 1990~1993년 연평균 52.3억 달러에서 1994년 116.1억 달러, 1995년 174.2억 달러, 1996년 232.2억 달러로 대폭 확대되었다. 다시 말해, 경상수지 적자를 보전하기 위해 외자도입의 필요성이 증대했고, 해외로부터의 자본유입에 의해 자본수지 흑자가 빠르게 증대하였다. 경상수지를 개선하기 위해서는 수입을 줄이고 수출을 늘이거나 경제체질을 강화시키는 수밖에 없다. 그럼에도 불구하고 자본수지 흑자를 통해 경상수지 적자를 개선할 경우 환율의 하락으로 경상수지 적자는 더욱 악화될 수밖에 없다. 이처럼 악화된 경상수지 적자를 보전하기 위해서 더 큰 규모의 자본수지 흑자가 요구되는 악순환이 되풀이될 수밖에 없다. 시장평균환율을 보면 1990년 716.4원, 1991년 760.8원, 1992년 788.4원, 1993년 808.1원으로 상승하다가 경상수지 적자가 크게 증대한 1994년과 1995년에 각각 788.7원, 774.7원으로 하락하였다.

게다가 자본수지에서도 단기자본수지(외국인 투자 포트폴리오 포함) 흑자가 대폭 증가했다. 특히 1994년 이후 예금은행 및 종금사의 기타 차입 등 단기외화차입을 중심으로 단기자본수지가 증가했다. 장기 대 단기 자본수지를 보면 1990~1993년간 평균 33.0억 달러 대 19.3억 달러였으나 1994년에는 36.7억 달러 대 79.4억 달러, 1995년에는 64.7억 달러 대 109.5억 달러, 1996년에는 98.3억 달러 대 133.9억 달러로 단기와 장기 자본수지의 규모가 역전되었다. 앞에서 지적했듯이 OECD 가입을 위한 김영삼 정부의 자본자유화 조치에 따라 종금사들은 외환업무를 할 수 있게 되었다. 또한, 당시 민간 부문이 단기자본을 차입하여 장기대출로 운용하였는데 이는 OECD 가입과 금융개방으로 국내금리가 국제금리 수준으로 하락할 것이라는 것(실제로 단기외자 이자율은 장기의 약 절반에 지나지 않았음)과 국가신용도 증가로 외자조달 금리가 하락할 것이라는 기대도 단기 외화차입 증대의 주요 요인으로 작용했다. 여기에 기업과 금융기관은 금리하락 시 차입조건을 재조절하기 쉬운 단기외채를 선호했으며, 외국 금융기관들의 한국경제에 대한 과도한 낙관주의 및 고이자를 노린 외자의 대량유입, 그리고 이 시기 주로 기업어음에 대한 지불보증 등 단기금융을 주업무로 했던 제2금융권의 비중이 크게 증가한 것이 단기 외화차입 증대의 주요 요인으로 작용했다. 게다가 당시 한국은 높은 신용등급으로 일본을 비롯한 국제금융시장에서 아주 싼 이자로 돈을 빌릴 수 있었으므로 종금사들은 앞 다투어 해외자금을 빌려 동남아에 투자하였다. 개별 민간경제주체들의 입장에서는 합리적 선택이었던 것이다.

그러나 한국의 금융기관들은 동남아시아 기업이나 금융기관의 파산으로 인한 순수한 투자손실과 환 위험에 대비하지 않아 발생한 손실, 고수익 투자 상품이 가진 높은 '레버리지(leverage, 지렛대) 효과'로 인한 손실 등 투자원금을 훨씬 상회하는 손해를 입게 되었다. 즉 1997년 동아시아 경제위기의 발단이 된 태국 바트화의 폭락은 1997년 3월 1일 자산규모 12위 은행인 태국 다뉴은행(Thai Danu Bank)이 최대의 금융회사인 Finance One을 합병하기로 했다는 정부 발표를 계기로 표면화되었다. 정부 발표 이후 3월 3일에는 주가가 폭락세를 지속하고 3월 5일에는 하루 동안 총 예금의 9%에 해당하는 100억 바트의 예금이 인출되는 등 상당기간 예금인출사태가 지속되어 금융기관의 유동성 부족 현상까지 발생하게 되었다. 태국의 바트화 폭락은 1996년 7월 2일 태국이 '복수통화 바스켓제도'에서 변동환율제도로 이행한 후 급속히 시작되었다. 바트화의 가치 폭락에 이르기까지의 태국 정부의 경제활동을 살펴보면, 그것이 여러 차례의 바트화 투매 현상을 통해서 빚어진 것을 짐작할 수 있다. 태국 정부는 96년 11월 이후 여

레버리지효과(leverage effect) 타인으로부터 빌린 차입금을 지렛대로 삼아 자기자본이익률을 높이는 것으로 지렛대효과라고도 한다. 예를 들어 100억 원의 자기자본으로 10억 원의 순익을 올리게 되면 자기자본이익률은 10%가 되지만, 자기자본 50억 원에 타인자본 50억 원을 도입하여 10억 원의 순익을 올리게 되면 자기자본이익률은 20%가 된다. 타인자본을 사용하는 데 드는 금리비용보다 높은 수익률이 기대되는 경우에는 타인자본을 적극적으로 활용하는 것이 유리하지만 타인자본을 과도하게 도입하면 경기가 어려울 때 금리부담으로 인한 도산위험이 높아진다.

복수통화바스켓(multiple currency basket)제도 무역이나 자본거래에서 자국통화와 관계가 깊은 복수의 통화를 가중 평균하여 마치 바구니 속에 담는 것과 같이 하나의 통화단위로 만들어 자국통화의 환율시세가 일정해지도록 함으로써 환율안정을 도모하는 제도를 말한다. 우리나라에서는 1980년 2월부터 1990년 2월까지 복수통화바스켓제도를 사용하였다.

러 차례의 바트화 투매 현상에 외환시장개입과 금리인상 등으로 대처하였으나 결국 바트화의 방어에는 실패하였고 1997년 7월 2일부터 급속한 폭락을 시작한 바트화로 인해 태국과 마찬가지로 그간 환율변동폭 제한(인도네시아, 필리핀) 또는 외환시장 개입(말레이시아) 등을 통해 환율의 절하를 억제해 왔던 동남아 각국에 대한 대외 신뢰가 크게 하락하고 외국자본의 유출이 가속됨에 따라 그 주변국의 경제에까지 크게 파급 · 확산되었던 것이다. 태국이 외환위기에 빠진 후 1997년 10월부터 7개의 종금사가 하루하루 버텨나가고, 10월 이후엔 모든 종금사와 많은 다른 금융기관들이 한국은행 특별자금으로 간신히 생명을 연장해 갔다.[3] 더구나 돈을 빌려 주었던 국제투자자들은 단기대출에 대한 상환을 연장해 주지 않았으므로 단기대출을 상환하기 위해서 한국의 금융기관들은 한국의 외환시장에서 무차별적으로 외화를 매입하게 되었다. 사실, 당시 한국은 GDP 대비 단기부채가 그다지 높지 않았다. 세계은행은 (부채/GNP) 비율이 48% 이하인 나라들은 위기위험이 적은 나라로 분류하고 있었는데, 1996년 말 한국의 경우 이

3) 1997년 30개에 달했던 종금사는 현재 단 2개만 남아 있다.

비율은 22%밖에 안 되었고 외환위기 직전에도 이 비율은 25%에 불과했었다. 하지만 아무도 상환연장을 해주지 않는 상황에서 모든 투자자들이 이자와 원금을 모두 갚을 것을 요구하였다. 이 과정에서 일본 투자자들의 경우 11월 한 달 동안 무려 70억 달러나 빼내 갔다. 이후 한국의 외환시장은 불안정한 모습을 보이더니 결국 IMF 구제금융 사태를 맞게 되었다.

한편 자본수지 흑자로 경상수지 적자를 보전함으로써 환율 고평가는 물가를 저렴하게 하여 물가를 안정시키고 경제 기초여건과 관계없이 현재 소비생활 수준을 높일 수 있게 했다. 그러나 외자에 의존하는 고환율경제는 일종의 마약과 같았다. 즉 국내자금에 비한 저금리와 고환율은 자본비용을 과소평가하게 함으로써 금융기관의 해외차입과 재벌의 과다차입 및 과잉투자의 경향을 심화시켰고, 일시적 고성장은 일반 국민들도 즐거이 해외여행을 다닐 수 있게 해주었다. 그러나 외자의존 고환율경제는 수출경제를 약화시키고 경상수지 적자를 누적시켰다. 기초여건이 현격히 악화되고, 즉 경제 기본여건과 채무상환 능력에 대한 회의가 높아지고 환율 폭락에 대한 기대가 높아지면서 외자 유출과 만기연장 거부사태를, 여기에 태국의 바트화 폭락 등 국제금융시장의 불안정이 더해져 외환위기가 촉발된 것이다. 1997년 위기는 사적 부문의 이익극대화가 공공의 목표로 반드시 이어지지 않는다는 점을 보여 준 사례다.

경상수지 아래의 무역수지와 무역외수지를 합하여 흔히 경상수지라 부른다. 경상수지는 한 나라의 대외경쟁력을 나타내므로 경상수지는 대단히 중요한 의미를 갖는다. 경상수지는 상품의 수출과 수입의 차액을 나타내는 상품수지, 운임·보험·용선료·여행비·투자수익, 주둔군에 대한 지출, 수수료·특허권 사용료 등 서비스 거래에 관계가 있는 수입과 지출의 차액을 나타내는 서비스수지, 외국에 생산요소(자본, 노동)를 제공한 대가로 받은 금액에서 외국으로부터 생산요소를 제공받은 대가로 지급한 금액을 뺀 값인 소득수지, 배상·현금 또는 물자의 증여 등 대가(對價)가 따르지 않는 거래의 수불차액을 나타내는 경상이전수지를 합한 것을 말한다. 해외로부터 도입한 차관(금융부채)에 대한 이자는 소득수지에 포함된다.

무역수지(상품수지) 상품의 수출과 수입의 차액을 말하며 수출이 수입을 초과하면 '무역수지 흑자', 반대의 경우 '무역수지 적자'라 부른다.

무역외수지(서비스수지) 용역의 수출과 수입의 차액을 말하며 수출이 수입을 초과하면 '무역수지 흑자', 반대의 경우 '무역수지 적자'라 부른다.

소득수지 우리나라가 외국에 투자한 결과 벌어들이는 돈과 외국인이 우리나라에 투자한 결과 벌어가는 돈의 차이 그리고 우리나라 근로자가 외국에 나가 일해서 벌어들이는 돈과 외국인 근로자가 우리나라에서 일해서 벌어가는 돈의 차이를 나타낸다. 소득수지는 거주자가 외국에 단기간(1년 이내) 머물면서 일한 대가로 받은 돈과 국내에 일시 고용된 비거주자에게 지급한 돈의 차이를 나타내는 급료 및 임금수지와 거주자가 외국에 투자하여 벌어들인 배당금 및 이자와 비거주자에게 국내에 투자한 대가로 지급한 배당금 및 이자의 차이를 나타내는 투자소득수지로 구성된다.

경상이전수지 거주자와 비거주자 사이에 아무런 대가 없이 주고받은 거래의 수지차를 말한다. 경상이전은 수혜자의 소득과 소비를 늘려 주게 되는데 해외에 거주하는 교포가 국내의 친척 등에게 보내오는 송금, 종교기관이나 자선단체의 기부금과 구호물자, 정부 간의 무상원조 등이 여기에 기록된다.

자본수지 자본수지는 장기와 단기 자본수지로 나눈다. 전자는 만기 1년 이상의 자본거래의 순차액을 말하면 후자는 만기 1년 이하의 자본거래의 순차액을 말한다. 예를 들면, 기업의 장기차관도입, 해외직접투자 등은 장기자본거래에 해당하고 외국의 단기채권(만기 1년 이하)매입, 단기상업어음매입 등은 단기자본거래에 해당한다.

투자수지 해외에서 발행한 증권 · 주식 등의 이자, 배당금 등의 수입과 대외에 지급한 이자나 배당 등의 수지차를 말한다. 경상수지 중 무역외수지의 일종이다. 투자부문수지의 수입액은 해외투자배당금, 지점결산이익금, 차관이자 외화증권이자, 외화예치금이자, 본 · 지점이자, 선물환매매이익 등으로 구성되며, 지급액은 수입액에 포함되는 항목을 우리나라에서 외국에 지급한 금액으로 구성된다. 국내기업의 해외투자와 외국기업의 국내 투자 규모가 커짐에 따라 점차 무역외수지에서 차지하는 비중이 커지는 추세이다. 직접투자수지와 해외포트폴리오투자수지와 기타투자수지로 구성된다.

기초수지 장기자본수지와 경상수지를 합하여 기초수지라 부른다. 따라서 기초수지는 경제의 단기적 변동요인에 따라 움직이는 단기자본수지가 제외되어 있다. 기초수지는 한 나라의 장기적인 대외지급능력을 나타내는 중요한 척도이다.

종합수지 기초수지에 단기자본수지를 합하고 다시 오차 및 누락을 합하면 종합수지가 된다. 그런데 국제수지표 작성에 있어서 오차 및 누락은 사전적으로 나오는 게 아니다. 종합수지와 금융계정은 항상 일치하므로 금융계정이 먼저 작성되고 난 다음에 기초수지에 단기자본수지를 합한 금액과 금융계정 간의 차이를 구하여 그것을 오차 및 누락계정에 계상하게 된다. 그러면 종합수지는 항상 금융계정과 일치하고 양자는 부호만 반대가 된다. 종합수지는 단기적인 자금이동까지 포함하고 있다는 점에서 불안정성을 띠고 있기는 하나 한 나라의 종합적인 국제유동성을 나타낸다.

금융계정 금융계정은 통화금융기관(한국은행+예금은행)의 대외자산 및 대외부채의 증감을 계상하여 부채의 증가는 '+', 자산의 증가는 '−'로 각각 나타낸다. 금융계정은 항상 종합수지와 금액이 같으며 부호만 서로 반대가 된다.

단기외화차입을 중심으로 한 단기자본수지의 증가는 대내적으로 통화량의 증가를 가져왔을 뿐만 아니라 통화지표의 내용에도 영향을 미쳤다. 1993~1996년까지 총통화(M2)는 증가율이 하락추세인 데 반해 총유동성(M3)은 높은 증가율 수준을 유지했다. 통화량의 증가에 따라 한국은행은 총통화지표인 M2 중심의 직접관리에 치중했고, 동시에 은행예금금리보다 양도성 예금증서(negotiable certificate of deposit, CD) 등 M2에 포함되지 않는 금융상품의 금리자유화를 선행했다. 그 결과 단기 금융상품이라 할 수 있는 기업어음(CP)은 물량 면이나 금리 면에서 거의 완전히 자유화되어 있었고, 종금과 투금 등의 활발한 이면보증으로 금융의 단기화와 M3의 높은 증가율을 초래했다. 이는 한국 통화지표의 변화의 원인으로 작용한다.

즉 높은 매출액영업이익률(≡영업이익/매출액)을 실현한 호황기인 1993~1996년 중 기업의 높은 설비투자를 뒷받침하기 위한 기업들의 왕성한 자금수요가 제2금융권에 의해 상당 부분 수용된 것이다. 그 결과 국내 제조업의 자금조달구조에서 기업어음과 해외차입을 통한 자금조달 비중이 급증했다. 1997년 6월 말 기준 단기외채 비중은 외환보유액 대비 67%로 아시아와 라틴아메리카를 통틀어 가장 높은 수치를 기록했다. 김영삼 정부 또한 재벌기업의 은행 과다차입 의존 행태를 개선하기 위해 직접금융시장을 통한 자금 조달을 촉구하는 한편, 중소기업에 대해서는 은행이 정책금융을 제공하도록 유도했다. 즉 형식적 금융자유화 이후에도 정부가 은행이 자율과 회사채 수익률을 계속 통제하면서 CP와 같은 단기증권에 대한 이자율은 완전히 자유화하는 식의 비대칭적 금리자유화정책을 시행했다. 그 결과 1993년 이래 CP시장이 급팽창하고 국내 금융시장의 단기화 및 단기 수익을 극대화하는 경향이 초래했다. CP시장의 팽창과 금융시장의 단기화 경향은 금융시장의 신용평가와 감시 기능은 그래도 비교적 축적된 경험이 있는 은행 부문에서 경험이 일천(日淺)한 비은행 금융기관과 단기 증권시장으로 이전시키는 우려스러운 결과를 초래했다. 종금사는 어음의 할인과 매출에 의해 중개마진을, 은행도 일반계정에 비해 훨씬 자유화된 신탁계정을 통해 대출을 확대하거나 CP를 구매함으로써 정보생산과 감시기능을 수행하는 데 따른 비용 부담 없이 고수익을 획득했다. 예금자들도 같은 은행이 취급하고 있지만 일반예금보다 신탁계정의 수익률이 높았기 때문에 자연스럽게 후자로 예금을 이동했다. CP에 대한 수요가 충분한 상황에서 까다로운 규제와 감시에 얽매이지 않고 CP를 발행하여 쉽게 투자자금을 조달할 수 있었던 재벌들은 다량의 CP 등 주로 단기자금에 의존해서 자동차, 석유화학, 반도체 등 장기 고정투자를 확대했다.

참고로 한국은행은 2006년 6월 우리나라 경제의 전체 유동성 크기를 측정하기 위한 지표인 '광의유동성지표(liquidity aggregates, L)'을 새로 개발하였다. L은 그동안 한국은행이 발표해 온 통화지표인 협의의 통화(M1), 광의의 통화(M2), 유동성(M3)지표가 기본적으로 금융기관의 유동성을 대상으로 하는 것과 달리 국채, 회사채 등 정부와 기업이 발행하는 유동성 상품을 거의 모두 포괄한다. 즉 그동안 총유동성지표 역할을 해 왔던 M3가 예금취급기관과 일부 보험기관 등 금융기관의 유동성을 측정해 왔던 것과 달리 L은 정부와 기업 등이 발행한 유동성 금융상품을 포함해, 사실상 국내 경제의 전체 유동성을 거의 대부분 포함하고 있다. 구체적으로는 기존의 M3에 증권회사 환매조건부채권(RP), 카드나 캐피털 등 여신전문기관의 채권, 예금보험공사채, 자산관리공사채, 자산유동화전문회사의 자산유동화증권(ABS), 국채, 지방채, 회사채, 기업어음 등이 더해진다. L의 등장으로 IMF 편제기준에 없는 M3는 기존의 이름을 상실하고, Lf(금융기관유동성)란 새로운 이름으로 불리게 됐다. L을 통해 국내 유동성 수준을 측정해 본 결과 시중자금은 지난 수년간 은행 등 금융기관보다는 정부와 기업 등 비금융기관이나, 카드사 등 여신전문기관 등을 중심으로 급팽창해 온 것으로 나타났다. 특히 2005년의 경우 한국은행이 집계해 온 통화증가율은 연간 6~7% 수준인 데 비해 그동안 지표에는 잡히지 않았던 비통화성 유동성 증가율은 그 두 배가 넘는 17%에 달했다. 2006년 4월 말 현재 L의 잔액(잠정)은 1,686조 3,000억 원으로 집계됐다. 이 중 M1이 차지하는 비중은 19.4%, M2는 62.3%이고, 종전의 M3인 Lf는 84.4%인 1,423조

7,000억 원인 것으로 나타났다. Lf에는 포함되지 않아 온 정부와 기업이 발행한 유동성상품의 크기는 262조 6,000억 원이었다. 특히 최근 유동성 증가는 금융기관이 아니라 정부와 기업 등 비금융 부문을 중심으로 급팽창해왔다는 것이 밝혀졌다. M2증가율이 2004년 6.3%, 2005년 6.9%인 데 비해 L증가율은 7.2%와 8.8%로 높았다. 2005년의 경우에는 비금융 부문의 유동성이 금융 부문 통화증가율의 두 배가 넘을 정도로 급격히 늘었다. 기존의 M3에는 포함되지 않았지만 L에는 포함되는 비금융 부문의 유동성만의 증가율은 2005년 무려 17%에 달해 M2증가율 6.9%나 Lf증가율 7.3%를 크게 상회했다. 한편 현금통화와 결제성예금을 측정하는 M1이 L에서 차지하는 비중은 1990년대 후반까지 16~18% 정도였으나 2001년 이후 20%를 넘어섰고 최근에도 20% 내외를 기록하고 있다. 이는 2001년 이후 저금리기조가 지속되면서 고수익을 노린 대기성 자금이 꾸준히 늘어나면서 시중자금이 단기화 경향을 띠고 있음을 의미한다. 반면 M2가 L에서 차지하는 비중은 외환위기 직후 70%대 중반에 달했지만 그 이후 하락해 올해 4월 말 현재 62.3%로 낮아졌다. 외환위기 직후에는 안전자산 선호현상으로 회사채나 기업어음 등의 발행이 위축됐다가 그 이후 발행이 늘고 국채 발행규모가 급격히 커졌기 때문으로 보인다.

‖ **표 9-9** ‖ 2002년 2월 16일 발표한 한국은행의 새 통화지표

구통화지표		새통화지표	
M1 (통화)	현금통화+은행의 요구불예금	신M1	M1+비통화금융기관요구불예금+금융기관 수시입출식 저축성예금(은행의 저축예금 · MMDA · 투신사MMF)
M2 (총통화)	M1+은행의 저축성예금 및 거주자 외화예금	신M2	신M1+기간물 정기예 · 적금 및 부금(만기 2년 이상 제외)+시장형상품+실적배당형상품(장기금전신탁 제외)+금융채+기타(투신증권저축 · 종금사발행어음)
M3 (총유동성)	M2+비통화금융기관 예수금+CD+RP+표지어음 및 상업어음 일반매출+금융채	신M3	=신M2+신M2대상 금융기관의 2년 이상 상품+한국증권금융의 예수금 및 자발어음+생명보험사 및 우체국보험의 보험계약준비금 및 RP+농협국민생명공제 예수금

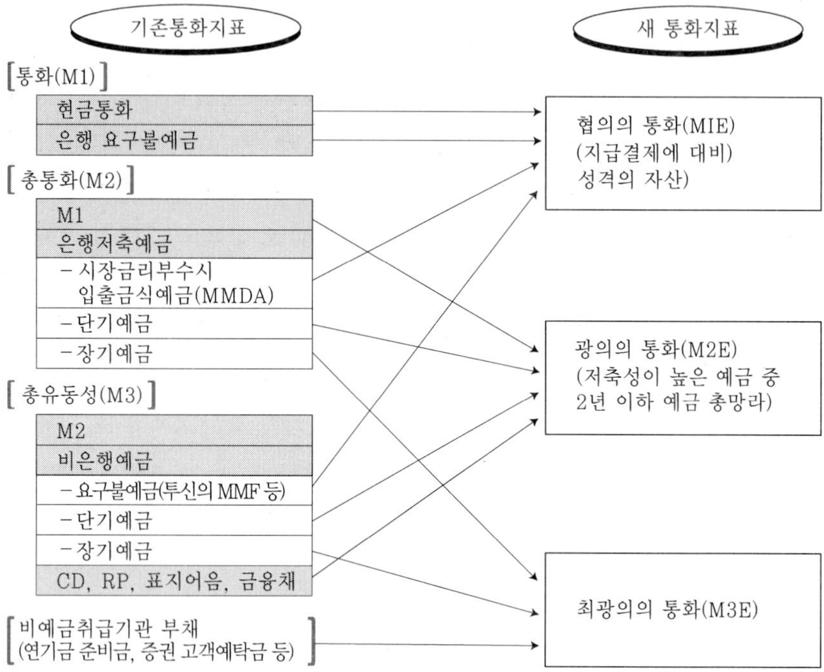

‖ **그림 9-2** ‖ 한국 통화지표의 변화

‖ **표 9-10** ‖ 2006년 6월 발표된 통화지표와 유동성지표의 포괄 범위

통화지표	M1(협의통화)	현금+요구불예금+수시입출식 저축성예금
	M2(광의통화)	M1+정기예 · 적금 및 부금*+시장형상품+실적배당형상품*+금융채*+기타(투신증권저축, 종금사 발행어음) * 만기 2년 이상 제외
유동성지표	Lf(금융기관유동성, M3)	M2+만기 2년 이상 정기예 · 적금 및 금융채+증권금융예수금+생명보험회사(우체국보험 포함) 보험계약준비금 및 RP+농협국민생명공제의 예수금 등
	L(광의유동성)	Lf+정부 및 기업 등이 발행한 유동성금융상품(증권회사RP, 여신전문기관의 채권, 예금보험공사채, 자산관리공사채, 자산유동화전문회사의 자산유동화증권, 국채, 지방채, 기업어음, 회사채 등

시장금리부수시입출금식예금(money market deposit accounts, MMDA) 단기금융시장의 예금계정으로 고정금리가 아니라 시장의 변동금리를 주며 언제든지 돈을 넣고 뺄 수 있는 예금으로 은행의 대표적인 단기신탁상품이다. 단기금융시장의 금융상품들이 기업어음(CP)이나 양도성정기예금증서(CD) 등에 주로 투자를 하고 투자한 상품의 투자수익률에 따라 수익을 나누어 주는 예금계정이다.

MMF(money market fund) 단기금융시장펀드로 투신사에서 운용을 하고 증권사에서 판매하는 대표적 단기금융상품.

양도성예금증서(certificates of deposit, CD) 은행이 발행하는 정기예금 중 은행이 직접 팔거나, 증권회사를 통해 유통 거래되는 만기 30일 이상의 단기금융상품으로 은행의 일반 정기예금류와는 달리 양도가 가능하며, 이자부로 발행되는 것이 아니라 할인식으로 발행되고, 무기명으로 발행되며, 만기 이전에 중도해지를 할 수 없다. 이전에는 종합금융사(종금사)를 통해서도 매각이 되었지만, 현재는 일부 종금사를 제외하면 은행과 증권회사를 통해서 대부분이 거래되고 있다.

기업어음(commercial paper, CP) 1981년 기업의 단기자금조달을 쉽게 하기 위해 새로이 도입된 기업어음은 우량 및 적격기업이 자금조달을 위해 발행하는 어음형식의 단기채권으로 CP를 발행하면 은행, 종합금융사, 증권사 등이 선이자를 뗀 다음 매입(할인)하거나 중개수수료를 받고 개인 또는 기관투자가들에게 매출하게 된다. 보통 무보증어음으로 거래되지만 중개금융기관이 지급보증하기도 한다. CP를 발행하려면 신용평가기관으로부터 B급 이상의 신용등급을 얻어야 한다. 그러나 보통 시장에서는 A급 이상 우량기업어음만이 유통된다. 발행기일은 1일부터 365일까지 있지만 30일, 90일, 180일 등으로 끊어지는 경우가 많다.

환매조건부채권매매(repurchase agreements, RP 또는 Repo) 각 금융기관이 보유하고 있는 국공채 등 채권을 일정 기간이 지나면 환매수할 조건으로 고객에게 확정이율을 보장하고 매각하는 채권으로 1일 이상 1년 이내에서 만기를 정할 수 있다. 1998년 7월 25일 이후 가입분부터 예금자보호 대상에서 제외되고 있고, 만기 이전에 중도 해지할 수 있다. 환매조건부채권은 은행, 증권사, 종금사 등이 취급하고 있었지만 최근 종금사는 거의 취급하지 않고 있으며, 은행과 증권사의 거래방식도 다소 차이가 있다. 은행은 모두 약정식 거래로 일정한 만기별로 서로 다르게 금리를 적용하며, 만기는 30일 이상 1년 이내에서 고객이 자유롭게 선택할 수 있다.

표지어음 금융기관이 어음금액을 다시 나누어 재발행하고 개인이나 기관투자가에게 다시 판매하는 어음상품으로 기업이 자금조달을 목적으로 발행하는 기업어음 · 무역어음(수출입에 수반하여 발행되는 어음) · 팩토링어음(기업이 상품 등을 매출하고 받은 어음) 등을 기반으로 한다. 금융기관이 자체 발행하는 것을 '표지발행' 한다고 말한다. 현재는 투자금융회사와 종합금융회사만이 표지어음을 취급할 수 있다. 이러한 표지어음은 직접적인 상거래를 수반하는 상품물대(物代)어음, 즉 진성어음(real bills)과는 구분되는 융통어음(정상적 상거래의 뒷받침 없이 단순히 일시적인 자금의 융통을 도모하기 위하여 발행되는 어음)이다.

자산유동화증권(asset backed securities, ABS) 금융기관 및 기업 등이 보유하고 있는 특정 자산 중 일부를 유동화자산으로 집합(pooling)하여 이를 바탕으로 증권을 발행하고, 유동화자산으로부터 발생하는 현금흐름으로 발행증권의 원리금을 상환하는 증권을 의미한다. 자산유동화증권은 발행기관의 신용도와 독립적으로 자산의 특성과 현금흐름 및 신용보강 절차에 따라 높은 신용도를 지니는 증권의 발행이 가능하기 때문에 금융기관의 유동성을 제고시키고 조달비용을 낮출 수 있고, 투자자의 입장에서도 높은 수익률로 투자할 수 있다는 장점을 지니고 있다. 우리나라의 경우 1997년 말에 발생한 외환위기로 기업 및 금융기관의 유동성이 악화되고 부동산시장이 침체되자 이를 해결하기 위한 방안으로 1998년에 정부가 '자산유동화에 관한 법률'을 제정함으로써 ABS제도가 도입되었다. 도입 이후 한국자산관리공사(KAMCO)의 부실채권 및 부실자산의 유동화를 비롯하여 각 기업의 구조조정을 목적으로 한 ABS 발행이 급격히 증가하는 추세에 있다. 특히, 1999년 ABS 발행 총액의 약 50%가 부동산 및 부동산담보채권을 대상으로 발행되어 부동산에 대한 ABS의 역할이 점차 증대되었다.

고객예탁금(customer's deposit) 증권회사가 유가증권의 매매거래를 위하여 고객으로부터 받아 일시적으로 보관하고 있는 자금으로 위탁자예수금, 청약자예수금, 저축자예수금, 환매조건부 예수금, 신용거래구좌설정보증금, 신용거래보증금 등을 말한다.

저축성예금 정기예금, 저축예금, 기업자유예금, 정기적금 등과 같이 일정 기간이 경과한 후라야 지급받을 수 있는 예금이기 때문에 은행으로서도 안심하고 일정기간 자금을 운용할 수 있으므로 높은 이자를 지급해 줄 수 있는 예금.

시장형 상품 금융시장의 실세금리를 반영해서 금리가 결정되는 상품들인데 실세금리와 연동되므로 실세연동형 상품이라고도 한다. CD, RP, 표지어음 등이 이에 해당한다.

실적배당형 상품 고객들이 맡긴 자금을 은행이 유가증권 투자나 대출 등으로 운용해 실적 대로 배당해 주는 금융상품으로 투신사의 수익증권과 같이 금융기관이 운용한 실적에 따라 배당받게 되어 있는 반면 예금자보호법의 보호대상에서 제외돼 있다. 즉 배당률이 높아 고금리 상품인 반면 부실해질 경우 원금을 떼일 수도 있다.

금융채 한국산업은행(산업금융채권), 중소기업은행(중소기업금융채권), 국민은행(국민은행채권, 주택채권) 등의 은행들이 안정적이고 싼 산업자금이나 중소기업자금 또는 국민주택사업 재원조달을 위해 각각의 근거법을 기초로 발행하는 장기채권

보험계약준비금 생명보험회사가 계약자들에 대한 보험금 지급을 위해 가지고 있는 준비금.

제10장 총수요와 총공급

1. 총수요의 결정요인

GDP는 경제의 모든 구성원의 소득 총액이라는 측면뿐만 아니라 그 경제에서 생산되는 모든 재화와 서비스에 대한 지출(aggregate demand, AE)이라는 측면에서도 살펴볼 수 있다. 이는 경제 전체로 볼 때 소득과 지출은 같기 때문이다. 가계는 기업으로부터 재화와 서비스를 구입하며 기업은 재화와 서비스의 판매대금으로 받은 돈으로 노동자들에게 임금(피용자보수)을, 토지소유자들과 주주들과 채권자들에게 각각 지대와 이윤과 이자(영업잉여)를 지불한다. 여기에 고정자본소모(감가상각)를 더하고 다시 간접세를 더하면 GDP가 된다. 즉 GDP는 가계의 입장에서는 각 가계가 재화와 서비스시장에서 지출한 금액을 합한 것과 같고, 기업 입장에서는 기업이 생산요소시장에서 지불하는 임금 · 이자 · 지대 · 이윤의 합과 같은 것이고, 정부 입장에서는 정부가 재화와 서비스시장에서 지출한 금액과 같고, 외국으로의 (순)수출에 쓴 것과 같다. 소비와 투자와 정부구입은 내수, 순수출은 해외수요라 할 수 있다. 이처럼 지출 측면에서 GDP의 구성은 다음과 같다.

$$\text{GDP} \equiv 소비 + 투자 + 정부구입 + 순수출$$

‖ **표 10-1** ‖ 최종 수요에 대한 지출항목별 성장 기여도(%p, 및 기여율(%)

		2004					2005*				
		1/4	2/4	3/4	4/4	연간	1/4	2/4	3/4	4/4	연간
기여도	내수	-0.4	1.8	1.1	2.2	1.2	1.0	2.0	2.4	1.7	1.8
	최종 소비 지출	-0.2	0.3	0.1	0.6	0.2	0.9	1.4	1.8	1.8	1.5
	민간	-0.5	-0.1	-0.3	0.3	-0.1	0.6	1.0	1.4	1.4	1.1
	총자본 형성	-0.2	1.5	1.0	1.6	1.0	0.1	0.6	0.6	-0.1	0.3
	건설투자	0.5	0.5	0.1	-0.5	0.1	-0.2	0.2	0.0	0.1	0.0
	설비투자	0.0	0.5	0.5	0.2	0.3	0.2	0.2	0.3	0.7	0.4
	무형고정자산투자	0.0	0.0	0.0	0.0	0.0	0.1	0.0	0.0	0.0	0.0
	재고 증감	-0.7	0.4	0.4	1.9	0.6	0.0	0.2	0.2	-1.0	-0.2
	재화와 서비스의 수출	8.5	8.4	5.7	3.3	6.4	2.7	1.9	4.0	3.7	3.1
	최종 수요	8.1	10.2	6.8	5.5	7.6	3.6	3.9	6.4	5.3	4.9
기여율	내수	-5.3	17.6	15.9	39.6	15.9	26.8	50.7	37.3	31.5	36.4
	최종 소비 지출	-2.5	3.1	1.0	10.3	2.7	24.0	35.1	28.6	34.0	30.7
	민간	-6.5	-1.0	-3.8	5.8	-1.6	16.5	26.3	21.9	26.5	23.2
	총자본 형성	-2.8	14.4	14.9	29.3	13.2	2.7	15.6	8.8	-2.5	5.7
	건설투자	5.9	5.0	1.9	-8.4	1.9	-5.8	5.4	0.5	2.2	0.9
	설비투자	-0.1	5.1	7.4	3.1	3.9	6.1	5.4	4.9	13.6	7.8
	무형고정자산투자	0.0	0.3	-0.4	0.7	0.1	1.8	0.5	0.6	0.9	0.9
	재고 증감	-8.5	4.0	6.0	33.9	7.3	0.6	4.3	2.7	-19.1	-3.9
	재화와 서비스의 수출	105.3	82.4	84.1	60.4	84.1	73.2	49.3	62.7	68.5	63.6
	최종 수요	100.0	100.0	100.0	100.0	100.0	100.0	100.0	100.0	100.0	100.0

주 : 2000년 가격 기준.
자료 : 한국은행, 『2005년 국민계정(잠정)』, 2005. 3.

1) 소비지출과 소비이론

국민경제의 네 주체 중 가계 부문의 수요가 소비지출이다. 그런데 소비와 소비지출의 개념은 구분할 필요가 있다. 소비란 신축주택에 대한 지출을 제외한 한 해에 생산된 최종재 중 가계가 구입하는 소비재의 총 시장가치로 비내구성소비와 내구성소비로 구분한다. 그러나 내구성소비를 위해 지출한 경우에는 지출한 금액이 지출한 그 해에 전부 소비된다고 볼 수 없다. 즉 내구성소비 때문에 소비와 소비지출의 개념 간에는 약간의 차이가 발생한다. 소비지출에 영향을 주는 요인들 중에는 소득이 가장 중요한 요인인데, 소비에 영향을 주는 소득은 세금 납부 이후의 소득, 즉 가처분소득이다. 가처분소득 이외에도 재산, 물가수준, 이자율, 미래소득 등을 지적할 수 있다. 예를 들어 고령화사회가 도래함에 따라 미래에 예상되는 소득은 소비를 결정하는 주요 변수가 되고 있다. 물론 이들 경제적 요인들이 동일하더라도 비경제적 요인들, 특히 문화는 소비지출에 영향을 주는 주요 요인이다. 예를 들어 동아시아국가들의 높은 저축률은 이들의 문화와 관련되는 것으로 이해되고 있다.

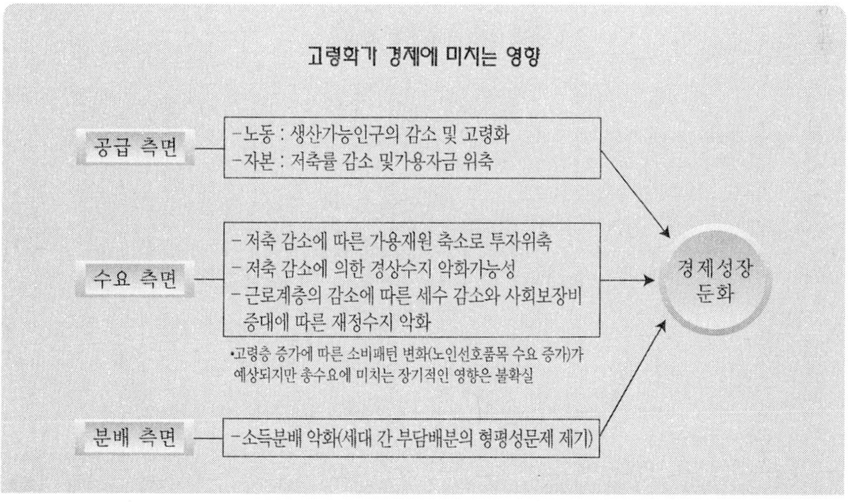

1. 1인당 GDP 및 경제성장에의 영향 : IMF는 1인당 실질 GDP가 생산가능인구 1% 증가 시에는 0.08%p 증가하는 반면, 고령자인구 1% 증가 시에는 0.041%p 감소하는 것으로 분석된다.
2. 총수요에 미치는 영향
   (1) 저축감소에 의한 투자위축 → 총수요 (-) 요인 : 총저축은 생산가능인구가 증가할수록 증가하는 반면, 고령자비율이 증가할수록 감소하는 경향이 있다. 생산가능인구는 예비적 동기에 의하여 저축을 늘리는 경향이 있으나, 근로소득이 단절된(줄어든) 고령자는 기존의 저축을 통하여 소비에 충당한다. 총저축 감소에 따라 국내에서 조달할 수 있는 투자재원이 감소하여 장기 성장잠재력이 낮아질 가능성이 높고 소비 증가도 둔화될 것으로 예상된다.
   (2) 소비패턴의 변화 → 총수요에 미치는 영향 불확실 : 고령화는 근로계층과 피부양계층의 상대적 비율을 변화시켜 전체 소비구조에 영향을 미칠 가능성이 있다. 즉 고령층은 주택, 에너지, 의료 관련 지출을 늘리는 반면, 자동차, 교통, 교육, 오락, 의복 관련 지출은 상대적으로 줄이는 경향이 있다. 반면, 고령화가 진전되면 고령자 수요 품목에 대한 수요가 증가하므로, 국가 전체적으로는 동 산업의 성장률에 따라 경제성장률이 영향을 받을 수 있을 것으로 분석된다.
   (3) 경상수지와의 관계(S-I = X-M) : 투자가 일정하다는 가정하에 생산가능인구가 늘면 저축이 증가하여 경상수지는 개선되고, 노인부양비가 높아지면 저축이 감소하여 경상수지는 악화된다. 그러나 실제 고령화의 진전에 따라 저축과 투자가 모두 감소할 경우에는 상대적 감소폭에 따라 경상수지의 적자, 균형, 흑자 모두 가능, 즉 경상수지 경로(path)가 불확실하다.
   (4) 재정수지에 미치는 영향 : 고령화 진전에 따라 세원이 되는 생산가능인구의 비중은 줄어드는 반면 연금, 각종 사회보장 및 의료비 지출이 늘어나 재정수지에 부담을 가중시킬 것으로 전망된다.
3. 노동시장 및 생산성(총공급)에 미치는 영향 및 대응방안
   - o 직접효과 : 생산가능인구의 감소 → 노동공급의 축소 → 생산 감소 → 성장둔화
   - o 간접효과 : 노인부양비율 증가 → 저축(자본공급) 감소 → 투자 등 총수요 감소 → 성장둔화
   - o 대응방안 : 고령노동력의 임금 축소 및 고령인구의 노동참여율 증대
4. 고령화가 자본시장에 미치는 영향 : 일반적 우려와는 달리 고령화에 따른 자산붕괴(asset meltdown) 위험 또는 주가폭락위험 등은 높지 않은 것으로 분석된다. 즉 고령화가 금융자산 중 주식과 채권의 보유에 미치는 장기적 영향에 대해서는 이견이 있으며, 연령에 따른 위험회피도의 변화에 대한 가정에 따라 결과가 상이하다. 연령이 높아질수록 안전자산에 대한 선호도가 높아지므로 고령화에 따라 주식에서 채권으로의 대대적인 포트폴리오 이동이 발생한다는 것이 일반적인 인식이다. 연령 증가에 따라 총자산에서 비금융자산이 차지하는 비중은 감소되고 금융자산의 비중은 증가한다는 전제하에서 위험회피도가 연령과 관계없이 일정하거나 증가한다고 가정하면, 총 금융자산 중 위험자산(주식 등)에의 투자비중은 축소된다. 반면, 고령화에 따라 위험자산을 선호하게 된다면 위험자산에의 투자비중이 일정하게 유지되거나 증가되므로 주식시장에 미치는 악영향은 거의 없다.

※ 자산붕괴 가설 : 고령화 초기에는 연금저축 증가로 금융자산에 대한 수요가 증가 ⇒ 고령화가 심화됨에 따라 현재의 연금제도의 유지가능성에 대한 회의적 시각 발생(연금지급액 총합이 연금기여금과 금융상품에서 발생하는 이자 및 배당소득을 초과할 우려) ⇒ cash inflow를 초과하는 cash outflow를 충당하기 위해 연기금의 대대적인 금융상품 매각 발생 ⇒ 자산가격 하락, 금리상승, 자본비용 상승 등의 역효과 발생

이처럼 한 경제의 소비수준은 여러 요인들에 의해 영향을 받는데 소비수준에 영향을 주는 여러 변수들과 소비수준 사이의 관계를 함수로 표현한 것이 소비함수이고, 소비함수를 그림으로 표현한 것이 소비곡선이다. 일반적으로 소비곡선은 소비에 영향을 주는 가장 중요한 요인인 가처분소득과 소비의 관계로 표현된다. 즉 소비곡선은 다른 요인들이 일정하다는 것을 전제로 우상향하는 직선 혹은 곡선이 된다. 수요곡선과 마찬가지로 다른 요인이 변화하면 소비곡선 자체가 위나 아래로 이동하게 된다.

한편, 일반적으로 소득이 증가하면 소비가 증가하고, 소비수요의 증가는 산출을 추가로 증대시킨다. 그런데 증가한 소득이 모두 소비되지는 않는다. 즉 가처분소득이 한 단위 증가할 때 증가하는 소비의 양인 '한계소비성향(≡△소비/△소득)'은 일반적으로 1보다 작다. 소득은 소비와 저축으로 구성되기 때문에 '한계소비성향'과 '한계저축성향(≡△저축/△소득)'의 합은 1과 같게 된다. 이처럼 소득의 증가에 따른 소비수요의 증가는 산출로 이어지고, 추가적인 산출의 증가는 추가소득으로 이어지고 이는 다시 추가 소비수요로 이어진다. 이처럼 소비수요의 변화와 그로 인한 국내총생산의 계속적 변화의 관계를 '소비승수(혹은 승수)'라 부른다. 따라서 소비수요의 증가가 국내총생산에 미치는 영향은 소비수요의 절대적 크기뿐만 아니라 한계소비성향의 크기에 의존할 것이다.

지금까지 소비를 결정하는 소득으로 가처분소득을 살펴봤는데 가처분소득의 절대적 수준이 소비의 결정에 핵심적 역할을 한다는 이론이 '절대소득가설(absolute income hypothesis)'이다. 그러나 절대소득가설은 사람의 소득을 너무 단순하게 이해하는 단점을 갖고 있다. 사람의 소득을 항상소득의 부분과 일시소득의 부분으로 구분하는 '항상소득가설(permanent income hypothesis)'에 따르면 사람들은 소비를 비교적 일정한 수준에서 유지하고 싶어 하는 경향을 갖고 있고, 따라서 사람들이 소비수준은 자신의 항상소득을 감안하여 결정된다고 본다. 여기서 항상소득은 일생에 걸친 평균적 소득을 의미하는 반면, 일시소득은 일시적인 여건의 변화로 인해 발생한 소득을 뜻한다. 예를 들어 경기가 좋아 받은 보너스는 일시소득이 되고, 승진을 하여 월급이 인상된 경우는 항상소득이 된다. 따라서 불황기에는 일시소득이 마이너스(-)가 된다. 항상소득가설에 따르면 호황기에 일시적으로 소득이 증가할 경우 사람들은 일정한 소비수준을 유지하려 하기 때문에 소득증가분의 일부만 소비하고 나머지를 저축한다. 즉 일시소득의 변동에 의해 소비는 크게 변화하지 않는다고 본다.

또 하나의 소비이론이 '생애주기이론(life-cycle theory)'이다. 항상소득가설과 마찬가지로 생애주기이론은 사람들이 소비를 일정한 수준에 유지하려고 노력하는 태도를 가졌음을 강조하지만, 사람들은 일생에 걸친 소득의 변화 양상을 염두에 두고 절절한 소비수준을 결정한다고 본다. 즉 소득의 경우 청년기에 낮은 수준이고 중 · 장년기에는 높은 수준으로 오르고 은퇴 후에 다시 소득이 낮아지는 양상을 보이는 반면, 소비의 경우 일생에 걸쳐 거의 일정한 수준에 유지되고 있다고 본다. 즉 생애주기이론에 따르면 소비자는 현재소득이 아니라 일생 동안의 소득을 염두에 두고 절절한 소비수준을 결정한다. 따라서 소득이 작은 청년기에는 앞으로 소득이 커질 것을 예상하고 소득보다 더 높은 소비수준을 유지하게 되는, 즉 마이너스(-) 저축의 상태가 된다. 반면, 중 · 장년기에 접어들어 소득이 높아지면 이를 모두 소비하는 것이 아니라 은퇴 후를 대비해 저축을 하게 되고, 은퇴 후에 소득은 거의 0으로 떨어질 것이나 중 · 장년기에 모아둔 저축으로 종전과 비슷한 소비수준을 유지하게 된다는 것이다. 즉 청년기에 마이너스(-), 중 · 장년기에 플러스(+), 그리고 노년기에 다시 마이너스(-)가 되는 저축곡선을 가질 것이다. 또한, 절대소득가설에서는 같은 가처분소득을 갖고 있는 소비자들의 경우 같은 한계소비성향을 가질 것이라 설명하는 반면, 생애주기이론은 같은 가처분소득을 갖고 있더라도 나이에 따라 서로 다른 한계소비성향을 가질 것이라고 예측한다. 항상소득가설과 생애주기이론이 소비이론을 풍부하게 만들었음에도 불구하고 절대소득가설을 대체할 수 있는 소비이론이라 할 수는 없다. 예를 들어, 소비가 미래 예상소득에 의해 영향을 받는다는 사실은 경제정책과 관련해 중요한 함의를 던져 준다. 즉 정부가 경기활성화를 위해서는 소득세 감면을 통해 소비지출을 촉진시킬 것을 주장하는 사람들이 있는데 조세수입의 감소 때문에 일시적으로만 소득세를 감면할 경우 증가된 가처분소득은 대부분 저축으로 가고 소비지출에는 크게 영향을 미치지 않을 것이다. 반면, 소비자가 일생 동안의 소득이나 불확실한 미래의 소득을 얼마나 정확히 예측할 수 있는지 알 수 없고, 미래에 예상되는 소득을 담보로 해서 돈을 빌려 쓸 수 있다는 비현실적 가정 등의 문제가 있다.

그러나 앞에서 살펴본 경제이론적 관점의 소비행태에 관한 설명은 19세기 중엽 이후의 한계효용이론에 입각한 소비자의 합리적인 선택행위와 크게 달라지지 않은 것이다. 경제이론적 관점의 소비는 소비행위를 객관적 이론의 견지에서 설명할 수 있는 기반을 제공한 반면 인간의 욕구(선호)가 사회문화적 영향과는 무관하게 동질적인 구조를 가진 것으로 가정하여 소비를 한 개인의 상품 구매행위로 축소시켰다는 비판을 받는다. 즉 모든 상품의 소비에 적용할 수 있는 일반화되고 추상적인 모델을 구축하고자 하는 경제학적 소비분석은 개인들의 선호가 형성되는 과정이나 특정한 사람들 사이에서 특정한 선호가 공유되는 사회적 과정 등이 소비행위에 미치는 영향을 분석하지 못하였다. 소비행태에 대한 경제학적 분석의 약점을 극복하고자 대두된 것이 소위 소비사회학 또는 소비문화론이다. 이들에 따르면 개인의 소비가 고정된 것이 아니라 사회, 문화, 시기에 따라 다양하게 달라질 뿐만 아니라 새로운 상품의 출현에 의해 변화되어 간다고 본다. 이렇게 변화하는 개인의 선호에 따라 소비행태도 따라서 변화하게 되고 소비행태의 변화는 다시 사회문화를 변화시켜 사회의 핵심적인 가치가 소비에 의해 결정된다는 것이다.

이들에 따르면 선호의 변화에 따라 소비사회는 3단계로 발전했다고 본다. 첫 번째 단계는 '복지자본주의 체제 안에서의 복지소비단계'로 여기서는 빈곤에서 벗어나 평균적인 삶을 누릴 수 있을 정도의 소비수준을 정부에서 보장하는 단계이다. 두 번째 단계는 1980년대 후반부터 1990년대 초반까지 '소비자본주의 단계'로 풍부한 공급을 토대로 소위 잉여소비, 과시적 소비, 즉 소비에 있어 어떤 제동장치도, 금지도 없는 순수한 형태의 소비지상주의를 말한다. 세 번째 단계는 1990년대 중반 이후 소비지상주의에 반기를 든 계층과 기존의 소비중심주의 계층이 혼재하는 포스트모던 소비문화가 등장하는 단계이다. 1990년대 중반 이후 소비사회의 발전에서 흥미로운 현상은 소비자의 선택폭이 넓어지면 소비자의 효용이 커진다는 기존 경제이론과 달리 공급 과잉 속에서 오히려 소비자의 선택 폭이 좁아지고 효용이 떨어졌다는 것이다. 이는 기초소비의 만족에서 벗어나 중저가 대량생산 시대에 살고 있던 소비자들의 선호가 잉여소비보다는 자신들의 감성을 만족시키는 가치소비에 더 중점을 두는 방향으로 바뀌었기 때문이다. 이러한 선호의 변화에 따라 소비행태 역시 건강, 행복 등을 우선시하는 소위 웰빙(well-being) 소비행태 및 소비의 트레이딩업(trading up) 현상 등이 나타나고 있다. 이처럼 전통적인 수요공급법칙을 벗어난 최근의 소비행태를 설명하는 데에는 소득, 자산, 금리, 불확실성, 유동성 제약 등 경제학에서 말하는 소비결정요인보다는 소비자의 선호변화가 더 적절함을 보여 주고 있다.

이제 끝으로 소비지출이 현재의 한국경제에 미치는 영향을 살펴보자. 한국경제는 외환위기 이후, 특히 2003년 이후 내수침체에서 벗어나지 못하고 있다. 시장경제에서 내수의 주요 구성 부분은 가계의 소비지출과 기업의 투자지출이다. 가계의 소비지출에 가장 영향을 미치는 요인은 소득이라는 점에서 외환위기 이후 가계 소비지출의 위축은 고용불안, 즉 실업률과 비정규직 노동자의 증대로 중산층의 붕괴와 저소득층의 위기에서 비롯한다. 2005년 현재 우리나라의 빈곤층이 700만 명을 훌쩍 넘어선 것으로 나타났다. 소득과 재산이 모두 취약한 최악의 빈곤층은 대략 401만 명 정도 되는 것으로 파악되고 있다. 2005년 8월 보건복지부가 2004년 1월부터 2005년 8월까지 전국을 대상으로 실태조사를 해 국회에 제출한 자료에 따르면 기초생활보장수급자와 최저생계비의 120% 미만 소득을 올리는 차상위계층(잠재적 빈곤층, 준빈곤층)이 716만 명인 것으로 추산되고 있다. 여기에는 소득이 최저생계비 이하이고, 부양의무자가 없거나 있어도 부양능력이 없어 정부의 보조금을 받는 계층인 기초생활보장수급자

138만 명, 소득은 최저생계비 이하지만 일정 규모의 고정재산을 가져 정부의 보조금을 지급받지 못하는 계층인 기초생활보장 비수급 빈곤층 372만 명, 4인 가족 기준 월소득이 최저생계비 102만 원을 넘지만 120만 원에는 모자라는 차상위계층 206만 명 등이 포함된다. 이 같은 빈곤층 규모는 전체 인구의 15%에 해당하는 것이다. 최저생계비 기준 빈곤율을 기준으로 하더라도 지난 1997년 3.9%에서 2004년 6.0%로 확대됐다. 2005년 최저생계비는 4인 가구 기준으로 월 113만 6,000원으로, 이를 120%에 대입하면 월 소득이 136만 3,200원 미만인 빈곤층이 사회 곳곳에 폭넓게 포진해 있다는 얘기다. 최저생계비는 1인 가구가 40만 1,000원, 2인 가구 66만 9,000원, 3인 가구 90만 8,000원이다. 이처럼 막대한 빈곤층 규모는 경기침체와 높은 실업률, 부익부 빈익빈의 사회 양극화 현상 등이 맞물려 있다. 그러나 참여정부의 GDP 대비 사회지출과 국민부담률 수준은 지난 2001년 기준 각각 8.7%와 24.1%로 경제협력개발기구(OECD) 평균인 22.5%와 36.8%에 크게 못 미치면서 사회안전망 확충 미비로 이어지고 있다.

수급자 부양의무자가 없거나 부양의무자가 있어도 부양능력이 없거나 또는 부양을 받을 수 없는 자로서 보건복지부장관이 개별가구의 소득평가액과 재산을 기준으로 매년 정하는 선정기준에 해당하는 자로 수급자로 선정되기 위해서는 소득평가액 기준, 재산 기준(금액기준, 주택 · 농지면적기준, 승용차 기준), 부양의무자 기준을 동시에 충족시켜야 한다.

GDP에서 민간소비지출이 차지하는 비중은 1996년과 1997년에 53%, 1998년 49%, 1999년 52%, 2000년 54%, 2001년 55%, 2002년 56%, 2003년 54%, 2004년 51%를 기록하고 있다. 외환위기 이후 해외로부터의 자금 유입으로 1999년에 높은 GDP와 GNI 증가율을 기록하였지만 2000년부터 내수의 한계로 전자는 8.5%를 기록하였으나 후자는 5.5%로 양자간에 격차가 크게 확대된다. 1999년부터 내수 진작을 통한 경제성장을 기치로 내건 정부가 카드의 현금서비스 한도(월 70만 원)를 폐지하자 카드사들은 본연의 결제기능(신용판매와 할부) 대신 대출기능(현금서비스와 카드론)에 매달렸다. 카드사들은 경쟁이 가열되면서 '길거리모집'에도 적극 나서 미성년자들에게까지 카드를 발급해 줬다. 여기에 2001년부터 미국경기 위축 등 해외수요의 위축으로 GDP와 GNI 증가율 모두 크게 하락한다. 그에 따라 (2002년 지방선거와 대선을 앞둔) 정부는 2001년 중반 이후 소비 중심의 내수회복으로 정책기조를 변경하였다.

예를 들어, 2001년 3/4분기 이후 경기진작을 위해 정부는 총유동성(M3)의 증가율을 경제성장률을 크게 웃도는 10%대로 유지하였다. 2001년 1/4, 2/4, 3/4분기의 실질GDP 성장률은 각각 3.8%, 3.0%, 2.1%, 3.5%에 불과했으나 M3(총유동성)의 증가율은 각각 8.2%, 8.2%, 10.3%, 11.5%를 보였다. 2002년 3월부터 M3 증가율 역시 감시범위(8~12%)를 벗어나기 시작하여 13%대를 형성하였다. 유동성 확대는 저금리 지속과 맞물리면서 가계대출 및 서비스업에 대한 지출의 확대로 이어졌다. 2001년 분기별 산업생산과 서비스생산은 각각 1/4분기에 5.1%와 4.5%, 2/4분기에 1.6%와 5.8%, 3/4분기에 -1.8%와 4.7%, 4/4분기에 2.3%와 7.2%를 기록하였다. 여기에 건설경기 활성화 시책이 맞물리면서 가계대출이 부동산과 주식시장으로 이동하였다. 2001년 전국의 아파트 가격이 전년 대비 14.5% 상승(서울지역 아파트 가격은 19.3% 상승)했고, 이는 1991년 이후 최대 폭의 상승을 기록했고, 종합주가지수도 (당시 선진국은 주가가 크게 하락하였으나) 2001년 9월 17일 468.8p에서 2002년 3월 8일에는 827.0p로 76% 상승하였다.

그러나 일자리 창출과 소득의 증대가 뒷받침되지 않는 내수주도 성장은 과잉수요 현상에 불과하고 거품의 후유증은 자산가치 하락에 따른 가계부채와 신용불량자문제로 이어질 수밖에 없다. 가계부채와 신용불량자문제는 2002년 하반기부터 2003년 상반기 경기침체의 주요원인으로 작용하였다. 또한, 현재로서는 경기가 회복되더라도 가계신용 상태는 더 악화될 것이라는 전망이 일반적이다.[1] 성장이 금리 상승으로 이어질 경우 성장 속에서 저소득층의 실질소득은 감소할 수 있다. 즉 금리상승으로 인해 가계 부문의 이자부담이 증가하고 있는데다 고용 없는 성장과 계층 간 양극화로 가계의 부채상환 능력은 개선되지 않는 상황이기 때문이다. 특히 가처분소득보다 소비가 더 많은 구조에서 벗어나지 못하고 있는 소득하위계층은 신용이 악화될 가능성이 높아 중저위 신용자에 대한 대출이 많은 금융회사의 연체율이 상승할 우려가 있다. 도시근로자 가구를 5단계로 나눌 때 가장 소득이 가장 낮은 1분위에 속하는 가구의 평균 적자액은 2002년 83만 원에서 2004년에는 175만 원으로 확대됐다. 한국 가계의 빚은 1999년 200조 원을 넘어선 뒤 급격히 증가해 올해 9월 말 현재 506조 원을 기록하고 있다. 특히 가계 빚의 절대규모 증가세가 2005년 들어 빨라지고 있는데다 개인 부문의 부채부담이 악화되는 추세여서 가계의 부채상환 능력도 낮아지고 있다. 부채 500조 원을 기준으로 계산하면 연간 이자가 32조 5,000억 원(금리 연 6.5% 적용)에 이르고, 금리가 1%p 상승할 때마다 추가 이자부담이 5조 원에 이르기 때문에 가계의 부채이자 부담이 크게 증가할 것으로 전망된다. 개인 금융자산 대비 부채의 비율도 2004년 말 48.6%에서 2005년 6월 말에는 49.3%로 높아졌다. 또 전체 국내총생산(GDP)에서 차지하는 개인 금융부채의 비율도 같은 기간 동안 65%에서 70%로 높아졌다. 즉 '고용 없는 성장'과 계층 간 양극화 등으로 경기회복과 자산가격 상승의 혜택이 일부 계층에 편중되고 있기에 처분가능 소득보다 소비가 많은 소득하위 계층은 신용이 악화될 가능성이 높은 상황이다.

게다가 2003년 이후에도 계속되는 투자 위축으로 고용의 둔화와 불안정 심화, 그리고 양극화 등이 지속되면서 소비 침체는 장기화되고 있다. 2005년 8월 통계청이 발표한 '2분기 가계수지 동향'에 따르면 전국 가구의 평균소비성향은 77.6%로 조사 이래 최저치를 나타났다. 전국 가구의 평균소비성향은 2004년 4분기 78.6%에서 2005년 1분기 82.0%로 1년 만에 80%대로 올라섰지만 한 분기만에 다시 최저치로 뚝 떨어진 것이다. 도

---

1) 예를 들어, 유용주, 「2006년 국내 금융 트렌드」, 우리투자증권연구원, 2006. 11.

시근로자가구의 소비도 급속히 냉각됐다. 2005년 1분기 78.0%로 전분기 73.6%에서 껑충 뛰어오른 도시근로자가구의 평균소비성향은 2분기 74.0%로 떨어졌다. 실질적인 경기회복을 체감하지 못한 소비자들이 간신히 열기 시작한 지갑을 다시 닫고 있는 것이다. 가계부채 잔액도 2005년도 3분기에는 처음으로 500조 원을 돌파하는 등 개선될 기미가 보이지 않고 있다. 한국은행의 가계신용 동향에 따르면 얼마 전까지 정체 양상을 보였던 가계부채가 2005년 2~3분기 주택담보대출 확대 영향으로 크게 증가하면서 2005년 9월 말 현재 가계신용 잔액이 506조 1,683억 원, 2005년 말 521조 5,000억 원, 2006년 3월 말 528조 8,000억 원으로 증가해 오고 있다. 특히 가계신용을 항목별로 보면 금융회사의 가계대출 잔액이 2005년 말 493조 4,000억 원에서 2006년 3월 말 500조 8,000억 원으로 7조 4,000억 원 증가하였듯이 가계대출이 가계부채의 주요인이 되고 있다. 게다가 가계대출 중 주택담보대출의 비율이 2006년 3월 현재 55.2%로 사상 최고치를 기록했다. 이는 주택경기의 침체가 가계부채를 통해 소비침체를 더욱 악화시킬 수 있음을 의미한다.

사회 일각에서 경기부양을 위해 소득세 추가 인하를 주장하고 있으나 소득세 인하는 세입 기반을 항구적으로 약화시켜 재정건전성을 악화시키는 반면, 납세 대상자의 절반가량이 면세점 이하인 상황이기 때문에 고소득층에게 대부분의 혜택이 돌아갈 수밖에 없다. 즉 우리나라는 1997년 (외환)위기 이후 중산층은 서민층으로, 서민층은 빈곤층으로 떨어지는 추세가 가속돼 왔다. 또한, 감세는 한 번 단행되면 경기가 좋아진다고 해서 다시 세율을 올리기 쉽지 않다는 점에서 공적자금에 대한 이자, 늘어가는 사회안전망에 대한 요구, 그리고 대규모 국책사업의 재원조달 등 향후 몇 년 동안 늘어날 재정지출의 규모를 생각한다면 세수 감소로 인한 정부의 재정건전성이 심각하게 위협받게 된다.

반면, 양극화 심화로 소비지출이 구조적으로 변하고 있는데 한국은행이 국민경제자문회의에 보고한 내용에 따르면 소비지출에 있어 해외소비-국내소비, 고급소비-일반소비, IT소비-비IT소비 등 소비의 양극화가 구조화되고 있다. 즉 중산층의 구매력 약화나 대규모 신용불량자문제와 더불어 부유층의 해외소비 증가 등이 내수 위축의 일반적 요인으로 지적되고 있다. 이런 소비지출의 구조 변화로 고소득층에 대한 감세 혜택이 내수 회복에 기여할 가능성도 낮다. 예를 들어, 한국은행의 발표에 따르면 최근 서비스산업수지 적자가 크게 불어나고 있는데 서비스수지 중 해외여행경비 지출항목인 일반여행서비스 대외지급액과 해외유학연수경비의 대외지급액의 급증 등이 주요 요인이다. 즉 국내소비는 침체국면을 벗어나지 못하고 있는데도 해외소비는 갈수록 증대하고 있는 것이다. 그런데 해외소비의 주체가 부유층이라는 점이기에 부유층에 대한 소득세 인하 효과가 국내소비에 기여할 가능성은 높지 않다.

2) 투자지출

기업 부문의 수요에 해당하는 투자지출은 어떤 나라에서 한 해 동안 생산된 최종재 중 기업이 구입하는 자본재의 총가치를 나타낸다. 투자는 새로운 생산설비와 건축물에 대한 지출과 신축주택의 구입으로 국민계정에는 총고정자본 형성으로 표시된다. GDP에서 총고정자본 형성이 차지하는 비중을 보면 1996년 37%, 1997년 36%, 1998년 30%, 1999년 30%, 2000년 31%, 2001년 30%, 2002년 29%, 2003년 30%, 2004년 30%를 기록하였다. 1997년 위기 이후 큰 폭으로 감소한 것을 확인할 수 있다. 소비수요와 마찬가지로 투자지출의 변화 역시 국내총생산의 계속적 변화를 일으키고 이를 투자승수라 부른다.

투자지출의 결정요인들로는 구입비용의 기회비용에 해당하는 이자율, 미래에 예상되는 수익, 자금조달의 용이성 등이 있다. 소비수요와 마찬가

총고정자본 형성(gross fixed capital formation) 생산주체가 구입 또는 자가생산한 모든 자본재. 자본재란 당해 기간에 소진되지 않고 여러 회계연도에 걸쳐 생산에 이용되는 상품이다.

지로 투자지출의 변화 역시 국내총생산의 계속적 변화를 일으키고 이를 투자승수라 부른다. 〈표 9-3〉에서 한국경제가 외환위기 전후로 총투자율이 약 8.3% 하락하고 있음을 볼 수 있다. 즉 외환위기 이전 1991~1997년간 총투자율은 연평균 37.5%였으나 1998~2004년간은 29.2%를 기록하였다. 외환위기 이전 총투자율은 35.7%에서 39.7%를 기록한 반면, 외환위기 이후에는 25.2%에서 35.1%를 기록하고 있다. 외환위기 이후 총투자율의 최대치가 외환위기 이전의 최저치에 미치지 못하고 있다는 점에서 외환위기 이후 총투자율의 하락은 외환위기 이후 투자시스템의 변화가 있었음을 추측할 수 있다. 국회 예산정책처의 '2004년도 세입 · 세출 결산' 보고서(2005년 8월 1일)에 따르면 국내총생산에서 설비투자가 차지하는 비율을 뜻하는 설비투자율도 2004년의 경우, 외환위기 이후 최저수준인 9.2%로 주저앉았다. 투자부진은 '성장엔진'을 의미하는 성장잠재력 약화로 이어질 수 있다. 실제로 1980년대 7.5%, 1990년대 6.6%에 달하던 잠재성장률이 2000년 이후 5% 내외 수준으로 떨어지고 경제의 기초체력이 갈수록 약화되고 있는 것으로 나타난다.

무엇보다 한국은 선진국에 비해 아직도 자본장비율(노동 1단위당 자본량, 자본집약도)에서 현저히 미달할 뿐 아니라 우리 기업과 경제의 역량으로 볼 때 투자주도 대 혁신주도의 성장을 대립적으로 이해할 필요가 없다. 또한, 중국경제의 질주와 한중 간 기술격차의 급속한 축소 등으로 새로운 산업에의 진출과 개술 개척이 필요한 실정이다. 그러나 현실을 보면 기업은 단기수익을 좇아 현실안주의 경영을 하고 있다. 그리하여 투자부진은 일자리 비전의 상실로 연결되고 있는 실정이다. 1997년 위기 이후 잠재성장률의 저하와 경기침체의 주요 요인으로 작용하고 있는 만성적이고 구조적인 저투자의 핵심원인으로는 1997년 위기 이후 낡은 시스템의 붕괴와 새로운 시스템의 부재, 그리고 교육문제 등을 지적할 수밖에 없다. 즉 한편으로는 1997년 위기 이후 외국인자본의 영향력 증대에 따른 은행의 금융중개기능 약화, 경영권 안정성의 위협 증대, 단기 실적 위주의 안정적 경영과 중장기투자의 기피, 상시적 구조조정 등으로 이어졌다. 다른 한편으로는 투자유발 메커니즘이 물적 자본에서 인적자본 주도로 변화했음에도 불구하고 변화한 사회경제환경에 부응하는 교육시스템의 부재로 고용의 양과 질 모두가 악화되고 있다. 따라서 투자의 위축과 고용구조의 악화라는 구조적 내수침체와 양극화라는 악순환을 해결하지 않고서는 '저성장의 함정'에서 빠져나오기 어렵다.

3) 정부지출

정부소비지출(이하 정부지출) 역시 한 단위 증가하면 재화와 서비스에 대한 수요는 한 단위 이상 증가하기 때문에 정부구입은 총수요에 승수효과를 미친다. 흔히, 정부 부문의 지출로서 정부지출은 재정지출과 구분한다. 전자는 한 해에 생산된 최종재에 대해 지출한 것만을 의미하는 반면, 후자는 그 성격이 무엇이든 정부가 행한 모든 지출을 포함한다. 예를 들어 각종 보조금 같은 정부의 이전지출은 재정지출에 포함되지만 정부지출에는 포함되지 않는다. 이전지출은 아무 대가 없이 구매력을 이전한 것이어서 최종재에 대한 수요와 무관하기 때문이다. 그리고 정부지출은 용도에 따라 정부투자지출(도로, 항만, 교량, 공공시설 등의 건설을 위한 지출)과 정부소비지출(공무원 급여나 비품 구입 등)로 구분할 수 있다. 그러나 여기서는 정부지출을 재정지출과 같은 의미로 사용한다.

정부지출이 증가할 경우 1단계는 정부지출만큼 소득이 증대하고 소득증가에 따라 한계소비성향의 비율만큼 소비가 증가한다. 2단계는 소비가 증가한 만큼 소득이 증대할 것이고 증대한 소득에 대한 한계소비성향의 비율만큼 소비가 증가할 것이다. 이런 단계가 계속 반복될 경우 총수요의 증가분은 '정부지출/(1-한계소비성향)'만큼 될 것이다. 이처럼 승수효과가 존재할 경우 정부지출로 인한 총수요곡선의 이동폭은 정부지출의 증가폭보다 크다. GDP에서 정부지출이 차지하는 비중을 보면 1996년 12%, 1997년 12%, 1998년 13%, 1999년 12%, 2000년 12%, 2001년 13%, 2002년 13%, 2003년 13%, 2004년 13%를 기록하였다.

정부지출의 경우 소비수요나 투자지출과 달리 승수효과와 더불어 '구축(밀어내기)효과(crowding-out effect)'를 발생시킨다. 구축효과는 확대재정정책으로 인한 이자율의 상승으로 투자가 감소하여 총수요의 증가가 일부 상쇄되는 현상이다. 정부가 상품구입을 증대시킬 경우 정부에 상품을 판매한 기업의 주주와 노동자들의 이윤과 임금은 증가하고, 가계의 소득이 증가함에 따라 소비를 증가시키기 위해 화폐수요도 증대시킬 것이다. 화폐수요 증가는 통화량의 변동이 없는 상황에서 이자율의 인상을 가져오고 이는 민간 부문의 투자지출을 줄임으로써 상품에 대한 총수요를 감소시킨다. 예를 들어, 정부가 공채 발행을 통해 지출을 증대시킬 경우 채권가격의 하락과 이자율의 상승을 가져오고 이는 민간 부문의 투자지출을 감소시킬 것이다. 다시 말해 구축효과가 존재할 경우 정부의 재정지출로 인한 총수요곡선의 이동폭은 정부지출의 증가폭보다 작다. 그러나 소득이 증대한다고 하여 화폐수요가 증대할지는 의문의 여지가 있다. 이처럼 승수효과와 구축효과 중 어느 쪽이 강한가에 따라 정부지출에 따른 총수요의 효과는 달라질 것이고, 이에 대해서는 뒤에서 다룰 것이다.

4) 순수출

마지막으로 우리나라에서 생산된 상품에 대한 수요는 우리나라 사람뿐만 아니라 외국인으로부터도 나온다. 그런데 총수요라고 할 때는 국내에서 생산된 상품에 대한 지출만을 의미하기에 수입된 상품에 대한 지출은 포함시키지 말아야 한다. 즉 수출된 상품의 가치는 포함하고 수입된 상품의 가치는 빼야 하는 것이다. 수출이 국내 상품에 대한 시장을 확대하는 반면, 수입은 그것을 축소시키기 때문이다. 우리나라는 1980년대 후반(1986~1989) 4년과 1993년, 그리고 1997년 위기 이후 최근까지 몇 년간을 제외하면 순수출이 마이너스(−)를 기록했다. 한국경제는 협소한 내수시장으로 확대재생산을 위해서 수출지향의 성장은 불가피한 선택이었다. 순수출이 GDP에서 차지하는 비중을 보면 1996년 −3%, 97년 −1%, 1998년 13%, 1999년

7%, 2000년 3%, 2001년 2%, 2002년 1%, 2003년 2%, 2004년 4%를 기록하였다.

순수출(≡수출-수입, 무역수지)은 수입과 수출 규모에 영향을 미치는 그 나라의 국민소득과 상대국의 국민소득, 국내가격과 외국가격 사이의 상대적 비율 등에 영향을 받는다. 가처분소득이 한 단위 증가할 때 수입이 증가하는 양을 '한계수입성향'이라고 한다. 따라서 소득이 한 단위 추가로 증가할 때 총수요는 한계소비성향에서 한계수입성향을 제외한 만큼 증가한다. 국가 간의 상대적 가격비율에는 환율도 영향을 끼친다. 환율은 1국 통화와 타국 통화의 교환비율을 말한다. 외국환시세(rate of foreign exchange) 혹은 외환시세라고도 한다. 일반적으로 통화의 가치는 그 통화가 가지는 구매력에 의해 표현된다. 외국에서 1국 통화의 구매력은 외화와 교환됨으로써 실현되기 때문에 1국 통화와 외국 통화의 교환비율인 환율이 1국 통화의 대외가치를 나타내는 것으로서 중요시된다. 한국의 경우는 달러나 마르크와 같은 외화를 원화와 교환할 때의 비율, 즉 외화를 원화로 매매할 때의 가격이라고 할 수 있다. 환시세(換時勢)는 한 나라의 통화와 외국 통화의 교환비율에 따라 정해지는데, 환율이 외국 통화 1단위에 대한 자국 통화의 일정액으로 표시할 때 환율 상승은 자국 통화의 대외가치 하락, 즉 원화 하락이 되며, 반대로 원화 상승은 환율 하락이 된다.

환율은 일반상품의 가격형성과정과 같이 원칙적으로는 외화에 대한 수요와 공급의 관계에 따라서 변동한다. 환율이 어떻게 결정되는가에 대해서는 크게 단기적으로는 이자율평형정리에 의해, 장기적으로는 구매력평가설(Purchasing Power Parity Theories)로 설명한다. 우선 단기에는 재화시장의 변화보다는 화폐시장의 변화가 빠르므로 양국 간의 이자율에 따른 환율조절이 된다. 즉 양국의 이자율 차이가 기대환율변화율을 상쇄하는 경우에 환율이 조정된다. 즉 환율은 외화에 대한 가격으로 외화의 수요와 공급에 의해 결정된다. 그런데 이자율의 하락은 외화 자본의 유출(외화 수요의 증가)을 초래하므로 환율이 상승하게 된다. 따라서 이자율과 환율 사이에 역의 관계가 존재한다.

구매력평가설 스웨덴의 경제학자 Gustav Cassel에 의해 개발된 이론으로 제1차 세계대전 이후 국제무역이 와해되고 세계 여러 나라의 가격체계가 변형되어 국제경제가 어려움을 겪고 있을 때 금본위제도로 복귀하기 위한 균형환율을 추정하기 위해 사용하였다. 국민계정(SNA)에 따르면, 동일한 제품에 대한 A, B 두 국가 간의 가격비율은 A국에서 A국 통화 한 단위로 구입할 수 있는 재화 또는 서비스와 동일한 양을 B국에서 구입하기 위해 필요한 B국 통화단위의 수를 측정한 것으로 해석할 수 있으며, 이 비율을 특정 재화 또는 서비스에 대한 두 통화 간의 구매력평가(purchasing power parities, PPP)라고 한다. 환율(exchange rate)은 각국 간의 물가수준차이와는 관계없이 거시경제 요소(물가지수 산정에 있어 국내재와 국제재의 가격 및 구성의 변동, 자금거래 및 투기성거래 등)에 의해 결정되어 각국 화폐 간의 상대적 구매력을 제대로 나타내지 못할 수 있기 때문에 이러한 단점을 보완하기 위하여 작성하는 지표로서, PPP는 각국 화폐의 구매력을 고려한 화폐변환율(rate of currency conversion)을 의미한다. 참고로 2005년 5월 한국은행이 세계은행의 '세계발전지수(World Development Indicators 2006)'를 요약 정리한 자료에 따르면 시장환율을 기준으로 한 우리나라의 2004년 1인당 GNI는 1만 4,000달러였으나 각국의 물가수준을 감안한 구매력평가(PPP) 환율로 계산한 1인당 GNI는 우리나라가 2만 530달러를 나타내 시장환율로 평가한 1인당 GNI보다 1.5배 큰 수준을 나타냈다.

우리나라의 경우 자본 및 외환시장의 개방 이후 이자율과 환율 그리고 외국인 자본의 유출입 간에 밀접한 관계가 확인된다. 예를 들어, 외국인 투자자들은 2005년 이후 국내 주식시장에서 순매도세를 이어가 총투자액은 감소했지만 환율 하락 덕분에 달러화로 환산한 평가액은 오히려 증가세를 보였다. 즉 증권선물거래소에 따르면 외국인 투자자들은 2006년 들어 9월 말까지 9조 5,213억 원어치의 주식을 순매도하며 국내 주식시장에서의 비중을 축소하였다. 참고로 2004년 4월 44%를 웃돌았던 외국인 투자비중은 2006년 9월 말 현재 37%까지 떨어진 상태다. 이에 따라 2005년 말 260조 744억 원에 이르던 외국인 주식보유액은 2006년 9월 말 현재 253조 8,739억 원으로 6조 원 이상 감소했으나 달러화로 환산한 외국인 주식보유액은 2005년 말 2,569억 달러에서 2006년 9월 말 2,683억 달러로 되레 114억 달러 늘었다. 2005년 말 1,012원이었던 원/달러 환율이 꾸준한 하락세를 보이며 2006년 9월 말에는 946원까지 떨어진 탓이다. 이 같은 현상은 원/달러 환율이 100원 넘게 떨어졌던 2004년에도 나타났다. 주식시장에서 외국인 투자 비중이 44.14%에 이르렀던 2004년 4월 26일 외국인들의 주식보유액은 179조 4,521억 원에 이르렀으나 외국인들이 주식을 대거 팔아 치우면서 2004년 말에는 173조 1,953억 원으로 6조 원가량 줄었다. 반면 달러화로 환산한 주식보유액은 1,553억 달러에서 1,663억 달러로 오히려 110억 달러 증가했다. 당시 환율은 같은 기간 1,155원에서 1,041원으로 급락했다. 이처럼 원/달러 환율이 하락할 때마다 외국인들은 국내 주식시장에서 매도세를 보이며 차익실현에 나서고 있다. 미국 달러화 약세 기조로 다른 나라의 통화가치가 절상된 가운데 우리나라 원화 가치가 가파른 상승세를 보이자 환차익을 노린 외국인이 보유주식을 팔고 있는 것이다.

	원화(억 원)	달러화(억 달러)	환율(달러당 원)
2004. 4. 26	179조 4,521	1,553.7	1,155
12. 30	173조 1,953	1,663.7	1,041
2005. 6. 30	193조 3,673	1,886.5	1,025
12. 29	260조 744	2,569.9	1,012
2006. 9. 29	253조 8,740	2,683.2	946

‖그림 10-1‖ 외국인 주식보유액 추이

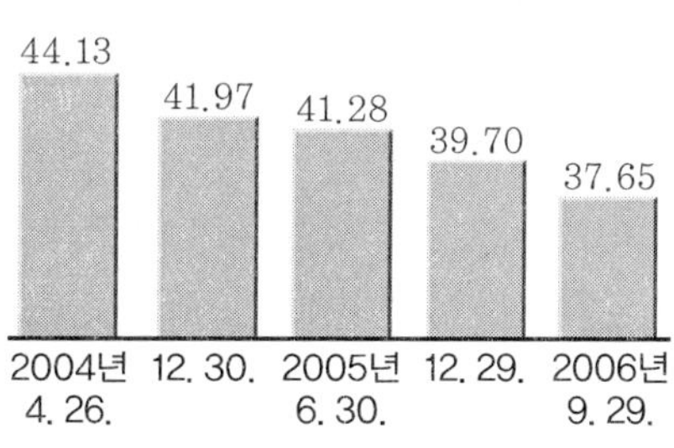

자료 : 증권선물거래소.

‖그림 10-2‖ 외국인 주식보유비중 추이(%)

또한, 지난 1999년 5월부터 2004년 6월까지의 기간을 대상으로 분석한 한국은행의 보고서(손욱, 「통화정책과 주식시장」, 『경제분석』, 2006. 10)에 따르면 콜금리 인상발표를 전후로 외국인은 강한 매수세를 보인 것으로 나타났다. 즉 금리인상이 주식시장의 악재라는 상식과 달리 한국은행이 콜금리를 인상하기 전후에 외국인은 주식을 매수하는 것으로 나타났다. 금리인상을 매도의 신호로 받아들이는 국내 기관이나 개인과는 전혀 다른 패턴을 보인 것이다. 이는 외국인의 경우 콜금리 목표 인상으로 인한 원화가치 상승 가능성에도 초점을 맞추어 투자결정을 하는 데 따른 것이다.

한편, 장기에는 재화시장에서의 조정이 가능하므로 양국 간의 구매력의 차이에 따라서 환율이 결정된다. 즉 환율의 변화율은 양국 간의 물가상승률의 차이에 의해 결정된다. 구매력 평가이론은 절대구매력 평가이론(Absolute PPP Theory)과 상대구매력 평가이론(Relative PPP Theory)으로 구분한다. 전자의 경우 환율은 자국의 물가수준을 상대국의 물가수준으로 나누어 구해진다. 그런데 절대구매력 평가이론은 몇 가지 약점을 갖고 있다. 첫째, 자본수지가 배제되었다. 오직 재화와 용역의 수출입을 균형시키는 환율을 추정하는 데 이용한다. 둘째, 비교역재 가격이 포함되어 있다. 무역을 균형시키는 환율을 추정하기 위해서는 비교역재 가격을 제외시켜야 하는데 일반물가지수는 비교역재 가격도 포함하고 있다. 셋째, 무역외비용도 무역거래에서 큰 비중을 차지하는데 절대구매력 평가이론은 운송비 또는 다른 무역장애 요인을 무시하고 있다. 예를 들어, 절대구매력에 기초한 것 중 하나인 빅맥지수(Big Mac Index)의 경우 햄버거의 원료에는 관세가 부과되고 운반비, 임대료, 각종 세금 등이 포함되어 있으며 대체재의 규모가 국가마다 상이하다는 점들을 고려하지 못하고 있다.

절대구매력 평가이론의 신뢰도에 대한 문제로 인해 그 대안으로 등장한 것이 상대구매력 평가이론(Relative PPP Theory)이다. 여기서 환율은 다음과 같이 구해진다.

$$R_1 = \{ (P_1/P_0) \}/\{ (P_1^*)/(P_0^*) \} * R_0$$

여기서 R_0 기준연도 환율, R_1 비교연도 환율

P_0 기준연도의 자국 물가수준, P_1 비교연도의 자국 물가수준

P_0^* 기준연도의 타국 물가수준, P_1^* 비교연도의 타국 물가수준

상대구매력 평가이론에 따르면 만약 외국의 물가수준이 불변이고 자국의 물가가 50% 상승하였다면 환율은 50% 상승하고 자국통화의 가치는 50% 절하되는 결과를 초래한다. 그리고 만약 상대구매력지수가 유효하면 절대구매력지수도 항상 유효하다. 그러나 역은 성립하지 않는다. 예를 들어, 절대구매력지수에는 운송비, 무역장벽, 자본의 이동 때문에 받아들이기 어렵지만 상대구매력지수에는 이러한 요인의 변동이 있을 때에 오차가 발생할 뿐이다. 그러나 상대구매력지수 역시 몇 가지 약점을 갖는다. 첫째, 비교역재의 가격차이가 존재함에 따라 선진국의 환율이 상대적으로 높게 추정(자국통화 저평가)되는 경향을 보이고 개도국은 상대적으로 낮게 추정(자국통화 고평가)된다. 그 이유는 비교역재의 하나인 서비스 가격이 같은 조건이라면 개발국에서 상대적으로 비싸기 때문에 개발국의 일반 물가지수가 상대적으로 높을 가능성이 있기 때문이다.

구매력 평가이론은 개별 교역재의 경우에 잘 적용되는 반면, 모든 교역재 혹은 비교역재를 포함한 모든 재화와 용역의 경우에는 잘 적용되지 않는 것으로 나타난다. 또한, 장기간(몇 십년 이상)의 경우에는 잘 적용되지만, 10~20년 정도의 기간에는 잘 적용되지 않고, 단기간의 경우에는 전혀 맞지 않는 경향이 있다. 특히, 인플레이션이 심한 기간에는 잘 적용되지만, 금융이 안정된 시기에는 잘 적용이 되지 않고 근본적인 경제구조 변화 시기엔 전혀 적용되지 않는 경향이 있다. 환율의 단기적 불안정성에 대한 원인분석, 단기적 환율의 과잉조정(Overshooting), 장기적 균형환율과 괴리되어 가는 경향 등을 설명하는 이론이 '현대적 환율결정이론(Modern Exchange Rate Determination Theories)'이다. 1973년 관리변동환율제도 채택 이후 국제자본거래 규모가 엄청나게 증가하여 이미 오래 전부터 자본거래 규모가 무역거래 규모를 훨씬 능가하고 있기 때문에 환율이론도

자연스럽게 통화론적 접근법을 중시하게 되었다. 현대적 환율결정이론은 기본적으로 환율의 움직임을 금융적 현상으로 파악한다. 즉 통화론적 접근방법은 화폐의 수요와 공급을 변화시키는 요인들이 환율을 결정하는 주요한 요인임을 강조하고 있다. 환율은 화폐 사이의 교환비율을 의미하고, 교환 비율은 화폐가치에 의해 결정된다. 따라서 화폐의 수요와 공급에 의해 화폐가치가 변하면 화폐의 교환비율인 환율도 변하게 된다. 국내 이자율이 하락할 경우 국내 화폐에 대한 수요가 증가하므로 화폐가치가 상승하게 된다. 화폐가치가 상승하므로 물가가 하락하여 환율이 하락하게 된다. 우리나라가 외환위기 이후 1997년 12월을 기점으로 자유변동환율제도로 전환했을 뿐만 아니라 자본자유화 추진 등으로 인하여 자본의 이동성이 커졌다는 점에서 환율결정에 있어 화폐적 요인의 중요성이 증대하였다. 따라서 경제전반의 유동성 수준을 반영하고 있는 광의의 통화지표를 이용하여 환율을 추정하는 것이 필요할 것이다.

Overshooting 상품이나 금융자산의 시장가격이 일시적으로 폭등 · 폭락하였다가 장기균형수준으로 수렴해 가는 현상을 말한다. 환율의 오버슈팅이란 정부가 정책적으로 통화를 팽창시키면 자국의 통화가치가 하락(환율 상승)하는데, 처음에는 균형수준 이하로 하락했다가 점차 상승(환율 하락)하여 새로운 균형수준에 이르게 되는 상태를 말한다. 즉 예상하지 못한 통화 교란이 발생했을 때 환율이 새로운 균형에 이르기까지 경제의 기초적인 요인을 완전히 반영하여 나타나는 장기적인 균형수준에서 벗어나 큰 폭으로 변동하는 것을 말한다. 이는 통화변동에 따른 금융시장과 외국환시장의 반응이 상품시장보다 빠르게 나타나기 때문이다.

5) 총지출곡선과 총수요곡선의 도출

지금까지 살펴보았듯이 소비(C), 투자(I), 정부지출(G) 그리고 순수출(NX≡X−M)은 상품에 대한 총수요를 구성한다. 경제 전체로 볼 때 소득(GDP)과 지출은 같기 때문에 총수요를 소득으로 대체할 수 있다. 즉 소득을 Y라 놓으면 다음과 같은 식이 성립한다.

$$Y(GDP) = AE = C + I + G + NX$$

그리고 위에서 살펴본 승수효과들을 고려하여 재구성하면 총지출곡선이 도출된다.

$$Y = (a + I + G + X)/[1 - (1 - t)(m - MPI)]$$

여기서 소비함수(C)는 [a+mY(1−t)], 수입함수(M)는 [MPI(1−t)Y], 그리고 투자지출(I)과 정부지출(G)과 수출(X)은 소득과 관계없는 독립지출 I와 G와 X로 가정한다. 가처분소득은 소득에서 소득의 일정비율 t만큼의 세금을 제외한 소득(Y−tY)으로 이해하고, m은 한계소비성향 그리고 MPI는 한계수입성향을 나타낸다.

이제 총지출곡선으로부터 각 물가수준에 대응하는 한 나라 경제의 모든 상품의 수요량을 나타내는 총수요곡선을 도출할 수 있다. 첫째, 물가가 하락하면 사람들이 가진 금융자산의 명목가치는 불변이지만 실질가치는 증가한다. 즉 실질 구매력의 증가로 소비가 증가한다. 이러한 '자산효과'는 경제학자 피구(Arthur Pigou)가 처음 강조했다 하여 그의 이름을 따서 '피구효과(Pigou effect)' 라고도 한다.

둘째, 물가가 하락하면 화폐수요량이 감소한다. 즉 물가가 하락할수록 소비자가 원하는 상품을 구입하기 위해 보유해야 하는 화폐량은 감소한다. 화폐 보유를 줄이고 대신 이자를 가져다주는 자산에 대한 수요를 증대시키는 과정에서 이자율이 하락한다. 이자율이 하락하면 기업은 투자지출을 증대시킨다. '이자율효과'는 경제학자 케인스(John Maynard Keynes)가 처음 강조했다 하여 '케인스효과(Keynes effect)'라고도 부른다.

셋째, 물가가 하락하면 이자율이 하락하고, 그에 따라 국내 투자자들은 상대적으로 수익률이 높은 해외투자를 증대시키려 한다. 해외투자를 증대시키기 위해서는 외환을 구입하기 위해 외환시장에서 자국의 화폐를 매각한다. 그 결과 자국의 화폐가치는 외국화폐에 대해 절하된다. 이는 외국제품이 국내제품에 비해 상대적으로 비싸지는 것을 의미하고, 그 결과 수출은 증대하고 수입은 감소, 즉 순수출이 증가하여 상품의 수요량이 증가한다('환율효과').

이처럼 경제학에서는 다른 조건이 일정할 때 물가수준이 하락하면 소비나 투자지출 그리고 순수출이 증가하여 수요량이 증가할 것으로 예상한다. 총수요곡선이 개별 상품의 수요곡선처럼 우하향하는 이유가 여기에 있다. 마찬가지로, 총지출을 구성하는 요소들, 즉 소비, 투자, 정부구입, 순수출이 변화하면 총수요곡선 자체가 이동한다. 게다가 중요한 점은 물가 변화에 대한 소비지출, 투자지출, 순수출의 탄력성에 따라 총수요곡선의 기울기는 달라질 것이다. 예를 들어, 상품소비에 대한 가격의 영향력이 감소하는 만큼 자산효과는 제한적이다. 또한, 거래에 대한 결제수단들이 다양한 오늘날에는 물가변동이 화폐수요에 미치는 효과가 크지 않을 뿐 아니라 자산효과와 마찬가지로 투자지출에 대한 이자율의 영향력이 특히 경기침체기에는 매우 낮다.

2. 총공급곡선 : 기술진보와 총공급의 탄력성 변화

총수요곡선과 마찬가지로 주어진 물가수준에 대응하는 한 경제의 모든 기업들이 생산 · 판매하려는 상품의 양을 나타낸 것이 총공급곡선이다. 주류경제학에서 총공급곡선은 단기에는 우상향의 기울기를 갖고 장기에는 수직이 된다. 1~2년 정도의 단기간에 물가수준이 상승/하락하면 상품의 공급량이 증가/감소한다. 역설적으로 주류경제학자들은 단기 총공급곡선이 우상향하는 이유로 '시장의 불완전성'을 지적한다. 즉 단기적인 착각이나 물가 및 임금의 하방경직성 등의 이유로 물가가 사람들이 예상한 것과 다르게 변화한다는 것이다. 예를 들어, (명목)임금의 경직성의 경우 물가가 변동할 때 임금이 즉각적으로 변동하지 않기 때문에 물가수준이 높아지면 고용과 생산의 수익성이 높아져 기업들이 상품 생산을 늘린다는 것이다.

즉 단기 총공급곡선은 노동, 자본, 자연자원, 기술지식 변동과 더불어 예상 물가수준에 변동이 발생할 때 이동한다.

반면 한 나라 경제의 장기적인 상품 공급량(실질GDP)은 그 경제가 지니고 있는 노동과 자본의 양, 그리고 노동과 자본을 상품으로 변환시키는 생산기술이 좌우한다. 물가수준은 장기 실질GDP에 영향을 주지 않는다. 즉 장기적으로는 자본과 노동과 기술이 상품의 공급량을 결정하며, 이 공급량은 물가수준과 관계없이 일정하다는 것이다. 장기공급곡선이 수직이라는 것은 생산량 수준이 '잠재산출량(potential output)' 수준 혹은 '완전고용산출량(full-employment output, YF)' 수준에 있다는 것이다. 그런데 경제학에서 말하는 완전고용은 '자연실업률(natural unemployment rate)' 혹은 정상실업률이 존재할 때의 산출량을 나타낸다. 여기서 '자연실업'이란 노동자들이 마음에 드는 일자리를 얻기 위해 옮겨 다니는 과정에서 발생하는 (마찰적) 실업을 의미하고, 자연실업률은 실업자 수가 안정적인 수준에 도달했을 때 나타나는 실업률, 혹은 실제 실업률이 상승·하락하는 기준이 되는 정상적인 실업률로 정의한다. 실업에 대해서는 다음 장에서 자세히 다룰 것이다. 따라서 완전고용산출량은 '자연산출량'을 의미하고 이는 한 나라 경제의 산출량이 장기적으로 수렴하는 수준을 일컫는다. 자연산출량은 산출량을 결정하는 요인들, 즉 노동과 자본과 자연자원과 기술지식 들에 변화가 발생할 때 변화하고 이때 장기 총공급곡선은 이동한다.

이제 이를 그림으로 살펴보자.[2] 단기에서는 대표적 가변투입물인 노동량에 의해 총산출량이 결정될 것이고, 노동량은 노동시장의 수요와 공급에 의해 결정될 것이다. 그런데 노동시장은 비대칭적이다. 기업가는 노동시장에 대한 정보, 특히 물가에 대한 정보를 충분히 보유하는 반면, 노동자는 불충분하게 보유하고 있다. 그 결과 노동자는 "실질변수의 변화와 명목변수의 변화를 구별하지 못하고 착각하는 현상"인 '화폐환상(Money Illusion)'에 사로잡히게 된다. 즉 노동자에게 화폐환상이란 물가가 상승함

2) 최병권, 1999, 『현대경제학 II』, 법문사, 102~107쪽 참조.

에 따라 명목임금이 상승한 것을 노동자는 실질임금이 상승한 것으로 착각하고 명목임금을 기준으로 노동을 공급하는 현상을 말한다. 첫째, 시장이 경쟁적일 경우 노동수요는 노동의 한계생산가치(VMP_L)에 의해 결정된다.

$$VMP_L \equiv P * MP_L(L) = W$$

그런데 단기에서 노동의 한계생산가치곡선은 노동이 증가함에 따라 노동의 한계생산이 체감하기 때문에 우하향한다. 그리고 생산성 향상이나 자본축적이 증가하면 노동의 한계생산이 증가함으로 노동수요곡선은 우측으로 이동한다.

둘째, 노동의 공급은 예상실질임금에 의해 영향을 받는다. 노동자는 일단 고용계약에 서명하면 계약기간 동안에 물가가 상승하여 실질임금이 하락하더라도 노동을 계속 공급해야 한다. 따라서 노동자는 자신의 실질임금을 안정적으로 유지하기 위해서 계약기간 동안에 물가변동을 예상하고 이를 근거로 예상실질임금을 계산하여 노동공급 여부를 결정한다. 따라서 노동공급함수는 예상실질임금의 증가함수이다.

$$L_S = L_S(W/P_e)$$

노동공급곡선은 노동인구나 노동시장의 참여율이 증가하면, 노동자의 부가 감소할수록, 그리고 미래의 예상실질임금의 감소는 현재 임금이 상대적으로 높아져 노동자은 현재 노동공급을 줄이고 미래 노동공급을 늘리기 때문에 노동공급곡선은 오른쪽으로 이동한다.

노동시장에서 노동의 균형공급량이 결정되면 총공급함수에서 총공급량이 결정될 것인데 이 과정을 살펴보면 다음과 같다. 최초의 공급 측면의 균형은 $E_0(P_0, W_0, w_0, L_0, y_0)$ 수준에서 이루어지고 있다. 이제 물가가 P_0에서 P_1으로 상승했다고 하자. 노동시장에서 노동수요곡선은 $P_0 * MP_L(L)$에서 $P_1 * MP_L(L)$으로 상방 이동하는 반면, 노동공급곡선의 경우에는 예상물가가 실제물가보다 작게 상승할 것('부분적 화폐환상')으로 가정하면 노동수요곡선보다는 작은 $L_S(P_1^e)$로 상방 이동한다. 따라서 명목임금으로 표시된 노동시장의 새로운 균형은 E_1에서 이루어진다. 이처럼 물가 변화 후 노동시장에서 새롭게 형성된 균형노동량은 L_0보다 증가한 L_1이다. 그리고 L_1을 생산함수 $y_1=f(L_1)$에 대입하면 y_1이 생산된다. 따라서 물가 P_0에 대응하는 공급 측면의 균형산출량 y_0, 물가 변화 후의 P_1에 대응한 균형산출량 y_1 두 점을 연결하면 총공급곡선(AS)이 도출된다. 이처럼 총공급곡선은 우상향하는데 이는 노동자의 '부분적' 화폐환상을 가정했기 때문이다. 즉 명목임금은 W_0에서 W_1으로 상승하였지만 실질임금은 w_0에서 w_1으로 하락하였다. 그런데 노동자가 실질임금을 기준으로 노동공급을 하였다면 실질임금이 하락하였기 때문에 노동공급을 줄여야 할 것이다. 그러나 물가가 상승할 때 노동자는 명목임금이 W_0에서 W_1으로 상승한 것을 실질임금이 상승했다고 착각하는 화폐환상에 사로잡혀 노동공급을 증가시킨 것이다. 이처럼 단기에서 우상향의 총공급곡선은 노동자의 화폐환상에 의한 총공급곡선 혹은 케인스학파의 총공급곡선이라 한다. 참고로 노동자가 물가 예상을 전혀 하지 못하면 노동자는 완전한 화폐환상에 사로잡혀 노동시장 균형은 E_2에 형성되고 노동공급량은 E_1보다 더 많이 증가하여 산출량이 크게 증가하고 총공급곡선의 기울기는 더욱 가파르게 된다.

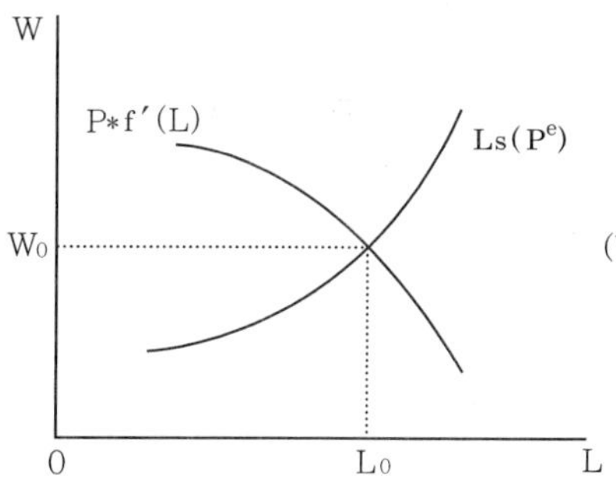

명목임금으로 표시된 노동시장균형

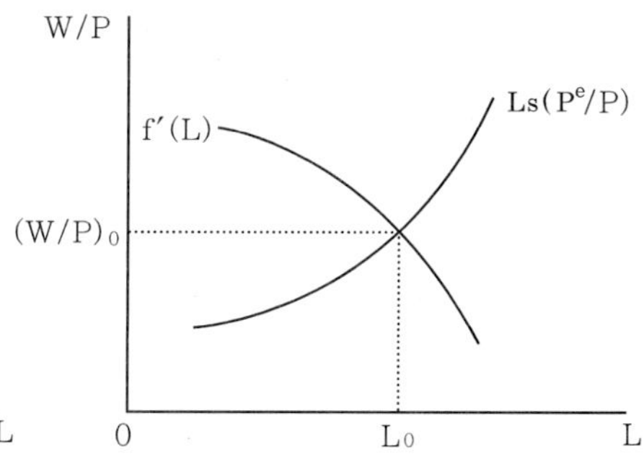

실질임금으로 표시된 노동시장균형

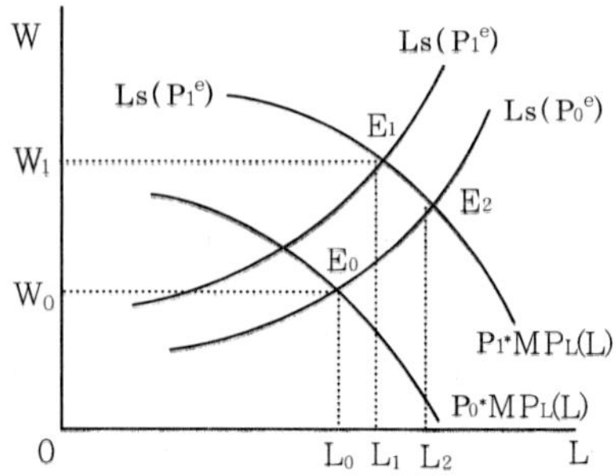

명목임금 표시의 노동시장

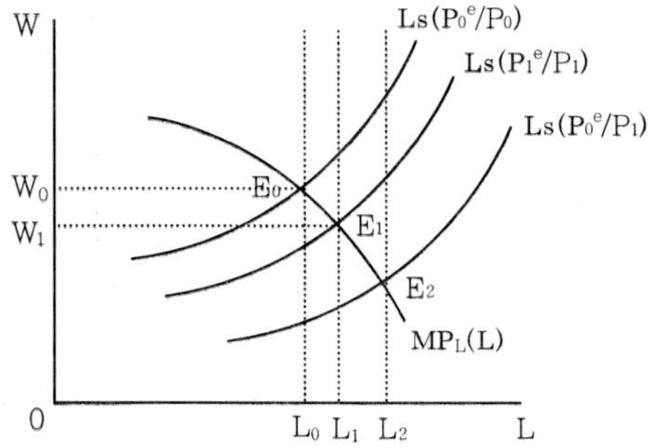

실질임금 표시의 노동시장

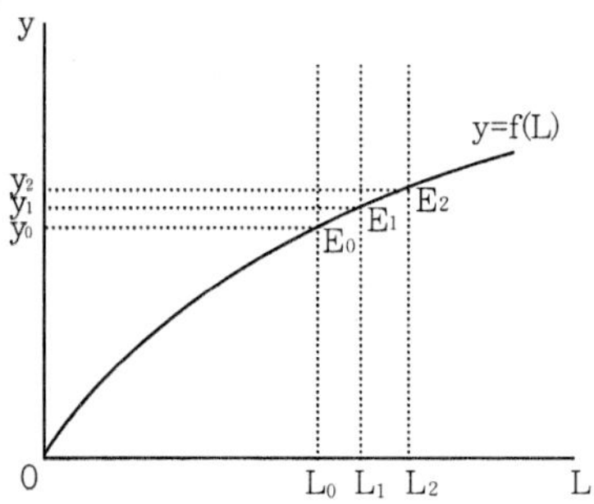

생산함수

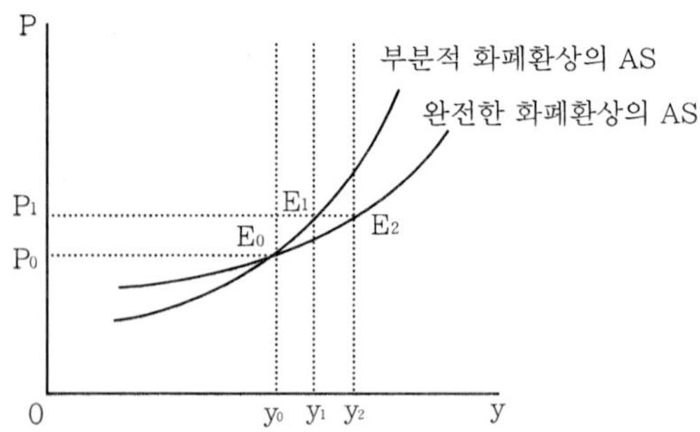

총공급곡선

반면 화폐환상이 존재하지 않는 경우, 즉 시장에 대한 완전한 신뢰를 보내는 고전학파의 세계에서는 노동자와 기업가 모두 합리적이므로 실제 물가 P의 변화에 따라 노동수요곡선이 이동하면 노동공급곡선도 같은 폭으로 이동한다. 즉 실제 물가가 상승해도 균형노동량 L는 불변이기 때문에 균형산출량은 여전히 y이다. 이처럼 고전학파의 AS는 완전고용수준에서 수직이다. 이처럼 경제주체들이 화폐환상으로부터 자유롭다고 믿는 시장주의자들은 물가가 상승하더라도 산출량은 변화하지 않는다. 여기서 산출량이 변하지 않는 이유는 물가가 상승하여 명목임금이 상승하였지만 실질임금이 변동하지 않았기 때문이다.

따라서 총공급곡선이 수직선일 경우 총수요팽창정책, 즉 AD를 우상향으로 이동시키는 정책은 물가만 상승시킬 뿐 국민소득이나 고용에 미치는 효과가 없게 된다.

한편, 주류경제학의 총공급곡선은 기술의 발전 및 무형재의 비중 증대에 따른 생산구조 및 내용의 변화를 반영하지 못한다. 다시 말해 주류경제학의 총공급곡선은 화폐환상의 존재 유무와 관계없이 한계생산물체감의 법칙과 노동이나 물적 자본의 중심적 역할을 전제로 하고 있다. 기본적으로 주류경제학에서 총공급은 미시적 시장의 세계에서의 공급 개념의 연장선상에 있다. 미시적 시장의 세계에서 공급 측면은 생산과 비용 측면에서 결정되고, 생산은 투입물을 산출량으로 전환시키는 기술적 행위로 이해하기 때문에 생산곡선은 투입물과 산출량의 기술적 함수관계로 정의된다. 그리고 투입물은 고정투입물과 가변투입물로 구분한다. 이에 대응하여 비용의 개념도 도출된다. 마찬가지로 총공급 역시 총생산의 측면에서 결정되고, 총산출량 역시 총투입물과 기술적 함수관계를 형성한다[Y = Y(L, K)]. 그런데 미시적 시장의 세계의 분석에서 보았듯이 기술진보에 따라 전체 투입물에서 고정투입물이 증대하게 되면 한계생산체감은 약화된다. 또한 한 나라의 산업구조가 고도화됨에 따라 그리고 기술의 융복합화 및 복합상품의 등장에 따라 국민소득에서 무형재의 비중이 증대하고 비경합적 투입물의 중요성이 증대하고 있는데 무형재 및 비경합적 투입물은 한계생산체감의 법칙을 적용받지 않는다. 이처럼 산업구조가 고도화될수록, 즉 1차보다 2차, 2차보다 3차 산업의 한계비용곡선의 기울기가 완만해지고, 1차는 1.5차로, 2차는 2.5차로 부가가치가 +0.5차 되는 경향으로 기존의 1차와 2차 산업 역시 한계비용곡선의 기울기는 완만해진다. 따라서 산업구조가 고도화되고, 국민소득이 성장함에 따라 한 나라의 총공급곡선의 기울기 역시 완만해질 수밖에 없다. 즉 다른 조건이 일정할 때 국민소득의 증가에 따른 물가상승 압력이 약해지는 것이다. 뒤에서 다루겠지만 과거와 달리 1990년대 이후 인플레이션이 더 이상 주요한 경제문제가 되지 않고 있는 이유가 여기에 있다.

제11장 인플레이션과 실업 : '인플레이션 위협 없는 성장'과 '고용 없는 성장'

1. 인플레이션 위협 없는 성장

1) 인플레이션에 대한 이해

일정한 기간 동안 물가지수가 증가한 비율을 물가상승률 혹은 인플레이션율이라 부른다. 학문적으로는 인플레이션을 '전반적 · 지속적 물가상승'이라 정의할 수 있다. 대부분 나라에서 물가가 상승을 거듭해 온 까닭에 최근에는 인플레이션을 '물가상승' 정도의 개념으로 이용하고 있다. 그런데 물가수준이 높다는 것과 물가상승률이 높다는 것은 전혀 다른 의미로서 구분할 필요가 있다. 물가가 매우 높은 수준에 있다 하더라도 그 수준에 계속 머물러 있다면 물가상승률은 0이 되기 때문이다. 예를 들어 일본의 물가수준은 전 세계적으로 높은 수준이지만 장기불황으로 물가상승률은 매우 낮은 수준이다.

이론적으로 인플레이션의 발생은 총수요와 총공급으로 설명할 수 있다. 첫째, 인플레이션은 경제 전체의 총공급에 비해 총수요가 과다하기 때문에 발생한다고 알려져 왔다(수요견인 인플레이션). 둘째, 총수요가 일정할 때 총공급이 감소해도 물가는 상승한다. 총공급이 감소하는 것은 임금, 지대,

원료비, 수송비 등 생산비용이 상승하면서 물가 상승이나 흉작에 의한 곡물가격의 상승 등이 나타나기 때문이다(비용상승 인플레이션). 그러나 인플레이션의 원인에 대한 이해의 차이는 보다 기본적으로는 거시적 시장의 세계를 보는 시각의 차이에서 비롯한다. 고전학파는 화폐수량설에 근거하여 과다한 통화공급이, 케인스학파는 유효수요이론에 근거하여 과다한 유효수요라고 본다. 전자를 계승하는 통화주의는 과다한 통화공급, 새고전학파는 재량적 통화정책에 따른 통화량의 남발, 그리고 후자를 계승하는 새케인스학파는 팽창적 정부지출 증가에 따른 총수요 증가나 '불리한 공급충격(adverse supply shocks)'으로 본다. 여기서 '공급충격(supply shocks)'이란 총공급곡선을 이동시키는 요인으로 첫째는 한계비용에 영향을 미치는 요인으로 주어진 물가에서 한계비용이 상승하면 기업은 산출량을 감소시켜 단기총공급곡선은 좌상방으로 이동하고, 둘째는 예상물가가 상승할 경우 노동공급곡선이 좌상방으로 이동하면서 단기총공급곡선은 좌상방으로 이동한다. 공급 측면의 인플레이션은 수요 측면의 인플레이션으로 설명하기 힘든 인플레이션 현상, 즉 스태그플레이션(stagflation) 등을 이해하는 데 도움이 되는데 불리한 공급충격은 생산요소 투입량이 일정한 상태에서 생산함수가 하방으로 이동하는 현상이다. 역으로 유리한 공급충격은 생산함수가 상방으로 이동하는 현상이다. 공급충격은 즉시 가격에 영향을 미치기 때문에 '가격충격(price shocks)'이라고도 한다.

인플레이션 성질에 대해서도 고전학파, 통화론자, 새고전학파는 언제 어디서나 화폐적 현상이라고 주장하나 케인스학파나 새케인스학파는 장기에서 인플레이션은 화폐적 현상이라고 볼 수도 있지만 최소한 단기에서는 실물적 현상으로 이해하는 데 무게 중심을 둔다. 따라서 인플레이션 대책에

새고전파경제학 임금이나 물가 등 가격의 신축적 조정을 통해 시장이 항상 균형상태를 유지한다는 가정에 기초한 이론체계로 그 뿌리를 고전파경제학에서 찾을 수 있다는 뜻에서 이 이름이 붙었다.
스태그플레이션 경기침체와 인플레이션이 동시에 나타나는 현상.

대해서도 고전학파는 적정 통화공급으로, 통화론자와 새고전학파는 준칙에 의한 통화공급을, 케인스학파는 긴축적 총수요관리정책을 통해 과다한 유효수요를 줄이고, 새케인스학파는 수요 측면의 인플레이션 대책으로 급진적 총수요긴축정책보다 점진주의적 총수요긴축정책을 선호하고 공급 측면의 인플레이션 대책으로는 중립적 정책, 수용정책, 그리고 억제정책을 주장한다. 여기서 중립정책이란 공급충격이 있기 전의 명목국민소득을 공급충격 후에도 동일한 수준에서 유지시키는 정책을, 수용정책이란 공급충격이 있기 전 실질국민소득을 공급충격 후에도 유지시키기 위해 공급충격에 의한 물가상승을 받아들이는 정책을, 억제정책이란 공급충격이 있기 전 물가수준을 공급충격 후에도 계속 유지하는 정책을 말한다.

물가지수의 종류가 여러 가지인 것처럼 인플레이션율에도 여러 종류가 있다. 가장 많이 이용되는 소비자물가상승률을 비롯하여 생산자물가상승률, GDP 디플레이터 증가율 등이 그것이다. 인플레이션이 추상적인 개념이라면 인플레이션율은 이를 구체적 수치로 제시한 것이다. 그러므로 인플레이션과 인플레이션율은 구별해야 한다. 양자를 혼용하는 경우가 많은 것이 사실인데, 이는 우리가 경제성장이라는 개념과 이를 수치화한 경제성장률을 혼용하는 것과 비슷한 현상이다.

물가는 통화가치와 밀접한 관계를 맺고 있다. 다른 조건이 일정할 때 통화가치가 떨어지면 물가가 상승하고 통화가치가 올라가면 물가는 하락한다. 다시 말해 인플레이션 및 인플레이션율은 통화가치와 역관계를 이룬다고 볼 수 있다. 통화가치를 저량 또는 유량으로 나타낼 수 없는 것과 마찬가지로 인플레이션 및 인플레이션율도 저량 또는 유량으로 나타낼 수 없는 개념이다. 상품량보다 통화량이 늘어나 화폐가치가 떨어지고 일반 물가가 지속적으로 오르는 현상, 통화팽창을 인플레이션이라 하는 이유도 여기에 있다.

인플레이션이 문제가 되는 것은 소득의 실질구매력이 감소하기 때문이다. 또한 인플레이션은 사회적 비용을 초래한다. 인플레이션이 완벽하게 예상될 경우 경제이론에 따르면 명목임금이나 명목이자율 같은 명목변수에만 영향을 줄 뿐 고용량, 실질소득, 실질이자율 등의 실질변수에는 아무런 영향을 주지 않는다. 그러나 이 경우에도 제도상의 특성 때문에 비용을 초래할 수 있다. 예를 들어 누진세를 생각해 보자. 누진적 소득세는 납세자의 소득이 높아질수록 더 높은 세율이 적용되는 특성을 갖고 있다. 소득세는 명목소득을 기준으로 누진세율이 적용되기 때문에 인플레이션으로 명목소득이 증가하고 실질소득에는 어떤 변화가 없을 경우 더 많은 세금을 내야 하는 결과를 가져온다. 이와 달리 인플레이션 조세는 정부가 신규 화폐를 발행하여 정부지출을 할 때 정부의 신규발행 이익인 실질주조차익(real seignorage revenue)을 의미한다. 즉 정부지출 재원으로 신규통화량을 발행하여 조달하는 정부수입은 정부가 인플레이션을 야기시켜 세금을 추징하는 것과 같은 결과를 가져오기 때문에 실질주조차익을 인플레이션 조세라 하는 것이다. 프리드먼(Friedman) 등은 높은 인플레이션 또는 초인플레이션의 주요 원인은 정부가 신규화폐 발행을 남발했을 때, 즉 실질주조차익을 얻기 위한 정부의 욕구 때문에 발생한다고 주장한다.

예상치 못한 인플레이션은 다음의 이유들로 인해 부나 소득의 재분배 효과를 수반하고 상대적으로 가격이 더 많이 오를 것으로 예상되는 상품들에 대한 투기가 성행하도록 한다. 첫째, 인플레이션이 발생할 경우 화폐자산을 가진 사람(현금, 은행저축, 채권자)은 불리하고 실물자산(부동산, 귀금

화폐주조차익(Seigniorage gain) 중앙은행만이 현금 통화 공급의 독점권을 갖는 이유는 화폐의 생산함수가 일반 상품의 생산함수와 다르기 때문이다. 즉 한계생산물가치에 비해 한계생산비가 너무 작은 화폐생산이 독점되지 않으면 공급이 너무 많아 화폐는 기능을 발휘할 수 없는 반면, 독점생산자는 엄청난 폭리를 취할 수 있기 때문에 공공기관이 맡을 수밖에 없다. 이를 화폐주조 혹은 화폐발행차익이라 한다. 이 때문에 지금까지 역사상 각국 정부가 이 세뇨리지를 남용해 막대한 이익을 챙기려 시도한 적이 많았다. 세뇨리지 효과는 미국이 그간 그렇게 무역적자를 보면서도 장기호황을 누릴 수 있었던 가장 큰 이유이기도 하다. 달러는 현재 전 세계의 기축통화이기 때문에 우리나라를 비롯한 세계 각국이 너도 나도 달러를 보유하고 있다. 따라서 유로화의 등장으로 달러의 거래량이 감소하게 되면 미국의 달러 발행에 따른 이익이 감소하고, 그 결과 달러 가치는 하락한다.

속, 채무자)을 가진 사람에게 유리하도록 부를 재분배한다. 따라서 사람들은 저축을 하기보다는 빚을 얻어서라도 물건을 사두려고 하므로 물가가 더 오르게 된다. 둘째, 인플레이션은 소득을 재분배하는 효과도 가져온다. 모든 상품의 가격이 같은 시기에 같은 비율로 오르는 일은 거의 없으므로, 가격이 비교적 늦게 오르거나 덜 오른 재화를 소유한 사람은 손해를 본다. 또한 고정된 봉급을 받는 사람에게는 불리하고, 물건을 사고파는 사업가에게는 유리하게 작용한다. 이 밖에도 인플레이션은 불확실성을 증가시켜 장기계약에 대한 회피현상을 유발하고, 이로 인해 기업의 장기 투자계획에 차질이 발생한다. 또한 인플레이션은 단기적으로 국제수지 적자의 요인이 된다. 인플레이션으로 외국상품에 비해 국내 상품이 상대적으로 비싸지기 때문에 수출 감소와 수입 증가를 유발하는 것이다.

2) 인플레이션과 이자율

통화팽창에 의한 인플레이션은 장단기의 명목이자율과 실질이자율에 영향을 미친다. 먼저 이자율에는 명목이자율과 실질이자율이 있다. 전자는 예금에 대한 이자율 또는 채권의 수익률을 말한다. 즉 예금이나 채권을 보유하지 않고 화폐를 보유함으로써 지불하는 기회비용을 말한다. 후자는 명목이자율로부터 구한다. 실질이자율은 사전적 및 사후적 실질이자율로 구분할 수 있다. 사후적 실질이자율이란 자금의 대차계약[1)]이 종료된 후에 실제로 실현된 실질이자율이고, 사전적 실질이자율이란 대차계약 직전에 대차계약이 만료되었을 때 예상되는 실질이자율이다. 이런 의미에서 사전적 실질이자율은 예상실질이자율이라 한다. 사전적 실질이자율은 명목이자율

1) 어떤 사람이 다른 사람의 소유물을 사용 · 수익하기 위하여 체결하는 계약을 민법상 대차계약이라고 하며, 빌려 주는 자를 대주, 빌려 받는 자를 차주라 부른다. 이때 빌려 쓰는 물건이 그 성질상 사용에 의해 없어지는 경우는 법률용어로 소비대차라 하며, 그 물건이 소모되지 않고 다시 원상태로 돌려주는 경우를 사용대차 또는 임대차라고 한다.

에서 현재시점에서 대차계약 만료시점(t기)의 예상인플레이션을 차감함으로써 구해진다.

$$r_{ex\text{-}ante} \equiv r_t^e = i_t - \pi_t^e$$

반면, 사후적 실질이자율은 명목이자율에서 대차계약이 만료되었을 때 실제로 실현되는 인플레이션을 차감함으로써 구해진다.

$$r_{ex\text{-}post} \equiv r_t = i_t - \pi_t$$

위 두 식을 피셔방정식이라 하고, 사후적 실질이자율에서 정부가 자본이득에 과세(T)하면 조세부과 시 실질이자율이 된다.

$$(1-T)r_t = i_t - \pi_t$$

통화량의 증가는 세 가지 효과를 통해 명목이자율에 영향을 미친다. 먼저 통화량의 증가는 유동성의 초과공급을 발생시키고, 이 유동성으로 사람들은 재화와 채권을 구입하게 되고 그 결과 채권가격이 상승하고 명목이자율이 하락하게 되는데 이것이 유동성효과이다. 실질이자율은 피셔방정식($r_t = i_t - \pi_t$)에서 통화량이 증가하면 단기에서 물가에 미치는 영향은 크지 않기에 실질이자율은 하락한다. 둘째, 실질이자율의 하락은 투자를 증대시키고 이는 소득을 증대시켜 화폐수요를 증대시키므로 명목이자율을 상승시키게 되는데 이것이 소득효과이다. 반면 소득효과에 의한 실질이자율은 명목이자율과 인플레이션이 상승하기 때문에 양자의 상승 정도에 의해 결정된다. 일반적으로 화폐수요 증가에 의한 명목이자율 상승이 재화수요 증가에 의한 물가상승보다 크고 빠르기 때문에 실질이자율이 상승한다. 셋째, 통화량 증가의 장기적 효과로서 물가예상효과를 피셔효과라 한다. $i = r + \pi^e$에서 통화량 증가로 인한 물가상승이 사람들의 인플레이션 예상(π^e)

을 상승시켜 명목이자율을 상승시키는 효과이다. 피셔효과에 의해 장기에는 통화량증가율과 인플레이션율과 명목이자율 간에 1 : 1 : 1의 대응관계가 나타나는데 그 이유는 장기에 경제는 완전고용상태에 있게 되고, 실질이자율은 이에 대응되는 자연이자율(r_n) 수준에서 안정되어 있게 되고, 장기에서 가격이 완전히 신축적으로 변화하기 때문에 통화량 증가만큼 물가가 상승하여 통화량증가율과 물가상승률은 같게 된다. 여기서 자연이자율은 화폐공급과 수요의 변화와 관계없이 투자의 생산성 등에 의해 결정되는 일정한 수준의 실질이자율을 말한다. 따라서 장기에 있어 피셔방정식은 다음과 같이 나타낼 수 있다.

$$i_t = r_n + \pi_t = r_n + m_t \quad \text{(단, } m_t\text{는 통화량 증가율)}$$

여기서 r_n은 일정하게 고정되어 있으므로 장기에 통화량 증가율과 인플레이션 그리고 명목이자율 간에는 1 : 1 : 1의 대응관계가 성립함을 알 수 있다. 예를 들어, 통화량 증가율이 5% 증가하면 장기에서 인플레이션율과 명목이자율이 각각 5%씩 상승하게 되는 반면, 실질이자율은 변하지 않는다. 또한, 사후적 실질이자율에서 사전적 실질이자율을 차감하면 다음의 식을 얻는다.

$$r_t - r_t^e = -(\pi_t - \pi_t^e)$$

위 식의 좌측은 예상하지 못한 실질이자율 또는 실질이자율에 대한 예측오차이고, 우측은 예상하지 못한 물가상승률 또는 물가상승률에 대한 예측오차이다. 위 식에 따르면 실질이자율에 대한 예측오차와 물가상승률에 대한 예측오차 간에 역의 관계가 있음을 의미한다. 만약, $\pi_t > \pi_t^e$ 이면 $r_t < r_t^e$이다. 장기에서는 $\pi_t = \pi_t^e$이기 때문에 $r_t = r_t^e$이다. 즉 장기에서는 사전적 실질이자율과 사후적 실질이자율이 같아진다.

3) 인플레이션 위협 없는 경제성장

총공급의 증대가 인플레이션에 미치는 영향은 총공급곡선의 기울기와도 관련이 있다. 산업구조가 고도화될수록, 즉 경합성이 없는 상품의 비중이 높아질수록 총공급곡선의 기울기는 완만해지기 때문에 총수요와 총공급이 증가할 때 인플레이션 압력은 줄어든다. 1990년대 이후 세계경제에서 인플레이션이 더 이상 중요한 문제가 되지 않는 것도 이와 관련이 있다. 지속적인 혁신으로 총생산물(GDP)에서 정보기술(IT)산업의 비중이 증대함에 따라 정보기술산업 생산물의 가격 하락은 인플레이션 억제에 크게 기여하고 있다. 예를 들어, 미국경제에서 IT상품은 1994년 1%에서 1995년에는 5% 그리고 1996~1998년에는 가격이 평균 8% 하락함으로써 1994~1998년 미국의 인플레율을 2.3%에서 1.8%로 0.5% 하락시키고 투자를 활성화시키는 데 기여했다. 1995년 이후 미국의 생산성 증가율에 IT 분야가 기여한 정도는 50% 이상이었다. 즉 생산성 증가율이 1973~1995년 연평균 1.4%에 비해 1995~1999년에는 2.8%를 기록했는데 이는 컴퓨터 및 통신장비 등의 성능 향상 및 가격하락, 인터넷 등 전자적 접속성의 확대, 유용한 소프트웨어의 발전과 이들의 시너지 효과 등에서 비롯한 것이었다.

2004년 하반기 이후 미국의 단기금리가 상승하고 있음에도 불구하고 장기금리가 상승하지 않거나 오히려 하락하는 장단기 금리 역전 현상도 전 세계적인 인플레이션 압력 둔화와 무관하지 않다. 이처럼 양자 모두 인플레이션을 유발시키는 요인이지만 그 효과는 상이하다. 수요견인 인플레이션의 경우 물가는 상승하지만 국민소득을 증가시키는 반면, 비용상승 인플레이션은 국민소득의 하락과 물가상승이라는 스태그플레이션을 유발한다. 스태그플레이션하에서는 실업이 증가하고, 경기가 침체 상태에 빠져 총수요가 많지 않은데도 물가가 하락하기는커녕 오히려 상승한다.

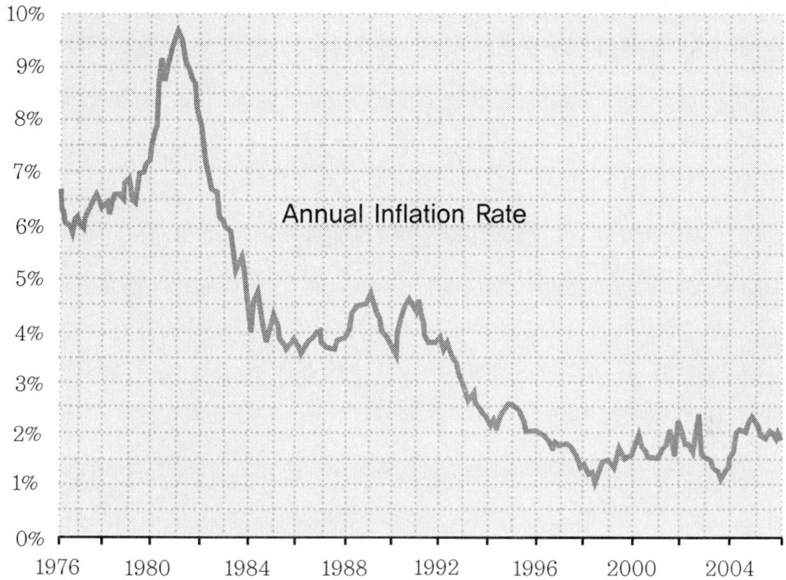

주 : 여기서 인플레이션은 핵심 개인소비지출에 의해 측정된 것.
자료 : 블룸버그(Bloomberg)에 의해 제공된 월간 연 자료.

‖ **그림 11-1** ‖ 인플레이션의 장기 하락

2. 실업률 대 취업률 그리고 고용 없는 성장

1) 실업에 대한 이해

실업은 노동할 의욕과 능력을 가진 자가 자기의 능력에 상응한 노동의 기회를 얻지 못하고 있는 상태로 정의한다. 실업으로 인한 절망과 좌절감은 자칫 인간성을 피폐시키고, 가정을 무너뜨리며, 삶에 대한 의욕을 앗아가기도 한다. 실업이 증가하면 자살률과 이혼율이 높아지고, 범죄율이 증가하며, 빈부의 격차가 더 벌어지게 된다. 이처럼 실업은 개인과 가정, 사회에 많은 고통과 손실을 가져다주는 대표적인 경제적 해악이다. 시장이론에 따르면 실업은 노동시장의 불균형 상태, 즉 공급이 수요를 초과하는 상황이다. 예를 들어, 노동수요가 감소할 경우 시장이 제대로 작동한다면 임금은 하락할 것이다. 낮아진 임금에서 발생하는 고용의 축소를 '자발적 실업'이라 한다. 그러나 노동수요의 감소에도 불구하고 임금이 하락하지 않을 경우 발생하는 실업을 '비자발적 실업'이라 한다.

거시적 시장의 세계를 보는 시각의 차이는 실업의 원인에서도 그대로 나타난다. 고전학파는 실질임금이 균형임금보다 지나치게 높을 때, 그리고 케인스학파는 완전고용수준에 비해 유효수요가 부족할 때 발생한다. 그리고 전자를 계승하는 새고전학파는 노동시장에 대한 정보가 불충분할 때, 후자를 계승하는 새케인스학파는 경직성하에서 총수요 부족이 실업을 발생시킨다. 또한, 실업의 성질에 대해서도 고전학파, 통화주의와 새고전학파는 완전고용이 일반적이고 실업은 예외적 현상으로 자발적 실업이 존재한다고 보는 반면, 케인스학파와 새케인스학파는 실업이 일반적이고 이때 비자발적 실업이 존재한다고 본다. 따라서 실업의 대책에 대해서도 고전학파는 가격(임금) 조정으로, 케인스학파는 수량(유효수요) 조정을 통해서 실업을 치유할 수 있다고 본다. 고전학파를 계승하는 통화주의는 k%준칙을, 새고전학파는 준칙과 노동시장에 대한 충분한 정보제공을 통해서, 새케인스학파는 적극적이고 자유재량적인 확장적 총수요관리정책으로 실업을 치유할 수 있다고 주장한다.

실업은 크게 자발적 실업과 비자발적 실업으로 구분한다. 자발적 실업에는 구직자들이 자신에게 가장 잘 맞는 직장을 찾는 데 시간이 걸리기 때문에 직장을 탐색하는 과정에서 발생하는 '탐색적 실업(search unemployment)'이나 직장을 이동하는 과정에서 발생하는 '마찰적 실업(frictional unemployment)' 이 있다. 비자발적 실업에는 총수요나 유효수요가 부족해서 경기침체 시 발생하는 '경기적 실업(cyclical unemployment)', 만성적인 자본 부족이나 특정 생산요소의 이동성이 제약되어 노동시장에서 제공되는 일자리의 수가 직장을 찾고 있는 노동자들의 수에 비해 적어서 발생하는 '구조적 실업(structural unemployment)', 새로운 기술이 도입되어 기존 노동을 대체하면서 나타나는 '계절적 실업(seasonal unemployment)' 등이 있다.

실업은 15세 이상 인구 중 조사주간인 1주일 동안 다음의 세 가지 기준을 동시에 만족시키는 사람을 말한다. 즉 ① 1주일간 전혀 일을 하지 못하고 있었으나, ② 항상 취업이 가능하며, ③ 적극적으로 구직활동을 한 경우이다. 첫째 기준은 경제활동인구 중 취업과 실업을 구분하는 기준이며, 두 번째와 세 번째 기준은 실업자와 비경제활동인구를 구분하는 데 사용된다. 노동력 조사의 활동원칙에 따라 구직기준은 선언적인 의미를 넘어서 객관적으로 판단할 수 있는 적극적인 구직활동을 말한다. 따라서 실업률(=실업자/경제활동인구)이란 결국 총인구가 아니라 이러한 15세 이상의 경제활동인구로 정의된 사람들 가운데에서 실업자가 몇 %를 차지하는가를 나타내는 수치다.

참고로 경제협력개발기구(OECD)는 2005년 '고령화와 고용정책'에 관한 보고서에서 2000년 한국의 20~64세 인구 대비 65세 이상 인구가 차지하는 비중은 11%로 OECD 회원국 가운데 멕시코와 터키에 이어 가장 낮은 수준이나 이 수치는 2050년엔 무려 67%로 상승해 일본, 이탈리아, 그리스와 함께 '노인 부양비율'이 최고치에 이르고, 그 결과 경제활동연령층 1.2명이 은퇴자 1명을 부양해야 하는 것으로 전망했다. 2020년까지는 다른 OECD 국가들보다 경제활동인구가 더 빠르게 증가하겠지만 2020년부터 근로인구의 갑작스러운 감소가 예측되기 때문이다. 이 보고서는 "한국의 인구학적 변화는 경제사회적으로 어마어마한 충격을 줄 것"이라며 "이런 충격을 상쇄할 방법은 고령자들이 일자리를 갖는 것뿐"이라고 진단했다. 선진국들은 고령화와 숙련노동력의 부족에 대처하기 위해서 고령인구의 취업 확장과 봉급 축소를 대안으로 도입하고 있다.[2)]

실업률 통계는 매월 통계청에서 실시하는데 모든 국민을 일일이 다 파악하는 것은 시간과 비용의 문제가 있기에 약 5만 개 가구를 표본으로 해서 설문조사방식을 통해서 구한다. 통계청에 소속된 약 450여 명의 조사요원이 직접 방문조사를 해서 실업률을 비롯한 고용통계를 작성하고 있다. 우

2) Economist, 2006(Feb. 18), "How to manage an ageing workforce," p. 11 & "The ageing workforce," pp. 65~67.

선 어린이들은 조사대상에서 제외되고 만 15세 이상인 사람들만 조사대상으로 하는데 15세가 넘어야 경제적 생산활동이 가능한 인구로 간주하기 때문이다. 15세 이상 인구 중 군인, 전투경찰, 교도소 수감자, 그리고 외국인은 제외된다. 이렇게 해서 구해진 15세 이상의 '노동력인구' 가운데서 취업의사가 있느냐 없느냐를 물어보아 취업의사가 있는 사람을 경제활동인구(labor force)라고 하고, 이들을 대상으로 다시 취업 상태냐 실업 상태냐로 구분하게 된다. 15세 이상 노동력인구 중 취업의사가 없는 사람은 비경제활동인구라고 해서 아예 실업률 작성을 위한 고려 대상에서 제외되는데, 이러한 비경제활동인구에는 가정주부, 학생, 연로자, 심신장애자 등이 포함되고 있다. 비경제활동인구에는 취업 가능성이 없다고 보아 아예 구직활동을 포기하는 소위 실망실업자들도 포함되는데 요즘처럼 극심한 불황기에는 이러한 구직포기자가 점점 많아지게 되지만 이런 사람들은 경제활동인구로 보지 않기 때문에 실업률 수치에는 잡히지 않게 되어 통계상의 실업률 수치가 실제보다 낮게 나타나는 하나의 원인이 된다. 이처럼 경제활동인구를 취업자와 실업자로 분류하는 데 있어서 그 구체적 기준을 보게 되면 설문조사 시점에 '지난 1주일 동안 수입을 목적으로 1시간 이상 일한 사람이냐 아니냐'가 기준이 된다. 따라서 자신의 전공이나 능력에 동떨어진 일을 하거나, 단기간 파트타임으로 아르바이트하는 경우에도 모두 취업자로 간주된다. 그리고 가족이 경영하는 사업체 같은 데서 돈을 받지 않고 주당 18시간 이상 일한 경우도 취업자로 분류된다. 또한 직장이 있지만 질병, 휴가, 노동쟁의 등의 사유로 조사기간 중에 쉬고 있다 하더라도 모두 취업자로 분류된다. 따라서 결국 실업자로 분류되는 사람은 조사시점의 '지난 1주일 동안에 적극적으로 구직활동을 했으나 1시간 이상 일을 하지 못한 사람으로서 즉시 취업이 가능한 사람'으로 정의된다.

2) 실업률 대 취업률

사회 일각에서 흔히 '체감실업률'이란 용어를 사용하는데 이는 정부의 공식 실업률이 실상을 제대로 반영하지 못하기 때문이다. 예를 들어, 정부 통계는 취업자 수 집계 시 일용직 · 임시직과 상용직을 동일하게 취급하고, 취업준비학원 및 기관통학자는 전업주부와 같은 비경제활동인구로 분류해 '고용의 질'을 보여 주는 데 한계가 있다. 게다가 한국의 사회복지제도가 열악하기 때문에 1주일에 1시간이라도 일을 안 하고 살수가 없다. 사회복지가 열악하다 보니 아르바이트 등 조금이라도 일을 하게 되고 그 경우 고용된 것으로 간주하니 실업률이 낮을 수밖에 없다. 게다가 실업률은 '비경제활동인구'를 반영하지 못한다. 비경제활동인구란 "15세 이상 인구 가운데 취업자도 아니고 구직활동도 하지 않고 있는 사람"을 말한다. 2006년 4월 통계청에 따르면 2006년 1분기(1~3월) 비경제활동인구는 월평균 1,510만 명으로 15세 이상 인구(3,859만 명)의 39.1%를 차지했다. 이는 2005년 1분기(1,479만 명)보다 2.1%, 31만 명이 늘어난 수치다. 비경제활동인구는 1분기 기준으로 2000년 1,444만 명, 2002년 1,441만 명, 2004년 1,454만 명에서 2006년 처음으로 1,500만 명을 넘어섰다. 인구 고령화가 빠르게 진행되고 20대 청년들은 장기간 취직 시험을 준비하느라 취업활동을 포기하고 있기 때문이다. 이에 따라 2006년 1분기 경제활동참가율(≡경제활동인구/생산가능인구)은 60.9%로 2003년 1분기(60.4%) 이후 3년 만에 가장 낮은 수준으로 떨어졌다.

실업률이 현실을 반영하지 못하다 보니 경제활동참가율이나 취업률 혹은 고용률(≡취업자/생산가능인구)을 살펴보는 것이 보다 효과적이다. 2004년 실업률은 3.6%로 외환위기 직전인 1997년(2.6%)보다 1.0% 높았다. 그럼에도 불구하고 2001년 이후 3%대를 유지하고 있는 한국의 실업률은 경제협력개발기구(OECD) 최저 수준이다. 2004년 현재 OECD 국가들의 평균 실업률은 6.9%를 기록하였다. 그러나 실업률만으로는 고용건전성 판단이 어렵다. 비경제활동인구(≡생산가능인구−경제활동인구)가 많은 경우 고용이 적더라도 낮은 실업률이 가능하기 때문이다. 전업주부, 학생, 구직단념자 등은 경제활동인구로 간주되지 않기 때문에 실업통계를 빗나가게 한다. 참고로 '생산가능인구'는 군인과 재소자를 제외한 15세부터 64세 이하의 인구이다. 따라서 실제로 얼마나 많은 사람이 취업중인가는 취업률(고용률)로 판단한다. 2004년 현재 한국의 취업률(고용율)은 63.6%로 OECD 30개국 중 19위 수준이다. 아이슬란드, 스위스, 덴마크, 노르웨이 등 최상위 그룹 국가들에 비해 15~20%p의 격차를 보인다. 통계청(경제활동인구조사, 2004)에 따르면 2004년 현재 한국의 생산가능인구는 3,352만 명, 경제활동인구는 2,212만 명, 비경제활동인구는 1,140만 명, 그리고 실업률은 81만 명이다.

이처럼 한국의 취업률(고용률)이 낮은 것은 실업자가 많아서라기보다 비경제활동인구가 많기 때문이다. 한국의 비경제활동인구 비율은 OECD 국가들 중 8번째로 높으며 취업률(고용률)을 10%p 높이기 위해서는 비경제활동인구 중 300만 명 이상이 취업자로 전환해야 가능하다. 2005년 12월 통계청이 내놓은 실업통계에 따르면 특히 20대 중후반 남자들 가운데 일할 능력이나 의사가 없는 비경제활동인구가 2005년 11월 현재 40만 4,000명으로 집계됐다. 이는 2004년 같은 달의 35만 명에 비해 15.4% 증가한 것으로, 관련 통계조사를 시작한 1999년 이래 최대의 증가율을 보였다. 한국의 20대 중후반 남자 비경제활동인구는 11월 기준으로 2001년 32만 9,000명, 2002년 33만 4,000명, 2003년 34만 3,000명, 2004년 35만 명, 2005년 40만 4,000명으로 지난 5년간 지속적인 증가 추세를 보여 왔다. 실업률이 경제활동인구에서 실업자가 차지하는 비율을 나타낸다면 비경제활동인구는 취직도 실업도 아닌 상태에 있는 사람들 수를 의미한다. 국제노동기구(ILO) 고용통계 조사방식을 채택한 우리나라의 경우 취직이 어려운 상황에서 할 수 없이 구직활동을 포기한 사람도 비경제활동인구로 본다. 고시 준비생, 자격증 취득 준비자, 대학원 진학자 등이 이에 해당한다. 따라서 한국 경제의 실제 고용능력을 보려면 실업률뿐 아니라 비경제활동인구도 보아야 한다. 5년간 20대 중후반 남자 비경제활동경제인구의 증가세가 계속되었다는 것은 남성 대졸자들의 취업준비가 장기화되었고 그만큼 우리 경제의 청년고용 능력이 약해졌다는 것으로 풀이될 수 있다. 같은 연령대 남자의 경제활동참가율도 79.1%를 기록해 사상 처음으로 80% 아래로 떨어졌다. 이는 2004년 같은 달의 81.8%에 비해 2.7%p 떨어진 수치다.

한편, 비경제활동인구가 많다는 것은 국가 차원에서 인적 자원을 제대로 활용하고 있지 못함을 시사한다. 즉 경제사회적인 장애 요인으로 인해 노동시장에 참여하고 있지 못하고 있는 인구가 많을 가능성을 보여 준다. 취업률(고용률)은 국가의 장기적인 경제건전성을 나타낸다는 점에서 주목할 필요가 있다. 저활용 인력의 고용을 가로막는 장애 요인을 제거하면 경제의 효율성의 증대하고, 취업자 규모가 커지면 재정 부담이 감소하고 재정운용의 폭이 확대되고, 저활용 인력의 취업률(고용률)이 높아지면 빈곤이나 불평등이 감소하기 때문에 취업률(고용률)은 높이는 것은 중요하다. 이밖에도 경제의 부담을 주지 않으면서도 노동시간을 단축하기 위해서도 취업률(고용률) 제고가 뒷받침되어야 한다. 2004년 현재 한국의 노동자 1인당 연간 노동시간은 2,390시간으로 세계 최고수준으로 선진국의 1,600~1,800시간에 비해 크게 높다. 특히 한국의 경우 저출산과 고령화로 10년 후 생산인구의 감소와 노인부양비율(≡65세 이상 인구/생산가능인구) 급등이 예상되고 있어 취업률(고용률) 제고가 중요과제로 부각하고 있다. 참로고 통계청('2004년 출생 · 사망 통계 결과')에 따르면 한국의 가임여성 1명이 평생 낳는 아이 수(합계출산율)는 2003년 1.19명으로 조금 늘었으나 2004년에는 다시 1.16명으로 사상 최저치로 떨어졌다. 게다가 참여정부의 갖은 출산장려정책에도 불구하고, 2006년 5월 통계청이 발표한 '2005년 출생통계 잠정결과'에 따르면 2005년 출생아 수도 2004년에 비해 7.9%나 감소하여 저출산문제가 더욱 심화되고 있는 것으로 나타났다. 특히 여성 1인당 합계출산율, 즉 여성 1명이 가임기간(15~49세) 동안 낳을 것으로 예상되는 평균 출생아 수는 전년 1.16명에서 1.08명으로 큰 폭의 하락세를 기록, 사상 최저치이자 세계 최저수준을 벗어날 기미를 보이지 않고 있다. 우리나라의 합계출산율(2004년 기준)은 일본 1.29명, 미국 2.04명, 영국

1.74명, 프랑스 1.90명, 독일 1.37명, 체코 1.23명 보다 낮아 세계 최저 수준을 기록하고 있다. 2004년 OECD 평균 출산율은 1.6명이었다.

취업률(고용률)에 영향을 미치는 것으로 여성 경제활동참가율, 중고령자 조기퇴직 여부, 학교 재학기간 등 주로 구조적인 요인이다. 첫째, 여성의 경제활동 참가율과 취업률(고용률)은 2004년 현재 각각 53.9%와 52.2%로 선진국에 비해 크게 낮다. 여성 취업률은 2004년 기준 덴마크와 스웨덴이 70%대, 캐나다와 영국과 미국이 60%대, 독일이 약 60%를 기록하고 있다. 특히 대졸여성 취업률(56%)은 멕시코를 제외하면 OECD(평균 78%) 중에서 최하위다. 여성의 높은 노동참가율은 높은 출산율에도 영향을 미치는 것으로 나타나고 있다. 여성의 높은 노동참여가 여성이 아이를 가지고 일하는 것을 어렵게 하는 장애물을 제거하는 올바른 정책에 의해 지지되는 한 높은 출산율로 이어질 수 있기 때문이다. 실제 OECD 국가들 중에서 보다 많은 여성이 가정에 남아 있는 독일과 일본과 이탈리아의 경우 상대적으로 아이를 가진 취업 여성에 대한 지원이 적은 것으로 나타났다. 예를 들어, 일본에서는 3세 이하의 아이들 중 13%만이 탁아소(day-care centers)에 보내지는 반면, 미국은 54%, 영국은 34%인 것으로 나타났다.[3] 경제성장을 여성이 주도하고 있고 세계경제의 미래가 여성의 손에 달려 있다는 점에서 여성 취업률을 증가시기키 위한 노력은 아무리 강조해도 지나치지 않다.

둘째, 2004년 현재 우리나라 중고령 인구(55~64세)의 취업률(고용률, 58.5%)은 OECD 중 9번째로 높으나 문제는 주요 선진국의 경우 1990년대 이후 중고령 인구의 취업률(고용률)이 크게 상승하고 있는 반면 한국은 하락 추세를 보인다는 점이다. 셋째, 노동시장에 새로운 활력을 공급하는 청소년층(15~24세)의 경제활동이 부진하다. 교육기간의 장기화로 경제활동 참가가 지연되고 낮은 출산율로 청년층 인구의 자연감소도 취업자 수 축소에 일조하고 있다. 한국의 청년층/청소년층 경제활동참가율은 OECD 평균에 비해 15.2%p 낮고 미국과 영국의 절반에 불과한 실정이다.

3) *The Economist*, 2006. 4. 15, p. 74.

참고로 2006년 5월 통계청이 발표한 '2006년 청소년 통계'에 따르면 2006년 18세 이하 청소년 인구는 1,152만 명으로 추산돼 총 인구(4,850만 명) 중 23.8%를 차지했다. 1970년 한국의 청소년 인구는 1,642만 명에 달했고, 전체 인구에서 차지하는 비율도 50.9%를 차지했다. 1970년대 이전 국민의 절반을 넘었던 18세 이하 인구가 2006년에는 4분의 1에도 미치지 못하는 것이다. 청소년(0~18세) 인구 비율은 1980년 43.3%(1,655만 명), 1990년 33.8%(1,449만 명), 2000년 27.5%(1,290만 명), 2005년 24.2%(1,169만 명)로 상대적 · 절대적으로 계속 하락해 왔다. 통계청은 2013년이면 청소년 인구가 1,000만 명 아래로 감소하고, 2014년에는 청소년 인구 비율이 20% 아래로 떨어질 것으로 전망했다. 이때쯤엔 청소년 인구 비율이 일본(2004년 말 기준 18.1%)과 비슷해지는 것이다. 저출산 · 고령화에 따라 아이가 줄고 노인층이 늘어난 데 따른 현상으로, 이런 추세는 앞으로 더욱 심해질 전망이다. 학교에 다니는 연령대(6~21세)의 학령인구도 급격히 줄고 있다. 학령인구는 올해 1,040만 명으로 1980년보다 약 400만 명 줄었다. 그 덕분에 지난해 교원 1인당 학생 수가 초등학교 25.1명, 중학교 19.4명 등으로 낮아졌다. 1980년의 교원 1인당 학생 수는 초등학교 47.5명, 중학교 45.1명이었다. 통계청 장래인구 추계에 따르면 2010년엔 학령인구가 1,000만 명 아래, 2020년이 되면 760만 명 수준으로 줄어들 전망이다. 이때가 되면 정원을 채우지 못하는 대학이 속출할 것으로 예상된다. 지난해 고교 졸업자의 대학(전문대 포함) 진학률은 82.1%로 전년보다 0.8%p 높아졌다.

1997년 위기 이후 대기업과 중소기업, 수출산업과 내수산업, 제조업과 서비스업 간의 불균형 등 양극화가 심화되면서 노동시장도 한국경제의 특성을 그대로 반영하고 있다. 첫째, 한국의 기업구성에는 허리가 없다. 다시 말해 임금노동자의 절반이 조금 넘는 51%가 30인 미만의 소기업에 취업하고 있고 23%는 300인 이상 대기업에 근무하고 있는 데 비해 30~299인의 중간규모 기업에 종사하는 임금노동자의 비율은 26%에 지나지 않는다. 둘째, 고용기회가 전반적으로 부족해 전체 취업인구 중 27%가 자영업에 종사하고 있다. 이 같은 우리나라의 자영업 종사 비중은 국제적으로 비교할 때 상당히 높은 편이다. 셋째, 서비스업이 도소매업과 음식숙박업에 집중돼 있는 반면 보건의료업과 보육서비스업 등은 아예 시장형성에 실패한 것이나 다름없는 상황이다. 이에는 여성의 경제활동 참가가 특히 40~50대 여성의 경우 도소매업과 음식숙박업에 몰려 있다는 점도 작용하고 있다.

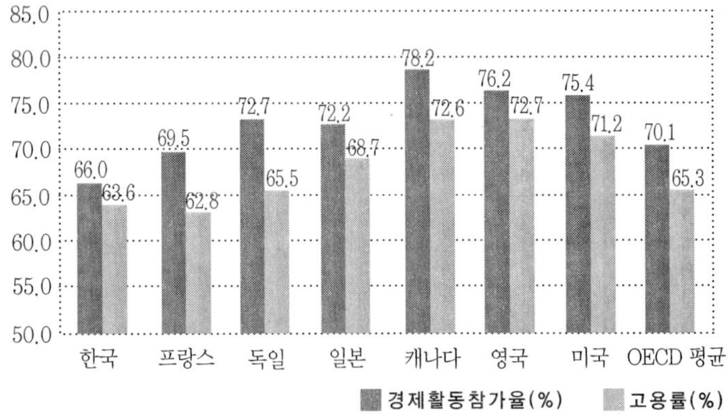

자료 : OECD, 2005, *OECD Emplyoment Outlook*.

‖ **그림 11-2** ‖ 경제활동참가율과 취업률(15~64세)의 국제비교 : 2004년

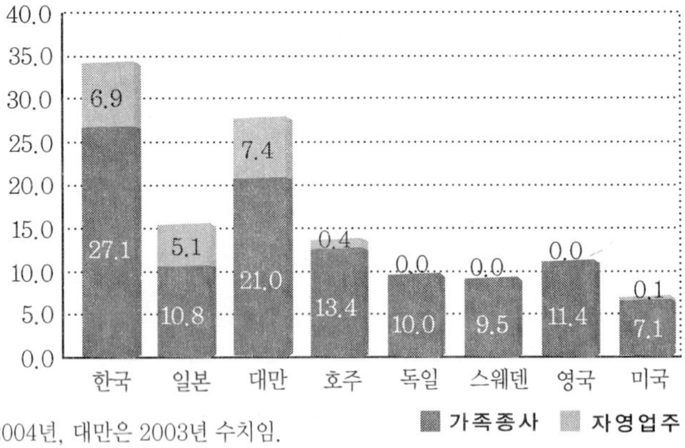

주 : 한국은 2004년, 대만은 2003년 수치임.
자료 : ILO, 2003, *Yearbook of Labor Statistics*.

‖ **그림 11-3** ‖ 취업자 중 비임금노동자 비중의 국제비교 : 2002년

3) 고용의 불안정성 증대와 고용의 질 악화

마지막으로 실업의 문제와 관련하여 과거와 달라진 점들에 주목할 필요가 있다. 비정규직 노동력의 증가, 청년층 실업, '고용 없는 성장' 등은 기술변화와 산업구조의 변화 그리고 고용유발 메커니즘의 변화 등과 관련이 있다. 첫째, 고용시장의 비정규직화가 빠르게 진행되고 있다. 비정규 노동자(atypical, non-regular, contingent)는 일반적으로 정규직 노동자의 잔여개념으로 정의되며, 정규직(standard, typical, regular) 고용은 "단일 사용자와 기간을 정하지 않은 항구적인 고용계약을 맺고 전일제로 일하는 고용관계"로서 "노동법상의 해고보호와 정기적인 승급이 보장되며 고용관계를 통한 사회보험 혜택이 부여되는 경우"로 규정된다. 이에 따라 이와 같은 조건을 충족하지 못하는 모든 고용형태, 즉 임시직, 계약직, 일용직, 파트타임, 파견, 용역, 개인도급, 재택근로, 자영노동자 등이 비정규 노동자에 포함된다. 정부에 따르면 비정규직 노동자는 2004년 8월에는 539만 4,000명(전체 임금노동자의 37%), 2005년 8월 기준으로는 548만 3,000명(36.6%)이라 밝혔으나, 노동계는 정부가 분류하는 정규직에는 정부가 규정하는 비정규직보다 더 열악한 경우가 적지 않은 고용형태인 '취약근로자'가 빠져 있다고 주장한다. 정부는 '취약근로자'를 고용형태상 정규직이지만 임시 일용직의 근로자를 뜻한다고 규정하고 있다. 노동계가 주장하는 비정규직 규모는 2003년 8월 784만 명(55.4%), 2004년 8월 816만 명(55.9%), 2005년 8월 855만 명(57.1%)으로 해마다 증가하고 있다.

게다가 노동계는 비정규직의 임금 수준이 정규직에 비해 갈수록 악화되고 있는 현실도 정부의 통계방식에서는 가려져 있다고 주장한다. 노동부는 비정규직 근로자의 임금수준이 2005년 기준 월평균 117만 원으로 정규직 181만 원의 64.8%로 집계돼 2004년 65%보다 다소 떨어졌다고 발표했다. 그러나 노동계는 취약근로자를 정규직에 포함시켜 정규직 평균임금 수준을 떨어뜨려 놓았기 때문에 비정규직 임금 수준이 64.8%라도 되는 것이지, 취약근로자를 비정규직에 포함시켜 정규직과 임금 대비를 하면 2004

년의 경우 비정규직의 월평균 임금 수준은 정규직의 51.9%, 2005년에는 50% 수준에 불과하다고 주장한다.

2006년 11월 30일 국회에서 통과되어 2007년 7월부터 시행을 앞둔 비정규직 관련 3개 법안 역시 앞에서 말한 혼란을 해결하지 못하였다. 예를 들어, 비정규직법 중 기간제 및 단시간근로자보호 등에 관한 법률에는 기업주가 기간제근로자(계약직)를 2년 넘게 계속 고용할 경우 무기계약을 체결한 근로자로 간주한다고 명시하고 있다. 여기서 무기계약 근로자란 '기간의 정함이 없는 근로자'로 정부의 통계 분류상 정규직에 해당된다. 문제는 노동부가 정규직이란 명칭을 붙인 무기계약근로자의 신분이 정규직으로 상승하는 게 아니고 명칭만 정규직이 된다는 점이다. 즉 계약직이 정규직이 되면 고용은 안정되지만 임금은 계약직 때와 별반 달라질 게 없다는 것이다. 따라서 무기계약근로자로 전환되는 정규직은 기존의 정규직과 임금 수준에서 여전히 격차가 벌어진 상태를 유지할 수밖에 없다. 명칭은 정규직이지만 신분은 비정규직인 이른바 '준정규직'인 셈이다. 명칭을 둘러싼 혼선이 일어나는 이유는 기본적으로 정규직과 비정규직을 분류하는 정부의 통계방식 때문이다. 노 · 사 · 정이 2002년 합의한 통계방식을 채택하고 있는 정부는 비정규직을 기간제(계약직)처럼 고용계약 기간이 설정되어 있는 경우, 근무 기간 1개월 이상 1년 미만의 임시직, 근무 기간 1개월 미만의 일용직 등으로 구분하고 있다. 여기에다 파트타임, 특수고용직, 파견근로, 가정 내 근로, 용역근로 등도 비정규직에 포함하고 있다. 정규직은 회사 내규에 의해 채용돼 인사관리규정의 적용을 받고 퇴직금, 상여금, 각종 수당을 받는 경우와 비정규직 분류 항목에 해당되지 않는 근로자를 모두 포괄하고 있다. 이 분류에 따르면 여관, 식당, 영세 중소업체 등에서 일하는 저임금 취약계층이 대부분 정규직에 포함된다. 이에 따라 정규직과 비정규직 간 임금통계도 상당히 왜곡되고 있는 실정이다. 노동부는 2005년 8월 현재 비정규직 수를 548만 3,000명으로 추산하고 있다. 이에 반해 노동계는 취약계층 300여만 명을 합해 840여만 명으로 계산하고 있다. 취약계층 300여만 명은 고용 형태는 정규직이지만 임금은 비정규직보다 못한 수준으로 받고 있다.

정부가 조사한 정규직 및 비정규직 분포에 따르면 전체 임금근로자 1,496만 8,000명 중 정규직이 948만 6,000명(63.4%)이고 비정규직이 548만 3,000명(38.6%)으로 구분되고 있고, 후자는 다시 한시적 근로자가 361만 5,000명(24.2%), 비전형근로자가 190만 7,000명(12.7%), 시간제근로자가 104만 4,000명(7.0%)으로 분류되고 있다. 또한, 비전형근로자는 일일(단기)근로자가 71만 8,000명(4.8%), 특수고용형태가 63만 3,000명(4.2%), 용역근로자가 43만 1,000명(2.9%), 가정 내 근로자가 14만 1,000명(0.9%), 파견근로자가 11만 8,000명(0.8%)으로 나누고 있다.

기간제근로자(임시직) 시한적, 부정기적 업무를 담당케 하기 위하여 기간을 두고 채용한 노동자를 말하고, 계약직은 고용기간을 정확히 두고 고용한 노동자를 통상적으로 지칭한다. 즉 임시직이나 계약직은 일정한 사업의 완료, 일시적 결원의 대체, 계절적 근로가 필요한 경우 등 객관적이고 합리적인 사유와 조건에 의하여 고용계약 기간을 정하여 그 기한의 만료로 인하여 자동적으로 고용관계가 종료되거나, 앞으로의 장기적인 계속근로에 대한 명시적 또는 묵시적 합의가 없는 경우에 해당한다.

시간제근로자(파트타이머) 정규과정을 이수하는 학생으로서 일시적으로 주 30시간 미만으로 일하는 노동자를 말하고, 단시간 노동자는 단일한 사용자에게 고용되어 주당 30시간 미만을 일하는 임금노동자를 말한다.

비전형근로자 파견근로자, 용역근로자, 특수고용 근로자, 가정 내 근로자, 일일(호출)근로자 등을 포함

일일근로자(일용노동자) 건설업과 서비스업 등에서 그때그때 필요한 경우에 따라 이를 매개하는 업체 또는 개인의 알선을 통해 수주, 또는 하루 단위로 일하는 노동자를 말한다.

파견근로자(파견업체 노동자) 근로자파견법에 의해 설립된 파견업체에 고용되어 그 업체와 계약을 맺은 사용업체에서 노무를 제공하는 노동자를 말한다.

용역근로자 용역업체에 고용되어 이 업체의 지휘하에 이 업체와 용역계약을 맺은 다른 업체에서 근무하는 형태로 청소용역, 경비용역업체 등에 근무하는 형태

특수형태근로자(개인도급노동자) 독자적인 사무실, 점포 또는 작업장을 보유하지 않았으면서 비독립적인 형태로 업무를 수행하는 근로자. 다만 근로제공의 방법, 근로시간 등은 독자적으로 결정하면서 개인적으로 모집, 판매, 배달, 운송 등의 업무를 통해 고객을 찾거나 맞이하는 근무형태로 보험모집인, 학습지교사, 화물지입차주, 골프장캐디 등

재택근로노동자 자택에서 작업을 행하되 업무수행에 관한 사용자의 지휘, 명령을 받는 자를 말한다.

자영노동자 자신 외에는 별도의 종업원이 없이 사업을 영위하는 개인을 말한다.

게다가 최근에는 핵심근로계층에서 비정규직이 크게 증가하고 있다는 점이다. 즉 비정규직의 규모가 핵심근로계층인 20~30대에서 크게 증가하는 등 양질의 일자리 창출이 부족한 것으로 나타났다. 20대 비정규직 규모는 2001년 75만 1,000명(21.2%)에서 2005년에는 123만 7,000명(32.8%)으로 늘어났고 30대 비정규직도 이 기간 90만 3,000명(25.8%)에서 137만 1,000명(30.4%)으로 증가했다. 학력별로 보면 비정규직 중 고졸 이하가 73.2%를 차지하나 대졸 이상 비정규직 규모도 2001년 65만 7,000명(18.2%)에서 2005년 146만 8,000명(26.8%)으로 급증했다.

둘째, 국제노동기구(ILO)의 보고에 따르면 2000년 현재 청년(15~24세) 실업자는 6,600만 명으로 추산되고, 이는 전 세계 실업인구 1억 6,000만 명의 41%에 해당한다. 또한, 최근(2006. 10. 30) 국제노동기구(ILO)가 발표한 보고서 '세계 청년들의 글로벌 고용추이'를 보면 전 세계 청년 인구 11억 가운데 3분의 1이 사실상 실업상태인 것으로 나타났다. 즉 15~24세 청년층의 실업률이 13.5%인 것으로 조사됐고, 이는 24세 이상 성인 실업률인 4.5%보다 세 배 높은 것이다. 또한 취업 중인 청년 가운데 20% 이상인 약 2억 명은 하루 1달러도 벌지 못하는 가정에서 생활하고 있다고 ILO는 밝혔다. 임금이 하루 2달러에도 미치지 못하는 청년은 3억 명에 이른다. 전 세계 청년 가운데 3분의 1이 실업자나 마찬가지인 상황에 놓여 있는 셈이다. 보고서에 따르면 전 세계적인 청년실업률은 1995년 12.3%를 기록한 이후 지속적으로 상승하고 있는 것으로 나타났다. 즉 경제가 계속해서 성장했는데도 생산적인 일자리가 충분히 창출되지 못해 전 세계 청년들이 더 큰 피해를 보고 있는 것이다. 지역별로 보면, 청년실업률이 가장 높은 지역은 중동과 북아프리카(25.7%)이고, 러시아를 포함한 옛 소비에트 연방이었던 벨로루시 · 몰도바 · 우크라이나 등(19.9%)이 뒤를 이었다. EU와 북미를 포함한 선진국은 평균보다 낮은 13.1%의 청년실업률을 보이고 있으며 최근 경제 성장이 가속화 되고 있는 인도 등 남아시아지역과 중국을 포함한 동아시아 지역은 각각 10%와 7.8%를 기록했다. 한편, 노동시장에 유입되는 청년은 1995~2005년 사이에 6억 200만 명에서 6억 3,300만 명까지

5.2% 늘어났다. 이어 2015년에는 6억 5,700만 명으로 2,400만 명이 더 늘어날 전망이다.

한국의 경우에도 1998년 외환위기와 함께 큰 폭으로 증가한 청년실업률이 2000년까지는 점차 개선됐으나, 2001년 들어 더 이상 호전되지 않고 있다. 통계청의 '고용동향'에 따르면 2004년 청년층(15~29세) 실업률은 7.7%로 1997년(5.7%)보다 2.0% 높고, 장년층(30~54세, 2.4%)과 고령층(55세 이상, 1.4%)보다 크게 높다. 그런데 1997년 위기 이전과 비교하면 청년층 취업률은 45.6%에서 44.4%로 1.2% 감소한 데 비해, 장년층은 76.6%에서 74.2%로 2.4% 감소했고, 고령층은 48.5%에서 43.3%로 5.2% 감소했다. 그럼에도 장년층과 고령층 실업률이 낮게 나타나는 것은, 이들 계층이 아예 구직활동을 포기하고 비경제활동인구(실망실업자 포함)로 빠져나갔음을 의미한다. 따라서 청년실업문제 이외에 장년층과 고령층 고용문제 역시 중시할 필요가 있다.

현재 청년층 고실업은 고착화 경향을 보이고 있다. 2004년 청년실업률은 7.9%로 2003년(7.7%)에 비해 0.2%p 올랐다. 전체 실업률의 배를 웃도는 수준이다. 청년들이 통계상 수치보다 더 극심한 취업난을 체감하고 있는 이유는 기업들이 정규직보다 비정규직을 갈수록 선호하고, 차별화된 인력관리 시스템으로 전환함에 따라 경력직 수요는 증가한 반면 비숙련 근로자에 해당하는 신규 채용은 줄여나가고 있고, 대기업의 채용 상황이 계속 악화되고 있기 때문이다.[4] 예를 들어, 2005년 국내 대학 이상 졸업자는 약 56만 6,000명, 그 중 4년제 대학 졸업자가 26만 8,833명, 전문대학 졸업자 22만 8,763명, 대학원(석사) 졸업자가 6만 8,439명이다. 그런데 정부가 지난해 만들었다고 발표한 일자리는 29만 9,000개다. 단순 계산을 하더라도 약 26만 7,000개의 일자리가 부족하다. 일자리의 질을 떠나 양에서부터 대학 졸업자를 전부 수용할 수 없다. 결국 대졸자 중 상당수는 청년실업 대열에 낄 수밖에 없다. 2005년 공식적인 청년(병역의무 감안, 15~

4) KDI, 2001, 「한국경제의 현황과 전망-청년층 취업난」.

29세)실업률은 8.0%, 전체 평균 실업률(3.7%)의 두 배가 넘는다. 실업자 88만 7,000명 중 43.6%인 38만 7,000명이 청년이다. 졸업 시즌인 2006년 2월 청년실업자는 41만 명으로 더 불어났고, 실업률도 8.7%로 높아졌다. 문제는 우리 경제가 이 수준의 청년실업도 해소하기 어려운 구조라는 점이다. 경제를 성장시키면 되지 않느냐 하겠지만, 이제 한 해에 50만 명도 넘게 쏟아지는 대졸자를 만족시킬 일자리 창출은 불가능하다. 경제성장 속도 자체가 둔화되는 데다 생산설비 자동화와 업무 전산화 등으로 일자리가 없거나 적은 성장이 이뤄지고 있기 때문이다. 여기에 그전보다 많은 여성이 일자리를 원하고 재취업을 희망하는 노인도 늘고 있다. 이처럼 일자리에 대한 수요는 늘어나는 데 공급이 한정돼 있으니 실업률은 높아질 수밖에 없다.

셋째, '고용 없는 성장' 역시 이미 한국경제의 하나의 추세로 자리 잡았다. 매출 상위 50대 기업(금융사 제외)의 2004년 및 1999년 사업보고서는 '고용 없는 성장' 추세가 뚜렷이 확인된다. 5년 전에 비해 매출은 247조 7,389억 원에서 415조 6,168억 원으로 67.8%, 당기순익(영업이익)은 12

	1990	2000	2001	2002	2003	2004
한국	7.0	10.2	9.7	8.1	9.6	10.0
일본	4.3	9.2	9.7	10.0	10.2	9.5
미국	11.2	9.3	10.6	12.0	12.4	11.8
영국	10.1	11.8	10.5	11.0	11.5	10.9
프랑스	19.8	20.7	18.0	18.9	19.0	21.3
독일	4.5	8.4	8.3	9.8	10.6	11.7
OECD 평균	12.3	11.8	12.2	13.1	13.5	13.4

주 : OECD 기준 청년(15~24세) 실업률, %.
자료 : 재정경제부.

‖ **그림 11-4** ‖ 청년실업률의 국제비교 및 추이

조 6,812억 원(21조 3,382억 원)에서 39조 9,516억 원(39조 9,516억 원)으로 215%(115.7%)나 늘었지만 이들 기업이 채용하고 있는 종업원 수는 49만 2,977명에서 49만 959명으로 오히려 0.4% 줄어든 것이다. '고용 없는 성장' 역시 산업구조의 변화와 무관하지 않다. 2006년 4월 한국은행이 발표한 고용변동의 구조변화 분석에 따르면 경제성장(경기적 요인)에 의한 고용 증가는 연평균 기준으로 2000~2002년 116만 명에서 2002~2005년에는 연평균 96만 명 수준으로 떨어진 반면, 노동생산성 향상, 자본 및 기술집약적 산업구조로의 변화 등 구조적 요인에 의한 고용감소폭은 2000~2002년 연평균 65만 명에서 2002년 이후 연평균 73만 명으로 늘어나는 추세다. 특히 2000~2002년에 산업구조 변화로 연평균 10만 명이 감소하고, 노동생산성 향상으로 56만 명이 감소했던 것에 비해 2002년 이후에는 산업구조의 변화로 인한 고용 감소폭이 연평균 29만 명, 노동생산성 향상으로 인한 감소폭이 44만 명에 이르는 것으로 나타나 산업구조 변화로 인한 고용창출능력 저하가 심화되고 있음을 보여 준다. 즉 2002년 이후 제조업은 노동생산성 향상으로 인해, 서비스업은 산업구조 변화로 인해 고용창출능력이 떨어지고 있는 것이다. 이처럼 출산율 저하와 기대수명의 연장에 따른 고령화로 노동공급능력이 지속적으로 약화될 것으로 예상되는 속에서 경제의 정보화, 고부가가치화의 급속한 진행으로 고용창출능력의 저하와 구조적 실업은 상당기간 지속될 전망이다.

실질GDP 10억 원 늘릴 때 신규 노동인력을 몇 명이나 추가로 취업시킬 수 있는지 보여 주는 통계치 '고용계수'도 1995년 이래 최하치인 31.7로 나타나는 등 계속된 경제성장에도 불구하고 성장의 고용창출 효과는 크게 감소한 것으로 나타났다. 2005년 12월 삼성경제연구소(SERI)에 따르면 한국의 2004년 실질GDP가 693조 4,240억 원, 취업자 수는 2,255만 7,000명으로 실질GDP 10억 원당 취업자 수인 고용계수가 1995년 이래 최하치인 32.5를 기록했다고 밝혔다. 또한, 올해의 실질GDP와 취업자 수는 각각 719조 7,741억~720조 4,675억 원과 2,285만 7,000명으로 추산되며 이에 따라 고용계수도 약 31.7로 낮아질 것이라고 전망했다. 한국의 고용계수는 1995년 43.7을 기록한 후 1999년 38.0, 2000년 36.6, 2002년 34.5, 2003년 33.4, 2004년 32.5, 2005년 31.7(추정치)로 지속적인 감소추세를 보여 왔다. 지난 10년 사이에 고용계수가 12포인트가량 떨어졌다는 것은 그간 실질 GDP 10억 원을 창출하는 데 필요한 취업자 수가 12명만큼 줄었다는 것을 의미한다. 국내 경제의 고용창출능력이 그만큼 약화된 것이다. 정보기술(IT)혁명으로 자본과 노동의 생산성은 높아졌는지 모르지만 고용기회는 오히려 줄었기 때문이다. 실제로 지난 5년간 우리나라의 GDP 성장을 주도한 것은 전자, 전기 등 고용유발 효과가 미미한 제조업이었다. 이처럼 최근 많은 나라들이 '성장과 고용의 선순환 고리'가 끊어지는 것을 경험하고 있다.

근본적으로 제조업 중심의 경제성장 단계에서는 설비투자의 성장유발효과가 높기에 물적 자본 주도의 성장이 가능한 반면, '혁신주도형 지식기반경제'에서는 역으로 인적자본의 존재가 설비투자를 유발하고 있다. 오늘날 세계경제는 투자처를 찾지 못하는 자본의 과잉문제에 직면해 있다. 부가가치가 높은 무형재의 경우 아이디어를 만들어 낼 수 있는 인적자본의 존재에서 비롯하는 반면, 산업사회의 쌍생아인 현재의 교육시스템으로는 새로운 인적자본을 공급하는 데 한계가 있다. 예를 들어, 현재의 대학은 산업화시대의 제도로서 새로운 시대에 요구되는 인적자본의 공급능력을 결여하고 있고, 이로 인해 대학은 이미 오래 전부터 사회에 뒤처진 상태이다. 이런 상황에서 현재 기업의 당면 수요를 충족시키는 데 산학협동 차원에 머물고 있으나 대학이 사회를 선도하는 기능을 회복하는 교육제도의 혁신이 시급하다. 청년실업의 구조화도 표준적 인간 양성을 목표로 하는 산업사회의 교육시스템과 관련을 맺고 있다. 제조업 강국인 일본이나 독일경제가 위기에 처해 있는 커다란 이유도 국가 주도의 산업화 및 이에 대응한 교육체계의 위기에서 비롯한다. 실제로 한 경제연구소가 CEO 대상으로 기업경영에서 어려움을 조사한 결과 우수인력 확보가 첫 번째 어려움으로 나타났는데 이것 역시 교육시스템의 문제를 반영하고 있다. 두 번째 애로사항으로 신사업 발굴을 지적했는데 이것 역시 인적자원과 무관하다고 볼 수가 없다.

물론 인적자원은 오늘날뿐만 아니라 산업사회에서도 중요했다. 문제는 지식사회에서 요구되는 인적자원이 산업사회에서 요구되는 인적자원과 근본적으로 다르다는 데 있다. 산업사회는 대량생산체제를 기축으로 하고 있고, 대량생산체제는 분업의 원리와 규모의 경제에 기초해 직무를 세분화 · 표준화하고 있기 때문에 정형화된 성실한 인재를 요구했다. 그러나 지식경제에서는 기술과 지식의 급속한 변화 속에서 직무가 끊임없이 통합되고 변화되기 때문에 변화를 선도하거나 적어도 변화에 신속히 대응할 수 있는 유연하고 창의적인 인재, 즉 지식노동자를 요구한다. 지식노동자는 전통적 의미의 지식인을 뜻하는 것이 아니라, 지식과 정보를 수집 · 분석 · 가공해 새로운 지식과 정보를 창출할 수 있는 능력을 지닌 사람을 말한다. 기업, 대학, 정부는 이러한 인재를 확보하고 있어야 지속적 혁신이 가능하고 경쟁우위를 확보할 수 있다. 지식노동자의 양성 능력이 대학의 운명을 좌우하고, 글로벌 인재의 확보와 활용능력이 기업의 경쟁력을 결정한다. 이러한 지식노동자는 전통적인 주입식 교육으로는 양성이 어렵기 때문에 대학은 인재육성 패러다임을 근본적으로 바꿔야 하고, 정부는 지식경제로의 성공적 이행을 위해 국가경영 패러다임을 재구축해야 한다.

4) 노동의 성격 변화

노동이 어떠한 가치를 갖고 있는가하는 질문에는, 특정 사회의 문화적 배경과 그 사회가 처해 있었던 그때그때의 진화단계에 따라 역사적 진행 속에서 서로 다른 답이 제시되었다. 오늘날 노동의 성격에는 몇 가지 중요한 변화가 나타나고 있다. 첫째, 비급여 · 비지불노동, 자발적인 노동과 봉사활동 등 교환영역에 속하지만 화폐로 환산되지 않는 노동과 자기 스스로를 위한, 즉 교환영역에 속하지 않는 노동이 복지를 위해 더 이상 무시할 수 없는 요소가 되었음은 주지의 사실이다.

둘째, 텔레워크(telework)에서 보듯 종래의 노동문화와 노동조직의 비탄력적인 두 가지 측면, 즉 장소와 시간의 의미가 감소하고 있다. 비용절감, 생산성 증가, 피고용자의 근로에 대한 사기 앙양, 소비자에 대한 서비스 개선, 조직상의 탄력성 등은 텔레워크가 가져다준 명백한 장점들이다. 고정적으로 지출되는 사무실 경비의 감소, 많은 경비를 지출하는 거대한 빌딩의 필요성 감소, 출퇴근에 소요되는 경비 지출의 회피 등으로 비용을 절감할 수 있다. 그와 동시에 작업장에서 사회적 접촉이 갖는 중요성은 감소되고 그 이외에 인간 공동생활의 영역은 증대된다. 노동은 점점 더 가정생활영역으로 침투해 들어간다. 그 결과 사적인 생활과 직업적인 생활의 상호침투가 점차 심화되어 그 경계선이 흐려지고, 이로 인해 두 영역의 분리가 대체로 분명한 현재의 사회조직은 부식하게 될 것이다.

셋째, '지식(사람)이 곧 자본'이라는 지식기반경제의 구호는 자본과 노동의 관계의 변화라는 중요한 의미를 내포한다. 자본주의 시장경제에서는 노동과 자본의 분리, 즉 노동을 생산수단의 소유에서 배제함으로써 자본에 의해 노동을 통제하고 지배하는 것이 가능했다. 그러나 지식기반경제에서 경제주체 간의 중심적 대립은 (가치 있는) 지식(정보)의 소유자와 비소유자 간의 대립일 것이다. 이는 배타성을 특성으로 하는 물적 자본과 달리 지식은 상대적으로 비배제성을 특성으로 한다는 점에서 지식소유자와 비소유자 간의 대립의 가능성을 감소시킬 것이다.

이처럼 정보통신혁명이나 바이오, 나노, 로봇공학혁명 등으로 직업지도가 근본적으로 변하고 있다. 경영평론가 톰 피터스(Tom Peters)는 이미 수년 전에 "제조업체를 포함해 현재 미국인의 90%는 화이트칼라(white color)에 속하지만 앞으로 10~15년 사이에 화이트칼라 직업의 90%가 사라지게 될 것"이라고 단언하고 있다. 그가 든 근거는 첫째, 초거대 닷컴(dotcom)의 지배에서 보듯이 빠르고 강한 자만 살아남는 직업문화를 만들어 낸다는 것이다. 둘째, 기업 소프트웨어의 득세를 지적하고 있다. '화이트칼라 로봇'이라고도 부르는 이 소프트웨어는 산업혁명이 결과적으로 블루칼라의 퇴조를 재촉했듯이 인사, 생산, 판매, 회계 등의 전문직 화이트칼라를 회사 밖으로 몰아낸다는 것이다. 실제로 탈소재화 혹은 무중량성의 경제는 직업상실의 위험과 더불어 서비스 부문에서 노조조직화의 어려움과 연대성 약화를 초래하고 있다. 셋째는 아웃소싱을 지적한다. 소프트웨어 제작을 비롯해 무려 5,000만 명의 화이트칼라 일자리가 서방에서 인도로 이미 옮겨졌다고 한다. 양질의 인력인데도 인건비가 1/10도 안 되는 인도를 비롯하여 제3세계가 새로운 화이트칼라 인력시장으로 떠오르고 있다는 진단이다. 넷째는 전자상거래의 활성화를 지적한다. 포드(Ford)와 지엠(GM), 다임러크라이슬러(Daimler Chrysler)의 인터넷 부품조달 제휴에서 나타나듯 웬만한 중개업자들은 이제 설 땅이 없어졌다는 것이다. 이른바 '브로커들의 몰락'이다. 다섯째는 시간의 압축을 지적한다. 라디오가 5,000만 가구에 보급되기까지는 40년 가까이 걸렸지만 웹이 그렇게 되기까지는 4년밖에 걸리지 않았다.

실제로 일부에서는 미래에 닥칠 가장 심각한 문제로 '노동의 급속한 해체'를 지적하고 있다. 일부 예측에 의하면 컴퓨터와 자동화의 발전 때문에 향후 20년 내에 현재 만드는 모든 생산품에 드는 노동력의 5%만 있으면 다 해결되는 상황이 도래한다. 특히, 화이트칼라(사무직)의 실업이 급속히 늘어날 경우 중산층의 몰락이라는 새로운 암흑기가 도래할 수 있다. 이와 관련하여 일부에서는 '노동의 나눔(work-sharing)'의 필요성을 강조한다. 노동을 나누어 기업주가 더 많은 노동자를 고용해야 하고 그 결과 비용의 압박문제에 대한 해법 중 하나로 노동의 나눔을 실천하는 기업에 대한 법인세 감면을 주장한다. 즉 실업수당보다 일자리를 나누고 법인세를 적게 거두는 것이 효율적이라는 것이다. 또 다른 대안은 사회공동체를 위한 봉사활동을 강화하는 것이다. 20세기까지 산업사회의 고용은 시장과 정부가 주로 담당했지만, 21세기에는 사회 공동의 문제를 비영리단체의 봉사활동을 통해 풀어 가는 것만이 노동의 나눔과 함께 미래의 문제를 해결할 수 있는 길이다. 시민이 봉사활동을 하면 헌혈증서처럼 봉사증서를 받아 두었다가 나이 들어 도움이 필요할 경우 되돌려 받을 수 있는 제도를 구축하는 것이 하나의 예가 될 수 있다.

이처럼 직업지도가 변한 결과, 서구사회가 1960년대에 달성한 '완전고용’과 ‘사회보장’은 몹시 불안한 모습을 보이고 있다. 서구사회는 1970년대 후반 이래로 구조적인 고실업 사태를 보이고 있으며, 이는 현재까지도 해결의 조짐을 전혀 보이지 않고 있다. 컴퓨터와 정보통신기기의 혁명적 발전과 전파가 엄청난 노동력을 불필요하고 무능력한 존재로 만들고 있다. 실제로 많은 사람들이 고용시장의 미래를 매우 어둡게 보고 있다. 기술과 생산력의 발전이 지속될수록 보다 적은 인원으로 더욱 많은 것을 생산해 낼 수 있다. 예를 들어 마이크로소프트나 인텔 등 미국의 20여 개 거대 정보기업들의 고용규모는 약 15만 명에 불과한데, 이 규모는 전통적인 대기업들인 코닥(Kodaq), 보잉(Boeing), 지엠, 포드 등의 한 개 기업의 고용규모보다 작다. 사무노동의 분야에서도 자동화와 정보화는 엄청난 수의 사무노동자를 절감할 수 있다. 기술과 과학의 발전이 인간을 고되고 단조로운 노동으로부터 해방시킬 수 있는 가능성을 열어 놓은 것이다. 그러나 이는 인간을 ‘노동’으로부터 해방시킬 뿐 아니라 ‘소득’으로부터 해방시킬 가능성도 열어 놓고 있다.

물론, 정보기술의 확산과 경제 전체적인 고용수준의 변화 간의 체계적·구조적인 관계는 확실하지 않다. 고용은 대체적이며, 신규고용이 창출 중이나, 손실과 이득 사이의 양적 관계는 기업, 산업, 부문, 지역, 국가 등에 따라 다양하며 이는 경쟁력, 기업의 전략, 정부정책, 제도적 환경, 그리고 지구적 경제에서 점하고 있는 상대적 지위 등에 따라 달라진다. 이론적으로도 정보기술 확산으로 고용이 감소하려면 수요 증가가 노동생산성의 증가를 상쇄하지 못하고, 고용이 아니라 노동시간 감소에 따라 발생하는 불일치에 대한 제도적 대응이 없을 경우에 발생한다.

정보기술혁명이 고용에 미치는 영향은 확실하지 않지만, 확실한 것은 비정규직 노동력과 비표준적 고용형태의 증가 경향이다. 네트워크 기업에 의해 유도되고 정보기술로 가능해진 노동과정과 노동시장의 유연성은 새롭고 유연한 작업모델이나 근무시간을 자유로이 선택할 수 있는 새로운 유형의 노동자를 등장시키는 등 산업주의에 내재되어 있는 생산의 사회적 관계에 심대한 영향을 미친다. 즉 지구적 경쟁과 정보기술의 발전에 의해 가능해진 기업조직의 재구조화는 경영의 분산화, 노동의 개별화, 시장의 주문생산화를 촉진하고 있으며, 그 결과 노동을 분절화시키고 사회를 파편화시키고 있다.

한편, 지구적 경제와 관련하여 지구적 노동시장과 노동력이 존재하는가에 대해서는 회의적이다. 현재까지 통합된 지구적 노동시장은 존재하지 않으므로 지구적 노동력 역시 존재하지 않는다. 그러나 정보화경제에서 세계적인 상호의존성이 증대하고 있듯이 노동력의 상호의존성 또한 지구적 규모에서 증가하고 있다. 그러한 상호의존성은 다국적기업과 역외네트워크를 통한 지구적 고용, 남북 내의 고용과 노동조건에 대한 교역의 영향, 각국의 노동력의 유연관리라는 새로운 형태에 대한 지구적 경쟁의 영향 등으로 나타나고 있다. 예를 들어, 국경을 넘는 이주자들이 홍수를 이루고 있다. 유목민처럼 국경을 넘어 이주하는 것을 의미하는 '글로벌 노마드화' 현상이 이제 전 세계의 '인종지도'까지 바꿔 놓고 있는 것이다. 유엔은 최근 '국제적인 인구이동에 대한 특별 보고서(Globalization and Interdependence : international migration and development, 2006. 5. 18)'를 통해 글로벌화가 급속히 진행되면서 국경을 넘는 인구이동이 폭발적으로 증가하고 있다고 분석했다. 2005년 기준으로 자신이 태어난 국가를 떠나 외국에 거주하는 인구는 1억 9,100만 명으로 1990년에 비해 3,600만 명이 증가했다. 물론, 국경 간 인구 이동이 급증한 것은 노동력도 상품과 자본처럼 수요공급법칙에 따라 국경을 넘으려는 경향이 강하게 나타나고 있기 때문이다. 인터넷의 등장과 교통 및 통신수단의 발달도 '노마드화'를 촉진시키는 요인이다. 이처럼 정보기술이 국경을 초월하는 노동력 간의 연계(노동력의 세계적인 상호의존성)을 증가시키고 있지만, 여전히 통합된 지구적 노동시장은 존재하지 않고 국가들 사이가 아니라 국경을 가로지르는 노동의 위계적 분절만 존재할 뿐이다.

제12장 경기변동과 경제정책 : 세계화 속 경제정책의 자율성 약화

경제주체들은 살아가면서 종종 불청객을 맞이한다. 예를 들어, 화폐의 가치가 하락하는 인플레이션과 그 반대의 특징을 가진 디플레이션이 그것이다. 인플레이션은 시간 속에서 화폐가치를 떨어뜨리는 반면, 디플레이션은 비록 화폐가치의 하락을 발생시키지는 않으나 경기침체와 성장저해 등 경제를 뒷걸음치게 하는 악성 요인이다. 즉 항상 변하는 경제 속에서 경기변동은 주기적으로 찾아오고 이에 따라 거의 모든 나라는 심각한 경기침체를 야기하는 디플레이션을 회피하고 낮은 인플레이션을 목표로 정책을 수행한다. 경제학은 경기변동에 대해 우하향의 기울기를 갖는 총수요곡선, 그리고 우상향 기울기를 갖는 단기 총공급곡선 및 수직인 장기 총공급곡선으로 설명한다. 단기적으로 총수요곡선이 이동하면 상품의 산출량과 물가수준이 변한다. 그러나 장기적으로 총수요곡선의 이동은 물가에만 영향을 주고 산출량에는 어떠한 영향도 미치지 못한다. 마찬가지로 총공급곡선의 이동은 경기침체(산출량의 감소)와 인플레이션(물가의 상승)이 동시에 나타나는 스태그플레이션을 초래할 수 있다. 단기적으로 총공급이 감소했을 때 정부가 총수요를 확대하여 총수요곡선을 이동시켜 산출량의 감소를 막을 수 있으나 물가수준의 상승을 피할 수 없다. 즉 정책담당자들이 총수요를 조절한다고 해서 경기침체와 인플레이션이 동시에 해소되지는 않는다.

이제 구체적으로 경제정책의 효과를 살펴보자. 경제정책은 정부가 경제에 개입하는 수단이다. 그런데 정부개입은 시장이 완전하게 작동하면 필요가 없는 것이다. 따라서 경제정책은 시장이 불완전하게 작동한다는 사실을 전제로 하는 것이다. 따라서 경제정책의 효과에 대한 논쟁이 존재하는 것은 기본적으로 시장에 대한 신뢰의 차이에서 비롯한다. 시장은 충분히 신뢰할 정도로 작동한다고 믿는 이들은 경제정책의 효과를 부정한다. 반면, 경제정책의 필요성을 주장하는 이들은 시장은 훌륭한 메커니즘이지만 불완전하기 때문에 시장이 충분히 작동하지 못하는 경우에 대한 보완장치로 정부정책의 필요성을 인정한다. 이처럼 정부 개입의 필요성을 주장하는 케인스학파는 자본주의가 본질적으로 경기침체와 과열이 지속적으로 반복되는 불안정한 체제로 보는 반면, 정부 개입에 비판적인 통화주의학파나 새고전학파 등은 자본주의체제가 안정적이라고 본다.

사실, 정부정책의 필요성은 역사적으로 상대적 과잉공급 혹은 과소수요의 문제에 대한 처방으로 등장하였다. 경제에 대한 정부의 개입을 이론적으로 정당화한 케인스경제학의 역사적 배경이 1930년대 세계 대공황이듯이 경제정책은 총수요를 확장시키는 데 초점을 맞춘다. 현대경제의 역사를 회고해 보면 서구를 중심으로 인류사회는 1870년대부터 제2차 기술혁명을 경험하면서 서구 국가들의 생산능력은 비약적으로 증가하여 대량생산시대로 진입하게 된다. 대량생산시대의 상징적 산업은 기계산업이고 미국은 기계산업을 가장 발전시켰다. 기계산업의 꽃이라 불리는 자동차산업은 20세기 미국의 경쟁력을 압축적으로 보여 주었다. 미국 자동차산업의 대표적 인물이라 할 수 있는 포드(Ford)의 이름을 딴 포드주의 생산방식(Fordism)은 대량생산시대의 성격을 압축적으로 표현한다. 그러나 수요가 뒷받침되지 않는 상황과 자본주의 시장경제의 무정부성은 상대적 과잉생산의 경향과 1930년대의 대공황을 가져왔다. 시장경제메커니즘의 불완전함을 인식하고 정부개입을 통해 시장이 스스로 조정하지 못하는 부분을 해결할 필요가 있음을 지적한 케인스경제학의 등장은 이러한 배경을 갖고 있다. 다시 말해 케인스경제학자들은 정부개입을 통해 경기변동을 막을 수 있다는 믿음을 갖고 있었고, 전후 전쟁폐허의 복구부터 황금시기라 부르는 1950년대와 1960년대 후반 이전까지 미국을 위시한 서구공업국가들의 경제성과는 케인스경제학에 기초한 경제안정정책의 덕택이라고 생각했다. 케인스이론이 유효수요창출이론이었던 것도 여기에 있다. 총수요가 총공급보다 부족하기 때문에 정부가 부족한 총수요를 창출할 필요가 있다는 것이다.

따라서 정부정책의 효과를 의문시하는 시장주의자들의 반격 역시 1960년대 후반 이래 경기의 침체와 인플레이션이라는 역사적 배경을 갖고 있다. 프리드먼(M. Friedman)으로 대표되는 통화주의학파나 루카스(R. Lucas), 사전트(T. Sargent), 배로(R.J. Barro), 프레스콧(E. Prescott) 등 새고전학파(new classical school)가 그들이다. 특히 후자의 경우 정부정책이 미리 예견되어 경제주체들이 이를 미리 합리적으로 예상할 수 있다면, 정부정책은 장기에서는 물론이고 단기에서조차 전혀 효과를 갖지 못한다고 주장한다(소위 '정책무력성의 명제'). 즉 신축적 가격체계를 도입하면 즉각적인 시장청산(market-clearing)이 달성되기에 정부의 시장개입을 반대한다.

1. 금융시스템의 다양성

정부의 경제정책은 크게 금융정책과 재정정책으로 구분한다. 먼저 금융정책을 살펴보자. 경제학은 시장이론이기 때문에 금융정책을 이해하기 위해서는 금융시스템과 금융시장을 먼저 이해할 필요가 있다. 금융이란 경제주체 간에 이루어지는 자금의 융통, 즉 돈을 빌려 주고 빌리는 체계를 말한다. 그리고 금융제도 혹은 금융시스템이란 금융시장을 이루고 있는 자금의 공급자 · 수요자 및 금융기관 등을 형성하고 운영하는, 즉 금융거래에 관한 일체의 체계와 규범을 총칭하는 것으로서 구체적으로는 금융기관, 금융수단 및 금융시장 등에 관한 총체적인 체계와 규범을 의미한다. 금융시스템의 역할은 자금을 공급자로부터 수요자에게 원활히 흐르도록 하는 것이다.

이처럼 금융과 실물경제활동은 동전의 양면처럼 표리관계에 있기 때문에 금융의 발전 없이 국민경제의 발전은 기대하기 어렵다.

자금 공급자의 입장을 먼저 생각하면 사람들은 평균적으로 자기가 번 돈을 모두 다 소비하지 않고 소득의 일부를 현금의 형태로 남긴다. 즉 자금의 공급자가 수요자에게 자금을 공급하는 금융은 전통적 의미로 기업과 같은 적자경제주체(투자≡부채의 증가 또는 금융자산의 감소+저축)가 가계와 같은 흑자경제주체(저축≡금융자산의 증가+투자)로부터 자금을 융통하는 것이다. 여기서 금융자산이란 주식 · 채권 · 어음 · 화폐 등과 같이 경제주체가 보유하는 현재 또는 미래소득에 대한 청구권으로 이는 금융거래의 결과로 발생되며 금융시장에서 거래된다. 금융자산은 실물자산과 비교하여 물질적 조건과는 관련이 없고 보관비용과 이동비용이 무시할 만큼 적으며 금융자산으로 발생한 소득은 국민소득에 포함되지 않는다는 특징이 있다. 금융자산은 유동성 증대에 따라 일반적으로 통화 · 채권 · 주식의 세 가지 형태로 구분되는데 통화는 지급수단으로서의 기능, 가치저장의 기능, 그리고 회계단위의 기능이 있고, 채권은 정부, 국내 민간기업, 외국기업 등이 자금조달을 위해서 발행하는 채무증권이며, 주식은 채무증서가 아니라 기업의 소유를 보증하는 증서라는 점에서 여타 금융자산과 구별된다.

그런데 현금의 가치는 항상 변하기 때문에 돈을 가지고 있는 사람은 가치의 보전 방법을 모색한다. 게다가 경제성장으로 여유 자금이 더 많아지면서 사람들은 단순히 가치 보전을 넘어서 다소 위험이 있더라도 높은 수익을 찾아 투자하려는 욕구가 발생한다. 반면, 돈을 빌리려는 자금 수요자의 경우 돈을 빌려서 이익을 내고 빌린 돈의 대출 이자가 이익보다 적으면 더욱더 빌리려 할 것이다. 이처럼 자금의 공급자와 수요자의 경제적 유인이 부합되니 돈의 거래는 필연적인 귀결이고, 여기에서 금융시장과 이를 담당하는 금융기관이 필요했던 것이다. 즉 금융시장은 돈을 거래하는 곳이고, 돈 거래를 중개하는 곳이 금융기관이다. 따라서 금융시장에서는 금융기관이 있어서 이러한 자금 공급자와 수요자의 필요를 충족시키며 자금을 중개해 주는 것이 기본기능이 된다. 즉 금융시장은 가계로부터 남는 돈을 모아서 생산적인 용도에 사용하는 기업에게 전달하는 역할을 담당하고 있는 것이다. 물론, 금융기관의 입장에서는 자금 중개를 통해 자신의 이윤을 창출하는 데 있다. 따라서 금융기관은 가장 안전하고 이익을 많이 낼 수 있는 기업을 찾아 돈을 빌려 주게 되며 예금과 대출이 이자율의 폭을 넓혀 이익을 내려고 한다. 이러한 과정에서 금융기관은 이자율 및 기간 등 금융조건을 사용하여 이용자를 유인하기도 하고 역유인하기도 한다. 신용이 있는 우량 고객이 돈을 빌릴 경우에는 낮은 이자율을 적용하고, 또 예금자에게도 오랫동안 예치하는 경우에는 우대금리를 적용한다. 즉 금융기관은 이윤 극대화를 목적으로 자금을 융통하는 과정에서 자금을 가장 효율적인 부문에 투자하여 국가 전체의 경제성장을 돕는 것이다.

중개기능에 이어 금융시장의 두 번째 기능은 돈과 관련한 위험을 분산시켜 주는 기능이다. 사람들은 돈과 관련하여 유동성 문제, 자산가치(수익률) 변동 위험, 신용위험(채무 불이행 위험) 등 크게 세 가지 문제나 위험을 우려한다. 그런데 자금의 유동성 문제와 자산가치 변동 위험은 상호 간의 유기적인 관계를 갖는데 주로 상충(trade-off)의 관계에 놓여 있다. 이처럼 개인이 돈을 융통하는 과정에서 겪을 수 있는 위험을 대신 맡아 분산시키는 기능을 담당하는 것이 금융시장의 금융기관이다. 그런데 금융의 기능이 돈의 중개 역할에 그친다면 지금처럼 다양한 금융상품과 금융기관을 만들 필요가 없다. 예금과 대출 업무를 맡고 있는 은행이면 충분하다. 그러나 실제 시장에서는 은행, 증권사, 보험사 등 다양한 금융기관이 있으며 이들이 취급하는 상품도 다양하다. 그 이유는 바로 금융시장의 위험 분산 역할에서 찾을 수 있다. 예를 들어, 금융 직거래에서는 자금 수요자의 신용을 파악하기가 쉽지 않다는 문제점을 갖고 있다. 즉 자금 공급자가 상대방의 금융정보를 충분히 알기 어렵다. 이러한 금융직거래에 대비하여 궁극적인 위험은 자금 공급자가 부담하되, 거래를 성사시켜 주고 전문적인 지식을 제공하는 금융기관이 발생하게 된 것이다. 금융기관들은 주식, 채권, 파생 금융상품 등 여러 상품들을 제공함으로써 금융소비자가 자유로이 선택할 수 있는 지평을 넓혀 준다. 이처럼 금융시장은 금융거래와 관련된 정보를 수

집하여 개별 금융소비자에게 제공함으로써 금융거래의 비용을 절감시켜 준다. 이 밖에도 금융시장은 소비와 투자활동을 연계시켜 후생을 증대시키는 역할을 한다. 즉 금융소비자는 금융시장을 이용하여 현재의 소득을 미래소비를 위하여 이전시키거나, 미래 소득을 담보로 현재 소득보다 많은 소비를 할 수 있게 한다. 따라서 금융시장을 이용하면 소비자는 현재와 미래의 소비선호를 만족시켜 효용을 극대화시킬 수 있게 되고, 사업자는 안정적인 자금 조달로 기업가치를 극대화하는 투자를 할 수 있게 된다.

이러한 금융제도는 다른 모든 제도가 그러하듯 나라마다 정치, 경제, 문화 등의 역사적 배경에 따라 각기 상이한 모습을 갖게 된다. 이러한 차이는 다른 제도와 마찬가지로 금융제도 역시 경제발전의 정도, 사회조직이나 문화 등과 무관하지 않기 때문이다. 지금까지 살펴보았듯이, 금융시장은 금융의 수요자와 공급자의 관계 속에서 이해되는데 금융의 대표적 수요자인 기업이 필요한 금융을 공급자로부터 직접 조달할 경우, 예를 들어 주식이나 채권 발행을 통해 조달할 경우, 그리고 수요자와 공급자 사이에서 금융을 매개하는 기관, 예를 들어 은행과 보험회사 등을 통해 자금을 조달할 경우로 크게 나눌 수 있다. 전자의 방식으로 기업이 필요로 하는 금융을 조달할 경우 우리는 이를 직접금융시스템(직접금융시장)이 발달했거나 혹은 자본시장 중심의 금융시장을 가진 경우라 부른다. 반면 후자의 방식, 즉 은행의 차입을 통해 자금을 조달하는 방식에 크게 의존할 경우 이를 간접금융시스템(간접금융시장)이 발달했거나 혹은 은행 중심의 금융시장을 가진 경우라 말한다. 전자는 최종적인 자금수요자가 발행하는 주식이나 채권 등의 증권(본원적 증권)을 최종적인 자금공급자가 직접 구입함으로써 자금이 공급되는 방식으로 이 방식에서는 증권회사 등 중개전문금융기관이 개재하여 자금공급자와 수요자 사이에서 본원적 증권의 매매에 관한 중개업무를 담당하고, 후자는 은행이나 보험사나 투자신탁사 등 금융중개기관이 예금이나 보험이나 투자신탁수익증권 등 간접적 증권의 발행과 매출을 통해서 자금을 조달하고 이 자금으로 최종적인 자금수요자로부터 본원적 증권을 구입함으로써 자금을 공급하는 방식으로 이 과정에서 금융중개기관은 상대적으로 신용위험이 높고 유동성이 낮은 본원적 증권을 신용위험이 낮고 유동성이 높은 간접적 증권으로 전환시키는 역할을 수행함으로써 금융거래를 촉진시키는 역할을 수행한다. 특히 금융중개기관은 소규모의 단기저축자금을 거액의 장기투자자금으로 전환시켜 생산활동을 촉진하고 투자의 효율성을 제고시킨다. 또한, 금융중개기관의 대출심사기능은 금융기관의 부실화와 투자의 부실화를 방지하는 역할을 수행함으로써 생산성이 높은 부문으로 자금이 효율적으로 배분되도록 한다.

이처럼 직접금융시장과 간접금융시장의 분류는 원래 자금 수요자인 기업의 입장에서 자금을 조달하는 유통경로에 따라 이름이 붙여진 것이다. 그러나 자금 공급자인 가계의 입장에서는 돈에 관한 세 가지 위험을 누가 책임을 지느냐에 따라 간접금융시장과 직접금융시장으로 구분할 수 있다. 전자는 은행 등 금융기관이 가계와 기업 사이에 개입되어 있는 시장으로서 기업은 자금의 출처를 알 필요 없이 금융기관을 상대로 자금을 빌리고 이자를 지불하면 되고, 가계는 기업이 망해서 돈을 못 받을 염려가 없고 상대적으로 낮은 이자지만 안정적으로 받을 수가 있다. 따라서 은행에서 돈을 빌리는 기업은 주식을 상장하기 어려운 기업들일 것이다.

주요 선진국의 금융제도는 대체로 은행 중심 대 시장 중심으로 나뉜다. 기업금융공급이나 기업지배구조 측면에서 은행이 자본시장보다 더 중요한 역할을 하는 은행 중심(bank-oriented) 금융제도는 유럽에서 발전한 반면, 자본시장이 은행보다 더 중요한 역할을 하는 시장 중심(market-oriented) 금융제도는 영미에서 발전하였다. 즉 시장 중심 금융제도를 운영해 온 영미의 경우 장기자금 공급이 주로 자본시장 중심으로 이루어져 자본시장이 중요한 역할을 담당한 반면, 한편 은행 중심 금융제도를 운영해 온 독일과 일본의 경우 자본시장이 영미만큼 잘 발달되지 못하여 기업자금조달은 전통적으로 자본시장에 비해 은행대출에 더 많이 의존하고 있다. 중요한 점은 주요국의 금융제도가 그 나라의 특성에 맞게 발전해 왔으며 나름대로 장 · 단점을 가지고 있기 때문에 두 유형의 금융제도 중 어느 것이 더 우월한가에 대해서는 아직도 많은 논의가 진행 중이다.

시장 중심 금융제도의 장점은 첫째, 기업의 투자계획 및 실행에 대한 평가가 시장메커니즘에 의해서 이루어지므로 자원배분의 적정화와 투자자의 위험분산이 가능하고, 둘째, 기업의 부실 발생 시 시장에 의해 조기에 정리되므로 은행과 기업의 대규모 동반 부실화 가능성이 작으며, 셋째, 증권시장의 발달로 컴퓨터산업 등 신흥 고도기술사업의 자금조달에 유리하다는 점 등이다. 반면에 단점은 첫째, 기업경영자와 투자자 사이에 정보의 비대칭성이 존재하여 대리인문제가 야기될 수 있으며, 둘째, 기업금융 공급 측면에서 주주나 경영자가 주가유지 등 시장의 단기적 성과에만 관심이 있어 과소투자문제가 일어날 수 있으며, 셋째, 기업지배구조에서는 분산된 소액주주들의 기업 감시 유인이 약하고 시장에서의 적대적 매수가 기존의 경영진에게 더 이상 심각한 위협이 되지 않을 때에는 기업의 감시 및 통제가 취약해질 수 있으며, 넷째, 은행은 단기상업금융 위주로 자금을 공급하기 때문에 직접금융시장이 위축되는 경우 장기산업자금 공급의 안정성이 결여될 수 있다는 점 등이다. 시장중심 금융제도에서의 빈번한 적대적 매수, 주주와 경영진의 단기적 시계(視界), 은행의 단기상업금융업무 취급에 따른 장기산업자금 공급의 안정성 결여가 1980년대 후반 미국 제조업의 경쟁력을 약화시켜 제조업 공동화를 초래한 주요 원인으로 지적된 바 있으며 이러한 문제점을 해결하기 위하여 독일 일본 등의 은행 중심 금융제도의 장점을 일부 도입해야 한다는 주장이 있었다. 그러나 1990년대에 들어 미국의 국가경쟁력이 강화됨에 따라 이러한 주장은 다소 약화되었으며 미국의 경쟁력이 회복된 이유가 바로 1980년대에 진행된 M&A 등 시장구조의 역동성이 작용한 구조조정의 결과에 있다고 보는 견해가 있다.

다른 한편, 은행 중심 금융제도의 장점은 첫째, 은행과 기업이 장기적이고 유기적인 결속관계를 형성하여 정보의 비대칭문제를 효과적으로 해소함으로써 대리인 문제를 크게 완화할 수 있으며, 둘째, 기업금융 공급 측면에서 은행은 채권자인 동시에 주주로서 기업의 위험을 분담하여 산업자금을 장기적인 안목에서 안정적으로 공급할 수 있기 때문에 제조업의 경쟁력 강화에 유리하다는 점 등이다. 반면에 단점은 첫째, 은행이 기업을 효과적으로 감시하고 통제할 수 있느냐 하는 문제가 있으며 둘째, 은행대출이 특정 기업에 집중되는 경우 은행이 과다위험을 안게 되고 기업부실 시 은행부실이 동반될 가능성이 있으며, 셋째, 은행 · 기업 간의 장기 결속관계 유지는 은행의 기업 감시나 통제기능을 약화시켜 은행의 보호를 받은 기업이 중복과다투자를 하는 등 방만한 경영을 할 가능성을 내포하고 있으며, 넷째, 은행과 기업의 암묵적 밀착관계는 효율성이 낮거나 부실한 기업의 퇴출을 어렵게 하고 불공정 · 비경쟁적 행위를 유발할 가능성이 있다는 점 등이다.

금융제도의 차이에 따라 은행의 행태도 나라마다 다르게 나타나고 있다. 특히 자금 공급자인 은행과 대표적 자금 수요자인 기업 사이의 관계는 매우 다양하다. 앞에서도 지적했듯이, 이를 크게 두 가지 유형으로 대별해 보면 영국과 미국에서 전형적으로 발견되는 거래적 은행관계(transactions banking) 혹은 제3자 거래식 은행방식(arm's length banking), 그리고 일본의 주거래은행시스템(main bank system)이나 독일의 유니버셜 은행시스템(universal banking system)에서 전형적으로 발견되는 관계적 은행거래(relationship banking)로 나눌 수 있다. 시장 중심 금융제도를 갖고 있는 미국과 영국에서는 은행과 기업이 상호 주식보유를 하지 않는 등 양자의 관계가 시장을 중심으로 일정한 거리(arm's length relationship)를 두고 있으며 은행과 기업이 시장기능에 따라 별도로 행동하는 경향이 강하고, 산업자본이 은행을 소유하여 경제력이 집중되는 것과 은행이 기업주식에 지나치게 투자하여 은행의 건전성이 훼손되는 것을 방지하기 위하여 은행과 기업의 소유관계를 엄격하게 제한하고 있다. 반면, 독일이나 일본은 산업화가 영국이나 미국 그리고 심지어 프랑스 등에 비해 늦어 앞선 국가들을 따라잡기 위해 대형은행을 통해 대규모로 자금을 조달하려 하였다. 거래적 은행관계에서는 은행과 기업이 상호 선택적으로 행동하는 반면, 관계적 은행거래에서는 특정 은행과 기업이 보다 장기적이고 지속적인 거래관계를 유지하는 특징을 보인다. 그 결과 기업에 대한 감시와 정보생산과 관련된 장기관계를 형성하고 대출업무 외에 거래관계 기업의 증권발행업무도 맡을 뿐만 아니라 의결권 대리행사를 하기 때문에 은행들이 기업에 대해 상당한 영향력을 행사할 수 있었다. 은행들이 특정 기업주식을 다량 보유하게 되는 것은 기업이 유동성 위기에 처했을 때 이루어진 구제금융과 같은 특수거래의 결과인 경우가 많았기 때문이다. 이처럼 은행들은 거대 기업들과 장기적인 긴밀한 관계를 유지하면서 대출 및 결제거래 등 대부분의 금융서비스를 독점적으로 공급하였고, 기업의 중요한 투자활동에 직접적으로 개입하는 한편 경우에 따라서는 장기적 관계를 공고히 하기 위하여 단기적인 금융손실을 기꺼이 수용하기도 하였다. 예를 들어, 일본의 주거래은행 방식은 1980년대까지 경영안정과 고속성장에 크게 기여한 반면, 1990년대 이후에는 장기불황으로 다량의 불량채권이 발생하여 금융불안으로 이어져 기업과 은행의 밀접한 관계가 경기회복의 걸림돌로 작용하기도 하였다.

그러나 독일과 일본의 유형은 금융 부문이 기업경영에 대해 통제력을 행사하는 메커니즘의 측면에서 상당한 차이를 보이고 있으며, 상호 대비되는 장단점을 각각 갖고 있다. 그리고 이것은 국민경제 전체의 성과에도 중요한 영향을 미칠 수밖에 없다. 일본의 주거래은행제도는 은행과 기업 간에 독일보다 더 강한 유대관계를 형성하여 양자의 관계는 주식의 상호보유로 연결되어 있으며 주거래은행이 기업감시와 통제기능을 수행하고 있다. 반면, 여신이나 수신의 전통적인 금융업무 및 유가증권의 매매 같은 증권 업무를 겸업하고 있는 독일의 은행은 기업주식 보유자인 동시에 채권자로서 기업경영에 대하여 다양한 영향력을 행사하고 있다. 특히 보유주식 또는 고객위탁 주식에 대한 주주권 행사, 기업 감독이사회에 대한 임원파견 등을 통해서 기업경영에 강력한 영향력을 행사하고 있다. 이처럼 은행과 기업이 상호 주식보유방식을 채택하고 있는 일본의 경우 은행과 기업은 시장기능보다는 양자 간 암묵적 계약에 의한 결속관계를 형성하고 있는 반면, 은행이 기업주식을 일방적으로 보유하고 있는 독일의 경우에는 양자의 관계가 명시적 제도에 의해 장기 결속관계를 형성하고 있다.

한편, 금융시장은 협의로는 증권거래소 등 자금거래가 이루어지는 특정

장소를 의미하지만, 광의로는 자금의 수요와 공급이 반복적으로 발생하는 조직화된 추상적인 거래체제를 의미한다. 금융시장의 거래형태에 따라 시장형 거래와 상대형 거래로 구분할 수 있는데 전자는 불특정 다수의 경제주체가 경쟁을 통해서 금리나 자금량 등 거래조건을 결정하는 거래이고 후자는 기업이나 가계 등 경제주체가 특정금융기관과 1대 1로 거래조건을 결정하는 금융거래다. 우리나라의 경우 시장형 금융시장과 관련하여 전통적 금융시장, 외환시장, 파생금융상품시장이 있다. 첫째, 전통적 금융시장의 경우 단기금융시장(화폐시장)과 장기금융시장(증권시장)으로 구분한다. 장기금융시장에서는 기업의 설비자금 등 자본형성을 위해 자금이 조달된다는 의미에서 자본시장이라고도 한다. 그리고 단기금융시장은 화폐로 용이하게 바꿀 수 있으므로 화폐시장이라고도 한다. 장 · 단기 구분은 통상 1년을 거래 기준으로 만기가 1년 이내이면 단기로 1년이 넘으면 장기로 나눈다.

자본시장은 만기 1년 이상의 장기 자금이 거래되는 장기 대부시장과 주식, 채권 등의 자본증권이 거래되는 증권시장으로 나눌 수 있다. 우리나라에서는 보험회사, 한국산업은행, 기업은행 등이 장기 대부시장의 금융기관으로 자리 잡고 있다. 그러나 무엇보다 자본시장의 핵심은 증권시장이고, 증권시장은 증권발행시장과 증권유통시장으로 구분된다. 전자는 자금이 필요한 기업, 정부, 공공단체 등이 증권을 발행하여 자금을 조달하는 시장이고, 후자는 증권거래소와 같이 증권발행시장이 발행한 증권의 매매가 이루어지는 시장이다. 후자는 다시 장내시장과 장외시장으로 나뉘는데 장내시장이란 일정한 자격을 갖추어 증권거래소에 상장된 주식과 채권이 거래되는 증권시장을 의미하고, 장외시장이란 일정한 자격을 갖추지 못해서 상장되지 못한 주식이 증권회사의 창구 등에서 거래되는 증권시장을 의미한다. 그밖에 금융시장에는 중소 벤처기업의 자금조달을 지원하기 위해 개설된 코스닥시장이 있다. 이들에 대해서는 뒤에서 좀 더 자세히 소개할 것이다.

화폐시장(단기금융시장)은 기업, 금융기관, 정부 등이 일시적으로 현금과부족을 조절하는 시장으로 장기의 자본시장을 보완하는 기능으로서 경제주체가 일시적으로 겪을 수도 있는 자금 수급의 불균형을 해소하여 금융

효율성을 제고시키는 역할을 한다. 단기금융시장에는 은행간시장(콜시장)과 공개시장(양도성예금증서시장, 기업어음(CP)시장, 환매조건부채권(RP) 매매시장, 통화안정증권시장, 표지어음(Cover Bill)시장)으로 구분한다. 참고로 주요 선진국은 1990년을 전후로 통화정책 운영체계를 종전의 통화량 중시에서 이자율 중시로 전환하였다. 후자는 단기이자율을 운영목표로 설정하고 각종 금융 · 경제지표들을 정보변수로 활용하여 물가 및 성장 전망 등을 평가한 후 필요시 단기이자율을 조절함으로써 물가 및 성장 등 최종 목표를 달성하는 것을 말한다. 단기 금융시장의 특징으로는 첫째, 현금 보유에 따르는 기회비용을 최소화시키면서 자금 운용의 효율성을 제고할 수 있다는 점이다. 둘째, 단기 금융상품은 장기 상품에 비해 금리 변동에 따른 가격변동폭이 작다.

콜(Call) 금융회사들이 돈이 넘치거나 모자랄 때 시장에서 서로 돈을 빌리거나 빌려 주는 것을 말한다. 빌려 주는 돈을 콜론(call loan)이라고 하고, 빌리는 돈을 콜머니(call money)라고 한다. 콜금리란 바로 이런 금융기관 사이에서 자금을 30일 이내에서 초단기로 빌려 주거나 조달하는 콜시장에서 빌리는 자금에 적용되는 이자다. 때문에 콜금리는 그날그날의 자금수급동향에 따라 수시로 바뀐다. 한국은행이 정하는 콜금리는 기준이 될 뿐이다. 한국은행은 콜시장에서 환매조건부채권 매매를 통해 콜금리를 목표범위 내에서 관리한다. 콜금리가 변하면 양도성예금증서 등 단기금융상품의 금리, 은행의 여 · 수신금리, 채권수익률도 오르내린다. 한국은행 금융통화위원회는 콜금리 목표를 2005년 10월부터 5개월간 세 차례에 걸쳐 총 0.75%p 인상하여 현재 4.0%다.

통화안정증권(Monetary Stabilization Bond) 통화량을 조절하기 위해 한국은행이 금융기관 또는 일반인을 대상으로 발행하는 단기증권으로 한국은행은 '한국은행법'에 따라 국채나 정부보증채권 이외에 통화안정증권(monetary stabilization bond)을 발행하여 공개시장에서 매매할 수 있도록 하고 있으나 공개시장조작의 대상이 될 만한 국공채 발행이 저조하고 유통시장의 발달이 미약하기 때문에 통화안정증권을 발행하여 제한적으로 공개시장조작을 실시하고 있다. 통화수축이 필요한 경우에는 공개시장에서 이를 발행할 수 있으며, 반대로 통화 공급이 필요한 경우에는 이를 환매하거나 만기 전에 상환하여 시중의 자금량을 조절한다. 발행방법은 일반을 대상으로 하는 공모발행과 특정금융기관을 대상으로 하는 상대매출이 있다. 공모발행은 모집 · 매출(인수 · 위탁 · 직접매출) · 경쟁입찰 등이 있으나 주로 인수매출방식을 취하고 있다. 현재 총통화의 25% 이내에서 할인방식으로 발행되며, 만기는 최단 14일부터 최장 546일까지 모두 10종으로 365일물이 대부분을 차지하고 있다.

금융의 세계화와 한국 금융자율화의 약사(略史)

'금융의 세계화'가 진행되고 선진 각국에서 금융혁신을 통해 금융구조가 급변함에 따라, 한국의 금융산업도 1980년대 초반부터 빠른 속도로 재편되었다. 그동안 진행된 금융자율화가 자금배분의 효율성이라는 최종목표를 달성하고 있는가도 중요한 문제이지만, 그에 앞서 금융시장을 어떻게 변모시켰는가가 검토되어야 할 것이다. 정부가 금융자율화 조치를 통해 금융의 효율성을 높이고자 하여도 금융시장이 제대로 기능하지 않는다고 한다면, 금융자율화 조치는 소기의 성과를 거둘 수 없기 때문이다. 따라서 금융자율화 성과를 금융시장의 구조와 그 변화를 통해 검토해 보자.

| 1980년대 금융자율화의 역사 |

첫째는 은행의 민영화와 소유한도의 제한이다. 정부는 금융자율화 조치의 일환으로 정부소유의 시중은행을 단계적으로 민영화하였다. 1973년 상업은행을 민영화한 이후 시중은행의 민영화를 지체시키고 있었지만, 1981년 한일은행, 1982년 제일은행, 서울신탁은행, 1983년 조흥은행 등을 단계적으로 민영화함으로써 시중은행이 모두 민영화되었다. 그리고 특수은행의 일반은행으로의 전환과 함께 민영화도 검토하게 되었는데, 외환은행이 처음으로 1989년 일반은행으로 전환되는 동시에 민영화되었다. 시중은행의 경우 1982년까지는 소유한도가 없었고 다만 의결권만 10% 이내로 제한하였으나, 1982년부터 동일인 소유한도가 8%로 제한되었다. 지방은행의 경우 소유한도가 없었으나, 1992년부터 15%의 동일인 소유한도가 도입되었다. 그럼에도 불구하고 재벌의 금융기관의 소유 측면에서의 지배는 일반금융기관 전체로 확산되었는데, 1992년 말 현재 이른바 30대 재벌이 시중은행의 경우 6.7~29.1%의 지분을 가지고 있고, 지방은행의 경우 5.1~30.9%의 지분을 차지하였고, 1990년 말 현재 비은행금융기관에 속하는 투자금융 29.9%, 종합금융 23.3%, 상호신용금고 4.7%, 생명보험 38.4%, 증권회사 63.1%의 지분을 가졌다.

둘째, 은행경영의 자율화이다. 정부는 1981년 금융자율화 조치의 시발이 되는 '은행경영 자율화 방안'을 발표하면서 은행의 자율경영에 방해가 되는 각종 규정과 통첩을 정리하였고, 1982년 말에는 '은행법'을 개정하면서 금융당국의 포괄적인 지시명령권을 삭제하였고, '금융기관에 대한 임시조치법'을 폐지하면서 금융기관의 자율적인 임원선임을 가능토록 하였다. 정부는 이와 같이 '은행경영의 자율화'방침을 천명하였음에도 불구하고 은행장 선임 등 은행의 주요한 의사결정에 대한 개입은 사라지지 않았다. 정부는 1981년 은행 경영난을 초래하였던 정책금융을 '은행경영 자율화 방안'을 발표하면서 축소하기로 천명하였고, 1982년부터 정책금융의 핵심을 이루고 있던 무역금융의 금리를 일반대출금리에 근접시킴으로써 정책금융의 부작용을 줄이기로 하였다. 그 이후 정책금융의 비중은 크게 줄어들지 않았지만, 정부가 정책금융을 재량보다는 준칙에 따라 운영함으로써 정책금융의 자의성은 감소하였다.

셋째, 금융기관의 신설이다. 정부는 1980년대 시중은행의 대형화보다는 시중은행의 신설로 시중은행의 부족을 해소하였다. 정부는 1980년대 초반부터 민간일반은행의 신설을 적극적으로 허용하기 시작하여 1982년 신한은행, 1983년 한미은행, 1989년 동화은행, 대동은행, 동남은행 등이 신설되었고, 투자금융회사가 시중은행으로 전환되어 하나은행과 보람은행이 1991년 신설되었고, 1992년에는 평화은행이 신설되었다. 금융시장에서 중심적인 역할을 수행하는 시중은행은 1980년대 초반에는 5개 은행에 불과하였지만, 1980년대 말에는 11개 은행으로 증가하였고, 현재에는 14개 은행에 이르게 되었다. 그리고 정부는 1982년부터 비은행 금융기관 설립도 자유화하였다. 그 결과, 2년 동안 2개의 시중은행, 12개의 투자금융회사, 58개의 상호신용금고, 1개의 투자신탁회사가 설립되었다. 이러한 과다한 금융기관의 설립이 금융시장에서의 과당경쟁을 가져오자 그 설립허가를 중단하였다. 그런데 정부는 1988년부터 지방금융의 활성화라는 이름하에 다시 금융기관의 설립을 대폭적으로 허용하여 2년간 3개의 시중은행, 5개의 지방투자신탁회사, 11개의 지방리스회사 등, 다수의 금융기관이 신설되었다.

넷째, 외국금융기관의 진출이다. 금융의 국제화의 조류 속에서 외국의 금융기관도 국내에 활발히 진출하였고, 이들은 한국의 금융개방 압력을 증대시키는 원인이 되었다. 특히 외국은행 국내 지점은 1980년대 대폭 확대되어 72개점에 이르렀고, 이들은 대출의 7% 정도를 차지할 정도로 중요한 비중을 차지하였다. 그리고 외국보험회사는 1987년부터 합작회사, 현지법인, 지점설치 등의 다양한 방법으로 활발히 진출하였다. 외국은행 지점은 1980년대 전반까지는 주로 외자조달 창구로 활용되었으나, 1985년부터 외국은행에 대한 일부 우대조치가 축소된 반면, 외국은행 국내 지점도 시중은행과 비슷한 업무를 취급하게 됨으로써 다른 일반은행과 다를 바 없게 되었다. 그렇지만 외국은행 지점은 한국은행 유동성 규제와 정책금융의 취급으로부터 자유로워 국내 일반은행과의 경쟁에서 상대적으로 유리한 여건을 확보하였다.

다섯째, 금융기관 업무영역의 확대이다. 금융기관의 자금조달과 관련된 규제로는 가격(금리)규제, 상품개발제한, 차입한도제한, 해외차입제한 등이 있는데, 그 규제완화는 주로 상품개발 제한에 국한되어 이루어졌다. 금융기관의 자금운용과 관련된 규제로는 산업정책적 목적 달성을 위한 규제, 통화관리를 위한 규제, 금융기관의 건전성과 안전성을 위한 규제가 있는데, 그 규제 완화는 산업정책적 목적을 위한 규제를 완화하는 것에 국한되었다. 정부가 금융자율화 방침을 천명한 이후 각 금융기관은 새로운 업무를 취급하게 되었고, 그로 인해 각 금융기관의 업무가 다양해졌고 새로운 금융상품의 매출도 활발해졌다. 즉 은행은 신용카드(80), 가계종합예금(81), 자유저축예금, 가계우대정기적금(82), 상호부금(83), 금전신탁(83), CD(84) 가계금전신탁(85), 연금신탁, 기업금전신탁(87) 등의 신상품을 취급하게 되었고, 상업어음 일반매출(82), 팩토링(83), 거액RP(88), 거액상업어음(91) 등 타 금융기관 업무에까지 진출하여 다른 금융기관과 경쟁에 돌입하였다. 그리고 비은행 금융기관도 일부 은행 업무를 취급하게 되었다. 그 결과 은행금융기관과 비은행 금융기관간의 업무영역의 중복이 나타나기 시작하였다. 이러한 업무중복은 금융기관간의 경쟁을 촉진하고 금융기관 간의 동등한 경쟁여건의 변화를 초래하는 것이었다. 그런데 정부가 이와 같이 신금융상품의 도입을 허락한 것은 금융기관의 신상품의 개발을 추인한 것이라기보다는 은행의 예금이탈 방지, 은행의 경쟁력 강화를 통해 은행금융기관의 침체를 막기 위한 것이었다. 따라서 이러한 신금융상품의 도입은 금융기관의 자발적인 금융혁신과는 거리가 있는 것이다.

여섯째, 금리자유화다. 정부는 1980년대 말까지 금융자율화의 일환으로 일부나마 금리자유화를 추진하였으나, 그 여건의 미성숙으로 큰 진전을 보지 못했다. 예를 들어, 정부는 1981년 CP금리를 자율적으로 결정하도록 하였으나, 그 금리의 급등으로 다시 규제하였다. 그 이후에도 콜금리 자유화, CD 및 어음관리계좌(Cash Management Accounts, CMA)의 도입(84), 채권관리구좌(Bond Management Fund, BMF)의 도입(87), 회사채 · 금융채 발행금리의 자유화(86) 등의 시도가 있었으나, 관행적으로 그 금리도 창구지도에 의해 규제되고 있었다. 정부가 1988년 12월에는 처음으로 금리자유화 자체를 전면적으로 추진하기 위해 금리에 대한 규제를 대폭적으로 완화하고자 하였다. 그러나 정부는 1년도 가지 못해 경기부양을 위한 금리인하 압력에 밀려 최고금리제를 창구지도를 통해 부활함으로써 금리 재규제로 돌아섰다.

지금까지 살펴본 정부가 1980년대 이후 취했던 은행의 민영화 및 경영자율화, 금융산업의 진입장애의 완화, 금융업무에 대한 규제 완화, 금리에 대한 규제 완화 등은 금융시장의 활성화에 큰 영향을 줄 수 있는 것이었다. 그러나 정부는 금융자율화에 필요한 제도적 기반은 물론 거시경제적 조건을 확보하지 못한 가운데 금융자율화를 시작했고, 그렇기 때문에 금융자율화 조치는 부분적이고 점진적이고 경우에 따라 일관성을 잃을 수밖에 없었다. 무엇보다 은행의 민영화는 이루어졌지만, 은행의 경영자율화는 계속 제약되었다. 정부는 시중은행을 민영화하였음에도 불구하고 은행경영의 자율화에서 핵심이 되는 은행장 선임 및 임원결정에 개입하였다. 정부는 은행의 공공성을 확보한다는 명분하에 이와 같이 은행장의 선임에 개입하고 있을 뿐 아니라 동일인 소유지분한도 및 의결권 제한을 시행함으로써 은행은 경영의 자율성을 확보하지 못해 책임경영을 할 수 없는 상태에 있었다. 즉 정부에 의해 추천된 은행장이 과연 누구에 의해 어떠한 기준에 의해 추천되며 그 권한과 책임이 무엇인가가 분명하지 않았다. 이들이 정부가 요구하는 공공성과 안전성을 유지하기 위해 노력하고 있는 것은 사실이지만, 주주와 예금자 등의 요구를 과연 수용하고 있는가가 분명하지 않았다. 따라서 은행장이라는 대리인이 자발적으로 인원감축, 경비절감 등을 통해 경영합리화를 도모하고 책임경영을 수행할 것이라고 기대하기 어렵다. 이처럼 은행장에 대한 통제는 정부에 일임되어 있기 때문에 은행의 부실경영은 결국 정부의 책임이 되기 마련이다. 한편, 비은행금융기관 중에서 일반금융기관은 은행금융기관에 비해 상대적으로 경영의 자율성을 보장받았다.

| 1990년대 이후부터 1997년 위기 이전까지의 금융자율화의 역사 |

1990년대에 들어서는 금융산업이 장기간에 걸쳐 경제성장을 뒷받침하는 과정에서 정부의 과다한 규제 및 간섭을 받게 됨으로써 경쟁력이 약화되고 효율성이 저하되어 국민경제의 발전에 걸림돌이 되고 있다는 인식이 확산된 데다 미국 등 선진국으로부터의 국내금융시장 개방 압력이 거세짐에 따라 금융의 자유화 및 개방화가 빠른 속도로 진전되었다. 먼저 1991년 3월 금융기관의 합병 및 전환에 관한 법률이 제정되어 8개 투자금융회사가 합병 또는 단독으로 2개 시중은행(하나은행, 보람은행) 및 5개 증권회사로 전환되었고 이와 함께 투자금융회사를 단기금융시장의 전문중개기관으로 발전시키기 위한 투자금융회사의 여 · 수신업무 축소방안이 추진되었다. 이어 같은 해 8월에는 1988년 12월 자유화조치 이후에도 행정지도 등을 통해 규제를 받아온 금리를 실질적으로 자유화하기 위해 4단계로 된 금리자유화 추진 계획을 수립 · 발표하고 그 중 제1단계 조치를 11월에 시행함으로써 금융기관의 단기 여신금리와 거액의 단기금융시장 상품금리가 자유화되었다. 그리고

1992년 1월부터는 외국인이 일정한도 범위 내에서 국내 상장주식에 직접 투자할 수 있도록 허용됨으로써 주식시장이 본격적인 개방의 시대를 맞이하게 되었으며 11월에는 14번째 시중은행인 평화은행이 설립되었다.

한편 1993년에 들어서는 1991년 11월에 시행된 1단계 금리자유화 조치에 이어 그 해 11월부터 1997년 7월에 걸쳐 당초 금리자유화계획에 따라 4단계까지 금리를 자유화함으로써 현재 요구불예금을 제외한 모든 여 · 수신금리가 자유화되었다. 이어 1994년 3월에는 중앙은행 재할인정책의 유동성조절기능을 제고하기 위하여 총액대출제도를 도입하고 이 제도의 실효성을 높이기 위해 금융기관에 대한 대출을 지속적으로 감축 · 운용하였으며 이와 함께 지준율도 선진국 수준으로 인하 · 조정하였다. 또한 1995년 7월에는 투자금융회사의 기능 재정립방안을 마련하여 투자금융회사와 종합금융회사의 업무영역을 통합하였으며, 같은 해 8월에는 증권산업 개편 방안을 마련하여 투자신탁회사의 소유구조제한을 완화하고 자산운용방식 등을 개 선함으로써 증권사와 투자신탁회사의 상호진출을 허용하였다. 이 밖에 할부금융회사제도를 도입하였으며 금융기관의 부실화 가능성에 대비하여 예금자 보호법을 제정하였다. 1996년에는 금융산업의 대외경쟁력을 높이기 위해 은행 비상임 이사제도의 도입, 경쟁 제한적 규제의 완화 내지 폐지, 대기업여신관리제도 개편, 상장기업의 인수 · 합병(M&A)제도 개선 등 일련의 조치들이 시행되었다.

| 1997년 위기 이후의 금융자율화의 역사 |

1997년에 들어서는 WTO체제 출범, 우리나라의 OECD가입 등 금융의 개방화 · 국제화가 더욱 빠른 속도로 진전됨에 따라 금융산업의 경쟁력과 효율성을 제고하고 안정성을 확보하는 것이 긴요하다는 인식이 확산되었다. 이에 따라 1997년 1월 금융개혁위원회가 대통령 직속기구로 출범하였으며 이 위원회에서는 두 차례에 걸쳐 광범위한 금융개혁 과제를 제시하였다. 그런데 1997년에는 연초 이래 계속된 대기업의 부도로 금융 · 외환시장의 불안이 이어지는 가운데 우리 경제는 하반기 들어 기아사태의 처리 지연, 금융기관의 부실채권 누증, 동남아시아의 외환위기 등으로 해외로부터의 신뢰도가 낮아지게 되어 연말에 이르러서는 국제통화기금(IMF)으로부터 긴급자금을 차입할 수밖에 없는 금융 · 외환위기를 겪게 되었다.

이 위기를 극복하기 위해 IMF와의 합의에 따라 금융산업 구조조정이 강도 높게 추진되기 시작하였다. 먼저 한국은행법을 전면 개정하여 한국은행의 중립성과 자율성을 제고하는 한편 금융감독기구의 설치 등에 관한 법률을 제정하여 금융권별로 분산되어 있는 금융감독기능을 금융감독위원회 및 금융감독원으로 통합(1998. 4)하였다. 또한 정부는 금융기관의 건전성 여부를 기준으로 회생이 불가능할 것으로 판단되는 금융기관을 퇴출시키는 한편 회생가능하다고 판단되는 금융기관에 대해서는 강력한 자구노력을 전제로 출자지원 등을 통해 경영의 조기 정상화를 도모하였다.

은행의 경우 정부와 예금보험공사의 증자 지원 후 해외매각 예정인 서울 · 제일은행을 제외한 24개 일반은행 중 경영정상화 가능성이 희박하다고 판단된 5개 은행에 대해서는 우량자산과 부채를 우량은행에 이전토록 계약이전 명령을 내림으로써 퇴출 조치(1998. 6)하였다. 아울러 상업 · 한일 · 하나 · 보람 · 국민 · 장기신용, 조흥 · 충북은행 등 8개 은행이 각각 한빛 · 하나 · 국민 · 조흥 은행 등 4개 은행으로 합병되었다. 비은행금융기관의 경우에도 각 금융기관의 경영 상태를 평가한 후 회생 가능성이 없는 것으로 평가된 17개 종합금융회사, 6개 증권회사, 7개 투자신탁회사, 4개 보험회사 등이 1999년 상반기까지 정리되었으며 2개 종합금융회사는 강원은행 및 외환은행에 합병되었다.

그리고 정부는 금융기관의 부실채권을 정리하기 위해 1997년 11월 부실채권정리기금을 성업공사 내에 설치하여 이 기금으로 하여금 금융기관의 부실채권을 인수토록 하는 한편 부실 금융기관의 정리과정에서 예금자를 보호하고 인수기관의 부실화를 방지하기 위해 예금보험공사를 통해 예금대지급 및 인수금융기관에 대한 손실보전용 출연 등 공적자금을 지원하였다. 이와 함께 정부는 금융산업 구조조정 촉진을 위해 은행에만 적용하던 적기시정 조치제도(Prompt Corrective Action)를 종합금융회사, 증권회사, 보험회사 등 여타 금융기관으로 확대 · 적용하고 발동요건을 객관 · 명료화하는 한편 은행 및 종합금융회사의 동일인 여신한도 축소, 은행의 자산건전성 분류기준 및 충당금 적립기준과 BIS 기준 자기자본비율 산정기준의 강화 등 금융기관의 경영건전성을 제고하기 위해 관계 법률을 개정하였다. 또한 자산유동화제도(asset backed securities, ABS) 및 회사형 증권투자신탁제도(Mutual Fund) 등 새로운 금융기법의 도입, 금융기관 회계 및 공시제도의 확충, 은행신탁 및 증권투자신탁 제도의 개선 등을 통해 금융시장의 기반을 정비 · 확충하였다.

한편 금융 · 외환위기 이후 외환시장의 안정과 외자유입의 촉진을 위해 자본거래가 대폭 자유화되었는데 우선 외국인의 국내 증권투자 활성화를 위해 회사채시장을 개방(1997. 12)한 데 이어 외국인의 단기금융상품 매입을 허용(1998. 2)하고 외국인의 국내주식 투자한도를 폐지(1998. 5)하였다. 또한 외국인에 의한 적대적 M&A의 전면 허용(1998. 4), 외국인투자 개방업종의 확대(1998. 5), 외국인투자촉진법의 제정(1998. 11) 등 외국인 직접투자를 촉진하기 위해 각종 제도를 개선하였다. 특히 1998년 9월에는 외국환관리법을 폐지하고 외국환거래법을 제정(1999년 4월 시행)하여 대외거래에 대한 규제를 최소화함으로써 외환거래의 자유화 폭을 크게 확대하였다.

＊참고 용어

가계종합예금 가계에 가계수표를 발행할 수 있는 권리를 주면서도 비교적 높은 이자를 지급하는 예금을 말한다. 공무원이나 봉급생활자 또는 소상인 등이 가계수표를 발행하는 조건으로 예입한 예금으로, 보통예금 · 당좌예금과 함께 예금주가 인출을 원할 때는 언제든지 찾을 수 있는 요구불예금의 일종이다. 최고예치한도는 1,000만 원 이내이며, 가계수표의 발행한도는 1매당 30만 원 이내이다.

금전신탁 신탁업무를 취급하는 금융기관이 고객으로부터 금전을 맡아 일정 기간 법규의 범위 내에서 운용한 후 원금과 수익을 수익자(위탁자 또는 그가 지정하는 자)에게 지급하는 신탁방식이다. 신탁업법(신탁업법시행령 제3조)은 그 시행령에서 금전신탁을 운용방법에 따라 특정 금전신탁과 불특정 금전신탁의 두 가지로 분류하고 있다. 특정 금전신탁은 신탁재산의 운용방법이 어느 특정인에 대한 대부 또는 특정 종목의 유가증권 매입 등으로 위탁자에 의하여 구체적으로 한정되어 있어서 수탁자의 재량의 여지가 거의 없는 것이고, 불특정 금전신탁은 위탁자가 신탁재산의 운용방법에 대하여 아무런 지시를 하지 않는 것이다. 그러나 불특정 금전신탁에서는 신탁금의 운용방법에 대하여 법령이 엄격한 제한을 가하고 있다.

상업어음 단순히 자금융통을 위하여 발행되는 융통어음과 대비되는 개념이다. 상업어음은 상거래가 원인이므로 그 지급이 확실하다는 점에서 이를 진성어음 · 실(實)어음 · 상품어음이라고도 한다. 상업어음은 각종 어음 중에서 가장 안전한 우량어음으로 알려져 있다. 상업어음은 실제의 상품거래를 배경으로 하고 있기 때문에, 그 상품의 매각대금이 결제자금으로서 기대되는 것이므로 자기결제력 또는 자기유동성을 갖는다. 따라서 이것을 할인해 주는 금융기관 측에서 보면 비교적 단기간에 결제되고, 채권 확보 면에서의 위험도도 적다. 그러나 상품의 판매대금이 순조롭게 회수되지 않아 부도어음화할 위험과 상품의 실질거래의 보증이 없는 금융목적의 융통어음이 섞여 들어와도 분별하기가 어려우므로 주의해야 한다.

CMA MMF와 유사하게 기업어음, 단기채권 등에 투자하는 단기상품이지만 운용방식의 차이 때문에 CMA는 MMF보다 조금 더 높은 수익률을 제공한다. MMF는 채권형펀드로 운용비용이 조금 더 들지만 CMA는 종금사 상품이라는 점 때문에 다소 외면을 받아왔다. 종금사 지점이 그리 많지 않아 이용도 조금 불편했다. 그러나 최근 종금사 CMA 상품들이 편리한 기능을 보강하면서 직장인들의 '쌈짓돈 통장'으로 거듭나고 있다.

상호부금 서민 및 영세 상공인이 상부상조에 의해 필요한 목돈을 조성 · 사용할 수 있도록 한 금융제도로 과거 무진회사(無盡會社) 형태로 성행되어 온 이 제도는 1962년 12월 7일, 법률 제1201호로 국민은행법이 제정됨에 따라 제도금융으로 흡수되어 상호부금으로 탈바꿈하였다. 특징은 일정한 기간을 설정하고 그 중도 또는 만료 시에 계약금액을 대출해 주는 것으로, 통상 총불입 횟수의 3분의 1에 해당하는 부금을 불입하면 담보제공을 전제로 대출해 주고 있다. 그러나 신용도에 따라 500만 원까지 무담보 신용대출도 가능하게 되어 있다. 이 제도는 그동안 국민은행에서만 취급해 왔으나 국민은행법의 개정으로 1983년 4월 21일부터 일반 시중은행에서도 취급이 가능하게 되었다.

BMF 증권회사가 한국은행으로부터 인수한 통화조절형채권(재정증권, 통화안정증권, 외환평형기금채권)을 투자신탁에 맡기고 대신, 투자신탁이 발행하는 수익증권을 인수, 이를 투자자에게 판매하는 펀드다. 최근 회사채도 편입 가능하도록 법이 개정되었다.

외환평형기금채권 외화자금의 수급 조절을 위해 정부가 발행하는 채권으로 자국통화의 대외가치 안정과 투기적 외화의 유출 · 유입에 따른 악영향을 막기 위해 정부가 조성한 자금을 외국환평형기금이라고 하는데 이 기금의 재원조달을 위해 정부가 지급보증형식으로 발행하는 채권을 가리키며, 줄여서 '외평채'라고 한다. 원화와 외화표시 두 가지로 발행할 수 있는데, 그동안 원화표시로만 발행되었으나 IMF 구제금융지원 이후 부족한 외환 위기를 극복하기 위해 외화표시 증권을 발행하였다. 해외시장에서 발행할 경우 기준금리에 발행국가의 신용도와 유통물량을 고려하여 가산금리가 붙는다. 만기나 금리 등 발행조건은 통화안정증권과 같으며, 발행업무는 재정경제부장관이 건의하여 국회 동의를 거쳐 발행되며, 한국은행이 발행과 운용사무를 맡고 있다.

BIS 기준 자기자본비율 이른바 '자기자본비율'{=(자기자본/위험가중자산)*100}로 알려져 있는 BIS 기준 자기자본비율은 1988년 신용위험을 다루고 국제결제은행(bank for international settlement, BIS)의 바젤 은행감독위원회의 권고에 따라 8%로 협약을 체결하였다. 여기서 자기자본은 자본금 등 은행의 장사 밑천에 해당하는 기초자원이고, 위험가중자산은 대출금 등 은행이 운용하고 있는 자산으로 거래 상대방의 신용도에 따라 그 크기가 달리 계산된다. 예로 은행이 대출로만 돈을 운용한다고 할 때 BIS 비율 8%를 맞추기 위해서는 자기자본의 12.5배 이내로 대출을 해야만 한다. 한국의 경우 IMF 구제금융을 받으면서 9개 부실 종금사 정리하고 BIS기준에 미달하는 은행(동화, 경기, 충청, 동남, 대동은행 등)은 증자나 M&A를 통해 구조조정하였다. 최근의 외환은행 사태도 이와 관련이 있다. 즉 2003년 여름 정부와 외환은행 경영진들은 돈을 더 끌어오지 않으면 2003년 말의 'BIS 비율'이 6.16%까지 떨어질 것이라고 예상했다. BIS 비율이 6%대까지 떨어지면 위험한 은행이라는 낙인이 찍히기 때문에 돈을 맡긴 고객들이 서로 돈을 찾으러 은행에 몰려드는 '자금인출 사태'가 걱정되는 상황이었다. 그런데 당시 외환은행에 돈을 대겠다는 투자자는 사실상 론스타(Lone Star Fund) 하나뿐이었다. 론스타는 금융회사가 아닌 펀드다. 법에 따라 원래는 은행을 인수할 자격이 없다. 그러나 외환은행의 BIS 비율 때문에 금융 혼란이 일어날 것으로 걱정되는 상황에서 결국 정부는 예외적으로 론스타가 외환은행을 인수할 수 있게 허락을 해줬다. 그런데 2003년 2,100억 원의 적자를 내며 비실대던 외환은행은 다시 장사가 잘 되면서 2005년엔 1조 9,000억 원의 돈을 벌어들이는 우량은행으로 탈바꿈했다. 론스타는 이런 외환은행을 최근 국민은행에 팔기로 하면서 4조 5,000억 원이라는 거액을 벌게 됐다. 이 때문에 외환은행을 헐값에 팔아서 론스타의 배만 잔뜩 불려준 게 아니냐는 비판이 나오고 있다. 특히 2003년 외환은행을 살리는 데 다급했던 정부가 6.16%라는 BIS 비율을 일부러 낮게 조작해 론스타의 인수를 도와준 것 아니냐는 의혹이 나오고 있다. BIS 비율은 '자기자본(분자)'을 늘리거나 '위험가중자산(분모)'을 줄이면 비율은 올라가고, 그 반대면 비율은 내려간다. 투자자들이 돈을 대는 증자가 이뤄지거나 은행이 이익을 많이 남기면 분자가 커져 자연히 BIS 비율은 올라간다. 외환은행 사태를 둘러싼 BIS 비율 조작 의혹의 핵심은 바로 이 분자가 잘못됐다는 것이다. 하이닉스나 외환카드에서 생길 예상 손실 금액을 1조 3,000억 원 정도면 될 것을 1조 7,000억 원으로 부풀려 계산했다는 것이다. 이렇게 되면 자기자본을 갉아먹어 분자가 작아지고, BIS 비율도 낮게 산출되는 것이다. 이런 의혹에 대해 정부는 있을 수 없는 일이라고 반박하고 있다. 이처럼 BIS 비율은 고객 입장에서도 중요한 정보로 은행이나 저축은행에 예금을 할 때 해당 금융회사의 홈페이지에서 들어가 확인할 수 있다. 한편, BIS는 최근 은행의 신용리스크 및 안정성을 정확히 측정할 수 없다고 판단하여 새롭게 추진하는데 2004년 4월에 권고안이 나왔고, 각국의 의견을 물어 수정한 후 2007년부터 발효할 예정이다. 바젤2 신자기자본규약의 가장 큰 특징은 '기대손실', 즉 발생할지도 모르는 위험에 대하여도 충당금을 쌓도록 하고 있으며 구체적으로는, 은행의 내부규정, 임직원의 업무행위, IT 시스템의 운영리스크 등도 리스크로 규정하고 있어, 현재보다 더 많은 충당금을 쌓아야 한다.

2. 화폐시장

1) 화폐에 대한 공급

화폐의 공급자는 은행이고, 은행은 중앙은행과 일반은행으로 구분할 수 있다. 통화량(M1)은 민간보유현금과 일반은행의 요구불예금의 합으로 구성되는데 전자는 중앙은행이 공급하고 후자는 일반은행이 공급한다. 이처럼 화폐는 중앙은행과 일반은행의 업무를 수행하는 과정에서 공급되는데 이런 점에서 중앙은행과 일반은행을 합하여 화폐제도 혹은 통화금융기관이라 한다. 반면, 증권회사, 보험회사, 단자회사, 리스회사 등 직접적으로 화폐와 관련이 없는 금융기관을 비통화금융기관이라 한다.

중앙은행의 역할은 미시적 측면과 거시적 측면에서 살펴볼 수 있다. 미시적 측면에서 중앙은행은 최종대부 등을 통해 금융제도의 안정성을 도모한다. 즉 화폐시장과 자본시장에서는 불확실성과 정보의 비대칭성이 많기 때문에 자칫하면 파산 등 금융제도상의 불안정성이 발생할 수 있다. 또한, 거시적 측면에서 물가안정과 환율안정 등 통화가치의 안정을 유지하기 노력해야 한다.

이러한 역할을 구체적으로 살펴보면 다음과 같다. 첫째, 발권은행으로 현금통화를 발행하며 그 양을 조정하거나 정책수단을 통해 그 양을 규제한다. 둘째, 민간은행의 은행 역할을 수행한다. 민간은행은 중앙은행에 예금을 하기도 하고 지불준비금이 부족할 때는 중앙은행으로부터 차입을 하기도 한다. 전자를 중앙은행예치금이라 하고, 차입은 민간은행이 보유하는 유가증권을 매각하거나 다른 금융기관으로부터의 차입 등 자금조달이 어려울 경우 최종적으로 사용되는데 주로 상업어음(CP)을 재할인받아 이루어진다. 셋째, 화폐시장 및 자본시장을 조정한다. 경기가 지나치게 침체되거나 과열되지 않도록 간접적인 정책수단을 사용한다. 예를 들어, 이자율이나 시중의 자금사정을 조정하기도 하고 때로는 보다 직접적으로 금융기관의 업무수행을 규제하기도 한다. 이에 대해서는 금융정책에서 구체적으로 소개할 것이다. 넷째, 정부의 은행으로서 역할을 한다. 정부는 조세 및 기타의 원천으로부터 얻은 정부자금을 중앙은행에 예금하고 또 자금이 필요하면 인출한다. 또한 정부는 국채를 발행한 후 이것을 중앙은행에 인수시켜서 자금을 차입하기도 한다. 다섯째, 외화를 관리하고 외국금융기관의 예금을 받으며 외국금융기관에 대출도 한다. 물론, 화폐시장 및 자본시장이 국제화되어 있는 나라에서는 일반은행도 외화를 보유하고 외국은행이나 외국기관의 예금을 받고 대출을 한다는 점에서 중앙은행의 고유 기능이라 할 수는 없다.

또한, 중앙은행은 금융감독기관과 더불어 금융기관과 금융시장의 건전성과 안정성을 유지하는 데 중요한 역할을 수행한다. 금융기관이 부실화하거나 파산하는 경우 그 피해는 당해 금융기관에만 그치지 않고 국민경제 전체로 파급될 수 있기 때문에 금융기관의 영업활동은 일반 기업보다 엄격한 법적 규제와 감시를 받는다. 금융감독은 당초 예금자 보호를 위해 시작되었다. 예금자는 금융기관이 자신의 예금을 안전하게 운용하는지를 잘 알기 어려우므로 예금자 보호가 제대로 되지 않으면 금융제도에 대한 신뢰가 무너져 예금이탈 현상이 발생하고 나아가 금융중개기능이 마비되는 금융공황으로까지 확대될 수도 있기 때문이다.

금융감독은 금융기관의 건전성 및 금융제도의 안정성을 확보하기 위해 진입규제, 업무규제, 검사, 제재 등의 수단을 이용한다. 진입규제는 설립규제와 업무영역규제가 있다. 전자의 경우 한국에서 금융기관이 특정금융업을 영위하기 위해서는 은행법 · 증권거래법 · 보험업법 등 개별 금융업법에서 요구하는 기본요건을 갖추고 금융감독위원회의 인 · 허가를 받아야 한다. 또한, 산업자본의 금융지배를 방지하기 위해 은행업의 경우 원칙적으로 동일인의 주식소유 한도를 시중은행은 4% 이내, 지방은행은 15% 이내로 제한하고 있고, 보험업의 경우 5대 대규모 기업집단은 두 개의 부실 보험회사를 인수 · 합병하는 경우에만 진출을 허용하고 있다.

반면, 업무영역 규제의 경우 은행 · 증권 · 보험의 3대 금융권을 축으로 하는 전업주의를 유지하고 있으며 이는 금융기관이 다른 금융업을 영위하기 위해서는 별도의 인 · 허가를 받아야 한다. 그러나 세계적으로 금융시장의 진입장벽에 대한 규제가 폐지되는 추세에 있다. 한국 역시 겸업을 확대시키고 있다.

건전성 규제는 개별 금융기관의 건전성을 제고하기 위한 것으로 자기자본의 충실화 관련 규제, 자산건전성 관련 규제, 편중여신규제 등이 있다. 자기자본충실화 관련 규제로 은행의 경우 BIS 기준 자기자본비율을 8% 이상 유지하도록 하고 있으며 증권회사의 경우 '영업용순자본비율{≡(영업용순자본/총위험액)*100}'을 100% 이상 유지하도록 하고 있다. 편중여신규제는 금융기관의 산업지배를 방지하고 특정기업에 대한 대규모 여신의 부실화가 금융기관의 부실화를 초래하는 것을 방지하기 위한 것이다.

이 밖에도 금융감독원은 금융기관의 재무상태, 경영관리능력, 법규준수상황 등 다양한 부문을 종합적이고 통일적인 방식으로 평가함으로써 금융기관의 경영실태를 합리적이고 객관적으로 파악하기 위해 경영실태평가제도를 운영하고 있으며 부실 가능성이 있는 금융기관에 대하여 적절한 경영개선조치를 취하게 함으로써 조기에 경영을 정상화하거나 정상화 가능성이 없는 경우 조기에 퇴출시킴으로써 금융제도의 안정성을 강화하기 위해 적기시정조치제도를 운영하고 있다.

이제 일반은행의 역할을 살펴보자. 은행은 대표적 예금중개기관 중 하나다. 예금중개기관은 제2차 증권으로서 예금이라는 통화성 부채를 발행하여 자금공급자로부터 자금을 조달하는 금융중개기관이다. 예금금융기관은 예금과 대출 이외에 지급결재수단을 제공하는 중요한 기능을 담당한다. 이들은 적절한 자기자본비율과 지급준비율을 유지하도록 되어 있으며 유동자산의 관리가 필수적이다. 규모가 가장 큰 예금중개기관인 은행은 매우 중요한 기능을 담당하고 있다. 무엇보다 은행은 금융중개기능을 수행함으로써 자원의 효율적 배분을 제고시킨다. 즉 은행의 가장 기본적 기능은 흑자경제주체로부터 여유자금을 모아 적자 경제주체에게 자금을 공급하는 금융중개업무이다. 둘째, 은행은 가계 · 기업 · 정부의 은행예금인 본원적 예금(primary deposit)을 토대로 대출과 투자를 행함으로써 통화를 창출한다. 셋째, 은행은 가계 · 기업 · 정부의 저축창구의 역할을 한다. 넷째, 은행은 화폐, 수표, 신용카드 등 재화와 용역을 구입할 때 통용되는 지급결재수단을 제공한다. 이처럼 은행은 국민경제에 커다란 영향을 주기 때문에 정부로부터 설립인가를 받고 모든 영업활동에서 감독을 받게 되어 있으며 통화와 신용을 공급함에 있어서 완전고용, 물가안정, 국제수지균형 등 경제목표를 달성하기 위해 중앙은행의 통화정책 수행에 협조하도록 규정되어 있다. 예금중개기관은 은행 이외에도 비은행금융기관이 있는데 종합금융회사, 투자신탁회사, 상호저축은행, 신용협동기구, 우체금예금 등이 그것이다.

영업순자본비율 재무 건전성에 입각하여 안정적 기업운영과 기업평가를 하기 위한 자료로써 자산의 즉시 현금화 가능 여부 등을 기준으로 평가한 자산의 순가치와 영업 시 직면할 수 있는 손실 예측치를 비교한 것으로서 기업의 자본적정성을 보여 주는 지표다. 여기서 영업용순자본은 기준일 현재 대차대조표상의 자산총계에서 부채총계를 차감한 잔액(순재산액)이고, 총위험액은 (시장위험액 + 거래상대방위험액 + 기초위험액 + 신용집중위험액)에서 위험상쇄액을 제외한 것이다. 그리고 시장위험액은 주가, 금리, 환율 등의 시세가 불리하게 변동됨으로써 발생하는 손실액, 즉 시세변동위험액과 환율변동위험액을 합산한 금액이고, 거래상대방위험액은 결제의무 불이행이나 회수불능위험액 등을 합산한 것이고, 기초위험액은 임직원의 사고, 착오, 위법 또는 부당행위 기타 영업여건 악화 등으로 인하여 발생하는 손실액이다.

이제 화폐의 공급 과정을 살펴보자. 화폐의 공급은 본원통화의 공급 과정과 예금통화의 창조 과정으로 구분할 수 있다. 민간보유현금과 지불준비금의 합인 본원통화(high-powered money, monetary base, reserve base)가 어떻게 공급되고 그 결정요인이 무엇인가를 이해하기 위해서는 일정 시점의 중앙은행과 일반은행의 자산, 부채, 자본의 구성을 나타내는 대차대조표(balance sheet)를 분석해야 한다. 중앙은행의 대차대조표의 구성은 자산으로 중앙은행여신과 외화자산이 있고, 부채로 중앙은행권과 예금과 자본이 있다.

먼저 자산 항목을 살펴보자. 중앙은행여신(L)은 대정부여신(L_g)과 대은행여신(L_b) 그리고 중앙은행이 보유하는 유가증권(S)이 있다. 여기서 유가증권은 중앙은행이 주로 증권시장에서 매입한 것인데 이것 역시 정부나 혹은 민간에 대한 중앙은행의 여신과 성격이 같기 때문에 중앙은행여신에 포함한다. 두 번째 자산 항목으로 외화자산(F)은 외화 및 기타 외화표시자산을 나타낸다.

다음으로 부채를 보면 민간이 보유한 현금(C_p)과 은행이 보유한 시재금(C_b)으로 구성되는 중앙은행권(N)이 있고, 정부의 예금(D_g)과 (민간)은행의 예금(D_b)과 기타 외국기관의 예금(D_f)으로 구성되는 예금(D)이 있고, 자본(O)이 있다. 중앙은행의 부채 중 민간과 (민간)은행에 진 부채가 민간보유현금(C_p)과 은행보유시재금(C_b)과 민간은행의 예치금(D_b)인데 이 중 은행보유시재금(C_b)과 민간은행의 예치금(D_b)의 합계가 은행이 실제 지불준비금이다. 은행은 이것을 기초로 예금을 창조한다.

> **대차대조표(balance sheet)** 일정 시점에서의 기업 등 경제주체의 재정상태를 일람할 수 있게 나타낸 것으로 일반적으로 그 시점에서의 모든 자산을 차변에, 그리고 모든 부채 및 자본을 대변에 기재하는 데서 대차대조표라는 말이 생겼다. 작성시점은 대부분 결산 시이지만, 개업 · 폐업 · 합병 때에도 작성된다.

따라서 민간의 화폐보유고와 은행의 실제 지불준비금의 합으로 구성되는 본원통화는 다음과 같이 자금원천 부분에서 자금사용 부분을 뺀 것으로 이해할 수 있다. 즉 전자는 본원통화의 증가요인이 될 것이고, 후자는 감소요인이 될 것이다.

$$H = C_p + C_b + D_b = (L_g + L_b + S + F) - (D_g + D_f + O)$$

위 식을 다음과 같이 변화시키면 본원통화량을 결정하는 요인을 경제주체별로 나누어 이해할 수 있다.

$$H = (L_g - D_g) + (L_b + S) + (F - D_f) - O$$

즉 위 식의 우측하의 첫 번째 부분은 대정부 중앙은행여신과 정부의 예금, 즉 정부 부문이다. 이는 중앙은행의 기능 중 정부의 은행으로서 역할에 해당하는 것이다. 중앙은행의 대정부여신이 증가하거나 정부의 예금이 감소하면 본원통화는 증가할 것이다. 따라서 막대한 정부지출의 상당 부분을 본원통화를 증가시키는 방식으로 충당하는 경우에는 통화량의 증가와 인플레이션을 유발시킬 가능성이 있다. 두 번째 부분은 민간 부문으로 대민간은행여신과 보유유가증권인데 이것은 중앙은행이 민간은행을 상대로 거래하여 본원통화량을 조작하는 수단이다. 민간은행의 지불준비금이 부족한데 이를 콜시장을 통한 차입이나 대출금 회수 등의 수단으로는 해결할 수 없을 때 중앙은행이 민간은행에 대출하는 것이다. 중앙은행의 대출은 민간은행이 보유하는 상업어음을 재할인율로 재할인해 주거나 상업어음이나 기타 자산을 담보로 중앙은행이 정하는 이자율로 대부해 주는 형식을 취한다. 중앙은행의 대출이 있을 경우 민간은행의 지불준비금이 증가하는데 이렇게 중앙은행에서 차입을 통해 확보한 지불준비금을 차입지불준비금이라 한다. 따라서 중앙은행의 대출은 본원통화를 증가시킨다. 즉 중앙은행이 시중은행에 빌려 주는 자금에 적용되는 금리인 재할인율을 높이거나 낮춤으로써 시중은행이 중앙은행에서 빌려 가는 자금을 줄이거나 늘림으로써 본원통화량을 줄이거나 늘릴 수 있다. 반면, 중앙은행이 보유한 유가증권을 통해 본원통화량을 조정하는 경우 이를 '공개시장조작(open market operation)'이라 한다. 즉 중앙은행은 공개시장에서 국공채나 기타 유가증권을 사고팔아 본원통화량을 조절할 수 있다. 예를 들어 중앙은행이 공개시장에서 국채를 매입하면 통화량이 증가하고, 이는 화폐시장에서 화폐공급의 증가를 의미하기 때문에 이자율이 하락한다. 또는 중앙은행이 국채를 매입하기 시작하면 국채에 대한 수요가 증가하여 국채가격이 상승한다. 액면이 고정된 국채의 유통가격이 상승한다는 것은 국채의 수익률, 즉 이자율이 하락한다는 것을 뜻한다. 이처럼 공개시장조작은 본원통화를 조절할 뿐 아니라 이자율을 변화시키는 효과도 있다.

세 번째 부분은 해외 부문으로 외화자산 및 해외기관의 예금인데 민간은행이 수출업자로부터 받은 수출환어음을 중앙은행에 제시하면 중앙은행은 이것을 수입국의 중앙은행에 제시하여 외화예치금, 즉 외화자산을 증가시키며 그만큼 민간은행의 지불준비금을 증가시키고 본원통화량을 증가시킨다. 물론, 이는 모든 외환을 중앙은행에 집중시켰던 외환집중제를 전제로 한 것이고, 외환자유화를 실시한 이후로는 일반은행 역시 외환취급기관으로 지정받았기에 직접 외환을 관리한다. 마지막으로 중앙은행의 자본금은 단기적으로 고정되어 있으므로 본원통화에 미치는 영향은 무시할 수 있다.

지급준비율(cash reserve ratio) 금융기관의 예금총액에 대한 현금준비 비율로 이 경우 현금이란 당해 금융기관의 현금시재뿐만 아니라, 타 은행에의 요구불예금, 콜론 및 중앙은행 예치금도 포함한다. 앞의 세 가지는 운전준비금이라고 하며, 중앙은행 예치금은 법률로 규정되어 있을 경우 법정준비금이라고 한다. 일반적으로는 이 법정준비금의 비율을 지급준비율이라고 한다. 지급준비금은 각 금융기관이 언제든지 예금자의 지급요구에 응할 수 있도록 예금총액의 일정 비율을 보유하는 것을 말한다.

통화승수 중앙은행이 애당초 늘려 공급한 화폐의 양과 은행의 예금창조 과정을 거쳐 궁극적으로 증가한 통화량 사이의 비율을 말한다.

본원통화 중앙은행의 창구를 통해 풀려 나가는 일차적인 화폐공급을 뜻하는 것으로 민간이 보유한 현금과 은행의 지급준비금을 합한 것과 같다.

이제 예금통화의 창조 과정을 살펴보자. 은행은 지불준비금을 기초로 대출이나 투자를 해서 이윤을 극대화하는 기업이다. 은행의 가장 큰 수입 원천은 대출로부터 얻는 이윤수입이다. 따라서 은행은 이윤을 극대화하기 위해 주어진 지불준비금을 토대로 가능한 많은 대출을 하고자 한다. 즉 본원통화의 공급으로 은행의 지불준비금이 증가하면 은행은 이를 기초로 대출하여 예금통화를 창조한다. 그 결과 은행제도 전체는 지불준비금이 몇 배에 해당하는 예금통화를 창조할 수 있다. 은행제도 전체적으로 초과지불준비금을 통해 예금창조를 제약하는 요인은 두 가지가 있다. 첫째, 대출 증가시 현금인출이 없다고 해도 요구불예금 증가에 따른 필요지불준비금의 증가와 초과지불준비금의 감소에 따른 은행 전체의 예금창조로 그 한도는 다음과 같다.

논의를 단순히 하기 위해 은행의 필요지불준비율은 모두 r이고 은행은 초과지불준비금이 있으면 모두 대출하고, 차입자들은 대출받은 자금을 전액 다른 은행에 요구불예금으로 예금한다고 가정하자. 즉 현금 인출이 없는 경우이다. 이제 H원의 본원통화가 중앙은행에서 민간 부문에 공급되었고 그 전액이 첫 번째 은행(A)에 요구불예금으로 예금되었다고 하자. 이 예금이 본원적 예금이고 A은행은 H원의 현금이 생겼으므로 (r * H)를 지불준비금으로 보유하고 초과지불준비금 {(1-r) * H}를 대출함으로써 동액의 파생적 예금이 창조된다. 따라서 A은행이 보유하고 있는 요구불예금은 {H+(1-r) * H}원이 된다. 그리고 차입자는 예금 전액을 사용하며 이 금액을 받은 사람은 그 전액을 자신의 거래은행인 B은행에 예금한다고 하자. 이런 과정이 은행제도 전체에 적용될 때 대출 및 예금창조는 〈표 12-1〉과 같아질 것이다. 이와 같이 은행 전체적으로는 최초의 초과지불준비금에 대하여 (1/r) 승수만큼 예금창조를 할 수 있는데 이때의 (1/r)을 '신용승수(credit multiplier)'라 한다. 이처럼 신용승수는 법정지불준비율(r)의 역수와 같다. 즉 중앙은행은 법정지급준비율을 올리거나 낮춤으로써 통화승수의 크기에 변화를 가져와 통화량을 조절할 수 있다(지급준비율정책). 지급준비제도는 예금자를 보호하려는 취지에서 도입된 제도로서, 은행이 예금액의 일정 비율 이상을 준비금의 형식으로 보유하게끔 규정한다. 그런데 대부분의 선진국이 유사시에 예금자를 보호해 주는 예금보험제도를 도입하고 있어 지급준비제도의 예금자보호기능은 그 의미가 크게 퇴색하게 되었다. 게다가 금융산업이 발달하면서 비은행 금융기관을 중심으로 지급준비의 의무가 없는 금융상품이 많이 개발됨에 따라 지급준비제도의 적용을 받는 은행의 수익성이 상대적으로 떨어진다는 형평성의 문제가 대두했다. 이에 따라 1980년대 이후 주요 선진국에서는 지급준비율을 크게 내리거나 폐지하는 추세가 나타나 지급준비율정책의 의미는 많이 줄어든 상황이다.

‖ **표 12-1** ‖ 현금인출이 없는 경우의 예금창조

	본원적 예금(D)	지불준비금(R)	대출(L)
은행 A	H	rH	(1−r)H
은행 B	(1−r)H	r(1−r)H	$(1-r)^2$H
은행 C	$(1-r)^2$H	r$(1-r)^2$H	$(1-r)^3$H
⋮	⋮	⋮	⋮
합 계	(1/r)H	H	{(1−r)/r}H

물론 지금까지의 예금창조 과정은 예금을 전제로 한 것인 반면 은행의 초과지불준비금은 유가증권의 매각이나 중앙은행으로부터의 차입 등에서도 발생할 수 있다. 이 경우 은행은 필요지불준비금을 보유할 필요가 없기 때문에 보유 현금 모두를 대출할 수 있다.

둘째, 현금인출이 있는 경우이다. 즉 요구불예금의 증가에 따른 현금인출 가능성의 증가, 그리고 그에 따른 은행제도 전체의 초과지불준비금의 감소에 따른 은행 전체의 예금창조로 그 한도는 다음과 같다. 최초에 H만큼의 본원통화가 중앙은행으로부터 공급되어 민간 부문으로 흘러들어갔고, 민간의 현금보유비율을 c라고 가정하면 사람들은 cH만큼 현금을 보유하고, {(1−c) ∗ H}를 은행에 예금한다. 반면, {(1−c) ∗ H}의 본원적 예금을 받은 은행은 {r ∗ (1−c) ∗ H}를 지불준비금으로 보유하고 나머지 [(1−r) ∗ (1−c) ∗ H]를 대출할 것이다. 이것이 창조된 1차 파생적 예금이 된다. 대출받은 사람이 이 금액을 지출하면 이를 지불받은 사람은 [c{(1−r) ∗ (1−c) ∗ H}]를 현금으로 보유하고 나머지 [(1−r) ∗ $(1-c)^2$ ∗ H]를 다른 은행에 예금한다. 이러한 과정을 통해 은행 전체적으로 창조된 파생적 예금은 다음과 같을 것이다. 여기서 우리는 지불준비금과 민간보유현금을 합하면 본원통화와 일치함을 확인할 수 있다(H=C+R).

‖ **표 12-2** ‖ 현금인출이 있는 경우의 예금창조

	본원적 예금(D)	지불준비금(R)	대출(L)	민간보유현금(C)
은행 A	$(1-c)H$	$r(1-c)H$	$(1-c)(1-r)H$	cH $c(1-c)(1-r)H$
은행 B	$(1-c)^2(1-r)H$	$r(1-c)^2(1-r)H$	$(1-c)^2(1-r)^2H$	$c(1-c)^2(1-r)^2H$
은행 C	$(1-c)^3(1-r)^2H$	$r(1-c)^3(1-r)^2H$	$(1-c)^3(1-r)^3H$	$c(1-c)^3(1-r)^3H$
⋮	⋮	⋮	⋮	⋮
합 계	$\frac{(1-c)}{(c+r-cr)}H$	$\frac{r(1-c)}{(c+r-cr)}H$	$\frac{(1-c)(1-r)}{(c+r-cr)}H$	$\frac{c}{(c+r-cr)}H$

이제 현금인출이 있는 경우와 없는 경우에 은행의 순신용창조, 지불준비금, 예금통화, 통화량 등의 크기를 비교해 보자. 먼저 은행의 순신용창조의 크기를 비교해 보면 현금인출이 있는 경우가 없는 경우보다 작다. 왜냐하면 현금인출이 있으면 매 단계에서 은행의 대출에 따른 파생적 예금창조액이 그만큼 감소하기 때문이다. 다음에서 보듯이 수식으로 보면 신용승수의 크기가 현금인출이 있는 경우 더 작기 때문이다.

$$\frac{(1-c)(1-r)}{(c+r-cr)} < \frac{(1-r)}{r}$$

둘째, 지불준비금의 크기를 비교하면 현금인출이 있는 경우가 없는 경우보다 작다. [$\{r(1-c)/(c+r-cr)\}<1$] 후자의 경우 중앙은행에서 새로 공급된 본원통화량 전체가 은행 전체의 지불준비금으로 사용되지만 전자의 경우에는 민간에 의해 보유되는 현금만큼 지불준비금의 크기가 작아지기 때문이다. 셋째, 현금인출이 있는 경우 예금통화의 크기 역시 감소한다. 현금인출이 있는 경우 본원적 예금의 크기와 관련하여 분자는 $(1-c)<1$이고, 분모는 $(c+r-cr)>r$이므로 현금인출이 있으면 예금통화의 크기 역시 감소함을 알 수 있다. 마지막으로 현금인출이 있는 경우 통화량의 크기 역시 감소한

다. 통화량은 현금통화(민간보유현금)와 예금통화(요구불예금)의 합으로 정의되는데, 현금인출의 경우 신용창조의 감소로 예금통화가 더 많이 감소하기 때문에 전체적으로 통화량은 감소한다. 수식으로 보더라도 현금인출이 있는 경우 통화량 $[\{1/(c+r-cr)\} * H]$는 (예금통화량이 통화량이 되는) 현금인출이 없는 경우 $\{(1/r)H\}$와 비교할 때 $(c+r-cr)>r$이므로 전자의 통화량 크기가 더 작다는 것을 알 수 있다.

그런데 지금까지 살펴본 은행의 신용창조과정은 은행이 이윤을 추구하는 금융기업이라는 사실을 전제로 한 것이다. 즉 일반은행은 통화당국이 설정한 필요지불준비금의 크기에 의해 최소한의 제약을 받으면서 가능한 많은 자금을 대출하여 이자수입을 얻으려고 한다. 그러나 은행은 사기업과는 달리 공공성을 지닌다. 그것은 화폐라는 상품이 국민경제 전체를 대상으로 발행된 상품이고 개별은행이 자신의 이윤을 과도하게 추구하면 자칫 국민경제에 막대한 손실을 가져올 수 있다는 사실에 근거한다. 따라서 은행제도는 안정성이 매우 중시된다. 은행산업에서는 자금 대여자와 차입자 간에 정보가 비대칭적이며 대여자금의 상환 자체가 불가능하게 될지도 모르는 불확실성이 존재한다. 그런데 은행은 국민경제 전체를 대상으로 하여 발행된 상품을 취급한다는 특수성 때문에 한 은행의 파산은 일반기업의 파산과는 달리 연쇄파산(bank-run)을 가져온다. 한 은행이 파산하면 다른 은행 역시 연쇄적으로 파산하기 때문이다. 1930년대 경험하였던 경제대공황이 미국의 월가에서 시작하였다는 사실이 은행의 중요성을 잘 보여 준다. 은행이 파산해도 예금자가 손해를 입지 않도록 해주는 보험제도인 예금보험(deposit insurance)제도가 '연방예금보험기구(Federal Deposit Insurance Corporation, FDIC)'라는 명칭으로 설립된 것도 대공황기인 1933년이었다. 당시 한 해 동안 거의 2,000건 이상에 이르던 은행파산이 보험의 실시로 급격히 줄어 1935년에는 파산하는 은행을 거의 찾아볼 수 없게 되었다. 예금자의 심리에 안정이 얼마나 중요한지를 보여 주는 것이다. 물론, 과도한 예금보험이 자칫 은행의 도덕적 해이를 가져와 오히려 금융제도의 안정성을 저해시킬 가능성도 있다. 현재 우리나라의 경우 금융기관 중 6개의 금융기관(은행, 증권사, 보험사, 종금사, 신협, 상호저축은행)이 예금보험에 가입되어 있다.

지금까지 우리는 중앙은행에 의한 본원통화의공급과 예금은행에 의한 파생통화의 창조과정을 살펴보았다. 현금통화와 예금통화의 합으로 정의되는 통화량은 본원통화와 파생통화의 합과도 일치하는데 이 두 가지를 종합하여 살펴보자. 본원통화는 민간 및 민간은행이 보유하는 중앙은행의 부채로서 리저브 베이스(reserve base)라는 표현이 말해 주듯이 지불준비금의 크기를 결정하는 기반이 되며 나아가서는 통화량을 결정하는 기본요인이 된다. 앞에서 살펴보았듯이 현금인출이 있는 경우 본원통화와 통화량의 관계는 다음과 같다.

$$M = \frac{1}{c+r-cr} * H = m * H \quad (m \equiv \frac{1}{c+r-cr})$$

즉 H만큼의 본원통화가 공급될 때 통화량은 [1/(c+r−cr)]배 증가하는데 이를 통화승수(money multiplier, m)라 한다. 사실 통화승수는 통화량과 본원통화의 개념으로부터 쉽게 도출되기도 한다. 즉

$$M \equiv C+D$$
$$H \equiv C+R$$

그런데 $C \equiv c * M$이므로 $D=(1-c) * M$, 그리고 $R \equiv r * D$를 이용하면

$$H \equiv C+R = cM+rD = \{c+r * (1-c)\} * M$$

$$\text{따라서 } M = \frac{1}{c+r-cr} H$$

이처럼 통화승수의 크기는 현금통화비율이 높을수록 금융기관에 예금으로 환류되는 부분은 작아지고, 지불준비율이 높을수록 이를 원천으로 하는

예금창조능력은 작아진다. 즉 본원통화를 기초로 파생통화를 창조하는 능력은 현금통화비율과 지불준비율에 반비례한다. 예를 들어, 중앙은행이 법정지급준비율을 올리면 통화승수의 값이 작아져 본원통화의 공급량이 그대로 있어도 통화량은 감소한다.

이와 같이 통화량은 본원통화의 크기, 민간의 행동에 의해 결정되는 현금통화비율, 그리고 금융기관의 행동에 의해 결정되는 (실제)지불준비율 등 세 가지 요인에 의해 결정됨을 알 수 있다. 즉 화폐의 공급은 중앙은행 및 상업은행 그리고 비은행민간의 상호작용에 의해 결정된다. 중앙은행은 본원통화의 조절을 통해 화폐의 공급에 영향을 미친다.

직접규제방식 통화량을 바람직한 수준에 유지하기 위해 중앙은행이 시중은행의 행동에 직접 제약을 가하는 직접규제방식은 은행별로 여신한도를 정하는 등 은행이 제공하는 대출의 양뿐 아니라 그 용도까지 직접 통제한다. 일정 기간 동안 대출을 자제하라는 지침, 어떤 산업에 대출을 많이 해주고 다른 산업에 대출을 해주지 말라는 식으로 간섭하는 '창구지도', 특정 산업을 육성할 목적으로 충분한 자금이 좋은 조건으로 공급할 수 있도록 자금의 흐름에 간섭하는 '정책금융' 등이 그 예다.

반면, 현금통화비율은 민간이 예금화폐와 현금 중 어느 것을 선택하느냐를 반영하는 것인데 경험적 사실에 의하면 그리 안정적이지 못한 것으로 판명되었다. 이 비율은 장기적으로 그리 안정적이지 않고 단기적으로는 더욱 불안정하다는 것이 각국의 경험이다. 마지막으로 은행의 지불준비금에 대한 성향은 경기상태에 따라 민감하게 변화한다. 예를 들어, 불경기의 경우 중앙은행이 경기활성화를 목적으로 은행의 지불준비금을 늘려 주더라도, 그리고 은행이 영리를 추구하는 사기업이라 하더라도 은행의 대출금에 대한 수요, 특히 기업의 자금수요가 부진하고 은행 역시 대출을 꺼릴 경우 중앙은행의 목적은 달성되기 어려울 것이다. 요약하면 본원통화와 통화량의 관계는 그리 안정적이지 아니라는 점이다. 즉 통화승수가 그리 안정적이지 않다는 것이다.

2) 화폐에 대한 수요

화폐수요이론이 본격적으로 경제이론에 도입된 것은 케인스 이후이다. 그럼에도 불구하고 케인스 이전의 화폐수요에 대한 분석은 화폐수량설로 간접적으로 살펴볼 수 있다. 현대에 와서 다시 복원된 (신)화폐수량설과 구분하여 이를 고전적 화폐수량설로 부르자. 고전적 화폐수량설을 대표하는 개념들로 거래수량설과 현금잔고수량설이 있다. 피셔(I. Fisher)의 교환방정식으로 나타내는 거래수량설에 따르면 통화량의 변화는 물가에 비례적으로 영향을 미친다는 것이다. 즉 교환방정식은 상품의 거래에는 항상 상품의 흐름과 함께 그것과는 반대로 화폐의 흐름이 있다는 사고에서 출발한다.

$$MV = PT$$

여기서 M은 통화량, V는 화폐가 일정 기간 동안 단위당 평균 몇 번 지출되느냐를 의미하는 화폐의 유통속도, P는 물가수준, T는 어떤 기간 동안의 실질거래량을 나타낸다. 따라서 좌변 MV는 일정 기간 동안의 화폐지출액을 의미하고, 우변 PT는 어떤 기간 동안에 이루어진 상품의 거래액을 의미한다. 그런데 고전학파는 화폐의 유통속도가 거래제도나 거래 관습에 의해 결정되기 때문에 적어도 단기적으로는 일정하다고 보고, 또한 시장이 완전 작동한다고 보는 고전학파는 생산은 항상 완전고용 수준에서 이루어지기 때문에 거래량도 단기적으로 일정하다고 보았다. 따라서 교환방정식은 다음과 같이 변용하여 이해할 수 있다.

$$P = (V/T) * M = a * M \text{ (여기서 a는 상수)}$$

즉 물가 P가 통화량 M에 비례한다. 이처럼 피셔의 관심은 물가와 통화량의 관계에 있었지만 교환방정식을 다음과 같이 변용시킴으로써 고전학파의 화폐에 대한 수요의 입장을 이해할 수 있다.

$$M = (1/V) * PT$$

그런데 M은 화폐의 공급을 나타내기 때문에 화폐에 대한 공급과 수요가 균형을 이룬다고 생각하면 우변은 화폐에 대한 수요로 해석할 수 있다. 즉 화폐에 대한 수요는 거래액(PT)에 비례한다고 보는 것이다. 이처럼 고전학파에서 화폐의 기능은 교환수단으로서 기능으로 이해하고 있다. 그리고 총거래량(T)은 실질생산 혹은 실질소득(Y)으로 치환할 수 있기 때문에 교환방정식은 다음과 같이 바꿀 수 있고, 이 경우 V를 화폐의 거래유통속도에서 소득유통속도로 바꿔 이해할 수 있는 것이다.

$$MV = PY$$

고전학파의 이론을 완성한 케임브리지학파는 화폐의 기능 중 매개수단에 주목하고, 화폐에 대한 수요를 현금잔고수량설로 설명한다. 즉 화폐를 교환의 매개수단으로 이해하면 판매행위와 구매행위는 시공간적으로 분리되기 때문에 화폐는 일시적으로 구매력을 저장하는 기능을 수행한다. 따라서 화폐가 판매행위와 구매행위 사이의 시차를 메워 주는 역할을 하기 위해서는 일시적으로나마 구매력을 저장하는 기능을 수행해야 한다(화폐의 가치저장수단). 구매력 저장수단으로서 보유하고자 하는 화폐량은 소득과 밀접한 관계가 있다. 소득이 많을수록 구매량이 많을 것이고 그것을 위하여 개인이나 기업은 많은 구매력의 저장을 필요로 할 것이다. 따라서 화폐수요는

$$M_d = kPY$$

이것이 케임브리지학파의 현금잔고방정식(Cambridge cash balance equation)이다. 여기서 k는 명목소득에 대한 통화량의 비율을 나타낸다. 마셜(A. Marshall)의 이름을 따서 마셜의 k라고 부르기도 한다. 그런데 k

는 교환방정식의 (1/V)과 동일한 것으로 k가 일정한가는 화폐의 소득유통속도 V가 일정한가의 문제와 동일하다. 현금잔고방정식은 다시 다음과 같이 변형할 수 있다.

$$P = \frac{1}{kQ} M$$

즉 물가가 통화량에 비례한다는 결론을 얻을 수 있고, 따라서 거래수량설과 다를 바가 없다.

지금까지 살펴보았듯이 화폐수량설은 물가가 통화량에 비례한다는 이론으로 통화량의 변화가 생산량에 미치는 영향을 등한시하고 있다. 즉 화폐가 실물 부문에 영향을 미칠 수 없다는 점에서 이를 고전학파의 이분성 혹은 화폐의 중립성이라 한다. 화폐수량설이 화폐를 주로 지출을 위해 존재하는 것으로, 즉 화폐 보유의 목적이 현재 혹은 미래의 지출을 위하여 일시적으로 보유하는 것이지 자산으로 보유하는 점에는 주목하지 못하고 있다. 사람들이 화폐를 자산으로 보유하는 데 주목한 이가 케인스(J.M. Keynes)다. 유동성(liquidity)이 화폐를 선호하는 것, 즉 화폐에 대한 수요를 의미하듯이 유동성선호설에서 케인스는 다른 수익자산(저축성예금이나 주식이나 부동산 등)을 보유할 때 획득할 수 있는 이자를 받을 수 없거나 혹은 수익을 포기해야 함에도 불구하고 사람들이 화폐를 보유하는 동기로 세 가지를 지적한다. 첫째, 사람들은 상품을 구매하기 위해, 즉 거래를 위해 화폐를 보유하는데 이를 거래적 동기에 의한 화폐수요라 하고 이는 주로 소득수준에 의해 결정된다. 둘째, 사람들은 미래의 불확실한 사고(경조비나 예비비) 등에 대비하기 위해서도 화폐를 보유하는데 이를 예비적 동기에 의한 화폐수요라 하고, 이것 역시 주로 소득수준에 의해 결정된다. 셋째는 케인즈의 유동성선호이론의 핵심으로 사람들은 화폐를 하나의 자산으로서 보유하는데 이를 투기적 화폐수요라 한다. 즉 사람들은 소득의 일부를 저축하는데 저축을 화폐라는 형태로 보유할 수도 있고 다른 금융자산이나 실물자산으로 보유할 수도 있다. 자산을 보유하면 자산소득을 기대할 수 있는데도 불구하고 화폐를 보유하는데 이는 자산손실의 가능성에 대비하기 위한 차원으로 본다. 예를 들어, 자산을 채권과 화폐 두 가지 자산으로 보유하는 사람에게 이자율이 하락할 것으로 예상되면, 즉 현재의 시장이자율이 이 사람이 정상이라고 생각하는 이자율(정상이자율)보다 높으면 채권가격이 상승할 것으로 예상하기 때문에 화폐 대신 채권을 보유할 것이다. 반면, 이자율이 상승할 것으로 예상하면 채권가격이 하락할 것으로 예상하기 때문에 채권 대신 화폐를 보유할 것이다. 따라서 화폐에 대한 수요는 소득(Y)에 대한 정(+)의 함수, 그리고 이자율(i)에 대한 부(−)의 함수가 될 것이다. 즉

$$M_d = L(\overset{+}{Y}, \overset{-}{i})$$

이처럼 케인스의 화폐수요이론의 특징은 이자율이 통화량 및 유동성선호(화폐수요)에 의해 결정된다는 것이다. 즉 화폐공급이 중앙은행에 의해 또는 다른 요인에 의해 외생적으로 결정된다면 화폐공급곡선(M_s)은 수직선이 되고, 화폐수요곡선(M_d)은 화폐수요가 이자율과 역의 관계이므로 우하향하게 된다. 이를 그림으로 표현하면 〈그림 12-1〉과 같다.

이자율이 화폐의 수요와 공급, 즉 화폐시장에서 결정된다고 본 케인스의 주장은 이자율이 실물 부문의 저축과 투자에 의해 결정된다고 본 고전학파와 대조를 이룬다. 즉 통화량의 변화가 물가의 변화와 비례한다고 주장한

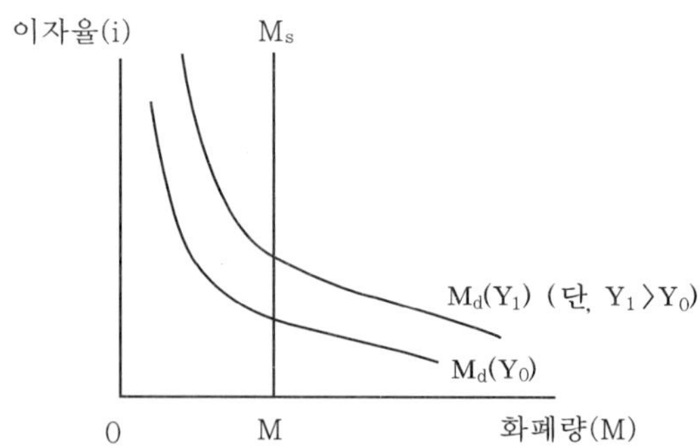

‖ **그림 12-1** ‖ 화폐시장의 균형

고전학파의 화폐수량설이 적어도 단기적으로는 옳지 않다고 본 케인스는 결국 화폐유통속도(V)와 총실질생산량(Y)이 안정적이지 않다고 본 것으로 화폐수요함수가 안정적이지 않다고 본 것이다. 따라서 통화량 팽창 정책이 이자율 하락을 가져오지만 투자지출 및 총수요의 증가를 크게 기대할 수 없다고 본 것이다. 즉 케인즈학파가 화폐금융정책보다 재정정책을 선호하는 이유가 여기에 있다.

그러나 케인스정책은 경기가 침체하고 인플레이션율이 상승했던 1960년대 후반 이래 커다란 도전을 받게 된다. 이러한 배경 속에서 화폐수량설이 다시 부활하는데 이것이 프리드먼(M. Friedman)의 '신화폐수량설' 이다. 프리드먼은 명시적으로 사람들의 화폐수요가 실질화폐에 대한 수요, 즉 (실물단위로 표시한 수요인) 실질구매력이라고 주장한다. 즉 화폐도 여러 자산 중 하나이기에 화폐수요도 예산제약과 기회비용에 의해 결정되고, 예산제약은 실질소득(Y/P)이고 화폐보유의 기회비용은 화폐 이외의 다른 자산을 보유할 경우 예상되는 수익률(주식의 수익률 r_e, 채권의 수익률 r_b 등)과 예상물가상승률(π) 등이다. 따라서 프리드먼의 화폐수요함수는 다음과 같이 나타낼 수 있다.

$$(M/P)_d = f(\overset{+}{Y/P}, \overset{-}{r_e}, \overset{-}{r_b}, \overset{-}{\pi})$$

그리고 프리드먼은 화폐수요에 결정적인 영향을 미치는 것은 다른 자산의 수익률이 아니라 실질소득이라 주장한다. 즉 이자율에 대한 화폐수요의 탄력성은 아주 작고 화폐수요는 무엇보다 소득에 의해 큰 영향을 받는다고 주장한다. 그리하여 화폐수요함수는 다음과 같이 나타낼 수 있다.

$$(M/P)_d = k(r_e, r_b, \pi) * (Y/P) \text{ 혹은 } M_d = k(r_e, r_b, \pi) * Y$$

여기서 프리드먼은 $k(r_e, r_b, \pi)$가 비록 고전적 화폐수량설의 주장처럼 고정된 것은 아니지만 충분히 안정적인 값이라 주장한다. 즉 화폐수요와 화폐수요에 미치는 변수들 사이의 관계는 매우 안정적이기에 화폐공급이 증가해서 화폐시장이 초과공급 상태에 놓이게 되면 균형을 회복하기 위해서는 반드시 실질소득이나 물가나 이자율이 변해야 한다. 그런데 프리드먼은 실질화폐수요가 이자율보다 실질소득에 의해 결정된다고 보기에 균형이 회복되기 위해서는 실질소득이나 물가가 변해야 한다. 따라서 통화량의 변화는 결국 명목소득(실질소득＊물가)의 변화를 야기하게 된다. 즉 통화량의 변화가 명목국민소득의 변화를 결정한다고 본다. 이처럼 고전학파에서는 통화량의 변화가 비례적으로 물가의 변화를 가져오는 반면, 신화폐수량설에서는 통화량이 변할 경우 V와 Y가 변할 가능성을 어느 정도 인정하기 때문에 물가의 변화가 비례적으로 나타나는 것은 아니다. 지금까지 살펴보았듯이 신화폐수량설의 화폐수요는 케인스의 그것과 큰 차이가 없다. 둘 다 화폐수요를 이자율의 감소함수로 보았고, 소득의 증가함수로 보았기 때문이다. 단지, 어느 변수를 결정적으로 보느냐에 차이가 있을 뿐이다. 케인스는 이자율에, 프리드먼은 명목소득을 강조하였을 뿐이다.

3. 장기금융시장

증권시장(장기금융시장)은 주식시장과 채권시장으로 구분한다. 먼저 증권시장은 넓은 의미로는 자금수요자가 유가증권을 발행 또는 매출하여 자금을 조달하고 투자자가 유가증권의 매매를 통하여 금융자산을 운용하는 일련의 과정이 이루어지는 곳을 말하며, 좁은 의미로는 증권거래소시장을 말한다. 산업자본의 조달, 저축 · 자산운용수단의 제공, 소득의 재분배, 자금의 효율적 배분 등의 기능을 갖는 증권시장은 발행시장과 유통시장으로 나누어지며 상호보완하며 발전하는 관계에 있다. 발행시장은 새로운 주식이 최초로 출현하는 시장이라는 점에서 제1차적 시장이라고 하는데 발행주체인 주식회사와 투자자 외에 시장중개기관이 참여한다. 증권거래소에 주식을 신규로 상장하거나 코스닥시장에 주식을 신규로 등록하고자 하는 기업은 자본금, 매출액 및 주식분산요건 등 일정한 요건을 갖추어야 한다. 발행방식은 주식의 수요자를 선정하는 방법에 따라 공모발행과 사모발행으로, 발행에 따르는 위험부담과 사무절차를 담당하는 방법에 따라 직접발행과 간접발행으로 구분한다. 유통시장은 이미 발행된 주식이 매매되는 시장으로 제2차적 시장이라고 하는데 증권거래소시장과 협회중개시장 및 장외시장이 있다. 증권거래소시장과 코스닥시장에서의 매매거래제도를 보면 월요일부터 금요일까지 매일 오전 9시부터 오후 3시까지 거래하며, 매매수량단위는 거래소시장에서는 10주, 코스닥시장에서는 1주이다. 매매계약의 체결은 복수가격에 의한 개별경쟁 매매방식에 의해 이루어지며 결제 시기는 매매계약 체결일로부터 기산하여 3영업일째이다. 하루 중 가격제한폭은 거래소시장은 상하 15%고 코스닥시장은 상하 12%다.

한국의 주가지수 현재 우리나라 주식거래소(유가증권시장)에는 모두 696개 기업의 주식이 올라와 있다. 이 많은 주식 중 어떤 것은 오르고 다른 것은 내리기 때문에 전체적으로 어떻게 됐나를 따져 보려고 만든 게 주가지수다. 종합주가지수는 2005년 9월 7일 1142.99를 기록해 10년 10개월 전인 1994년 11월 8일의 종전 최고치(1138.75)를 넘어섰다.

주가지수로는 첫째로 한국종합주가지수(Korea composite stock price index, KOSPI)가 있다. 1983년부터 도입된 KOSPI 지수는 기준일자인 1980년 1월 4일을 100으로 놓고 시작했다. 그 이전에도 한국증권선물거래소의 전신인 대한증권거래소가 1956년에 열렸는데 그때는 주식 거래 자체가 드물어 지수도 없다가 1964년에 그해 1월 4일을 100으로 하는 '수정주가평균지수' 라는 게 처음 생겼다. 그때 거래소에 상장된 15개 기업 중 12개 기업의 주가를 평균해 계산하였다. 1972년부터는 옛 한국종합주가지수(KCSPI)라는 게 생겼고 1979년에 한 차례 수정을 거쳐 1982년 말까지 사용했다. 이 지수들은 모두 거래소에 있던 종목 중 일부만 골라 지수로 삼았다는 게 특징이었다. 따라서 예전 지수를 지금의 지수와 비교하는 건 의미가 없다. 1983년부터 생긴 KOSPI지수는 거래소에 있는 모든 종목의 주가에 그 회사의 주식 수를 곱해서 나오는 수치(시가총액)를 이용해 계산한다. 이렇게 하면 주가는 낮지만 주식 수가 많은 회사와 주가는 높아도 주식 수가 적은 회사를 같이 비교하는 게 가능해지기 때문이다.

둘째, 벤처기업이 많은 코스닥시장의 지수인 코스닥지수(Korea securities dealers automated quotation, KOSDAQ)도 모든 종목의 시가총액을 감안해 만들고 이웃 일본 도쿄증권거래소의 종합지수(TOPIX)나 미국 나스닥종합지수도 마찬가지다. 코스닥시장은 코스닥위원회가 운영하는 시장으로서 중소, 벤처기업을 위한 증권시장이다. 명칭은 미국의 나스닥(NASDAQ)을 한국식으로 영문 합성한 것으로, 1996년 7월 1일 증권업협회에 의하여 개설되었다. 코스닥 개장으로 증권거래소 상장을 위한 예비적 단계에 머물렀던 장외시장은 미국의 나스닥과 같이 자금조달시장 및 투자시장으로서 증권거래소와 대등한 독립적인 시장으로서의 역할을 수행하게 되었다. 코스닥시장에서는 매매를 위한 건물이나 플로어 등이 없이 컴퓨터와 통신망을 이용하여 장외거래 주식을 매매하는 전자거래시스템으로 주식매매가 이루어진다. 따라서 코스닥은 전자시스템을 이용한 불특정 다수자의 참여라는 경쟁매매방식을 도입, 기존의 장외시장을 새롭게 개편할 수 있는 계기를 마련하였다. 코스닥증권에서 거래되는 주식은 장외거래 대상종목으로 증권업협회에 등록된 기업의 주식이다. 증권거래소 상장에 비하여 완화된 등록요건이 적용되기 때문에 중소기업이나 벤처기업이 많은 게 특징이다. 1999년 5월 정부는 코스닥시장의 등록요건을 완화하여 대형 통신사 등 매력적인 기업들이 쉽게 등록될 수 있게 하고, 코스닥에 등록한 중소 벤처법인에 대하여 세제상의 혜택을 주어 우량기업들이 많이 등록하도록 여건을 개선하는 등 코스닥시장 활성화 방안을 마련하였다. 2005년 1월 한국증권선물거래소법에 따라 한국증권거래소와 코스닥 · 한국선물거래소 · 코스닥위원회가 합병된 한국증권선물거래소가 출범하면서 코스닥과 코스닥위원회는 한국증권선물거래소 코스닥시장본부로 바뀌었다. 통합거래소 출범 이후 첫 신상품인 스타지수선물이 2005년 11월 7일부터 거래에 들어갔다. 코스닥시장의 위험관리 수단의 제공을 목표로 한 스타지수선물은 코스닥시장에 상장된 30개 우량주, 즉 코스닥 우량주 모임인 스타지수를 기초로 한 파생상품으로 증권선물거래소는 12월, 3월, 6월, 9월 등 총 네 가지 상품에 대한 거래를 시작했다. 이에 따라 기존 코스닥50지수선물 및 옵션은 결제월 종목의 미결제 약정에 따라 순차적으로 상장 · 폐지될 예정이다.

셋째, 다른 나라의 모든 주가지수가 모든 종목의 시가총액으로 만들어지는 것은 아니다. 세계에서 가장 유명한 주가지수인 미국의 다우존스산업평균(DJIA)은 단 30개 종목의 주가로만 계산한다. 미국에는 상장기업이 1만 개가 넘는 데 그중 겨우 30개의 초우량기업의 주가 움직임만 고려한다. 일본 닛케이 225 평균주가도 225개 종목만 계산하며, 영국의 FTSE 100은 100개, 프랑스의 CAC 40은 40개 종목으로만 만들어진다. 이를 반영한 것으로 우리나라에도 KRX 100 지수가 있다. KRX는 한국증권선물거래소(Korea exchange, inc)를 의미한다. KRX 100 지수는 2005년 6월 1일 나왔고 거래소의 87개와 코스닥의 13개 등 100종목으로 구성되고 2001년 1월 2일을 100으로 놓고 시작되었다. 지난 10여 년 동안 우리나라의 경제 규모나 기업들의 매출 · 이익은 크게 좋아졌기 때문에 이런 변화를 반영하기에는 KRX 100 지수가 장점을 갖는다. 크고 튼튼한 우량기업들이 우리 경제를 앞장서 발전시키기 때문이다. 그래서 선진국에서도 우량주 지수가 여전히 널리 쓰인다. 우량 기업들만 모은 지수는 KRX 100 지수 이외에도 KOSPI 200, KOSPI 100처럼 증권선물거래소가 만든 지수가 있고 각 증권사들이 나름대로 만든 우량주 지수들도 있다. 물론 종합주가지수가 잘못됐다는 것은 아니다. 몇몇 튼튼한 회사가 잘 돼도 국민 대다수의 생활이 나아지지 않으면 경제가 좋다고 하기 어렵다. 장사가 잘 되는 기업, 안 되는 기업을 두루 합쳐 전체적인 흐름을 보는 종합주가지수가 더 실감날 수도 있는 거다. 이처럼 주가지수는 하나의 기준만 있는 게 아니고 필요에 따라 여러 가지 방법으로 만들고 쓰기 때문에 서로 보완하는 관계가 있다.

다음으로 채권은 원리금을 지급받을 권리가 주어진데다 유통시장에서 매매가 가능하므로 수익성과 안정성 및 유동성이 골고루 갖추어져 있다. 채권은 발행주체를 기준으로 국채, 지방채, 특수채(한국전력채권, 토지개발채권, 예금보험기금채권 및 부실채권정리기금채권 등), 금융채(산업금융채권, 중소기업금융채권 등) 및 회사채 등으로 구분된다. 회사채는 보증 및 담보 유무를 기준으로 보증사채, 담보부사채, 무보증사채 등으로 구분하며, 채권자의 권리를 기준으로 일반사채, 전환사채, 신주인수권부사채, 교환사채, 이익참가부사채 등이 있다. 채권의 유통시장은 상장채권만이 거래되는 증권거래소시장과 비상장채권을 포함한 모든 채권이 거래되는 장외시장으로 구분되는데, 장외시장에서 대부분의 거래가 이루어지고 있다.

보증사채 사채 투자의 안전성을 높이기 위하여 원금상환 또는 이자지급 등에 대하여 발행회사 이외의 제3자가 보증을 하고 있는 사채
무보증사채 제3자의 보증이나 담보 없이 기업신용에 의해 발행하는 회사채
전환사채 사채로서 발행되었지만 일정기간 경과 후 소유자의 청구에 의하여 주식(보통주식)으로 전환할 수 있는 사채
신주인수권부사채 발행회사의 주식을 매입할 수 있는 권리가 부여된 사채
교환사채 채권자의 의사에 따라 주식 등 다른 유가증권으로 교환할 수 있는 사채
이익참가부사채 기업의 수익 증가로 주주가 일정률 이상의 배당을 받을 때 사채권자도 배당에 참가할 수 있는 권리가 부여되어 있는 사채

채권의 내용은 권면에 정해진 이자(표면이자율)와 상환금액 그리고 만기로 구성된다. 채권수익률은 채권을 보유함으로써 얻을 수 있는 모든 수익의 현재가치라고 할 수 있다. 동시에 이는 현재가치와 시장가격을 일치시켜 주는 할인율이라고 할 수 있다. 예를 들어 시장이자율이 10%일 때 표면이자율이 8%, 만기가 3년이며 상환금액이 1억 원인 회사채가 9,000만 원에 거래된다고 하자. 이 경우 채권의 총수익률은 이자수익(2,400만 원), 자본차익(1,000만 원), 재투자수익(248만 원)의 세 가지 수익을 모두 합해 투자금(9,000만 원)으로 나눈 값(약 40.5%)이 될 것이다. 한편 채권의 수익률은 시장의 이자율과 같아지는 경향이 있다. 채권의 수익률이 시장이자율

보다 더 높다면/낮다면 사람들이 모두 채권 사기를/팔기를 원할 것이고 채권 가격은 상승하기/하락하기 시작하여 채권의 수익률은 떨어져/높아져 결국 시장이자율과 같아진다.

채권수익률은 대표적 장기금리로 사용된다. 채권수익률을 결정하는 요인에는 경기 및 물가 전망, 중앙은행의 통화정책방향, 채권시장의 수급, 주식시장 등 금융시장 동향 등이 있다. 보통 경기가 상승할 것으로 예상되면 채권수익률은 상승한다. 경기가 호전될 것으로 예상될 경우 기업의 자금수요도 늘어나며 채권발행 물량이 늘어나기 때문이다. 이때 수익률은 할인율의 개념으로 이해해야 한다. 채권발행 물량이 늘어나면 채권값을 보다 많이 할인해야 발행된 채권이 제대로 판매될 수 있다. 경기가 호전되거나 물가가 오를 것으로 예상됨에 따라 한국은행이 콜금리 운용목표를 올리더라도 장기금리가 오르지 않는 경우도 있다. 또한, 보통 주가가 오르면 채권수익률도 상승하는데 이는 주식과 채권이 서로 대체적인 성격의 금융상품인 까닭이기 때문이다. 주가가 오르면 굳이 채권에 투자할 필요가 없어진다. 채권이 주식에 비해 안정적인 상품이지만 주가가 상승하면 투자수익이 주식보다는 낮기 때문이다. 그래서 주가가 상승하면 수익률(할인율)이 높아지면서 채권값은 떨어지게 된다.

4. 파생금융상품시장

파생금융상품(financial derivatives)은 비교적 최근에 생긴 새로운 개념의 금융상품이다. 보통 금융상품이라고 하면 현재 금융시장에서 팔고 살 수 있는 외환, 채권, 주식 등을 의미한다. 그래서 이들을 기초금융상품이라고 한다. 그런데 이러한 금융상품은 환율이 변하거나 금리나 주식가격이 변하면 미래에는 그 가치가 변하게 된다. 만일 사업상 필요해서 많은 달러를 샀는데 갑자기 환율이 내려가면 손해를 보게 된다. 금융자산인 채권이나 주식도 마찬가지로 금리나 주식가격이 변동함에 따라 손해 또는 이익을 보게 된다. 따라서 이러한 금융자산이나 부채의 미래가치를 상품화하여 거래하는 것을 파생금융상품의 거래라고 한다. 다시 말해, 파생금융상품이란 외환, 예금, 채권, 주식 등 기초자산(underlying)에서 파생되는 상품으로 환율, 금리, 주가 등의 움직임에 따라 변동하게 되는 기초자산의 거래가치를 사고파는 거래를 총칭하는 개념이다.

본래 파생금융상품은 가치 변동의 위험을 회피하여 예상되는 손해를 막을 목적으로 출발하였으나, 컴퓨터에 의한 금융공학의 발전과 더불어 고도의 첨단 금융기법을 바탕으로 가치 변동의 위험을 능동적으로 활용하여 오히려 수익을 얻을 수 있는 고위험, 고수익 투자상품으로 발전하게 되었다. 즉 기초상품의 불확실한 미래를 사고파는 과정에서 예측이 맞아 떨어지는 쪽은 큰 수익을 얻을 수 있지만 반대로 예측이 빗나간 쪽은 큰 손실을 입게 된다는 점에서 수익에 대한 기대와 위험이 하나로 묶인 독특한 거래형태이다. 파생금융상품거래는 거래금액의 일부에 해당하는 계약금 또는 증거금만으로 계약자산을 확보할 수 있고 통상적으로 차액만 결제되어 대량거래가 가능하기 때문에 투자금액에 대한 손익률이 커지는 이른바 레버리지(leverage)효과에 의해 투자금액의 수십, 수백 배에 해당하는 수익을 올리거나 반대로 손실을 입을 때도 그 규모가 엄청날 수 있다. 즉 레버리지효과란 소액의 보증금으로 거액의 거래를 할 수 있는 효과를 의미한다. 더욱이 저금리 상태에서는 일반 금융상품에서 높은 수익을 기대하기 어려우므로 최근 파생금융상품의 거래는 부쩍 늘어가고 있는 추세다. 파생금융상품 거래는 대차대조표에 계상되는 기초자산과는 달리 현재의 자산이나 부채에는 직접 영향을 미치지 않기 때문에 대차대조표에 계상되지 않는 부외거래계약(off-balance sheet contracts)이 일반적이다.

파생금융상품은 계약형태, 시장형태, 기초자산의 구분 등에 따라 그 종류를 여러 형태로 분류할 수 있다. 계약 형태에 따라서 분류하면 선물, 옵션, 스왑 금융거래로 나눌 수 있다. 선물거래란 매매 계약은 현재 체결하나 약정가격에 의한 현물의 인수는 장래의 특정 시점에 이루어지는 거래이다. 예를 들어 누군가 3개월 후에 달러를 지불해야 할 일이 있는데 3개월 후에는 환율이 올라갈 것으로 예상되면 오늘 3개월 후의 달러를 매입하겠다고 계약을 맺는다. 그러면 3개월 후에 실제로 환율이 상승하더라도 그 위험을 부담하지 않고 계약에 의한 환율을 적용받는다. 물론 이를 위해서는 계약 당시 수수료는 부담한다. 옵션거래란 통화 등 금융자산을 약정가격으로 장래의 계약 만기일에는 그 이전에 사거나 팔 수 있는 권리 자체를 매매하는 거래이다. 스왑금융거래란 외화 부채 또는 자산의 보유로 인해 발생하는 이자율 및 환율변동의 위험을 방지하거나 외화차입비용 절감을 위해 환매조건부로 필요로 하는 통화를 서로 교환(통화스왑)하거나 변동 금리부와 고정 금리부 이자 지급 조건을 일정 기간 동안 서로 바꾸어 부담(이자율스왑)하는 거래이다.

시장형태로는 거래소 거래와 장외 거래로 나눌 수 있다. 전자는 가격 이외의 모든 거래요소가 표준화되어 있는 상품을 거래소를 통해 거래하는 형태로서 장내 거래라고도 하는데 주요 선물거래소로는 CME(Chicago mercantile exchange)와 LIFFE(London international financial futures exchange) 등이 있다. 이에 반해 후자는 가격뿐만 아니라 다른 모든 거래요소들이 표준화되어 있지 않은 상품을 거래소를 통하지 않고 시장 참가자들이 직접 거래하는 형태로서 점두(over-the-counter, OTC) 거래라고도 한다.

기초자산의 종류에 따른 분류에 의하면 통화 관련 상품, 이자율 관련 상품 및 주식 관련 상품이 있다. 통화 관련 상품은 가치변동에 따른 위험이 발생하는 기초자산이 통화인 경우로서 통화선물, 통화옵션, 통화선물옵션, 통화스왑 등이 있다. 이자율 관련 상품에는 채권 등과 같은 금융자산의 보유에 따른 위험 회피를 목적으로 생겨난 것으로서 이자율선물, 이자율스왑, 이자율선물옵션, 선도금리계약 등이 있다. 주식 관련 상품에는 개개의 주식가격 또는 다수의 주가를 가중 평균하여 산출한 특정 주가지수(예로 S&P 500, NIKKEI 225, KOSPI 200 등)에 일정 금액(단위 계약 금액)을 곱하여 금융상품화한 후 이를 매매하는 거래로서 주가지수선물, 주식옵션 및 주가지수옵션, 주가지수선물옵션 등이 있다.

파생금융상품(financial derivatives) 주식이나 채권 등의 본원적 상품으로부터 파생된 금융상품을 말한다. 따라서 파생금융상품의 가격은 그 자체가 독립적으로 결정되는 것이 아니라 본원적 상품의 가격 변동에 기초하게 된다. 파생금융상품은 선물거래로부터 발전한 것인데 선물거래는 원래 선도거래에서 유래하였다. 고대 때부터 선도거래가 행해진 것으로 전해지고 있지만 본격적인 선물거래는 1848년 시카고상품거래소(Chicago Board of Trade, CBOT)가 설립된 이후로 보고 있다. 그러나 금융선물은 상품선물을 모방하여 이보다 훨씬 뒤인 1972년대에 들어와서 통화선물(또는 외환선물)을 중심으로 거래되기 시작하였다. 이는 외환위험이 커지자 이를 효과적으로 회피하기 위한 한 방법으로 노벨경제학상 수상자인 미국의 프리드먼이 제안한 것이다. 통화선물거래가 성공적으로 이루어지자 선물거래방식이 점차 다른 금융자산으로 확산되었고 1980년대 이후에는 선물계약의 전체 거래대금이 현물거래를 압도하고 있는 실정이다.

선물(先物 : futures)거래 현물(現物 : spot)거래의 상대적인 개념이다. 현물거래에서는 현재시점에서 형성된 시장가격으로 현물이 거래되지만 선물거래에서는 현물이 아닌 계약 자체를 거래한다. 즉, 일정한 수량과 품질의 상품을 미래의 특정한 기일에 미리 결정된 조건에 따라 약정된 가격으로 사거나 팔겠다는 계약을 거래하는 것이다. 현물거래에서는 현물상품이 실제로 인도(delivery)되지만 선물거래에서는 실제로 현물이 인도되는 경우는 거의 없는데 전체 거래 중 극히 일부분을 차지할 뿐이다. 선물계약의 만기인 결제일이 되기 전에 대부분 반대매매를 통해 선물포지션 자체가 청산되기 때문이다. 이는 선물계약을 다른 사람에게 양도하는 것과 마찬가지의 결과가 되는데, 실제로는 청산회사(clearing company)가 중간에서 정산을 담당하게 된다. 1970년대에 들어와 브레튼우즈체제가 붕괴되면서 환율 변동폭의 확대로 외환위험이 커지자 환위험을 관리하기 위해 상품선물을 응용하여 통화선물이 처음으로 도입되었고, 이어 금리선물 및 주가지수선물 등으로 급속하게 확산되었다. 이는 선물거래가 금융자산의 가격변동위험에 대한 효과적인 수단이 됨을 보여 주는 결정적인 증거라 할 수 있다.

옵션(option) 어떤 시점에 가서 자신이 처한 상황에 따라 미리 약속한 거래에 대한 혜택을 선택하는 것을 말한다. 옵션에는 콜옵션(call option)과 풋옵션(put option)이 있다. 콜옵션은 매수자가 매도자로부터 지정된 날짜(만료일) 또는 이전에 미리 정한 가격(권리행사가격)으로 대상자산을 매수할 수 있는 권리를 말하고, 매도할 수 있는 권리는 풋옵션이라 한다. 즉 가격 상승이 예상되면 미리 사고, 하락 예상 시 미리 파는 권리들인 것이다.

스왑(swap) '교환'이라는 뜻이며, 스왑거래를 체인지 오버(change-over)라고도 한다. 외국환 거래에서 환매매 당사자가 현물환과 선물환을 동시에 같은 금액으로, 교차적으로 매매하는 것을 말한다. 예를 들면, A가 B에 대하여 10만 달러의 현물환을 매도(또는 매수)함과 동시에 B로부터 같은 금액의 선물환을 매수(또는 매도)하는 것과 같은 경우를 말한다. 일반적으로 환예약기간의 연장이나 환은행의 자금조정 또는 환시세의 변동을 피하기 위한 수단으로 이용된다.

주가지수선물시장 주식시장에서 거래되는 주식 전체 또는 일부의 가격수준을 나타내는 주가지수를 대상으로 하여 미래의 일정 시점에 일정한 가격으로 매매할 것을 약정하는 선물거래가 이루어지는 시장으로 한국은 1996년 5월 KOSPI 200 지수선물거래가 증권거래소에 개설되었으며 2001년 1월에는 KOSDAQ 50 지수선물이 추가되었다. 여기서 KOSPI 200 지수란 업종대표성 유동성 등을 감안하여 선정한 200개 종목으로 구성된 시가총액식 현물지수(1990. 1. 3=100)로서 구성종목은 연 1회 선정된다. 반면 KOSDAQ 50은 코스닥시장의 50개 종목으로 구성된 시가총액식 현물지수(1999. 1. 4=100)로서 연 4회 선정된다.

주가지수옵션시장 주식시장에서 거래되는 주식 전체 또는 일부의 가격수준을 나타내는 주가지수를 대상으로 하여 미래의 일정 시점에 일정한 가격으로 거래할 수 있는 권리를 매매하는 옵션거래가 이루어지는 시장으로 한국의 주가지수 옵션시장은 1997년 7월 KOSPI 200 지수를 거래대상으로 한국증권거래소에 개설되었다.

파생금융상품의 거래메커니즘을 보면 첫째로 위험을 헤지(hedge)하고 싶은 기업의 경우 물론 고수익의 실현이라는 기본적 입장은 있겠으나 그보다는 기업이 현재 보유하고 있는 금융자산 또는 부채가 미래에 부딪칠지도 모르는 위험을 사전에 회피하기 위한 수단으로 파생금융상품을 이용하는 경우가 일반적이다. 이러한 목적의 헤지거래는 정반대의 가격변동예측을 확신하는 상대가 있어야만 거래가 성립되며, 가격변동에 따른 위험회피라는 소극적 동기를 가진 거래자(hedger)와 가격변동에 대한 반대 예측을 통해 위험을 받아들이는 대신 그 예측이 맞을 경우 오히려 고수익을 얻을 수 있는 투기적 거래동기를 가진 거래자(speculator)가 공존하여야 거래가 성립된다. 이들 투기자들은 보통은 대규모 펀드 등으로서 시장요소의 적절한 조절을 통해 가격을 적정하게 형성 · 유지시키는 역할을 담당한다는 점에서 시장성립의 필수적인 요소다. 둘째, 참가자와 중개자로서의 금융기관의 경우 파생상품의 참가자로서 대규모 자산과 부채를 안고 있는 데서 오는 금리, 주가, 환율 등 시장리스크를 회피하기 위한 참자자로서의 입장과 파생금융거래로 보유하고 있는 자산의 수익률을 높이기 위한 차익거래자(arbitrager)이자 투기자(speculator)의 역할을 담당한다. 아울러 금융기관은 수수료 수입을 목적으로 금융고객의 파생금융상품거래의 중개업자(broker) 역할도 수행한다. 금융기관은 중개업자로서 고객이 요구하는 거래에 응하는 상대가 나타나지 않을 때에는 스스로 거래상대방이 되고 그 거래위험을 피하기 위하여 다른 파생상품에 의해 헤지하는 경우가 많으며 금융기관의 이러한 행동에 의해 파생상품시장이 점점 확대되어 왔다.

파생금융상품에는 다음의 이점이 있다. 첫째, 앞에서 지적했듯이 파생금융상품거래는 부외거래(off-balance)로서 대차대조표에 자산 · 부채의 변동 없이도 금융거래 규모를 확대할 수 있다. 기업은 파생상품을 이용하여 대차대조표에 계상하지 않음으로써 경쟁대상회사나 고객에게 자사의 재무행동을 공개하지 않으면서 자금조달을 할 수 있는 이점이 있다. 특히 금융기관들은 국제결제은행(bank for international settlement, BIS)의 자기자본비율제도 이후 거래규모와 시장의 성장 가능성이 큰 파생금융상품을 수수료수입의 원천으로 활용한다. 둘째, 파생상품의 이용은 레버리지효과가 커서 적은 자금으로 소기의 재무행동 실현이 가능하므로 자금의 효율성이 매우 높다. 즉 거래원금의 일정비율만으로도 동일한 경제효과를 얻을 수 있다. 금리스왑의 경우 원금은 필요 없이 금리교환의 실현시점이 되어서야 비로소 자금이 필요하다. 셋째, 거래의 기동성 및 유동성의 이점이 있다. 파생상품을 이용하여 기업의 재무거래에 있어서의 시간과 노력을 절약할 수 있다. 가격변동에 따른 손실위험을 회피하기 위해 기초 금융자산이나 부채 자체를 거래하는 것보다는 파생금융상품을 이용할 경우 거래 상대를 찾기가 용이하다. 기초 금융자산 · 부채의 거래는 거래 대상이 거래금융기관으로 제한되어 있는 경우가 많으나 파생금융상품거래는 거래 대상이 훨씬 광범위하다. 예를 들어, 고정금리로 차입한 기업은 금리가 하락할 경우 조기 환매를 희망하게 될 것이나 이를 위해서는 거래은행과의 어려운 교섭을 위해 시간과 노력이 필요하다. 그러나 금리스왑을 이용하면 굳이 조기상환을 위한 시간과 노력 없이도 이자절감효과를 손쉽게 달성할 수 있다. 또한 장외거래를 이용할 경우 거래원금, 기간, 계약금의 크기 등을 자유롭고 다양하게 선택할 수 있어 필요에 맞게 융통성 있는 금융상품을 구할 수 있다. 넷째, 신용위험을 감소시킬 수 있다. 파생금융상품거래를 이용하면 기초금융상품의 거래 시와는 달리 거래 상대방의 파산 등에 따른 채무불이행으로 입게 되는 손실 가능성, 즉 신용위험을 축소할 수 있다. 기초상품의 경우 거래대금 전액이 신용위험에 노출되지만 차액만 결제하는 파생상품의 경우에는 동 차액만이 신용위험에 노출된다. 다섯째, 거래비용이 절감된다. 파생금융상품은 기초금융상품보다 거래비용이 저렴하다. 주식이나 채권 등의 현물거래 시에는 현물의 보관이나 이동에 따른 비용이 발생하나 주식선물, 채권선물 등 거래소거래의 파생상품은 일부 특별한 거래를 제외하고는 실물의 수도(受渡) 없이 차액만 결제하므로 실물의 운반과 보관비용이 없어 거래비용이 현물거래 시에 비해 크게 낮다. 유로달러 금리선물도 실물의 수도가 필요 없다. 또한 옵션을 이용하면 거래원금에 비해 매우 저렴한 프리미엄(premium)만으로 위험 헤지가 가능하다.

5. 외환시장

외환시장은 외환의 매매가 지속적으로 이루어지는 총괄적 거래메커니즘으로서 통상 은행 간 거래시장을 말한다. 외환시장에서는 경상거래와 자본거래, 투기거래 그리고 위험회피거래에 의해서 외환의 수요와 공급이 발생한다. 외환거래는 현물환거래와 선물환거래가 있으며 외환시장의 참가자로는 고객, 상업은행 그리고 중개자가 있다. 한국의 외환시장은 크게 외국환은행이 여행자나 수출입업자 등과 거래하는 대고객시장과 외국환은행 간 거래가 이루어지는 은행간시장으로 구분된다. 전자의 경우 외국환은행과 고객이, 후자의 경우 외국환은행, 한국은행 및 외국환중개회사가 참여하고 있다.

오늘날 외국과의 대차결제는 외국환에 의하여 외국환은행이 외국과의 사이에서 지급을 필요로 하는 자에게 외국환어음이나 기타 외화채권(外貨債權)을 매매하는 형태로 이루어지고 있다. 따라서 실제로는 외국환시세, 즉 환율은 외국환은행이 이러한 외화채권을 매매할 때의 가격으로 기능하고 있다. 정부가 환율 결정에 개입하는 제도를 환율제도라고 한다. 환율제도는 환율이 어떤 방법에 의하여 결정되는가에 따라서 크게 고정환율제도와 변동환율제도로 구분된다. 고정환율제도하에서는 정부가 환율을 일정 범위 내로 고정시킴으로써 환율을 안정시키며, 변동환율제도하에서는 정부가 환율결정에 개입하지 않고 외환시장에 있어서의 수요와 공급에 따라 환율이 자유롭게 결정된다. 한국은 1980년 2월 27일을 기해 변동환율제로 이행했다. 그럼에도 불구하고 한국의 외환시장은 1997년 11월 20일 이전까지는 일일변동폭을 ±2.25%로 제한하였다. 즉 관리된 변동환율제였다. 그러나 그 해 외화유동성 부족 상황을 타개한다는 목적으로 11월 20일에 ±10%로 확대되었고, 그것으로도 부족하여 그해 12월 26일에는 환율변동폭 제한을 전면 폐지했다. 연월말 기준으로 환율의 추세를 보면 1990년 1달러에 716.4원에서 1993년에 808.1원까지 상승하였다가 OECD에 가입하였던 1995년까지 774.7원으로 하락하였고, 외환위기를 겪었던 1997년까지 1,415.2원으로 상승하였다가 외환위기가 진정되면서 1999년까지 1,145.4원으로 하락하였다. 참고로 1997년 연평균 환율은 978.61원에서 1998년에는 1498.87원까지 상승하였다가 1999년에 1,195.00원으로 하락하였다.

한국에서는 외환위기 이후 변동환율제도를 채택하면서 환율의 변동성이 크게 증대하였고, 그에 따라 외환거래를 행하는 금융기관과 기업들은 환율의 급격한 변동으로 엄청난 손실을 가져올 수 있기 때문에 이들은 환율변동으로 인한 환위험에 직면하게 되었다. 이들에게 파생금융상품은 환위험을 회피할 수 있는 수단을 제공하고 있다. 예를 들어, 삼성전자가 미국에 TV를 수출하고 3개월 이후에 받을 수출대금이 100만 달러이며 현재의 환율이 1달러=1,000원이라 할 경우 만일 환율이 하락하게 되면 삼성전자는 손실을 입게 될 위험이 있다. 이러한 환위험을 회피할 수 있는 수단으로 선물환거래와 통화선물거래라는 두 가지 파생금융상품거래를 선택할 수 있다. 첫째, 오늘 현재 3개월 만기의 선물환율이 1달러=1,050원이라 할 때 삼성전자는 3개월 만기의 선물환의 매도계약을 체결함으로써 환율하락에 따른 손실을 방지할 수 있다. 삼성전자는 선물환 매도계약에 의해 3개월 후에 수출대금으로 받게 될 100만 달러를 1달러당 1,050원에 확실히 매도할 수 있기 때문이다. 둘째, 미국달러 선물거래에서 1계약은 5만 달러이므로 삼성전자는 선물시장에서 3개월 만기 미국달러 선물 20계약을 매도하게 되면 환위험을 회피할 있게 된다. 환율이 하락할 경우 삼성전자는 받을 수출대금을 원화로 환산한 금액이 하락한 만큼 미국달러 선물거래로부터 이익을 얻게 되어 전체적으로는 환율변동에 아무런 영향을 받지 않게 되기 때문이다.

6. 금융정책의 효과

전통적으로 화폐는 이자율을 낳지 않는 자산이기 때문에 이자율이 상승하면 화폐의 수요가 감소하고, 이자율이 고정된 경우 화폐수요는 소득에 비례해서 증가하는 것으로 이해한다. 그러나 화폐수요와 실질이자율 및 소득의 관계는 단순하지 않다. 오늘날 대부분의 화폐는 요구불예금의 형태를 취하므로 이자를 낳는다. 그러므로 화폐보유의 기회비용은 낮고 이자율과 직접적인 관련이 없다. 또한 거래에 반드시 화폐가 필요한 것은 아니다. 오늘날 대부분의 거래는 신용(신용카드) 등으로 이루어진다.

일반적인 금융정책은 통화정책을 의미하는데 통화정책의 효과를 이해하기 위해서는 수단과 목표가 무엇이고, 수단과 목표를 연결하는 통로에 대한 이해가 전제되어야 한다. 통화정책의 목표는 통화가치의 안정과 관련이 있는 물가 및 환율의 안정, 그리고 완전고용 및 경제성장 등의 달성에 있다. 즉 금융통화당국은 공개시장조작, 재할인율, 법정지급준비율 등의 수단을 사용하여 통화량이나 이자율 등에 영향을 미칠 수 있고, 통화량이나 이자율의 변화는 통화정책의 최종목표에 영향을 미친다. 그런데 통화량과 이자율은 상호 대립적이다. 통화량을 낮은/높은 수준에 유지하려면 이자율은 높은/낮은 수준에 있을 수밖에 없기 때문이다. 따라서 통화정책의 목표가 무엇인가를 먼저 설정해야 한다. 통화량과 이자율 중 어느 것이 우월한 중간목표냐, 즉 실물 부문이냐 화폐 부문이냐에 따라 통화량 혹은 이자율을 우선하는 통화정책을 선택할 수 있기 때문이다.

시장에 대해 강한 신뢰를 갖는 통화주의자들은 통화량을, 경기침체의 경우 정부 역할의 필요성을 주장하는 케인스학파는 이자율을 중간 목표로 삼는 것이 바람직하다고 본다. 앞에서 보았듯이 화폐유통속도와 화폐수요함수가 안정적이라고 본 통화주의자들의 경우 통화량의 변화는 명목소득에 영향을 미친다고 보는 반면, 화폐유통속도와 화폐수요함수가 불안정하다고 보는 케인스학파는 통화량의 관리가 어려운 대신 이자율은 재할인인 정책과 공개시장조작 등을 통해 조절할 수 있다고 본다. 즉 화폐공급량의 변화에 대해 이자율이 얼마나 민감하게 반응하느냐, 즉 이자율에 대한 화폐수요의 탄력성에 대해 통화주의자들은 비탄력적이라고 보는 반면, 케인스학파는 탄력적이라고 보았다. 따라서 이자율에 대한 화폐수요가 탄력적일수록 통화량 증가에 따른 이자율의 하락은 작게 된다. 또한, 통화정책의 효과는 이자율의 변화에 대해 투자지출이 얼마나 민감하게 반응하느냐에 달려 있는데 통화주의자들은 이자율에 대한 투자지출의 탄력성이 탄력적이라고 보는 반면, 투자가 이자율보다는 기업가의 장기적 기대에 의해서 결정된다고 보는 케인스학파는 탄력성이 비탄력적이라고 본다.

이러한 이유로 케인스학파는 화폐금융정책을 중요하게 생각함에도 불구하고 신뢰하지 않는다. 첫째, 통화량이 증가해도 화폐수요가 더 많으면 이자율이 하락하지 않을 수 있기 때문에 통화정책은 이자율을 매개로 하기에 간접적이고(시차가 길고) 불연속적(가변적)으로 나타난다. 게다가 이자율에 대한 투자지출의 탄력성이 비탄력적이기 때문에 이자율이 하락하더라도 투자지출의 증가는 미미하다고 본다. 반면, 통화론자들은 최소한 단기에서는 통화정책이 효과가 있지만 장기에서 노동자는 화폐환상으로부터 자유롭기 때문에 그 유효성이 사라진다고 본다. 즉 화폐가 최소한 단기에서는 비중립적이지만 장기에서는 중립적이라는 점에서 실물 부문이 화폐로부터 영향을 받지 않는다는, 즉 '실물과 화폐의 이분성' 혹은 '화폐의 중립성'을 주장하는 고전학파와 차이도 있지만 맥을 같이 하고도 있다. 시장에 대한 정부개입을 반대하는 새고전학파(New Classical)의 경우 통화주의자들보다 한걸음 더 나아가 통화당국의 예상된 금융정책은 그 효과가 장기는 물론이고 단기에서도 중립적이라 본다. 단지, 시장이 예상할 수 없는 금융정책(shocks)의 실시는 그 효과가 단기에서 비중립적이지만 장기에서는 중립적이다. 경제주체가 합리적 기대를 하더라도 불완전 정보하에서는 물가 인식상의 오류를 범하기 때문이다. 그러나 단기에 효과적이라 하더라도 이러한 정책은 정부의 신뢰를 저하시키기 때문에 바람직하지 않다고 주장한다. 케인스를 계승하는 새케인스학파의 경우 하폐는 단기에서 중립적이라고 보지만 장기에서는 중립적이라고 본다. 합리적 기대를 하더라도 임금과 물가의 경직성 때문에 효과가 있다고 본다는 점에서 화폐환상 때문에 효과를 본다는 종래 케인스학파와 차이를 보인다. 또한, 이들은 단기에서는 정부의 적극적 개입에 의해 경제안정화 정책은 유효하다고 본다는 점에서 케인스이론의 계승자라고 보는 것이다.

한편, 최근 중앙은행의 통화정책의 목표에 변화가 발생하고 있다. 일반적으로 통화정책은 앞에서 살펴본 대로 지급준비율정책, 재할인율정책, 공개시장조작, 직접규제 등 정책수단을 사용하여 통화량이나 이자율(중간목표)에 영향을 미침으로써 물가 안정과 완전고용을 최종 목표로 하였다. 그런데 최근 전세계 경제활동은 여러 가지 형태의 자산을 통해 얻어진 자본이익에 의해 큰 영향을 받고 있으며 이로 인해 통화정책 및 전망이 점점 더 자산가격 변화에 의해 좌우되고 있다. 예를 들어 미국 연방준비제도이사회의 그린스펀은 물가안정, 완전고용과 달리 자산가격 안정이 중앙은행의 통화정책 목표라는 사실을 한 번도 인정한 적이 없고, 오히려 줄곧 부인해 왔다. 즉 "자산 거품의 파열은 오로지 사후에나 명백하게 알 수 있을 뿐이다"라고 강조했던 그가 "자산 가치 하락에 따른 충격을 조절하기 위해서는 경제 유연성 확보에 정책 우선순위를 둬야 한다"라고도 밝혔다. 부동산이나 주식 같은 자산가격이 과도하게 상승할 경우 금리정책을 동원할 수 있음을 시사한 것이다. 특히 경제 유연성 확보에 정책 우선순위를 두겠다는 발언은 집값 붕괴를 대비하기 위해서라도 미리 금리를 올려서 금리 인하의 여지를 남겨 둬야 한다는 속내를 비친 것으로 해석할 수 있다.

통화정책에 대한 미국 연방준비제도이사회의 입장 변화는 한국에도 나타나고 있다. 한국은행은 자산가격 거품을 인플레나 실업 못지않은 중요한 문제로 다루고 있다.[1] 이는 자산가격에 거품이 형성되는 과정에서 인플레이션 기대심리가 확산되고 차입에 의한 과도한 투자 등으로 인플레 압력이 높아지고 자원배분의 효율성이 크게 저하될 수 있다는 인식에 기초하고 있다. 한국은행이 2005년 10월 금융통화위원회에서 콜금리를 3년 5개월 만에 인상하면서 그 배경 중 하나로 '자원배분 왜곡의 해소'를 꼽은 것이 바로 이런 맥락이다. 국제통화기금(IMF)에 따르면 부동산가격 거품 붕괴가 실물경제에 주는 충격은 주가 거품의 경우보다 두 배나 더 큰 것으로 분석되고 있다. 이처럼 최근 들어 자산가격 급등락이 빈번해지면서 중앙은행이 자산가격 거품현상 초기에 선제적이고 적극적으로 대응하여야 한다는 견해가 점차 확산되고 있다. 2006년 11월 한국은행이 집값 안정을 위해 은행들의 예금 지급준비율을 조정하였던 것도 자산가격이 중안은행의 통화정책에 주요 변수가 되고 있음을 보여 주는 사례다. 즉 한국은행 금융통화위원회는 요구불예금과 수시입출식예금 등에 대해 5.0%에서 7.0%로 인상하여 시중 유동성 흡수에 나서기로 결정했다.

---

1) 예를 들어, 한국은행 총재는 각국 중앙은행 전문가들이 교류의 폭을 넓히고 통화정책의 주요 이슈에 대해 토론하는 자리인 '제13차 중앙은행 세미나(Central Banking Seminar)' (2005. 11. 15~11. 18)의 개회사에서 이러한 입장을 밝혔다.

7. 목표인플레이션제와 통화정책

정부정책에 대한 효과는 시차의 문제와도 관련이 있다. 즉 정부정책의 수립과 집행 그리고 그 효과를 얻기까지에는 두 가지 시차, 즉 '내부시차(inside lag)'와 '외부시차(outside lag)'가 존재한다. 전자의 경우 정부가 경제에 충격이 발생하였다는 사실을 알았을 때부터 적절한 정책을 집행하는 데까지의 시간을 말한다. 내부시차에는 인식시차, 결정시차, 집행시차가 존재한다. 반면, 후자의 경우 정책집행 후 정책이 지출, 소득, 고용 등 목표변수에 영향을 미칠 때까지의 기간을 말한다. 재정정책의 경우 일반적으로 내부시차가 상대적으로 길다. 예를 들어 정부지출을 하거나 세입예산을 위해 세법을 개정하려고 하면 국회 내에 치열한 심의과정을 거쳐야 한다. 이 과정에서 재정정책은 내부시차가 장기화된다. 따라서 재정정책은 경제를 안정화시키는 데 있어 부정확한 수단이 된다. 반면, 금융정책은 상대적으로 외부시차가 길다. 금융정책은 일반적으로 이자율을 변화시켜 기업의 투자지출에 영향을 미친다. 그런데 기업들은 투자계획을 사전에 수립하기 때문에 금융정책이 변하여도 약 6개월이 경과할 때까지는 기업 등의 투자계획에 영향을 미치지 않는 것으로 추정되고 있다. 따라서 정부정책을 비판하는 이들은 이상의 장기적 시차 때문에 효과를 보기가 불가능하다고 본다. 오히려 정부정책을 불안정을 심화시키는 요인이 될 수 있다고 주장한다. 반면, 정부개입의 필요성을 주장하는 이들은 시차문제에 주의를 기울여야 한다는 점을 인정하지만 경기침체의 국면에서 정부개입은 여전히 필요하다고 주장한다.

경제정책과 관련하여 또 하나의 논쟁은 '준칙' 대 '자유재량'의 문제다. 준칙에 의한 정책이란 정부가 변화하는 경제상황에서 사전에 어떤 정책을 수립할 것인가를 밝히고, 이에 근거하여 정책을 집행할 것을 약속 · 공고하고 경제상황과 관계없이 실시하는 정책을 말한다. 반면, 자유재량적정책이란 정책입안자가 사안별로 상황을 판단하여 어떤 정책이 적합한지를 선택하고, 이 선택된 정책을 실시하는 것을 의미한다. 준칙 대 자유재량정책은

'소극적' 대 '적극적' 정책과는 구별된다. 여기서 말하는 소극적 정책 지지론은 경제를 안정화시키기 위한 정부의 개입에 대해 비판적인 입장으로 정부의 금융 및 재정정책의 사용을 억제할 것을 주장한다. 정책은 준칙에 따라 집행되더라도 소극적일 수도 적극적일 수도 있다. 예를 들어, 소극적 준칙은 매년 5%씩 통화공급을 지속적으로 증가시킨다고 규정할 수 있다. 그러나 적극적 준칙은 실업률이 5%이면 통화량을 규칙적으로 5% 증가시키는 반면, 실업률이 5% 초과(미달)하면 통화량을 적극적으로 5% 이상(이하) 증가(감소)시킨다. 즉 통화량증가율은 {5% + (실업률−5%)}가 된다.

이처럼 통화주의자의 준칙은 통화량증가율을 목표치로 설정하는 것이고, 통화량 준칙에 의거하여 통화정책을 수행해야 한다고 주장한다. 화폐수량설을 통해 통화량 준칙을 도출할 수 있다. 즉 MV = Py에서 M = Py/V이고 이를 자연로그 취하고 시간으로 미분하면 통화량증가율이 도출되는데 여기에 국제수지흑자(적자)에 따른 통화량 변화를 추가하면 다음과 같다.

$$\text{통화량증가율}(\dot{M}) = \text{실질경제성장률}(\dot{y}) + \text{물가상승률}(\dot{P}) - \text{유통속도변화율}(\dot{V}) + \text{국제수지변동}$$

이들이 제시하는 이론적 근거는 다음과 같다. 첫째, 화폐공급량은 소득수준의 변화에 가장 큰 영향을 미치기 때문에 장기경제성장률을 기준으로 통화량 증가율을 일정하게 고정시킨 준칙적 통화정책이 소득과 산출량 변화 등을 보다 안정화시킨다. 둘째, 통화량 변화가 경제에 미치는 영향은 시차가 길고 가변적이어서 자의적 화폐공급은 시차를 더욱 길게, 가변적으로 만들어 경제를 오히려 불안정하게 만든다. 셋째, 준칙적 통화정책은 불안정한 단기적 예상을 제거하고 경제주체의 장기적인 계획을 수립하는 것을 쉽게 하므로 통화정책의 유효성을 높인다. 넷째, 통화론자의 경우 장기적으로 실업률은 인플레이션율과 관계없이 자연실업률에서 고정되기 때문에 정부의 재량적 통화정책으로는 장기적으로 실업률을 자연실업률 이하로 줄일 수 없고 따라서 준칙을 사용해야 한다.

물론, 케인스학파는 다음과 같은 이유들을 들어 통화량 준칙에 대해 동의하지 않는다. 첫째, 통화량은 이자율을 매개로 하여 간접적으로 소득수준에 영향을 미치기 때문에 통화량이 소득수준에 미치는 영향은 불명확하다. 둘째, 준칙을 사용하는 통화론자들은 신화폐수량설에 근거하여 화폐유통속도는 항상소득의 매우 안정적인 함수이기 때문에 안정적이고 소득이나 산출량은 완전고용수준에서 일정하다는 것으로 전제로 하는 반면, 케인스학파는 화폐유통속도의 변화를 예측하기 어렵고 안정적이라는 실증적 근거도 없다고 주장한다. 셋째, 신용화폐나 전자화폐의 발달로 화폐 부문의 끊임없는 혁신은 화폐의 정의를 어느 금융자산까지 포함시킬 것인가에 대한 결정을 어렵게 하고 있다. 실제로 1970년대 이후 금융혁신으로 '준화폐(near money)'가 등장하고 화폐와 준화폐 사이에 대체성이 높아짐에 따라 화폐수요함수의 불안정성이 심화되었다. 넷째, 준칙론자들은 중앙은행이 통화공급량에 대해 완전통제할 수 있다고 전제하나 통화공급은 중앙은행 이외에 비은행민간의 현금선호율, 일반은행의 초과지급준비율 결정 등에 영향을 받는다.

이처럼 통화량 준칙이 의미를 상실하고 새로운 통화정책의 운용방식이 필요하게 되었고, 그 결과로 1990년대 등장한 것이 '목표인플레이션 정책(Inflation targeting, 물가안정목표제)'이다. 목표인플레이션 정책이란 기대인플레이션을 암묵적인 중간목표로 설정하고 이자율 준칙을 통해 최종목표 물가수준을 실현하고자 하는 통화정책이다. 우리나라의 경우 1998년 한국은행법을 개정하여 한국은행이 목표물가를 정하고 이에 부합하는 통화정책을 운용하도록 제도화하였다. 이 개정으로 통화정책이 통화량 준칙에서 목표인플레이션에 의한 이자율 준칙으로 바뀌는 통화정책 운용상의 큰 전기를 맞게 되었다. 목표인플레이션과 관련하여 테일러(J. Taylor, 1993)는 명목단기이자율[2]과 인플레이션율 및 GDP갭 비율 사이에 다음과 같은 관계식을 도출하였다.

2) 예로 미국의 연방기금금리나 우리나라의 콜금리 등이 이에 해당된다.

$$i_t = \pi_t + 2.0 + 0.5(\pi_t - \pi_t^*) - 0.5\{(y_f - y_t)/y_t\}$$

여기서 i_t는 명목단기이자율, π_t는 실제인플레이션율, π_t^*는 목표인플레이션율[3]이다. 즉 테일러의 이자율 준칙이란 실제인플레이션 π_t가 목표인플레이션율 π_t^*보다 높으면 명목이자율 i_t를 규칙적으로 0.5%씩 인상시키고, 실제산출량 y_t가 완전고용산출량 y_f보다 낮으면 명목이자율 i_t를 규칙적으로 0.5%씩 낮추는 정책을 말한다. 이제 목표인플레이션 정책은 테일러의 이자율준칙으로 실현할 수 있다. 완전고용상태($y_f - y_t = 0$)에서 실제인플레이션율이 목표인플레이션율을 1% 초과하면 중앙은행은 명목이자율을 0.5%만큼 상승시킨다. 이자율이 상승하면 긴축적 금융정책의 효과가 발생하기 때문에 물가가 하락하고 상승했던 실제인플레이션이 목표인플레이션 수준으로 접근하게 된다. 역으로 실제인플레이션율이 목표인플레이션율보다 1% 낮으면 중앙은행은 명목이자율을 0.5%만큼 하락시킨다. 이는 확장적 금융정책을 의미하고, 하락했던 실제인플레이션율이 상승하면서 목표인플레이션율 수준으로 다시 접근하게 된다. 따라서 이자율준칙으로 목표인플레이션을 실현하게 된다. 그리고 GDP가 완전고용산출량보다 작아 GDP갭이 발생하여 경기가 침체되면 명목이자율을 GNP갭 비율의 0.5%만큼 하락시키는 팽창적 금융정책으로 경기를 진작시킨다.

이처럼 물가안정에 책임을 지고 있는 중앙은행이 물가목표치를 정해 물가가 이보다 낮으면 금리를 내리고, 반대로 물가가 목표치보다 높으면 금리를 올려 물가를 안정시키는 정책인 목표인플레이션 정책은 일종의 '자동화된 규칙(automatic rule)'에 의한 물가관리정책으로 중앙은행의 재량적인 여지마저 줄이겠다는 것이 이 정책의 핵심이다. 목표인플레이션을 도입하면 중앙은행의 신뢰성뿐만 아니라 통화정책의 투명성을 높일 수 있는 장점이 있다. 목표인플레이션을 정할 경우 인플레이션 위험을 미리 차단할 수 있고, 물가가 목표수준 아래로 내려갈 경우 금리인하로 디플레이션 위

3) 원래 Taylor의 이자율 준칙에서는 $\pi_t^*=2.0$이다.

험을 막을 수도 있어 물가안정이라는 중앙은행의 역할을 충실히 할 수 있기 때문이다. 최근 디플레이션의 타개책으로 목표인플레이션제도(물가안정목표제, 물가목표제)가 급부상하고 있는 것도 이와 같은 이유에서 비롯한다. 요즘처럼 과잉공급 시대에 있어서는 성장둔화에 따라 상품수요가 조금만 줄어들 경우 이를 극복하기 위해서는 가격파괴 경쟁이 불가피하기 때문에 하이퍼 디플레이션(hyper inflation) 가능성이 높기 때문이다.

실제로 최근 선진국의 물가는 같은 성장률 대에서 종전에 비해 평균 1%p 이상 낮다. 개도국의 물가도 1960년대 이래 최저 수준이다. 2005년 하반기에 미국 등이 금리를 계속 올린 것도 인플레이션에 문제가 있어서라기보다 자산 부문에 낀 거품을 해소하려는 목적이 강하였다. 벤 버냉키(Ben Bernanke) 미국 연방준비제도이사회(FRB) 의장은 자신이 그동안 주창해 온 명시적인 목표인플레이션제도와 관련해 물가안정과 지속 가능한 완전고용이라는 연준의 두 가지 목표를 더 잘 수행할 수 있다는 공감대가 형성될 때에만 물가 목표제를 도입할 생각"이라고 밝힘으로써 도입을 서두르지 않을 입장을 밝힌 바가 있다. 2006년 초부터 일본은행(BOJ) 역시 목표인플레이션 제도를 도입해야 한다는 목소리가 커지고 있다. 최근 에너지와 음식료를 뺀 핵심소비자물가지수(Core CPI, 근원CPI)가 연속 상승세를 이어가고 실질GDP가 높은 상승률을 보이면서[4] BOJ로서는 통화정책을 변경할 수 있는 명분을 얻고 있고, 목표인플레이션제도를 도입할 경우 정책의 유연성은 떨어지지만 장기 디플레이션을 경험한 일본의 소비자들이 향후 물가 동향에 대해 쉽게 파악할 수 있는 장점이 있기 때문이다.

반면 목표인플레이션은 단점도 많이 안고 있다. 무엇보다 어떤 물가지표를 인플레이션 지정목표로 선택해야 할 것인가 하는 문제다. 대부분의 중

4) 이코노미스트는 일본경제가 디플레이션을 벗어났다고 예단하기 어렵다고 한다. 그 이유로 첫째는 일본의 핵심 CPI는 다른 선진국들과 달리 에너지 가격을 포함하고 있고, 둘째로 디플레이션의 시기에는 실질 GDP보다 명목 GDP가 경제성과를 더 잘 대변하는데 일본의 2005년 명목 GDP는 1997년 수준의 98%에도 못 미칠 정도로 명목 GDP는 여전히 낮은 증가율을 보이기 때문이다. Economist, "Japan's economy : Out, damned D word," Feb. 25, 2006, p. 16.

앙은행들은 소비자물가와 핵심소비자물가지수를 사용하고 있는 반면 미국 연방준비제도이사회(FRB)는 민간소비지출(PCE) 디플레이터와 핵심민간소비지출(Core PCE) 디플레이터를 중시하고 있다. 따라서 선택된 물가지표에 따라 인플레이션 양상이 다양할 수밖에 없으며, 지표 간 차이로 인해 같은 상황을 놓고 인플레와 디플레에 대해 서로 다른 해석을 내리기도 한다. 한 나라 경제에서 이런 상황이 발생하면 목표인플레이션은 오히려 중앙은행의 경기침체에 대한 대체능력을 떨어뜨릴 가능성이 높다. 물론 인플레 타기팅을 도입한 국가의 경우 외부 충격 시 적절한 대응을 허용하는 '회피조항'을 두고 있지만 아무리 완화된 것이라 하더라도 공식적인 목표를 제시하는 목표인플레이션은 중앙은행 총재들이 현재 누리고 있는 만큼의 충분한 재량을 허용하지 않는다. 일부 이코노미스트들이 그 대안으로 '비밀 타기팅(stealth targeting)'을 채택할 것을 제안하는 것도 이런 이유에서다.

8. 재정정책의 효과

재정정책이란 정부지출이나 조세를 수단으로 정부의 경제목표를 실현하는 정책이라 할 수 있다. 즉 재정정책이란 정부적자를 국공채 발행을 통해 조달하는 정책으로 이해할 수도 있다. 정부가 상품 구입을 위한 지출이나 조세수준을 변동시키면 총수요곡선을 직접적으로 이동시키거나, 기업과 가계의 지출에 영향을 미쳐 간접적으로 총수요곡선을 이동시킨다. 정부가 경제에 개입하는 것을 반대하고 값싼 정부(Cheap Government)를 주장하는 고전학파는 확장적 재정정책이 국민경제에서 정부의 비중을 높이기 때문에 반대한다. 따라서 재정정책의 유효성 논쟁은 경기의 안정을 위해 적극적인 재정정책의 유효성을 주장하는 케인스학파에 대해 고전학파를 계승하는 통화론자의 대립으로 압축된다.

1) 재정정책의 전달경로

정부의 재정정책이 산출물에 영향을 미치기까지의 경로와 관련하여 케인스학파와 통화론자의 차이는 정부지출이 산출물에 미치는 영향이 직접적이냐 간접적이냐의 문제다. 전자의 경우, 불완전고용상태에서 재정정책은 이자율의 변화 없이 '승수효과'를 통해 직접적이고 확실하게 산출량에 영향을 미친다고 주장하는 반면, 후자의 경우, 정부가 국공채를 발행하여 정부지출을 하면 전체 통화량은 변동하지 않지만 자본시장에서 채권가력이 하락하고 채권수익률의 하락, 즉 이자율이 상승하게 되고 그 결과 실물시장에서의 소비와 투자 등 민간지출을 감소시킴으로써 정부지출 증가에 따른 산출량 증가를 상쇄('구축효과')시킨다고 주장한다. 양자의 주장을 좀 더 자세히 살펴보자.

케인스학파의 경우 정부의 확장적 재정정책은 국민경제 내에 일차적으로 초과수요를 발생(총수요를 증대)시킨다. 초과수요는 물가상승 압력으로 작용하고 이는 화폐시장과 노동시장에 영향을 미친다. 화폐시장에서 물가상승은 실질통화량을 감소시켜 화폐의 초과수요를 발생시키고 이자율을 상승시킨다. 또한, 물가상승은 노동시장에서 '화폐환상'으로 노동수요를 노동공급보다 크게 증가시킨다. 여기서 케인스학파는 이자율에 대한 투자지출의 탄력성을 크게 보지 않기 때문에 총수요의 감소효과보다는 승수효과에 의한 총수요의 증가효과가 크게 나타난다. 게다가 케인스학파는 정부가 예산적자를 신규 국공채 발행으로 충당할 때 민간이 보유하는 국공채를 민간의 자산으로 보기 때문에 정부지출의 증가는 민간의 부와 자산을 증가시켜 소비가 증가하여 총수요를 추가로 증가시킬 수 있다고 본다. 조세감면의 경우에도 조세감면으로 발생한 정부의 재정적자를 국공채 발행을 통해 보전했을 때 국공채는 민간의 순자산을 증가시키고 이로써 민간의 소비를 증가시켜 총수요를 증가시킨다. 발행된 국공채를 만기에 조세를 징수하여 상환해도 균형재정승수효과로 총수요가 원래 상태로 돌아오지 않기 때문에 국민소득은 증가한다. 물론, 조세감면에 따른 소득 증대는 화폐시장에서 화폐수요를 증대시키고 실질이자율을 상승시키고 투자를 어느 정도 감소시킨다.

반면, 통화론자의 경우 투기적 화폐수요의 이자율탄력성이 작고 투자지출에 대한 이자율탄력성은 크다고 보기 때문에 화폐의 초과수요는 이자율을 크게 상승시키고 총수요를 크게 감소시킨다. 즉 통화량 증가를 수반하지 않는 정부지출 증가가 이자율을 상승시켜 소비, 투자 등 민간지출을 줄여 정부지출 증가로 늘어난 국민소득의 일부 또는 전부를 상쇄시킨다고 본다(구축효과).[5] 게다가 정부지출을 반대하는 새고전학파는 정부의 세금 감면이나 정부발행 국공채를 민간의 소득 또는 자산의 증가로 보는 케인스학파와 달리 민간이 미래에 조세로 상환해야 할 부채로 규정함으로써 재정정책의 무력성을 주장한다.[6] 경제주체의 합리적 기대를 전제로 하는 새고전학파는 정부의 예상된 재정정책은 장기뿐만 아니라 단기에서도 효과가 없다고 주장한다. 단지 예상하지 못한 재정정책은 일시적으로 산출량을 증가시키지만 최종적으로는 산출량에 대해 아무런 효과가 없다고 주장한다. 오히려 산출량 변동을 크게 하여 경제불안을 가중시킨다. 이에 대해 새케인스학파는 재정정책이 장기에 효과가 없음을 수용한다. 그러나 단기에서는 경제주체의 기대가 합리적이라 하더라도 가격의 경직성으로 인해 단기에는 효과가 있다고 본다.

2) 재정정책의 효과에 대한 실증연구

구축효과에 대한 논쟁은 미국경제를 둘러싼 케인스경제학과 통화주의학파 간의 대립점이기도 하다. 그럼 여기서 제2차 세계대전 이후부터 미국경

5) 구축효과(crowding-out effect)에 대해 정부지출의 효과를 주장하는 이들은 '보정효과(crowding-in effect)'를 주장하기도 한다. 보정효과란 정부지출이 SOC 등 사회간접자본 시설 등에 투자되어 공급능력이 확대되면서 사회 전반적으로 생산성이 향상되고 산출량이 증가하거나 불완전고용상태에서 정부지출이 민간지출을 유인하여 산출량을 증가시키는 효과를 말한다.

6) 이 주장은 정부가 재원을 조세를 징수하여 조달하든, 국공채를 발행하여 조달하든 재정정책은 민간의 소비에 아무런 영향을 미치지 않는다는 점에서 동일하다는 '리카르도 동등성 정리(Ricardian Equivalence Theorem)'에 기초한 것이다.

‖ 표 12-3 ‖ 미국 국민순생산의 배분의 구성 추이(불변가격)

	1947~58	1958~67	1967~76	1947~76
생산 부문의				
노동자소비	3.29	4.35	3.69	3.74
잉여소비	2.36	3.24	-0.20	1.84
순자본형성	-3.44	8.64	-4.00	0.13
정부지출	4.75	6.68	2.64	4.69
총정부지출	7.13	4.47	0.49	4.25
비생산 부문의 지출	4.83	4.39	2.23	3.89
전체 최종생산물 지출	2.91	4.91	1.92	3.22
총 산출량	2.93	4.94	1.49	3.11
	1947	**1958**	**1967**	**1976**
생산 부문 전체 잉여소비	40.7	44.9	43.6	47.6
생산 부문 순자본형성	11.0	5.3	7.3	4.3
생산 부문 잔차	6.3	-1.0	1.6	-2.2
비생산 부문 최종지출	42.1	50.7	47.5	50.3
전체 잉여	100.0	100.0	100.0	100.0

자료 : E. Wolff, 1987, *Growth, accumulation, and unproductive activity: An Analysis of the postwar U.S. economy*, Cambridge University Press, pp. 113~115, Tables 5.6, 5.7 & 5.8.

제가 불황국면에 진입했던 1970년대 전반기까지의 자료를 통해서 구축효과의 모습을 살펴보자. 〈표 12-3〉 〈표 12-4〉의 자료들은 미국경제에서 국민소득의 배분의 구성에 대한 추이와 최종생산물 지출의 구성별 연평균 성장률 및 잉여생산물 배분의 구성 추이를 보여 준다.[7] 이들 자료의 분석[8]

7) 국민순생산(NNP)을 기준으로 했다. NNP는 GNP에서 감가상각이 되는 부분을 제외한 것이다. 즉 자본재는 시간이 경과함에 따라 그 가치가 점차 떨어지는데 이를 가리켜 감가상각이라고 부른다. 한 국민경제가 생산해 낸 자본재의 일부는 감가상각이 된 부분을 보충하는 데 쓰여야 한다.

‖ **표 12-4** ‖ 미국경제의 최종생산물 지출의 구성별 연평균 성장률

	1947	1958	1963	1967	1972	1976
I. 총지출 측면						
노동자소비	48.7	50.9	49.2	50.1	58.4	60.0
생산노동자소비	33.0	34.4	35.3	32.7	36.6	38.3
잉여소비	20.3	19.2	19.4	17.0	12.1	13.8
생산적 잉여소비	14.1	13.3	13.4	11.4	8.0	9.4
순자본형성	9.1	4.5	5.5	6.3	7.9	3.7
생산적 순자본형성	8.4	4.2	5.1	5.8	7.2	3.4
정부지출	15.9	25.2	23.6	24.2	21.1	21.3
생산적 정부지출	7.6	9.3	9.9	10.9	10.5	11.7
비생산적 지출	32.1	39.6	37.2	37.9	38.6	38.9
II. 총산출 측면						
생산노동자소비	40.0	41.6	39.8	39.5	46.3	48.1
생산적 잉여소비	17.1	16.1	16.0	13.8	10.1	11.8
생산적 순자본형성	10.2	5.0	6.1	7.1	9.1	4.2
생산적 정부지출	9.2	11.3	11.9	13.2	13.2	14.6
비생산활동에 소비된 생산물	17.7	26.9	24.7	25.0	22.5	23.3

주 : 잉여생산물은 순생산물과 필요소비의 차이, 그리고 필요소비는 생산노동자에 의한 생산 부문 산출물의 소비로 정의된다.

자료 : E. Wolff, 1987, pp. 117, 119, Tables 5.9 & 5.10.

8) E. Wolff, 1987, *Growth, accumulation, and unproductive activity : An Analysis of the postwar U.S. economy*, Cambridge University Press)

에 따르면 생산 부문의 순자본형성과 생산 부문의 정부지출의 연평균성장률 간에는 정(+)의 관계가 나타나고, 정부지출과 순자본형성(민간투자) 간에도 역(−)의 관계는 확인되지 않는다. 이러한 연구결과는 "정부지출이 민간투자를 구축시키는 경향이 있다"('구축효과')는 종래의 단순 설명에 대해 주의를 요구한다. 중요한 사실은 비생산활동 최종지출의 비중이 증가하는 것이 자본축적률을 감소시킨다는 주장은 전혀 제기되지 않고 오히려 확인되지 않은 사실인 정부지출의 증가가 자본축적률을 낮춘다는 주장만이 유행하고 있다는 점이다.

기본적으로 이러한 정책들의 효과는 지금까지 지적해 왔듯이 가격 중심의 시장이론이 잘 작동하는 것을 전제로 한다. 그러나 경제의 글로벌화는 가격 중심으로 경제현상을 설명하는 것을 어렵게 하고 있다. 실제로 최근 들어 통화정책이나 재정정책은 불확실한 효과를 보이고 있다. 2001년도 미국 연방준비제도이사회(FRB)의 11회 금리인하조치나 1990년대 GDP의 130%에 달할 정도로 공적자금을 투입했던 일본정부의 정부부채(재정지출)는 경기회복에 영향을 미치지 못했기 때문이다.

9. 필립스곡선 논쟁

1) 필립스곡선의 이해방식의 다양성

경제정책효과에 대한 인식의 차이는 구체적으로 실업과 인플레이션의 처방에 대한 인식의 차이이기도 하다. 총수요와 총공급에 의해서 결정되는 균형산출량과 균형물가수준의 변화는 실업과 인플레이션으로 표현할 수 있다. 총수요정책이 효과적이라면 재정팽창을 통해 물가상승은 피할 수 없지만 실업을 줄일 수 있다. 물론 총수요조절정책이 효과가 있더라도 총공급곡선의 기울기, 즉 물가에 대한 총공급의 탄력성에 따라 총수요의 팽창정책은 그 효과에 커다란 차이가 있다. 총공급곡선이 탄력적일수록, 총수요 팽창정책이 제대로 작동하면 실업을 줄이면서도 물가상승은 적을 것이다. 여하튼 총수요조절정책이 효과가 있다면 실업률과 물가상승률 간에는 상충관계가 존재할 것이고, 그렇지 않을 경우에는 상충관계는 존재하지 않을 것이다. 이것이 이른바 '필립스곡선(Phillips curve, PC)'의 존재 유무에 대한 논쟁이다.

이 논쟁에 대한 배경을 먼저 살펴보자. 먼저 영국에서 19세기 중반부터 20세기 중반에 이르는 기간 동안 명목임금의 상승률과 실업률 사이에 안정적인 마이너스(−)의 상관관계가 존재했다는 사실을 발견한 필립스(Phillips)의 주장[9]은 케인스경제학의 총수요관리정책의 정당성에 힘을 실어 주었다. 흔히 필립스곡선은 물가상승률과 실업률 사이의 마이너스(−)의 관계로 나타낸다. 필립스곡선을 이렇게 바꾸어 표현하는 것은 대개 명목임금의 상승률과 물가상승률이 비슷한 움직임을 보이기 때문이다. 그런데 1960년대 후반부터 기업(자본)의 수익률이 급격하게 감소하기 시작하면서 수익률을 개선하기 위한 기업(자본)의 노력은 신자유주의 경제정책들로 나타난다. 1970년대 이후 확산된 신자유주의는 효율성의 시장원리를 만능시하는 사상과 정책이다. 이는 자본의 이윤추구를 제약하는 민주성의 논리에 대항하려는 것이었고, 특히 글로벌화가 진전되면서 그 힘이 강화되었다. 자본주의 발흥기의 구자유주의와 다른 점은 신자유주의는 서구의 강력한 노조와 복지정책에 대한 자본의 반격으로 등장했다는 사실이다. 신자유주의는 국내적으로나 국제적으로 시장기능의 복원과 확대가 개인의 자유와 행복을 증대시키는 길이라고 주장한다. 물론 자유주의의 전통에 따라 법 아래에서의 자유가 확대되기를 주장한다. 그리고 시장의 국제화 · 세계화에 따라 국제시장, 세계시장을 관리하기 위한 국제협력과 국제기구의 역할을 중시한다.

신자유주의 경제정책은 구체적으로 통화와 재정의 긴축정책, 국가 부문

9) A.W. Phillips, "The Relationship between Unemployment and the Change of Money Wage Rates in the United Kingdom, 1862~1957," *Economica*, New Series, November 1958, pp. 283~299.

의 축소, 그리고 시장개방 및 자본자유화의 확대로 나타났다. 신자유주의 경제정책의 내용을 자세히 살펴보면, 첫째, 긴축정책(디플레이션정책)은 단기적으로는 기업의 이윤을 희생시키지만 장기적으로는 생산 및 투자의 수익성을 회복시킬 수 있다. 예를 들어 긴축재정은 호황일 때는 경기의 과열을 막기 위해서 세입의 일부를 다음 해로 이월하고, 정체되었을 때는 세수의 감소를 예상하여 이에 상응하는 세출의 감소를 도모하기 위해 경비의 일부를 삭감한다. 따라서 긴축재정은 호황일 때는 경기에 대한 디플레적 성격을 띠며 침체일 때는 중립적인 성격을 띤다. 즉 경제성장과 완전고용을 더 이상 주요 목적으로 유지할 수 없게 된 정부는 인플레이션의 가속화, 그리고 이윤 압박과 경쟁력 상실에 직면해 디플레이션정책과 소득정책으로 대응했다.[10] 무엇보다, 강력한 디플레이션정책은 한계기업의 도산을 비롯해 경기후퇴를 가져와 노동자의 저항을 약화시켜 노동강도는 강화되고 임금상승은 둔화된다. 소득정책은 노동자에게 화폐임금 증가액의 인하를 수락하도록 설득하는 것이며, 디플레이션은 노동자들의 교섭력을 약화시키고자 하는 것이므로 노동자들에게 선택의 여지를 주지 않았다. 한편 사용자들은 작업규율과 공장단위 교섭방식에 대한 공세를 펴기 시작했다.

디플레이션과 소득정책 및 공장보너스에 대한 정부와 사용자 측의 공세로 임금이 억제되면서 임금노동자들의 불만이 증대되었고 파업물결이 확산되었다. 여기에 프랑스에서 1968년 5월 혁명을 촉발시킨 학생들의 저항이 촉매역할을 했다. 경기침체가 자신들의 취업과 생활수준에 영향을 미치는 것을 용납할 수 없었던 노동자들은 파업으로 대응했고, 1970년대에는 파업비율이 높게 유지되었다. 그러나 대개의 파업은 실패로 끝났고, 1970년대 말쯤 되면서 더 이상 경제가 고용, 생활수준, 복지서비스를 기존의 수준으로 유지할 수 없게 됨에 따라 정부와 노조의 역할을 축소하는 것이 정책결정에서 지배적 흐름이 되었다. 왜냐하면 정부와 노조 모두는 시장메커니즘의 자유롭고 효율적인 작동을 방해한다고 생각했기 때문이다. 특히 자

10) 인플레이션이 주로 초과수요에 의해 발생한다면 디플레이션은 주로 초과공급에 의해서 발생하게 된다.

본은 시장의 자유로운 작동을 제약하는 노동자 측의 정치적 · 경제적 힘을 분쇄해야 한다고 생각했다.

이러한 사상은 레이건(Reagan)과 대처(Thacher) 정부가 강력히 주장했다. 예를 들어 대처 정부 초기의 금융긴축은 대량실업을 창조함으로써 노조를 약화시켰다. 즉 디플레이션정책을 통해 불황을 유도하는 목적은 단기이윤을 희생시키더라도 장기의 생산 및 투자의 수익성을 회복하자는 데 있는 것이다. 경기후퇴기에는 가장 낮은 생산성을 지닌 가장 취약한 기업이 먼저 도산하고 그들의 소멸은 평균생산성을 향상시킨다. 또한 강력한 디플레이션은 경영자로 하여금 작업관행을 변화시키도록 한다. 예를 들면 가동률을 낮추고 작업속도를 증가시키는 것을 강요한다. 무엇보다 중요한 것은 디플레이션이 이러한 변화에 대한 노동자의 저항을 약화시킨다는 점이다. 여기에는 심리적 두려움이 결정적 역할을 한다. 노동자들은 정당한 반대나 저항을 할 경우 실업을 당하거나 직장이 폐쇄된다고 믿게 되고 다른 직업을 구하는 것 또한 불가능하다는 두려움을 갖게 된다. 이 압력에 의해 임금상승은 둔화되고 임금증가율은 가격증가율을 밑돌게 된다.

둘째, 국가 부문 비중의 감소는 감세, 민영화(privatization), 노동시장 및 산업현장에 대한 탈규제(deregulation) 등으로 나타났다. 1980년대에는 총지출 중 국가 부문의 비중 증가라는 지금까지 지속되었던 경향의 반전이 여러 국가들에서 나타났다. 예를 들어 1980~1990년에 GDP에서 정부지출이 차지하는 비중은 독일의 경우 47.9%에서 45.1%, 일본의 경우 32.0%에서 31.3%, 영국의 경우 43.0%에서 39.9%, 그리고 스웨덴의 경우에도 60.1%에서 59.1%로 하락했다. 주류경제학자들 역시 이윤율 축소의 원인 중 하나로 사회보장 부담 등으로 인한 과다한 노동에 대한 보상이 이윤에 대한 압박요인으로 작용했다고 주장했다. 그리하여 레이건 행정부(1981~1988)는 소득세의 최고세율을 70%에서 33%로 삭감했고, 대처 정부(1979~1990)는 83%에서 40%로 내렸다. 그 결과 미국과 영국에서 부유층으로의 소득재분배가 극심했다.

1980년대 초반 미국 레이건 행정부가 받아들여 학계보다 일반대중에게 더욱 널리 알려지게 된 '공급중시경제학(supply-side economics)'의 출현도 이러한 흐름 변화의 하나였다. 공급중시경제학의 정책대안에서 핵심은 조세감면이었다. 조세감면을 통해 총수요를 증대시키고 노동공급의 증가와 저축 및 투자의 증대로 총공급도 증가시켜 물가안정과 경기활성화를 동시에 달성할 수 있다고 주장했다. 다시 말해 근로소득세나 법인세 그리고 이자소득세의 인하는 세후 실질임금의 증가로 노동력 공급의 증가, 기업의 투자 증가, 저축의 증가를 가져와 총공급곡선을 오른쪽으로 이동시킬 것이라고 주장한다. 조세감면을 통해 실업과 인플레이션문제를 모두 해결할 수 있다니 얼마나 환상적인 일인가? 이들은 여기에서 그치지 않고 조세감면은 조세수입도 증대시켜 재정적자도 줄일 수 있다고 주장했다(소위 '래퍼곡선(Laffer' s curve)').

그러나 이들은 1960년대 말 이래 서구경제의 본질적 문제를 인식하지 못했거나 의도적으로 외면했다. 1980년대 초반 레이건 행정부의 소득세와 법인세가 대폭 인하된 결과는 물가상승과 함께 폭발적인 재정적자의 증가 그리고 소득분배의 악화였다.[11] 생산요소(노동과 자본)의 공급탄력성은 적어

공급중시경제학(Supply-side economics) 수요 면보다 공급 면을 중요시하는 경제정책상의 입장으로 경제의 안정 회복과 인플레이션 억제를 위해 감세나 기업의 투자 확대 촉진법을 만들어 재화나 서비스의 공급을 증가시킬 필요가 있다고 주장하는 경제이론이다. 즉 공급 측면을 중시하는 정부는 기업과 개인에 대한 세금감면과 규제 축소를 통해서 기업이 생산을 늘리도록 장려한다. 생산의 증가가 곧 고용 증대와 지출 증가를 통해서 개인에게도 '조금씩 흘러간다'는 것이다.

래퍼곡선(Laffer's curve) 미국의 경제학자 래퍼가 제시한 세율과 세수의 관계를 나타내는 곡선으로 세율이 영(0)일 때에는 세수도 영이 되나 세율이 100%일 때에는 누구라도 소득을 얻기 위한 활동을 거부하기 때문에 세수도 영이 된다. 래퍼곡선은 중간에 세수가 극대로 되는 점(이를테면 50%의 세율)이 존재한다는 것을 주장하고 있다. 미국 대통령 레이건의 감세정책은 당시의 미국이 이미 래퍼곡선의 상반부가 넘는 위치에 있다는 판단에 근거한 것이다. 그러나 래퍼곡선은 실증적 연구에서 도출된 것이 아니라 그와 같은 사고도 가능하다는 견해를 나타낸 것에 불과하다.

11) 면세나 세금공제 항목이 크게 늘어나 '기업경영의 황금기'라 불렸던 레이건 행정부 시절 한 일화를

도 단기에서는 매우 비탄력적이다. 노동공급곡선이 후방굴절곡선으로 나타나듯이 소득이 높을수록 노동력 공급에 대한 임금의 탄력성은 마이너스(−)로 나타난다. 마찬가지로 저축에 대한 이자율의 탄력성 역시 비탄력적이거나 마이너스(−)가 될 가능성이 높다. 이자율이 오른다고 해서 저축이 반드시 증가하거나 이자율이 하락한다고 해서 저축이 감소하지 않기 때문이다. 그리고 저축 증대로 이자율이 하락하더라도 투자가 증가하리란 보장은 없다. 게다가 투자증가를 통한 자본축적 역시 오랜 시간이 필요하다. 이처럼 잘못된 경제이론에 근거한 공급중시경제학의 정책처방은 재정적자의 증가뿐만 아니라 부유층에게 유리한 조세감면으로 소득분배까지 악화시켰다.

소득분배를 나타내는 지표 중 하나인 지니계수를 보면 레이건 행정부 출범 전 해인 1980년에 0.403에서 1988년에는 0.427, 그리고 레이건 행정부의 정책을 계승한 부시(G. Bush) 행정부 기간인 1992년에는 0.434로 소득분배가 계속 악화되었다. 하위 20%와 상위 20% 가구의 소득이 전체 소득에서 차지하는 비중도 1980년에 각각 4.3% 대 43.7%, 1988년에 3.8% 대 46.3%, 그리고 1992년에 3.8% 대 46.9%로 계속 확대되었다. 세후(稅後) 실질임금의 증가에 대한 노동공급의 탄력성이나 세후 실질이자율의 인상에 따른 저축(대부자금 공급)의 탄력성이나 법인세 인하에 대한 투자의 탄력성 등에 대한 시장근본주의자들의 '교조적 해석'에 따른 결과였다. 레이건 행정부의 정책을 계승하고 있는 현재의 부시 행정부에서도 '부의 쏠림'은 심화되고 있다. 1989년 30.1%였던 미국 내 상위 1% 갑부들의 자산 비중이 미국 전체 순자산 중 2001년에는 32.7%, 2004년에는 33.4%를 차지하는 것으로 조사됐다(FRB의 소비자 재무조사 자료, *Wall Street Journal*, 2006. 4. 5). 대표적 자산인 주식 소유의 경우에도 상위 1%의 부유층이 전

소개하자. "워싱턴포스트(Washington Post)가 전하는 당시 정황을 보면 1983년 말(1971~1981년까지 메릴 린치의 CEO를 지낸) 도널드 리건 재무장관은 심각한 표정으로 두툼한 서류철을 들고 백악관을 찾았다. 여기에는 제조항공군수 분야 최고업체인 제너럴일렉트릭 · 보잉 · 제너럴다이내믹스 등 57개 거대기업이 세금을 한푼도 내지 않았다는 충격적인 사실이 담겨 있었다." ≪한겨레신문≫, 2001. 12. 14, 15면에서 재인용.

체 주식의 53%, 상위 10%가 주식의 88% 보유하고 있는 실정이다. 즉 미국인 부자 가정 1%의 재산이 미국인 전체 자산의 3분의 1이 넘는 것으로 이는 미국에서 부의 편중현상이 갈수록 심화되고 있는 것을 의미한다. 반면 미국에서 극빈층으로 전락하는 준빈곤층들이 늘고 있다. 물가상승으로 주택가격과 의료비용은 급증하고 있지만, 각종 사회보장 혜택이 줄어들면서 저소득층의 생활기반이 흔들리고 있기 때문이다. 2004년 현재 미국 정부가 규정한 빈곤선(4인 가정 기준 연수입 1만 9,157달러) 이하의 삶을 사는 미국인은 3,700만 명이다. 그러나 이보다 훨씬 많은 5,400만 명이 빈곤선의 2배인 3만 8,314달러 이하의 연수입을 올리며 불안한 생활을 이어가고 있다. 이들은 경기가 나빠져서 직장을 잃으면 곧바로 극빈층으로 전락하는 준빈곤층(잠재빈곤층)이다.[12] 미국 인구조사통계국에 따르면 연소득이 빈곤선의 125% 이내인 저소득층은 2000년 4,361만 명(15.6%)에서 2001년 4,532만 명(16.1%), 2002년 4,708만 명(16.5%), 2003년 4,868만 명(16.9%), 2004년 4,966만 명(17.1%)으로 절대적 · 상대적으로 증가해 왔다.

미국 중산층과 저소득층의 생활이 점점 불안해지는 원인은 가계의 빚이 증가하고 있고 각종 정부지원도 축소되고 있기 때문이다. 저소득층의 의료혜택인 메디케이드 지원과 정부의 현금보조는 축소되는 추세다. 또 현금보조를 받더라도 물가상승으로 예전만큼 많은 생필품을 살 수 없는 실정이다. 빈곤층으로 전락한 준빈곤층 사람들은 의료보험, 심지어 실업보험 혜택도 받지 못하는 임시직이나 일용직에 생계를 의지해야 한다. 이는 2001년 이후 수차례에 걸친 감세정책과 무관하지 않다. 미국의 '조세정책센터(Tax Policy Center, http://www.taxpolicycenter.org/home/)'에 따르면 부시 행정부에서 이루어진 평균조세율의 변화는 2006년 현재 상위 0.1%의 소득계층은 -3.8%, 상위 1%는 -3.4%, 상위 20%는 -2.9%, 중간 20% 소득계층은 -2.1%, 하위 20% 소득계층은 -0.3%로 고소득층일수록 감세정책의 혜택을 본 것으로 나타났다.[13] 그 결과 빈부격차가 점점 벌어지

12) *New York Times*, May 8th, 2006.

고 있다. 미국 예산정책우선센터에 따르면 2003년 미국 내 하위 20% 가계의 수입은 지난 10년간 19%(2,660달러) 증가한 반면, 중간 20%와 상위 20%의 수입은 각각 28%(1만 218달러)와 59%(4만 5,100달러)씩 증가했다. 그리고 상위 20% 가계의 수입은 최하 20%의 7.3배에 달했다.

또한 민영화된 기업이 보다 강한 경쟁에 처함으로써 경제적 효율성이 제고된다는 신념에 기초하는 공기업의 민영화정책은 대처 정부의 가장 급진적인 정책 중 하나였다. 1990~1997년에 세계적으로 국가가 민영화한 재산은 그 총액이 513억 달러에 달했다. 공기업의 민영화로 대기업은 그 규모가 더욱 커지고 대조적으로 국가는 점점 그 권한이 줄어들 수밖에 없다. 독점적인 공익사업은 정부가 그 사업의 장래 수익성을 보장해 주려는 구조적 유인이 존재했지만, 새로운 민영체제하에서 해고 위협의 증대는 노동자들을 위축시켜 더 낮은 임금이나 더 강도 높은 노동패턴을 받아들이도록 강제하기 때문에 수익성 증가를 위해 희생하는 쪽은 바로 노동자들이었다. 게다가 만약 민영화에 따라 경영자가 사회적 이유로 계속 유지되어 온 서비스를 기업이 중단한다면 그 이윤 증가는 소비자의 희생을 대가로 하게 된다.

구사회주의 국가들뿐만 아니라 경제위기를 겪고 있는 아시아와 중남미 등의 국가들에서도 오늘날 공기업의 민영화는 유행처럼 번지고 있다. 공기업의 민영화는 해당 공기업의 경영효율화 및 재정충당을 목적으로 한다. 그러나 현실적으로는 투명성의 확보 등 방법상의 문제나 소액주주, 노동조합, 해당 부처 공무원의 이익 등 이해단체 간의 갈등 등으로 제대로 진전되는 경우가 드물다. 민영화의 목적은 공기업을 경쟁체제로 전환해 경영을 효율화하는 데 있는 반면, 산업의 경쟁여건이 조성되지 않았는데도 민영화를 할 경우 이론적으로 효과를 기대할 수 없다. 그 경우 해당 기업을 받은 민간기업에 또 다시 독점권을 주게 된다. 특히 민영화와 더불어 해당 기업을 인수한 민간기업에게 일정 기간 적자를 보전해 주거나 독점을 인정해 주는 등의 특혜를 제시할 경우 생산성의 향상 등 민영화의 목적은 거둘 수 없다.

---

13) *The Economist*, April 15th, 2006, p. 34.

셋째, 산업운영에 관한 정부규제의 제거, 즉 안전 및 환경보호와 같은 문제들에 관한 규제완화는 1980년대의 강력한 경향이었다. 넷째, 노동시장의 유연화를 위해 노사관계에 관한 다양한 법적 규제를 변경시켰다. 이미 높은 실업에 의해 노동자계급의 지위는 일반적으로 약화되어 있었고, 노동조합의 활동규제를 포함한 노동시장에 대한 법적 규제의 완화는 노조로부터 기업(자본)으로 세력균형을 더욱 이동시켰다. 예를 들어 1970년대 초반 보수당 정부의 급진적 노사관계법이 노조의 반대로 패배한 교훈을 바탕으로 대처 정부는 일련의 고용법을 통해 서서히 노조를 약화시켰다.

서구 시장경제에서 이러한 자본축적 구조의 변화는 경제학 흐름의 역전에서도 확인된다. 경제에 대한 국가의 케인스주의적 개입을 반대하고 국가의 경제개입을 축소할 것을 주장하는 '신자유주의' 경제학들이 그것이다. 이들은 구체적 내용에 있어서 밀턴 프리드먼으로 대표되는 통화주의나 합리적 기대의 경제학 등 다양한 부류들로 나타나고 있지만, 기본적으로는 하이에크(F. A. Hayek)의 사상에 기초하고 있다. 경제학의 흐름 변화와 관련하여 대표적 논쟁이 필립스곡선의 존재 유무였다. 전후 서구경제에서 필립스곡선이 존재했다는 사실은 '수요견인 인플레이션'을 뒷받침하는 반면, 이는 정부의 시장개입을 어느 정도 정당화시키기 때문이다. 따라서 이론적으로 신자유주의 경제정책들을 뒷받침했던 통화주의학파, 새고전학파, 공급중시경제학들은 정부개입의 유효성을 부정하기 위해서 필립스곡선이 존재하지 않음을 입증해야 했다. 1970년대 초 스태그플레이션이 발생하면서, 특히 1973~1974년의 석유파동으로 인해 이듬해부터 인플레와 실업이 악화되면서 필립스곡선에 대한 신자유주의자들의 반격이 시작되었다.

신자유주의 경제학들의 공격의 (이론적) 핵심은 '미래에 대한 예상'이었다. 통화주의학파의 '적응적 기대(adaptive expectation)' 가설과 새고전학파의 '합리적 기대(rational expectation)' 가설이 그것들이다. 예측 대상이 되는 변수에 대한 현재와 과거의 정보에 기초해 미래에 대한 기대를 형성하는 방식을 적응적 기대라고 한다면, 단지 과거에 대한 정보만으로 미래에 대한 기대를 하는 것이 아니라 사용할 수 있는 모든 정보를 적절한 방법으로 활용해 미래에 대한 기대를 형성하는 방식을 합리적 기대라고 부른다. 후자에 따르면 합리적 기대 형성은 미래에 대한 '완전한 예견능력'을 의미하는 것은 아니고, 사용할 수 있는 정보가 제한되어 있다면 그 기대는 빗나갈 수 있음을 인정한다. 사람들은 실수를 통해 배우는 존재이기 때문에 똑같은 실수를 체계적으로 반복하지 않음을 강조한다.

기대가설의 내용을 구체적으로 살펴보자. 첫째, '적응적 기대가설'을 제시한 밀턴 프리드먼에 따르면 정부의 총수요 팽창정책은 단기적으로 물가 상승과 실업률 감소를 가져오지만, 시간이 지남에 따라 자신의 실질임금의 하락을 경험한 노동자들은 명목임금의 인상을 요구하게 되고 그에 따라 실질임금이 다시 상승하기 시작하면 고용은 줄어들고 실업률은 올라가기 시작한다. 다시 말해 물가상승률이 명목임금의 인상을 초과하는 한 실질임금의 하락만큼 고용은 증가하고 실업률은 감소한다. 그러나 궁극적으로 명목임금이 물가의 상승을 상쇄할 정도로 인상하면 고용의 수준도 원래 수준으로 감소하고 물가만 상승한 결과가 된다. 따라서 장기적으로 필립스곡선은 수직선의 모양을 갖게 된다는 것이다.

둘째, '합리적 기대가설'에 따르면 그 동안 사람들은 고용이 개선될 때 인플레가 심화된다는 것을 항상 경험했기 때문에 이제는 고용이 좋아질 기미를 보이면 즉각적으로 높은 임금을 요구한다는 것이다. 새고전학파 경제학자들은 이 같은 사람들의 행동변화로 필립스곡선은 더 이상 들어맞지 않는다고 주장했다. 이들에 따르면 특정한 경제는 항상 일정한 실업률(자연실업률 혹은 NAIRU 수준)을 갖게 된다. 즉 신자유주의자들은 인플레이션이 얼마가 되던 장기적으로 실업률은 자연실업률로 되돌아간다는 '자연실업률 가설' 을 주장한다.

NAIRU Non-Accelerating Inflation Rate of Unemployment의 머리글자로 Modigliani와 Papademos에 의해 처음으로 제안된 개념이다. 자연실업률의 추정치로 인플레이션이 일정한 상태에서의 실업률, 즉 인플레이션을 가속시키지 않는 경험적, 실증적 수준의 실업률을 말한다.

이 경우 정부의 경제정책은 실업과 인플레이션 중 하나를 선택할 수 있는 것이 아니라 실업문제 하나조차도 해결할 수 없게 된다. 〈그림 12-2〉를 통해 설명해 보자. A점이 국민경제의 초기상태를 나타내고 있는데 이 u_1의 실업률이 너무 높다고 판단한 정부가 총수요 팽창정책을 쓰면 단기에서는 B점으로 이동해 실업률이 u_2로 낮아지는 결과가 나타난다. 그런데 이 과정에서 물가상승률이 π_2로 높아지고 이에 따라 노동자들이 명목임금 인상을 요구함에 따라 하락했던 실질임금이 다시 상승하기 시작한다. 이 과정에서 실업률이 점차 올라가고 경제는 결국 D점으로 귀착하게 되는데 이 점과 A점을 잇는 수직선이 장기적인 관점에서 본 필립스곡선이라고 말할 수 있다.

그리하여 신자유주의 경제학에서는 고용을 개선하기 위해 공급 측면에 영향을 미쳐야만 한다. 다시 말해 이들은 시장의 힘이 작동하는 것을 제약하는 장애물을 제거해야만 자연실업률이 낮아질 수 있다고 주장한다. 이런 주장은 그 후에도 계속 막강한 위력을 발휘하여 유럽의 실업난이 개선되지 않는 중요한 이유로 노동시장의 비탄력성을 지적했다. 여기에 IMF도 각국에 대해 노동시장의 규제를 없애고 탄력성을 높이는 것이 실업을 줄일 수 있는 유일한 정책이라고 주장하며 한몫을 했다. 그런데 노동시장의 탄력성을 높여야 한다는 근거로 자주 지적되는 것이 실업수당이 지나치게 많아 사람들이 노동보다는 오히려 실업(여가)을 선택한다는 점이다.

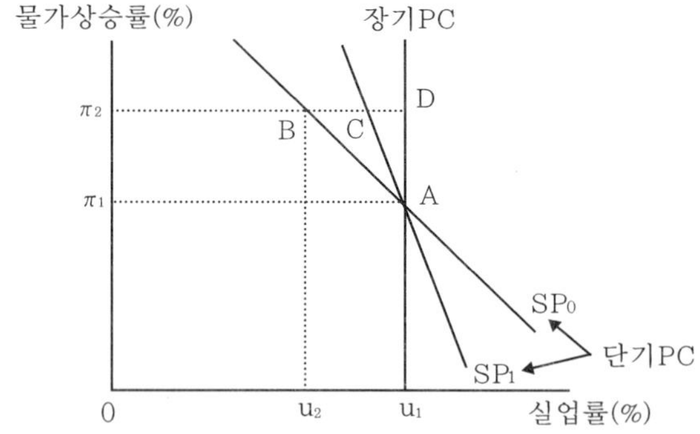

‖ **그림 12-2** ‖ 자연실업률 가설

그러나 지난 1970년대 초부터 1990년대 초까지의 경험으로 보면 유럽의 실업수당제도는 크게 변한 것이 없으며, 이 기간 중 실업률은 4배 가까이 높아졌다. 유럽의 노동시장구조가 실업률에 전혀 영향을 미치지 않았다는 것은 아니지만, 적어도 실업률의 엄청난 증가를 설명하는 데는 미흡하다. 이는 자연실업률이 시간이 지나면서 점차 높아져 왔음에서도 확인된다. 실제로 1953~1992년에 미국의 인플레율과 실업률 간의 관계를 살펴보면 자연실업률의 개념을 인정한다 해도 그것이 고정돼 있는 것이 아니라 시간에 따라 변동을 하고 있음을 알 수 있다. 게다가 이 기간 전체를 1955~1971년, 1974~1984년, 1985~1992년의 세 개 구간으로 나누어 보면 필립스곡선이 존재하되 기간에 따라 곡선의 위치가 변하고 있음을 알 수가 있다. 이러한 경험으로부터 우리가 얻을 수 있는 결론은 실업률의 주기적 변동을 완화시키는 것이 아니라 어떻게 하면 경제 전체를 새로운 경제의 축으로 옮겨 가도록 만들 수 있냐는 점이다. 이는 사회의 가치체계를 바꾸는 문제이기도 하다. 고용해결을 위한 사회적 가치체계의 확립을 유럽에 적용한 것이 '노동분담(work sharing)'이다.

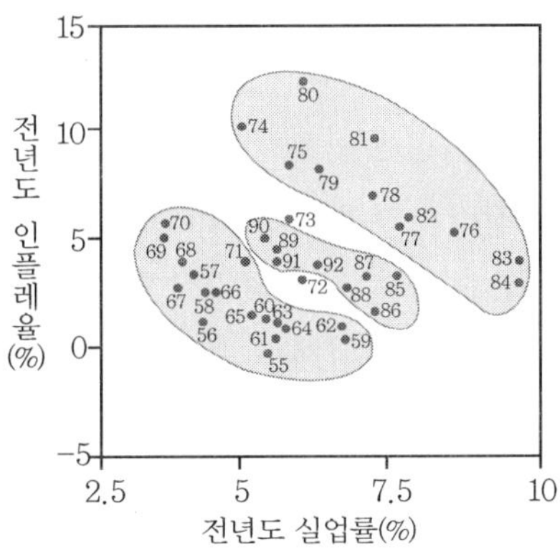

자료 : P. Ormerod, 1994, The Death of Economics, Faber and faber.

‖ **그림 12-3** ‖ 인플레율과 실업률의 관계(1953~1992)

10. 환율과 경제정책의 효과

1) 변동환율제와 경제정책

첫째, 통화 공급량을 늘릴 경우 화폐시장에서 이자율 하락을 가져와 투자지출을 증가시켜 총수요곡선이 우상향으로 이동하고, 또한 이자율 하락은 외환시장에서 환율의 상승을 가져와 수출을 증가시키고 이로 인해 총수요곡선이 다시 우상향으로 이동할 것이다. 그런데 환율의 상승은 수입물가의 상승으로 생산비용의 증대를 가져와 총공급곡선은 좌상향으로 이동할 것이다. 따라서 통화팽창의 경우 통화정책을 사용하기 이전에 비해서는 국민소득과 물가의 상승을 가져오나, 폐쇄경제에 비해서는 물가는 상승하나 국민소득 변화의 방향은 불확실하다.

둘째, 재정지출 증가(승수효과가 구축효과보다 크다는 전제)의 경우 총수요곡선이 우상향으로 이동하고, 이자율의 상승은 외환시장에서 환율의 하락 → 수출의 감소를 가져와 총수요곡선이 좌하향으로 이동하고, 또한 환율의 하락은 총공급곡선을 우하향으로 이동시킨다. 이처럼 재정지출의 증가의 결과 재정정책의 사용 이전에 비해서는 국민소득은 증가하나 물가의 변화는 불확실하고, 폐쇄경제의 경우보다는 국민소득과 물가는 상대적으로 낮게 증가하나 국민소득의 변화는 불확실하다.

이제 통화정책과 재정정책의 효과를 비교해 보면 전자의 경우 환율이 상승하는 데 비해 후자의 경우 환율이 하락함을 알 수 있다. 즉 통화정책은 순수출을 증가시키는 반면 재정정책은 순수출을 감소시킨다. 이는 변동환율제도하에서는 통화정책이 재정정책보다 경기팽창효과가 크다는 것을 의미한다. 게다가 경기팽창을 위해 정부지출을 늘리면 재정적자와 함께 경상수지 적자가 동시에 발생할 가능성도 시사하고 있다.

2) 고정환율제와 경제정책

첫째, 통화량 증가의 경우 총수요곡선이 우상향으로 이동하고, 화폐시장에서 이자율 하락하면 외환에 대한 초과수요가 발생하고 환율을 일정한 수준에서 유지하기 위해서는 중앙은행이 외환을 공급하게 되고, 그 결과 통화공급량이 줄어들게 되고 총수요곡선은 좌하향으로 이동한다. 즉 통화량 팽창의 결과 국민소득과 물가는 폐쇄경제의 경우보다는 하락하지만 통화정책 이전보다는 상승하게 된다.

둘째, 재정지출 증가(승수효과가 구축효과보다 크다는 전제)의 경우 총수요곡선이 우상향으로 이동하고, 이자율의 상승은 외환의 초과공급이 발생하고 환율을 일정한 수준에서 유지하기 위해서 중앙은행이 외환을 사들여야 하고 그 과정에서 통화공급량은 증가하여 총수요곡선은 다시 우상향으로 이동한다. 즉 재정지출의 증가의 결과 재정정책의 사용 이전에 비해서는 물론이고, 폐쇄경제의 경우보다 국민소득과 물가가 상승한다. 이처럼 고정환율제도하에서는 재정정책이 통화정책보다 경기부양을 위해 보다 효과적이다. 물론 이는 중앙은행이 충분한 외환을 보유하고 있어 환율을 일정한 수준으로 유지할 수 있음을 전제로 한다.

3) 환율과 경상수지

다른 조건이 일정할 경우 우리나라 상품의 가격이 외국 상품의 가격에 비해 상대적으로 낮아지면 수출이 증가하고 수입은 감소하게 된다. 즉 우리나라와 교역대상국의 물가수준이 주어졌을 때 환율이 상승하면 우리나라의 순수출은 증가하게 된다. 여기서 수출이 늘고 수입이 줄어든다는 것은 물량이 그와 같이 변화한다는 것을 뜻한다. 그런데 금액으로 따질 경우 다를 수 있다. 예를 들어, 환율 상승의 경우 수출물량이 증가해도 (달러 표시의) 수출액은 이전보다 작아질 수 있다. 한편, 수입의 경우 환율 상승으로 (달러 표시의) 수입액이 반드시 줄어들게 된다. 환율이 상승해도 수입품의 달러표시 가격에는 변화가 없는 반면 국내 가격이 올라가 수입물량이 줄어들기 때문에 수입액은 줄어든다. 물론, 수입액이 얼마나 줄어드는가는 수입물량이 얼마나 민감한 반응을 보이는가에 달려 있다. 예를 들어, 수입품에 대한 국내 수요의 가격탄력성이 비탄력적이라면 수입액은 별로 줄어들지 않을 것이다. 이처럼 순수출, 즉 경상수지는 환율 상승의 결과 이전보다 더 커진다는 보장이 없다는 것을 알 수 있다. 환율 상승이 순수출을 증가시키기 위해서는 수출물량이 비교적 큰 폭으로 늘어나는 동시에 수입물량이 비교적 큰 폭으로 떨어져야 한다. 달리 표현하면 우리 수출품에 대한 외국의 수요가 상당히 큰 가격탄력성을 갖는 동시에 수입품에 대한 우리의 수요도 상당히 큰 가격탄력성을 가져야 한다는 것이다.

이를 구체화한 것이 마셜-러너조건(Marshall-Lerner condition)이다. 이 조건은 환율 상승, 즉 평가절하가 순수출을 증가, 즉 무역수지를 개선시키기 위해서는 양국의 수입수요탄력성(ε)의 합이 1보다 커야 된다는 것으로 충분조건이다. 이제 자국과 외국의 수입수요탄력성에 대한 절대치의 합이 1을 상회할 경우를 편의상 다음과 같이 네 가지로 가정해 볼 수 있을 것이다. 첫째로 자국의 외국상품에 대한 수입수요탄력성(ε_f)이 0이고 외국의 자국상품에 대한 수입수요탄력성(ε_d)이 1을 상회하는 경우, 둘째로 외국의 수입수요탄력성이 0이고 자국의 수입수요탄력성이 1보다 클 경우, 셋째로 자국과 외국의 수입수요 탄력성이 예를 들어 ε_f=0.7과 ε_d=0.4, 혹은 그 반대의 경우이다. 이상 네 가지 가정하에서 자국통화의 평가절하 시에 나타나는 국제수지 개선효과를 설명해 보면 다음과 같다.

첫째, ε_f=0이고 ε_d>1인 경우다. 자국통화의 평가절하 시 자국의 수입수요 탄력성이 0이므로 평가절하에 의한 자국의 수입물량 감소는 전혀 이루어지지 않는다. 그러나 외국의 자국상품에 대한 수입수요탄력성이 1을 상회함으로써, 평가절하에 의한 자국의 수출물량 증가율이 평가절하폭을 상회함으로써 수출 금액이 평가절하 전보다 증가하여 무역수지는 개선된다.

둘째, ε_f>1 이고 ε_d=0인 경우다. 외국의 수입수요탄력성이 0이므로 자국통화의 평가절하에 의한 자국의 수출물량 증가는 전혀 이루어지지 않는다. 자국의 수입수요탄력성이 1보다 크므로 평가절하에 의한 자국의 수입물량이 평가절하폭 이상으로 감소함으로써 전체적인 무역수지는 개선된다. 즉 ε_d=0 조건하에서 평가절하에 따른 수출물량 증대가 전혀 이루어지지 않고 평가절하율만큼 수출가격이 하락하여 수출금액을 감소하게 된다. 그러나 ε_f>1 조건하에서 평가절하율 이상으로 자국의 수입물량이 감소함에 따라 수입금액의 감소를 상회함으로써 전체적인 무역수지는 흑자가 된다.

셋째, ε_f=0.7이고 ε_d=0.4인 경우다. 자국의 외국상품 수입수요탄력성이 0.7이므로 자국통화의 10% 평가절하 시 자국의 수입물량을 7% 감소하는데 이때 외화표시 수입 상품가격이 일정하면 수입금액을 7% 줄어든다. 한편 외국의 자국상품에 대한 수입수요탄력성은 0.4이므로 자국통화 10% 평가절하 시 자국의 수출물량은 4% 증대되나 자국상품의 수출단가는 평가절하폭인 10%만큼 하락함으로써 자국의 수출금액을 오히려 6% 정도 감소하게 된다. 따라서 자국통화 평가절하 시에 수입금액의 감소율 7%가 수출금액의 감소율 6%를 상회함으로써 전체적으로 무역수지는 개선될 수 있다.

넷째, ε_f=0.4이고 ε_d=0.7인 경우다. 자국의 외국상품 수입수요탄력성이 0.4 이므로 자국통화의 10% 평가절하 시 자국의 수입물량을 4% 감소하는데 이때 외화표시 수입 상품가격이 일정하면 수입금액을 4% 줄어든다. 한편 외국의 자국상품에 대한 수입수요탄력성은 0.7이므로 자국통화 10% 평가절하 시 자국의 수출물량은 7% 증대되나 자국상품의 수출단가는 평가절하폭인 10%만큼 하락함으로써 자국의 수출금액을 오히려 3% 정도 감소하게 된다. 따라서 자국통화 평가절하 시에 수입금액의 감소율 4%가 수출금액의 감소율 3%를 상회함으로써 전체적으로 무역수지는 개선될 수 있다.

미국정부가 엄청난 경상수지 적자에도 불구하고 강달러를 선호하는 이유도 마셜-러너조건으로 설명할 수 있다. 즉 미국의 수출입구조가 마셜-러너조건을 충족시키지 못한다는 점이다. 대부분 미국의 수출상품은 가격 이외의 경쟁력이 높기 때문에 수출가격 변화에 민감하지 못하다. 반면 미국의 수입상품은 지금처럼 소득불균형이 심한 상황에서 '있는 계층'은 수입품 가격변화에 별다른 영향을 안 받고, '하위 계층'의 수입품은 대체할 미국제품이 적기 때문에 설사 가격이 변한다 하더라도 선택의 여지가 없는 상태다. 오히려 마셜-러너조건을 충족시키지 못한 상황에서 통화가치를 평가절하할 경우 초기단계에서 나타나는 'J커브효과'가 장기화될 수 있다고 우려한다. 'J커브효과' 란 한 나라의 통화가치가 평가절하 될 경우 수출입가격 변화는 즉시 일어나나 이에 따른 수출입물량이 변화하는 데에는 시간이 걸리기 때문에 일정 시점까지는 무역수지가 더 악화된다는 이론이다. 즉 'J커브효과'는 환율의 변동과 무역수지와의 관계를 나타내는 것으로 무역수지 개선을 위해 환율 상승(원화 평가절화)을 유도하더라도 그 초기에는 무역수지가 오히려 악화되다가 상당기간이 경과한 후에야 개선되는 현상을 말한다. 이러한 현상이 발생하는 것은 기본적으로 환율 변동에 따른 수출입가격의 변동과 이에 따른 수출입물량 조정 간에 시차(time lag)가 존재하기 때문이다. 즉 환율 상승 초기에는 수출입물량은 큰 변동이 없는 반면 수출품가격은 하락하고 수입품가격은 상승함으로써 무역수지가 악화되며 어느 정도 기간이 지난 뒤에야 수출입상품의 가격경쟁력 변화에 맞추어 물량조정이 일어남으로써 무역수지가 개선된다는 것이다. J커브란 명칭은 과거 영국 파운드화가 절하될 때 무역수지가 변동되는 모습이 J자형 곡선을 그린 데서 비롯됐다. 최근 각종 국제회의에서 미국이 무역수지 적자를 개선할 목적으로 달러 약세를 지나치게 유도하는 방안에 대해 우려를 표시하고, 미국과 미국의 무역수지적자를 많이 초래하고 있는 국가 간의 새로운 공조방안이 강조된 것도 이런 이유 때문이다.

제13장 경제성장방식의 다양성과 사회적 자본 : 무엇을 그리고 누구를 위한 성장인가

인류세계는 지난 2세기 동안 물질생산의 비약적인 증가를 경험했다. 1820~1992년간 인구는 5배, 1인당 생산액과 총생산액은 각각 8배와 40배, 그리고 수출액은 540배가 증가했다. 이러한 경험은 기본적으로 공업화를 통한 것이었고, 산업구조의 급속한 변화는 인류로 하여금 처음으로 인구압력 속에서도 실질소득의 하락을 피할 수 있게 해주었다. 공업화로 인해 GDP에서 농업이 차지하는 비중은 전 세계적으로 하락해 왔다. 즉 농업의 비중은 고소득국가들뿐만 아니라 중간 및 저소득국가들에서도 모두 하락했다. 예를 들어 1980~1997년 사이에 전자의 경우 평균 15%에서 12%로, 그리고 후자의 경우 35%에서 31%로 하락했다. 그러나 국가별 농업의 비중을 보면 1997년 현재 벨기에, 홍콩, 독일, 싱가포르(1% 이하), 오스트리아, 프랑스, 일본, 노르웨이(1~2%), 오스트레일리아, 이탈리아, 요르단, 멕시코, 네덜란드, 슬로베니아, 남아프리카공화국, 스페인, 미국, 베네수엘라(3~5%) 등이 5% 이하를 차지하고 있는 반면, 알바니아, 부룬디, 캄보디아, 중앙아프리카공화국, 콩고, 에티오피아, 몰도바 등의 국가들에서는 농업의 비중이 여전히 50% 이상을 구성하고 있다. 또한, 소득 증대는 삶의 질을 개선했다. 1820년에 서구 국가들을 포함하여 대부분 국가들에서 출생 시 평균 예상수명은 32~40세에 불과했으나 오늘날 예상수명은 국가와

‖ **표 13-1** ‖ 세계 경제성과의 수준, 1500~1992년

	1500년	1820년	1992년
세계 인구(백만 명)	425	1,068	5,441
1인당 GDP(1990년 달러 기준)	565	651	5,145
세계 GDP(1990년 달러 기준, 10억 달러)	240	695	27,995
세계수출액(1990년 달러 기준, 10억 달러)	–	7	3,786
세계 인구(연평균 성장률, %)		0.29	0.95
1인당 GDP(연평균 성장률, %)		0.04	1.21
세계 GDP(연평균 성장률, %)		0.33	2.17
세계수출액(연평균 성장률, %)		–	3.73

주 : 연평균 성장률은 양 기간의 성장률임.
자료 : A. Maddison, 1995, *Monitoring the World Economy, 1820~1992*, Paris : OECD, pp. 19~20, Table 1-1a, 1-1b.

남녀에 따라 차이가 있긴 해도 200년 전보다 두 배나 증가했다.

그런데 1인당 국민소득의 성장으로 표현되는, 인류세계의 경제성장 경험은 시기별, 지역별, 국가별로 상이했다. 예를 들어 현재 가장 가난한 국가의 1인당 국민소득은 가장 부유한 국가의 1인당 소득의 5%에도 못 미치고 있다. 오늘날 국가 간 1인당 소득격차는 500배가 넘는다. 세계은행에 따르면, 2004년 브룬디의 1인당 국민소득(GNI)은 90달러, 에티오피아와 콩코민주주의공화국은 110달러에 불과한 반면, 룩셈부르그는 5만 6,380달러, 스위스는 4만 9,600달러에 달한다. 1900년 영국(4,593달러)과 가나(462달러)의 1인당 소득격차가 약 10배에 달했고, 1820년 영국(1,756달러)과 중국(523달러)의 1인당 소득격차가 약 3.4배였음과 비교할 때 국가 간 소득격차가 지난 2세기 동안 얼마나 확대되었는가를 이해할 수 있다. 인류세계가 공업화를 처음 경험하기 시작한 19세기 초만 하더라도 세계의 소득분포는 상대적으로 균등했다. 개발국가 간뿐만 아니라 개발국가들과 저개발국가들 간에도 소득분배의 격차는 그리 크지 않았다. 1800년 개발국가

들의 평균소득은 저개발국가들의 평균소득의 1.1배에 불과했고, 개발국가 중 가장 소득이 높은 국가들과 저개발국가들 중 소득이 가장 낮은 국가들의 격차도 1.8배에 불과했다. 그러나 1970년까지 개발국가와 저개발국가의 평균소득 격차는 7배 이상으로, 그리고 개발국가 중 상위소득국가들과 저개발국가 중 하위소득국가들 간의 격차는 약 26배로 확대되었다. 그리고 세계은행에 따르면 2004년 현재 저소득국가(low income countries)는 인구(23억 명)는 전 세계 인구(64억 명)의 약 36%를 차지하는 대신 총

‖ **표 13-2** ‖ 세계총생산에서 차지하는 비율(%)

국가 구분	1963년	1993년	1998년
20% 최저소득국가	2.3	1.4	1.2
60% 중간소득국가	27.7	13.6	9.8
20% 최고소득국가	70.0	85.0	89.0
지니계수	0.54	0.67	0.70

자료: UNDP, 1999, "Growing Global Disparity," http://ourworld.com/homepages/smipp/entundp.htm.

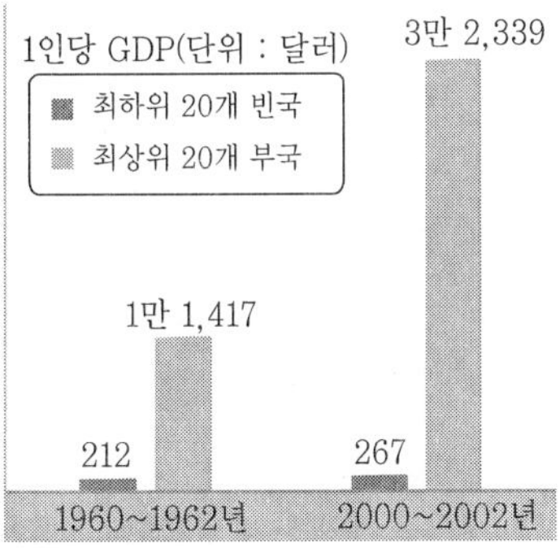

자료 : 세계화의 사회적 측면을 다루는 세계위원회.

‖ **그림 13-1** ‖ 최빈국과 최부국의 소득격차

GDP(1조 2,000억 달러)는 전 세계 GDP(40조 3,000억 달러)의 약 3%에 불과한 반면, 고소득국가(high income countries)의 인구(10억 명)는 전 세계인구의 약 16%를 차지하는 대신 총 GDP(32조 9,000억 달러)는 전 세계 GDP의 약 82%나 차지하고 있다. 그리고 후자의 1인당 평균국민소득(3만 2,111.7달러)은 전자(506.9달러)에 비해 63배가 넘는 실정이다.

지역별 1인당 국민소득의 연평균 성장률이 보여 주듯이 초기의 성장을 주도한 것은 북미와 오세아니아 국가들, 그리고 서유럽 국가들이었다. 즉 서구 국가들이 제2차 산업혁명이 발생하기 이전인 1870년대 이전까지 초기 공업화를 주도함으로써 1인당 국민소득의 성장률에서 다른 지역을 앞설 수 있었다. 그러나 19세기 후반부터 공업화와 성장은 남유럽과 동유럽, 그리고 중남미 지역의 국가들로 확산되었고, 그 결과 19세기 후반부터 20세기 전반까지 중남미 국가들의 평균성장률이 서유럽 국가들의 그것을 앞질렀고 동유럽과 남유럽 국가들도 서유럽 국가들의 성장률에 근접해 갔다. 예를 들어 오늘날 아르헨티나의 국민소득(2004년 현재 3,580달러)은 OECD 고소득국가들의 국민소득(3만 3,547.3달러)의 약 1/10에 불과하지만, 제1차 세계대전 이전까지만 해도 서유럽 국가들의 그것을 상회했다. 20세기 후반에 들어 공업화는 동아시아 국가들로 확산되고 서구 국가들의 공업화는 더욱 심화된 반면, 중남미 국가들의 성장률은 정체 또는 후퇴를 보였다. 이는 각 시기별 개별 국가들의 1인당 국민소득의 성장률에서도 확인된다. 1인당 실질GDP의 연평균 성장률은 1820~1970년에는 오스트레일리아가 1.9%로 가장 높았고, 1870~1913년과 1913~1950년에는 중남미 지역의 아르헨티나와 베네수엘라가 각각 2.5%와 5.3%로 가장 높은 기록을 보였다. 20세기 후반기인 1950~1973년과 1973~1992년에는 아시아의 일본과 한국이 각각 8.0%와 6.9%로 최고를 기록했다. 최근의 경제성장률 역시 국가에 따라 커다란 격차를 보여 준다.

‖ **표 13-3** ‖ 주요 지역별 성장의 양상, 1820~1992년

	1820 ~1870	1870 ~1913	1913 ~1950	1950 ~1973	1973 ~1992	1820 ~1992
GDP						
서유럽	1.7	2.1	1.4	4.7	2.2	2.2
기타 서구	4.3	3.9	2.8	4.0	2.4	3.6
남유럽	1.0	1.5	1.3	6.3	3.1	2.1
동유럽	1.6	2.4	1.6	4.7	-0.4	2.0
중남미	1.5	3.3	3.4	5.3	2.8	3.0
아시아	0.2	1.1	1.0	6.0	5.1	1.9
아프리카	0.4	1.1	3.0	4.4	2.8	1.9
세계 전체	1.0	2.1	1.9	4.9	3.0	2.2
인구						
서유럽	0.7	0.7	0.5	0.8	0.3	0.6
기타 서구	2.8	2.1	1.2	1.5	1.0	1.9
남유럽	0.3	0.4	0.9	1.4	1.4	0.8
동유럽	0.9	1.3	0.4	1.2	0.7	0.9
중남미	1.3	1.8	1.9	2.7	2.3	1.8
아시아	0.1	0.6	0.9	2.1	1.9	0.9
아프리카	0.3	0.7	1.9	2.4	2.9	1.3
세계 전체	0.3	0.8	0.9	1.9	1.8	1.0
1인당 GDP						
서유럽	1.0	1.3	0.9	3.9	1.8	1.5
기타 서구	1.4	1.8	1.6	2.4	1.4	1.7
남유럽	0.6	1.1	0.4	4.9	1.7	1.4
동유럽	0.7	1.0	1.2	3.5	-1.1	1.1
중남미	0.2	1.5	1.5	2.5	0.5	1.1
아시아	0.1	0.6	0.1	3.8	3.2	1.0
아프리카	0.1	0.4	1.0	2.0	-0.1	0.6
세계 전체	0.6	1.3	0.0	2.9	1.2	1.2

주 : 아시아에는 오세아니아 국가들이 포함됨.
자료 : A. Maddison(1995 : 60, Table 3-1).

지역 간 성장의 불균등성은 지역 간 소득격차에서도 그대로 확인된다. 세계에서 가장 가난한 아프리카와 아시아 지역의 평균소득이 지난 2세기 동안 어떻게 변했는가를 살펴보자. 1820년 (오세아니아를 포함한) 아시아 지역의 인구는 전 세계 인구의 68.9%를 구성했고 세계 총산출량의 58.3%를 기여했다. 그러나 그로부터 약 2세기 후인 1992년 현재 이 지역의 인구

가 전 세계 인구에서 차지하는 비중은 58.1%로 감소했고, 이 지역의 전체 소득은 (1820년의 수준에서 예상되는 49.2%보다 훨씬 적은) 36.7%로 인구의 감소보다 훨씬 큰 폭으로 하락했다. 아프리카 지역의 소득 역시 상대적으로 후퇴했다. 1820년 세계 인구의 6.8%와 세계 총산출량의 4.7%를 차지했던 아프리카 인구의 비중은 1992년 현재 12.1%로 증가했으나 아프리카가 차지하는 소득 비중은 (1820년의 수준에서 예상되는 8.4%보다 훨씬 적을 뿐만 아니라 1820년보다 줄어든) 3.0%에 불과하다. 2004년 현재 사하라 사막 이남의 아프리카 인구는 세계 인구의 약 11%를 차지하는 반면 소득은 약 1%에 불과한 실정이다. 반면, 세계 인구의 10.7%를 차지했던 북미와 서유럽 국가들의 소득은 1820년까지만 해도 21.1%에 불과했으나 그로부터 약 2세기 후인 1992년 현재 이 지역의 인구는 11.2%로 증가한 대신 세계 전체에서 차지하는 소득의 비중은 (1820년 수준에서 예상되는 22.1%보다 거의 두 배나 높은) 41.4%로 증가했다. 특히 1820년 세계 인구와 소득의 1.0%와 2.0%를 차지했던 북미 국가들(미국과 캐나다)의 비중은 1992년 현재 각각 2.0%와 22.7%를 구성하고 있다. 즉 지난 2세기 동안 북미와 서유럽 국가들로 경제력이 크게 집중됐던 것이다. 2004년 현재 OECD의 고소득국가들의 인구는 전체의 약 14.5%를 차지하는 대신 소득은 약 75%를 차지하고 있다.

전 세계 부의 분포와 관련하여 유엔대학 세계개발경제연구소(UNU-WIDER)가 2000년을 기준으로 가계자산을 구성하는 금융자산과 부채, 토지와 건물, 기타 유형자산을 포함하며 북한을 제외한 모든 국가를 대상으로 세계 최초로 실시한 '가계자산 국제분포' 보고서(2006년 12월 6일 발표)에 따르면 2000년 기준 전 세계 가계자산은 총 125조 달러(약 12경 원)로 이는 전 세계 국내총생산(GDP) 대비 3배에 해당한다. 그리고 전 세계 상위 2%에 속하는 부자들이 전 세계 부(富)의 절반 이상을 차지하고 있고 상위 10%가 전 세계 부의 85%를 보유하고 있는 반면, 하위 50%가 차지하고 있는 부는 전체 중 1%에 불과한 등 부의 편중 현상이 심각한 것으로 나타났다. 보고서가 제시한 상위 1%는 50만 달러(약 5억 원), 상위 10%는 6

‖ **표 13-4** ‖ 전 세계 부의 분포(%)

북 미	34
유 럽	30
아시아 · 태평양(부자국가)	24
중 국	3
아시아 · 태평양(기타국가)	3
인 도	1
남미 · 카리브해	4
아프리카	1

자료 : UNU-WIDER.

만 1,000달러(약 6,100만 원) 이상 자산을 보유하고 있음을 뜻하며 하위 50%는 자산 2,200달러(약 220만 원) 미만으로 규정됐다. 한국은 2%로 캐나다, 호주, 대만, 네덜란드와 함께 세계에서 8번째로 부자가 많은 것으로 나타났다.

1. 경제성장에 대한 인식의 변천

이처럼 인류세계는 지난 2세기 동안 공업화를 통해 물질생산의 비약적 발전을 이루었지만 그 성과들은 일정하지 않았다. 공업화에 대한 인류세계의 다양한 경험들은 우리에게 많은 질문들을 던진다. 왜 영국에서 가장 먼저 공업화가 시작되었는가 그리고 왜 19세기 말부터 영국은 미국에게 추월당했고 그 이후 상대적으로 쇠퇴할 수밖에 없었는가 같은 고전적 질문들부터 19세기 후반부터 20세기 전반까지 국민소득의 평균성장률이 서유럽 국가들의 그것을 앞질렀던 중남미 국가들의 성장은 그 이후 왜 멈추었는가? 미국과 서유럽이 주도한 지난 2세기의 공업화에서 동유럽과 남유럽 국가들이 상대적으로 배제된 것은 무엇에서 비롯되었는가? 20세기 후반의 동아시아의 경제성과들을 어떻게 이해해야 하는가? 동아시아의 기적이 왜 다른 아시아 국가들에서는 발생하지 않았는가? 1992년 현재 세계 인구의 12% 이상을 구성하면서 인류세계 전체 소득의 3%만을 차지하고 있는 아프리카 국가들이 20세기 후반에 들어와서도 여전히 상대적으로 낮은 성장을 기록하는 것은 무엇 때문인가? 그리고 향후 인터넷경제의 시대에서 경제의 주도권은 어디로 넘어갈 것인가? 등의 많은 의문들이 여전히 우리에게 과제들로 남아 있다. 그동안 이러한 의문들에 대한 대답이 없었던 것은 아니지만 그러한 의문들은 상당 부분 여전히 해소되지 않고 있을 뿐 아니라 새로운 시각을 요구받고 있는 실정이다. 그렇다면 무엇이 성장의 차이를 만들어 내는가? 경제학자들을 포함해 많은 사람들이 오랜 기간 동안 성장의 원천과 그 차이의 원인에 관심을 가져왔다. 그런데도 지금까지 이에 대한 이론적 설명이 완성된 것 같지는 않다.

게다가 최근 경제학자들은 그들이 경제성장에 대해 정말 알고 있는 것이 무엇이고 신뢰할 만한 모델의 부재 속에서 정책을 어떻게 입안할지에 대해 고민하고 있다. 1950, 1960년대 경제발전론자들에게 성장은 경제, 사회, 정치 변환의 복합 과정이었다. 예를 들어, 루이스(Lewis)의 이중경제(dual economy)와 잉여실업(surplus unemployment), 슐츠(Schultz)의 인적자본(human capital), 거셴크론(Gerschenkron)과 로스토(Rostow)의 발전단계론이나 이륙(takeoff), 데니슨(Denison)의 따라잡기(catching-up), 그리고 프레비시(Prebish)와 허시먼(Hirschmann)의 구조주의나 불균형발전 개념 등이 그것들이다.

그러나 1980년대 말과 1990년대 초 경제발전론자들은 성장이란 국가정책을 올바로 이해하는 문제로 단순화시켰다. 여기서 '올바른 정책'이란 각국의 역사, 정치경제, 제도들과 관계없이 재정적자를 낮추고 수입관세를 낮추고 국제교역 및 자본흐름에 대한 제약을 없애고 자원배분에서 시장의 역할을 확대하는 것을 의미하였다. 이러한 관점의 많은 부분들이 '워싱턴 컨센서스(the Washington Consensus)'에 반영되었다. 1990년 존 윌리

이중경제 1979년 슐츠와 함께 노벨 경제학상을 아더 루이스(Arthur W. Lewis)는 후진국 경제가 모두 농촌의 농업 부문과 도시의 산업 부문으로 된 이중구조를 하고 있다고 파악한다. 그런데 농촌의 농업 부문에는 수많은 위장 실업자들이 존재하기 때문에 도시의 산업 부문은 이 위장 실업자들의 노동력을 일정한 임금으로 무한정 흡수하는 것이 가능하다는 것이다. 이렇게 해서 농촌의 노동력이 저임금 상태를 유지하면서 도시 산업 부문으로 이전되기 때문에 도시에는 자본축적이 이루어진다. 자본축적을 이룬 도시 산업 부문은 더 많은 노동력을 수요한다. 이런 과정을 거치다 보면 더 이상 일정한 저임금으로는 도시가 농촌의 노동력을 흡수할 수 없는 상황에까지 이른다. 루이스는 이때를 경제가 전환점에 이르렀다고 하는데 이 전환점에 이르면 임금은 서서히 오르기 시작하고 경제는 성장한다는 것이다.

발전단계론 로스토(W.W. Rostow)는 성장의 기반이 무엇인가에 따라 전통사회, 도약준비단계, 도약(take-off)단계, 성숙사회단계, 고도 대중소비단계의 5단계 경제성장단계론을 주장했다. 그에 의하면 경제는 도약을 위한 준비단계가 필요한데 이때에는 자본의 본원적 축적이 이루어지는 단계이다. 그 후에 오는 도약 단계는 주로 방직공업을 중심으로 한 경공업의 생산시설이 완비됨으로써 시작된다. 한편 성숙사회단계는 생산재공업이 발달되면서 시작되며, 이때에는 생산 능력에 비해 유효수요 부족으로 판매는 줄고 재고는 는다. 제국주의적 전쟁의 원인이 마련되는 것도 이때이다. 로스토는 철도공업과 석탄광업이 이 시대의 산업을 주도하게 된다고 설명한다. 또한 성숙사회단계에서 발생하는 생산능력 과잉과 유효수요 부족의 문제는 다음에 고도의 대중소비단계에 이르면 스스로 해소된다고 주장한다. 그에 의하면 정부나 기업가들이 소득분배 과정에서 재산소득보다는 노동소득의 비중을 높임으로써 신중산층을 육성한다는 것이다. 그래서 높아진 사회 대중의 구매력으로 유효수요 부족문제는 해소된다고 말한다. 즉 기업가들은 경영혁명을 통해 자동차, 냉장고, TV 기타 값비싼 내구 소비재들을 생산하고, 소비자들은 소비혁명을 통해 새로운 수요를 창출함으로써, 현대의 자본주의 경제체제는 번영의 길로 나간다고 풀어간다.

인적자본 1950년대 후반 슐츠(T.W. Schultz)나 베커(G.S. Becker) 등은 경제성장이 인적능력의 향상과 밀접하게 관련되어 있다고 강조하였다.

캐치업(catch-up, 따라잡기) 신고전파 성장이론에 따르면 산출량의 변화 중에서 생산요소의 변화로 설명되지 않는 부분이 있다. 데니슨(E.F. Denison)은 이 설명되지 않는 부분을 저생산 부문에서 고생산 부문으로 노동이 이동하는 구조적인 변화나 시장의 확대나 무역 장벽의 해소로 발생하는 규모의 경제, 지식의 진보, 그리고 성장대열에 늦게 참여해 초래된 따라잡기 부분 등으로 나눈다.

구조주의 프레비시(R. Prebisch)가 1964년 유엔 무역개발회의(UNCTAD)에 제출한 보고서에 의하면 세계무역은 공산품을 생산하여 수출하는 중심국들과 농산품을 수출하는 주변국들로 나누어진다고 보았다. 그런데 농산품의 수요는 한계가 있지만 공산품의 수요는 한계가 없어 이들이 자유롭게 무역하면 중심 국가들은 계속 무역흑자를 기록하는 반면 주변 국가들은 지속적으로 무역적자를 기록하게 된다는 것이다. 이런 구조적인 문제는 세계 공동 번영을 위해 필히 시정되어야 할 문제로 파악하고 프레비시는 다음과 같은 제안을 했다. 첫째, 주변국들이 수출하는 농산품의 가격과 수요량을 중심국들은 안정적으로 보장해 주어야 한다. 둘째, 중심 국가들은 주변 국가들에게 유리한 조건으로 기술과 자금을 지원해야 한다. 셋째, 중심 국가들은 주변 국가들에게 관세 장벽을 제거해야 한다.

불균형발전 허시먼(A.O. Hirshman)은 한 나라에 매장된 자원을 어떻게 개발하여 사용하는가가 경제발전을 좌우하는 결정적인 조건이 된다고 생각했다. 빈곤은 후진성의 결과이지 원인이 아니라 생각했다. 그는 각 산업이 상호 연관되어 있는 점에 주목하여 집중 투자 대상으로 다른 산업보다 전후방 연관효과가 큰 주도적인 산업 부문을 전략산업으로 선택해야 한다고 말한다. 이런 전략산업에의 집중 투자는 발전과정에서 핵심이 되어 다른 산업으로 투자를 전파케 함으로써 결국 적은 투자재원으로 투자할 때에는 불균형발전이론에 의한 투자가 더 없이 효과적인 방법이 된다고 그는 결론짓는다. 허시먼은 투자선택에는 대체선택(substitution choice)과 연기선택(postponement choice)이 있는데 불균형발전론자들이 선호하는 선택은 연기선택이라고 한다. 왜냐하면 이런 연기선택은 궁극적으로 전면적인 투자를 가능케 하여 주기 때문이라는 것이다. 어떻든 이들이 주장하는 것은 동시투자나 동시성장이 아니고 시간이 흐른 후에는 결과적으로 전면적인 투자로 이어지겠지만 우선은 급한 대로 연기투자와 연기성장인 것이다.

워싱턴 컨센서스(Washington Consensus) 컨센서스에서는 강한 성장을 위해 재정규율, 공공지출 우선순위의 재조정, 조세개혁, 이자율과 금융시스템의 자율화, 경쟁 환율, 무역자유화, 국내 해외직접투자(FDI)의 자유화, 사유화, 탈규제, 지적재산권 등 10대 개혁과제가 제안되었다.

엄슨(John Williamson)에 의해 표명된 컨센서스는 세계은행, IMF, 미국의 재무성과 싱크탱크(Think Tanks)에 있는 대부분의 경제학자들이 고인플레이션과 저성장으로부터 라틴 아메리카 국가들을 구하기 위해서 필요하다고 생각했던 정책들을 종합한 것이었다.

1990년대 들어 세계 도처에서 컨센서스에 부합하는 정책이 실행되었다. 특히 동유럽과 구소연방 국가에들에서 시장개혁은 공산주의의 종말로 이어졌다. 라틴아메리카 국가들은 하이퍼인플레이션(hyperinflation)을 종식시켰고 국제 교역과 자본에 더 문을 열었고 공기업을 민영화시켰다. 아시아에서는 인도가 중앙계획을 폐지하고 광범위한 개혁을 받아들였고 중국은 시장지향적인 개혁을 지속하였다. 가나와 탄자니아와 우간다 등 아프리카 국가들은 사유화를 시작했고 공공 부문을 줄이고 무역을 자유화시켰다. 그리고 볼리비아, 브라질, 인도, 러시아 등 많은 지역에서 과대평가된 환율이 보다 경쟁적이 되었다. 1994년 프랑스 프랑(the CFA franc, 프랑스어권 14개국의 공동 화폐 단위)의 평가절하는 특히 중요한 변화의 계기가 되었다. 이처럼 1990년대의 개혁의 범위와 폭 그리고 깊이는 최근의 경제사에서 전례가 없는 것이었다. 즉 개도국들은 더욱 개방되고 경쟁적인 환경을 갖는 경제, 낮은 인플레이션과 재정적자, 작은 정부, 민간 부문에 대한 규제의 축소, 그리고 보다 시장에 기초한 금융 부문을 가진 경제로 탈바꿈을 하였다. 이런 변화들은 단순히 경제적인 것만이 아니었다. 민주주의가 증대되고 기초교육과 아동건강 등 사회지수가 지속적으로 향상되었다. 1990년대 초 대부분의 경제학자들은 국제무역의 급성장이나 풍부한 자본의 흐름 등 우호적인 국제환경과 더불어 이러한 개혁들이 개도국들을 1980년대의 '잃어버린 10년(the lost decade)'에서 지속성장의 길로 돌아서게 할 수 있을 것으로 확신하였다.

그러나 결과는 예상과 달랐다. 일부 국가들에서는 예상보다 좋은 성적을 만들어 냈지만 많은 경우 예상을 밑돌았다. 즉 개도국 인구의 40%를 차지하는 중국과 인도를 포함해 동아시아와 남아시아에서 국내 자유화와 외향화는 놀라운 성장과 빈곤의 감소, 그리고 사회진보로 이어졌다. 반면 라틴아메리카에서는 붐과 파산이 반복되고 이는 다른 지역으로 확산되었다. 특히 대부분의 구소연방 국가들에게 1990년대는 값비싼 비용을 지불한 혹독한 '시련의 10년'이었다. 시장경제로의 이행은 혼란스럽고 어려움을 수반한 반면, 생산량의 심각한 후퇴는 예상보다 장기간 지속되었다. 이행 초기의 1인당 소득으로 돌아가기 위해 10년 이상이 걸렸고 일부 국가들은 아직도 초기의 수준을 회복하지 못하고 있다. 아프리카 국가들도 기대했던 '이륙(takeoff)'을 경험하지 못했다. 그리고 비싼 대가를 수반한 금융위기가 멕시코(1994), 동아시아(1997), 러시아연방(1998), 브라질(1999, 2002), 터키(2000), 아르헨티나(2001)에서 일어났다. 이처럼 일부 국가들은 신중한 개혁으로 급성장을 지속시킨 반면, 많은 국가들은 보다 폭넓은 개혁을 수행했음에도 불구하고 성장을 만들어 내지 못하였다.

유사한 개혁들이 상당히 상이한 결과를 낳았던 것이다. 세계은행은 1990년대 개혁의 상이한 결과를 통해 '경제성장의 복잡성'을 재발견한 것이다. 구체적으로 두 가지의 교훈을 얻었다. 첫째, 성장에 대한 개혁효과의 예상은 비현실적이었다. 무역을 보면 무역량의 증대는 성장과 분명한 관계를 맺고 있지만 인과관계는 불명확하다. 1990년대 개혁의 교훈은 무역이 하나의 성장의 기회이지 보증수표는 아니라는 점이다. 예를 들어, 단순히 관세를 인하함으로써 자동적으로 경제가 성장할 것이라는 예상은 너무 순진한 것이었다. 둘째, 개혁은 효율성뿐만 아니라 성장을 촉진시켜야만 했으나 자원의 효율적 사용에 초점을 맞춘 1990년대의 개혁은 경제역량과 성장의 확장을 만들어 내지 못하였다.

한편, 1980년대와 1990년대 개도국에서 발생했던 금융자유화의 경우 경제발전에서 시장에 보다 많은 역할을 부여하는 것이 일반적 흐름이었다. 그러나 그 효과는 복합적이었다. 첫째, 금융자유화는 국가마다 시기와 속도와 내용에서 차이가 있었지만 이자율과 신용할당의 자유화는 항상 포함되었다. 그 밖에도 중앙은행의 독립성 확대, 자본계정의 개방, 국영은행 및 연금시스템의 민영화, 금융시장의 발전, 은행 간 그리고 은행과 비은행 간 경쟁의 장려 등이 종종 금융자유화에 포함됐다. 그러나 은행 규제 및 감독의 개선은 많은 경우 지체되었다. 그 결과 금융자유화는 대부분의 주요 국

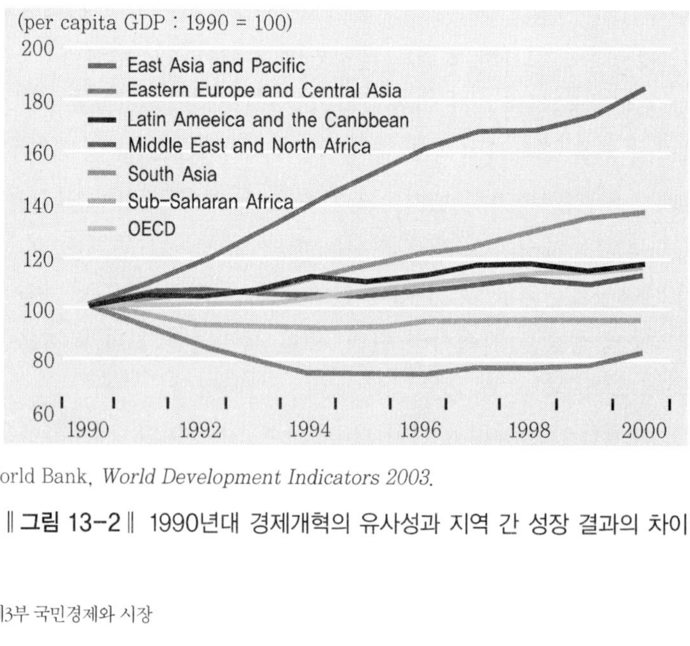

자료 : World Bank, *World Development Indicators 2003.*

‖ **그림 13-2** ‖ 1990년대 경제개혁의 유사성과 지역 간 성장 결과의 차이

가들에서 예금의 성장, 그리고 민간 부문의 국내 및 국제 금융에 대한 접근을 증대시켰으나, 자본시장은 소수의 거대 국가들에서만 중요한 의미를 가졌을 뿐 1990년대 말까지 금융위기 및 여기서 비롯한 정부와 중앙은행의 부채가 예금 성장의 효과를 상쇄시켰다. 이처럼 금융자유화가 경제성장에 미치는 효과는 예상보다 작았다. 둘째, 지속할 수 없는 재정정책과 환율 그리고 높은 정부 부채를 포함해 전통적인 거시경제문제들이 많은 개도국들을 계속 괴롭혔지만 (금융) 자원의 공급을 확대시킨 금융자유화는 이러한 정책들이 지속되는 것을 허용함으로써 정책의 비용을 증가시켰다. 셋째, 금융자유화 자체가 하나의 문제였다. 즉 시기와 순서가 충분히 검토되어야 했다. 신용할당의 긍정적 측면은 시장규율을 제약하였던 정부 보증, 취약한 규제와 감독에 의해 상쇄되었다. 넷째, 국가의 부채 상환 능력에 대한 시장의 관점이 갑작스럽게 변동할 때 자본 유입은 갑자기 정지되곤 하였다. 다섯째, 국가 은행과 강력한 금산복합체(financial-industrial conglomerates)는 취약한 여신들이 누적되는 것을 허용하였다.

위기 이후의 표준정책들은 은행의 불량 여신들을 정부 부채로 대체하여 예금자들을 구제하는 것이었지만, 정부부채는 위기 이후의 또 다른 10년의 성장을 제약할 수 있는 '또 다른' 부채를 양산하였다. 예를 들어, 한 쪽에는 충분한 유동성이 제공되지 않는 동안 은행에 제공된 과도한 유동성 지원을 은행 소유자들에 의해 약탈됨으로써 변제능력이 있는 은행들을 파산으로 몰아넣기도 하였다. 특히 자본계정이 보다 개방된 경우, 자본통제가 비효과적인 경우, 환율을 인위적으로 지원하는 경우 은행에 대한 고객의 갑작스런 지불청구는 현금에 대한 갑작스런 요구를 의미하기 때문에 파산의 가능성은 더 높았다. 그럼에도 불구하고 대부분의 국가들은 상대적으로 자유화된 금융시스템을 유지해 왔다. 그런 점에서 1990년대의 위기들은 보다 나은 금융시스템의 기반을 만드는 '한 차례 청소(a onetime cleanup)'로 볼 수 있다. 그러나 잘 작동하는 금융시스템을 만들고 미래 위기의 위험을 감소시키기 위해서는 두 가지의 교훈을 얻어야만 했다. 첫째, 성공적인 금융은 거기경제의 안정성에 의존한다. 아무리 건강한 금융시스템이더라도 높은 인플레이션, 부적절한 환율, 파산 위협을 주는 정부의 과도한 부채, 실물경제의 심각한 하강에서 자신을 지킬 수는 없다. 특히 자본계정의 개방은 건전한 거시경제정책을 더욱 필요로 한다. 둘째, 건전한 금융시스템은 건전한 제도들에 의존하는데 이들 제도들은 쉽게 만들어지지 않고 시간이 걸리고 정치적 지원을 요구한다.

이처럼 경제성장에 대한 필요조건들은 수많은 방법들에서 창출될 수 있는 반면, 그들 모두가 모든 국가의 성장에 똑같이 도움이 되는 것은 아니다. 예를 들어, 많은 경제학자들은 지속적이 성장은 모두 자본축적, 자원의 효율적 사용, 기술진보 그리고 사회적으로 용인될 수 있는 소득분배에 기초한다고 주장하지만, 경험은 이 세 가지가 유일한 정책세트가 되지 않음을 보여 준다. 성장이 거시경제의 안정성, 시장에 의한 자원배분, 국제무역의 개방에서 이루어질 수 있다고 주장한 세계은행의 '1991년 세계개발보고서'가 1990년대의 많은 실수의 원천이 되었기 때문이다. 1990년대의 실수는 이들 세 가지 원칙을 재정적자와 인플레이션과 관세의 최소화, 사유화와 금융자유화의 최대화로 등식화한 데서 비롯한 것이었다. 즉 이런 변화들이 많이 이루어질수록 더 좋은 것이라는 가정이 작동한 것이다. 이처럼 1990년대의 교훈은 정책을 올바르게 설정하는 것이 하나의 엄격한 정책세트와 등식화되는 것이 아니라는 점, 그리고 자원의 효율적 배분에 아무리 유익한 개혁이라고 해서 반드시 성장을 유발시키는 것이 아니라는 점을 가르쳤다. 즉 안정화와 거시경제 관리는 성장지향적일 필요가 있지만, 1990년대의 경험은 거시경제의 안정성이 어떻게 획득되는가가 성장에 문제가 될 수 있음을 인식시켰다. 예를 들어, 명목환율의 평가절상 위에서 인플레이션을 낮추는 것은 수출을 위축시켜 GDP 성장을 저해한다. 고수익 재정지출의 감축을 통해 재정적자를 축소시키거나 지나친 (특히 단기) 외부 차입을 통해 국내 이자율을 낮추는 것도 마찬가지다.

마지막으로 1990년대의 경험은 자본계정 자유화로부터 기대한 이득이 비현실적으로 높았고 그 위험들은 과소평가하였음을 보여 준다. 위험은 정상적인 기간 동안 유출되는 금융의 흐름이 아니라 경제를 불안정하게 했던 금융유입이었다. 이에 대한 증거로 민간 자본 흐름의 대부분의 수혜자는 금융위기를 겪었다. 예외가 있다면 칠레, 중국, 인도였는데 이들 모두 금융유입에 대한 제한을 도입하였고 그들의 자본계정을 완전히 열지 않았다. 1990년대의 경험을 통해 많은 교훈을 얻었지만 그 중 가장 중요한 것은 우리의 경제성장에 대한 지식이 극단적으로 불완전하다는 것이다. 이는 경제정책의 조언을 주는 방식에 있어서 겸손할 것을, 하나의 경제시스템은 항상 예상한대로 반응하지 않는다는 점을 인정할 것을, 그리고 경제정책의 조언을 공식화할 경우 경제학적으로 보다 엄격할 것을 요청하는 것이다. 최근 중남미 지역에서 좌파정권의 득세가 신자유주의 정책의 실패와 무관하지 않듯이 애초 중남미를 목표로 하였던 '워싱턴 컨센서스'가 중남미에서도 성공적이지 못하였다는 사실은 시사하는 바가 크다. 현재 중남미에서 나타나고 있는 높은 수입관세, 보호무역주의 정책, 생산수단의 완벽한 국유화 등 역시 '워싱턴 컨센서스'의 목표와 마찬가지로 국가재정의 균형을 위한 것일 뿐 시장경제와 관련된 모든 것을 포기한다는 것을 의미하지는 않기 때문이다.

2. 경제성장의 원천과 다양성

1) 성장의 결정요인 : 이론

먼저 주류경제학에서는 경제성장을 어떻게 설명하는지 살펴보자. 단순히 표현하면 주류경제학에서 성장이란 생산의 증가를 의미한다. 이론적으로 경제성장은 시장이 충분히 경쟁적이고 규모의 경제가 작동하지 않을 경우 투입물 증가와 총요소생산성(total factor productivity, TFP) 성장에 의한 것, 두 부분으로 구성된다. 반면 완전경쟁과 규모에 따른 수익불변의 조건을 전제하지 않을 경우 경제성장률은 총요소생산성의 증가와 비용탄력성의 역수에 의해 가중된 투입물 증가에 의한 부분으로 구성한다. 따라서 생산함수로부터 도출되는 경제성장률은 일반적으로 다음과 같이 표현할 수가 있다.

$$\frac{Y}{Y} = E_{Yt} + \frac{1}{E_{CY}} \sum \frac{P_j(t)V_j(t)}{C(t)} \cdot \frac{V_j(t)}{V_j(t)}$$

여기서 Y는 산출량, C는 생산비용, V_j는 노동(L) · 자본(K) · 중간재(M) · 에너지(E) 등 투입물이고, P_j는 각 생산요소의 가격, t는 기술변화를 포함한 시간의 흐름, 그리고 '·'은 시간에 따른 변화량을 나타낸다. 경제성장률은 일정한 투입물하에서 각종 혁신에 의해 발생하는 부분, 즉 E_{Yt}(=TFP)의 증가율(=$\partial \ln Y(t)/\partial t$), 그리고 '비용탄력성($E_{CY}$)의 역수(=$\partial \ln C/\partial \ln Y$)'에 의해 가중된 요소투입의 증가율의 합으로 구성된다. 예를 들어 완전경쟁시장의 조건인 '규모에 따른 수익불변'의 경우 비용탄력성은 1이 되기 때문에 성장률은 TFP의 증가 부분과 투입물 증가에 의한 부분으로만 구성된다. 그러나 비용탄력성(E_{CY})이 1보다 작을 때, 즉 규모의 경제가 존재할 경우에는 투입물 증가에 의한 성장의 기여 부분이 증대하고 그와 반비례하여 총요소생산성에 의한 성장기여분은 상대적으로 작아진다. 다시 말해 규모의 경제가 존재하는데도 완전경쟁시장(규모에 따른 수익불변)을 가정하고 생산성의 증가율을 계산할 경우 생산성의 증가율은 과대평가될 수밖에 없다. 역으로 표현하면 규모의 경제가 존재할 때는 생산성이 증가하지 않아도 투입물 증가에 의해 경제성장이 어느 정도 이루어질 수 있다.

2) 경제성장방식의 다양성

이처럼 경제학에서 경제성장의 첫 번째 방식은 생산에 필요한 자원을 최대한 투입하는 것이다. 한 나라에서 투입물의 규모나 배분은 자원의 부존량과 생산요소비율에 의해 결정된다. 실제로 국가 간 성장률의 차이를 비교할 때 투입물의 증가율도 커다란 차이를 보여 준다. 이론적으로는 생산요소의 상대가격비율이 생산요소의 배분을 결정하는 반면, 공업화를 경험한 대부분 국가들의 경제성장에서 기여도가 가장 높았던 것은 해당 국가의 자본축적의 유무, 즉 생산요소비율과 관계없이 자본투입물이었다. 예를 들어 국가 주도의 성장을 추진한 일본을 비롯한 동아시아 신흥공업국가의 경우, 개발 초기에 노동력이 풍부하고 자본이 희소했는데도 높은 성장률을 기록한 것은 자본을 신속히 투입했기 때문이다. 1966년 '자본/노동'비율을 보면, 미국의 10.26에 비해 한국은 0.32, 홍콩은 1.37 그리고 일본은 3.36에 불과했다. 이처럼 국가 간 정도의 차이는 있으나 동아시아의 경제성장은 기본적으로 자본집약적 성장이었고, 이는 정부가 시장개입을 통하여 생산요소의 상대가격 비율에 영향을 미쳤기 때문에 가능한 것이었다. 예를 들어 한국의 경우 자본스톡은 1961~1972년과 1972~1980년간 각각 연평균 15.2%와 24.7%로 증가했는데, 이러한 자본스톡의 급증은 기업에 공여(供與)된 거대한 정부의 투자보조금과 '임금/자본임대료' 비율의 상승에 의한 것이었다. 그리고 기업에 투자보조금을 공여하기 위해 행정명령이나 대통령령 등 강제조치들을 사용하기도 했다.[1] 한 추정에 의하면 '임금/자본임대료' 비율은 1962~1975년 3.4배가 증가했다.[2] 정부의 보조금과 기업에 맞춰진 저이자율정책으로 자본의 임대료는 시장가격 아래로 하락했고 그 결과 시장은 자본집약적 부문에 유리하게 구성되었던 것이다.

이론적으로 이윤극대화(비용최소화)를 위한 생산요소의 효율적 배분은 시장이 완전히 작동할 때만 가능하다. 그러나 동아시아 국가들은 개발 초기에 시장이 존재하지 않거나 시장의 경쟁이 불충분했다. 일반적으로 후발공업국의 경우 공업화를 시작하기 위해서는 자원을 동원하고 공업 부문의 형성을 유도하고 조직하는 주체가 새롭게 형성되지 않을 수 없다. 영국보다 늦게 공업화에 착수한 프랑스와 독일에서는 은행이 공업자원의 공급자임과 동시에 공업화의 조직자였고, 이들보다 늦게 공업개발을 시작한 러시

1) J.C. Lee, 1994, *The State and Industry in South Korea : The limits of the authorization state*, Routledge.
2) J. Kwon, ed., 1990, *Korean Economic Development*, Greenwood Press, p. 39에서 재인용.

아와 일본은 정부 자신이 자원조달 및 공업화의 조직자 역할을 수행했다.

마찬가지로 동아시아 신흥공업국들의 경우에도 수출촉진이나 금융지원을 비롯하여 외국자본 및 기술의 도입, 중화학공업 부문의 육성 등 다방면에 걸쳐 정부의 영향력이 지대했다. 즉 산업조직자로서 정부는 시장이 할 수 없는 부분을 대신한 측면이 있다. 자원동원을 독려했을 뿐 아니라 심지어 자원배분을 일일이 지시하곤 했다. 이처럼 동아시아 신흥공업국의 경제개발은 시장기능에 의해서만 이뤄진 것이 아니라 시장의 실패영역에 대한 정부의 전반적이고도 적극적인 개입에 크게 영향 받았다. 이처럼 동아시아 경제성장의 경험은 시장실패가 존재할 경우 국가개입에 의한 '동태적' 효율성(dynamic efficiency)이 시장왜곡에 따른 '정태적' 비효율성(static inefficiency)을 대체할 수 있음을 보여 준다.

3) 생산성의 비밀

경제성장의 두 번째 요인은 생산성 증가다. 생산성은 노동이나 자본 등 생산요소의 투입과 이로부터 얻어지는 산출을 비교한 것으로, 크게 단일요소생산성과 총요소생산성으로 구분한다. 단일요소생산성은 노동이나 자본 등 개별생산요소 투입에 대한 산출의 비율로, 노동생산성이나 자본생산성 개념이 여기에 속한다. 노동생산성은 노동 한 단위(단위시간 또는 단위인력)를 더 투입해서 얻어낼 수 있는 산출 규모, 즉 노동의 평균생산물(≡AP_L)이다. 따라서 노동생산성이 높다는 것은 노동 한 단위 투입에 따른 산출량이 많아진다는 의미가 되는데 자본투입량이 많아 자본축적 수준이 고도화될수록 노동생산성은 높게 나타나기 마련이다.

노동생산성 같은 단일요소생산성은 측정하기가 쉽다는 장점이 있다. 노동생산성이 분기별로 자주 발표되는 까닭도 여기에 있다. 하지만 문제점도 없지 않다. 투입과 산출의 비율에 의해 어느 한 요소(예컨대 노동)의 생산성을 표현해야 하지만 이 경우 산출결과가 다른 요소(자본)의 투입량 변화에 의해서도 영향을 받기 때문이다. 자본축적이 왕성하게 이루어지고 있는

‖ 표 13-5 ‖ 주요 서구국가들과 일본의 경제성과 비교, 1820~1992년(연평균 성장률)

주요 지표	국가	1820 ~1970	1870 ~1913	1913 ~1950	1950 ~1973	1973 ~1992
GDP	미국	4.22	3.94	2.84	3.92	2.39
	영국	2.04	1.90	1.19	3.00	1.59
	프랑스	1.27	1.63	1.15	5.02	2.26
	독일	2.00	2.81	1.06	5.99	2.30
	네덜란드	1.93	2.20	2.43	4.74	2.14
	일본	0.31	2.34	2.24	9.25	3.76
1인당 GDP	미국	1.30	1.81	1.61	2.42	1.38
	영국	1.25	1.01	0.92	2.47	1.44
	프랑스	0.85	1.45	1.12	4.03	1.74
	독일	1.09	1.63	0.30	5.00	2.05
	네덜란드	1.06	0.94	1.07	3.45	1.49
	일본	0.10	1.38	0.92	8.01	3.03
노동시간	미국	3.09	2.02	0.35	1.15	1.27
	영국	0.85	0.76	0.46	-0.15	-0.57
	프랑스	-	-0.10	-0.75	0.01	-0.46
	독일	-	0.92	0.45	0.00	-0.38
	네덜란드	-	0.76	1.10	-0.04	-0.07
	일본	0.21	0.45	0.40	1.44	0.61
노동시간당 GDP	미국	1.10	1.88	2.48	2.74	1.11
	영국	1.16	1.13	1.66	3.12	2.18
	프랑스	-	1.74	1.87	5.11	2.73
	독일	-	1.87	1.27	5.99	2.69
	네덜란드	-	1.27	1.13	4.78	2.21
	일본	0.09	1.89	1.85	7.69	3.13

주요 지표	국가	1820 ~1970	1870 ~1913	1913 ~1950	1950 ~1973	1973 ~1992
총요소생산성 (TFP)	미국	-0.15	0.33	1.50	1.72	0.18
	영국	0.15	0.31	0.81	1.48	0.69
	프랑스	-	-	-	3.22	0.73
	독일	-	-	-	4.05	1.54
	네덜란드	-	-	-	2.71	0.77
	일본	-	-0.31[a]	0.36	5.08	1.04
자연자원	미국	1.41	0.01	0.01	0.00	0.00
	영국	0.00	0.00	-0.68	0.00	0.00
	프랑스	-	-	-	-	-
	독일	-	-	-	-	-
	네덜란드	-	-	-	-	-
	일본	0.00	0.00	-0.03	0.11	0.00
비주거 자본스톡	미국	5.46	5.53	2.01	3.27	3.13
	영국	2.61	1.73	1.09	5.17	3.32
	프랑스	-	-	-	4.80	4.30
	독일	-	-	-	5.93	3.37
	네덜란드	-	-	-	4.55	3.07
	일본	-	3.49[a]	4.17	9.18	6.18
자본생산성	미국	-1.18	-1.51	0.81	0.63	-0.72
	영국	-0.55	0.16	0.10	-2.10	-1.67
	프랑스	-	-	-	0.22	-1.96
	독일	-	-	-	0.05	-1.04
	네덜란드	-	-	-	0.18	-0.90
	일본	-	-0.95[a]	-1.85	0.06	-2.85

주 a) 1890~1913년.
자료 : A. Maddison, 1995 : 255, Table K-2.

개발도상국의 노동생산성이 선진국에 비해 절대적으로 높게 나타나는 것도 이 같은 이유다. 이에 비해 총요소생산성은 노동과 자본을 포함한 전체 생산요소 투입에 대한 산출의 비율로서, 흔히 기술진보 수준에 의해 결정되는 것으로 받아들이고 있다. 예컨대 지난 20년간의 국민총생산 규모가 20배로 늘었다고 가정할 때 노동이나 자본의 투입 증가가 그 대부분을 설명하겠지만 그것만으로 '설명되지 않는 부분'이 반드시 존재하기 마련이다. 기술수준 외에 정치적 안정, 노사관계 등도 여기에 영향을 주는 변수로 볼 수 있다. 특히 후진국 저개발의 근저에는 기술 이외의 요인이 더 큰 설명변수로 자리 잡고 있을 수 있다.

3. 1997년 동아시아 위기에 대한 오해

주류경제학에서는 생산성의 증가, 즉 효율성의 개선을 성장의 지속에서 가장 중요한 원천으로 간주한다. 그 이유는, 투입물의 증가는 물리적으로 한계가 있을 뿐 아니라 '한계생산물체감의 법칙'에 직면하기 때문이다. 이러한 이유를 기초로 하여 동아시아 외환위기 이전에 '동아시아 기적의 환상'을 얘기해 마치 동아시아의 1997년 위기를 정확히 예측한 것으로 유명(?)해진 크루그먼(P. Krugman)의 주장이 대표적인 경우다. 그에 따르면 동아시아의 성장은 효율성의 개선이 수반된 것이 아니었고, 효율성의 개선 없이 지난 시기와 같은 고성장을 이루자면 자본투입물의 높은 증가율과 인적자본(교육)의 확장이 지속되어야 한다. 그러나 자본투입물의 높은 증가율은 물리적 한계를 가질 뿐 아니라 그 자체가 한계생산물체감의 한계에 직면할 수밖에 없고, 교육 확대 또한 물리적으로 한계를 가질 수밖에 없다는 것이다. 예를 들어, 1966~1990년 사이에 전체 노동자 중 중등교육(secondary) 졸업자의 비중이 한국은 26.5%에서 75%, 대만이 25.8%에서 67.6%, 싱가포르가 15.8%에서 66.3%, 그리고 홍콩(1966~1991년)은 27.2%에서 71.4%로 크게 증가하였다(A. Young, 1995 : Table II).

그러나 크루그먼의 주장은 과학적으로 근거가 없다. 자료나 추정방식에 따라 많은 차이가 존재하지만, 동아시아 신흥공업국들의 성장이 효율성 개선보다는 투입량 증가에 의한 것이었다는 주장에는 대개 동의한다. 그러나 주의할 점은 성장률에서 효율성 개선에 의한 비중이 상대적으로 낮았던 것이지 효율성의 개선이 없었던 것은 아니다. 흔히 효율성을 나타내는 지표로 총요소생산성 지표를 사용하는데, 추정에 따라서 약간의 차이를 보이고 있으나 동아시아 국가들은 상당한 정도의 총요소생산성 증가를 보인다.

또한 〈표 13-6〉 및 〈표 13-7〉을 통해 지난 1960~1994년 동아시아 국가들과 나머지 지역 및 국가들의 노동력당 소득(노동생산성)의 연평균 성장률과 총요소생산성의 증가율을 보면, 평균적으로 동아시아는 노동력당 소득의 성장률과 총요소생산성의 증가율 면에서 후진국은 물론이고 미국이나 기타 선진국에 비해서도 결코 낮지 않았음을 알 수 있다. 동아시아의 경우 절대 규모에서 효율성의 상당한 개선이 확인되었지만, 1인당 소득의 성장률에 대한 총요소생산성 증가분의 상대적 기여분이 선진국보다 평균적으로 낮았을 뿐이다.

크루그먼이 인용한 자료(A. Young, 1995)를 보더라도 마찬가지다. 〈표 13-8〉에 나타난 동아시아 신흥공업국들의 생산성 증가율은 다른 지역의 국가들에 비해 평균적으로 결코 낮지 않다. 크루그먼은 동아시아 국가들 중에서도 싱가포르만을 구체적으로 거론하고 있다. 그가 인용한 자료에서 싱가포르는 다른 동아시아 국가들에 비해 생산성의 성장률이 매우 낮은 편이다. 특히 제조업 부문만의 생산성을 보면 마이너스(−) 성장률을 보이고 있다. 주지하듯이 동아시아 신흥공업국들은 제조업이 경제성장에 절대적 역할을 하였다. 그러나 싱가포르의 경우를 동아시아 신흥공업국들의 특징으로 일반화시키는 것은 무리가 있다. 싱가포르의 경우 1970~1990년 사이에 제조업 부문의 총요소생산성의 연평균 증가율이 −1%였던 반면, 한국(1966~1990년)의 경우는 3%, 대만(1966~1990년)의 경우는 1.7%의 증가를 기록하였다(A. Young, 1995 : Table VI~VIII).

게다가 싱가포르에 대한 부정적 평가는 또 다른 문제를 안고 있다. 싱가

‖ **표 13-6** ‖ 동아시아 국가들의 총요소생산성의 연평균 성장률(%)

	Young (1994, 1995) 1966~1990년	Collins & Bosworth (1996) 1960~1994년	Sarel (1997) 1978~1990년	Hu-Khan (1997) 1979~1994년
한국	1.7	1.5	-	-
대만	2.6	2.0	-	-
싱가포르	0.2	1.5	2.2	-
말레이시아	1.1*	0.9	2.0	-
인도네시아	1.2*	0.8	1.2	-
타이	1.5*	1.8	2.0	-
중국	-	4.6*	-	3.9

주 : *의 추정 기간은 상이함. 예를 들어 첫째 열은 1970~1985년, 둘째 열은 1984~1994년.
자료: 최배근, 2000,『시장경제들의 특성과 기원』, 법문사, 381쪽에서 재인용.

‖ **표 13-7** ‖ 동아시아 및 비교 지역의 성장률과의 성장의 원천, 1960~1994년 (연평균 증가율, %)

국가 혹은 지역	노동력당 소득	요인별 성장률(성장의 기여분)		
		물적 자본	교 육	TFP
한국	5.7	3.3(57.9)	0.8(14.0)	1.5(26.3)
대만	5.8	3.1(53.4)	0.6(10.3)	2.0(34.5)
싱가포르	5.4	3.4(63.0)	0.4(11.8)	1.5(27.8)
인도네시아	3.4	2.1(61.8)	0.5(14.7)	0.8(23.5)
말레이시아	3.8	2.3(60.5)	0.5(13.2)	0.9(23.7)
타이	5.0	2.7(54.0)	0.4(8.0)	1.8(38.0)
동아시아	4.2	2.5(59.5)	0.6(14.3)	1.1(26.2)
남아시아	2.3	1.1(47.8)	0.3(13.0)	0.8(19.0)
아프리카	0.3	0.8(266.7)	0.2(66.7)	-0.6(-200.0)
중동	1.6	1.5(93.8)	0.5(31.3)	-0.3(-18.8)
중남미	1.5	0.9(60.0)	0.4(26.7)	0.2(13.3)
미국	1.1	0.433.3)	0.4(33.3)	0.4(33.3)
기타 산업국가	2.9	1.5(51.7)	0.4(13.8)	1.1(37.9)

주 : ( )의 수치는 1인당 소득의 성장률에 대한 기여분으로 %.
자료 : S. Collins and B. Bosworth, 1996, "Economic Growth in East Asia : Accumulation versus Assimilation," *Brookings Papers on Economic Activity 2.*

포르가 효율성의 개선 없는 성장을 했다 하더라도 이 나라는 동아시아 신흥공업국들 중 이미 선진국의 국민소득 수준에 도달한 국가다. 자본투입물의 수확체감과 교육 확대의 물리적 한계가 나타나기 전에 이미 동아시아 성장방식으로 선발 공업국의 소득수준에 도달했는데 그 성장이 효율성 개선을 수반하지 않았다고 비난받아야 하는가? 동아시아 성장방식에 문제가 있다면 적어도 이 방식으로 선발 공업국의 소득 수준에 도달할 수 없음이 입증돼야 하지 않는가? 그러나 이 질문에 대한 답은 이론적으로나 경험적으로나 부정적이다.

또한 앞에서 보았듯이 경제학에서 성장은 투입물의 증가와 규모에 따른 수익 증대 그리고 생산성의 증가에 의해 이루어진다. 그런데 동아시아의 고성장은 '상대적(전체 성장에서 기여한 정도)'으로 첫째와 둘째 부분에 의한 것이었다. 즉 높은 저축률과 투자율 그리고 높은 교육열로 뒷받침된 양질의 풍부한 노동력의 확보로 투입물의 높은 증가율이 가능했고, 내수보다 수출 주도의 성장방식은 규모의 경제와 외부성의 효과를 가져다주었다. 주류경제학의 신성장론 또한 무역은 규모의 경제 및 외부성의 효과를 통해

‖ **표 13-8** ‖ 총요소생산성의 연평균 성장률, 1970~1985년

동아시아 국가	TFP 성장률	선진 공업국	TFP 성장률	기타 후진국	TFP 성장률
일본	0.012	미국	0.004	브라질	0.01
한국	0.014	독일	0.009	콜롬비아	0.01
대만	0.015	프랑스	0.005	이집트	0.03
싱가포르	0.001	영국	0.009	인도	0.001
홍콩	0.025	이탈리아	0.018	파키스탄	0.03
태국	0.019	캐나다	0.003	케냐	0.006
말레이시아	0.010	스웨덴	0.010	가봉	0.024
중국	0.013	네덜란드	0.008	콩고	0.028
미얀마	0.014	덴마크	0.013	시리아	0.02
		노르웨이	0.017	이란	0.014

자료 : Alwyn Young, 1995, "The Tyranny of Numbers : Confronting the Statistical Realities of the East Asian Growth Experience," *Quarterly Journal of Economics*, Vol. 110, (August), pp. 641~680.

성장에 기여하고 있음을 보여 준다. 즉 규모의 경제가 작용한 수출 부문에서 자본의 한계생산성(MP_K)의 증가로 수출의 성장을 가져오고, 이것은 다시 기술집약적 부문에 대한 투자를 통해 규모의 경제를 확대시킨다.

수출지향공업화 전략을 채택한 국가들의 경우 국제경쟁에 놓여 있는 수출 부문의 성장은 신기술과 경영혁신을 가져다줌으로써 내수 부문의 성장에 긍정적 영향을 주는 '외부성'의 효과를 확인할 수 있다. 실제로 많은 국가들의 경험을 통해 무역의 성장률이 높을수록 GDP와 생산성의 성장률이 높다는 사실을 알 수 있다. 또한 규모의 경제효과는 성장과정에서 무역의 역할이 컸던 국가에서 크게 나타난다. 예를 들어 1948~1969년 미국의 GNP 성장에서 규모의 경제효과는 전체 성장의 10.5%를 구성한 반면, 1953~1972년의 일본 그리고 1963~1982년 한국의 경우에는 각각 22.0%와 18.0%를 차지했다. 동아시아 국가들에서 수출의 외부성 효과 또한 그 반대의 경우, 즉 내수 부문의 성장이 수출 부문의 성장에 미치는 효과보다 훨씬 높았다.

한편 물적 자본 투입물과 달리 인적자본, 예를 들어 지식은 수확체감의 법칙이 잘 적용되지 않는 '비경합성'을 지니고 있다. 지식사회에서 성장의 가장 중요한 요소가 인적자원이라는 점에서 높은 교육열을 특징으로 하는 동아시아의 성장방식을 부정적으로 볼 필요는 없다. 실제로 싱가포르나 대만이 이미 선발공업국의 국민소득 수준에 도달해 있거나 도달해 가고 있는데도 선발공업국보다 여전히 두 배 이상의 높은 성장률을 기록하는 것은 주목할 필요가 있다. 싱가포르의 경우 1994년 1인당 국민총소득이 2만 달러를 넘어선 이후에도 1997년 동아시아 위기의 영향을 받은 1998년을 제외하면 여전히 높은 성장률을 기록하고 있다.

제5장에서 지적했듯이 사실 경제학이 강조하는 총요소생산성은 모호한 개념이다. 반면, 동아시아 성장의 주요 요인으로 지적되어 온 높은 저축률을 지금까지 가장 잘 설명한 것은 '문화적 차이'다. 실제로 많은 연구들이 서구사회의 경험에서 도출한 주류경제이론으로 동아시아 사람들의 저축 태도를 설명할 수 없음을 지적한다. 개인주의 문화와 개인의 선호(효용극

‖ **표 13-9** ‖ 무역지향의 정도와 경제성장(단위 : 연평균 %)

	GDP 성장률	성장의 원천		
		자 본	노 동	총요소생산성
대외지향성이 강한 국가들				
1975~1982년	8.4	4.6	1.1	2.7
1983~1989년	7.7	3.3	0.7	3.7
대외지향성이 중간인 국가들				
1975~1982년	4.6	2.8	1.3	0.5
1983~1989년	4.1	1.7	1.2	1.2
대내지향성이 중간인 국가들				
1975~1982년	4.0	2.6	1.5	-0.2
1983~1989년	2.7	1.4	1.5	-0.2
대내지향성이 강한 국가들				
1975~1982년	2.3	1.6	1.6	-0.9
1983~1989년	2.2	0.7	1.6	-0.1

자료 : International Monetary Fund, 1990, *International Financial Statistics Yearbook*, Washington D.C. : IMF, p. 69.

대화)에 기초한 주류경제학의 가설이 '가족 가치'를 중시하는 유교적 전통의 사회에 적용되지 않는 것은 당연한 결과다. 즉 가족의 일을 서로 책임지는 유교적 전통을 지켜 온 아시아지역 국가에서는 서구 국가와는 달리 과도한 사회보장제도를 실시할 필요가 없다. 국가 대신 가족성원들이 서로의 복지를 돌보는 의식이 자리를 잡고 있기 때문에 미래에 대비하는 개인저축률도 서구보다 높다는 것이다. 이처럼 시장시스템은 독립적으로 작동하는 것이 아니다. 시장시스템은 비시장제도나 비경제영역과의 관계 속에서 존재하고 작동할 수밖에 없다. 실제로 한 사회가 생산할 재화와 용역의 종류와 양, 생산방법, 그리고 생산된 재화와 용역의 분배방식은 시장에 의해서만 결정되는 것이 아니다.

4. 경제성장과 사회적 자본

이처럼 경제학은 생산성의 크기를 결정하는 근원적 요인을 설명하지 못한다. 그동안 많은 연구들이 국가 간 경제력의 격차를 결정하는 데 주요 결정요인인 생산성의 차이가 어디서 비롯하는가에 관심을 가져왔다. 사실 생산방식의 차이는 시장과 더불어 경제환경, 정부정책 및 제도들에 커다란 영향을 받는다. 이와 관련하여 생산성 차이의 주요 원천의 하나로 '사회인프라(social infrastructure)' 혹은 '사회적 자본'에 주목한다. 사회인프라는 개인이나 기업의 생산적 활동에 인센티브를 제공하는 제도나 문화를 의미한다. 사회인프라나 사회적 자본은 '무형자본(intangible capital)'으로 혁신(innovations)이 유발될 수 있는 소프트웨어 구성물이다.

제도를 "인간의 상호 작용들을 지배하고 특징짓는, 인간이 고안해 낸 일련의 행동규칙들"로 광범위하게 이해할 때 제도들은 최소한 다른 사람들이 무엇을 할 것인가에 대한 예측 형성을 도와준다. 그 결과, 제도는 제반 거래비용을 감소시켜 경제의 효율성을 높이고 경제성장에 결정적으로 영향을 미칠 수 있다.[3] 실제로 동아시아 국가들 내부의 경제성과의 차이 또한 제도와 깊은 관계를 맺고 있음이 확인된다. 예를 들어 동아시아 신흥공업국들 간에 지수화한 제도의 질을 추정한 연구에 의하면 10점 만점에 싱가포르(8.56), 대만(8.24), 말레이시아(6.90), 한국(6.36), 타이(6.26), 인도네시아(3.67), 필리핀(2.97)의 순서로 흔히 '연고자본주의'나 허약한 관료제나 부패가 심한 국가로 알려진 국가들이 낮은 점수를 받고 있다. 구체적으로 동아시아 국가들의 제도의 질과 노동력당 소득 간에는 매우 밀접한 관계(상관계수 0.99)가 존재하고, 제도의 질이 1포인트 증가할 때 장기적으로 노동력당 소득의 성장률은 0.8%가 증가하는 것으로 나타난다.[4]

3) M. Olson, 1996(Spring), "Big Bills Left on the Sidewalk : Why Some Nations are Rich, and Others Poor," *Journal of Economic Perspectives*, Vol. 10, No. 2, p. 19.

그런데 기존의 연구들에서 제도와 경제성의 관계는 서구의 경험에 기초를 두고 있다. 한 국가의 제도의 질적 수준을 측정할 때 사용하는 주요 요인들에는 법의 지배의 확립 정도와 재산권과 계약의 보장 정도가 반드시 포함되는데, 법이나 재산권 등의 요소들이 서구의 경험을 기준으로 한 것이어서 이를 동아시아에 적용할 경우 유의할 필요가 있다.[5] 서구의 제도를 기준으로 할 때 동아시아의 경제성과는 충분히 설명되지 않기 때문이다.

한 국가의 경제성과는 공식적인 규칙들(formal rules)과 비공식적인 규범들(informal norms) 그리고 강제성(enforceability)의 결합물이다. '공식적인 규칙'이 쉽게 변화될 수 있는 것이라면 '비공식적 규범'들은 대개 점진적으로 변화하는 특징을 갖는데 일련의 규칙들에 정당성을 제공하는 것이 규범들이다. 따라서 한 경제가 다른 경제의 규칙들을 채택할 경우 규칙들이 기초하는 규범들이 다르고, 그 결과 강제가 상이하기 때문에 경제성과 또한 다르게 나타날 수밖에 없다. 설사 서구 시장경제의 정치와 경제의 규칙들 그리고 강제가 서구 경제에 성공적이었다 하더라도, 그것이 비서구사회의 경제성과를 향상시키는 데 충분한 조건은 아니라는 것을 의미한다.

경제성과나 생산성과 불가분의 관계를 맺고 있는 것은 정치다. 재산권이론이 말하듯이 가장 효율적인 재산권을 창출하고 그것을 강제하는 것이 정치다. 실제로 정치는 경제의 규칙들을 규정하고 강제하기 때문에 경제성과에 직접적으로 작용한다.[6] 오늘날 인류세계의 가장 보편적인 정치제도는 민주주의다. 민주주의는 다른 제도에 비해 무정부적 불안정을 줄여 주고 충격을 잘 조절해 주고 좀 더 바람직한 분배적 결과물을 만들어 낸다. 흔히

---

4) D. Rodrik, 1997, "TFPE Controversies, Institutions and Economic Performance in Ease Asia," *NBER Working Paper*, No. 5914, p. 22, Table 3.

5) 한 가지 예로 행정관료의 질, 부패의 정도, 법치의 확립 정도, 재산권과 계약의 보장 정도 등을 0부터 10까지 수치화하여 제도의 질의 수준을 측정한다. Knack and Keeper, 1995, "Institutions and Economic Performance : Cross-Country Tests using Alternative Institutional Measures," *Economics and Politics*, Vol. 7, No. 3, pp. 207~227.

6) D. North, 1994(June), "Economic Performance Through Time," *American Economic Review*, Vol. 84, No. 3, p. 367.

정부개입의 반대논리로 주장하는 이른바 '정부실패' 혹은 '정책실패'의 상당 부분도 인민의 참여가 결여된 대의민주제의 '정치실패'에서 비롯한다. 정치는 '제로섬게임(zero-sum game)'인 반면, 정책은 제로섬게임이 아니라는 점에서 정치와 정책은 구분해야 한다.

정부실패 혹은 정책실패를 악화시키는 주요 요인으로 흔히 '비밀주의'를 지적한다. 비밀주의는 정책의 결정과정에서 배제된 사람들로 하여금 정책결정을 뒤집는 것을 정당하다고 생각하게 만들고, 정책결정의 유지에 대한 불확실성의 증대는 거래비용을 증대시켜 '파레토 최적(Pareto optimum)', 효율성 극대화를 도출하는 것을 어렵게 한다. 예를 들어 세계은행(World Bank)의 부총재였고 2001년도 노벨상 수상자인 조지프 스티글리츠(Joseph Stiglitz)는 클린턴 행정부의 경제자문회의 의장을 맡았던 경험을 통해, 국가안보의 이해를 이유로 정보를 숨길 필요가 있다고 말하는 것은 결코 정당화되지 않는다고 주장한다. 비밀주의는 특별한 이해들이 공공의 눈을 피해 자신들의 이해들을 효과적으로 진전시킬 수 있는 가면으로 복무할 뿐이라는 것이다.[7] 이 밖에도 비밀주의는 '가려진 정보'의 가치를 증대시키기 때문에 지대(rents)를 창출하고, 또한 정보의 희소성은 '정보의 비대칭성'을 창출함으로써 '파레토 최적'의 도출을 어렵게 하거나 정부실패를 악화시킨다. 즉 의사결정권이 집중된 사회에서 지대추구행위는 만연될 수밖에 없다.

다원적 의사결정구조인 민주주의는 시장이 온전하게 작동하는 것을 돕고, 그리하여 효율성을 담보해 주는 원리와 장치의 역할을 할 수 있다. 경제성과와 생산성의 주요 결정요인인 사회적 자본 또한 정치와 밀접한 관계를 맺고 있다. 정치권력 자체는 쓰기에 따라서는 사회적 갈등을 해소하고 이해를 조율하여 자원을 배분하는 대단히 소중한 사회적 자원이 되기 때문이다. 이처럼 민주주의는 시장경제의 장기적 경제성과와 깊은 관계를 맺고

7) J. Stiglitz, 1998(Spring), "The Private Uses of Public Interests : Incentives and Institutions," *Journal of Economic Perspectives,* Vol. 12, No. 2, p. 14.

있다.

5. 무엇을 위한 성장인가

지금까지 성장은 경제학에서 '절대선'과 같은 것이었다. 그러나 성장에도 불구하고 빈곤의 문제가 해결되지 않고 있고, 심지어 국민경제의 성장속에서도 일부 계층은 자신의 소득이 후퇴하는 경험을 하고 있다. 앞에서 살펴보았듯이, 소득분배에 관한 새로운 관심의 대두와 함께 세계은행 등 국제기구에서도 1980년대 이후 개도국에 실시된 구조조정정책에 대한 반성의 목소리가 높아지고 있다. 대표적으로 2002년 세계은행의 세계개발보고서와 그 기초가 되었던 달러(Dollar)나 크라이(Kraay) 등의 낙관에 찬 논문은 개방이 성장을 가져다주고 성장이 빈곤을 해결할 것이라고 강조한 바 있다. 그리고 여전히 많은 학자들은 시장지향적 정책에 기초한 성장 자체가 빈곤을 해결하는 가장 중요한 요인이라고 고집스레 주장하고 있다. 하지만 이러한 단순한 주장은 개방 자체의 성장효과가 그리 뚜렷하지 않을 뿐 아니라 국내의 소득분배를 무시하고 있다는 점에서 엄청난 비판에 직면하고 있다. 경제개방, 민영화, 자유화, 그리고 규제완화 등 소위 '워싱턴 컨센서스'에 기초한 정책들은 정작 빈곤문제를 완화하지 못했고 개도국 시민들의 불만을 가져다주었다는 것이다. 다소 감정적이고 과장도 적지 않지만, 최근 전 세계에 퍼져 나가고 있는 반세계화운동의 목소리도 이들 국제기구와 경제학자들에게 만만치 않은 압박이 되어 왔다.

이에 따라 1990년대 후반 이후에는 경제발전프로그램에서도 새로운 조류가 등장하고 있다. 즉 단순히 시장에 모든 것을 맡기는 것이 아니라 보다 조심스러운 개방과 적절한 규제 등 정부의 역할을 강조하고 특히 빈곤과 소득분배문제를 진지하게 고민하는 흐름이 큰 힘을 얻고 있는 것이다. 예를 들어, 세계화가 만들어 내고 있는 긴장을 완화하고 나아가 문화다양성을 촉진하고 지속적인 발전의 길과 평화조건을 강화하기 위해 '포럼 바르

셀로나 2004(Forum Barcelona 2004)'의 출범이 그것이다. '바르셀로나 포럼'[8]에서 제프리 삭스(Jeffrey Sachs)가 지적했듯이 '새로운 극단'으로 내달렸던 레이건과 부시 행정부에서 그 뿌리가 발견될 수 있는 '워싱턴 컨센서스'의 대표적 문제는 '미국의 비전'이 '세계의 표준'으로 선언된 것이다. 즉 제프리 삭스에게 오늘날 가장 커다란 문제는 자신의 목표를 위해서 국제 제도들을 교묘하게 조작하려는 미국의 뻔뻔스러움이다. '워싱턴 컨센서스' 의 또 하나의 근본문제는 지속가능한 발전이라는 보다 넓은 범주의 이슈를 다루기보다는 거시경제 및 금융 안정성이라는 좁은 범위에 초점을 맞추었다는 점이다. 예를 들어, 빈곤문제는 순수한 거시경제 관점에서 효과적으로 다룰 수가 없다. 삭스는 빈곤과 관련하여 개발국가들이 개도국의 상황을 개선하기 위해서 진지하지 않다고 주장한다. 때때로 성장과 지속가능한 발전의 추구는 양립되지 않는다. 따라서 새로운 컨센서스에서는 특히 전지구적 빈곤, 전지구적 환경의 지속가능성, 미국의 역할, 그리고 국제제도의 역할 등이 다루어져야 한다고 주장하였다. 마지막 두 가지 이슈와 관련하여 세계를 제로섬 관점으로 믿는 미국사회와 관련해서 미국이 왜 국제규칙들을 준수하지 않는지에 대해 공공연하게 질문하는 것을 주요 목표로 삼고, 그동안 만들어진 많은 전지구적 목표와 협정들이 실행되지 않거나 작동하고 있지 않듯이 '글로벌 거버넌스(global governance)'의 문제를 다룰 것을 주장한다("you sign this, you do this!").

또한, 이 포럼에서 자본시장 자유화 이슈와 관련하여 조셉 스티글리츠(Joseph Stiglitz) 역시 IMF정책들이 작동하지 않았다는 점에 대해서 하나의 동의가 존재한다며, 그럼에도 불구하고 남은 질문은 왜 IMF가 여전히 그것을 지지하냐는 것이다. 여기에는 정치경제적 내력이 있는데, 즉 국제기구와 미국의 역할이 핵심이슈라는 것이다. 즉 자본시장 자유화가 반드시 좋은 것이 아니라는 것을 IMF가 인정했고 국제협정에서도 더 이상 지

8) CIDOB, "From the Washington Consensus to a New Global Governance," Preliminary Meeting Summary Report, New York : Columbia University, January 28th, 2004.

지받지 못함에도 불구하고 미국은 개도국과 쌍무협정 통해 이것을 비켜 가려 하고 있고, 특히 중남미에게 자본시장 자유화를 강요하고 있다고 주장한다. 이것은 오늘날의 과학적 동의에 반하는 것으로 순전히 정치적 이슈라는 것이다. 빈곤과 관련해서도 "성장은 빈곤 감소를 위해 좋은 것이고, 우리가 주장해 오는 정책들은 성장에 좋은 것이기에 이 정책들은 좋은 것"이라는 '워싱턴 컨센서스'의 인과적 상관관계는 결코 유익하지 못하다고 주장한다. 예를 들어 지난 십 년간 세계에서 가장 강한 성장을 경험했던 동아시아에서 실행된 정책들은 '워싱턴 컨센서스'에 의해 제안된 것과 많은 차이가 있기 때문이다.

세계은행의 학자들도 단순히 성장만이 아니라 국내의 소득분배를 고려한, 이른바 '빈곤층을 위한 성장(pro-poor growth)'을 위해 더 많은 고민을 보여주고 있다. 부의 균등한 분배나 빈곤층에 대한 사회안전망 확보 등이 있을 때 성장이 당연히 빈곤층에 더 큰 도움이 될 것이며, 나아가 분배의 개선이 성장을 보다 촉진시킬 수도 있다는 것이다. 실제로 이스털리(Easterly)나 로페즈(Lopez) 등 세계은행의 학자들은 기존의 정책들이 '성장-분배-빈곤'의 상호 관련된 복잡한 삼각관계를 고민하지 못했다고 고백하면서 이 세 가지 모두를 개선하고 선순환을 만들어 내기 위한 다양한 노력들을 강조하고 있다. 이미 기존에도 많은 학자들은 다른 개도국의 사례에서 토지와 같은 부의 균등한 분배, 적극적인 공교육과 훈련의 노력, 그리고 극빈층에 대한 사회복지의 확충 등을 역설해 왔다. 최근에는 여기서 더 나아가 부동산 등 자산가격 폭등에 대한 강력한 규제, 극빈층에 대한 여러 가지 지원 그리고 정부의 보다 적극적인 교육과 노동시장정책 등을 고민할 것을 요구하고 있다. 이러한 주장을 하면 일부에서는 분배주의자 심지어 좌파라고 몰아붙일 것이다. 그러나 위의 논의들은 모두 주류경제학자들이나 국제기구에 의해 이야기되는 주장들이다.

이와 관련하여 균등한 소득분배와 고도성장을 동시에 달성하여 라틴아메리카나 아프리카와 대비되는 '동아시아 기적'의 대표 국가로 불렸던 한국에서 '1997년 위기' 이후 성장잠재력과 소득분배가 동시에 악화되고 있다. 성장주의자들은 성장이 지속된다면 결국에는 빈곤층도 혜택을 받게 될 것이라 주장한다. 하지만 노동시장의 구조적인 변화와 비정규직 노동자의 급등, 자산소득의 분배 악화 등으로 양극화가 심화되는 상황에서 시장지향적 정책에 의해 성장잠재력과 소득분배의 동시 개선이 가능할지 의심스럽다. 최근 미국경제의 성과는 시사하는 바가 크다. 2001년 침체하였던 미국경제는 2003년 하반기 이후 급속도로 상승세를 보여 주었다. 2004년 미국의 GDP 성장률은 4.2%로 1999년 이래 최고였다. 그런데 미국인들은 경제상황에 대해 여전히 큰 불만을 갖고 있다. 대부분의 가정에서 재산이 감소했기 때문이다. 인플레이션을 감안해 환산한 중간가계소득이 5년 연속 줄어든 것으로 나타났다. 의료보험 혜택을 받지 못하는 미국인의 수도 늘었다. 2005년 지표 역시 비슷할 것으로 추정된다. 예를 들어, 기업의 순익은 인플레이션을 감안하더라도 2001년 4분기 이후 50% 이상 증가한 반면, 실질임금 상승은 7%에도 미치지 못했다. 즉 소수의 부유한 미국인들은 소득 대부분을 기업 배당금에서 벌어들이지만, 대부분의 사람에게 임금 인상은 더디다는 것이다. 게다가 임금 인상분도 대부분 경영자와 엘리트 사원 등 일부 고소득자에게 돌아갔다. 간부직이 아닌 사원의 평균 시간당 임금은 인플레이션을 감안할 때 경기회복이 시작되기 전보다 오히려 낮아졌다. 이처럼 경제호황 속에서도 미국인들이 경기가 좋다고 생각하지 않는 것은 이득을 보지 못했기 때문이다. 과거의 경험을 기준으로 하면 GDP와 가계소득 성장의 불일치는 정상적인 현상이 아니다. 그러나 양자 사이의 불일치가 지속될 가능성이 높고, 그렇다면 대부분의 사람이 뒤쳐지는 GDP 성장률은 중요치 않을 수가 있다. 즉 "성장이 늘면 고용이 증가하고 국민생활이 좋아진다"는 성장 제일주의는 설득력을 상실하였다.

제 4 부

네트워크경제 : 무형재의 경제학

앞에서 살펴보았듯이 산업사회에서 대부분의 경제활동은 물적 및 지적 경제자원을 바탕으로 개별적인 차원에서 이루어져 왔다. 그러나 오늘날에는 네트워크경제라고 하는 무한한 잠재력을 갖고 있는 가상적인 '제3의 경제자원'을 대상으로 새로운 형태의 경제활동이 전개되고 있고 더욱 확대되고 있다. 일부에서 네트워크경제를 정보경제의 기술적인 기반을 강조하는 경제로 이해하는 경향이 있으나 이는 네트워크경제의 의미를 과소평가한 것이다. 네트워크경제는 지식이나 정보가 네트워크로 연결되어 쉽게 활용되는 경제시스템으로 네트워크를 통해 공유된 정보와 지식은 과거보다 훨씬 효율적으로 활용되어 생산성과 연결된다. 경제활동의 각 주체들이 네트워크 조직으로 연계되고 서로의 지식을 교류하여 공유하는 것은 신지식 창출의 새로운 보고이자 새로운 개념의 경제자원이라 할 수 있다.

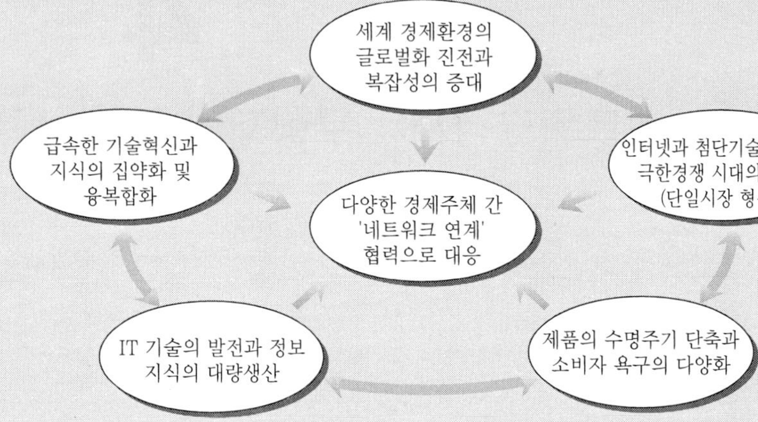

다양한 분야의 기술, 정보, 지식을 함께 공유하고 더 나아가서 이질적인 요소를 융합해 새로운 가치를 창출해 내는 것은 마치 고부가가치 경제자원을 새로이 만들어 내는 것과 같은 효과가 있다. 이는 경제주체들의 개별적인 상태에서는 존재하지 않는 시너지효과로서 서로를 네트워크 조직으로 연계해 상호보완적인 협력작용이 타이밍에 맞추어 일어날 때에만 존재하는 가상적인 형태의 경제자원이다.

네트워크경제와 유사한 의미로 사용하는 개념들로 디지털경제, 인터넷경제, 정보경제 등이 있으나 이들은 네트워크경제의 하위개념들에 불과하다. 디지털경제는 재화와 서비스의 생산, 분배, 소비 등의 주요 경제활동이 디지털화된 정보와 지식이라는 생산요소에 주로 의존하며 정보와 지식에 관련된 산업의 생산량 및 고용자가 다른 산업에 비해 가장 많이 차지하는 경제로, 인터넷경제는 주요 경제활동이 인터넷상의 가상공간을 기반으로 이루어지는 경제로, 그리고 정보경제는 경제주체들의 경제행위에서 정보가 자본과 같이 중요한 생산요소인 동시에 하나의 독립된 상품으로서의 가치를 갖는 경제로 이해할 수 있기 때문이다.

제14장 경제의 포스트모던화 : 경제에서 중심의 해체와 다원화

1. 경제의 포스트모던화와 그 기원

네트워크경제는 '경제의 포스트모던화'이기도 하다. 포스트모던 사회의 핵심적 특징은 중심의 해체와 '다원화' 그리고 경계의 불분명과 구분의 모호성 등이다. 즉 포스트모던화란 모더니티(근대성, modernity)에 기초를 둔 중심과 낡은 권위가 해체되고 대비의 경계가 불분명해지는 경향을 말한다. 세계경제는 이미 오래 전에 미국을 중심으로 하는 일극 경제체제에서 다극 경제체제로 진화하였고, 수요와 공급 등 경제 현상을 설명하는 데 있어서 가격의 중심적 역할이 약화되는 등 경제의 복잡성이 증대되었다. 또한, 재화와 서비스의 구분이 모호해지고(provice), 생산자와 소비자 그리고 생산자와 유통자 등의 경계가 사라지고(prosumer와 disumer), 다양하면서도 전문화되고 세분화된 복합지식의 활용(기술의 융복합화)으로 복합상품이 세계 상품시장의 주류를 형성하는 등 산업 간 경계가 해체되고 있다. 또한, 중심의 해체는 다중심 즉 다원화를 의미하고, 경계의 불분명은 분리를 불가능하게 함으로써 네트워크와 관계의 중요성이 전면에 부상하였다. 이처럼 네트워크경제의 등장이 '경제의 포스트모던화' 현상인 이유는 네트워크경제의 키워드가 중심의 해체와 다원화 그리고 경계의 불분명과 구분의 모호성 등이기 때문이다.

흔히 포스트모던 사회의 상징적 기원으로 1968년을 얘기한다. 서구 현대사에서 1968년은 일체의 권위에 대한 의문이 제기된 새로운 출발점이었다. 서구의 황금기라 불린 1960년대가 저물어 가는 1968년에, 우리가 잘 알고 있는 파리의 '5월'이나 버클리의 '7월' 그리고 체코 프라하의 유혈사태와 베트남의 승리 등 세계 도처에서 다양한 스펙트럼을 가진 운동이 급진적으로 일어났다. 이 일련의 정치적 대분출을 두고 서양의 많은 연구자들이 '혁명'이라고 부르기를 주저하지 않는다. '68운동'은 정치적으로는 미국과 소련을 중심으로 하는 헤게모니를 부정하고 문화적 · 경제적으로 미국에 종속되어 가는 것을 거부하면서 나타난 운동이었다. 이러한 특성은 그 당시까지 당연하게 받아들였던 여성의 불평등과 권위적인 체제를 부정하는 것으로 이어졌고 예술, 사상, 사회에 막대한 영향을 미쳤다. 예를 들어, 남성 중심의 질서를 거부하고 남성과 여성의 공존을 모색하는 여성해방운동이나 인간 중심으로 자연 바라보기를 거부하고 자연과 인간의 공존을 모색하는 생태운동 등 신사회운동이 활성화된 것도 이때였으며, 권력과 체제에 대한 회의, 좌파에 대한 반성도 왕성하게 나타났다. 즉 '68운동'은 서구사회를 완전히 뒤바꿔 놓았던 도덕적 가치관에 대한 일대 혁명으로, 이때부터 학교와 가정, 사회 전반에 걸쳐 권위주의가 사라지게 되었다. 낡은 권위들의 해체는 곧 다양성의 인정, 타자에 대한 인식, 자유분방함 등으로 이어졌다. 현대문명이 '차이의 문화'에 뿌리를 둔 증오가 무성하게 자라는 토양을 만들어 냈다면, '68운동'은 '차이'를 '차별'로 주조하는, 구분을 통해 배제를 만들어 내는 기존의 권위체계를 부정한 것이었다.

'경제의 포스트모던화' 역시 1960년대 중반을 기원으로 한다. 제2차 세계대전 이후 1960년대 중반까지 황금시기를 구가했던 서유럽과 북미의 경제는 1960년대 후반부터 이상 징후를 보이기 시작했다. 무엇보다 주요 선진국들 모두 기업의 자본수익률이 하락했다. 예컨대 제조업을 중심으로 선진국의 이윤율을 보면 1960년대까지 대체적으로 25% 이상을 유지했으나, 1973년 이후 1980년대까지 높아야 16%, 낮게는 10%까지 하락했다. 〈표

14-1〉에서 보듯 제조업을 중심으로 선진국의 자본수익률을 보면 1965~1973년에 연평균 -2.8%를 기록했고, 이 중 이윤몫의 부분이 연평균 -1.7% 그리고 '실현된 부가가치/투자자본'의 부분이 연평균 -1.1%를 기록하고 있다. 그런데 1973~1987년 선진국의 자본수익률을 보면 연평균 -0.9%로, 1965~1973년 기간에 비해 하락의 폭이 줄어드는 경향을 보여 준다. 이 기간 중 이윤몫이 연평균 0.2%로 증가했듯이 자본수익률의 하락을 줄인 요인은 이윤몫의 개선에 의한 것이었다. 이윤몫이 하락에서 상승으로 변했다는 것은 노동생산성(AP_L)의 증가율이 실질임금의 그것을 상회했음을 보여 주는 것이다. 그러나 '실현된 부가가치/투자자본'의 부분은 연평균 -1.1%로 앞의 기간과 동일한 모습을 보이고 있다. 여기서 기업의 이윤 실현과정을 보면 두 단계, 즉 산출(가치창출)과정과 판매(가치실현)과정으로 나누어 이해할 수 있다. 즉 자본생산성(AP_K)이 하락하지 않거나 심지어 증가하더라도 '실현된 부가가치/투자자본' 비율은 산출 중 판매의 비중이 하락할수록(시장수요가 부족할수록) 감소할 수 있는 것이다.

‖ **표 14-1** ‖ 서구 주요국들의 산업 전체의 수익성과 결정요인들, 1965~1987년 (연평균 변화율)

	1965 ~1973	1973 ~1987	1973 ~1975	1975 ~1979	1979 ~1982	1982 ~1987
이윤율	-2.8	-0.9	-12.8	1.9	-5.6	5.1
이윤몫	-1.7	0.2	-6.8	1.5	-1.8	3.4
노동생산성	3.2	1.5	-0.7	2.5	0.4	2.3
실질임금	3.5	0.9	1.0	2.0	-0.2	0.8
실현된 부가가치/투자자본	-1.1	-1.1	-6.5	0.3	-3.8	1.7

자료 : Amstrong, P., A. Glyn, and J. Harrison, 1991, *Capitalism Since 1945*, 김수행 역, 『1945년 이후의 자본주의』, 1993, 동아출판사, 표 14-9.

따라서 1970년대 이후 세계경제 환경의 주요 변화들은 이윤율 하락에 대한 자본의 대응과 밀접한 관련을 맺고 있다. 1970년대 이후 효율성의 시장원리를 만능시하는 '신자유주의' 확산이 그것이고, 1970, 1980년대의 신자유주의 경제정책들—긴축정책, 감세, 노동시장과 산업현장에 대한 탈규제, 민영화 등—은 바로 이 사상에 기초한 것들이다. 신자유주의는 국내적으로나 국제적으로 시장기능의 복원과 확대가 개인의 자유와 행복을 증대시키는 길이라고 주장한다. 자유방임주의를 옹호하고 민간주도 경제를 지향하는 통화주의자들의 복귀나 새고전학파(New Classical)의 부상 그리고 시장실패 부분에 대한 정부역할의 필요성을 주장하는 케인스주의의 퇴조 등이 그것이다. 통화주의나 새고전학파, 그리고 케인스주의에 대한 경제학적 견해의 차이와 신자유주의 경제정책들에 대해서는 뒤에서 자세히 다룰 것이다.

자본주의 발흥기의 구자유주의와 달리 신자유주의는 서구의 강력한 노조와 복지정책에 대한 자본의 반격으로 등장했다. 즉 신자유주의는 자본의 이윤 추구를 제약하는 민주성의 논리에 대항하려는 것으로, 특히 글로벌화가 진전되면서 그 힘이 강화되었다. 실제로 신자유주의에 기초한 경제정책들로 '이윤몫'은 상당히 개선되었다.

그러나 이윤몫의 회복과 그에 따라 이윤율의 감소폭이 줄어들었는데도 이윤율의 또 다른 주요 구성요소인 '실현된 부가가치/투자자본'의 하락은 변화를 보이지 않았고 그 결과 이윤율은 충분히 회복되지 않았다. '실현된 부가가치/투자자본' 비율의 하락은 축적률이 매우 높은 상태에서 생산의 정체, 즉 상대적 과잉생산(초과설비)에 기인한 것으로, 시장(수요) 부족의 문제였기 때문이다. 사실, 신자유주의 경제정책들은 한편에서는 '이윤몫'의 개선을 통해 이윤율을 증대시켰지만, 다른 한편으로는 시장을 축소시켜 이윤율을 하락시키는 측면도 있었다. 예를 들어 미국에서는 1970년대 초 이래 실질임금 하락과 실업 증가를, 그리고 유럽에서는 1979년 이후 실질임금 증가의 둔화로 이윤몫에 대한 압력을 완화시켰다. 그런데 이는 동시에 수요(구매력)를 하락시키는 요인으로도 작용했다. 즉 이윤율 개선은 시장을 추가로 확장하지 않고서는 한계를 가질 수밖에 없었다.

‖ **표 14-2** ‖ 전후 선진국의 법인기업 전체 및 제조업의 순이윤율(%)

연도	선진국		미국 외 선진국		유 럽		프랑스		독 일		일 본		영 국		미 국	
1952	17.5	30.2	17.8	24.3	18.5	24.3	19.6	22.1	24.8	36.8	12.8	17.1	13.2	17.2	17.3	33.9
53	17.0	29.4	18.1	23.8	18.3	24.0	18.8	23.2	24.0	36.2	17.1	19.6	13.7	16.6	16.3	32.9
54	16.4	26.6	18.7	24.1	18.8	23.9	19.6	23.6	23.3	34.6	18.0	26.0	14.3	17.3	14.9	28.4
55	18.8	30.7	19.4	24.2	19.8	24.3	20.4	23.7	25.8	35.6	16.6	22.9	14.2	16.8	18.4	35.3
56	17.1	26.6	18.9	22.7	19.3	21.8	20.7	21.6	24.9	32.0	16.6	27.9	12.8	14.7	15.9	29.5
57	16.4	24.6	19.6	22.6	19.4	20.8	23.4	21.7	24.4	30.1	20.4	36.9	12.3	14.1	14.3	26.1
58	14.8	21.1	18.6	21.7	18.6	20.8	22.7	23.2	22.5	29.4	18.4	30.6	11.5	13.6	12.1	20.6
59	16.8	25.2	19.1	22.1	19.2	20.9	21.3	18.6	23.2	29.7	18.5	32.7	12.2	14.4	15.1	27.8
1960	16.9	24.7	21.0	24.6	20.5	21.5	24.2	20.2	22.9	28.6	23.3	47.3	13.5	15.6	13.8	24.8
61	16.6	24.0	20.1	23.9	19.2	19.3	24.0	19.5	20.2	25.2	24.5	52.8	11.5	12.7	13.9	24.2
62	17.2	24.3	18.8	20.7	18.0	16.7	24.1	18.7	18.0	21.0	22.2	42.6	10.3	11.0	15.9	27.9
63	17.7	25.7	18.5	20.6	17.6	15.7	25.6	19.5	16.2	18.6	22.3	45.0	11.3	11.7	17.0	30.7
64	18.5	27.5	19.0	22.8	18.0	16.8	27.5	21.6	17.0	20.0	22.8	50.6	11.8	12.9	18.2	32.3
65	19.4	29.1	18.7	21.5	18.2	16.7	27.9	21.5	16.5	19.4	20.9	43.6	11.2	12.0	19.9	36.4
66	19.5	28.2	19.3	21.0	17.9	15.9	28.5	22.4	15.1	16.7	24.1	43.3	9.8	10.2	19.6	35.2
67	19.0	26.1	20.9	22.7	18.1	15.9	29.0	22.1	14.3	16.7	29.4	49.8	9.5	10.0	17.5	29.4
68	19.3	26.8	21.9	24.9	18.8	17.4	27.1	22.5	15.9	20.6	30.8	52.8	9.6	9.5	17.1	28.8
69	18.8	25.3	22.9	26.1	19.0	18.2	27.8	24.9	15.8	21.4	33.7	53.6	9.3	9.1	15.1	24.5
1970	17.1	21.9	22.4	25.0	17.3	16.8	27.1	23.2	14.5	18.5	34.8	52.7	7.5	9.7	11.9	18.0
71	16.0	20.7	19.5	21.3	16.4	14.5	26.7	21.5	13.3	16.4	26.8	42.6	7.4	7.8	12.5	19.9
72	16.1	21.3	19.2	21.0	16.7	14.7	26.6	22.4	12.8	14.8	24.6	39.3	7.7	9.1	13.1	21.6
73	15.4	21.9	17.8	21.8	16.0	15.4	27.0	23.3	12.2	15.2	21.6	38.8	8.0	8.9	13.2	22.0
74	12.6	16.4	14.8	17.3	13.7	13.8	24.5	22.1	10.4	13.7	17.3	26.1	4.5	4.3	10.4	15.1
75	11.7	13.1	12.4	10.8	11.4	8.8	20.7	13.0	9.2	11.0	14.5	15.2	3.3	2.4	11.0	16.2
76	12.3	15.3	13.0	13.1	11.9	11.2	18.9	15.1	10.9	13.3	15.4	18.0	4.1	3.0	11.7	18.2
77	13.0	16.0	13.5	13.1	12.5	11.8	19.9	16.2	11.1	12.9	15.8	16.3	6.4	6.2	12.5	19.7
78	13.2	16.2	14.3	14.3	12.9	12.4	19.9	17.5	11.6	13.0	17.4	18.9	6.6	6.5	12.1	18.5
79	12.6	14.9	14.5	14.9	13.4	13.8	19.8	18.7	11.8	13.4	16.9	17.0	6.0	4.6	10.7	14.9
1980	12.1	12.3	14.9	13.5	13.5	12.1	21.7	14.0	10.0	9.5	17.4	16.2	5.0	2.5	9.2	10.6
81	11.5	11.5	13.4	11.7	11.8	10.4	16.9	11.8	8.9	7.8	16.3	14.0	5.1	1.5	9.6	11.3
82	10.6	10.2	13.2	11.4	11.7	10.5	16.3	12.0	9.0	8.8	15.9	13.9	6.7	3.3	7.9	8.5
83	11.5	11.5	13.5	12.0	12.5	11.6	17.1	12.9	10.4	11.6	15.2	13.1	8.1	4.4	9.4	10.8
84	13.1	14.2	14.4	13.8	13.6	12.7	18.4	14.5	10.9	12.2	15.9	15.3	8.9	5.0	11.7	14.8
85	13.2	14.3	15.0	14.8	14.3	14.3	19.1	16.2	11.3	14.1	16.3	15.5	10.0	6.9	11.3	13.5
86	13.5	15.1	15.9	15.7	15.7	16.7	21.6	19.1	12.2	16.2	16.2	14.3	9.0	8.5	11.2	14.2
87	13.6	15.9	16.1	16.2	16.3	17.7	22.2	21.5	12.4	14.9	15.7	14.6	10.4	10.2	11.2	15.4

주 : 왼쪽 수치는 법인기업 전체의 수익률이고 오른쪽 수치는 제조업의 수익률.
자료 : P. Amstrong, et al.(1993 : 부표 1, 2).

2. 세계화와 금융경제화 그리고 IT혁명

시장 확장을 위한 자본의 대응은 무역 및 자본 자유화의 강화, 특히 후진국들에 대한 시장개방의 압력으로 나타나고, 이에 따라 국제시장, 세계시장을 관리하기 위한 국제협력과 국제기구의 역할 또한 증대한다. 첫째, 관세장벽과 수출입 제한을 제거하고 국제무역과 물자교류를 증진시키기 위해 1947년 제네바에서 미국을 비롯한 23개국이 조인한 국제적인 무역협정인 '관세 및 무역에 관한 일반협정(general agreement on tariffs and trade, GATT)'은 1973~1979년에 진행된 동경라운드까지 7회의 라운드 교섭을 거쳤다.

이 기간에 주요 선진공업국의 평균관세율은 GATT 출범 시의 35%에서 동경라운드 후에는 4.7%로 크게 인하되었다. 이에 따라 관세는 국제무역에 더 이상 장애가 되지 않았다. 그러나 관세율 저하에 비례하여 비관세 조치도 계속 커졌고, 자유로운 무역을 확충 · 확대하기 위해서는 비관세장벽(non-tariff barriers, NTB'S)을 낮추거나 폐지할 필요성이 제기되었다. 이 때문에 제5회 라운드까지는 관세 인하만을 교섭했지만, 1964~1967년 스위스 제네바에서 있었던 제6회 케네디라운드에서는 덤핑방지협정을 채택하는 등 관세 이외의 비관세 장애문제를 처음으로 다루었다. 더욱이 제7회 동경라운드에서는 덤핑, 보조금, 상계관세 및 관세평가, 보건 및 안전기초, 수입허가절차, 항공기, 정부조달의 7개 분야에서 협정을 마련하는 등 본격적으로 비관세 장애문제를 다루었다.

특히 제8차 다자간 무역협상(1986~1993년)인 우루과이라운드(Uruguay round, UR)에서는 GATT체제 밖에 있었던 농산물과 섬유류, 그리고 서비

상계관세(compensation duties, 相計關稅) 수출국이 수출품에 장려금이나 보조금을 지급하는 경우, 수입국이 이에 의한 경쟁력을 상쇄시키기 위해 부과하는 누진관세.

스, 무역 관련 투자조치, 무역 관련 지적재산권 등으로 확대되었다는 점이다. 특히 UR에서는 지적재산권이라는 새로운 분야가 교섭의 대상으로 되었다 하여 '지적재산권의 무역적 측면(trade-related aspects of intellectual property, TRIPS)'이란 이름으로 부르게 되었다. 사실 세계무역기구 설립 협정의 부속 협정으로 체결된 TRIPS협정과 세계지적재산권기구(World Intellectual Property Organization, WIPO)의 저작권조약은 미국 주도로 만든 것인데 다자간 협상이 지지부진해지면서 미국이 양자협상인 FTA를 통해 지적재산권을 강조하는 이유도 이를 통해 미국기업들이 막대한 이익을 올리기 때문이다. 2006년 3월에 발행된 세계무역기구 보고서에 따르면, 2004년 한 해에만 미국이 지적재산권 로열티로 얻은 수입이 513억 달러(약 60조 원)에 달한다. 지적재산권 로열티 수입이란 지적재산권 이용료를 말하는 것이므로, 지적재산권 상품 그 자체를 판매하여 얻은 수익까지 합하면, 미국이 지적재산권으로 얻는 수입은 로열티 수입의 수십 배에 달할 것이다. 만성적인 무역수지 적자로 허덕이는 미국 입장에서 지적재산권은 그야말로 황금알을 낳는 거위인 셈이다.

또한, 협정수준에 머물러 있던 GATT의 집행력 강화를 위해 당초 협상의제에 포함되어 있지 않았던 세계무역기구(WTO) 설립(1995년 1월 출범)에 합의하였다. WTO는 제1차 각료회의(1996. 12. 9~13, 싱가포르)를 거쳐 제2차 각료회의(1998. 5. 18~20, 제네바)에서 무역자유화를 위한 뉴라운드(New Round)를 출범시키기로 합의하고, 제3차 각료회의(1999. 11. 30~12. 3, 시애틀)를 거쳐 제4차 WTO 각료회의(2001. 11. 14, 도하)에서는 144개 회원국(중국 · 타이완 포함)이 참가해 다자간 무역협상에 합의함으로써 WTO는 명실공히 다자간 무역기구의 위상을 갖추게 되었다.

특히, 도하 각료회의에서 회원국들은 〈각료선언문〉 채택, 이른바 '도하개발아젠다(Doha development agenda, DDA)'에 합의함으로써 이를 토대로 농업 · 서비스업 · 수산업 · 반덤핑 분야의 개별협상을 진행하고, 회원국들은 2002년 1월 말부터 2005년 1월 1일까지 공산품 · 농산품 · 서비스업 등 각 분야의 시장개방협상을 마쳐야 했다. 그리고 모든 일정이 차질 없이 진행될 경우 협정의 효력은 2006년부터 본격 발효될 예정이었다. 그러나 최근 회의에서 핵심인 농산물협상에 합의를 실패하였다. 즉 2006년 4월 말까지 세부원칙(modality)을 확정하고 7월까지 각국이 이행계획서를 내고 2006년 말까지 협상을 끝내기로 일정을 정한 바 있는 2005년 12월 홍콩 WTO 각료회의의 결정에 따라 2006년 4월 18~21일간 제네바에서 농업협상이 있었으나 세부원칙 확정이 무산되었다. 물론 협상 합의를 위한 회의를 가속화하기로 했으나, 2005년 10월에 주요 국가들이 관세와 보조금 감축방법에 대해 제안을 내놓은 이후 거의 입장 변화 없이 평행선을 달리고 있는 상황이라 합의를 낙관하기 어려운 실정이다. 이는 기본적으로 농산물무역의 자유화를 주장하는 미국 등과 농업의 비교역성을 강조하는 한국, 유럽연합, 일본 등과 이해가 충돌하고 있기 때문이다. 합의가 어려워지면서 쌍무적 혹은 일방적 문제해결이나 보호무역이 강화될 가능성이 높아지고 있다.

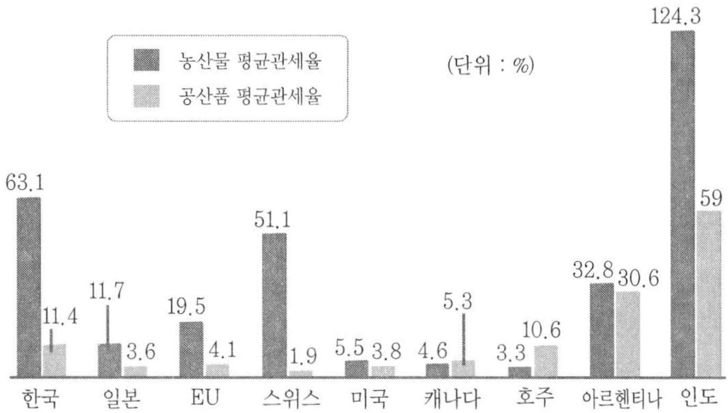

‖ **그림 14-1** ‖ 주요국 농산물 및 공산품 관세

농산물 관세감축방법 관세감축은 협상에서 가장 중요한 부분이다. 즉 시장을 얼마나 더 열 것인가, 관세장벽을 얼마나 낮출 것인가, 다른 회원국의 시장에 얼마나 더 쉽게 접근할 수 있을 것인가 하는 것은 협상에서 가장 큰 이해관계가 걸린 부분이다. 우리나라처럼 경쟁력이 낮은 국가들은 관세를 낮추면 바로 국내 농업에 영향이 오는 품목이 많기 때문에 이 부분이야말로 사활을 걸고 협상에 임해야 하는 부분이다. 2005년 10월에 관세감축에 관해 여러 제안이 있었는데 입장 차이가 상당해서 아직까지 의견 접근을 보지 못하고 있다. 우선 관세감축은 크게 일반 품목의 관세감축이 있고 그 외에 민감품목과 특별품목의 관세감축이 있다. 일반품목에 대해서 2004년 8월 합의된 기본골격에 의하면 관세가 높은 품목일수록 감축폭을 더 크게 한다는 것이다. 예를 든다면 관세가 100%p인 품목과 10%p인 품목은 감축률이 다르다는 것이다. 100%p인 품목은 1/2을 감축한다면 10%인 품목은 1/4을 감축하는 그런 방식이다. 그렇게 되면 100%p인 품목은 50%p가 되고 10%p인 품목은 7.5%p가 된다. 이처럼 관세율에 따라 감축폭이 달라지므로 감축방법이 상당히 복잡하다. 우선 높고 낮음을 어떤 기준으로 구분할 것이냐 하는 문제가 있고, 또 감축폭은 얼마나 차등을 둘 것이냐 하는 문제도 있다. 그래서 높고 낮음을 몇 단계로 나누며 그 경계는 어떻게 정할 것인지가 쟁점이 되고 그 다음에는 각각 나눈 구간별로 감축률을 얼마나 할 것이냐가 쟁점이다. 지금까지 구간을 4개로 나눈다는 것만 합의가 되었고 경계와 감축폭에 대해서는 아직 합의가 없다. 경계를 어떻게 하느냐에 따라 제일 윗 구간에 포함되는 품목의 수가 달라진다. 제일 윗 구간 품목은 감축폭이 크므로 가급적이면 우리나라는 윗 구간에 품목 수를 줄이기 위해 그 경계를 높이 설정하려고 한다. 그러나 수출국들은 반대로 경계를 낮추어 많은 품목을 포함시키려고 한다. 또 감축폭에 있어서도 수입국들은 낮게 정하려 하고 수출국들은 높여서 많이 감축하려 한다. 2005년 10월 여러 제안들이 나왔는데 미국이 제일 과격한 감축방법을 제시하고 있고 G10국가들이 제일 낮은 감축안을 내놓고 있다. 그뿐만 아니라 수출국들은 관세 상한을 주장하고 있다. 즉 어떤 관세든지 절대적으로 일정 수준 이하로 낮추어야 한다는 것이다. 예를 들어 관세감축폭이 50%인 경우 500%p인 품목은 관세를 반으로 줄여 250%p가 되지만 관세 상한이 100%p로 설정되면 다시 100%p까지 낮추어야 한다는 것이다. 관세 상한은 우리처럼 높은 관세 품목이 많은 국가들은 영향이 심각하기 때문에 우리나라를 비롯한 G10 국가들은 관세 상한은 절대로 수용할 수 없다는 입장으로 반대하고 있다. 그러나 수출국은 물론이고 EU도 관세 상한이 수용 가능하다는 입장이기 때문에 상한 반대를 관철시키기가 매우 어려운 상황이다. 그리고 민감품목은 말 그대로 각국이 민감해서 관세를 크게 줄이기 어려운 품목들인데 이에 대해서는 2004년 8월 합의된 기본골격에서 일반품목보다 관세를 적게 줄일 수 있도록 하고 있다. 그 대신 수입쿼터를 늘려 주어야 한다. 여기서는 민감품목을 얼마나 인정해 줄 것인가, 그리고 관세를 적게 줄이는 보상방법으로 쿼터를 얼마나 늘리느냐가 쟁점이다. 미국과 G20 국가들은 전체 품목 중 1%만 인정하겠다는 주장인데 EU는 8%, G10 국가들은 10~15%를 주장하고 있어 상당한 거리가 있고, 수입쿼터도 수출국들은 대략 국내 소비량의 7% 이상을 주장하고 있으나 수입국들은 현재 수준에서 조금 더 늘린다고 생각하고 있어 이 역시 엄청난 격차를 보이고 있다. 농산물 수입국인 우리나라는 전체 1,452개의 관세품목 가운데 관세 감축에서 예외를 인정해 주는 대상인 민감품목을 10% 이상으로 정해야 한다고 주장하고 있고, 쌀, 고추, 마늘, 양파 등이 1순위 후보이다. 마지막으로 특별품목은 개도국들에게만 인정해 주는 개념이다. 아주 빈곤한 개도국들의 식량안보, 농민들의 생계유지, 농촌발전을 위해 일정 품목에 대해서는 관세감축을 파격적으로 적게 하는 것인데 아직 논의가 진행 중이지만 개도국과 선진국 사이에 상당한 생각 차이가 있다. 개도국들은 이번 DDA협상이 개도국을 위한 협상인 만큼 특별품목을 확실하게 인정해야 한다는 생각이나 선진국들은 특별품목으로 빠져 나가면 사실상 시장접근이 안 되기 때문에 아주 제한적으로만 인정하려고 한다. 우리가 속한 개도국 그룹 'G33'은 특별품목을 전체 농산물의 20% 수준까지 요구하고 있다. 이처럼 현재의 협상과정에서 우리에겐 개도국 지위를 얻어내는 것과 관세율 감축 최소화와 민감 · 특별품목 확대가 관건이다. 참고로 G10은 농산물 수입국들의 모임을 말한다. 한국 · 일본 · 스위스 · 노르웨이 · 대만 · 이스라엘 등 9개국이 참여하고 있다. G20은 개도국 가운데 농산물 수출국들이 모인 그룹이다. 농산물수출개도국그룹이라고 부르며 현재는 브라질 · 인도 · 중국 · 아르헨티나 · 볼리비아 · 칠레 등 19개국이 참여하고 있다. G33은 특별품목(SP)을 주장하는 국가들의 모임으로 특별품목그룹이라고도 한다. 우리나라를 비롯해 인도네시아 · 중국 · 쿠바 등 40여 개국이 참여하고 있다. G5는 핍스(FIPs, 주요 5개국)라고도 불리며 미국과 유럽연합 · 호주 · 브라질 · 인도 등이 참여하고 있다. 주요 5개국은 최근 농업협상에서 가장 큰 영향력을 발휘하고 있다.

둘째, 자본의 수익률 하락은 기본적으로 제조업 부분의 구조적 과잉생산에서 비롯한 것이었다. 제조업 부문의 경쟁력 쇠퇴로 미국은 1960년대 말부터 탈공업화를 추진하고 그 결과 제조업 부문에서 자본이 이탈한다. 예를 들어, 1965년부터 일본에 대한 무역수지도 적자로 전환되었고 그 이후 흑자규모는 계속 확장되었다. 이는 세계경제에서 경쟁적 위치를 차지한 일본 중공업에 힘입은 것이었다. 신자유주의 대외경제정책이 상품과 자본, 특히 자본의 이동에 대한 정치적 및 제도적 장애의 완화로 나타난 연유가 여기에 있다. 오늘날 '경제의 금융화'도 바로 전후 서구 시장경제의 자본축적의 물적 토대의 변화에서 비롯한 것이다. 오늘날 '경제의 금융화'에서 보듯이 실물시장을 보조하고 반영하던 금융시장이 이미 오래 전부터 실물시장과 관계없이 작동하고 있다. 미국사회의 세속적 금언은 Wall Street와 Main Street가 서로 만나는 일은 결코 없을 것이고, 전자는 후자의 거울에 불과하다고 가르쳤다. 여기서 전자는 탐욕의 거리로 투기꾼들이 두려움과 욕망의 잔치를 벌이는 곳이고, 후자는 철강으로부터 소프트웨어까지 미국인들이 필요로 하는 생산자들의 공간이다. 대개의 사람들이 생산자는 '선'이고 투기꾼은 '악'이라고 생각하였다. 그러나 Wall Street와 Main Street의 분리는 도덕적 우화로서 만족될 뿐이지 현실과는 거리가 먼 완전한 허구가 되었다. 즉 전자는 실물경제의 성과를 보여 주는 척도일 뿐 그 자체가 경제를 주도하지 못한다는 생각은 더 이상 성립하지 않는다.[1)]

경제의 금융화를 주도하고 있는 것이 미국경제인 만큼, 오늘날 세계 정치경제의 복합적 변화의 역동적 계기는 전후 서구 시장경제의 황금기 동안 지속되었던 미국 헤게모니의 쇠퇴와 관련되어 있다. 1969~1970년 미국의 경기침체는 10%의 수입부가세의 부과로 이어졌다. 그런데도 미국은 국가 전체적으로 1971년에 상품수지와 경상수지의 적자를 기록하게 되었다. 참고로 미국의 상품수지는 제2차 세계대전 이후 1970년까지 항상 흑자를 기록하였으나 그 이후로는 1973년과 1975년을 제외하고는 지금까지 적자가 계속되고 있다. 반면, 경상수지 적자는 1970년대 이전까지 문제가 되지 않았다. 1950, 1953, 1959년에 경상수지 적자를 기록한 적이 있으나 1970년대 들어 경상수지 적자(1971, 1977, 1978, 1979년)가 빈번해지더니 1982년부터는 1991년을 제외하고 지속적인 경상수지 적자를 기록하고 있다.

그 결과 1971년 8월 15일에는 '금태환 정지'를 선언(닉슨 대통령이 각국의 공적기관이 보유한 달러의 금에 대한 교환성을 정식으로 정지)하였다. 참고로 제1차 세계대전 이후 미국이 세계경제의 중심으로 떠오르면서 금 가격 표시로서의 중요성이 점차 증가되었다. 루스벨트 대통령은 온스당 금

> **헤게모니** 가장 통상적인 의미에서 한 집단·국가·문화가 다른 집단·국가·문화를 지배하는 것을 이르는 말. 즉 근대 국가체제가 형성된 뒤 특정한 나라가 압도적 국력을 바탕으로 국제질서 형성에 지배적 영향력을 행사하는 것을 뜻한다.

1) Newsweek, April 27th, 1998, pp. 31~34.

가격을 20.67달러에서 35달러로 올렸고 달러-금 교환기준을 설정해서 미국연방준비은행(Federal Reserve Board, FRB)에서 달러를 금으로 교환할 수 있는 제도를 만들었다. 1944년 브레턴우즈(Bretton Woods)협정은 이러한 달러-금 기준제도를 공식화했고 일정한 비율에 의해 각국 통화가 금으로 교환할 수 있는 비율을 정해 운용하는 통화정책을 정하였다. 이에 따라 온스당 35달러라는 금 가격은 1968년 금 가격 자유화 시기까지 각국 중앙은행의 협조하에 유지되었다.

미국의 금태환 정지 선언은 고정환율제 붕괴로 이어졌다. 전후 세계경제 질서를 규정한 브레턴우즈체제(Bretton Woods System)에서 달러의 가치는 금에 고정하고 다른 통화의 가치는 달러에 연계시켜 왔다. 미국의 금태환 정지는 국제수지적자의 확대, 달러의 신인도 하락, 미국의 금 준비 감소에 따른 결과였다. 1971년과 1973년 두 차례에 걸쳐 달러가 평가절하됨에 따라 각국의 경쟁적인 평가절하가 확산되면서 '변동환율제'가 확산되었다. 1971년 8월 '닉슨선언' 이후 즉각적으로 엔의 가치가 변동하기 시작했고 1971년 12월까지 1달러에 360엔에서 330엔으로 엔화가 절상되었다. 그리고 1971년 12월의 '스미소니언협정(The Smithsonian Agreement)'으로 고정환율로 돌아갔다. 즉 미국의 금태환 정지 선언 이후 미국을 비롯한 서방 선진국들은 브레턴우즈체제를 재건하기 위하여 안간힘을 썼다. 당시만 해도 안정적인 국제통화시스템이 세계경제 발전에 필수불가결한 요소로 생각했기 때문이었다. 4개월여에 걸친 협상 끝에 마침내 12월 18일 선진 10개국 재무장관들은 미국의 워싱턴에 있는 스미소니언 박물관에 모여 협정을 체결하기에 이르렀다. 스미소니언협정은 브레턴우즈체제의 기본을 유지하되 미국의 무역적자를 감안하여 달러화를 평가절하하는 내용으로 되어 있다. 즉 조정 가능한 고정환율제를 유지하되 달러화의 가치를 금 1온스당 35달러에서 38달러로 평가절하하고, 환율의 변동폭을 상하 1%에서 2.25%로 확대한 것이다. 그러나 유럽의 선진국들은 변동폭이 확대됨으로써 환율의 불안이 가시화될 수 있다는 우려에서 1972년 스위스 바젤에 모여 협정을 맺고 이른바 '스네이크체제(snake in the tunnel)'를 채택했다.

‖ **표 14-3** ‖ 미국의 경상수지

(단위 : 10억 달러)

연 도	상품수지	서비스수지	경상수지
1946	6.7	0.6	4.9
1951	3.1	0.7	0.9
1956	4.8	-0.2	2.7
1961	5.6	-1.4	3.8
1966	3.8	-0.9	3.0
1971	-2.3	1.0	-1.4
1976	-9.5	3.4	4.3
1981	-28.0	11.9	5.0
1986	-145.1	6.3	-147.2
1991	-73.8	45.9	2.9
1992	-96.9	57.7	-50.1
1993	-132.6	60.3	-84.8
1994	-166.2	61.8	-121.6
1995	-173.6	71.7	-113.7
1996	-191.2	80.1	-148.2
1997	-198.1	91.1	-155.2
1998	-246.7	83.5	-220.6
1999	-346.0	84.8	-331.5
2000	-452.4	77.0	-444.7
2001	-427.2	69.4	-393.4
2002	-482.9	64.8	-473.9
2003	-547.6	51.0	-530.7
2004	-665.4	47.8	-668.1
2005[p]	-781.6	58.0	-804.9

자료 : U.S. Government Printing Office, *Economic Report of the President*, 1997, p. 414 ; U.S. Dept. of Commerce, http://www.economicindicators.gov/.

이 같은 선진국들의 노력에도 불구하고 국제경제 흐름은 더 이상 고정환율을 유지할 수 없게 만들었다. 국가 간 자본이동이 활발한 가운데 고정환율을 유지하면서도 국내 경기의 진작을 위한 통화정책이 효과를 거둘 수 없었기 때문이다. 국내 경기 회복을 위해 정부에서 통화팽창정책을 쓰는 경우를 생각해 보자. 통화 공급을 증대시키면 한편에서 물가가 상승할 것이고, 다른 한편에서는 자금시장에 돈이 풍부해지므로 이자율이 하락한다. 물가상승은 무역수지 악화를 초래하게 되고 이는 자국통화의 유출이 많아지게 되는 것을 의미한다. 또한 이자율이 하락하는 것 역시 더 높은 이자를 위해 자본이 빠져 나가는 결과를 가져온다. 이렇게 자본유출이 발생하면 통화의 가치는 떨어지게 마련이다. 이러한 상황에서 환율을 일정 수준에서 고정시키기 위해서는 외환시장에 개입할 수밖에 없다. 예를 들어 미국에서 이러한 상황이 발생했다면 미국 정부당국은 달러화의 가치를 끌어올리기 위해 외환시장에서 달러를 사고 외국돈을 파는 정책을 써야 한다. 이렇게 되면 유통되는 달러의 양이 줄어들게 되고, 애초에 의도했던 통화팽창정책의 효과는 사라지게 되는 것이다. 결국 자본의 이동성, 자율적인 통화정책, 고정환율의 유지라는 세 가지 경제현상은 동시에 존재할 수 없는 것이다. 이른바 불가능한 트리오인 것이다.[2)]

이처럼 국제 자본이동은 자본의 탈제조업화에 따른 대세였다. 그렇다고 정치적 생명이 걸려 있다고 할 수 있는 통화팽창정책과 같은 경기진작책을 포기할 수도 없었다. 셋 중에 반드시 하나를 포기해야 한다면 그것은 고정환율제가 될 수밖에 없었을 것이다. 영국이 먼저 1972년 6월 변동환율을 선언했고 프랑스, 이탈리아 등이 뒤이어 이중환율제를 채택했다. 투기자본이 마르크화와 엔화에 집중되면서 달러가치는 하락했고, 마침내 미국은 1973년 2월 금 1온스당 38달러에서 42.22달러로 다시 한번 평가절하를 단행했다. 결국 스미소니언협정은 1973년 3월까지 붕괴되고 엔의 가치는 그 해 10월까지 260엔 수준까지 올랐다. 약 36%가 절상된 것이었다. 그러자

2) 차명수, 2000, 『금융공황과 외환위기, 1870~2000』, 대우학술총서 472, 아카넷.

유럽의 국가들은 달러화에 대한 공동 변동환율제로 이행했고, 전후 세계경제의 회복과 발전에 중요한 역할을 담당했던 브레턴우즈체제는 완전히 변동환율제에 자리를 내주고 역사의 뒤안길로 사라지게 되었다. 1976년 1월 자메이카의 킹스턴에서 열린 IMF 제5차 잠정위원회에서 가맹국이 각국의 경제 여건에 적합한 변동환율제도를 자유로이 선택할 수 있게 함으로써 변동환율제도를 공식화하고, 또한 금을 폐화시키고 준비자산으로서의 SDR(special drawing rights, IMF의 특별인출권)의 기능을 강화하는 등 IMF 협정 개정을 결정하였다. 킹스턴체제(Kingston System)는 1978년 4월 정식으로 발효되었다. 변동환율제의 도입과 달러 가치의 하락의 결과 달러표시 금의 가격도 폭발적으로 인상되어 1980년 1월 21일 금 가격은 850달러까지 상승하였다.

브레턴우즈협정(Bretton Woods Agreement) 1944년 미국의 브레턴우즈에서 열린 연합국 통화금융회의에서 채택된 새로운 국제금융기구에 관한 협정으로, 이 협정에 의하여 IMF(국제통화기금)와 IBRD(국제부흥개발은행)가 창설되었다. 브레튼우즈 체제에서는 미국이 보유한 금과 각국의 공적 보유 달러를 일정비율(금 1온스 : 35$)로 교환하는 금환본위를 기본으로 하였으며 각국의 통화는 달러에 대하여 고정환율을 유지하였다.

금풀제(International Gold Pool) 1961년 선진 8개국이 런던의 금시장에서 투기를 목적으로 이루어지는 금 거래를 막기 위해서 주요국들이 금을 지원하여 금 시세를 1온스당 35달러로 유지하려는 목적으로 민간 금시장에 개입한 조치(1961~1966년)를 말한다.

스미소니언협정(The Smithsonian Agreement) 1971년 12월 미국 워싱턴의 스미소니언 박물관에서 선진 10개국의 국제통화회의가 열려 격렬한 논의 끝에 각 주요통화의 달러에 대해 중심환율로 불리는 새로운 고정환율이 결정되었다. 달러는 금에 대해 절하되고 주요국 통화는 달러화에 대해 절상되었으나 각 통화는 종래 중심환율의 상하 각각 1%에서 2.25%까지 환율변동을 허가하였다. 이로 인하여 보다 넓은 변동폭을 가진 고정환율제로 복귀하였다. 스미소니언 체제는 금이 뒷받침되지 않는 달러화에 대한 고정환율의 설정이었기 때문에 실질적으로는 달러본위제였다.

스네이크체제 스네이크체제는 유럽 국가들이 미국 달러화에 대해 상하 2.25%의 변동폭을 유지하되, 역내 국가들 사이의 환율은 상하 1% 범위 내에서 변동할 수 있도록 한 것이다. 즉 달러화에 대한 변동폭을 터널로, 유럽 내 국가들 사이의 변동폭을 그 안에 들어 있는 뱀으로 묘사한 것이다.

다른 한편, 국제시장에서 부족한 유동성(경제 · 무역 규모는 커지는데 기축통화인 달러의 공급이 부족한 상황)을 보완하기 위해 국제통화기금(IMF)의 대출기능을 확대할 수밖에 없었다. IMF는 참여국들이 돈을 내 만든 기금으로 이를 필요한 회원국이 빌려 쓰도록 되어 있었다. 바로 이 각국의 출연금을 늘림으로써 유동성 문제를 해결하려 했던 것이다. 그리하여 1969년 마침내 탄생한 것이 IMF의 특별인출권(SDR)이다. SDR은 IMF에 출연한 기금만큼 IMF로부터 돈을 인출할 수 있는 권리로 그 자체를 하나의 통화로 인정한 것이다. SDR의 가치는 달러화와 같은 금 1온스당 35SDR로 정해졌다. 1970년 1월 1일부터 3년간 발행될 SDR은 95억 달러에 달했다.

SDR 1968년 4월 IMF이사회가 SDR제도 채용을 중심으로 하는 국제통화기금협정 개정안을 채택하고 할당액의 85% 이상에 해당하는 가맹국의 찬성을 얻어 1970년부터 발동시킨 일종의 국제준비통화로, 금이나 달러의 뒤를 잇는 제3의 통화로 간주되고 있다. 이에 따라 가맹국은 국제수지가 악화되었을 때 국제통화기금으로부터 무담보로 외화를 인출할 수 있는 권리, 즉 국제유동성을 인출할 수 있는 권리를 보유하게 되었다. 당초의 IMF는 기금방식에 의거, 가맹국이 각출한 기금에 의하여 국제수지 적자국에 단기자금을 공여해 왔는데, SDR는 국제유동성 부족에 대처하기 위하여 IMF에 의해 창출된 국제준비통화라는 점에서 획기적인 의미를 갖는 것이라 하겠다. SDR은 IMF 가맹국에게 그 출자액의 비율에 따라 무상으로 배분되어 1국이 국제수지의 적자상태에 빠졌을 경우 등에 그것을 외국의 통화당국이나 중앙은행에 인도함으로써 필요한 외화를 입수, 그 외화를 국제결제 및 기타에 이용하는 형식의 대체통화로서, 유형의 통화는 아니다. 국제수지 흑자국에게는 어느 일정 한도까지는 이 SDR의 인수가 의무화되어 있다. 따라서 SDR은 1국의 외화준비를 구성하는 1요소로 되는데, 그 자체는 실제의 국제결제에 사용되는 결제통화가 아니며, 또 각국의 통화당국이 외국환시장에 개입할 때 사용하는 개입통화도 아니다. SDR의 가치는 당초 금에 의해 표시되어 1달러와 같은 0.888671g의 순금과 등가로 정해졌으나 달러의 평가절하로 1973년 2월 1SDR=1.2635달러가 되었다. 그러나 그후 주요 선진국 통화의 변동환율제로의 이행으로 1974년 7월 이후 잠정적 조치로서 그 가치기준을 '표준 바스켓 방식(standard basket system)', 즉 세계 무역에서 비중이 큰 16개국의 통화시세를 가중 평균하는 방법에 의해 매일 계산 · 표시하게 되었고, 1980년 9월 IMF총회에서는 표준 바스켓의 통화를 16개국에서 5개국(미국 · 영국 · 프랑스 · 독일 · 일본) 통화로 축소하여 SDR 표시의 간소화가 이루어졌다.

이와 같이 금과 달러, 달러와 국민적 통화 간의 교환비율의 고정 속에 국제금융체계에서 가치척도로만 기능했던 선진국의 국민적 통화들이 가치의 일상적 변화를 동반하는 금융자산으로 취급되기에 이르렀다. 국민적 통화들의 상품화는 이러한 중요한 변화에서 비롯한 것이었다. 이처럼 본래 상품이 될 수 없는 것이 상품이 되었다는 점에서 화폐는 소위 '허구적 상품(fictitious commodity)'이라 할 수 있다. 화폐 이외의 허구적 상품으로 토지와 노동을 지적할 수 있는데 전자는 15세기부터 19세기까지 진행된 인클로저(enclosure)에 의해, 그리고 후자는 1834년의 '신구빈법(Poor Law of 1834)'에 의한 것이었다. 이처럼 화폐가 상품화됨으로써 인간(노동), 자연(토지), 화폐 등이 상품화된 '자기조정적 시장경제(self-regulating market economy)', 즉 자본주의는 완결된 것이다.

하나의 금융자산인 국민적 통화의 미래가치에 대한 예상의 변화는 외환매매를 촉진했다. 외환 거래를 촉진한 또 하나의 이유는 바로 자본국제화, 특히 포트폴리오 투자라는 금융국제화의 급진전이다. 외국의 금융자산을 획득하기 위해서는 먼저 그 나라의 외환을 매입해야 하기 때문이다. IMF와 국제결제은행(BIS, 4월 기준)에 따르면 전 세계 1일 외환 평균거래액은 1973년 약 1,500억 달러에서, 1987년에는 1,900억 달러, 1992년 8,800억 달러, 1995년에는 1조 2,000억 달러, 1998년에는 1조 4,900억 달러(영국 GDP의 110%에 상당하는 규모), 2001년에는 1조 2,000억 달러, 2004년에는 1조 9,000억 달러로 증가하였다. 이러한 증가는 대체로 국제무역과는 관련이 없는 것이었다. 외환의 연간거래액과 세계 수출량 사이의 비율은 1979년 12 : 1에서 1996년 60 : 1로 벌어졌으며, 이는 통화거래가 주로 투기적인 성격을 띠고 있다는 것을 보여 준다. 이러한 사정들은 변동환율제하에서 시장을 통해 결정되는 환율을 극히 불안정하게 만들 수밖에 없

포트폴리오투자 일반적으로는 주식 투자에서 여러 종목에 분산 투자함으로써 한 곳에 투자할 경우 생길 수 있는 위험을 피하고 투자수익을 극대화하기 위한 방법을 의미하지만, 금융자산 전체에 걸쳐 같은 의미를 적용할 수 있다.

다. 환율이 불안정하다는 것은 국제적 수준에서 가치를 표현하기 위한 공통의 준거점이 부재하다는 것을 의미한다.

여기에 1973년과 1979년의 두 차례 석유파동은 세계경제의 새로운 경향에 충격을 추가했다. 제1차 석유파동은, 1970년대 스태그플레이션(stagflation)의 세계적 확산에 주요 역할을 했던 원자재가격의 일반적 인상을 가장 극적으로 표현해 준다. 아라비아산 원유에 대한 오펙(OPEC)의 공식가격은 제1차 석유파동 이전의 3.07달러에서 1974년까지 11.65달러로 3.8배가 올랐다. 제2차 석유파동의 결과 제1차 석유파동 이후 불과 6년 사이 20달러선을 돌파하였고, 현물시장에서는 배럴당 40달러에 이르게 되었다. 석유파동의 여파는 성장률의 둔화와 인플레이션 등 세계경제에 큰 영향을 미쳤다. 예를 들어, 선진국의 경제성장률은 1978년의 4.0%에서 1979년에는 2.9%로 낮아졌다. 물가 면에서는 선진국의 소비자물가상승률은 10.3%를 기록하였으며, 개발도상국의 경우 32.0%의 급격한 상승세를 보였다.

한편, 인플레이션은 금리 인상으로 이어지고 금리 인상은 채권의 가격과 주가에 영향을 미칠 수밖에 없다. 1979년 제2차 석유파동 이후 급속히 상승한 소비자물가지수의 대(對) 전년비 증가율을 보면 1979년 11.3%, 1980년 13.5%, 1981년 10.4%를 기록하였다. 즉 1970년대의 두 차례 오일쇼크와 원자재가격의 상승은 상품가격을 인상시켜 인플레이션을 악화시켰다. 인플레이션은 이자율을 상승시키고 이자율 상승은 채권가격을 하락시키고, 다른 조건이 일정하다면 주가를 하락시킨다. 이처럼 1970년대 이래 변

변동금리부채권 지급이자율이 대표성을 갖는 시장금리에 연동되어 매 이자지급기간마다 재조정되는 중장기 채권으로서, 만기 상환일까지 금리가 고정되는 고정금리부채권에 대응되는 개념으로서 채권 발행 시에 지급이자율의 결정방법을 약정하고, 매 이자지급기간 개시 전에 차기지급이자율(이자지급금액)이 결정되는 채권이다. 변동금리부 채권가격 결정의 기본을 이루는 기준금리(대표적인 단기시장 실세금리)로 유로시장에서는 3개월 또는 6개월 만기의 LIBOR(London Interbank Offered Rate)가 주로 이용되고, 미국시장에서는 90일 만기 재무성증권(T-bill)의 유통수익률이 주로 이용되고 있다.

동환율제도와 인플레이션으로 이자율과 환율과 채권가격과 주가의 변동폭은 크게 확대되는 등 국제금융시장은 크게 불안정해진다. 1980~1985년간 변동금리부채권 시장이 660%의 성장을 기록한 것도 이를 반영한다. 선진국 투자자들의 해외주식 인수가 1970년과 1997년 사이 170배 증가했고, 미국에서 연금기금의 해외투자는 1980년에 총자산의 1% 미만에서 1997년 17%로 증가했다.

환율, 금리, 주가 등 기초 금융상품가격의 불안정성이 심화되면서 가격차이를 이용한 금융거래가 크게 증가하였다. 자본시장의 자유화는 제조업의 경쟁력 약화로 자본의 수익성이 악화된, 그러나 자본시장 중심의 금융시스템을 가진 미국이 주도하였다. 미국은 1973년 대통령 경제보고서(Economic Report of the President)에서 자본통제에 대한 반대를 명시하였고, 1974년에는 자본통제 정책들을 폐지하였다. 대표적으로 1963~1974년간 미국에서 시행된 이자평형세(Interest Equalization Tax)가 폐지되었다. 즉 미국 정부는 경상수지 적자가 증대되는 가운데 정책의 자율성을 유지하면서 국제금융시스템을 시장 중심적으로 변화시켜 시장의 힘으로 서유럽과 일본의 통화를 재평가하여 국제수지 적자 조정의 압력을 전가하였다. 세계금융시장의 불안정성이 심화되면서 신용리스크를 다루는 '바젤은행감독위원회(The Basle Committee on Banking Supervision)'가 10개 중앙은행 총재들 주도로 결성된 것도 1974년이었다. 1975년에는 주식매매의 거래소 집중의무를 폐지하였고, 이로 인해 거래소의 비회원증권회사가 상장주식을

이자평형세(Interest Equalization Tax) 1963년 7월 케네디 대통령이 제안하여 1964년 9월부터 발효되었다. 미국의 금리가 다른 나라에 비하여 낮아서 미국의 투자가들이 고리의 외국 증권에 투자하는 경향이 강해져서 이것이 미국의 국제수지를 악화시키는 한 요인이 되었기 때문에, 미국과 외국 사이의 금리를 평형되게 하고 미국 국내자본시장에 있어서의 외채의 기채(起債) 등을 억제하기 위하여 제안되었다. 원래 1965년까지의 시한입법으로 법제화되었으나 국제수지의 개선이 이루어지지 않아 그 후로 몇 차례 연장되다가 1974년 4월 1일에 철폐되었다. 이 세는 원칙적으로 선진국(캐나다 제외)으로의 투자를 대상으로 한 것으로서 개발도상국에 대한 증권투자에는 적용되지 않았다.

장외에서 매매하는 시장으로 점차 확대되었다. 참고로 증권유통시장은 일반적으로 거래소시장과 장외시장으로 구별되는데, 광의의 장외시장은 거래소시장 밖에서 유가증권의 거래가 이루어지는 시장의 총칭으로 미국의 대표적 장외시장인 나스닥은 1971년 2월에 개장하였다. 또한, 1976년 킹스턴에서 열린 IMF 제5차 잠정위원회에서 미국은 자신의 입장을 다른 선진국들에게 밀어붙이며 국제통화체제를 재편하기 위해 협력적인 금융통제의 의무는 강화하지 않고, 4-1 조항에 “자본거래의 촉진”을 포함하도록 새로 수정하였다. 미국은 인플레로 인해 달러에 대한 신뢰가 떨어지는 상황을 자본통제 대신 대대적인 금융긴축으로 극복해 나갔으며 1979~1980년 이후에는 유로시장에 대한 규제도 포기하였다.

1980년대 초 미국은 재정적자의 확대, 연준 의장 폴 볼커(Paul Volker)의 통화긴축정책에 따른 수요의 붕괴와 제조업의 심각한 타격, 여기에 레이건 행정부의 금융 부문 강화와 일본자금의 미국 내 유입으로 달러화의 급등은 미국 제조업에 재앙으로 작용하였다. 카터 행정부 말기부터 시작된 금융규제의 완화는 레이건 행정부에서 더욱 강하게 추진되어 금융기관의 영업범위를 특정기능과 지역으로 묶어 놓은 장벽도 제거한다. 1980년대의 대표적 규제완화로 상업은행의 투자은행업 겸업, 주간 은행취득규제 해제, 비은행업의 은행업과 기타 금융산업 진출 등이 있다. 금융규제의 완화는 1999년 11월 4일 미국 상하 양원에서 이른바 ‘금융서비스 현대화법안(Financial Modernization Act of 1999)’으로 불리는 ‘그램-리치-블라일리(Gramm-Leach-Bliley)법안’이 통과되고, 같은 해 11월 12일 빌 클린턴 미국 대통령이 이 법안에 서명함으로써 경제공황 시절부터 존재해 온 금융 · 증권 · 보험 관련 장벽들을 제거하려는 20년간의 노력이 마침내 결실을 맺게 된다. 즉 1933년 제정된 이래 은행-증권-보험회사의 칸막이 노릇을 해 왔던 ‘글래스-스티걸(Glass-Steagall)법’은 금융서비스 산업을 은행, 상호기금, 보험회사, 증권사 등으로 각각 분류했으며, 이에 따라 은행은 증권사를 소유할 수 없었으며 주식이나 채권을 판매할 수도 없었고, 보험사 또한 은행을 소유할 수 없었으며 수신업무도 불가능하였다. 물론 이러한 장벽들은 이미 1990년대에 상당 부분 사라졌으나 더욱 포괄적인 '금융서비스 현대화법안(Gramm-Leach-Bliley Act, GLBA)'의 실시로 특히 시중은행과 보험회사 간의 합병 등 미국의 금융서비스 부문의 합병 작업이 가속화되었다. 규제 완화로 서비스 폭의 증대라는 범위의 경제가, 그리고 금융기관이 금융서비스 또는 금융상품의 생산단위 수를 증가시킴에 따라 단위당 서비스 비용 또는 단위당 생산비용 감소라는 규모의 경제가 발생하는 등 금융시장은 '정글의 법칙'에 놓이게 됐다.

여기서 참고로 '글래스-스티걸(Glass-Steagall)법'의 등장 배경을 소개하자. 1929년 대공황으로 1930~1933년간 한해에 수천 개씩 은행이 파산함으로써 금융시스템은 대혼란에 놓이게 된다. 이에 당시 여론은 은행파산으로 타격 입은 농민과 상인을 구제해야 하고, 대공황 초래의 장본인으로 지명된 증권업을 악의 온상으로 몰아붙였다. 즉 순진한 상업은행이 증권업을 해서 망한 것으로 보고 "상업은행이 증권업을 해서는 안 된다"는 것이었다. 당시 상원의원이었던 글래스와 하원의원이었던 스티걸이 제안한 법에는 이를 규정하고 만기 1년 미만의 자금은 상업은행이 담당하고, 1년 이상의 장기자금은 주식이나 채권 인수 업무를 담당할 금융기관의 필요를 제기함으로써 투자은행업이 탄생하게 된다. 즉 오늘날 증권업과 동의어로 쓰이는 계기를 마련한 '글래스-스티걸법'에서 '투자은행(investment banking)'이 최초로 규정되고, 여기서 기업의 장기자금 조달 수요를 위한 주식 및 채권의 소화와 자금조달에 도움을 주는 업무, 즉 오늘날 증권회사의 '인수업무(underwriting)'를 담당하게 된다. 이처럼 은행이 "기업의 단기자금 수요를 위해 대출업무"를 맡는 상업은행 대 "기업의 장기자금 수요를 위해 도움을 주는" 투자은행으로 나눔으로써 JP 모건 등 기존의 사금융기관(private bank)은 투자업무를 포기하고 상업은행을 선택한다. 1940년까지 증권거래법이나 투자회사법 등이 제정되고 '증권거래위원회(SEC)'가 탄생한다. 그리고 1950년대에는 '은행지주회사법(Bank Holding Company Act)'이 제정되어 은행 지주회사와 산하 은행은 은행의 필수업무 외는 할 수 없게 함으로써 은행과 기타산업이 완전 분리되는 '금산분리'

의 효시가 된다. 상업은행이 종합은행(universal banking)의 역할을 담당하는 유럽의 은행들(Deutsche Bank, Dresdner Bank, Agricole Bank 등)과 달리 은행과 증권업이 분리되는 미국의 칸막이형 구조는 맥아더 점령시절 일본에 전파되고 뒤이어 우리나라에 전파된다. 오늘날 한미일 중심으로 '칸막이형 금융산업구조'가 형성된 이유가 여기에 있다. 물론, 증권이나 보험업과 산업과의 결합은 규제를 하지 않았다. '글래스-스티걸법'은 은행의 건전성 향상에 큰 기여를 하였다. 그러나 국제화 이후 미국식 칸막이가 경쟁력에 장애가 된다는 인식 속에 1999년 'GLBA'를 통해 "지주회사가 은행, 증권, 보험업을 모두 할 수 있다"고 함으로써 칸막이구조는 완전 해체되었다. 그 결과, 예를 들어, 모건스탠리가 1997년 딘 위터(Dean Witter)와 합병을 통해 대형화와 종합금융회사화를 동시에 달성한 사례다. 대형화를 통해 증권발행 업무와 인수합병(M&A) 부문에서 경쟁력을 단기간에 신장시키는 한편 종합금융회사화를 통해 안정적인 수익구조를 구성했다.

한편, 미국의 연평균 무역적자는 1980~1984년에는 539억 달러로 크게 증가한다. 1985년 미국의 경상수지 적자는 1,190억 달러를 기록하였고, 이 중 429억 달러가 일본에 대한 적자였다. 이처럼 미국은 재정적자와 금융긴축으로 금리가 급등할 수도 있었지만 해외의 사적 자본의 대량 유입으로 이를 모면하였다. 이 과정에서 미국의 재무부는 외국인의 미국 채권 보유에 대한 세금감면, 익명의 재무부 채권 발행 등을 통해 금융자유화를 더한층 밀어붙였다. 그 결과 1975~1990년간 설비 및 장비에 대한 민간투자 총액 중 금융 · 보험 · 부동산에 대한 투자의 비율은 12~13%에서 민간투자 중 1/4에 해당하는 25~26%로 두 배가 증가하였다. 1985년 1월 "미국을 세계의 투자수도"로 건설하자고 호소하였던 레이건의 연두교서는 금융을 중심으로 한 미국경제의 재편을 상징적으로 표현한 것이다.

영국 또한 1976년 9월 29일 구제금융 신청을 계기로 자본자유화의 길로 들어선다. 스태그플레이션과 케인스주의에 기초한 경제정책의 결과로 영국은 1975~1976년 재정 및 무역 적자가 크게 확대되면서 파운드화가 폭락한다. 1975년 파운드당 2.02 달러에서 1976년 6월에는 심리적 마지노선이었던 1.77달러가 무너져 1.71달러로 하락하자, 중앙은행은 시장에 개입하였으나 그 결과 외환보유고는 30% 이상 하락한다. 까다로운 조건을 내세우는 IMF 구제금융보다 유럽 및 미국 상업은행 등에서 50억 달러의 차관을 도입하여 파운드당 1.77달러선을 회복하였으나 경제 부진으로 신인도 하락과 투기자본이 이탈하면서 1976년 9월에는 파운드화 방어를 포기하고, 1976년 12월 노동당의 칼라한(Callaghan) 내각은 IMF와 스탠드바이(Stand-by)협약(향후 2년간 33.6억 SDR, 즉 39억 달러)을 체결한다. 대신 영국은 IMF의 요구로 국제수지 개선과 물가 안정을 위해 그리고 재정적자 축소를 위해 예산 및 통화 긴축정책을 수용한다.

스탠드바이(Stand-by)협정 IMF로부터 구제금융을 받는 방법은 '스탠드바이협정'과 '긴급차입제도(Emergency Financing Mechanism, EFM)' 두 가지가 있다. 스탠드바이협정은 긴급한 상황이 아닌 경우에 통용되는 제도로 지원을 받기 위해서는 정부가 협정을 체결하고자 하는 의향을 IMF에 전달해야 한다. IMF가 단독으로 참여하는 스탠드바이협정 자금지원과 달리 EFM 자금지원은 IMF 이외에 미국, 일본 등 선진국들도 참여해 까다로운 요구조건을 내건다. 보통 부실금융기관 정리, 국제수지 관리, 외환보유고 수준 등 경제전반에 대해 구체적인 지원조건을 요구하기 때문에 '레스큐 패키지(Rescue Package)'라고 한다. 지원조건을 이행하지 않으면 자금지원이 중단된다.

1979년 총선에서 노동당을 누르고 집권한 보수당의 대처는 그 해에 환통제의 철폐를 시작으로 1986년에는 '빅뱅(Big Bang)'으로 미국과 경쟁적으로 금융규제 완화의 길로 들어선다. 참고로 빅뱅은 원래 '우주를 탄생시킨 대폭발'을 뜻하는 말로 금융규제완화 또는 금융혁신을 의미하는데 최근에는 대형은행들이 증권회사를 소유하고 금융자본의 집중과 거대화 현상이 급속도로 진행되는 것을 말한다. 영국의 빅뱅은 은행, 증권, 보험 등 금융산업 간 장벽을 허물고 주식매매 위탁수수료 자유화, 외국 금융회사의 자유로운 시장 참여 등이 핵심 내용이었다. 즉 1986년 10월 27일 영국 정부는 런던증권시장이 국제 금융 중심지의 지위를 위협받게 되자 증권매매 위탁수수료를 자유화하고, 은행과 증권업자 간 장벽을 철폐하고, 증권거래소 가입자격을 완전 자유화하고, 외국 금융기관의 자유로운 참여를 허용하고, 새로운 매매시장의 채택 등 증권시장의 기능을 활성화하고 증권회사의 경쟁력을 높이기 위한 대개혁을 단행하였다. 당시의 조치가 우주 대폭발과 같이 획기적이었다고 해서 붙여진 이름이다. 출처를 불문하고 모든 금융자본이 어디에서 어디로 투자되든지 상관없게 만들었던 1987년 10월 27일 런던금융시장의 완전한 탈규제는 같은 시기인 그해 10월에 발생한 뉴욕증시 대폭락에도 불구하고 금융지구화의 새로운 시대를 열었다. 빅뱅은 14년 만인 지난 2000년 은행과 보험, 증권 등을 통합하는 금융서비스 및 시장법을 제정해 마무리 지었다. 2007년 상반기에 통과될 것으로 예상되는 우리나라의 자본시장통합법이 이와 비교되는 것이다.

빅뱅의 결과 처음 10년간 영국은 위태로운 순간의 연속이었다. 1990년대 초에는 불황이 찾아와 영국 런던 금융가 '더 시티(The City, 이하 시티)' 에도 감원 바람이 불었다. 1995년 당시 영국의 가장 큰 투자은행인 SG Warburg가 스위스유니언뱅크(UBS)에 매각되는 등 투자은행 2곳이 나가떨어졌다. 영국이 배제된 유로화 도입으로 금융회사들이 시티를 떠나 유럽중앙은행(ECB)이 있는 프랑크푸르트로 가지 않을까 하는 두려움도 엄습했다. 그러나 유로화체제는 오히려 시티의 금융시장 장악력을 높여 주었다. 군소 센터들이 문을 닫고 런던이 유로화 거래의 중심으로 떠오른 것이다. 정보기술(IT)의 발달로 유로존(Euro-zone)이 아닌 런던에서 모든 금융 비즈니스가 이뤄질 수 있었던 것도 한 요인이다. 파생상품 거래에서도 시티가 주도권을 확보하게 됐다. 다른 거래소의 4~5배 많은 거래량을 보이고 있다. 금융회사들이 공동으로 자금을 대출해 주는 신디케이트론의 경우 2005년 유럽이 54% 성장한 데 비해 미국은 15% 성장에 그쳤다. 헤지펀드 자산도 2003~2005년 유럽에서 80% 성장했지만 미국은 28% 성장한 데 머물렀다. 미국 월가에 몰렸던 기업공개물량이 시티 쪽으로 선회하고 있으며 헤지펀드 자산운용의 중심지로도 각광받고 있는 것이다. 1980, 1990년

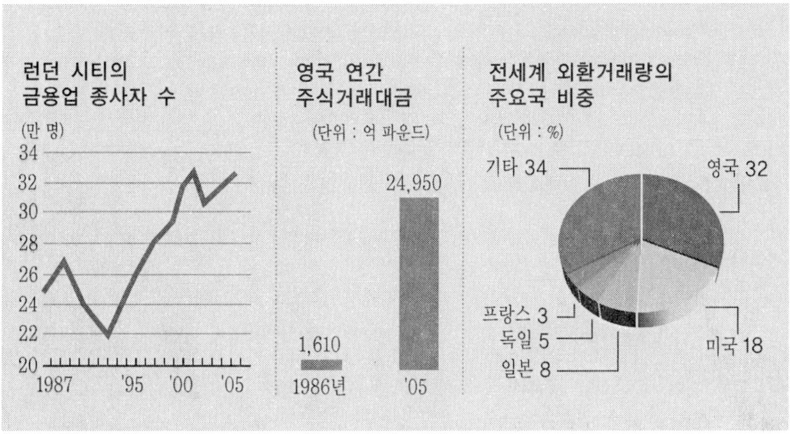

자료 : 이코노미스트.

‖ **그림 14-2** ‖ 빅뱅 이후 영국 금융시장의 위상의 변화

대에는 미국 금융시장을 거치지 않고 대형 금융거래가 이뤄지기 힘들었지만, 미국은 엔론(Enron)의 분식회계사건 이후 회계감사를 강화한 사베인스-옥슬리(Sarbanes-Oxley)법, 이자율 제한 등으로 영국보다 훨씬 강도 높은 규제책을 쓰게 되면서 금융자본이 미국을 떠나게 된 것이다. 반면, 아시아와 러시아에 고속 성장 기업들이 많아지면서 이들이 지리적으로 쉽게 접근할 수 있는 런던 증시가 뉴욕보다 선호되면서 영국 런던 금융가 시티가 세계 금융업의 메카로 부활하고 있는 것이다.

이처럼 IMF 위기를 맞은 영국에서는 케인스주의가 퇴조하고 강력한 긴축정책이 실시되었으며 자본자유화가 추진되었고 이는 유럽으로 확산되었다. 즉 자본이동의 발전과 국제금융자본의 세력 강화 등 이미 변화한 역관계하에서 각국 정부들은 국제금융자본에 무릎을 꿇고 자유화의 길로 나아갔던 것이다. 예를 들어, 프랑스의 경우 1981년 대통령에 당선된 미테랑(Mitterrand)은 불황에 대응하여 실업대책으로서 대폭적인 신규고용의 확보, 기업투자 확대와 기술혁신을 통한 국내생산의 강화를 위해 기간산업의 국유화, 사회적 연대의 강화를 목적으로 하는 세제개혁과 사회복지정책의

엔론(enron) 엔론은 1985년 텍사스주의 휴스턴 내추럴가스사와 네브라스카주의 천연가스 회사인 인터노스사의 합병에 의해 탄생한 후 불과 15여 년 만에 미국과 유럽에서 거래되는 에너지의 20%를 담당하는 세계 최대 에너지기업으로 성장한 회사이다. 엔론의 매출액은 1986년 76억 달러에서 2000년에는 1,010억 달러를 기록했고 주식 시가 총액은 2001년에 800억 달러 이상을 호가했다. 미국 등 전 세계 40개국에 2만 1,000명의 종업원을 거느린 엔론사는 매출액 기준으로 미국 제7위의 대기업으로 선정되었고 1996년부터 2001년까지 내리 6년 동안 경제전문지 포천에 의해 '미국에서 가장 혁신적인 기업'으로 뽑혔다. 그리고 2001. 8. 14 포천지에서 앞으로 10년간 성장 가능성이 높은 10개 주식 중 하나로 엔론을 꼽았다. 엔론은 가스관 등을 소유하고 있었으나 대부분의 이익은 다른 기업이 생산해 놓은 에너지 관련 상품을 사고파는 차액을 통해 창출했고 1989년 천연가스의 선물거래로 재미를 본 뒤 사업영역을 넓혀 갔다. 전력과 천연가스는 물론이고 펄프, 종이, 수자원, 인터넷 전파밴드, 석탄, 철강, 공해 배출한도, 금융 파생상품 등이 모두 거래대상에 포함됐다. 엔론은 여기에 1990년대 초부터 인터넷을 통한 거래를 시작함으로써 전자상거래의 선두주자가 되기도 했다. 그러나 2000년 후반부터 본격화된 정보통신 부문의 전 세계적 불황으로 광통신 등 정보통신 분야에 대한 엔론의 투자가 물거품이 되었고 2001년 3/4분기 영업실적에서 무려 6억 3,800만 달러의 적자를 기록하였고 엔론의 주가 총액이 12억 달러나 빠져 나갔다. 그리고 2001년 11월 8일 엔론은 지난 5년간의 영업실적 중 적자 5억 8,600만 달러가 계상되지 않았다고 미 증권감독위원회(SEC)에 보고했다. 이것은 그동안 엔론이 영업실적을 부풀리기 위해 적자분을 공표하지 않고 외국 등의 동업자들에 의한 투자로 위장했었다는 사실을 실토한 것이다. 엔론의 신용에 문제가 생기자 엔론 주식의 투매가 시작되어 한때 주당 90달러를 호가했던 엔론의 주식은 36센트까지 하락했다. 결국 엔론은 2001년 11월 말 경쟁 회사인 디에너지(Dynergy)에 인수를 제의했으나 엔론의 재무상태를 상세히 검토한 디에너지측이 인수를 거부하면서 2001년 12월 2일 파산신청을 냈다. 당시 부채총액은 131억 달러로 미 연방파산법 시행 후 최대규모였다. 엔론의 파산으로 미국에서만 4,500명이 일자리를 잃었고 노후를 위해 저축해 온 연금마저 거의 잃게 되었다. 그리고 워싱턴포스트지가 부시 전 대통령 재임시절 레이 회장은 정치자금 모금에 기여한 공로로 백악관에 초대돼 하룻밤을 묵었으며 이후 지난 10년 동안 엔론과 레이 회장은 수백만 달러의 자금을 쏟아 부으면서 의회와 백악관, 감독관청 등을 대상으로 로비활동을 해왔다고 밝혀 엔론사태가 '엔론게이트'로 확대되었다.

사베인스-옥슬리(Sarbanes-Oxley)법 2002년 7월 제정된 미국의 기업회계개혁법으로 회계부정에 대해 강력한 제재를 가할 수 있도록 하는 내용을 담고 있다. 회계감시를 강화하기 위한 회계감독위원회(PCAOB) 설립은 물론 기업경영진이 기업회계장부의 정확성을 보증하고 잘못이 있으면 처벌을 받도록 규정하고 있다. 이 위원회는 5명의 위원으로 구성되며, 기업들의 회계를 감사하고 윤리 규정을 채택토록 종용하는 역할을 맡는다. 또 회계법인에 대한 사찰도 가능하며 특정 기업의 회계 법규 위반 시 조사권을 갖는다. 또 극히 일부 기업들의 재무제표를 조사하는 데 그쳤던 증권거래위원회(SEC)는 대부분 대기업들의 재무제표를 감사할 수 있으며 CEO들은 고의적으로 사실과 다른 재무제표를 인증할 경우 형사처벌을 받게 되었다. 한편 '사베인스-옥슬리법'은 미국에 진출해 있는 외국계 상장사에서 회계문제가 발생할 경우 증권거래위원회(SEC)가 해당 기업의 회계 · 감사를 담당한 외국계 회계법인에 대해서도 서류를 열람할 수 있도록 한 규정이 다른 나라에 대한 '주권침해'에 해당된다며 물의를 빚기도 했다.

신디케이트 론(syndicate loan) 신디케이트가 동일 시장 내의 여러 기업이 출자하여 공동판매회사를 설립, 일원적으로 판매하는 조직이듯이 대부분 금융기관인 대주(貸主)가 차관단, 즉 신디케이트를 구성하여 공통의 조건으로 차주(借主)에게 일정액을 융자하는 대출방식이다. 이와 같은 형태의 대출은 유러 크레디트 시장과 미국 금융시장에서 대규모 대출의 경우 일반적으로 실시되고 있으며 특히 근년에 들어 신디케이트방식에 의한 유러은행의 유러 커런시 대출이 국제적 대형 중장기자본의 조달에 있어서 가장 중요한 수단의 하나가 되고 있다. 대주측에는 신디케이트 조직에 의한 리스크의 분산, 객관화, 차주 측에는 대규모 차관 도입의 가능, 차입 협상과 시기조정 등을 통한 높은 신축성, 차입 절차의 간편과 저렴한 차입코스트, 시장지명도를 필요로 하는 채권기채보다도 훨씬 용이하게 접근할 수 있는 유리성 등이 이 방식의 주요 이점으로 지적된다.

확충 등 대대적인 케인스주의식 확장정책으로 영국과는 정반대의 길로 나아갔다. 그러나 이러한 프로그램들을 뒷받침할 자원 확보에 실패한다. 기본적으로 투자가들이 정부에 적대적일 수밖에 없었고 1980년대 세계경제의 퇴조 속에 값싼 수입품에 수요를 증대시켰다. 즉 인플레와 경상수지 적자로 인해 자본유출이 가속화되었고 1983년 프랑의 평가절하를 시도했으나 이러한 어려움을 극복하기에는 역부족이었고, 결국 긴축정책을 받아들이고 말았다. 즉 프랑스 정부는 국유화를 중지하고, 1986년 이후에는 공공은행, 건설 보험회사 등 금융 부문의 사유화를 진행하였다. 소유와 관리를 공공에서 개인으로 이전시켰던 사유화 과정에서 프랑스 일반 시민들은 철저히 소외되었다. 물론, 사유화가 대체로 대규모 투자가들로 구성된 한 특정집단에게 통제된 지분을 보장하는 방식으로 진행됨으로써 프랑스에서는 여전히 국가의 영향력 행사가 지속되는 등 개혁은 시장의 자동조절능력을 국가의 통제 우위에 두는 방향으로 진행되었다.

또한, 50년간 이어온 환율을 비롯한 외환규제가 1984년부터 완화되기 시작하며 1989년까지 모든 외환규정을 철폐함으로써 외환자유화 정책이 완료되었다. 이 과정을 세 단계로 나눌 수 있다. 첫 번째 단계는 외국으로부터 헤징(hedging)이 자유화되기 시작했으며 1986년에는 국제통화 매매정책을 완전히 자유화시켰으며, 무역거래에 관한 규제도 완전히 철폐했다. 두 번째는 1986년부터 금융거래에 관한 부분이 진행되었다. 프랑스 거주자들은 완전히 자유롭게 해외시장에서 주식을 살 수 있게 되었으며, 프랑스의 은행은 1986년부터 프랑스 비거주자들에게도 프랑화를 빌려 줄 수 있게 되었다. 1987년부터는 법인회사와 주택 또한 외국투자자들에게 임대할 수 있게 되었으며, 1988년에는 개인의 프랑화 유출도 금액상한선을 조정하게 되었다. 해외직접투자 또한 점차적으로 자유화되기 시작하였다. 외국부동산의 인수, 프랑스기업들의 외국투자가 가능해진 것도 이 같은 조치의 일환이었다. 세 번째는 1988년부터 1990년까지로 남아 있는 규제조정에 대한 점차적인 철폐가 이루어졌다. 금융경제화에 따라 프랑스 거주자는 1989년부터 자유롭게 국제통화를 프랑스 은행에서 계좌를 개설할 수 있게 되었다. 또한 프랑스 은행에서 프랑화로 비거주자들에게 돈을 빌려 주는 것 역시 완전한 자유화가 이루어졌다.

1984년부터 진행된 금융자유화 정책은 은행의 측면에서도 세 가지로 나눌 수 있다. 우선 첫 번째는 정부의 보조금 지원을 철폐시켰다는 점이다. 비록 중소기업은 한정된 금액으로 지원이 가능하였지만, 1980년대 초기까지에는 실업과 기업의 안정을 위해 재정적자를 감수해 가며 큰 금액을 지원했던 예전과는 상황이 판이하게 달라진 것이다. 두 번째는 자본의 유동흐름을 정부가 아닌 시장의 손에 맡기게 되며 신용 성장의 제한을 폐지하고 은행간의 대출을 장려하기도 하였다. 프랑화의 방어를 위한 자본통제는 이때부터 시작하여 1990년에 완전히 끝나게 된다. 세 번째는 1985년에 발표한 은행법(Commission Bancaire)을 통해 은행은 합병 · 정리되며 각종 규제의 통합 등을 통해 은행이 더 이상 정부의 간섭이 아닌 완전경쟁체제로 바뀌게 되었다. 은행의 독점이 불가능해지고 자유로이 돈을 빌릴 수 있게 되었으며 채권과 증권, 보험 등 다른 시장의 상품들이 은행상품과 같이 경쟁하게 되는 상황이 된 것이다. 게다가 1986년 보수당정권이 들어서면서 은행이 민영화되기도 하였다. 물론, 1988년 다시 사회당이 집권하면서 민영화는 중단되며 은행이 여전히 정부의 통제 아래에 존재하게 되었다.

은행 개혁의 결과 정부와의 관계 속에 방만하게 운영했던 은행은 비용 감소와 위험 조정 등 긴축을 하였고, 금융시장에서의 은행의 특권이 사라지면서 은행의 기업대부금액이 감소했고, 증권이나 보험 등 다른 시장과의 관계가 유연해지고 경쟁체제로 들어서게 되었다. 특히, 종합금융화 현상이 일어나면서 대형 은행 역시 생명보험 분야로 진출하였는데, 이것이 '방카슈랑스'의 시작이다. 즉 1980년대 초반부터 프랑스는 종합금융화 경향이 고조되면서 은행법 제정으로 자회사 방식의 타 금융업 상호진입이 가능해져 대형 은행과 보험사의 상호 지분 참여 및 업무제휴가 증대되었다. 일부 대형 은행그룹의 생명보험 진출을 계기로 이른바 방카슈랑스라고 불리는 신종 금융기관이 출현하기 시작했다. 현재 프랑스의 대부분 은행은 생명보험사와 판매제휴계약을 체결하거나 상호지분을 교환하는 등의 관계를 맺고 있으며 은행은 생명보험시장의 주력판매채널로서의 위상을 강화하고 있다.

마지막으로 '프랑스판 빅뱅'으로 알려진 자본시장의 개혁을 살펴보자. 먼저 1988년 1월에 법률 개정을 통해 공인중매인의 자격과 기능을 수정하였다. 이전에는 은행과 공인중매인의 사이에는 엄격한 업무영역의 제한장벽이 존재하고 있었고 후자가 증권시장에서의 교섭과 개입을 독점하였다. 여기서 공인중매인이란 대장성 장관에 의해 임명되는 반공무원적인 존재로서 그 지위는 세습에 가깝고, 극히 폐쇄적이고 배타적이며 소규모이고 자본력도 부족하였다. 반면, 은행은 유니버셜뱅크지만 투자가로부터의 주문을 시장에서 직접 집행할 수 없고 공인중매인의 중개를 거쳐야 했다. 그런데 법률 개정으로 공인중매인은 증권시장회사가 되었고 자기자본의 확충이 필요하였다. 그 결과 증권시장회사에 대한 은행의 자본 참가 등 은행과 공인중매인 간 긴밀한 협력관계가 증대하였다. 이처럼 업무영역 제한장벽이 완전히 제거되었다기보다는 수정된 것이었다. 왜냐하면 증권시장회사의 자본은 다른 금융기관이나 비금융주체에 대해 공개되고 증권거래소평의회 및 증권거래위원회 등에 의한 엄격한 통제를 받았으나, 과거 공인중매인이 누리고 있던 증권거래의 독점권을 계속 가질 수 있었기 때문이다. 그럼에도 불구하고 1989년 7월 1일 증권중개수수료가 자유화되는 등 자본시장 개혁은 자본시장의 발전을 가져왔다. 예를 들어, 공식시장과 제2부시장과 비공식시장으로 구성된 파리 증권거래소 전체의 1989년 증권 총거래액은 1988년에 비해 2.8% 증가하였다. 증권거래 총액에서 차지하는 주식의 비중은 17%에 지나지 않은 데 비해 채권의 비중은 82%로 여전히 채권이 압도적인 지위를 점하는 상태가 계속되었지만, 주식거래액이 전년대비 약 62%의 대폭적인 증가를 기록하였다. 금융선물시장도 빠르게 발전하였다. 1985년 8월 통화옵션거래가 승인된 것을 시작으로, 1986년 2월에는 파리 금융선물거래소(Marche a Terme des Instruments Financiers, MATIF)가, 그리고 1987년 9월에는 파리 파생상품거래소(Marche de Options Negociables de France, MONEP)가 각각 개설되었다. 그 후 다양한 개혁이 진행된 후 1988년 2월 금융선물시장과 파리 상품선물거래소가 통합되었고, 통합 후 금융선물시장은 같은 해 6월에 프랑스 국제선물시장으로 개칭되었다.

다음으로 독일은 1981년 초국적 자본에 대한 통제는 폐기했지만, 금융의 탈규제에 대해서는 더 신중한 자세를 취했다. 그럼에도 불구하고 1980년대 이후 많은 변화가 있었다. 무엇보다 금융의 증권화 현상이 증대하였다. 즉 기업의 자금조달선 다양화, 인구의 고령화로 인해 연기금 운용에 변화가 요구되었고, 가계저축의 수익 추구 등으로 인해 은행의 역할이 축소되고 예대업무를 통한 이자수익 또한 감소하였다. 첫째, 기업의 경우 1980년대 초 불황을 경험하면서 외부자금조달 규모를 축소한 적이 있던 대기업들은 유로시장에서의 채권발행 등 은행대출보다 저렴한 자금조달 원천을 찾았고, 내부유보가 어려운 중소기업의 경우에도 첨단 분야 기업 같은 경우에는 기업공개(IPO)를 통해 자본시장으로부터 자금조달을 하였다. 또한, 기업의 해외로부터의 자금조달도 증가하였다. 외국 증권시장에 상장하는 대기업들이 증대하였고, 해외 기관투자자의 투자유치도 증가하는 등 독일 대기업 주식에 투자하는 외국인의 비중이 증가하였다. 둘째, 공공 부문의

> **IPO(Initial Public Offering)** 법률적인 의미로 기업공개란 상장을 목적으로 50인 이상의 여러 사람들을 대상으로 주식을 파는 행위를 말하는 것으로 대주주 개인이나 가족들이 갖고 있던 주식을 일반인들에게 널리 팔아 분산을 시키고 기업경영을 공개하는 것이다. 즉 증권거래법과 기타 법규에 의거하여 주식회사가 발행한 주식을 일반투자자에게 균일한 조건으로 공모하거나 이미 발행되어 대주주가 소유하고 있는 주식의 일부를 매출하여 주식을 분산시키고 재무내용을 공시함으로써 주식회사의 체제를 갖추는 것을 말한다.

경우에도 통일 이후 대규모 자금 수요로 국채발행의 확대가 불가피해져 독일의 연방정부 채권시장은 유럽 최대의 단일 자본시장으로 성장하게 되었다. 셋째, 가계의 경우 소득불균형이 확대되어 다수의 가계가 은행의 장기예금과 같은 고정금리 자산으로부터 투자펀드로 자금운용을 변화시켰다. 이 투자펀드는 대부분 채권, 주식 등 자본시장에 투자되므로 간접적으로 자본시장을 지지하는 수요를 형성하였다.

독일의 정책 당국 역시 1980년대 이후 자본시장 활성화를 위해 금융제도 개혁을 위한 정책을 꾸준히 추진하였다. 1984년에 거래비용을 인하하였고 변동금리부증권과 금리 및 통화스왑 등 최신 금융상품을 도입하였고, 1980년대 후반에는 증권거래시스템을 재조직화하였다. 또한, 1990년에 선물거래소를 개설하고, 금융시장개선법을 통해 1990년에 증권거래에 장애가 되는 여러 가지 조세 관련 조항이 철폐되고 독일 투자펀드의 파생상품 투자가 허용되었다. 1994년에는 미국 증권거래위원회(Securities and Exchange Commission, SEC)를 모델로 하여 독일 연방증권감독청(Bundesaufsichtsamt Fur Den Wertpapierhandel, BAWe : The German Federal Securities Supervisory Office)을 설치하였고, 1998년에는 뮤추얼펀드의 허용 형태를 확대하고 파생상품시장을 설립하여 범유럽 차원의 거래소 통합을 시도하였다. 특히, 유럽통합 이후 독일 정부는 '금융 중심지 독일'이란 구호를 내걸고 금융시장에 대한 규제 완화를 강화하면서 프랑크푸르트를 국제적 금융중심지로 만들려 하고 있다. 구체적으로 회계제도의 개편, 파생상품거래와 자산유동화 증권 허용, 증권거래소법 개정[3] 등 주식거래 활성화를 위한 노력을 기울였다. 금융시장 환경의 변화로 기업과 은행 간의 관계도 변화하였다. 즉 관계적 금융에서 시장 중심적이고 거래지향적인 관계로 전환하였다. 주요 대기업의 자금조달에 있어 은행 이탈이 점차 확대되었고, 민간 상업은행들은 이에 대응하여 자본시장 관련 업무를 대폭 강화시켰다. 특히 주요 3대 상업은행은 거대 복합금융그룹화를 지향하여 투자은행 업무의 확대 등을 위해 적극적으로 규제개혁을 요구하고 대형화 및 겸업화 추구에 앞장섰다. 이를 통해 규모의 경제와 범위의 경제 실현을 위해 은행 간 M&A가 활성화되었다.

이처럼 미국 중심의 경제질서의 약화 및 해체에서 비롯된 금융경제화는 미국경제의 불균형으로 가속화하는 경향을 보여 주고 있다. 즉 미국 경상수지의 적자가 심화되면서 해외투자자들에 대한 미국의 금융의존도는 더욱 심화되고 있다. 실제로 미국의 경상수지는 1971년부터 적자로 돌아선 이후 1973~1976년, 1980~1981년, 1991년을 제외하고는 계속 적자를 기록하였고, 이를 자본수지로 보완하였다. 2000년 기준으로 외국인 보유 미국 채권은 약 8조 달러(GDP의 약 80%)이고 이 중 3조 달러는 1982년 이후 발생한 것이다. 이런 점에서 1990년대 후반 미국의 호황과 세계경제의 팽창은 어느 정도 미국 자산에 대한 외국인들의 기록적인 매수에 의존한 것이었다.

‖ **표 14-4** ‖ 미국의 경상수지적자와 미국 내 외국인 순자산의 추세

(단위 : 백만 달러)

	1965	1971	1975	1980	1985	1990	1995	2000	2004
경상수지	5,431	-1,433	18,116	2,317	-118,155	-78,968	-113,670	-415,999	-668,074
외국자산	742	22,970	17,170	62,612	146,115	141,571	438,562	1,046,896	1,440,105

자료 : 미국 상무부 경제분석국(http://www.bea.doc.gov/bea/international/bp_web/simple.cfm?anon=71&table_id=1&area_id=3).

3) 주요 내용으로는 주식소득에 대한 이중과세 완화, 자본이득에 대한 관세철폐, 기업투명성 강화, 자사주매입 상각 및 스톡옵션 도입, 은행이 기탁한 주식의 의결권 권리 행사 제한 등의 주주 권한 강화 조치, 미국의 나스닥시장에 상당하는 신시장의 개설 등을 포함한다.

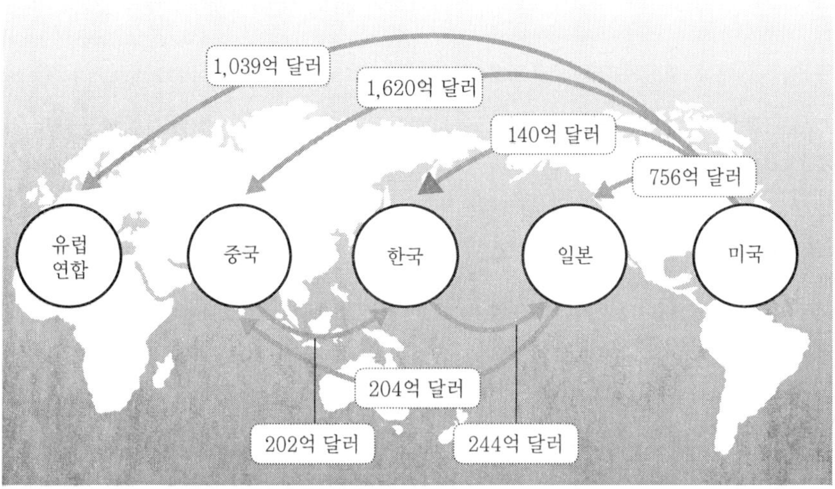

주 : 화살표 방향은 적자국에서 흑자국에 대한 금액.
자료 : 미국상무부 · 한국무역협회.

‖ **그림 14-3** ‖ 주요 국가별 무역수지 현황(2004년 기준)

또한, 미국 재무부의 해외투자자 투자포트폴리오 연례 보고서에 따르면, 2004년 6월 말 기준으로 해외 각국의 미국 내 주식과 채권 등 유가증권 투자자금이 6조 60억 달러를 기록했다. 이는 2003년 대비 해외투자자 투자포트폴리오 규모가 20.6% 늘어난 것이다. 미국 내 주식과 채권을 가장 많이 보유한 나라는 일본으로 모두 1조 190억 달러를 보유하고 있다. 다음으로 영국과 룩셈부르크가 각각 4,880억 달러와 3,920억 달러로 2위와 3위에 올랐다. 특히, 3,410억 달러의 중국의 미국 내 투자유가증권 보유 규모는 세계에서 다섯 번째로 이는 2003년에 비해 33.7% 늘어난 것이다. 한국의 미국 장기 유가증권 보유 규모는 817억 8,700만 달러로, 이 중 채권 보유분이 431억 1,900만 달러로 전체 보유분의 52.7%를 차지하고 있다. 해외투자자들의 미국에 대한 투자는 기본적으로 미국의 채무에서 비롯한 것이다. 참고로 국가 채무는 정부의 총 채무액인 반면, 정부 적자는 연단위로 계산한 지출초과분이다. 2006년 5월 10일 현재 미국의 채무는 약 8.4조

달러에 달하고 있는 실정이다. 미국의 인구가 약 2억 9,867만 8,758명이기 때문에 미국인 1인당 채무액은 약 2만 8,004 달러인 셈이다. 2004년 9월 30일 이후 미국의 채무는 매일 15억 4,000만 달러씩 증가해 왔다. 물가 상승분을 감안하더라도 미국의 채무는 제2차 세계대전 이후 1980년대 이전까지 2조 달러 이하의 안정적 흐름을 보였으나 1980년대 중반 이후 빠르게 증가하였다.

미국이 2004년 6월 말부터 금리 인상으로 전환하여 1%에 있던 연준의 기준금리(단기금리)를 (2004년 6월 이후 2년간 0.25%씩 17번 인상하여 2006년 6월 29일 이래 5.25%까지) 지속적으로 끌어올렸다. 그럼에도 불구하고 오히려 장기금리가 하락하는, 소위 "(단기)금리를 더 올려도 장기금리가 떨어지는 것이 수수께끼 같다"(미국 연준의 전 의장인 그린스펀의 2005년 2월 발언)는 미국경제의 '수수께끼' 현상 또한 경제의 네트워크화에 따른 미국 연준의 시장 영향력 약화, 즉 미국경제력의 상대적 약화 때문에서 비롯한다.

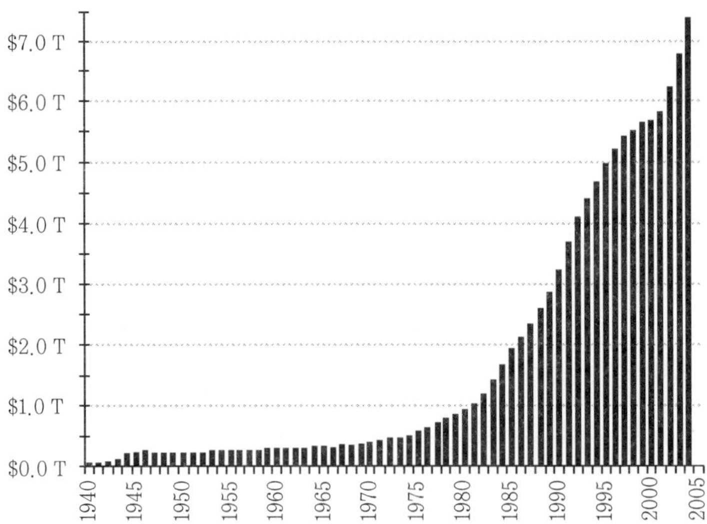

자료 : U.S. National Debt Clock(http://www.brillig.com/debt_clock/).

‖ **그림 14-4** ‖ 미국의 국가 채무(단위 : 조 달러)

즉 잇따른 미국 연방기금 금리의 인상에도 불구하고 10년 만기 국채 수익률은 지속적으로 하락(채권가격 상승)하였다. 일반적으로 기간 리스크를 감안해 장기금리는 단기금리보다 높게 형성되기 마련이다. 그러나 FRB가 2004년 6월 말부터 2006년 3월 말 4.75%로 3.75%p가 오르는 동안 10년 만기 국채수익률은 4.62%에서 4.85%로 0.23%p 오르는 데 그쳤다. 특히 만기가 긴 국채일수록 금리는 제자리걸음을 지속하였고 2005년 말에는 2년 만기 수익률이 10년 만기보다 높아지는 금리역전 현상이 나타나기도 하였다. 이러한 수수께끼 현상은 2006년 4월 13일 10년 만기 국채수익률이 연 5.04%, 그리고 30년 만기 국채 수익률은 5.11%를 기록함으로써 일시적으로 만기가 길수록 수익률이 높게 형성되는 완전정배열 상태를 구축했지만 2006년 7월 벤 버냉키 연방준비제도이사회(FRB) 의장 이 "경기둔화가 인플레이션 압력을 낮출 것"이라고 전망한 이후 5.2%대에서 4.5%대까지 급락했고 2006년 10월에는 단기간 큰 폭으로 밀린 데 따른 기술적 조정으로 4.8% 근처까지 반등했으나 향후 시장의 전반적 여건은 5%대 회복을 어렵게 하고 있는 실정이다.

이 같은 장단기 금리 역전의 원인은 미국 FRB의 채권시장에서의 영향력 약화를 의미하고, FRB의 영향력 약화에는 전 세계적인 인플레이션 압력 둔화와 세계화 효과 그리고 외국 중앙은행들의 미국 국채 매수 확대 등에서 비롯한다. 미국 경제는 물론 세계 경제는 1990년대 이후 인플레이션 위협 없는 성장을 해왔다. 인플레이션 압력 완화 외에 경제의 네트워크화의 진행으로 인해 FRB의 장기금리에 대한 영향력이 크게 줄어들었다. 유럽과 아시아의 성장세 둔화로 인해 전 세계적으로 금리가 낮게 형성돼 있는 상황에서 '안전자산'이자 상대적으로 높은 수익률을 제공하는 미국 국채에 대한 아시아 중앙은행들의 매수세가 늘어난 결과다.

예를 들어, 중국과 미국 경제의 이해관계를 "정체성이 다른 두 경제가 샴쌍둥이처럼 엮인 상황"[4]이라고 표현하고 있을 정도다. 즉 미국 국민들은

4) New York Times, July 20th, 2005.

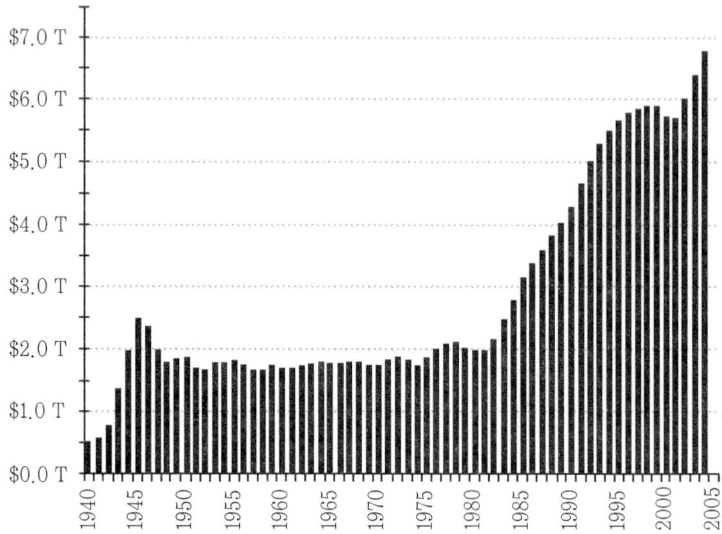

자료 : U.S. National Debt Clock(http://www.brillig.com/debt_clock/).

‖ **그림 14-5** ‖ 인플레이션이 조정된 국가채무(2000년 달러 기준)

중국 덕분에 값싼 상품은 물론 낮은 이자에 모기지 대출을 이용하는 상황이다. 저축도 않고 수입만 많이 하는 미국이 달러를 안정시키려면 금리를 높여야 하는 상황이지만 중국이 낮은 금리에도 불구하고 8,000억 달러를 넘는 외환보유고를 확보해 주는 덕분에 미국의 저금리가 유지되고 있다. 참고로 중국 중국인민은행이 발표한 2005년 말 현재 중국 외환보유고 8,189억 달러와 홍콩의 외환보유고 1,243억 달러를 합치면 1위인 일본의 8,469억 달러를 넘어선다.[5] 그런데 2006년 들어 중국의 외환보유액이 1조 달러를 넘어서면서 중국 혼자만으로도 1위를 확보하였다. 1950~1960년대 '유로달러'와 1970년대 '오일달러', 그리고 1980년대 '저팬달러'의 뒤를 이어 국제 금융시장에 새로운 질서가 형성되고 있다. 중국이 주도하는 이

5) 대만 2,533억 달러, 한국 2,104억 달러, 이 밖에 홍콩, 싱가포르, 태국 등을 포함하면 동아시아 주요국의 외환보유액은 2005년 말 약 2조 5,000억 달러에 달하였다.

른바 '차이나달러' 시대가 열린 것이다.

반면 중국은 미국이라는 소비시장 덕분에 고용문제를 해결하고 심지어 체제 안정을 얻었다. 소위 '톈안먼-텍사스 거래'라 불리는 양국의 이해관계가 맞물려 있는 것이다. 중국은 톈안먼 사태 이후 민주적 권리를 빼앗는 대신 연간 9%의 경제성장을 유지한다는 '당근'을 제시, 중산층을 회유했다. 문제는 미국의 쌍둥이적자가 위험수위에 달해 양국의 암묵적 거래를 수정해야 할 시기가 도달했다는 점이다. 달러화 가치가 떨어지고 금리가 오르면 미국 경제는 스태그플레이션에 빠질 것인 반면, 중국은 위안화 가치가 급격히 상승하고 실업률이 높아지면 사회불안이 급증할 가능성이 있기 때문이다. 다시 말해, 브레턴우즈체제가 붕괴된 이후에도 주변부 국가들이 수출경쟁력을 위해, 또한 보유 달러자산 가치하락을 방지하기 위해 달러표시자산을 계속 구입하기 때문에 달러의 영향력이 유지되고 있는데 이와 같은 해외 자산보유형태가 영속적일 수는 없다는 것이다.

이처럼 제2차 세계대전 이후 미국 중심의 경제질서는 1960~1970년대 일본 및 서유럽 경제의 부상, 1980~1990년대 동아시아 경제의 부상, 그리고 최근의 중국과 브릭스(BRICs) 경제의 부상에 따라 '다극체제'로 변환·강화되고 있다. 즉 경제력의 다원화 및 '경제의 포스트모던화'인 것이다. 그 결과 오늘날 세계경제는 1960년대 이전과 달리 상호의존이 크게 증가하고 쌍방향 관계가 더욱 강화되고 있다. 경제주간지 비즈니스위크(Businessweek, 2006. 11. 20)는 '선거도 바꾸지 못하는 것(What the election won' t change)'이란 제목의 커버스토리에서 글로벌 경제를 지배하던 미국이 이제는 거꾸로 글로벌 시장의 힘에 압도당하고 있다고 보도했다. 즉 이미 미국 경제는 글로벌 시장의 힘과 논리에 따라 움직이기 때문에 정책효과를 얻기 어려울 것이란 지적이다. 이에 따라 달라진 환경을 설명해 줄 수 있는 새로운 경제이론이나 세계경제를 조율할 글로벌 중앙은행의 설립이 필요하다고 이 잡지는 주문했다. 실제로 미국 경제도 급속하게 글로벌 시장으로 편입되고 있다. 미국 정부의 세입 규모는 2006년 기준 2조 4,000억 달러대인 반면, 미국의 수입액은 2조 2,000억 달러로 조만간 세입액을 추월할 것으로 전망된다. 이는 미국인들이 정부에 내는 돈보다 외국인들에게 지급하는 돈의 규모가 더 커진다는 얘기다. 국내총생산(GDP)과 비교한 미국의 수입액 비중은 1995년 12%에서 17%로 높아졌고, 미국 내 투자액 가운데 외국인들의 투자 비중도 7%에서 32%로 급증했다. 이에 따라 대공황 이후 70년간 미국 경제에 가장 중요한 주체로 역할해 온 미국 정부도 이제는 미국 경제를 마음대로 움직일 수 없게 된 상황이다. 그리고 글로벌화는 미국의 경제정책 수단을 무용지물로 만들고 있다. 미국 연방준비제도이사회(FRB)는 2004년 6월 이후 경기 과열을 막기 위해 금리를 17차례, 총 4.25%p 금리를 올렸다. FRB가 이처럼 돈줄을 죄었지만 외국 투자자들이 미국에 몰려들면서 금리인상 효과는 반감됐다. 앞에서 지적했듯이, 2004년 연 4.6%였던 미 국채 10년물 금리는 아직도 제자리걸음을 하고 있다. 또 부시 정부는 감세 정책을 통해 수천 억 달러를 경제에 쏟아 부은 셈이지만 기대했던 만큼의 고용창출 효과는 나타나지 않았다. 생산설비 등이 해외로 줄지어 빠져 나가고 있기 때문이다. 즉 전통적인 거시정책의 효력은 과거만 못하며 고용을 크게 늘리고 임금을 올리는 방안을 찾기가 갈수록 어려워지고 있다. 감세정책이 적어도 연구 · 개발(R&D)에 활력을 불어넣을 것이란 막연한 기대도 사그라지고 있다. 최저임금 인상 정책도 중국과 인도의 등장으로 미국인들의 실질소득 감소세를 돌려세우기엔 역부족이다. 즉 경제정책에 대한 새로운 접근법이 필요하다. 문제는 글로벌 경제에서 중요한 나라들을 묶어 조율하는 정책 메커니즘이 없어 세계 경제를 조정할 수 있는 글로벌 기구, 예를 들어 '글로벌 중앙은행'을 만들 필요성이 일부에서 제기되는 연유도 여기에 있다.

실제로 세계 전체 외환보유액의 60%에 달하고 있는 동아시아 국가들의 외환보유액 구성의 변화는 달러 가치에 결정적 변수로 작용하고 있는 실정이다. 또한 미국의 2005회계연도(2004. 10~2005. 9) 재정적자 3,190억 달러와 2005년도 경상수지 적자 8,049억 달러, 합계 11조 달러가 넘는 '쌍둥이 적자'는 2005년 미국 명목 GDP(12조 4,871억 달러)의 9%가 넘는데, 이러한 천문학적인 적자는 아시아 중앙은행들에 의한 미국 국채 매입 등으로 지탱되고 있다. 또 IMF에 따르면 각국 중앙은행들의 금을 제외한 지불준비금은 2005년 6월 말 현재 4조 달러로 2000년 이후 두 배로 늘었으며 미국 국채가 이들의 주요 투자대상이다.

전 세계적인 유동성 과잉 역시 미국 부시 행정부의 저금리정책 및 아시아 국가들의 외환보유액 급증과 밀접한 관계를 갖고 있다. 즉 글로벌 유동성 증가율은 2003년과 2004년 2년 연속 20%대를 넘어섰다. 전 세계 유동성 증가율이 2년 연속 20%를 넘은 것은 지난 1975년 이후 30년 만에 처음이다. 지난 2000년 IT버블 붕괴 이후 경기침체를 우려한 미국이 급속히 기준금리를 내린 것이 전 세계로 파급되면서 유동성 과잉을 불러왔다. 미국이 지난 2003년 연방기금금리를 1%까지 내려 초저금리 시대로 접어들자 금리가 상대적으로 높은 아시아 각국으로 투자자금이 밀려들게 됐다. 자국의 통화가치 상승을 우려한 아시아 중앙은행들은 달러를 매입했고 이 과정에서 통화량이 급속이 늘어나게 됐다.[6] 실제로 1990년대에 이르러서 투자처를 찾는 유동성 금융자본이 전 세계적으로 흘러 넘쳐 전 세계 유동성 금융자산의 규모는 2000년에 거의 80조 달러에 달한 것으로 추정되는데 이는 1980년의 전체 금융자본의 11조 달러보다 7배 이상 증가한 것이다.

또한, 런던 국제금융서비스(International Financial Services, London, IFSL)에 따르면 전 세계 연기금(15조 3,000억 달러), 보험(14조 4,760억 달러), 뮤추얼펀드(5조 4,850억 달러) 등이 보유하고 있는 투자자금이 2005년 말 현재 45조 9,280억 달러(미국 20조 7,420억 달러, 일본 5조 5,660억 달러, 영국 3조 7,540억 달러, 프랑스 2조 5,190억 달러, 독일 1조 6,190억 달러, 기타 11조 7,300억 달러)에 달하는 것으로 추정했는데, 이는 지난 2000년 35조 5,000억 달러에 비해 29% 증가한 것이다(*Wall Street Journal*, 2005. 12. 3). 특히, 전 세계 부유층과 기관투자가들의 투자수단으로 이용되는 헤지펀드의 자산은 9,340억 달러로 2000년에 비해 두 배로 급증했다. 그러나 헤지펀드가 자금을 차입해 이를 투자하

6) Economist, Feb, 24th, 2005.

는 차입거래(레버리지)를 종종 이용한다는 점에서 이 같은 수치가 헤지펀드의 영향력을 100% 반영하지는 못하고 있다.

1960년대 이래 금융 부문과 관련하여 나타난 근본적인 변화를 요약하면 다음과 같다. 첫째, 대공황과 제2차 세계대전 이래 장기간 유지되었던 가격과 이자율의 안정성은 1960년대에 종지부를 찍었다. 인플레율이 높아지고 불안정해지자 이자율이 상승하고 불안정성이 심해졌다. 저축자들은 수익률 차이에 민감하게 반응했고, 그 결과 은행 및 금융중개기관들은 기금을 보유하기 위해 높은 수익을 지불할 수밖에 없었다. 둘째, 점증하는 국제화나 시장의 세계화가 자본통제에 종지부를 찍었고 변동환율제를 가져옴으로써 경쟁을 심화시켰다. 선진국을 비롯해 각국의 금융기관들은 외국의 금융기관들과 경쟁해야만 했다. 그리고 금융중개기관들 간의 경쟁이 심화되면서 전통적인 규제의 유효성이 떨어졌고, 그 결과 낡은 규제들이 속속 폐지되어갔다.

이러한 금융세계화에 대한 이론적 평가는 어떠한가? 금융세계화는 자본비용을 절감하고 기술이전을 촉진하며 국내 금융발전을 돕는다. 또한 금융다각화와 위험분산을 가능케 하며 시장규율과 경쟁 압력의 결과 거시정책과 제도를 개선한다. 그리고 국제자본시장을 세계적 수준에서 저축을 가장 생산적인 용도에 효율적으로 배분한다. 즉 자본시장 통합이 궁극적으로 세계 각국의 성장과 안정에 기여할 것이라는 이론적 설명들이다. 그러나 자본계정 자유화와 성장, 자본계정 자유화와 산출 및 소비의 안정성 간의 상관관계를 밝히려는 실증분석의 결과는 그다지 고무적이지 못하다. 금융발달의 정도가 낮은 저개발국의 경우 특히 이런 경향이 두드러지는데 이것은 금융세계화의 이득을 누리기 위해서는 상당한 정도로 제도적 · 정책적 금융발달이 선행되어야 하기 때문이다. 자본이동이 선진국 간에 주로 이루어지고 저개발국으로 유입되지 않는 요즈음의 현상이 이와 관련된다. 이는 금융재정제도의 신뢰성 부족, 정책당국의 행정미숙, 금융시장의 미발달 등 저개발국의 취약성을 의미하는데 여기서 자본통제의 필요성이 대두한다. 그러나 자본통제도 여러 가지 비용, 즉 자본비용의 상승, 시장규율의 결여에 따른 자본의 효율적 배분 저해 등을 초래하며, 집행비용도 만만치 않다.

‖ **표 14-5** ‖ 미국 내 해외투자자 투자포트폴리오 규모

(단위 : 10억 달러)

	총계	equity	debt		
			합계	장기	단기
일본	1,019	162	857	736	121
영국	488	250	238	221	16
룩셈부르크	392	130	262	230	31
케이만군도	376	115	261	230	31
중국	341	3	338	320	18
벨기에	308	18	290	285	5
캐나다	291	210	81	67	15
네덜란드	203	127	76	70	6
스위스	199	120	79	68	11
독일	190	76	115	107	8
미상국	224	3	221	218	3
나머지	1,976	691	1,286	962	323
총 계	6,006	1,904	4,102	3,515	588

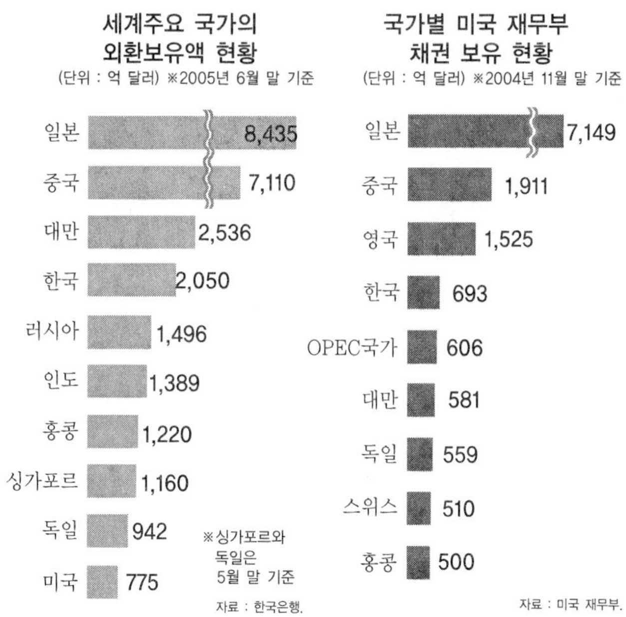

‖ **그림 14-6** ‖ 주요 국가의 외환보유액과 국가별 미 국채 보유 현황

‖ **표 14-6** ‖ 1997년 위기 이후 동아시아 주요국의 경상수지 (단위 : 10억 달러)

	2000	2001	2002	2003	계(%)	
중국	20.5	17.4	35.4	45.9	119.2	(16.2)
홍콩	7.1	9.9	12.6	16.7	46.4	(6.3)
인도네시아	8.0	6.9	8.1	7.5	30.6	(4.2)
일본	119.7	87.8	112.4	136.2	456.1	(62.1)
한국	12.3	8.0	5.4	12.3	38.0	(5.2)
말레이시아	8.5	7.3	7.2	13.4	36.3	(5.0)
필리핀	6.3	1.3	4.4	3.3	15.3	(2.1)
싱가포르	13.2	16.1	18.9	28.2	76.4	(10.4)
대만	8.9	18.2	25.6	29.3	82.0	(11.2)
태국	9.3	6.2	7.0	8.0	30.5	(4.2)
합계	178.1	145.0	180.9	230.7	734.6	(100)

자료 : IMF, *International Financial Statistics*.

따라서 자본통제는 임시적 · 선별적으로 실시하고 단계적으로 완화하는 방법이 바람직하다.

그렇다면 국제자본이동 및 국제자본시장 통합의 전망은 어떠한가. 금융세계화의 압력은 매우 강력하여 거의 불가항력적이다. 심지어 재화용역시장과의 관련을 초월하는 듯하다. 정보통신기술의 진보로 인해 국제금융시장으로부터 국내 경제를 단절시키기 위한 자본통제는 효과적으로 실행하기가 극도로 어려워지고 있다. 이러한 통제의 문이 아직은 열려 있지만 이를 총체적으로 시행하려는 의도와 능력이 있어야만 가능하다. 총체적 자본통제는 국내자본시장 발달의 포기이며 금융압박이다. 더욱이, 제3세계의 민주화에 따라 시민의 금융행동을 억압하는 엄격한 규제는 대중저항을 불러일으킬 것이다. 제도와 정책환경이 열악한 금융저개발국이 이와 같은 세계화 물결에 대응할 방향과 관련하여 미국경제학회의 엘리(Ely) 강연에서 피셔가 주장한 대로 시기와 순서를 적절히 조정해 가며 세계화된 자본시장에 통합되는 편('well-phased and well sequenced integration into the global capital market')이 엄격한 자본통제보다 득이 된다는 설이 지배적이다.[7] 실물 부문을 포함한 제도 및 정책환경 개선 노력이 기본적으로 필요하며 금융세계화로 인해 직접적 불이익을 받는 계층, 특히 빈곤층을 위해 적절한 사회안전망을 구축해야 함은 물론이다.

그런데 달러의 태환정지와 평가절하 이후 달러의 국제화폐로서의 공식적 지위가 상실되었음에도 불구하고 달러의 영향력이 유지되는 것을 어떻게 이해해야 할 것인가? 이것은 무엇보다 달러를 당장 대체할 만한 국제화폐가 없고 달러의 지위를 유지하는 것이 바람직하다는 국제적인 암묵적 합의가 있었기 때문이다. 국내경제와 재정기반에서 미국에 버금갈 국가가 아직 없기 때문에 미국 정부는 재정적자를 누적시키면서도 달러의 위치를 당분간 유지할 것으로 보인다. 이와 같은 현상을 일군의 학자들은 '다시 태어난, 부활한(reborn, revived) 브레턴우즈체제'라고 명명하여, 지금의 국제통화 및 금융제도가 40년 전의 체제와 별로 다르지 않다고 주장하고 있다. 저평가된 환율을 고수하며 수출주도형 성장에 여념이 없는 '주변부' 아시아 국가들이 미국에 의해 발행되고 미국달러로 표시된 국제준비금을 대량으로 축적하는 한 '중심부' 미국은 지속적으로 소득 이상의 지출수준을 누릴 수 있다는 것이다. 1960년대에는 유럽과 일본이 주변부 역할을 했고 저개발국들은 아직 국제경제체계에 완전히 통합되지 않았었다. 현재는 세계화의 확산으로 새로운 주변부가 계속 팽창하면서 달러자산 보유를 증가시키고 있으므로 미국이 경상수지 적자를 누적시킬 수 있다. 국제수지조정의 필요가 없으니까 달러가치가 더 이상 하락할 필요도 없다. 특히 아시아 국가들이 수출경쟁력을 위해, 또한 보유 달러자산의 가치하락을 방지하기 위해 미국의 재정증권 등 달러표시자산을 계속 구입할 것이므로 당분간은 별문제가 없다는 주장이다.[8]

7) Fischer, 2003, "Globalization and Its Challenges," *American Economic Review*, 93, May, p. 14.

그러나 이 가설은 지난 40년 동안 세계경제가 극적으로 변화하였음을 과소평가하는 과오를 범하고 있다.[9] 첫째, 1960년대에 비해 '주변부' 국가들의 수가 훨씬 많고 이질적이다. 아시아 제국은 경제발전단계가 서로 다르고 따라서 정책 우선순위도 각양각색이며 지역적 협력도 제도화되어 있지 않으므로 현상유지를 위해 단결된 움직임을 지속할 가능성이 낮다. 둘째, 달러를 대체할 국제화폐로서의 대안으로 유로화가 존재한다. 셋째, 달러의 태환성이 결여되어 미국 외의 중앙은행들의 정책일관성 유지가 그만큼 불안정하다. 넷째, 자본통제가 제거된 상황에서 민간 금융거래를 규제하기 곤란하며 현상유지를 위한 '불태화(sterilize)'나 외환시장 개입 등의 비용이 커졌다. 즉 국내 인플레를 막기 위해 외화자산 유입을 '불태화'해야 하는데, 즉 통화량 증가를 억제하기 위해 중앙은행이 채권을 매각해야 하는데 여기에는 한계가 있다. 미국 재정증권과 국내 채권의 이자율 차이 때문에 아시아 국가들의 중앙은행은 외화보유액 매 100억 달러마다 매년 2억 5,000만 달러를 손해본다고 추정되었다.[10] 이자 차액의 손실 이외에도 국내에서 채권매각의 누적은 이미 취약한 금융 부문을 더욱 악화시킬 것이며, 이를 우려한 법적 · 제도적 제한에 봉착할 것이다.[11] 다섯째, 국내 금융시장의 자유화로 인하여 환율을 낮게 유지하고 저축을 증대하는 정책이 교역재 부문에 부가적 투자를 집중시킨다는 보장이 없다. 마지막으로, 아시아의 정책결정자들이 이미 여러 문제를 야기했던 자국 화폐의 체계적 저평가정책을 무작정 반복하리라고 기대할 수 없다.

그러나 최근 달러의 영향력이 유지되는 이유를 설명하는 일부 학자들은 기존의 공식적인 경제통계가 미국의 적자를 과대평가하고 있다는 주장을

---

8) Dooley, Folkerts-Landau and Garber, 2003, "An Essay on the Revived Bretton Woods System," *NBER Working Paper*, 9971, September.

9) Eichengreen, 2004, "Global Imbalances and the Lessons of Bretton Woods," *NBER Working Paper*, 10497, May.

10) World Bank, *Global Development Finance 2005*.

11) Economist.com, "You need us and we need you," *The Economist Global Agenda*, April 6th, 2005.

제기한다. 즉 기존의 경제통계가 제대로 보지 못하고 있는 요소가 있으며 이를 고려하면 미국의 적자문제는 거의 사라진다는 이른바 '암흑물질(dark matter)'이론이다.[12)] 이들에 따르면 통계적으로 미국 경제는 순채무국이지만 2004년 현재 해외투자로부터 얻는 순수입(≡미국이 해외투자로부터 얻은 수입-외국이 미국에 대한 투자로부터 얻은 수입)이 300억 달러나 플러스(+)이다. 즉 1980년에서 2004년까지 미국의 누적경상수지 적자는 4조 5,000억 달러였음에도 불구하고 여전히 2004년에도 해외투자로부터 순수익을 올리고 있다는 것이다. 그동안 미국 해외투자액의 가치가 올라갔고 미국의 해외투자 수익률이 상대적으로 더 높았다는 것이다. 하지만 이들은 수익을 얻는 원천이라는 점에서 자산을 새로이 계산해 보면 미국의 해외자산 자체가 통계에 잡힌 수치보다 훨씬 더 커서 수지적자문제도 거의 해결된다고 주장한다. 즉 일반적으로 자산의 수익률보다 미국의 해외투자의 수익률이 그보다 더 높다면 이 미국의 해외자산은 실제 통계보다 더 높게 계산되어야 한다는 것이다. 결국 미국은 공식적으로는 대외부채가 훨씬 커서 2조 5,000억 달러의 채무국이지만, 실제로는 해외투자로부터 벌어들이는 수익이 미국이 해외투자자에게 지급하는 수익보다 더 크기 때문에 약 6,000억 달러의 순채권자라는 것이다. 그리고 미국이 수출을 통해 해외로부터 벌어들이는 것 중 공식통계에 숨겨져 있는 대표적인 것(암흑물질의 원천)들로 해외직접투자 과정에서 미국의 지식과 기술과 브랜드 등에서 얻어지는 지식서비스, 미국의 자산이 세계에서 가장 안전하기 때문에 얻어지는 보험서비스, 그리고 미국달러가 세계통화라는 점에서 기인하는 유동성 서비스 등이 있다. 이를테면 디즈니가 외국에서 5%에 빌린 돈 100만 달러로 유럽에 디즈니랜드를 건설하여 연간 20%의 수익을 낸다면 디즈니(Disney)의 해외자산은 통계에 잡히는 100만 달러가 훨씬 넘는다는 논리다. 미국의 수출로 잡히지는 않지만 아이팟(iPod)을 생산하는 중국의 공장

12) Hausmann, Ricardo, and Federico Sturzenegger. "'Dark Matter' Makes the U.S. Deficit Disappear," *Financial Times*, December 8th, 2005.

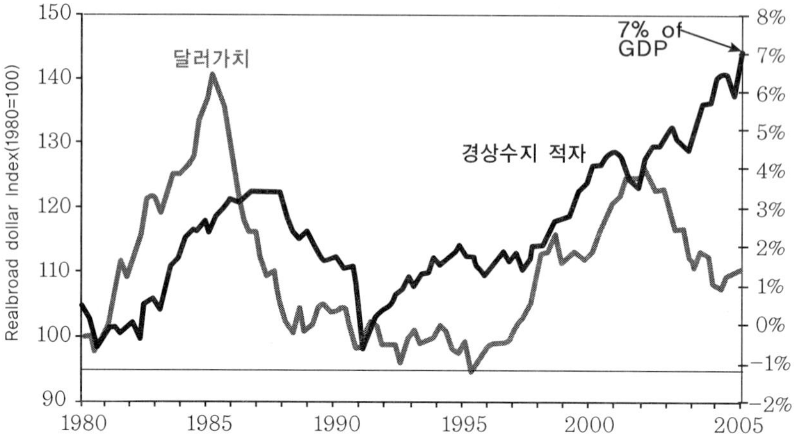

자료 : Federal Reserve Board of Governors, Bureau of Economic Analysis, Economic Policy Institute.

‖ **그림 14-7** ‖ 달러가치와 미국의 경상수지 적자

이 애플사에 높은 수익을 가져다준다면 이와 마찬가지일 것이다. 이처럼 미국 경제가 의외로 튼튼하기 때문에 해외투자자들도 계속 미국에 투자하고 있다고 주장한다.

이런 점들을 고려할 때 몇 가지 잠정적인 결론을 내릴 수 있을 것이다. 첫째, 급등하는 미국 경제의 무역수지 적자와 다른 지역들의 자금이 이를 메우기 위해서 미국으로 계속 이동하는 현상인 소위 전 세계적 불균형(global imbalance)의 문제는 과장될 필요가 없을 것이다. 둘째, 일부에서 미국의 경상수지 적자 및 외채문제를 해결하기 위해 달러가치의 대폭 하락을 주장한다. 즉 일부에서 적어도 20% 정도의 달러가치 하락이 필요하며 오버슈트(overshoot)를 감안하면 40% 정도 하락의 가능성이 있다고 추정한다.[13] 그런데 지난 5년간 유로화가 달러에 대해 거의 50% 가치상승을 보

13) Obstfeld and Rogoff, 2004, "The Unsustainable U.S. Current Account Position Revised," *NBER Working Paper*, 10869, October.

였으나 미국-EU 간 국제수지 조정은 별 성과가 없었음을 감안할 때 미국 수입의 가격탄력성이 낮을 것이 우려된다. 즉 미국이 중국 위안화 평가절상 압력을 가하고 있으나 기대효과가 불확실하다는 것이다. 셋째, 외환보유에 쓰이는 국제화폐는 역사적으로 보아 한 나라가 독점했던 것이 아니며 금융 시장의 혁신을 감안할 때 앞으로는 더욱 그러할 것이 예상[14]되기에 달러의 독점적 영향력은 쇠퇴할 것이다. 그러나 달러의 영향력이 급격히 쇠퇴할 것이라는 주장은 근거가 아직 미약하다. 일부에서는 가까운 시일 내에 달러와 유로화가 이러한 역할을 공유할 것으로 기대한다. 이들은 일본 엔화는 일본 경제가 아직 장기침체에서 확실히 벗어났다고 볼 수 없기에 레버리지(leverage, 타인으로부터 빌린 차입금을 지렛대로 삼아 자기자본이익률을 높이는 것으로 '지렛대효과')가 작을 것으로 판단한다. 국제결제은행(BIS, http://www.bis.org/publ/rpfx05t.pdf)에 따르면 외환시장에서 유통되는 국제화폐들의 거래액 비중은 2004년 4월 기준으로 달러가 약 44.4%, 유로가 18.6%, 엔이 10.2%, 파운드스털링이 8.5% 등이었다. 그러나 이러한 분포는 지난 1990년대 이후 크게 변화한 것이 아니다. 외환시장에서 달러의 비중은 1992년 41.0%, 1995년 약 41.7%, 1998년 약 43.7%, 2001년 약 45.2%로 증가하다가 2004년에 44.4%로 약간 하락했다. 유로화가 통용된 2001년 이후에도 달러의 영향력에 커다란 변화가 확인되지 않는다. 즉 2001년에 유로의 거래액은 외환시장에서 18.8%를 차지했으나 2004년에는 18.6%로 오히려 약간 하락하였기 때문이다. 또한, 외환시장에서 엔화의 거래액도 1992년 11.7%, 1995년 약 12.1%, 1998년 10.1%, 2001년 11.4%, 2004년 10.2%로 1990년대보다 영향력이 약간 하락하였다.

마지막으로 경제의 금융화는 IT혁명 없이 불가능한 것이었다. 정보통신 기술의 혁신은 경쟁의 자연 장애물들을 제거하고, 통신과 자료송신의 속도 증대 및 비용의 하락은 지리적 거리를 소멸시키고 경쟁의 장애를 제거했

14) Eichengreen, 2005, "Sterling's Past, Dollar's Future : Historical Perspectives on Reserve Currency Competition," *NBER Working Paper*, 11336, May.

다. 예를 들어, IT혁명의 상징인 반도체혁명의 역사는 금융경제화와 맥을 같이 하고 있음을 이해할 수 있다. '인텔 인사이드', 인텔(Integrated Electronics에서 따온 말)을 대변하는 이 한마디는 인텔을 세계적인 반도체 기업으로 도약하게 한 광고문구이다. 그러나 이러한 광고문구 뒤에는 인텔의 역사뿐만 아니라 반도체의 역사가 숨어 있다. 현재 전 세계 PC의 4/5가 인텔의 일반 PC용 칩인 Pentium이나 저가형 PC용 칩인 Celeron을 사용하고 있다. 그리고 인텔은 세계 제1의 플래시 칩 메이커이기도 하다. 인텔이 결정적으로 도약할 수 있었던 배경은 1981년 IBM PC에 인텔의 8088칩이 채택되면서부터이다. 마이크로 소프트도 1980년 IBM과 운영시스템 계약을 하면서 성장하는 계기를 마련했다.

금융 부문의 규제 완화와 경쟁의 증가 그리고 금융환경을 둘러싼 기술혁명 등은 금융공학과 위험관리기법의 발전을 가져왔다. 미국에서 1972년 시카고에 설립된 옵션시장이 급속히 팽창, 결국 파생상품시장으로 발전했다. 주식, 채권, 금리 및 상품의 가치와 각국 통화를 종종 결합한 종합증권인 파생상품(선물, 옵션, 스왑 및 다른 복잡한 상품들)과 같은 새로운 금융상품들이 출현한 것이다. 1980년 외환통제를 철폐한 영국에서는 1982년에 런던에 시카고 다음으로 두 번째의 금융선물거래시장이 설립되었다. 프랑스가 뒤이어 1986년 자체의 선물거래소인 파리 금융선물거래소를 설치했다.

요약하면, 우리는 지난 수십 년간 경제활동의 중심이 거대한 규모로 제조업과 서비스 부문에서 금융자산의 거래로 이동하는 것을 지켜보았다. 그리고 경제의 금융화와 자본의 국제화는 각국의 금융질서 간의 충돌을 가져오고 있고, 통화의 불안정 등으로 현재의 세계금융체제는 일부에서 '카지노 자본주의' 시스템이라 부르기에 이르렀다. 글로벌 자본시장이 통합되면서 고수익을 따라 움직이는 자본의 이동성이 급증하고 있다는 사실과 신흥시장으로 유입되는 자금의 규모가 이를 잘 보여 준다. 자본이 역사상 처음으로 실시간으로 움직이는, 지구적으로 통합된 금융시장에서 24시간 관리되며 수십 억 달러어치의 거래가 지구 구석구석까지 전자회로에 의해 초단위로 이루어진다. 이처럼 오늘날 자본시장은 지구적 규모로 상호의존적이

인텔의 성장과정 1968년 로버트 노이스(Robert Noyce)와 고든 무어(Gordon Moore)가 Fairchild 반도체를 떠나 캘리포니아의 마운틴 뷰에 반도체(실리콘) 메모리 칩을 생산하기 위해 인텔을 창업하였다. 앤디 그로브(Andy Grove)도 곧 그들의 뒤를 따라 인텔에 합류했다. 세 명의 엔지니어는 1958년에 IC(Integrated Circuit)을 공동 개발했던 로버트 노이스(Robert Noyce), 고든 무어(Gordon Moore), 그리고 앤디 그로브(Andy Grove)였다. 이들은 1998년 3월 앤디 그로브가 크래그 바렛에게 회장직을 물려 줄 때까지 차례로 총수직을 역임하면서 인텔을 세계 최고의 반도체 회사로 만들었다. 인텔은 메모리(DRAM과 EPROM) 칩을 발명한 이래 반도체 산업의 리더가 되었으나, 1980년대 중반에는 일본 기업들의 물량 공세로 인해 한때 고전을 면치 못했다. 그러나 메모리 분야의 사업을 과감히 포기하고 마이크로프로세서(CPU)로 전환함으로써, 1990년대 이후에는 세계 최대의 마이크로프로세서 회사로 성장하는 신화를 창조했다. 즉 1971년 세계 최초로 마이크로프로세서(4004)를 개발함으로써 초창기의 집채만한 크기의 컴퓨터 에니악(ENIAC)과 맞먹는 컴퓨팅 능력을 손톱 크기에 집적할 수 있게 하였다. 이어서 1978년에 8비트의 8086 마이크로프로세서와 1979년에 8088 마이크로프로세서를 개발, 생산함으로써 소형 컴퓨터 혁명의 길을 열어 놓았다. 특히, 8088 마이크로프로세서를 탑재한 IBM PC의 폭발적인 인기에 힘입은 인텔은 이후 16비트의 80286, 80386 마이크로프로세서와 32비트의 80486, 펜티엄(80586) 프로세서 등을 1~3년 간격으로 출시하여 개인용 컴퓨터 분야에서 하드웨어 발전을 사실상 주도하고 있다. 1980년대 후반 인텔 마이크로프로세서의 인기에 편승한 타사의 클로닝 제품들이 다수 나와서 인텔에 위기가 닥치는 듯했으나, 1990년대 초반 이들에 대항하여 전개한 '인텔 인사이드'라는 브랜드 전략이 주효하여 회사의 이미지는 더욱 확고해졌다. 마이크로프로세서 외에도 컴퓨터 통신 어플리케이션 개발에 적극적으로 투자해 인터넷 접속 제품과 네트워크 제품을 생산하고 있다. 잘 알려진 바와 같이 인텔은 휴렛팩커드와 함께 실리콘 밸리를 대표하는 회사다. 이 한 회사의 주식가치는 우리나라 전체 상장회사들의 주식가치를 합한 것보다도 크다. 2006년 초 기준 총자산 438억 4,900만 달러, 매출액 293억 8,900만 달러에 이르고 있다. 그러나 최근 AMD(Advanced Micro Devices)의 도전으로 새로운 위기를 맞고 있다. 즉 인텔사의 X85 계열 마이크로프로세서와 호환되는 애슬론(Athlon) 시리즈를 만드는 미국의 반도체 기업인 AMD의 K6와 애슬론의 성능은 동급의 인텔 펜티엄 계열에 비해 거의 동등 또는 그 이상이라고 평가되고 있기 때문이다.

다. 자본과 저축 및 투자는 은행으로부터 연금기금, 증권시장, 외환시장에 이르기까지 전 세계적으로 상호 연결되어 있으며 지구적 금융흐름이 그 규모와 속도, 복잡성, 연결성에서 극적인 증가를 보여 왔다. 그 결과, 자본시장과 통화 간의 상호의존성으로 통화정책과 이자율도 상호의존적이고 경제정책도 상호의존적일 수밖에 없다.

게다가 무역자유화 및 자본의 국제화를 특징으로 하는 세계화가 세계의 빈부차를 심화시킨 측면도 있다. 2005년 유엔 경제사회국(DESA)의 '불평등의 곤경'이라는 보고서에 따르면 지난 10년간 경제가 크게 성장했음에도 세계 인구 20%가 지구상 부의 80%를 차지하는 등 세계화의 급진전 등으로 인해 세계의 불평등은 심화됐다. 즉 전 세계 80%의 GDP를 선진국 10억 명이 차지하고, 남은 20%를 개발도상국 50억 명이 나눠 갖고 있다는 것이다. 1980년대 이래 구체적 자료가 확보된 73개 나라 가운데 48개 나라에서 소득 불균형이 악화됐으며 개선된 나라는 9개 나라에 그쳤다. 보고서에 따르면 세계화의 급속한 진전은 직장과 임금에 부정적 영향을 끼쳐 불평등을 낳았으며, 이런 불평등은 국가 사이는 물론 국가 내부에서도 심각해졌다. 보고서는 따라서 성장에만 무게를 두고 분배와 평등을 무시하는 것은 매우 위험하다고 경고했다. 실업문제의 경우, 라틴아메리카를 비롯한 개발도상국에서 큰 문제가 되고 있는 것으로 지적됐다. 특히 세계적으로 실업자 1억 8,600만 명 가운데 47%가 젊은 층으로, 청년 실업 문제가 심각하다고 보고서는 덧붙였다. 보고서는 또 전 세계 노동자의 1/4이 입에 겨우 풀칠할 수준인 하루 1달러의 수입도 못 올리고 있다고 말했다. 보고서는 "이처럼 가난한 노동자들의 대다수는 법적 보호와 사회의 기초적 지원도 받지 못한 채 비공식 경제 부문에 남아 있다"고 지적했다. 또한, 보고서에 따르면 비공식 부문 노동자의 60%가 여성이며 여성 노동자가 남성 노동자보다 소수인 것을 감안하면 매우 높은 비율이다. 또한 개발도상국의 실업률이 선진국보다 훨씬 높을 뿐 아니라 많은 나라에서 실업률이 급증하고 있다.

한편, 최근의 소득 양극화 심화현상을 세계화 또는 무역자유화의 진전보다는 (i) 범세계적으로 기술 및 산업구조가 규모의 경제를 시현하며 승자에 대한 보상이 커지고, (ii) 통신 및 IT 등 고기술 인력의 수요를 높이는 방향으로 진행되고 있는 데에서 비롯된 것으로 보는 견해가 있다. 예를 들어, 일부 실증연구에 따르면 NAFTA 체결 이후 미국, 캐나다 및 멕시코에서 고-저 기술 노동력 간 소득 불평등도가 확대되었으며 이것이 자유무역 또는 미국과의 FTA의 폐해라는 주장이 있으나, 이들 국가 내 기술별 임금격차 확대는 NAFTA 체결 이전부터 이미 진행되었던 것임을 밝혔다.[15] 즉 NAFTA 체결 자체가 임금격차 확대에 미친 영향은 미미하다는 것이다. 이들에 따르면 최근 여러 경제에서 목격되는 소득 불평등도의 심화는 범세계적인 기술변화에 따른 특성별 인력수요 및 여타 경제 · 제도적 요인의 변화에 의해 나타나는 일반적 현상이지 개방 또는 세계화에 의해 생성되는 것은 아니다. 그러나 앞서 말한 대로, 세계화의 추세를 타고 소득 양극화 등을 야기할 가능성이 있는 신기술들이 빠르게 확산될 수 있는 것은 사실이다. 그래서 개방이 싫으면, 신기술 없이 살든지 우리가 자체적으로 신기술을 개발하여야 한다. 그러나 우리가 신기술을 끊임없이 개발하더라도 그 신기술이 고기술 노동력을 많이 사용하는 한, 소득 양극화의 문제는 피할 수 없는 것이다.

한편, 세계화는 미국화와 동의어로 쓰일 정도로 미국을 세계화의 최대 승자로 만든 반면, 미국인을 세계화의 최대 피해자로 만들기도 하였다. 미국은 세계화의 확대를 통해 경제 · 정치적 세계지배(헤게모니)를 한층 강화하며 초강대국으로 부상시킨 반면, 정작 미국의 중산층들은 세계화로 붕괴되었다. 예로 세계화의 핵심인 자본의 자유로운 이동으로 인해 미국 내 자본과 일자리가 해외로 빠져나갔다. 즉 공장들이 생산비용을 줄이기 위해 해외로 빠져나가면서 자본과 노동이 급속하게 이동했다. 1985년부터 1995년까지 전 세계 생산은 100% 늘어난 반면 해외직접투자는 400% 증가했다. 아시아와 남미 등 개발도상국의 경제가 커지면서 미국 내 노동시장의 붕괴가 속도를 더했다. 많은 공장 · 사무직 노동자들이 일자리를 잃거나 월급이 줄어들었다. 피라미드와 같은 안정적인 경제의 틀에서 단단하게 허리를 받치던 중산층들은 상위 계층으로 올라가지 못하고 아래 계층으로 몰락

15) Esquivel, G., Rodriguez, M. and Jóse, A., 2003, "Technology, trade, and wage inequality in Mexico before and after NAFTA," *Journal of Development Economics*, No. 2, pp. 543~565.

하면서 붕괴되기 시작했다. 1998년 10월 미 의회의 무역적자연구 특별위원회에 따르면 중산층의 피해는 심각하다. 보고서는 제2차 세계대전 직후부터 1970년대 후반까지 30년과 이후 1990년대 후반까지의 20여 년을 비교 분석했다. 전후 30년간은 경제 성장의 혜택이 모든 계층에게 골고루 퍼졌다. 전체 인구를 소득수준에 따라 5등위로 나누었을 때, 이 기간 최하위 빈곤층의 소득은 120%, 차상위 계층은 101% 각각 늘었고, 중간층은 107%, 그 위는 114%, 최상위 계층은 94% 증가했다. 그러나 1970년대 후반 이후 20년간 상황은 역전됐다. 최하위 계층의 소득은 1.4% 줄었고, 차상위 계층은 6.4%, 중간계층은 11.1%가 각각 증가했다. 이와 달리 최상위 계층의 소득은 42% 늘었다. 세계화의 혜택을 최상위 계층이 독차지한 셈이다. 세계화로 인한 또 다른 부작용은 미국의 무역수지 악화다. 공장이 해외로 빠져나가는 바람에 미국 기업의 생산비용은 다소 줄었지만, 미국은 더 많은 제품과 서비스를 해외에서 수입하는 구조가 됐다. 다른 나라들이 미국 시장에 더 많은 제품을 수출하기 위해 안간힘을 쏟으면서 미국의 무역수지 악화가 불가피해졌다. 2005년 미국의 중국에 대한 무역적자는 2,000억 달러에 달한다. 미국은 일본과의 무역에서 800억 달러, 유럽에 1,200억 달러의 적자를 봤다. 또한 미국은 세계 최대 채무국이기도 하다. 미국에 대한 외국인 투자액은 2조 5,000억 달러로 미국 국내총생산(GDP)의 21%에 달한다. 무역수지 적자를 외국인의 자본투자로 버티고 있는 셈이다. 이처럼 현재 미국의 경제 상황은 '황금시대'의 종료를 예언하고 있으며 중산층의 붕괴는 미국이 커다란 도전이자 내부적 갈등에 부딪혔다는 것을 보여 주고 있다.

3. 수요 중심의 기업경영과 정보집약적 생산시스템

이윤율 하락에 대한 대응으로서 기업 경영도 공급보다 수요의 측면을 강조하게 된다. 기업의 전체 수익성이 상대가격의 모든 작은 변화에 따라 크게 변동하는 상황에서 경기순환적인 변동으로부터 손실을 최소화하기 위해 기업들은 1970년대 말과 1980년대 초부터 생산물 포트폴리오(portfolio)의 다양화로 대응했다. 소비자시장이 포화상태에 이르면서 대량생산에 의존하던 많은 공급자는 시설 과잉과 재고 누적으로 몸살을 앓았다. 저임금경제들의 점증하는 경쟁 압력이 이러한 경향을 강화시킨 또 다른 요인이었다. 대개의 표준화된 재화들이 쉽게 복제될 수 있고 저렴한 노동력을 가지고 어디서나 생산될 수 있기 때문에 서구 산업국가 및 기타 산업국가들은 상품생산에서 상대적 경쟁력을 상실한다. 즉 대량생산 제품들의 생산기술이 표준화되면서 가격경쟁력이 수익성을 결정하게 된다. 그 결과 기업과 산업들은 제품의 생산과 공급에 보다 실질적인 다양화를 도입하고, 구체적 특성을 가진 시장분단(market segmentation)의 강화에 의존하게 되었다.

여기에 수요측 요인들도 다양화를 증대시키는 데 기여했는데, 기초 욕구들이 충족된 부유한 사회일수록 제품의 다양화를 요구한다. 맞춤형 재화나 서비스의 증가 경향이 그 예다. 대량생산이 다품종 소량 맞춤생산(mass customization)으로 바뀌는 조짐도 바로 1980년대부터 나타났다. 즉 상대적으로 구매력이 있는 소득계층은 더 이상 대량생산체제에 의해 공급된 '표준화된 상품'들의 시장 역할을 하지 못한다. 산업화된 사회일수록 제조업 제품도 소위 엥겔법칙을 적용받게 된 것이다. 즉 소득이 증가함에 따라 제조업 제품, 특히 제조업 제품에서 평준화된 부분의 소비에 대한 지출은 감소하게 된다.

이런 상황에서 대량생산체제는 새로운 경제의 특성에 맞추기에는 너무 경직되고 비용이 많이 드는 것이었다. 그러한 경직성을 극복하기 위한 대책이 '유연생산체제'의 등장이었다. 그리고 구체화된 다양화에 부응하기 위해 과학기술의 거대한 통합이 진행되었다. 상당한 다양화가 요구됨에 따라 차별화된 방식으로 지식을 사용하는 능력이 매우 중요해지는 것이다. 또한 구체적 특성에 적용하기 위해서는 사용자와의 협력을 요청한다. 수요와 공급이 분리되었던 세계에서 통합의 세계로 전환된 것이다. 이처럼 기업들은 공급과 수요 모든 측면에서 일반적인 지식과 정보의 습득능력과 차별화 능력을 개발해야만 한다. 이것이 '정보집약적 생산시스템(information intensive production system)'을 등장시킨다.

기존의 대량생산체제에서 효율성은 본질적으로 표준화에 의존하고, 소비자와 사용자들은 높은 비용을 수반하는 개인주의적 선호들을 표현하는데 익숙하지 않았다. 대신 그들은 저렴하고 표준화된 생산물에 의해 보상받았을 뿐이다. 실제적인 다양화가 존재하지 않을 때, 대부분의 사람들은 기능 상품을 희망할 수 있었을 뿐이다. 소비자 욕구의 다양화와 개성화에 부응, 즉 대량생산에서 상품의 대량주문생산(mass customization)으로 전환함에 따라 생산자와 소비자 사이의 갭은 희미해진다. 소위 '생산소비자(prosumer)'의 등장이다. 즉 대량생산이 대량 주문생산에 의해 대체됨에 따라 생산자는 개별 소비자의 요구와 선호를 반영하는 특수한 생산물을 창출해야만 하기에 소비자들은 실제 생산과정에 개입하게 된다.

엥겔법칙 소득이 높(낮)은 가족일수록 가계지출에서 차지하는 식비의 비율이 작아(커)진다는 법칙으로 1875년 독일의 통계학자 엥겔(Engel)이 밝힌 가계비의 통계적 법칙이다. 엥겔의 이름을 딴 수치인 엥겔지수는 전체 수입, 엄밀히 말하면 소비 지출액 가운데서 식음료 등의 식품비로 지출 되는 백분율을 말한다.

4. 포스트모던 경제의 현상들

1) 가격의 중심적 역할의 약화

경제의 포스트모던화 현상의 대표적 경우 중 하나로 경제주체의 선택을 결정하는 데 있어서 가격의 중심적 역할의 약화를 지적할 수 있다. 상품에 대한 수요가 어떤 과정을 통해 형성되는가를 알기 위해 경제학은 개별 소비자의 선택행위를 분석한다. 수요의 법칙에 따르면 다른 조건에 변화가 없을 경우 어떤 상품의 가격이 하락/상승하면 수요량은 증가/감소한다. 대량생산시대의 사고가 사라졌는데도 가격은 주류경제학에서 여전히 중심축으로 남아 있다. 이는 주류경제학이 시장이론이고 시장은 수요와 공급으로 구성되고 양자를 매개하는 것이 가격('보이지 않는 손')이기 때문이다. 가격의 중심적 역할을 인정하지 않는다면 주류경제학의 효능은 크게 감소한다. 대량생산시대의 종언이나 고령화사회의 도래, 그리고 네트워크경제의 등장 등에 따라 가격의 법칙이 작동하지 않거나 수요와 공급의 양을 결정하는 데 있어서 가격의 비중이 약화되고 있다. 수요가 가격 이외에 수많은 다른 요인의 영향을 받고 가격의 중심적 역할이 해체되고 있는 현상은 수요에 있어서 포스트모던적 변화라 일컬을 수 있다.

전통적 견해에 따르면 주가를 결정하는 주요 요인 중 하나가 금리다. 금리가 오르면 주가가 내린다는 말은 격언처럼 되어 있다. 그러나 오늘날 금리가 주가나 심지어 저축에 미치는 영향은 크게 감소하고 있다. 예를 들어, 금리가 오를 경우 대부자금시장의 공급 측면인 저축이 증가해야 하지만 지난해까지 금리가 지속적으로 하락했음에도 불구하고 저축은 증가하는 경향을 보였다. 금리 하락에 따라 미래소득이 감소하는 등 미래에 대한 불확실성으로 현재소비를 줄이고 미래소비, 즉 저축을 증가시키고 있는 것이다. 또한, 금리와 주가 사이에 존재했던 역의 관계가 불분명해지는 것도 가격의 중심적 역할 약화에서 비롯한다. 예를 들어, 한국은행이 콜금리를 올리면 일반적으로 주가가 하락할 것으로 예상한다. 그러나 예상과 달리 (비록 통계적 의미는 없지만) 종합주가지수와 코스닥지수가 오히려 각각 상승하는 것으로 나타났다.[16] 콜금리 인상으로 환율은 하락했지만 마찬가지로 통계적으로 무의미하였다. 이는 금리와 환율 간의 관계보다는 환율과 주가가 높은 인과관계를 갖고 있기 때문이다. 특히 1997년 위기 이후 외국인의 주식 보유 비중이 증대하면서 주가수익률과 외국인 주식순매수 간에는 플러스(+) 상관관계를 보여 주고 있고, 원/달러 환율변동률과 외국인 주식순매수 간에도 마이너스(–) 관계를 보여 주고 있다. 이처럼 환율과 주가가 정책금리와 무관한 움직임을 보이는 것은, 특히 한국의 주가가 금리보다는 단기적으로 미국 주가나 달러/엔 환율 등에 더 큰 영향을 받기 때문이다. 즉 주가와 환율이 함께 움직이는 모습을 보이고 있는 것은 금융시장이 개방되고 자유화되면서, 즉 세계화에 따른 경제의 네트워크화로 통화정책의 효과가 크게 약화되고, 국내 통화정책보다는 해외요인의 영향력이 커진 것을 의미한다. 즉 경제의 글로벌화는 가격 중심으로 경제현상을 설명하는 것을 어렵게 하고 있다.

무엇보다 소득이 향상됨에 따라 수요를 결정할 때 재화의 특성이 가격보다 중요한 요인이 되고 있다. 기본적으로 '포스트모던 소비자'는 언제나 행위자(performer)로서 행동하며 무엇인가 주체성과 의미를 창출하고 실천하기 위한 경험을 소비하고 있다. 즉 오늘날 포스트모던 소비자들에게 가치는 유형 재화를 축적하거나 그것을 시장에서 교환하는 행위를 통해서 창출되는 것이 아니라 자기 나름의 의미를 해석함으로써 창조된다. 이들은 단일한 질서, 존재 이유 등에 구애받지 않으려는 경향이 강하여 각종의 상이한 질서, 생활양식, 경험에 몸을 맡기는 것을 좋아한다. 정보화 시대 이후의 경제로 '체험의 경제(Experience Economy)'가 부상하는 이유가 여기에 있다. 이러한 현상들은 모두가 소비자들의 '반평준화(反平準化)' 경향을 반영하고 있는 것이다. 소비자들의 '반평준화' 경향은 소득이 증대하면서 기초 상품들에 대한 욕구의 실현이 완성된 결과에서 비롯한다. 이것이

16) 이근영, 「통화정책이 금융자산가격에 미치는 영향」, 한국은행 금융안정포럼, 2006. 5. 25.

다품종 소량생산체제의 등장 배경이다.

예를 들어, 소비자들이 휴대폰을 구입할 때 가격조건보다 디자인을 중요한 요인으로 생각한다. 이는 휴대폰이 하나의 '패션'으로 자리 잡았음을 의미한다. 재화에 대한 선호를 결정하는 기준이 '오래간다' '성능이 좋다' '디자인이 좋다'는 식의 물리적 기능보다는 '누가 입었느냐' '사서 쓰면 어떻게 보이냐' '어떤 심벌(symbol)이 있느냐' 등의 비(非)물리적 연상들로 점차 옮겨 가고 있다. 실제로 잘 팔리는 제품들의 브랜드 마케팅(brand marketing)을 보면 디자인(design)보다도 이미지(image)가 강조되고 있다. 자동차의 판매를 보면 핵심은 스타일(style)과 이미지다. 브랜드 관련 학자들에 따르면 '브랜드'는 "제품의 차별화 수단일 뿐만 아니라 소비자가 제품을 인식하고 또한 그것을 통해 자신의 이미지를 표출하는 수단"이다. 자신의 이미지를 표출하는 수단이란 무얼 말하는 것인가? 예를 들어 마릴린 먼로는 "침실에서 내가 걸친 것은 샤넬 No.5뿐이다"라는 유명한 말을 남겼다. 즉 마릴린 먼로는 '샤넬 No.5'를 통해 신분을 과시하며 자신의 이미지를 표출한 것이다. 소비자들이 샤넬을 살 때는 상품을 산다기보다 이 같은 샤넬의 이미지를 사는 것이다. 지나치게 고급 브랜드를 선호하는 소비자들을 '샤넬족'이라고 한다. 이때 샤넬은 '과시형 소비'의 대명사처럼 보이지만, 기업의 입장에서 보면 샤넬족은 눈에 넣어도 안 아픈 존재다.

경제지수보다 창조력지수(CI)의 중요성이 강조되는 이유도 '반평준화 경향'과 무관하지 않다. 창조적인 두뇌를 얼마나 많이 보유하고 있는가에 따라 한 국가, 한 도시, 한 기업의 경쟁력이 좌우된다. 국가, 도시 등의 CI는 창조적 직업군이 얼마나 많이 존재하느냐에 따라 결정된다. 특히 작가, 예술가, 배우 등에 한정됐던 CI지수는 이젠 과학자, 학자, 변호사, 기업인 등으로까지 확대돼서 매겨지고 있다. 이 같은 방식에 따른 한 조사에 따르면, 미국에서 창조력지수가 가장 높은 도시는 샌프란시스코, 오스틴, 샌디에이고, 보스턴, 시애틀 순이었다. 세계적인 문화도시로 자부심을 갖고 있는 뉴욕은 9위에 머물렀다. 창조력 중심지는 시대에 따라 변화하고 있는 것이다. 따라서 개인의 성공도 창조력지수에 비례할 수밖에 없다.

2) 경계의 불분명

경제에 있어서 다극질서의 성립 과정은 '자본의 탈제조업화', 즉 '경제의 서비스화' 과정과도 일치한다. 미국 헤게모니의 쇠퇴는 미국 제조업의 경쟁력 약화와 그에 따른 '자본의 탈제조업화', 즉 '경제의 서비스화' 과정이기 때문이다. 종래의 경제학은 근본적으로 매우 특수한 현상인 (영국) 산업혁명의 결과물이다. 즉 "제조과정을 중심으로 조직된 경제체계의 요구에 부응하는 이론"인 시장(가격)이론은 제조과정을 중심으로 조직된 경제체계의 특성을 그대로 반영하고 있다. 반면 오래 전부터 경제는 금융을 중심으로 '경제의 서비스화' 및 '지식집약적 경제'로 이행하였다. 경제학의 중심적 주제는 자원배분이다. 자원이란 인간이 사회생활을 유지하고 향상시켜 나갈 수 있도록 해주는 원천으로서 노동의 대상이 되는 사물이다. 산업사회를 연구대상으로 하였던 종래의 경제학에서는 토지, 자본, 노동을 3대 생산요소로 본다. 그러나 '탈소재화'와 '무중량성'의 경향에서 보듯이 서비스경제와 지식경제의 가장 중요한 특징은 '무형자산'이 경제적 부를 창출하는 중요 요인이 되었다는 점이다. 다시 말해 오늘날의 경제에서 팔리는 것은 제조에 들어간 소재가 아니라 아이디어(무형자산, intangibles)가 되고 있다. 예를 들어, 정보기술(IT)을 기반으로 하는 지식정보사회에서는 하드웨어보다는 소프트웨어 · 콘텐츠 등 분야가 더 많은 부가가치를 창출한다. 2005년 11월 출시 후 국내외에서 500만 대가 팔려 나간 초콜릿폰의 히트 비결로는 복잡한 기능을 과감하게 생략한 심플 디자인, 터치센스 방식의 버튼, 고급스런 컬러(색깔) 등을 꼽고 있다.

경제적 가치에서 무형자원의 비중이 증대함에 따라 경제행위의 상호의존을 증대시켜 복잡성이 증대하고 경계가 불분명해지는 등 산업사회의 경제원리나 개념들로 설명할 수 없는 현상들이 증대하고 있다. 경계의 불분명과 구분의 모호성은 네트워크 관계에서 비롯하는 것이다. 무엇보다 산업사회의 경제학은 모든 경제행위를 수요와 공급으로 분류하는 반면, 서비스경제나 지식경제에서는 소비영역을 생산과 분리해서 생각할 수 없다. 예를 들어, 서비스는 기본적으로 생산과 동시에 소비되는 특성뿐만 아니라 생산과 소비 중 어느 하나로 명확히 구분하기 어려운 특성을 갖고 있기 때문이다. 예컨대 어느 개인이 금융상품을 구입하는 경제행위는 소비행위인가 아니면 생산행위인가? 이처럼 서비스경제는 소비이론이나 생산이론 중 하나로 분리하여 설명하기가 어렵다. 현실세계와 가상공간, 주체와 객체, 생산(자)와 소비(자), 고용주와 피고용자, 노동과 자본, 기업과 기업 등 양자 간의 경계가 불투명해지는 '불투(분)명경제(Blur Economy)'가 등장하고 있다.

재화와 서비스가 점점 지식과 정보 집약적이 됨에 따라 양자 사이의 구분은 불분명해지고, 많은 경우 구분이 적합하지도 않다. 예를 들어 한 편의 영화는 비디오(재화)로 팔릴 수도 있고 TV를 통해 전송(서비스)될 수도 있을 것이다. 상품과 서비스를 결합한 '프로비스(provice=products+service, MP3 file로 전송되는 음악 CD 등 재화와 서비스의 구분의 모호)'라는 새로운 용어가 생겨난 것도 이 같은 추세를 반영한 것이다. 재화와 서비스의 개념이 불분명해진다는 것은 상품 개념뿐만 아니라 이전 산업사회인 아날로그경제를 구성하던 생산자 · 유통업자 · 소비자 간 역할도 불분명해짐을 의미한다. 생산소비자, 생산유통자 혹은 생산유통자(예 : 홈페이지 제작 등을 통해 정보생산자와 정보유통자의 두 가지 역할의 동시 수행), 소비유통자 등의 등장이 그것들이다. 아날로그경제에서는 각기 보유하고 있는 정보량이 다르기 때문에 역할분담이 발생한다고 할 수 있다. 즉 과거에는 생산자와 유통업자가 소비자에 비해 많은 정보를 가지고 있었으며 이 정보의 대가로 이익을 취해 왔다. 하지만 디지털경제에서는 소비자와 생산자의 역할을 구분하는 것이 어렵고, 소비자 중심으로 역할이 재통합된다. 앨빈 토플러(Alvin Toffler)는 『제3의 물결』에서 '프로슈머(prosumer)'라는 말을 사용했는데, 이는 생산자와 소비자의 합성어다. 우리말로는 '생산하는 소비자' '설계하는 소비자'로 표현할 수 있다. 인터넷은 이런 프로슈머의 등장을 위한 최적 인프라를 제공한다. 적은 비용으로 홈페이지나 전자우편을 이용하여 자신이 만든 정보를 전 세계에 보낼 수 있기 때문에 누구나 정보생산자가 될 수 있다. 실제로 오늘날 많은 기업의 고유역할이었던 생산과정에 소비자의 참여와 개입이 일반화되고 있다. 즉 대량생산(mass production)이 대량맞춤(mass customization)에 의해 대체됨에 따라 생산자는 개별 소비자의 요구와 선호를 반영하는 특수한 생산물을 창출해야만 하기에 소비자들은 실제 생산과정에 개입하게 된다(생산소비자). 그 결과 생산자와 소비자 사이의 중간자는 디지털 네트워크를 통해 제거되고 있다. 소위 비중개경제(Disintermediation)가 등장한 것이다.

2005년 11월 출시한 LG전자의 초콜릿폰의 개발과정에서 '싸이언 프로슈머' 그룹의 역할, 2006년 10월 출시한 현대차의 LUV(럭셔리 유틸리티 차량) 베라크루즈의 등장과정에서 (신제품이나 서비스의 기획단계에서부터 차량 구매 이후까지 지속적으로 고객의 의견을 듣기 위해 마련된) '오토 프로슈머'의 역할, 진로 '참이슬'의 아성을 위협할 정도의 '저도수' 유행을 이끈 두산의 '처음처럼'의 등장과정에서 제품 컨셉트는 물론 도수, 네이밍 작업에 이르기까지 깊숙이 참여했던 프로슈머 그룹의 역할, 삼성전자 컴퓨터 사업부의 제품 개발에서 '자이제니아'의 역할 등에서 보듯이 기업들도 프로슈머 그룹을 단순히 물건을 소비하는 대상이 아니라, 함께 만들어 가는 동반자로 받아들이고 있다. 이들의 영향력과 간섭이 기업에 엄청난 플러스(+)효과를 안겨 주고, 이들을 무시했다간 시장퇴출까지 각오해야 하기 때문이다. 프로슈머의 요구사항을 반영시킨 제품개발과 마케팅 활동은 기업 입장에서 보면 고객만족을 이끌어 낼 수 있는 가장 효과적인 방법이다. 이들 프로슈머는 충성도 높은 단골고객으로서, 또는 입소문 마케팅의 진원지로서 엄청난 광고마케팅효과를 유발하고 있다. 또 신제품 개발이나 신시장 진출 등에 따른 비용 및 위험을 줄여 주는 것도 프로슈머의 몫이다. 프로슈머를 통해 '없던 시장'이 새로 탄생하는 경우도 비일비재하다. 기업들의 신규시장 진입에 있어서 프로슈머가 '첨병' 역할을 하고 있는 것이다. 셰이브 로션이 전부였던 남성화장품 시장도 프로슈머의 맹활약으로 급성장하고 있다. 기업은 프로슈머를 통해 시장 잠재력을 예측하고, 프로슈머를 통해 기호 시장트렌드를 파악한 후 그에 걸 맞는 제품을 시장에 내놓고 있다. 이들 프로슈머의 선도소비와 입소문 때문에 기업은 어마어마한 광고마케팅비를 절감할 수 있다. 소망화장품이 최근 출시한 '꽃을든남자 코엔자임Q10 포맨 링클 앤 화이트닝 에센스'는 프로슈머마케팅의 결과물이다. S홈쇼핑은 쇼핑호스트를 채용할 때 막강 프로슈머그룹인 VIP고객을 초빙, 심사위원으로 삼았다. 홈쇼핑의 방송 콘텐츠도 상품인 만큼 프로슈머의 지평이 경영일반으로까지 넓어지고 있음을 여실히 보여 주는 사건이다.

이 밖에 소비자가 동시에 유통업자가 되는 현상도 나타났다. 소비자가 동시에 유통업자도 된다는 '디슈머(disumer=distributor+consumer)' 개념은 이미 1980년대부터 등장하기 시작했다. 다단계 판매가 그 예인데, 소비자가 제품을 사용해 보고 만족하면 구전으로 다른 소비자에게 소개하는 방식으로 제품이 유통되는 것이다. 수많은 인터넷 네티즌은 소비자로서 인터넷을 통해 디슈머의 역할을 더욱 강화할 수 있다. 단순히 한 마을이나 국가 안에서의 디슈머가 아닌 전 세계적으로 제품을 평가하고 소개하는 역할을 하는 것이다. 또 디슈머의 역할을 명분으로 생산자에게 정당한 이익을 요구할 수 있어서 소비자의 권리가 강화되었다고 할 수 있다. 디슈머는 인터넷 경매 사이트나 사이버 트레이딩, 네트워크마케팅 회사의 회원들 모습에서 찾아볼 수 있다. 경매는 인터넷이 존재하기 훨씬 전부터 존재했던 거래방식이다. 예술작품, 골동품의 거래는 물론, 우리에게 너무 익숙한 주식거래에 이르기까지 우리가 접하는 많은 거래가 엄밀히 말하면 경매라고 할 수 있다. 이러한 경매는 인터넷을 이용하면서 더욱 확산되고 있다. 세계 최초로 인터넷 경매를 실시한 회사가 eBay다. 인터넷 경매는 자기가 필요 없는 물건을 판매하여 돈을 벌고, 원하는 제품을 싼 가격에 구매할 수 있을 뿐 아니라, 경매에 입찰하는 과정에서 느끼는 재미로 거래하는 사람들이 늘어 가고 있다. 웹사이트를 통하여 구매자가 결정되면, 판매자는 구매자와 연락하여 대금을 받고 물건을 전달하는데, 이 과정에 eBay는 개입하지 않는다. 따라서 판매자와 구매자가 어디에 살던 매매행위는 당사자들이 직접 해결하도록 되어 있다. 과거에 이러한 역할들은 중간 유통업자들의 몫이었지만, 지금은 소비자들이 eBay의 힘을 빌려 스스로 중간 유통업자의 일을 쉽게 처리하고 있다. 사이버트레이딩은 과거 증권회사 영업사원들이 매매체결을 중개하던 역할을 웹사이트상에서 대신해 주는 시스템을 말한다. 물론 이러한 거래주체는 영업사원들이 아니고 고객들이다. 과거 영업사원들의 역할을 소비자들이 대신하게 된 것이다. 이에 따라 절감된 인건비는 거래수수료가 대폭인하되었다. 네트워크마케팅 회사의 회원들은 소비자이면서 동시에 유통업자의 역할을 담당하며 기업으로부터 인센티브를 받고 있다. 네트워크마케팅 회원들은 제조업체로부터 직구매하여 절감되는 광고유통비를 회원들의 기여 정도에 따라 캐쉬백(cashback)을 받을 수 있다. 이들이 구매하는 모든 제품에는 점수가 있어서, 자기가 구매한 점수와 다른 소비자들에게 구전으로 알려 준 소개점수를 누적하여 캐쉬백해 주고 있다. 이러한 마케팅방식은 처음에는 방문판매나 다단계판매방식에서 비롯되었지만, 현재는 제품규모나 회원규모가 커지면서 네트워크마케팅 형태로 진보되고 있다. 네트워크마케팅은 전통적인 구전마케팅에 인터넷이 접목되면서 빠르게 급성장하고 있는 분야이며, 이를 사업적으로 구축하려는 디슈머들이 많이 늘어나고 있다.

사실 핵심 키워드가 참여와 개방인 웹2.0의 세계에서는 모두가 프로슈머가 되고 있다. 소비자가 유통 · 생산까지 참여하는 웹2.0시대에서 객체와 주체의 구분은 무의미하다. 네티즌이 직접 만드는 백과사전 위키피디아(http://www.wikipedia.org/)가 전형적인 예다. 위키피디아에선 누구나 자료를 올리고 수정할 수 있다. 이는 집단지성(collective intelligence)을 통해 여러 번 시행착오를 거치면서 권위 있는 지식으로 진화된다. 매체가 만들어 주는 콘텐츠를 소비하기만 했던 개인이 이제는 직접 글을 쓰고 동영상을 만들어 배포한다. 각종 포털 사이트에서도 블로그와 UCC(User Created Contents, 사용자 생산 콘텐츠)는 이미 주요 사업영역이 됐다. 정치적으로도 웹2.0 시민들은 단순한 팬클럽일 뿐 아니라 정치인 홍보 UCC를 제작하는 등 참여 주체가 됐다.

경계와 구분을 해체하고 있는 무형재의 혼합성(복합성)은 최근 소비자의 성격 변화로도 확인된다. 예를 들어, '혼합형 인간(Multicutural People)'

이 뜨고 있고 '예쁜 남자-강한 여자'가 이 시대 풍속도를 읽는 중요한 코드가 되고 있다. 예를 들어, 2004년에는 유통가에서 새로운 남녀의 성적 정체성에 맞춘 마케팅이 눈길을 끌었다. 남성용 의류시장에선 꽃무늬 셔츠와 원색의 메트로섹슈얼(metrosexual, 패션과 외모에 많은 관심을 보이는 남성) 패션이 떠올랐고, 자동차시장에선 여성을 겨냥한 콤팩트 SUV가 인기몰이를 했다. 예뻐지려는 남자와 강해지려는 여자는 시장이 만들어 낸 반짝 유행이 아니라는 조사보고서가 나왔다. 한 광고회사는 17~39세 남녀 300명을 대상으로 면접 조사한 결과 이미 남성의 66.7%가 예쁜 남성을 지향하는 '미스터 뷰티'족이고, 여성의 57.3%가 강한 여성을 지향하는 '미즈 스트롱'족인 것으로 나타났다. 이제 남녀는 기존의 고정관념을 벗어던지고 양성형 인간을 향한 '조용한 혁명'을 벌이는 중이다. 특히 여성은 포용력 있는 리더십을 갖추고 당당한 자의식으로 무장한 '우마드(Womad, 여성과 유목민의 합성어로 신모계사회의 도시유목민)' 성향으로 변모하고 있다. 사실, 포스트모던의 바람이 불기 시작하던 1960년대 문화의 성적 상징이었던 유니섹스(외모상 남성의 여성화나 여성의 남성화)가 남녀의 구별을 없애거나 모호하게 하는데 그 본질이 있었고, 1990년대 이후의 성적 상징인 양성화(양성적인 것을 모두 표출하려는 경향, 예로 남성의 여성화가 아닌 남성의 여성적 표현인 꽃미남과 남성의 남성적 표현인 몸짱만들기의 결합), 즉 '성간 넘나들기' 역시 경계의 불분명과 구분의 모호함의 경향에 불과하다.

경계가 불분명해지고 구분이 모호해지는 것은 기술과 산업의 융·복합화에서도 비롯한다. 실제로 다양하면서도 전문화되고 세분화된 복합지식의 활용(기술의 융·복합화)으로 복합상품이 세계 상품시장의 주류를 형성하고 있다. 그 결과 산업구조에도 커다란 변화가 발생하고 있다. '+0.5차'의 부가가치 창출 경향이나 산업 간 경계의 해체가 그것들이다. 예를 들어 제조업의 서비스화, 즉 제조업에 소프트경쟁력을 결합하여 '+0.5차'의 부가가치를 창출하면서 '제조업의 2.5차화', 그리고 농업과 식품, 제약, 유통, 관광, 레저 등 관련 산업과의 연계는 물론이고 예술, 문화 분야와 연계를 통해 '농업의 1.5차화'가 진행되고 있듯이 1차, 2차, 3차의 전통적인 산업 분류 또한 무의미해진다. 새로운 산업이 나타나는 동시에 다른 한편으로는 기존 산업 간의 영역이 허물어지면서 산업 간 분화와 융합이 활발히 진행되는 가운데 산업질서 자체가 구조적으로 변화하고 있다.

서로 다른 업종의 기업들이 각자의 이질적인 경영자원을 융합해 새로운 개념의 제품이나 서비스를 만들어 내는 것도 같은 현상이다. 대량생산시대의 종언은 제조기술의 평준화에서 비롯한다. 더 이상 기술이라는 딱딱한 뼈대만으론 더 이상 먹고살 수 없다. 그 위에 '플러스 알파(+α)'가 있어야 생존한다. 그 중 하나가 바로 디자인 · 감성 · 문화콘텐츠 같은 '소프트 파워'다. '소프트=성공키워드'란 등식이 성립하는 것도 차별화하고 부가가치를 높이는 데 그만한 게 없기 때문이다. 기술이 아무리 복잡해져도 2~3개월이면 얼마든지 복제할 수 있고, 결국 소비자들은 브랜드나 '메이드 인~' 을 따지게 된다. 무엇보다 20세기 산업사회에서 21세기 지식정보 사회로 넘어오면서 시장에선 '기계의 논리'가 아닌 '인간 심리의 논리'가 먹혀들고 있다. 폐부를 콕 찌르는 소프트적 매력이 기술력을 누르고 소비자들의 오감(五感)을 먼저 마사지한다. 소비자들이 제품에서 의미를 찾고 기호를 부여하는 '스토리(Story) 사회'가 되면서 하드웨어 안에 어떤 문화를 담아 내느냐가 중요해졌다. 계산기를 두드려 봐도 '소프트의 경제학'은 매력적이다. 예컨대 영화 · 드라마 같은 소프트 산업 자체를 보면 초기 제작 · 투자비를 빼면 더 들어갈 돈이 별로 없다. 한 번 대박이 나면 DVD · 캐릭터 · 리메이크 시장 등에서 줄줄이 돈맥이 터진다. 그러나 텔레비전은 한 대 더 만들면 부품비 같은 원가가 그만큼 더 들어간다. 일자리 면에서도 소프트는 돋보인다. "10억 원을 투입할 때 유발하는 고용인원이 제조업은 9명뿐이지만 문화산업은 16명"(문화콘텐츠진흥원)이기 때문이다. 그래서 선진국들은 기를 쓰고 소프트 파워를 키우고, 소프트 산업이 발돋움하게끔 인프라를 만들어 주고 있다. 미국에선 스티븐 스필버그가 만든 영화의 예상 수익이나 캘빈클라인의 상표 로열티 같은 '소프트 자산'을 담보로 증권을 발행해 투자자 돈을 끌어 모을 수 있다. 디자인을 중시하는 덴마크에선 '메이드 인 덴마크(Made in Denmark)' 대신 아예 '디자인 바이 덴마크(Design by Denmark)' 상표를 쓰기도 한다. 한국의 소프트 잠재력도 최근 한류를 포함해 디자인 · 온라인게임 등 여러 각도에서 빛을 내뿜기 시작했다. 한국인의 감성 속에 담긴 정(情)과 역동성, 집단 놀이문화, 수천 년간 쌓인 전통 문화원형 등이 소프트 강국으로 가는 자원이 되고 있는 것이다.

제15장 지식경제 : 무형재의 세계

앞에서 살펴보았듯이 1960년대 불어 닥친 포스트모던화는 경제 영역에서도 예외가 아니었다. 경제의 금융화를 중심으로 한 경제의 서비스화, 그리고 자본집약적 생산시스템에서 정보집약적 생산시스템으로의 전환 등은 이러한 변화를 반영하는 것이었다. 그리고 이러한 변화의 본질은 산업경제에서 지식경제로의 전환을 의미하였고, 지식경제의 등장은 경제의 네트워크화를 강화하였다. 지식경제 혹은 네트워크경제는 산업사회에 기반을 둔 기존의 경제이론에 많은 문제를 제기하고 있고 새로운 상상력을 요구한다. 예를 들어, 산업사회의 경제학이 희소성의 문제에서 효율성을 추구하고 이를 위한 수단으로서 경쟁의 원리 및 사유재산권체계 등에 기초하고 있는 반면, 가치가 유형재에서 무형재로 이동한 네트워크경제는 공유와 협력을 주요 화두로 삼고 있기 때문이다. 또한, 방법론에서 산업사회의 경제학이 기초하는 한계혁명(분할성)과 '독립적 최적화' 개념이 더 이상 유용하지 않다.

즉 지식은 통상적인 재화 특히 만질 수 있는 재화가 가진 속성과는 전혀 다른 속성을 가진 특이한 경제재이다. 결론부터 말하면 지식의 속성은 양면적이다. 한편으로, 이 속성들로 인하여 지식 생산 활동들은 일반적으로 그 '사회적 수익'이 대단히 크며, 그래서 경제 성장의 강력한 메커니즘이 된다는 점이고, 다른 한편, 이 속성들 때문에 자원의 배분과 경제적 조정상의 대단히 곤란한 문제들이 제기된다. 즉 일단 창조된 지식에 대해서 그 효율적인 사용을 보장한다는 사회적 목적과 민간주체들에게 지식 생산을 위한 최상의 동기를 부여한다는 목적이 상호 배치된다. 이것이 지식경제학의 주요 딜레마다.

1. 유형재에서 무형재로의 가치 이동

새로운 시대의 도래에도 불구하고 여전히 우리는 낡은 생산 개념의 노예로 남아 있다. 18세기 후반 애덤 스미스의 전형적 노동자는 유형의 상품을 생산하는 공장 노동자였다. 그는 배우의 연기, 교수의 강의처럼 만들어지는 순간 소멸하는 무형 서비스의 가치창출을 무시했기 때문이다. 그는 산업사회 이후 서비스사회의 도래를 예견하지 못했다. 시장경제질서의 운영에 정당성을 부여한 희소성의 원리가 경제학과 산업사회의 중심원리로 성립할 수 있었던 것도 유형(tangibles)의 물적 자본이 사회적 생산에 가장 많이 기여했기 때문이다. 즉 산업사회에서는 노동, 자본, 토지가 생산의 3대 요소이고, 이 모두가 유형의 재화들이었다. 예를 들어, 1840~1960년간 미국의 국민순생산(NNP)은 약 60배가 증가하였는데 이 기간에 물적 자본은 105배, 토지는 12배, 노동력은 13배가 증가하였다.[1] 마찬가지로 앞에서 보았듯이 1960~1994년간 일본을 제외한 동아시아 주요 국가들—한국, 대만, 싱가포르, 인도네시아, 타이, 말레이시아 등—의 노동력당 소득은 연평균 4.2%의 성장률을 기록하였는데 물적 자본이 성장의 약 60%를 기여하였다. 이처럼 산업화에서 물적 자본은 결정적 역할을 하였다.

1) Davis, L.E., et al., (eds.), 1972, *American Economic Growth : An Economist's History of the United States*, Harper & Row, p. 34.

국민순생산(Net National Product, NNP) 일정 기간에 국민경제의 모든 분야에서 생산된 재화 · 용역의 순생산을 시장가격으로 표시한 것으로 GNP에서 자본의 감가상각분을 공제한 것이 국민순생산이 된다.

실제로 서구 역사를 보면 19세기 내내 기술진보는 유형자본에 유리하게 작용했으며 그 일반 경향은 노동이란 생산요소의 절약에 있었다.[2] 그런데 1920년대부터는 기술진보가 여러 요소들 중에서도 '만질 수 없는(intangible)' 무형자본의 비중을 상승시켜 왔다. 예컨대, 미국에서 19세기 후반에는 노동시간당 유형자본의 증대가 노동생산성 증가분의 2/3를 설명했던 반면에, 20세기에는 그 공헌도가 1/4 내지 1/5 정도로 하락했다. 오늘날 지식기반경제 역시 '만질 수 없는' 무형자본(교육, 훈련 등)의 비중이 세기에 걸쳐 증가하는 경향과 정보통신기술의 괄목할 만한 발전 및 보급이 결합되어 나타난 결과이다. 즉 지식기반경제는 지식 관련 투자 및 활동의 확장으로 해석되는 하나의 장기 경향과 지식 · 정보의 재생산 및 유통의 조건에 급격한 변화를 초래한 독특한 기술혁명의 만남의 산물이다. 한 추정[3]에 따르면 만질 수 없는 무형자본(교육, 훈련, 연구 · 개발, 보건)의 스톡은 1973년경에 만질 수 있는 유형자본의 스톡에 맞먹을 정도가 되었으며 지금은 이를 훨씬 능가하고 있다. 이 추정에 따르면 '만질 수 있는(tangible)' 자본에 대한 '만질 수 없는' 자본의 비율은 1929년과 1990년 사이에 두 배 이상 상승했다.

이러한 변화는 최근의 경제활동에서 두 가지 중요한 변동들에서도 확인된다. 첫째, 앞에서 지적했듯이 지식집약 산업의 비중이 확대되며 지식집약적 고용(고숙련고용)이 부상하고 있다.[4] 예를 들어, 주요 OECD 국가들

2) Abramovitz & David, 1996, "Technological change, intangible investments and growth in the knowledge-based economy : the US historical experience," in Foray et Lundvall (eds), *Employment and growth in the knowledge-based economy*, OECD, Paris.
3) J.W. Kendrick, 1994, "Total capital and economic growth," *Atlantic Economic Journal*, Vol. 22. No. 1, March.

의 1980년대 저숙련 및 고숙련 고용의 연평균 증가율을 보면 캐나다(1981~1991)는 0.7 대 3.1, 일본(1980~1990)이 0.7 대 2.9, 미국(1983~1993)은 1.45 대 2.65, 독일(1980~1990)은 0 대 2.6, 프랑스(1982~1990)는 −0.6 대 2.25, 이탈리아(1981~1991)는 0.3 대 2.1의 변화가 있었다. 둘째, 정보 부문의 경제적 비중이 결정적인 것으로 되고 있다. 1900년에는 미국 전체 노동력의 18% 미만이 자료와 정보를 다루는 작업에 종사했던 반면, 1980년에는 50% 이상으로 증가했고 2020년까지 80% 이상이 정보를 다루는 업무에 종사할 가능성이 높다. 그리고 추정방식에 따라 차이는 있으나 정보산업의 GDP 기여도는 규칙적으로 확장되어 왔음을 확인해 준다. 마지막으로 실질 자본스톡에서 '만질 수 없는 자본'이 차지하는 비중이 상승하며 그것이 '만질 수 있는 자본'의 비중을 추월하고 있다.

이처럼 산업사회를 만든 생산의 3대 요소는 2차적인 생산요소가 되었고, 고부가가치를 만들어 내는 생산요소들은 지식을 비롯해 디자인, 기술, 고객관리, 브랜드 이름, 마케팅 기술, 창의력 등 무형의 투입물 혹은 '무형자산'이다. 실제로 오늘날 많은 상품들의 가격 차이는 무형투입물의 가치 차이에서 비롯한 것이며, 가격 구성에서 유형의 자연자원이 차지하는 비중은 작아지고 있다. 새로운 경제에서 경제 부가가치는 점점 더 '보이는 것'보다 '보이지 않는 것'에 의해 창조되는 경향이 있다. 정보통신 및 생명공학과 같은 첨단 기술의 발달에 따라 초경량 및 극소형 제품과, 정보와 서비스 등 무형 상품의 부가가치 창출력이 획기적으로 증가한 경제를 일컫는 '무중량 경제'의 도래와 '경제의 서비스화'가 그것이다.

예를 들어 미국의 개인용 컴퓨터(PC)산업의 자본가치(시장가치)는 1991년 4/4분기에 609억 달러에서 1999년 2/4분기까지 9,370억 달러로 15배 이상 증가했다. 자본가치의 증가는 PC산업의 세부 분야에 따라 상이했는데 1991년 PC산업 부의 분포를 보면 마이크로프로세서 분야가 41%, 소프

4) OECD, 1996, *Technology, productivity and job creation*, Vol. 2, Analytical report, OECD, Paris.

트웨어 분야가 31.2%, PC 제조업이 26.3%, 유통업이 1.5%의 분포를 보였다. 반면 1999년에는 소프트웨어 분야가 51.3%, 마이크로프로세서(micro processor) 분야가 28.9%, PC 제조업이 18.6%, 유통업 분야가 1.2%로 구성되었다. 이는 기업별 실적에서도 확인된다. 1991년부터 1998년까지 로직(logic)을 판매한 마이크로소프트는 이윤이 39.4%에서 56%로 증가했고, 로직 칩(logic chip)을 판매한 인텔은 31.4%에서 43.2%로 증가한 반면, 제조업자인 컴팩의 이윤은 14.2%에서 6.2%로 감소했다. 마찬가지로 무역의 구조변화를 보면 상품과 서비스의 지식 구성요소가 부가가치 면에서 결정적으로 중요해지고 있다. 1976년과 1996년까지 지구적 무역에서 고도 및 중간기술 상품의 점유비가 1/3 정도(33%)에서 절반 이상(56%)으로 증가했다.[5]

이처럼 지난 산업사회에서는 물적 자본과 노동력이 사회적 생산의 기여도에서 가장 중요했으나 오늘날의 지식사회나 정보사회에서는 더 이상 그렇지 않다. MS 등에서 보듯이 한 기업에서 지식자산의 가치는 유형자산의 가치를 크게 초과하고 있다. 오늘날 미국 기업들이 1달러 가치를 팔 때 필요한 유형자산은 1970년대 중반에 비교해 20%나 줄어들었다. '만질 수 없는 자본'의 중요성은 최근 경제 전체의 평균 성장률을 제고시켰던 부문이 과학과 기술의 집중도가 높은 새로운 부문들(의약품과 의료기기, 정보통신기기, 항공우주산업, 신소재)이라는 데서도 확인된다.

세계화를 주도하는 금융 역시 일종의 지식산업이다. 기계를 돌려 '만질 수 있는 상품(commodity)'을 생산하는 제조업과 달리, 머리를 굴려 돈의 부가가치를 창출하는 상품을 만들어 내는 것이 금융산업의 숙명이다. 2005년 독일의 최대 시중은행인 도이체방크는 중장기 발전의 성장축으로 '지적자본(intellectual capital)'을 제시하고 있다. 자본시장에서 소매 고객들의 투자성향을 고려한 고부가가치 상품을 생산하는 것이 중요한 경영전략이라고 판단했기 때문이다. 도이체방크는 다른 은행과 차별화된 지적

5) World Bank, *World Development Report 1998.*

자본상품(intellectual capital products)을 개발, 급변하는 금융 수요 변화에 적극적으로 대응하는 한편 지속적으로 수요를 주도할 것을 강조하고 있다. 도이체방크는 이의 일환으로 파생상품, 자산유동화증권(ABS) 등 증권화상품, 특수금융 등을 집중 개발하고 이를 유기적으로 구성해 경쟁력을 높이는 모델을 선택했다. 도이체방크만의 전략이 아니라, 세계 주요 은행들이 미래 경쟁력을 확보하기 위한 경영전략으로 금융 지적재산권 상품(financial intellectual property products)을 개발하고 있다. 나아가 이를 운용하고, 위험관리시스템까지 갖춰야 가능하기 때문에 선진국 은행들의 노력은 사운을 걸만큼 중요한 과제로 여기고 있다. 국내 은행들도 외환위기 이후 증권화 상품과 고수익 펀드, 각종 지수연동상품 등 다양한 신상품을 판매하고 있다. 하지만 은행별로 독자적인 상품은 찾아보기 힘들다. 몇몇 독창적인 상품이 나오면 얼마 지나지 않아 대부분의 은행이 비슷한 상품을 만들어 내기 때문이다. 세계 유수 은행들과 비교할 때에도 상품의 구성은 크게 다르지 않지만, 대부분 외국 은행의 상품을 도입해 국내시장에 맞게 바꾼 것에 불과한 실정이다.

이와 관련하여 최근 '금융문맹(Financial Illiteracy)'이 개인과 국가 모두에게 중요한 문제로 대두하고 있다. 문맹률이 산업사회의 발전에 장애로 작용했듯이 오늘날 금융문맹은 작게는 개인의 문제지만 미래의 국가 경제력에도 영향을 미치고 있다. 개인 차원에서 볼 때 20년 정도 지나면 30, 40대가 대거 은퇴한다. 이들이 적절한 노후생활 수단을 찾지 못하면 사회문제가 되는 것은 물론이고 내수 부진과 소비 침체로 경제에도 나쁜 영향을 줄 수 있다. 또한, 오늘날 금융은 한 나라 경제의 중요한 축이다. 예를 들어, 1990년대 미국은 증시의 장기 호황을 바탕으로 성장을 거듭했다. 기업연금제도가 발달해 국민의 증시 참여가 활발하고 금융자산 비중도 상대적으로 높다. 그럼에도 불구하고 미국에는 금융문맹, 이른바 '돈치'들의 문제가 심각하다. 1997년 금융교육 전문기관인 '점프스타트'가 한국의 고교 3학년에 해당하는 미국 12학년 학생들을 대상으로 금융지식 수준을 조사했는데, 그 결과 평균 점수는 고작 57.3점으로 나타났다. 어른들의 파산율이 높은 주(州)의 평균 득점은 53.6점에 그쳤다. 이후 미국은 금융문맹 퇴치에 열을 올렸다. 빌 클린턴 민주당 정부와 조지 W. 부시 정부 모두 금융문맹 퇴치를 주요 슬로건으로 내걸었다. 현재 미국에는 금융교육을 담당하는 비영리 단체가 140여 개 설립돼 있다. 2000년 말 기준으로 미국 은행의 87%는 청소년 대상 금융교육 프로그램을 운영하고 있는 실정이다. 미국은 정부의 정식 기구 중 하나로 2002년 6월 '금융교육실(Office of Financial Education)'을 신설하기도 했다. 금융 강국 미국도 금융문맹을 퇴치하기 위해 국가적인 노력을 계속하고 있는 것이다.

이런 변화를 반영하여 지식 및 정보경제에서는 주요 투입물을 (노동, 자본, 토지로 구성하였던 산업경제와 달리) 경합재(rival goods)와 비경합재(non-rival goods)로 분류하는 경향이 있다. 산업사회의 생산활동에 경합재는 수확체감의 법칙에 제한을 받지만 비경합재는 수확체증의 효과가 있다는 점에서 구분된다. 그리고 지식이나 정보가 갖는 무형성으로 지식 및 정보경제의 비경합적 투입물은 배제성을 갖지 않는다고 지적한다. 그러나 '만질 수 없는' 자본이 '만질 수 있는' 자본에 비교해 기술적으로 배제하기 어려운 점이 있으나 지식이나 정보, 특히 지식의 암묵성으로 지식이나 정보의 외부성의 차원은 크게 축소되어 버린다. "우리는 항상 우리가 말할 수 있는 것 이상으로 알고 있다"는 표현처럼 암묵적 지식은 그것을 보유한 사람의 행동을 통하지 않고서는 표현될 수 없기 때문이다. 그리하여 암묵적 지식을 보유한 사람은 대개 자신이 그것을 가지고 있다는 사실을 모르고 있거나 알고 있더라도 경시한다. 게다가 암묵적 지식은 다음의 두 가지 이유로 수많은 작업들에 적용되기 어려운 재화이다. 첫째, 암묵적 지식의 교환, 전파 및 학습은 그것을 보유한 사람들의 자발적인 이동과 표현을 전제로 하고, 따라서 이를 실행하는 데는 많은 비용이 들고 또 어려움이 따른다. 둘째, 암묵적 지식의 저장과 기억은 이 지식을 보유한 사람들의 (세대에 걸친) 재생에 의해서만 가능하다.

이처럼 소비자 아이디어와 정보기술이 생산물의 일부가 됨에 따라 재화와 서비스의 지식의 양이 현저하게 증가하고, 그 결과 지식에 기초한 경제를 가능하게 한다(지식경제의 등장). 즉 지식노동을 향한 이동이 빠르게 진행되고 있다. 신경제에서 조직의 주요 자산은 지적 자산이고 지식노동자에 초점을 맞춘다. 구경제에서 노동자들은 여가를 통해 완성을 성취하려 하였고 노동자는 타인에 의해 소유되고 통제된 생산수단으로부터 소외되었다. 반면, 지식경제에서 완성은 노동을 통해 성취될 수 있고 생산수단은 생산자의 두뇌로 이동하였다. 주지하듯이, OECD의 '지식 중심의 경제(Knowledge-based Economy)'에 따르면 선진국 국민총생산의 50% 이상이 지식산업에서 발생하고 있다.

한편, 지식과 정보 등 무형재의 경우 유형재와 달리 다음의 특성들을 갖는다. 디지털정보가 빛과 같은 속도로 이동하는 성질에서 연유하는 적시성(適時性, speed & timing), 비소모성과 비이전성(비경합성), 불가분성 혹은 비분할성, 결합성과 누적가치성, 일물일가의 법칙의 세계에서 정보이용자의 필요성에 따라 여러 가격 및 가치가 존재하는 가치의 다양성 등이 그것들이다. 예를 들어, 네트워크경제의 광속성은 '속도의 경제'를 등장시킨다. 소비자의 구매욕구가 순식간에 대규모로 나타났다가 곧바로 사라져 버리는 타이밍 시장의 특성을 반영하는 것이다. 그 결과 혁신 기업을 중심으로 생산물의 라이프 사이클이 붕괴되고 있다. 예로 일본 자동차 제조업들은 2년 라이프 사이클, 일본의 전자제품은 3개월 라이프 사이클, 심지어 일부 시장의 금융상품은 수시간 라이프 사이클을 보인다. 정보에 기초한 경제에서 즉시성(immediacy)은 경제활동과 사업 성공에 주요 동력이자 변수가 된다. 신기업은 정보를 통해 지속적으로 그리고 즉각적으로 변화하는 사업조건들에 적응하는 '실시간 기업(real time enterprise, RTE)'이다. 대량생산에서 대량맞춤의 온라인 생산으로 이동을 허용한다. RTE는 특정 기술을 지칭하는 것이 아니라 다양한 IT나 인터넷 기술을 이용해 기업 업무 프로세스를 실시간으로 구현하는 것이다. RTE를 통해 얻을 수 있는 가장 큰 이점으로 잠재적 문제점을 조기에 발견할 수 있는 것을 들고 있다. 즉 수요 변화에 대한 정보나 경쟁사들의 혁신적인 움직임 등을 보다 빨리 인식할 수 있을 뿐만 아니라 자재비용 절감, 효율성 증대, 제품과 고객서비스 경쟁력 강화, 의사결정의 효율성 제고 등을 기대할 수 있다는 것이다. 나머지 특성들에 대해서는 뒤에서 살펴볼 것이다.

경제활동에서 '비물리적' 특성의 중요성은 자연과학이 '물질이 갖는 비물질성'에 주목하는 것과 맥을 같이 한다. 일상 경험에서 알듯이 눈에 보이는 모든 것은 고체, 액체, 기체 등의 물질로 되어 있다. 그런데 20세기 초에 이르러 모든 물질은 에너지로 구성되어 있다는 사실을 알게 되었다. 즉 물질의 본질은 '비물질성'이라는 것이 과학적으로 밝혀지게 된 것이다. 게다가 오래 전부터 보이는 물질과 보이지 않는 에너지는 별개의 것으로 여겨져 왔다. 돌이나 물 같은 물질은 빛에너지나 열에너지와는 전혀 무관하게 이해되었던 것이다. 100년 전만 해도 보이는 것들이 물질이 아니라 에너지로 되어 있다고 주장하면 당장 강단에서 쫓겨났을 것이다. 그러나 모든 물질이 에너지로 되어 있음은 더 이상 미신적 공상이 아니라 과학적 사실이다. 이것은 그동안 보이는 물질세계에 관해 답습되어 온 유물론적 개념이 수정되어야 함을 의미한다. 왜냐하면 오랫동안 인간은 눈에 보이거나 손으로 만질 수 없는 것은 당연히 존재하지 않는다고 생각해 왔기 때문이다. 예로 1905년 아인슈타인은 물질과 에너지는 동전의 양면과 같이 동일하다는 이론을 발표했다. $E=mc^2$이라는 유명한 '질량(m)과 에너지(E) 등가원리'가 바로 그것이다. 이 법칙에 의하면 모든 물질은 특정한 양의 에너지를 내포하고 있다. 그리고 이 에너지는 물질의 종류에 관계없이 그 질량에 의해서만 결정된다. 예컨대 1g의 소금이나 1g의 우라늄은 각각 동일한 양의 에너지를 갖고 있는 것이다. 여기서 c는 빛의 속력으로 매우 큰 값이므로 작은 질량의 물질이라도 많은 양의 에너지를 갖게 된다. 그런데 모든 물질은 온도가 충분히 높아질 때 그 물질을 구성하는 원자와 분자의 결합이 깨지게 되면서 모두 에너지로 바뀌고 결국 에너지만 남게 된다. 온도에 따라 물이 수증기나 얼음이 되듯 에너지에 따라 물질의 형체는 달라지지만 궁극적으로는 에너지만 존재하게 되는 것이다. 이러한 '물질의 비물질성'은 원자의 내부 구조를 이해하면 좀 더 자명해진다. 원래 철학적 개념에 불과했던 원자는 20세기에 들면서 매우 작은 핵과 전자들로 구성되어 있음을 알게 되었다. 그런데 한 가지 놀라운 사실은 원자의 내부가 물질로 꽉 채워져 있는 것이 아니라 99.99% 이상이 빈 공간이라는 것이다. 돌과 같은 고체도 사실은 그 내부가 대부분 비어 있는 것이다. 그렇다면 왜 돌이 쉽게 부스러지지 않고 그 모양이 유지되는 것일까. 이는 다름 아니라 핵과 전자 사이의 빈 공간에는 보이지 않는 전자기적 인력에 의한 에너지로 채워져 있기 때문이다. 즉 모든 보이는 것은 어떤 물질로 차 있어서가 아니라 에너지로 강하게 서로 붙들려 있어 그 형체가 유지되고 딱딱하게 느껴지는 것이다. 한 마디로 '무형의 에너지'는 시간과 공간 안에서 보이는 물질로 표현되고 나타나게 되는 것이다. 그렇다면 단순히 적당한 에너지만 있으면 원자와 같은 물질이 저절로 만들어질 수 있을까. 핵과 전자의 경우만 보더라도 여기엔 단순한 에너지 그 이상의, 수식으로 표현하기 어려운 복잡한 과정이 숨겨져 있음을 과학자들은 짐작할 뿐이다. 더구나 자연계의 현상이나 힘들이 왜, 그리고 어떻게 존재하게 되느냐에 대해서는 아직까지 체계적인 과학적 설명이 없는 상태다. 100년 전만 해도 물질 뒤에 에너지가 있다는 사실을 받아들이기 어려웠던 것처럼, 에너지 뒤에 그 무엇인가—이것을 과학자들은 '정보'라 부르고 신학자들은 '지혜' 라고도 한다—가 있다는 것이 생소할 수도 있다. 그러나 20세기를 지나면서 물리나 생명현상 뒤에 엄청나게 얽혀 있는 정보 또는 창조의 지혜가 과학적으로 조금씩 밝혀지고 있는 것은 자연스러운 일이 되고 있다.[6] '눈에 보이는 현상'의 배후에서 작동하는 '보이지 않는 법칙의 세계'로 우리의 관심은 이동하고 있는 것이다.

2. 무형재의 비경합성

무형재는 비소모성과 비이전성에서 보듯이 비경합성을 기본특징으로 한다. 경합성이 없고 배제성이 있는 재화는 오늘날 가장 중요한 재화임에도

6) 제원호, 「물질이 갖는 비물질성」, 중앙일보, 2005. 4. 29자 칼럼.

불구하고 경제학에서는 이에 대한 명칭이 존재하지 않는다. 일반재화의 생산에는 자원과 에너지가 필요하며 열역학 제2법칙에 따라 일단 소모된 에너지는 재생이 불가능하다. 그러나 지식과 정보 재화 등 무형재의 생산 및 재생산은 이러한 열역학의 법칙을 따르지 않는다. 아무리 사용해도 소모되지 않는 비소모성을 특성으로 하는 무형재는 경합성이 없는 재화다. 다시 말해, 무형재의 경우 '희소성의 원리'가 적용되는 실물공간의 유형 재화와 달리 추가비용 없이 무한 복제가 가능한 '풍부성의 원리(무한반복재생산)'가 작동한다.

이론적으로 비경합성을 갖는 재화의 경우 산출량을 증가시킴에 따라 평균비용이 하락하기 때문에 공급자는 시장수요가 뒷받침되는 한 산출량을 최대로 증가시키려 할 것이다. 다시 말해, 공급의 법칙의 성립조건 중 하나인 '한계생산체감의 법칙'이 성립하지 않고, 오히려 수확체증(규모의 경제)이 작용한다. 컴퓨터 소프트웨어나 디지털 콘텐츠 같은 비경합재들의 생산은 고정비용 이외의 추가비용이 거의 요구되지 않는다. 물론 첫 번째 단위의 생산에는 막대한 비용과 영감(inspiration)과 노력이 요구된다.[7] 그러나 소프트웨어처럼 무형재의 경우 추가적인 생산은 첫 번째 단위를 단지 복사하기만 하면 간단히 생산된다. 예를 들어 컴퓨터 소프트웨어나 서적, 음반, 영화, 시디(CD) 등의 정보 상품은 초기에 상품의 형태를 만드는 데 많은 비용의 소요되는 반면, 완성된 제품을 재생산하는 데 드는 비용은 무시해도 될 정도로 적다.

영화를 예로 들면, 스티븐 스필버그는 〈쥬라기공원〉이라는 영화를 제작하는 데 수억 달러를 사용했으나 그 영화의 상영을 위한 필름을 생산하는 비용은 초기의 영화제작비용에 비해 아주 적은 몇 백 달러에 불과했다. 특히 가정에서 상영하도록 되어 있는 비디오테이프를 복제하는 데는 불과 몇 달러만 들이면 된다. 또한 마이크로소프트가 윈도95의 개발에 쏟아 부은

7) 이런 점에서 과거 산업사회의 경제가 '땀의 경제(economy of transpiration)'였다면 무형재의 경제는 '영감의 경제(economy of inspiration)'다.

비용(초기비용)은 무려 5,000만 달러지만 첫 제품이 나온 후부터 윈도95 시디롬 한 장에 들어간 제작비는 고작 3~4달러에 불과했다. 윈도95 시디롬 한 장의 시중 판매가격이 약 100달러(한국에서는 당시 약 300달러)였으니까 제작비용의 25배 이상(한국에서는 75~100배)으로 판매한 셈이다. 윈도95 시디롬 한 장 생산에 4달러씩 계산해도 502만 개의 매출이 손익분기점이 되고 그 후부터는 막대한 수익을 거두게 된다.

무형재가 갖는 이러한 비경합적 특성은 규모에 따른 수확체증[$f(tx) > tf(x)$]과 불완전경쟁을 수반한다. 즉 추가적으로 생산할수록 생산성이 증가한다. 지식 및 정보산업 생산함수의 특성을 수식으로 표현하면 다음과 같다. 여기서 [$F(\pi R, N)=\pi F(R, N)$]은 경합적 투입물을 π배할 경우 수확량도 π배가 나오는 것을 의미하고, [$F(\pi R, \pi N) > F(\pi R, N)$]은 비경합적 투입물을 π배 사용할 경우 비용은 증가하지 않는 반면 수확량이 경합적 투입물을 π배 할 경우의 수확량보다 크다는 것을 표현한 것이다.

$$F(\pi R, \pi N) > F(\pi R, N) = \pi F(R, N)$$

F : 산출량, R : 경합적 투입물, N : 비경합적 투입물, $\pi > 0$

아이디어 → 비경쟁적 → 수확체증 → 불완전경쟁

예를 들어 다음 그림의 생산함수[예 : $y=100(x-F)$; y는 산출물이고 x는 투입물]의 경우 추가생산을 위해 일정한 가변투입물이 요구되는, 한계생산이 일정한 생산물의 특성을 보여 준다. X축 절편(F)은 첫 단위 생산을 위한 고정투입물의 필요량을, 그리고 생산곡선의 기울기는 추가생산을 위한 가변투입물의 필요 정도를 나타낸다. 이 경우 투입물에 대한 평균생산(AP), 즉 생산성은 계속 증가한다. 그림에 표현은 하지 않았으나 비용곡선 또한 Y축에 절편을 갖고 기울기(한계비용)가 일정한 직선이 된다. 따라서 평균비용은 첫 단위에 대해서는 고정비용과 같고 추가생산에 따라 평균비용은 지속적으로 감소하되 한계비용보다는 항상 크다. 즉 규모에 따른 수확체증(IRS)이 발생하고 자연독점의 특성을 갖는다. 따라서 효율성을 극대

화시켜주는 '가격=한계비용' 책정방식은 생산자에게 마이너스(−) 이윤, 즉 손실을 가져다준다. 다시 말해 어떤 기업도 제품의 가격을 한계비용보다 높게 책정할 수 없다면 컴퓨터 소프트웨어를 개발하기 위해 고정비용(F)을 지불하지 못할 것이고 이 시장에 참여하지 않을 것이다. 현실세계에서 실제로 한계비용보다 훨씬 높은 가격으로 소프트웨어를 판매하는 이유가 여기에 있다. 반면에 규모에 따른 수확체증이 발생하기 때문에 생산자는 시장수요가 존재하는 한 생산규모를 증가시키는 것이 바람직하다. 이는 독점적 공급이 가장 비용을 낮출 수 있음을 의미한다. 이처럼 수확체증이 작동하고 아주 적은 추가비용으로 무한복제가 가능한 무형재화는 시장경제의 효율성을 보장하기 위한 '한계비용(MC)=가격' 책정방식의 적용을 불가능하게 한다. 즉 지식경제는 한계비용에 기초한 가격의 결정규칙을 따를 수 없다. 왜냐하면 기존 지식의 사용은 무료이고 그것이 수없이 사용되더라도 금전적인 보상은 불가능하기 때문이다. 이 문제는 단지 과학적 및 기술적 지식만이 아니라 텍스트, 서적, 신문, 악보, 그림 및 그래픽의 형태로 표현된 모든 지식에 해당된다. 텔레비전과 라디오 프로그램 역시 이 부류의 재화에 속한다.

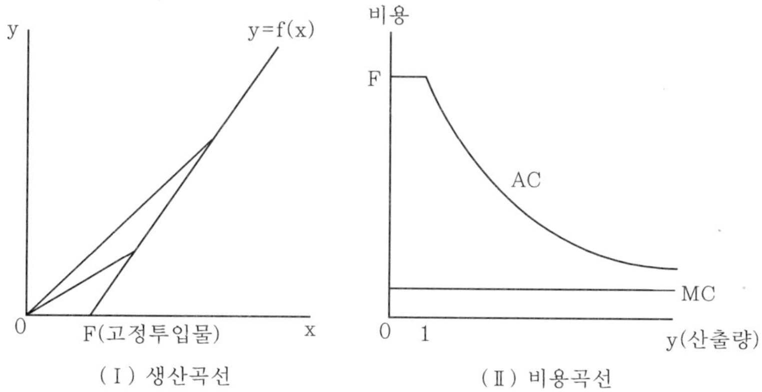

‖ **그림 15-1** ‖ 무형재산업의 생산 및 비용곡선

이처럼 무형재의 비경합적 특성으로 경제효율성의 추구에 차질이 생긴다. 즉 무형재는 공유할수록 경제적 효율성이 증대하는 반면, 지적재산권에 의해 독점적 소유를 보장하면 특정 개인의 이익은 증대해도 사회 전체적인 잉여는 줄어들 수밖에 없다. 다시 말해 지식과 정보 사회에서 독점적 소유는 특정 개인에게 엄청난 부를 가져다줄 수는 있지만 이로 인해 사회 진보와 발전은 정체할 수밖에 없는 심각한 문제에 직면한다.

'소프트웨어 갭(software gap, 소프트웨어에 대한 수요 불충족의 정도)'의 문제가 하나의 좋은 사례다. 1990년대 후반 클린턴 행정부 시절 미국의 컴퓨터 관련 업계와 학계 전문가들로 구성된 '대통령의 정보기술자문위원회'는 미국이 직면하고 있는 현재의 저작권 보호환경으로는 다양한 수요를 따라잡을 수 없기 때문에 '소프트웨어 갭'을 좁힐 수 있는 유일한 대안으로 소프트웨어의 개발과 사용체제를 소스공개형으로 전면 전환할 것을 주장하는 내용의 보고서를 제출했다. 그러나 지금까지 대부분의 위원회 보고서가 실현되는 데 어려움이 없었던 반면, 이 보고서는 현재까지 부시 행정부에 의해 묵살되었다. 개인주의 문화를 가진 미국사회에서 소스공개의 법제화는 받아들이기 어려운 일이다. 미국이 '가장 순수한'(?) 시장경제(자본주의 시장경제)를 가졌다는 것은 경쟁의 원리와 사유재산권체계에 가장 부합하는 문화와 가치체계를 갖고 있다는 것을 의미하기 때문이다. 주지하듯이, 실제로 미국사회의 자유로운 정보공유 정신은 이윤 논리에 크게 위협받고 있다. 디지털 복제를 막는 워터마킹(water marking)의 허점을 진단한 프린스턴 대학의 한 연구팀의 학술논문은 발표하는 것조차 협회의 압력으로 무산된 뒤 표현자유권 침해로 법정 소송까지 갔는데 오히려 소송이 기각됐다. 물론 이 모든 것들은 이윤 확대를 위해 들인 열성에서 비롯한다. 그러나 개별기업들은 인터넷의 새로운 현실과 사용자들의 변화에는 관심이 없다. 기업들의 이해와 사용자 및 일반 사회의 이해가 공존할 수 있는데도 개인주의 사회에서는 이를 조정할 사회적 장치가 미흡하다.

이처럼 소프트웨어 중에서도 특히 시장(자유방임)에 맡겨 두면 그 기술적 성격으로 자연독점이 될 가능성이 높은 무형재의 경우 공급자는 자신의 이익을 극대화시키는 것이 가능하나 과소공급을 불러일으키고, 그 결과 경제발전을 지체시킬 뿐 아니라 가격 상승에 따라 많은 사람들이 소비에서 배제된다. 그 결과 소비자들 간에 정보격차가 나타날 수 있다. 정보사회에서 소득격차는 기존 산업사회의 그것보다 더욱 커지고 있고, 이는 정보격차에서 비롯한다. 실제로 일부 계층이나 국가의 정보독점을 통한 '부익부 빈익빈' 현상은 심화되고 있다.

이와 관련하여 〈그림 15-2〉는 비경합성을 갖는 무형재의 이윤극대화 상태와 비효율성의 크기를 보여 준다. 이 재화의 생산자는 이윤을 극대화하기 위해서 Q_m을 공급하여 P_m에 판매하려 할 것이다. 그 경우 경제적 총잉여(≡생산자잉여+소비자잉여)는 □AP_cBE(=AP_mE+P_mP_cBE)가 될 것이다. 시장이 경쟁적일 경우에는 공급량과 가격이 Q_c와 P_c에서 결정되기 때문에 경제적 총잉여는 △AP_cC가 되고, 이때 경제적 총잉여는 소비자잉여와 같고 생산자잉여는 0이 된다. 이처럼 무형재 같은 비경합재를 시장에 맡길 경우 독점 혹은 독점적 경쟁으로 귀결되고 △BCE만큼의 경제적 순손실이 발생한다. 특히 자연독점의 경우 공급자는 엄청난 부를 획득할 수 있겠으나 소비자잉여와 사회적 이득은 크게 감소할 수밖에 없다.

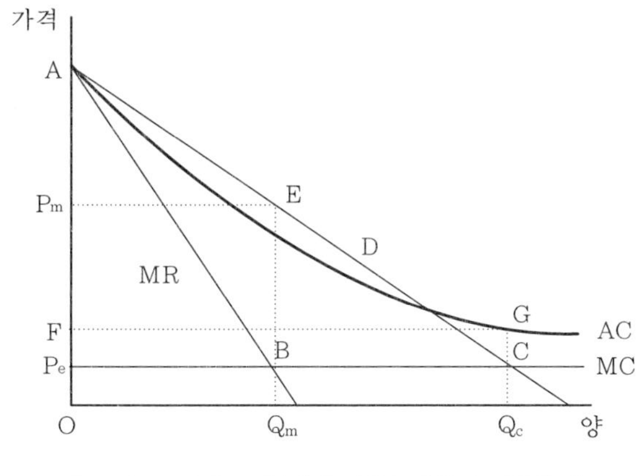

‖ **그림 15-2** ‖ 무형재의 이윤극대화와 비효율성

이런 시장의 상태에서 효율성을 개선하는 방법, 즉 경제적 총잉여를 증대시키는 방법으로 전통적 산업에서는 가격차별이 도입될 수 있다. 가격차별은 동일한 상품을 서로 다른 소비자에게 서로 다른 시장에서 상이한 가격을 부과하는 행위로 시간대에 따른 극장표가격의 차이나 전력사용량에 따른 상이한 전력요금 부과 등을 지적할 수 있다. 〈그림 15-2〉에서 공급자가 완전한 가격차별을 할 수 있다면 △BCE만큼 생산자잉여를 증대시킬 수 있을 것이다. 반면, 무형재 산업의 경우 가격차별화와 상품차별화 전략을 함께 결합하여 판매와 수입을 증대시키고 있다. 전통적으로 상품차별화는 비슷하지만 서로 다른 재화를 판매하는 기업 간 상품차별화를 의미했으나, 최근 무형재에서의 상품차별화는 기업 내 상품차별화로 소비자의 기호를 고려하여 (제품의 호환성이나 편의성, 이미지 해상도, 작동속도, 처리능력, 저장용량 등) 기능에 차이를 두어 다양한 제품을 공급하는 방식이다. 상품차별화의 방식으로 버저닝(versioning)이나 업그레이드(upgrade), 묶음판매(bundling), 그리고 셰어웨어(shareware)나 프리웨어(freeware)같은 제한판의 무상공급 제공, 그리고 미국 출판업계에서 관행이 된 하드커버와 소프트커버의 판매 시차 조절과 가격차별 등이 활용되고 있다. 그러나 이

셰어웨어 완전판을 구입하기 전에 시험사용을 할 수 있도록 특별히 무료로 제공되는 것으로 완전판과 비교할 때 핵심기능은 갖추고 있지만 사용상의 편의를 돕는 편리한 기능들은 제외되어 있거나 사용기한을 제한하고 있다. 셰어웨어는 자체 가격이 없는 무료제품임에도 불구하고 완전판의 판매를 촉진시키려는 뚜렷한 목적을 가짐으로써 상업적인 성격을 띠고 있다.

프리웨어 공개소프트웨어로 불리는 프리웨어는 공짜프로그램으로 아마추어 제작자들의 손에 의해 만들어지는 것이 많으며 시장에서 인정을 받는 경우 버전업을 시켜 상업화되는 경우도 있다. 또한 정식 기업체에서 간단한 유틸리티를 특별히 제작하여 무상으로 제공하는 경우도 있고 상업용이 되기 이전의 구버전들은 완전한 프리웨어로 놔두는 경우도 있다. 예를 들어 터보백신(Turbo Vaccine), 이지패드(Easy Pad), 이야기2000(버전 4.3까지), '결전! 인생게임' 등이 그것이다. 셰어웨어와 뚜렷이 구분되는 점은 상업적인 성격이 거의 없다는 것이다.[8)]

8) 손용엽 · 이상호, 2001, 『사이버시장의 경쟁원리』, 시그마인사이트컴, 182~185쪽 참조.

러한 방식은 기술적으로 사회적 후생을 극대화시키는 수준까지 소비를 증대시킬 수가 없다. 게다가 가격차별화나 상품차별화는 기본적으로 생산자 잉여를 극대화시키는 방식이기에 소비자의 후생에는 변화가 없다.

무형재의 비경합적 특성으로 인해 지식의 소비자들은 경쟁 관계에 있지 않다. 이러한 비경합성은 두 가지 차원을 가진다. 한편으로, 한 주체는 동일한 지식을 추가비용을 전혀 들이지 않고도 무한히 반복해서 사용할 수 있다. 다른 한편으로, 무한정의 주체들이 동일한 지식을 서로 가지려고 싸우지 않고도 사용할 수 있다. 이리하여 지식의 이전은 포지티브섬 게임(positive-sum game, 正合게임)을 이룬다는 사실을 알 수 있다. 즉 동일한 지식의 보유자가 무한히 늘어날 수 있는 것이다. 어떤 논자들은 이 속성을 묘사하기 위해서 포지티브(positive)란 용어를 선호하는데, 그들은 이 용어로 '무한 확장'을 말하고자 하는 것이다. 코드화된 지식의 경우 각자가 수취하는 것이 원 재화의 복사물(한 예술작품의 복사본을 보유할 수 있는 것처럼)이 아니라는 점은 강조될 필요가 있다. 예컨대, 당신이 사용하는 것은 피타고라스 정리의 복사본이 아니라 정리 그 자체인 것이다.

3. 네트워크 외부성

정보기술혁명과 지식기반경제의 도래로 '사회 전방위(Ubiquitous) 네트워크' 및 외부성이 일반화되는 시대가 전개되고 있다. IT네트워크 기술의 발달은 경제행위자들 간 상호작용하는 데 소요되는 조정비용을 급격히 감소시킨다. 이처럼 경제행위자들 간의 상호작용의 효율성이 증대함에 따라 오늘날 수많은 경제현상들은 사람들이 상호작용하는 방식에 의존한다. 예를 들어, 정보통신기술의 발달에 따른 조정비용의 급격한 감소는 조직구조를 더욱 분권화하고 유기적인 구조로 변화시키면서 조정집약적 기업구조를 출현시키고 있다. 네트워크조직은 조직행위자 간의 조정과 통합을 원활히 하여 규모의 경제가 가지는 이점을 얻을 수 있는 동시에 소규모 기업이 갖는 혁신성과 유연성을 동시에 성취할 수 있기 때문이다. 특히 복잡하고 불확실한 경제환경은 이런 장점을 지닌 네트워크조직의 유용성을 한층 높인다.

'네트워크효과'란 네트워크 규모가 커질수록 네트워크 가치가 증가하는 것을 말한다. 상호작용의 구조로서 네트워크들은 소비와 생산활동에서 긍정적인 외부성을 만들어 낸다. 네트워크 효과는 전화, 팩스, 전자우편 등과 같이 가입자가 많아질수록 더 많은 통신이 가능해지기 때문에 소비자에게 더 많은 혜택을 주는 직접적 효과와 대규모의 네트워크는 다양하고 저렴한 보완재 개발을 가져와 가입자에게 혜택을 주는 간접적 효과가 있다. 추가적인 가입자, 즉 네트워크 확대로 인해 발생하는 추가적인 이익을 '네트워크 외부성(network externality)'이라고 정의하기도 한다. 경제의 네트워크화는 경제활동에서 쌍방향성이 증대함을 의미한다. 그 결과, 앞에서 지적했듯이, 소비자 욕구의 다양화와 개성화에 부응하여 대량생산에서 상품의 대량맞춤(mass customization)으로 전환되고 그 결과 생산자와 소비자 사이의 갭은 희미해진다(생산소비자).

먼저, 소비에 있어서 네트워크효과의 경우를 보자. 예를 들어, 지식과 정보 재화는 사용자의 수에 따라 가치가 증가하는 이른바 '네트워크 외부성(소비의 외부성)'을 발생시킨다. 네트워크 외부성은 전화시스템으로 쉽게 설명된다. 전화는 혼자 가지고 있으면 쓸모가 없는 물건이다. 누군가가 전화망에 가입해 있어서 전화통화가 가능할 때 비로소 그 가치가 실현된다. 즉 전화의 가치는 전화망에 가입한 사람이 많으면 많을수록 커진다. 이처럼 고객 수가 많아질수록 편익이나 효용의 증가를 가져다주는 대표적 상품이 지식과 정보 재화다. 지식과 정보 재화는 사용자의 수에 따라 가치가 증가하는 이른바 '네트워크 외부성(소비의 외부성)' 을 통해 '매출증가의 법칙'을 발생시킨다. 즉 네트워크에 연결되는 가입자가 증가할수록 기존 가입자와 신규 가입자 간의 접속가능성이 기하급수적으로 확대되어 개인 수요자가 네트워크에 연결됨으로써 얻는 이득 또는 수요자 간의 부가가치 창출이 확대되는 특징이 일반적으로 나타난다. 인터넷 이용이 과거 어느 미디어나 네트워크보다 빠르게 확산되는 이유이기도 하다. 이처럼 기존의 시장에서의 수요 결정요인과는 달리 네트워크경제에서 소비자는 궁극적인 네트워크 규모에 대한 예측(expectation)과 망, 하드웨어, 소프트웨어, 서비스 콘텐츠 등 네트워크를 구성하는 보완재의 공급 등을 고려하여 수요를 결정한다. 즉 합리적인 소비자는 특정 네트워크에 가입하기 전에 네트워크의 궁극적인 규모를 고려한다. 왜냐하면 네트워크의 규모가 클수록 직·간접적인 네트워크효과를 더 많이 가질 수 있기 때문이다. 그리고 기존 시장에서의 자유로운 선택과는 달리 네트워크시장에서 소비자는 전환비용의 부담으로 다른 네트워크로 전환이 자유롭게 바꾸기가 매우 어렵기 때문이다. 또한 PC나 초고속인터넷서비스 시장에서 보듯이 네트워크시장에서 소비자들은 네트워크에 가입하기 전에 네트워크를 구성하는 보완재가 개발되어 있는지, 또한 값싸고 품질 좋은 보완재가 지속적으로 제공될 수 있는가를 고려한다.

마찬가지로 지식과 정보 재화는 '생산의 외부성'도 갖는다. 즉 지식과 정보 재화 등 무형재의 경우 재화의 비경합성으로 공급 측면에서 희소성의 문제가 소멸되고 '규모의 경제(economy of scale)'가 작동할 뿐 아니라 네트워크효과로 '범위의 경제(economy of scope)'가 작동한다. '규모의 경제'란 생산량이 증가되면서 단위 생산비가 감소되는 것, 즉 생산요소 투입량의 증대(생산규모의 확대)에 따른 생산비절약 또는 수익향상의 이익을 말하고, 규모의 경제가 나타나는 이유는 대규모 설비의 경제성, 대량구입에 따른 운임이나 원료비의 감축, 분업에 의한 생산요소의 전문화 등을 들 수 있다. 대규모 기업이 소규모 기업보다 유리한 것은 규모의 확대에 의해 경제성이 높아지기 때문이다. 반면, '범위의 경제'는 기업이 2종 이상의 제품을 함께 생산할 때 각 제품을 개별 기업이 각각 따로 생산할 때보다 평균비용이 작아지는 현상을 말한다. 예를 들어 A와 B제품이 있을 때 각자 A제품 생산라인 그리고 B제품 생산라인을 갖추고 만들 때의 비용이 하나의 단일화된 설비에서 두 제품을 생산해 낼 때 그 비용이 각자 설비를 갖추고 생산할 때보다 적을 때를 말한다. 생산제품의 종류는 늘리되 R&D, 생산,

판매 등의 활동을 공동으로 수행하기 때문에 생기는 시너지 현상이다. 이처럼 무형재의 특징인 네트워크 외부성은 동일 공급량을 보다 적은 비용으로 공급이 가능하고 네트워크효과로 수요가 확대되는 등 공급과 수요곡선의 동시 이동으로 모두의 이익이 증대한다.

네트워크효과를 활용하여 기업의 시장전략에도 많은 변화가 발생하고 있다. 첫째, 네트워크효과로 인해 네트워크경제에서 선두기업은 계속 앞서고 후발기업은 계속 뒤처지는 수익체증(increasing returns)의 원칙, 즉 승자가 모든 것을 차지하는 시장구조(winner-take-all market)가 이루어질 수 있다. 그 결과 네트워크효과를 활용한 개별기업의 경우 효율성을 제고시킬 수 있는 반면, 경제 전체적으로는 효율성을 저해할 수 있다. 예를 들어, 네트워크경제에서는 '잠김효과(lock-in effect)' 등의 이유로 선두기업이 지속적으로 많은 이윤을 획득할 수 있으며, 기술적으로 우수한 제품이 시장을 지배한다는 보장이 없다는 특징을 가진다. 따라서 네트워크경제에서 기술력이나 품질 이외에 기업전략이 시장 확보의 성패를 결정하는 결정적인 요인으로 역할을 한다. 따라서 네트워크경제에서 대표적인 기업전략은 경쟁 초반에 경쟁자보다 앞서서 일정 규모의 네트워크를 구축하는 것이다. 수익체증의 원리, '포지티브 피드백'이 적용되는 네트워크경제에서 초반에 앞서는 기업은 가속적으로 시장점유율을 증대하여 시장에서 표준을 획득하고 지속적인 이윤을 가질 가능성이 높기 때문이다.

경쟁자보다 먼저 앞서서 일정 규모의 네트워크를 구축하기 위해서는 표준개방, 라이센스 등을 통해 소비자에게는 잠김(lock-in)의 우려를, 다른 기업들에게는 진입차단(lock-out)의 우려를 없애 자신의 네트워크에 참여시켜야 한다. 표준화 전략 이외에도 시장 확대를 위한 전략으로 수평적 합병이나 배타적 거래 등이 있다. 거래상대방이 자기 또는 계열회사의 경쟁사업자와 거래하지 않는 조건으로 거래하는 배타적 거래는 자신의 네트워크 확대를 촉진하는 반면 경쟁기업의 네트워크 확대를 저지하는 효과를 가진다. 배타적 거래는 또한 재화나 서비스, 네트워크의 차별화, 무임승차 인센티브의 억제, 네트워크에 대한 투자 촉진 등 경제효율성 제고 효과를 가지고 있는 반면 소비자 또는 기업의 재화와 서비스 선택의 자유를 방해하는 경쟁 저해 효과가 있을 수 있다. 배타적 거래로 인해 다른 기업이 시장에서 배척되어 소비자 선택(경쟁에 의한 저렴한 가격, 좋은 품질의 다양한 재화 등)에 심각한 영향을 줄 경우 경쟁 저해 효과가 일어난다.

예를 들어, 네트워크의 확산을 촉진하기 위해서 보완재의 제공이 필수적이고, 보완재의 원활한 공급을 위해서 기업 간 공조의 중요성이 강조되고 있다. 수직적 합병, 번들링(bundling), 묶음판매(tie-in) 등 상방산업(upstream)과 하방산업(downstream)에 있는 기업을 묶는 다양한 종류의 수직적 결합 전략이 사용되기도 한다. 그런데 번들링이나 묶음판매는 생산, 유통, 판매, 라이센스 등에서 규모의 경제 또는 범위의 경제를 실현하는 경제효율성 제고 효과와 신규진입기업이나 경쟁기업이 두 시장에 동시에 진입하여야 하는 진입장벽을 형성하여 경쟁을 저해할 수 있다.

지금까지 살펴본 네트워크 외부성은 기본적으로 지식의 외부성에서 비롯한다. 즉 지식이 외부성을 창출하는 통제하기 어려운 재화라는 것이다. 지식은 그 소비에 있어서 배제성이 없는 재화이다. 다시 말해서, 지식을 배제적인 재화로 만들어 사적으로 통제하는 것은 어려운 일이다. 지식은 유동적이며 몸에 지니고 다닐 수 있는 재화이기 때문이다. 기업에 있어서 기계의 통제보다는 지식의 통제가 훨씬 더 어렵다. 지식은 너무나 빈번하게 유출되거나 통제를 벗어나기 때문이다. 이 점은 이른바 의도되지 않은 부수효과를 말하고 있다. 즉 정보와 지식은 그것을 생산한 주체로부터 항상 벗어나기 때문에 경쟁자들은 그것을 무상으로 이용할 수 있다. 앞에서 지적했듯이 긍정적 외부성이 작동하고 있다. 이러한 제3자로부터 보상을 받아내는 데는 기술적인 곤란이 따른다. 즉 지식이나 정보의 외부성은 이른바 '비보상적' 외부성이다. 이것은 한 주체에 의해 생산된 지식이 다른 주체에게 금전적 또는 다른 형태의 보상을 받지 않고 편익을 제공한다는 사실을 지칭한다. 이러한 외부성은 '보상적' 외부성과 구별되는데, 이것은 혁신의 발명자가 그 구매자로 하여금 그가 그 덕분에 비용의 감소 또는 품질의 향상의 형태로 누릴 수 있을 가치를 모두 지불하도록 만들 수는 없다는 경우를 지칭한다. 지식의 전파 통로는 다양하다. 예를 들어, 서로 다른 기업들 심지어는 서로 경쟁관계에 있는 기업들에 소속된 엔지니어들 사이에 경험의 교환과 협력이 이루어지는 비공식 네트워크가 존재하고, 혹은 경쟁자가 분해할 수 있는 하이테크 제품의 경우에는 제품의 시장 출하 자체가 또한 기술 정보의 중요한 원천이 된다. 이 분야의 연구들에 따르면 1980년대 초 무렵에 연구 · 개발의 결정에 관한 정보는 6개월 이내에 경쟁업체들에게 알려지며, 자세한 기술적인 사항들은 1년 이내에 알려지는 것으로 보았다. 하지만, 주지하다시피, 타인에 의한 지식의 포착은 그의 학습능력에 달려 있다.

앞에서 살펴본 무형재의 가치누적성도 지식의 외부성과 관련 있다. 즉 과학 · 기술의 영역에서 지식은 누적성과 진보성을 가진다. 한 지식은 새로운 지식이나 아이디어의 생산에서 주요인이다. 이 점은 지식의 외부성은 단지 소비자의 즐거움만 강화하는 것이 아니라 특히 지식의 축적과 집단적 진보를 강화한다는 것을 의미한다. 달리 말해서, 전파되고 무한히 반복 사용될 수 있는 지식은 단순히 하나의 소비재에 불가한 것이 아니라, 그것은 특히 하나의 생산재로서 그 역시 무한히 사용 가능한 새로운 재화를 창출할 수 있다. 이러한 누적성이야말로 과학 · 기술적 지식을 오락 프로그램이나 '경박한' 지식과 구별해 주는 기준이다.

물론, 모든 형태의 지식이 통제 불가능한 것은 아니다. 서술, 전산 프로그램, 디지털화된 이미지, 영화 등 전파에 유리한 형태로 표현된 지식들도 있지만, 특정의 기업이나 기관의 또는 심지어 특정 부문의 지식 기반은 '코드화된' 순수한 지식에 한정되지 않는다. 말하자면 지식의 암묵적 차원 덕분에 이를 보유한 사람은 일정한 통제를 행사할 수 있다. 즉 타인이 그 지식을 획득하려면 보유자가 그것을 자발적으로 보여 주든가 아니면 스스로 현장 학습을 하는 수밖에 없기 때문이다. 따라서 지식의 이러한 암묵적 차원 때문에 지식은 일종의 자연적 배제성을 갖게 된다. 이 암묵적 차원은 지식 자본의 일시적인 원천으로서 노하우를 보유한 과학자에게 지대를 가져다줄 수 있다. 이 과학자는 새로운 지식이 충분히 코드화되고, 접합되고,

명시화되고 그래서 전파되어 지대가 소멸될 때까지 이 지식으로부터 이익을 누릴 수 있는 것이다. 그럼에도 불구하고 오늘날 기술적 및 조직상의 이유들, 예를 들어 서로 떨어져 있는 장소들 간의 이전, 소통 및 학습 같은 이유들로 지식의 일정한 형식화 및 코드화 경향도 존재한다. 이런 상황에서 지식의 유출방지비용(비밀유지비용)이 문제될 수 있다. 그런데 비밀유지비용이 너무 클 경우에 특정의 조직 유형들만, 예컨대 군사적 연구조직들만이 이 비용의 지출을 받아들일 수 있을 것이다.

이처럼 지식에의 접근과 그 실행 및 이전에 따르는 비용이 높은 한, 무한히 사용될 수 있다는 지식의 능력은 제한된다. 기존 지식의 사용비용이 제로라는 것은 이 지식을 이전하고 형태를 부여하는 데 또는 그것을 획득하고 접근하는 데 비용이 들지 않는다는 것을 의미하지는 않는다. 우리는 지식을 이해하고 활용할 수 있는 집단을 형성하는 데 필요한 지적 투자비용을 '획득비용'이라 부른다. 이 투자가 없다면 지식의 비경합성의 가치는 제로가 된다. 비경합성이란 속성이 충분히 활용되기 위해서는 이 지식을 이해하고 사용할 수 있는 집단이 존재해야 하는 것이다. 만약 수학의 극히 첨단적인 한 분야의 최신 정리를 활용하는 경우라면 이 집단의 크기는 아주 작아도 되겠지만, 이 경우 비경합성의 경제적 가치는 오히려 작을 것이다. 반대로, 만약 문제의 지식이 초보적인 기법이나 지식과 관련된 것이라면 이 집단은 거의 모든 사람들을 포괄할 수 있다. 적절한 지적 장비를 보유한 주체들의 집단이 크면 클수록 비경합성에 부여되는 경제적 가치는 그만큼 더 커지고, 따라서 지식의 사회적 수익도 그만큼 더 커진다. 이러한 지적 장비들의 형성과 유지의 비용 외에 또한 주로 지식의 코드화와 정식화 비용으로 구성되는 지식의 형태부여비용 그리고 물리적 이전비용이 있다. 따라서 이 비용 전체의 구성을 생각해 보는 것이 대단히 중요해지는데, 그 까닭은 이 구조가 외부성 문제의 본질만이 아니라 그 크기를 변화시킬 수 있기 때문이다. 하나의 희화적인 예를 들어보자. 필사만이 가능하고 그래서 (형태 부여와 이전에 있어서의 높은 한계비용을 갖기에) 의사소통이 대단히 곤란했던 시기에 천문학의 거의 불가사의한 영역에서 한 지식인이 완성한 어떤 극히 첨단적인 지식은 (전 세계를 통틀어 한두 명의 동료나 이해할 지식이기에 획득에 있어서의 높은 한계비용을 갖는) 비경합성 지식임이 분명하지만 그 잠재적 청중은 극히 적고 실제 청중은 한 사람도 없을 것임이 틀림없다(즉 이 한두 동료는 결코 그와 접촉할 수 없을 것이다). 그러나 획득, 이전 및 형태 부여에 있어서의 한계비용이 급감할 때—의학 지식의 경우 어떤 질병을 피하기 위해서는 끓인 물을 마셔야 한다는 의학 지식의 경우처럼 즉각 모든 언어로 번역되고 모든 가능한 언론 매체에 의해서 이전된다면—외부성은 극단적으로 커질 것이다. 일반적으로 형태 부여와 이전에 있어서의 한계비용은 정보통신기술이 발전함에 따라 시간과 더불어 크게 하락해 가는 것으로 가정할 수 있다. 반면, 획득에 있어서의 한계비용의 변동의 예측 가능성은 그보다는 낮을 것이다. 이 비용은 전문적 지식의 경우 여전히 아주 높지만, 교육 · 훈련 투자가 이루어진다면 이 비용 역시 시간이 지남에 따라 하락해 갈 것이다. 따라서 경제재로서 지식의 비용 구성은 다음 〈표 15-1〉에 제시되어 있다.

〈표 15-1〉을 지식경제의 주요 특징들과 대비시켜 보면, 정보통신기술 혁명 덕분에 지식의 형태 부여와 이전에 따르는 비용은 크게 하락했으며, 교육 · 훈련 지출의 상대적 증대 경향에 따라 지식의 획득비용도 일정하게 하락될 수 있었음을 알 수 있다. 따라서 지식경제는 바로 이 이중의 기술적 및 교육적 효과로 지식의 외부성이 전례 없이 강력해진 경제라 하겠다.

‖ **표 15-1** ‖ 지식의 생산 및 사용의 비용구조(한계비용)

생산비	아주 높을 수 있다
추가 단위의 생산비	제로(비쟁투성 재화)
형태부여(주로 코드화)비용	최초에는 아주 높지만, 기술과 조직의 변동에 따라 크게 하락함
이전비용(매개비용 포함)	최초에는 아주 높지만, 기술과 조직의 변동에 따라 크게 하락함
획득(지식의 학습)비용	최초에는 아주 높지만, 교육 · 훈련 투자 덕분에 천천히 하락함

4. 무형재의 불가분성 : 전포괄주의 세계관과 재산권의 다양화

1) 전포괄주의(Wholism) 인식체계

물질적 유형의 재화는 여러 사람들에게 분할되어 소비되지만 정보나 지식 같은 무형재는 집합되어 있는 그대로 사용된다. 이를 '정보 및 지식 재화의 불가분성 혹은 비분할성'이라 한다. 경제학은 한계적 변화(marginal changes)에 관심을 가진다. 경제학 체계는 고전물리학 체계와 맞물려 있다. 즉 뉴턴이 발견한 미 · 적분학을 이용해 안정적이고 조화로우면서도 가장 효율적인 시장을 찾았다. 예를 들어 소비자이론에서의 한계효용, 그리고 생산자이론에서의 한계생산과 한계비용과 한계수입 개념 등은 주류경제학의 핵심을 이룬다. 이처럼 주류경제학에서의 합리적 의사결정은 한계적으로 생각할 때만 가능하다. 구체적으로 합리적 소비행위는 한계효용의 개념을 가지고, 합리적 생산행위는 한계생산과 한계비용의 개념을 가지고 설명해야 한다. 즉 시장이론을 압축한 수요와 공급의 법칙은 한계효용체감과 한계생산체감의 법칙을 전제로 성립한다. 실제로 대부분 우리가 알고 있는 물리적 사물은 한계생산 및 한계효용체감의 법칙의 적용을 받는다. 이처럼 '한계적 변화'에 대한 사유가 가능하지 않고서는 시장이론은 체계를 세우기 어렵다. 근대경제학이 '한계혁명(marginal revolution)'에 의해 비로소 성립할 정도였다.

그러나 무형재의 불가분성 혹은 비분할성은 모든 것이 연관되어 있기에 세세한 부분까지 소홀히 하지 않으면서도 전체가 가지는 총체적인 연관성과 의미를 추구한다. 이런 점에서 전체를 부분으로 쪼갠 뒤에 부분에 적용되는 자연법칙을 모아 전체를 이해하는 기계론적 자연관 혹은 환원주의에 기초하고 있는 산업사회의 경제학과 달리 "부분이 아닌 전체를 지향"하는 네트워크경제는 '불확정성원리'와 닿아 있다. 자연은 단지 부분들의 합이 아니라 그 이상이다. "나는 탄소지만, 나는 내 몸을 구성하고 있는 원자를 초월하듯이 전체는 부분을 초월하는 것이다." 전체의 본질적인 특성은 부분들의 집단적 조직화를 통해 비로소 창발(創發, emergence)된다. 이런 점에서 네트워크경제는 복잡계이기도 하다. 복잡계는 우선 수많은 구성요소들로 이루어져 있으며 이들 구성요소들은 독립적으로 존재하지 않고 다양한 영향을 주고받는다. 앞에서 살펴본 세계경제의 다원화가 그 실례다. 그 결과 구성요소들을 따로 놓고 봤을 때와는 사뭇 다른 거시적인 새로운 현상과 질서가 나타난다. 즉 복잡계는 요소환원주의가 아닌 전(총)포괄주의(Wholism)의 인식을 요구한다. 있는 그대로의 전체로서의 인식(복합성, 전체성)이 필요하기 때문이다. 복합화하면 새로운 성질을 획득하기 때문에 분석은 할 수 없고 전체를 통찰해야 한다. 전체는 개별의 합을 넘어 무언가 '플러스 알파(+α)'가 있다. 따라서 대상을 분할하면 상실되는 부분이 있다. 즉 전체에는 그 구성요인인 부분에서 볼 수 없는 새로운 성질이 있기 때문에 전체성에 주목을 해야 한다. 이런 점에서 혁신의 원천은 분석적이기보

불확정성원리 불확정성원리에 따르면 관찰자와 분리돼 존재하는 객관적 실체가 따로 있는 게 아니라 관찰을 위한 실험상황, 즉 인식행위에 따라 실체가 바뀐다. 즉 원자수준의 미세한 입자의 위치를 측정하려고 하면 그 행위가 피측정 입자에 영향에 영향을 주게 된다는 것이다. 따라서 입자의 위치와 운동량을 동시에 측정할 수 없다는 결론을 내린다. 이것은 인간 인식의 한계를 체계적으로 보여 주는 물리학 이론으로 명성을 얻는다. 1901년 12월 5일 태어나 20대 중반의 젊은 나이에 고전물리학의 근간을 송두리째 뒤흔든 혁명에 성공하고 31세에 노벨 물리학상을 수상한 독일의 베르너 하이젠베르크(Werner Heisenberg, 1901~1976)의 '불확정성의 원리(양자역학의 대표이론)'는 앨버트 아인슈타인(Albert Einstein, 1879~1955)의 상대성이론과 더불어 수천 년간 세상을 지배해 온 '결정론적 세계관'에 종지부를 찍고 새로운 인식세계를 제공한다. 전자의 위치와 운동량을 측정하는 실험에서 우리가 보통 빛으로 부르는 가시광선을 이용해 사물을 보듯이 전자는 감마선 현미경을 통해 관찰할 수 있다. 그러나 감마선이 전자에 닿는 순간 전자의 위치는 비교적 정확하게 알게 되지만 운동방향과 속도, 즉 운동량의 측정은 엉망이 되고 만다. 반대의 경우 감마선을 약하게 쬐이면 운동량은 근사치를 낼 수 있지만 이젠 위치 파악이 힘들어진다. 인간의 관측이 개입되면 존재의 최소 단위인 양자의 움직임은 미궁 속으로 빠져든다. 결국 인간이 알 수 있는 것은 별로 없다는 결론에 이르게 된다. 이게 바로 그 유명한 물질과 에너지는 같은 본질의 다른 형태라는 상대성이론이고, 물질은 서로 양립할 수 없는 입자와 파동의 성격을 동시에 갖고 있다는 양자역학이다.

다는 직관과 통찰을 요구한다.

이처럼 무형재 세계의 등장은 교육시스템과 방식의 전환을 요구하고 있다. 이는 지식생산의 방법론이 분과학문체계에서 통합교육으로 전환하거나 총체적 사고의 훈련으로 전환되는 복잡성의 증대와 네트워크의 확대에서 비롯한다. 산업사회의 노동력은 그들 작업장의 컨베이어 벨트처럼 천편일률적인 교육으로 대량생산될 수 있었다. 이는 기업의 설비투자의 유발경로 변화에서도 확인된다. 제11장에서 지적했듯이 제조업의 경우 설비투자의 성장 유발효과가 높기에 물적 자본 주도의 성장이 가능한 반면, '혁신주도형 지식기반경제'에서는 유효한 인적자본의 공급 유무에 의해 설비투자가 유발되고 있다. 인적자본의 중요성은 경제의 서비스화에서도 쉽게 확인된다. 한국은행에 따르면 10억 원 생산할 때 필요한 취업자 수인 계수는 제조업이 4.9명인 데 비해 서비스업은 18.2명으로 월등히 높다. 그만큼 서비스업의 일자리 창출효과가 크다는 것이다. 그런데 서비스업의 경쟁력을 높이기 위해서는 제조업과 달리 물적 자본보다는 인적자본에 대한 투자가 필요하다.

흔히들 지식사회에는 각인각색으로 다양하게 개인별 특기를 살리는 교육이 중요하다고 주장한다. 그러나 다른 한편으로는 복잡성의 세계와 다품종소량생산의 사회가 도래함에 따라 일부에서 새로운 인간형으로 르네상스 인간형을 얘기하고 있다. 그렇지만 레오나르도 다빈치같이 다기능 고숙련을 갖춘다는 것은 말처럼 가능한 일이 아니다. 한 사람이 복잡 · 다변화되고 있는 전문성을 혼자 모두 습득하는 것이 불가능해지면서 네트워킹을 통해 다양한 전문성을 공유하며 어떻게 하면 시너지효과를 극대화할 것인지가 중요 관심사가 되었다. 또한 다기능 고숙련의 확보는 개별적 수준이 아니라 공유와 협력 그리고 네트워크를 통해 해결할 수 있는 것이다. 사실, 복잡계 세계에서 조직의 모든 기본단위들은 독립적 성향의 자율성과 통합적 성향의 협력성이라는 두 가지 속성을 갖고 있다. 흔히 21세기 지식사회에서 '지식노동자'가 갖고 있는 전문적인 지식과 기술, 노하우(know-how)를 결집시켜 공유할 수 있는 능력, 주변에 산재해 있는 다양한 정보의 소재를 파악할 수 있는 능력(know-where), 공동목표를 달성하기 위해 타인의 전문성을 활용하는 차력(networking ; know-who)을 기업경영의 핵심역량으로 인식하는 연유도 여기에 있다.

이런 인식에 기초할 때 우리 사회에서 진행되고 있는 '교육평준화'의 폐기에 대한 논란은 방향이 잘못된 것이다. 교육의 방식과 내용을 바꾸는 것과 교육의 공공성을 유지하는 것과는 무관하기 때문이다. 지식이 가장 경제적인 가치를 갖는 지식사회에서 교육의 공공성은 더욱 강화되어야 한다. 그런데 교육평준화 폐기를 주장하는 일부에서는 공교육 중심의 교육체계가 산업사회에 적합한 교육의 방식과 내용을 재생산하고 있다고 잘못 생각하고 있는 것이다. 현재 요구되는 교육혁신은 기업의 현재 수요를 충족시키는 데 급급한 산학협동 차원이 아닌 교육이 사회를 선도하는 기능을 회복하는 수준이어야 한다. 즉 제7장에서도 지적했듯이 지식사회에서 요구되는 인적자원은 산업사회에서 요구되는 인적자원과 근본적으로 다르다. 산업사회와 인적자원과 달리 지식경제에서는 기술과 지식의 급속한 변화 속에서 변화를 선도하거나 적어도 변화에 신속히 대응할 수 있는 유연하고 창의적인 인재, 즉 지식노동자를 요구한다.

2) 공유와 협력의 세계 : 재산권의 다양화

오늘날 우리는 다양한 형태의 공유를 목격하고 있다. 그런데 오늘날의 공유는 기존의 국유라는 극단적 공유 형태가 아니라 다양한 형태와 수준의 공유로 나타나고 있다. 그리고 이 다양한 형태와 수준의 공유는 기존의 사유재산권체계와 공존을 하고 있다는 점이다. 예를 들어, 기업의 지식경영론이나 국가 차원의 지식경영에 해당하는 유리국가(Glass Nation)론의 핵심은 지식의 공유다. 기업의 지식경영의 핵심이 지식 공유라는 것은 잘 알려진 사실이다. 또한, 후자와 관련하여 네덜란드 정부는 한 가지 목표를 달성하려면 여러 사람의 지식을 모아야 한다는 점에서 '나 홀로 연구'에는 정부지원을 배제한다. 지식경제의 가장 큰 장애물은 자신의 지식을 새장에 가두려는 것이기 때문에 지식에 대한 방어벽을 깨는 것이 지식경제를 구축하는 출발점이 된다. 네덜란드의 지식기반 경제전략 역시 모든 사람이 자신의 지식을 유리알처럼 투명하게 밖으로 드러내도록 함으로써, 국가 전체 지식을 키우는 유리국가를 실현하고자 하는 것이다. 이처럼 현실경제에서 지식의 창조는 갈수록 집단적인 사업으로 나타나고 있다. 이 집단작업은 기업 내부에서도 외부에서도 이루어질 수 있으며, 그리고 명시적으로 구상되고 조직되거나 (컨소시엄의 경우처럼) 아니면 훨씬 더 비공식적이고 자발적인 형태로 이루어질 수도, 즉 서로 경쟁하는 기업들에 소속된 엔지니어들 사이에 노하우의 교환이 이루어지는 경우처럼 이루어질 수도 있다.[9)]실제로 이제는 특정 프로젝트를 추진할 때 전 세계에 분산되어 있는 수많은 전문가들을 글로벌 외주화(外注化, global outsourcing)로 엮어 내야만 최단시간 내에 최대의 효과를 창출할 수 있을 것이다. 이처럼 공유는 이 시대의 키워드다.

무형재의 경우 가치 창출이 집합적인 이유는 무형재의 불가분성에서 비롯한다. 그런데 시장이론에 따르면 공유는 비극으로 결과한다(공동지의 비극). 앞에서 보았듯이, 이는 공유가 경쟁의 원리 위에서 작동하기 때문이다. 공유 형태의 재산권체계가 보다 합리적 결과를 만들어 낼 수 있는데 이를 위해서는 협력의 원리가 작동할 때 가능하다. 공유와 더불어 협력이 이 시대의 또 하나의 키워드인 이유가 여기에 있다. 오늘날 고부가가치를 창출하기 위한 '협력적 상거래(collaborative commerce, c-commerce)' 모델, 즉 핵심능력을 함께 모을 수 있는 협력관계 형성이나 핵심자원의 공유의 중요성이 제기되는 연유도 무형재가 갖는 가치의 집합적 창출의 특성에서 비롯한다.

실제로 경제 환경의 변화와 위기에 직면한 많은 기업들이 시장 개척을 위해 핵심자원이나 역량의 공유, 즉 '적과의 동침'도 불사하거나 '원 소스-멀티 유스(one source-multi use)'로 부가가치를 높이는 '윈-윈(win-

9) Domique Foray, 2000, *L'cconomie de la connaissance*, Paris : La Decouverte, pp. 28~29.

win)'전략에 적극적인 것도 공유와 협력의 원리가 강화되는 측면을 보여 준다. 예를 들어, 미국 캔자스시의 메인 스트리트 미디어 기업은 2005년 9월 12일 다양한 소유의 16개 신문사를 공동 경영하는 프로젝트를 발표했는데 윤전기를 공동으로 사용해 경비를 줄이고, 광고의 영역과 범위를 확대해 수익을 높이겠다는 것이다. 뉴욕타임스와 워싱턴포스트는 10년 이상 신문 초판(기사 마감 후 처음 찍는 신문)을 교환해 오고 있다. 자사 웹사이트에도 공개하지 않는 기사를 경쟁지에 먼저 보여 준다. 경쟁도 좋지만 주요 사안에 대해 신문의 영향력을 키우기 위한 전략이다. 또 신문과 방송이 상호 때리기에 몰두해 있는 한국과 달리 미국의 3대 지상파 방송인 ABC는 뉴욕타임스와 NBC는 워싱턴포스트와 협약을 맺어 콘텐츠를 공유한다. 소프트웨어 산업에서 이루어지는 다양한 차원의 소스코드 공유도 마찬가지 현상이다. 경제 환경의 글로벌화에 따라 경쟁이 심화되는 가운데 생존을 위해 협력의 필요성이 증대하는 역설을 경험하고 있는 것이다.

최근 주목받았던 '블루오션(blue ocean)' 개념도 협력의 중요성을 보여 준다. 즉 기업들이 이익을 추구하는 시장에는 '레드오션(red ocean)'과 블루오션이 있는데 전자는 이미 잘 알려져 있는 시장, 즉 기존의 모든 산업을 말한다. 레드오션에서는 산업 경계가 이미 정의되어 있고 이를 수용하고 있어서 게임의 경쟁법칙이 잘 알려져 있다. 따라서 레드오션의 기업들은 시장수요의 점유율을 높이기 위해 경쟁사보다 우위에 서려고 노력한다. 그러므로 시장에 경쟁사가 많아질수록 수익과 성장에 대한 전망은 어두워진다. 결국 상품들은 일용품으로 전락하고 무자비한 경쟁에 의해 시장은 핏물로 가득 찬 레드오션이 되어 버리고 만다. 그래서 레드오션이란 용어를 사용했다. 이에 반해 블루오션의 경우 경쟁자가 없는 거대 무경쟁 신시장의 창출은 경쟁을 구조적으로 제거해야만, 즉 발상의 전환이 있어야만 가능하다. 이는 경쟁의 원리에 의해 부가가치를 창출하는 대신 협력의 원리로 효율성을 추구한다는 것을 의미한다.

이처럼 협력이 가능한 경우 공유 형태의 재산권체계가 최적의 결과를 만들어내는데 이와 관련하여 중국경제의 고도성장의 주역 중 하나인 향진(鄕

鎭)기업의 경제적 성과는 협력과 문화적 규범의 중요성을 잘 보여 준다. 흔히, 서구형의 시장경제에 익숙한 사람들에게는 '재산권이 불명확하고 지역정부와 분리되지 않았다는 것'을 중국 향진기업의 문제점으로 지적한다. 그런데 실증연구를 보면, 향진기업의 성장률이나 생산성은 국영기업보다 훨씬 높고 사기업과도 차이가 나지 않으며 오히려 사기업보다 기술적 효율성이 높은 것으로 보고하고 있다. 경제학의 재산권이론은 재산권이 명확히 규정되지 않을 경우 효율성이 담보되지 않는다고 주장한다. 하지만 집체소유(공동소유제)가 생산효율성과 부합하지 않는다는 이른바 '표준적' 재산권 이론의 주장[10]과 달리, 많은 연구자들은 사실상 중국의 기층정부가 소유하는 향진기업들의 '모호한 소유권'이 생산효율성에 심각한 문제를 제기하고 있지 않음을 보여 준다. 그 근거로 정교한 사적 소유권을 불필요하게 하는 '협조문화'의 존재를 지적한다.[11] 즉 향진기업의 제도적 특성은 지속적인 관계로 묶여 있는 공동체 구성원 간에 암묵적 계약을 통한 협조를 이용하여 독립적인 법체계의 부재 속에서 공동체의 장기 거주민 간의 최적의 소득공유형식을 창출한 데 있다.[12] 집체기업에서도 사기업과 같은 인센티브제의 작동,[13] 〈주인-대리인〉문제의 제거[14] 등을 지적한다. 예를 들어, 인센

10) 예를 들어, A. Alchain and H. Demsetz, 1972, "Production, Information Costs and Economic Organization," *American Economic Review*, Vol. 62, No. 5(December), pp. 777~795 참조.

11) Weitzman, Martin, and Chengang Xu, 1994, "Chinese Township-village Enterprises as Vaguely Defined Cooperatives," *Journal of Comparative Economies*, Vol. 18 No. 2 (April), pp. 121~145.

12) Nee, Victor, 1992, "Organizational Dynamics of Market Transition: Hybrid Forms, Property Rights and Mixed Economy in China," *Administrative Sciences Quarterly*, Vol. 37, No. 1(March), pp. 1~27.

13) Walder, Andrew. 1995(September), "Local Governments as Industrial Firms : An Organizational Analysis of China's Transitional Economy," *American Journal of Sociology*, Vol. 101, No. 2, pp. 263~301 ; J. Oi, 1995(December), "*The Role of Local State in China's* Transitional Economy," *The China Quarterly*, No. 144, pp. 1132~1149.

14) Oi, Jean, 1993(October), "Fiscal Reform and the Economic Foundations of Local State Corporatism in China," *World Politics*, Vol. 45, No. 1, pp. 99~126 ; Bowles, George, and Tim Coelli, 1996, "A Piece in the Township and Village Enterprise Puzzle," Working Paper, Dept. of Economics, University of Northern British Columbia and University of Winnipeg.

티브의 작동과 관련해서는 "기업의 지출이 예산제약을 초과했을 때 그 기업은 파산"하는 경성예산제약(hard budget constraints)이나 파산제의 시행, 규칙위반 노동자에 대한 해고제의 도입 등 제도의 유연성이 지적된다.[15] 실증연구 또한 향진기업이 국영기업보다 성장률이나 생산성에서 훨씬 앞설 뿐만 아니라 사기업과도 차이가 발견되지 않거나 심지어 사기업보다 오히려 기술적 효율성이 큰 것으로 보고되고 있다.[16]

이처럼 문화의 차이는 사물을 바라보는 관점의 차이를 만들고 이는 사람들의 행태나 사회조직이나 제도 등에 영향을 미친다. 예를 들어, 미국 미시간대학의 한 실험 결과에 따르면 동양인과 서양인은 사물을 보는 시각이 다른데 서양인은 사물에 초점을 맞추고 동양인은 전체 맥락을 보는 경향이 있는데 이는 문화의 차이에서 비롯된다고 분석했다. 흔히 유럽과 달리 한국이나 동아시아 미작(米作)사회는 '경쟁'과 '사유'보다는 '협업'과 '공유'의 전통이 강한 사회로 인식되고 있다. 그러나 유럽의 전통사회에서도 협력과 공유가 결합된 경우를 찾을 수 있다. 중세 유럽의 농업경영방식은 (쟁기와 연축 등) 생산도구의 공동 확보와 (파종부터 수확 과정까지의) 공동작업을 수행한 관습적 공동경작체제에 기초하였을 뿐 아니라 중세 장원에는 영지 내 모든 구성원이 공동권을 행사하고 있던 촌락 주변의 목초지 · 삼림 · 황무지 등 '공동지(common field)'가 존재하였는데 공동작업과 생산도구의 공동 확보 그리고 공동지 제도는 토지의 생산성을 극대화하기 위한 제도였음이 입증되고 있다.[17] 재산권의 변화를 사회적 필요에 비해 자원의 희소성이 증가할 때 발생하는, 즉 요소의 상대가격 체계의 변화로 설명

15) Naughton, Barry, 1994, "Chinese Institutional Innovation and Privatization from Below," *American Economic Review*, Vol. 84, No. 2(May), p. 270.

16) Svejnar, Jan, 1990, "Productive Efficiency and Employment," in W. Byrd and Q. Lin (eds.), *China's Rural Industry : Structure, Development, and Reform*, New York : Oxford University Press, pp. 243~254 ; Dong, Xiao-Yuan, and Louis Putterman, 1997, "Productivity and Organization in China's Rural Industries : A Stochastic Frontier Analysis," *Journal of Comparative Economics*, Vol. 24, pp. 181~201.

17) Stefano Fenoaltea, 1991, "Transaction costs, Whig history and the common fields," in Bo Gustafsson(ed.), *Power and Economic Institutions*, Edward Elgar, pp. 107~169.

하는 이들에 따르면 서유럽사회에서 봉건제가 성립하는 10세기경에 토지는 노동력에 비해 상대적으로 풍부하였기 때문에 토지 사용에 대한 배타적 권리를 고안할 필요가 없었다는 것이다.[18)]

사실 경쟁이 제대로 작동하기 위해 배타적 · 절대적 · 독점적 소유권을 의미하는 사유재산권이 필요한 것은 아니다. 예를 들어, 토지의 소유권은 사용권, 용익권, 처분권으로 구분할 수 있고 이들 세 가지 권리를 모두 갖고 있을 경우 사유재산권체계에 부합하지만, 처분권은 없고 사용권과 용익권만 부여하더라도 시장경제의 활동에는 전혀 지장이 없다. 사실 소유권은 분리할 수 없는 하나의 실체가 아니라 소유자가 소유하는 대상물을 사용할 수 있는 권리의 다발이다. 즉 소유권(O)은 단순히 추상적 의미에서 하나의 소유권이 아니라 a, b, c 등 다양한 기능으로 합쳐진 것이다. 달리 표현하면 [O = a + b + c + … + n]으로 나타낼 수 있다는 것이다. 북구의 사회민주주의자들이 전면적인 사회화 추진을 폐기한 이유가 여기에 있다. 소유권 기능의 일부분을, 즉 a와 b는 포함하고 c는 제외하는 식으로 사회화를 추진하는 것만으로도 사회주의적 가치 추구가 가능하며 경제적으로도 유리하기 때문이다.[19)] 그러나 배타적 사유재산권(사적소유권)만이 대안이라고 주장하는 오스트리안과 신고전학파의 일관성 있는 주장은 소유권의 개념을 단지 사유화냐 국유화냐 하는 이분법에서 벗어나지 못하고 있다. 예를 들어, 국유기업이 '사회적' 목표를 추구하지 않듯이, 사적기업은 공공의 목표를 희생시키고 자신의 목표를 추구한다. 즉 기업에서 의사결정에 관련된 사람들은 각자의 보수(임금)를 극대화하고자 하는데, 이 보수들이 넓은 의미에서 사회적 목표와 일치하는 경우는 거의 없다.

경쟁과 사유의 세계에서 협력과 공유의 세계로의 사고 전환은 모든 사회의 절대 절명의 시대적 과제로 부상하고 있는 미래 원천 기술의 확보와 관

---

18) North, D.C., and R.P. Thomas, 1973, *The Rise of the Western World : A New Economic History*, Cambridge University Press, pp. 19~20.

19) Gunnar Adler-Karlsson, 1970, *Reclaiming the Canadian Economy*, Toronto : Anansi, pp. 14~15.

련해서 중요한 의미를 갖는다. 기본적으로 지식 및 정보 재화와 같은 무형재는 대개 회수불능의 매몰비용(sunk cost)으로 처리되는 막대한 초기투자를 필요로 하는 데 반해 추가적인 재생산비용(즉, 한계비용)은 거의 0에 가까운 수준으로 떨어지는 것이 일반적이다. 게다가 비경합성 및 비배제성과 더불어 사용해 보기 전에는 제품의 특성에 대해 잘 알 수 없다는 경험재적 특성으로 인한 시장의 불투명성[20] 등의 문제가 존재한다. 그런데 '고위험(high risk)-고수익(high return)'의 특성을 갖는 첨단기술의 경우 아무리 수익이 크다고 해도 위험성이 높기에 투자를 유치하는 일은 말처럼 그리 쉽지 않다. 따라서 투자재원을 마련하는 문제가 중요한 반면, 경제규모가 작아 양적 투자규모로 선진국을 따라잡기 어렵고 게다가 1997년 위기 이후 투자의 위험공유시스템이 붕괴된 반면 자본시장은 상대적으로 발달하지 않은 우리나라의 경우 선택과 집중을 한다 할지라도 첨단기술 개발을 위한 투자재원이 마련되기 쉽지 않다.[21] 예를 들어, 위험과 이익을 공유하는 투자시스템의 마련 없이 우리나라 바이오가 성장산업으로 만개(滿開)할 것을 기대하는 것은 현실적으로 불가능하다. 바이오산업은 기본적으로 상업화까지 장기간이 소요되는 산업이다. 줄기세포든 신약이든 7~10년 정도는 기다릴 줄 아는 인내심이 요구된다. 의욕 넘치는 연구자들, 기업가정신을 가진 기업들을 떠받쳐 줄 인내심 있는 '인내자본(patient capital)'이 절실하다. 거품이나 머니게임이 아니라 산업으로서의 바이오를 기대한다면 더욱 그렇다. 2004년 4분기 미국 벤처캐피털이 전 분야를 100으로 했을 때 정보기술과 바이오에 투자한 비중은 각각 52.9%와 31.5%였던 반면, 우리나라는 55.7%와 2.6%였다. 바이오 시대를 말하기엔 그 비중이 너무 작고, IT와 BT의 융합을 강조하기엔 너무 불균형적이다. 그나마 2.6% 중 7년 이상 묶여 있어도 되는 인내자본이 얼마나 되는지는 말 안 해도 짐작이

20) Bradford. J. DeLong & Michael A. Frookmi, 2000, "Speculative Microeconomics for Tomorrow's Economy," *First Monday*, Vol. 5, No. 2.

21) 최배근, 2006, 「지식정보사회의 재산권, 화두는 다원화」, 『철학연구』 72집.

갈 것이다. 다른 분야도 마찬가지다. 2003년 기준 NT 분야의 국가 R&D 규모도 미국과 일본의 6~8분의 1에 불과하다. 우리가 풀어야 할 숙제다.

오히려 최근 소위 성공한 벤처기업들이 외국계에 넘어간 사례가 심심찮게 나타나고 있다. 그 결과 우리나라 역량이 이전되고 일반 국민이 이익을 공유할 수 없는 문제가 제기되고 있다. 성장단계에 있는 벤처기업들이 국내에서 더 이상 크기가 어려워 외국계의 힘을 빌리는 것이다. 우리 사회에서는 IMF 관리체제에서 '열풍'으로 표현할 정도의 벤처현상이 불었다. 위기 극복을 위한 정부의 능동적인 구조조정 및 고용대책, 자산가격 폭락에 따른 부동자금의 흡수로 인한 코스닥시장의 급성장, 자금조달방식 및 조직관리 등에 있어서 기존 시스템의 붕괴 등이 복합적으로 작용하였다. 이처럼 국가 주도의 경제시스템과 정경유착의 산물로 평가받는 기존의 재벌체제에 대한 대안으로 등장한 '벤처붐' 역시 국가 주도하의 시장형성 과정이었다. 즉 기존의 재벌체제가 그랬듯이 아직 존재해 본 적조차 없던 "제대로 된 시장"을 만들어 낸다는 긍정적인 측면과 함께, 정부가 주도함으로써 발생하는 과정상의 비민주성 등의 부작용이라는 '이중성'이 재생산된 것이다. 그 결과 벤처투자 시장이 활력을 찾지 못하고 있다. 벤처 활성화를 위해 정부에서 벤처투자 시장에 대규모 자금을 뿌리고 있음에도 불구하고 시장 반응은 미지근하다. 벤처캐피털 업계에 따르면 정부가 2005년 하반기부터 2006년 상반기까지 중소기업 전문 투자펀드인 모태펀드를 통해 세 차례에 걸쳐 창업투자회사 펀드에 투입한 돈은 총 2,050억 원으로 집계됐다. 그러나 창투사들이 2006년 9월까지 벤처기업에 대해 신규로 투자한 금액은 4,702억 원에 그친 실정이다. 이 수치는 2005년 같은 기간 투자액인 4,317억 원보다 겨우 9% 정도 늘어나는 데 그친 것이다. 특히 중소기업청이 집계한 2006년 창투사들의 투자계획 1조 2,500억 원의 절반에도 못 미치는 수준이다.

게다가 벤처기업 자체가 '고위험-고수익' 기업이므로 투자자 및 노동자 개인의 차원에서는 물론 사회 전체적 차원에서 위험을 증대시키는 효과가 있다. 흔히, '10% 게임'이라는 말에서 알 수 있듯이, 전체 벤처기업의 성공률은 매우 낮기 때문에 벤처기업화가 평균이윤율을 반드시 끌어올린다는 이론적 보장이 없을 뿐만 아니라 '손실의 사회화' 가능성이 항상 존재하고 있다. 예를 들어, 일각에서 연기금 비중 증대를 통한 벤처자금시장의 안정화론을 내세우고 있는데, 불특정다수에게 뜻밖의 손실(windfall loss)을 가져올 수 있다는 점을 고려할 때 공공자금의 투입을 위해서는 최소한 안정적 평가시스템의 구축을 통한 일종의 사회안전망의 구축이 필요하고 이를 위해서는 전사회적 차원에서 수익과 위험의 공유 장치를 전제로 해야 한다. 미국 벤처캐피탈의 경우 연기금으로부터의 자금조달비중이 높으나(약 60%), 이는 사회보장을 사적 책임에 맡기는 특성 때문이며 연기금 투자액 중에서 벤처캐피탈에 대한 투자가 차지하는 비중은 미미하다. 이 문제를 해결하기 위해서는 가치 네트워크의 파트너들이 리스크와 보상을 공유하는 것이다. '리스크 분산설'에 따르면 '자원획득의 확실성'이 낮은, 즉 리스크가 큰 공유 프로젝트일수록 사유보다 공유가 유리하다. 이익의 보장이 불확실할 때는 나눔이 독점보다 유리하기 때문이다. 주식 투자에서 여러 종목에 분산 투자함으로써 한 곳에 투자할 경우 생길 수 있는 위험을 피하고 투자수익을 극대화하기 위한 방법인 포트폴리오(portfolio) 이론도 같은 차원이다.

이처럼 현재의 지식경제에서 경제활동을 보면 소유는 사적인 반면, 가치창출이 집합적이거나 집합적으로 이루어질 가능성이 높기 때문에 사적 소유체계나 유한책임 메커니즘은 네트워크 시대의 가치창출과 충돌한다. 즉 네트워크경제는 재산권 원칙의 재평가와 법적 체계의 혁신을 요구하고 있다. 재산권이 효율성을 높이는 방향으로 진화하지 않는다면 경제의 진보는 지체될 수밖에 없기 때문이다. 이미 국제사회는 지적재산권이 세계 경제의 성장과 창조경제에서 가장 큰 걸림돌이 되고 있음을 우려하고 있다.[22] 즉 지식은 전 세계적인 확산을 통해 성장을 촉진해야 하는데 지적재산권은 개

22) 「자크 아탈리(미래학자)-수파차이(UNCTAD) 사무총장 대담」, 제7회 세계지식포럼, 매일경제, 2006. 10. 20.

리스크 분산설 파라과이 동부의 열대우림엔 '아체(Ache)'라는 종족이 있다. 수렵과 채집으로 생활하는 원주민이다. 이들은 혼자 짐승을 사냥해 와도 마을의 구성원 모두와 나눠먹는 반면, 열매나 과일과 같은 채집물은 개인의 소유권이 인정돼 가족끼리만 나눈다. 채집이냐 사냥이냐에 따라 분배의 범위가 다른데 오랜 시간 동안 형성된 관습이다. 미국의 인류학자 힐러드 카플란과 킴 힐(Hillard S. Kaplan and Kim Hill) 교수는 아체족을 관찰한 끝에 1985년 인간의 분배행위에 관한 기념비적인 논문을 발표했다. 두 교수는 사냥으로 잡은 고기와 채집에 의한 열매·과일의 분배방식이 크게 다르다는 데서 분석의 실마리를 풀어 나갔다. 이들은 그 차이를 '자원획득의 확실성'에서 찾았다. 열매나 과일은 누구나 노력하면 안정적으로 손에 넣을 수 있다. 수확이 예측가능하고 확실한 편이다. 그러나 사냥은 다르다. 괜찮은 사냥감이 늘 잡혀 주진 않는다. 노력해도 허탕 치는 경우가 있다. 육류는 공급의 불확실성이 높다는 것이다. 이 때문에 사냥에 계속 실패할 경우 동물성 단백질을 섭취할 기회를 잃게 된다. 아체족은 이 위험을 최소화하기 위해 사냥으로 얻은 육류를 구성원 모두가 나눠먹게 됐다는 것이 카플란과 힐의 주장이다. 내가 사냥해온 고기를 남과 나눠먹음으로써 다음 사냥에서 빈손으로 돌아와도 남이 잡아 온 고기를 얻어먹을 수 있다. 이때 현재의 분배는 미래에 대한 보험인 셈이다. 이런 식으로 고기를 나눠먹는 것은 사냥에 실패할 위험(리스크)을 사회 전체적으로 분산시키는 기능을 한다. 그런 의미에서 카플란과 힐의 주장은 '리스크 분산'이라고 불린다. 이 논문은 인간의 분배행위 전반을 이해하는 데 중요한 단서를 제공했다는 평가를 받았다. 그 후 인류학계에선 분배가 이념이나 철학과는 별도로 인류가 오랜 진화과정에서 깨달은 생존 전략의 하나라는 주장이 나왔다. 원하는 것을 늘 얻을 수 있을지 불확실할 때는 나눔이 독점보다 유리하기 때문이라고 한다.

도국들이 새로운 지식이나 기술을 활용하기 어렵게 만듦으로써 성장을 가로막고 있다는 것이다. 무엇보다 아이디어나 지식은 희소성이 있는 게 아닌데 지적재산권이라는 인위적인 장치가 이를 희소한 것으로 만들고 있다고 주장한다. 그 결과 공공의 이익이 자신의 존재 이유이기도 한 지적재산권의 보호가 이미 창의력을 약화시키는 방향으로 작용하고 있고, 지나친 지적재산권 적용은 오히려 불법시장을 확산시키는 부작용으로 이어지고 있다.

즉 저작권과 특허권의 역사는 오래되었지만 이것을 지적재산권이라는 이름으로 강화하려는 시도가 이뤄진 건 요 몇 년간의 일이다. 형법에 절도죄나 강도죄가 있어도 은행은 특수 금고에 돈을 보관하고 무장 경비를 세워 둔다. 은행의 돈을 지키는 건 1차적으로 특수 금고이고, 정부의 개입은 그 다음이다. 지적재산권은 반대로 정부의 개입 없이는 유지되기 어렵다. 따라서 지적재산권 강화는 정부개입의 확대로 이어진다. 경제학 교과서에도 나오듯이 정부개입은 필연적으로 시장을 왜곡시킨다. 저작권과 특허권은 이제까지 정부의 큰 개입 없이도 쉽게 유지될 수 있었다. 여기에는 복제 기술의 한계가 한몫을 했다. 그런데 복제 기술이 발달하면서 문제가 생겼다. 특히 저작권은 바람 앞의 등불처럼 됐다. 이에 대한 저작권자들의 대응은 두 가지로 갈린다. 제일 먼저 나타난 반응은 지금 음반업계가 하고 있는 것처럼 정부가 시장에 더 많이 개입하도록 하는 것이다. 그러나 여기에는 사실 한계가 있다. 간단히 말해서 기업이 정품 소프트웨어를 쓰고 있는지 자주 단속을 하면 소프트웨어 생산업체는 좋지만 다른 업계의 기업은 그렇지 못하다. 따라서 정부는 적당히 개입하는 정도에 그친다. MS의 경우 이런 적당한 개입으로도 충분히 많은 이익을 얻을 수 있다. 정부의 적당한 개입으로는 도저히 만족할 수 없는 사업자들도 있기 마련이다. 특히 일반 소비자를 상대로 하는 경우가 그렇다.

이와 관련하여 특허제도의 목적을 역사적 진화과정을 살펴볼 필요가 있다. 특허 개념은 15세기 이탈리아 베니스 지방에서 시작되었다. 르네상스 시기의 기술자들은 자신의 발명이 공개될 경우 발명에 대한 자신의 권리를 잃어버릴까 두려워했다. 그 결과 발명의 기술적 내용을 암호 등의 일반화되지 않은 방법으로 표현했다. 최초의 공식적인 특허법은 15세기에 베니스 지방에서 제정되었다. 이 당시 베니스의 특허법은 현대 특허제도의 발명 조건처럼 새롭고 유용하며 고안된 것이어야 한다는 점을 요구했고, 특허의 보호기간을 10년으로 하여 누구든지 이 기간 동안은 특허 받은 발명을 모방하는 것을 금지시켰다. 활발한 무역이 이루어지고 있는 베니스 지방에서 최초의 특허가 나타난 것은 당시 뛰어난 재능을 가진 장인들을 외부로부터 끌어 모아 경제를 활성화시키려는 경제정책의 일부였다고 한다. 이렇게 시작된 특허제도는 이후 16세기에 이르러 이탈리아 유리제조업자를 중심으로 일반화되었다. 당시 이탈리아 유리제조업자들은 자기 기술의 재산적 가치를 인식하고 있었으며, 이 가치를 이탈리아 지역을 넘어 다른 지역에서도 보호받기를 원했다. 그 결과 베니스 유리제조업자들의 활발한 무역활동을 통해 전 유럽에 베니스 특허법이 퍼지게 되었다.

이처럼 산업사회에서 특허법은 공익과 사익의 충돌 속에서 양자의 이익을 조정하는 역할을 했다. 특허법에 나타난 공익은 발명을 보호하여 기술의 공개를 유인하고 이를 통해 산업발전을 촉진하는 것이며, 사익은 발명가 또는 발명기업이 발명을 통해 얻을 수 있는 이익이다. 즉 이처럼 특허제도는 발명자에게 독점권을 부여하는 대신 특허와 관련된 지식을 사회에 공개토록 하여 지식의 공유를 유도하고 있다. 이와 관련하여 특허제도를 통해 얻어지는 사익은 크게 자연권설과 산업정책설로 설명한다. 자연권설은 인간이 자신의 신체에 대해 자연적인 소유권을 가지고 있기에 인간의 지적 노동을 통한 지적 산물의 소유권을 긍정하는 입장이고, 산업정책설은 특허제도가 일반 대중의 복지를 증진시키기 위한 경제적 원리에 기초하여 만들어진 정책의 산물이라고 한다. 예를 들어, 슘페터(J. Schumpeter)는 특허제도가 발명가의 독점적 지위를 제도적으로 강화하여 기술혁신을 통한 경제성장을 일으키는 경제정책의 일환으로 채택된다고 생각했다. 슘페터가 주장하고 있는 것은 경제활동을 수행하는 주체들이 가지는 규모가 경제성을 보장해 준다는 것이었다. 그리고 규모의 경제에는 새로운 기술이 등장하면 이 기술에 대한 투자를 통해 충분한 이윤을 얻을 때까지 다른 새로운 기술이 나타나지 않을 것이라는 점이 전제되어 있었다.

하지만 고도로 분화된 네트워크를 통해 엄청난 정보를 빠르게 획득할 수 있는 사회, 경제구조가 등장함에 따라 슘페터가 전제하고 있는 안정에 대한 생각은 중요한 도전에 직면하게 되었다. 정보의 확산이 빠른 속도로 이루어지는 현대사회에서는 환경변화에 대한 정보를 획득하고, 이를 통해 나타나는 기업이나 개인의 지속적인 변화가 중요하기 때문이다. 따라서 과거, 지식의 확산속도가 더뎠을 때는 특정한 지식을 소유하고 이를 통해 생산규모를 크게 하여 새로운 지식이 나타날 때까지 독점의 효과를 누릴 수 있었지만, 지식의 확산속도가 빨라지면서 지식의 독점보다는 새로운 지식을 획득하여 변하는 것이 중요해졌다. 디지털경제의 요체는 언제 어디서나 누구와도 필요한 정보를 상호 교환할 수 있는 점이다. 정보나 지식이 네트워크를 통해 공유된다는 것은 경제활동에서 매우 중요한 의미를 갖는다. 이처럼 네트워크를 통해 공유된 지식은 과거보다 훨씬 효율적으로 활용되어 생산성의 획기적 향상으로 연결될 수 있다. 독점보다는 협력과 공유가 공익과 사익 모두를 증대시킨다.

반면, 정보의 독점성(상업적 및 개인적 가치)이 공공적 가치와 충돌한다. 즉 공개 후 정보가치가 하락하고 소멸(반공개 혹은 비공개 정보의 가치 증대)하는 반면, 다수에게 알려지고 정보 접근이 용이함에 따라 가치가 증대하기 때문이다. 이는 무형재의 결합성과 누적가치성의 특성과 관련이 있다. 이론적으로 공공적 가치의 이익이 상업적 및 개인적 가치의 이익을 크게 초과하는 경우 공유가 바람직하다. '사회화된 상품'의 경우가 대표적 경우로 윈도의 운영체제가 그 예가 될 수 있다. 운영체제는 이미 '사회화된 상품'으로 모든 컴퓨터에 사용되는 이 운영체제는 다른 응용프로그램의 어머니와 같은 구실을 한다. 누구나 공개된 운영체제 위에서 프로그램을 개발한다면 훨씬 더 빠르고 편리한 프로그램을 사용할 수 있을 것이다. 즉 누구나 공개된 운영체제 위에서 프로그램을 개발한다면 훨씬 더 빠르고 편리한 프로그램을 사용할 수 있을 것이다. 따라서 윈도 같은 '사회화된 상품'은 소스코드 공개와 함께 운영체제를 자유소프트웨어로 만드는 것이 바람직하다. 그렇지 않을 경우 윈도 운영체제의 사실상의 전 세계적인 독점성으로 인해 운영체제와 맞지 않으면 프로그램이 동작하지 않을 뿐 아니라 마이크로소프트가 운영체제 인터페이스(interface, 서로 다른 두 시스템, 장치, 소프트웨어 따위를 서로 이어 주는 부분 또는 그런 접속장치)를 공개하지 않으면 윈도에서 동작하는 프로그램을 만들 수가 없다. 윈도 운영체제는 이미 천만 줄이 넘는 코드를 가지고 있다. 또한 대부분의 소프트웨어가 수백만이 넘는 코드를 지니고 있다. 또한 각각의 기능을 담당하는 블록 역시 엄청나게 증가하고 있다. 그리고 각각의 블록들은 모두 배타적 독점 소유권인 특허를 가지고 있다. 이제 이러한 특허를 모조리 비켜 가면서 하나의 소프트웨어를 생산한다고 하는 것은 이미 불가능하다. 또한 수많은 프로그래머들이 더 좋은 소프트웨어를 생산하는 것보다 이미 있는 프로그램을 사용하지 않고 특허를 빗겨 가기 위하여 더 많은 노력을 하고 있다. 이는 나무에서 사과가 떨어지는 것을 만유인력의 법칙을 사용하지 말고 설명하라고 하는 것과 똑같은 것이다. 물론, 상품의 사회화 정도가 문제될 수 있다. 즉 어느 정도 사회화된 상품이 공유되어야 하느냐는 것이다.

그런데 여기서 유인의 결여란 상황이 전형적으로 나타나는데, 그 결과 사회의 관점에서 볼 때 민간투자는 불충분하게 이루어진다. 이러한 문제가 이른바 '공공재의 문제'이다. 기본적으로 지식의 생산활동이 이윤을 창출한다 하더라도 지식의 완벽한 통제를 유지하기가 곤란하기 때문에 이윤 전부를 회수한다는 것은 거의 불가능에 가깝다. 편익의 일부는 타인에 의해 포획되는데, 이를 외부화된다고 한다. 외부성이 존재한다면 발명자는 자신의 발명이 낳는 사회적 수익보다 더 작은 몫을 수취할 것이라고 예상할 것이 틀림없다. 그가 획득할 사적 한계수익이 사회적 수익보다 작을 것이기 때문이다. 이미 본 바와 같이 과학 · 기술적 지식은 거의 통제 불가능한 재화일 뿐만 아니라 동시에 비경합성과 누적성을 가지는 재화이다. 이 상이한 속성들은 긍정적 외부성의 힘을 증대시키고, 그에 따라 사적 수익과 사회적 수익 간의 격차도 더욱 커진다. 때로는 이 격차가 너무 커서 발명자가 그 사회적 수익을 보상받는 것이 상상조차 할 수 없는 경우도 있다. 피타고라스의 작업은 어느 정도의 사회적 수익을 가질까? 그리고 이 작업의 "정당한 가치"를 어떻게 보상할 수 있을까? 지식의 창조 작업에 대한 보상 메커니즘은 바로 금전적 가치만이 아니라 몽테뉴의 말마따나 "존경이란 보상"을 포함하는 경제에서만 진정으로 고려될 수 있을 것이다. 지식의 기반들이 가속적으로 민영화되고 있는 이 시대에 지식을 공공재라고 말하는 것은 오해를 초래할지도 모른다. 더구나 그것은 어떤 재화도 그 본성상 공공재일 수 없다고 주장하는 논자들과 논쟁의 대상이 되기에도 적절한 주제이다. 따라서 어떤 재화(예컨대 지식)를 비배제성과 비경합성을 근거로 공공재로 규정하는 것이 반드시 이 재화가 국가에 의해 생산되어야 한다거나 이 재화의 시장은 존재하지 않는다거나 그 민간 생산은 불가능하다는 것을 의미하는 것은 아니라는 점을 상기할 필요가 있다. 그것은 단지 이 재화의 속성들을 고려할 때 단지 경쟁시장 체제만으로는 그것의 효율적인 생산이 보장되지 않는다는 점을 의미할 뿐이다. 사실, 다시 등대의 경우를 살펴본다면, 주지하다시피 이 경우에 민간 시장이 작동하는 까닭은 한 주체가 서비스를 제공하는 대가로 수조권에 대한 국지적 독점을 부여받고 있기 때문이다. 마찬가지로, 새로운 지식(특허)에 대한 민간 독점을 창조함으로써 시장은 이 재화를 생산할 수 있게 된다. 그러나 상기의 두 경우에 있어 시장을 통한 해법은 불완전하다. 왜냐하면 독점의 보유자는 이 재화의 사용을 추가 사용자에게 허용하는 데 드는 무시할 만한 비용에 (기존 지식 사용의 한계비용은 거의 제로임을 이미 보았다) 조응하는 가격(항만세 또는 자격증의 판매)으로 (등대의 또는 지식의) '빛'을 제공하지는 않을 것이기 때문이다.

이처럼 지식 사용의 한계비용이 제로이기 때문에 그 사용상의 효율을 극대화하려면 접근 제한이 존재하지 않아야 한다는 것 그리고 사용 가격이 제로여야 한다. 즉 지식은 '자유재'라야 한다는 점이다. 이것이 비경합성 재화를 최적으로 사용할 수 있는 조건이다. 보다 구체적으로 본다면, 지식의 보급이 신속할수록 주체들 간의 조정은 용이해지고, 특히 연구자와 기업가 세계 내에서 지식이 전파되면 연구 프로젝트들의 중복 위험은 줄어들고, 차후의 발견과 발명의 가능성은 제고되며, 그리고 동시에 이 지식이 그 잠재적 가능성을 활용할 능력이 없는 주체들에 의해 보유될 위험은 감소된다. 이처럼 지식의 사용상의 효율이 극대화되려면 지식의 신속하고 완전한 전파와 그에 따른 제로의 가격이 요구된다. 그러나 지식의 생산에 관해서는 동일한 논리가 적용되지 않는다. 사실, 지식의 생산에는 돈이 들며, 때로는 엄청난 돈이 든다. 이 사실 때문에 새로운 지식을 창조하기 위한 자원의 사용상의 효율이 극대화되려면 그 생산에 소요되는 모든 자원의 비용이 창조된 지식의 경제적 가치에 의해 완벽하게 보전될 수 있어야 한다는 조건이 반드시 충족되어야 한다. 즉 민간주체들은 그 지식이 사용될 때 보상적 수익을 점유할 수 있는 수단을 구비하고 있어야 한다. 이것은 지식이 사용되는 대가로 가격이 지불된다는 것을 함의한다. 그런데 이것은 지식의 사용이 제한될 때에만 가능하다. 그러나 과학 · 기술적 지식의 영역에서 지식의 사용을 제한함으로써 단지 몇몇 소비자들의 개인적 즐거움만이 아니라 특히 축적, 집단적 진보 및 다양한 지식들 간의 새로운 결합에 의해 제공되는 수많은 기회들도 저해된다.

따라서 다음과 같은 딜레마가 나타난다. 지식의 사용에 양수의 가격을 부과하는 것만으로도 지식 창조를 위한 자원의 배분은 보장될 수 있는 반면, 일단 생산된 지식의 효율적 사용은 오직 제로 가격에 의해서만 보장될 수 있다는 것이다. 이것은 일단 생산된 지식의 사회적 차원에서의 효율적 사용을 보장한다는 목적과 민간에게 지식 생산을 위한 이상적인 동기를 제공한다는 목적 사이에 존재하는 딜레마다. 이 딜레마는 지식의 누적성 개념과 더불어 비로소 그 진정한 의미가 드러나며, 이렇게 해서 지식은 소비의 세계로부터 생산의 세계로 이행하게 된다. 이 딜레마가 우리에게 지적해 주는 바는 비경합성과 누적성을 갖는 재화가 창출하는 긍정적 외부성을 부정적 외부성과 동일한 방식으로 교정할 수는 없다는 점이다. 부정적 외부성(소음, 공해)의 경우에는 문제가 상대적으로 간단하다. 즉 그것을 발생시키는 주체에 대해 작용을 가하는 것, 말하자면 발생원에 대해 교정을 강제하거나 세금을 부과함으로써 해결할 수 있다. 반면, 긍정적 외부성의 경우엔, 바로 외부성이 긍정적이라는 사실 때문에 그것을 감소시키는 것이 문제의 해결책이 되지 않는다는 점이다. 이 문제는 훨씬 복잡할 뿐만 아니라, 창조자의 이익을 보전한다는 목적과 사회를 위한 편익을 유지한다는 목적 사이에 끼여 그 해결의 여지는 대단히 좁다.

코즈(Coase)에 의하면 외부성 문제는 일방적인 문제(수혜자에게 작용을 가함으로써 감소시킬 수 있는 문제)가 아니라 창출자와 수용자 간의 쌍방적인 문제이다. 지식 생산의 영역에서는 집단적 주체들(연구 · 개발 협정, 기술센터, 하이테크 컨소시엄)의 창조는 '외부성의 내부화'를 가능케 함으로써 이 문제를 완화시킬 수 있다. 여기서 초점은 지식의 통제 가능성에 작용을 가하는 것이 아니라 지식이 자발적으로 공유될 수 있는 범위를 확대함으로써 외부성의 크기를 축소시키는 데 있다. 달리 말해서, 이 해결책은 지식의 공유라는 경제에 긍정적인 측면을 건드리지 않은 채 외부성에 의해 제기되는 문제를 (외부성의 크기를 감소시킴으로써) 축소시킨다. 하지만 이 해결책에는 뚜렷한 한계가 있다. 조정과 조직비용은 참가자 수의 증가와 더불어 증가하기 때문에 파트너의 수를 '무한정 크게' 늘릴 수는 없다. 게다가 기초지식의 생산에서 나오는 외부성은 정의상 대단히 커서 항상 어떤 집단적 기구건 그 국지적 범위를 넘어설 것이다. 외부성의 차원을 축소시킴으로써 공공재 문제를 자연스럽고도 비의도적으로 완화시키는 일련의 현상들이 존재한다는 것은 확실하다. 하지만 현재 진행 중인 기술 변동은 오히려 이 문제를 강화시키고 있는 것으로 보인다.

예를 들어, 인터넷의 세계는 지식의 외부성 게임을 조장한다. 이 세계는 지식이 코드화되고, 즉 비암묵적이고, 지식의 획득, 코드화 및 이전비용이 낮으며, 그래서 지식은 강력한 누적성을 갖는 그러한 세계이다. 하지만 이 공공재 문제에 의해 제기되는 곤란이 시간이 지날수록 강화되고 있는 것으로 보인다. 왜냐하면 이러한 가상세계, 즉 바로 지식의 형태 부여와 이전의 비용이 간단없이 축소되고 있는 세계가 다가오고 있기 때문이다. 지식이 주로 입과 귀를 통해서 기억되고 이전될 때는 실제로 이 지식을 사용하는 사람의 집단은 대단히 작다. 사용자의 수가 늘어날 때 구전 또는 필사에 의한 이전은 메시지의 내용이 바뀌어 버릴 위험이 농후하다. 따라서 지식을 포착할 수 있는 사용자 수의 확대에는 물리적 한계가 존재한다. 한 지식의 '여행'은 너무 오랜 과정이어서 그 사용의 비용이 궁극적으로 제로가 된다는 문제는 제기되지 않는다. 승려들이 수기로 필사하던 시대에도 지식의 절도가 가능했던 것은 확실하지만, 어쨌든 그 가능성은 제한되어 있었다. 이것이 오랫동안 인쇄술이 거부되었던 주된 이유인데, 왜냐하면 인쇄는 텍스트들의 운명을 기계의 손에 맡겨 버리며, 텍스트들이 미지의 사용자들에게 판매될 수 있기 때문이다. 저자는 자필 원고의 필사본을 대개 가까운 친지에게만 제공함으로써 자신의 작품에 대한 통제를 장악하려 했던 것이다.

이러한 필사공동체에서는 외부성의 차원이 크게 축소된다. 이와 반대로, 디지털 기술과 새로운 전송망의 결합으로 어떤 문화 또는 과학 프로그램도 순식간에 전 세계로 전파될 수 있게 되자 지식의 비경합성에 의해 제기되는 문제가 대단히 첨예하게 되었다. 왜냐하면 이 기술들이 지식의 실제적 수혜자들의 수를 거의 무한정으로 확대시키기 때문이다. 과학 분야에서 출현하고 있는 그러한 세계, 즉 지식의 형태 부여와 이전의 비용이 거의 제로이고, '능력 있는' 주체들의 수가 충분히 많은 세계를 예로 들어보자. "HP 9000은 오늘날 고분자 물리학에 종사하는 과학자들의 작업방식을 근본적으로 바꿔 놓았다. 매일 약 2만여 편의 새로운 학술 논문의 요약을 담은 전자 메시지들이 60여 나라로 전송되고 있으며, 관심을 가진 독자라면 누구나 즉시 그것들을 읽을 수 있다. 매일 4만 5,000명의 물리학자들이 보다 오래된 정보들을 찾으려고 전자 서고를 방문하고 있다."[23] 오늘날 지식경제학의 관점에서 볼 때 이러한 장구한 기술진보의 궤적이 가지는 의미가 더 잘 이해될 수 있다는 점은 의심의 여지가 없다. 문자의 발명과 서적의 완성에서 시작되었던 이 궤적은 글쓰기의 기계화와 자동화 및 지식을 코드화하는 다른 형태들에까지 이르렀다. 이 궤적은 정보의 저장 및 이전과 관련된 인프라가 진보해 온 궤적과 밀접하게 얽혀 있다. 이 모든 진보들 덕분에 지식의 비경합성과 누적성의 보다 효과적인 활용이 가능하게 되고 있다. 이런 의미에서 볼 때 이 진보들은 지식경제를 위한 일관된 물적 기반을 제공하는 반면에 새로운 지식의 생산자에 대한 보호와 보상 문제는 악화시키고 있는 것이다.

23) Michael Mulligan, *Financial Times*, 1994. 4. 18.

5. 시장과 위계 그리고 네트워크

오늘날 정보통신기술은 정보의 유통 및 전파로부터 나타나는 새로운 가능성들을 보다 잘 활용할 수 있는 독창적인 조직 모델의 채택을 조장하고 있다. 즉 전산화의 동학은 기술변화와 조직변화 간의 상호작용의 산물로서 특히 기업들이 정보통신기술을 사용하는 방식에 근본적인 변화를 일으키고 있다. 중앙집중형 전산장치(계산 기능에 헌신)로부터 분산형 전산장치(업무의 국지적 자동화와 관리 과업들)로의 이행에 뒤이어 네트워크로 연결된 전산장치(과업과 지식의 연계)로의 이행이 이루어졌는데, 이행이 이루어질 때마다 정보통신기술의 통합 형태와 조직방식에 급격한 변화가 일어났던 것이다. 예를 들어, 정보통신기술은 통신과 정보처리비용 및 조정비용을 감소시킴으로써 경제활동의 비중을 증가시키고, 조정비용의 감소는 조직 내 생산보다 저렴한 가격으로 상품이나 서비스를 구매할 수 있는 외주생산(outsourcing)을 장려한다.

정보의 전달이 물리적 매체에 의존하던 시대에는 정보를 교환하는 사람들이 많을수록 정보의 속도성, 고객화, 상호작용성 중에서 어느 것을 희생해야 했다. 정보를 교환하는 사람이 많을수록 정보의 양과 질이 낮아지는 상충관계가 존재했기 때문이다. 즉 많은 사람들을 대상으로 물리적 매체를 통한 정보를 전달할 경우 일방적 전달만 가능하고 상호작용성이 보장되지 않았다. 또한 개개인의 능력 또는 선호를 고려하여 교환되는 정보의 수준을 조정하기도 어렵기 때문에 정보의 고객화 정도도 감소했다. 그런데 인터넷을 통한 정보통신이 가능해지면서 경제주체 간 상호접속성이 증가함에 따라 상충관계가 소멸하고 있다. 네트워크를 통해 모든 사람의 정보 교환이 가능하기 때문이다. 이처럼 정보통신기술은 외부화 실천과 네트워크 거래 모델을 조장한다.

또한, 정보통신기술의 발달은 의사결정방식에 변화를 초래하고 있다. 즉 정보교환의 자유성은 의사결정과 권한의 위계구조(hierarchy)를 초위계구조(hyper-hierarchy)로 변화시키고 있다. 물리적 매체의 경우 정보의 양적인 측면과 질적인 측면에서 모두 제한된 정보만 획득할 수 있으므로 개인과 조직의 의사결정은 위계구조가 필요하다. 개인의 경우 제품 구매 시 거리를 선택하고 거리 내 위치한 상점들 중 하나를 선택한다. 즉 조직구조의 효율성이 과거에는 기능별로 분화된 위계구조를 통해 수많은 조직구성원들의 상호의존적인 업무를 조정하는 것으로 이는 IT 기술이 발달하지 않은 상황에서 계층구조를 통해 더 적은 커뮤니케이션을 조정하는 것이 효율적이었던 것에 기인한다. 그런데 경쟁 격화와 고객 욕구의 세분화 등으로 관료제적 의사결정의 비효율성이 노출됨에 따라 IT 기술의 활용에 의해 탈관료제적이고 '유기적' 조직구조, 즉 네트워크 조직구조로 변화하고 있다.

네트워크 조직구조의 등장은 기업의 조직구조를 변화시킬 뿐만 아니라 기존의 기업조직 및 시장을 대체하는 새로운 거래 유형으로 자리매김까지 하고 있다. 첫째, 네트워크 조직구조는 기업의 조직구조에 영향을 미치고 있다. 수직적인 위계구조를 갖는 기업의 경우에는 중간관리자가 상대해야 하는 하급직원의 수가 수평적 구조보다는 작으므로 정보의 질과 양에서 일정 수준을 유지할 수 있으나 상급자와 하급자 간에 정보의 비대칭성이 존재했다. 즉 정보의 양과 질을 보장하기 위해 수직적 위계구조가 바람직했다. 그런데 사람의 수와 정보의 양과 질 간에 상충관계가 존재하지 않을 경우에는 기업 내 팀제의 도입이 가능하다. 즉 교환되는 정보의 양과 질을 손상시키지 않으면서 다양한 자율적인 팀 간의 정보교환이 가능하기 때문이다. 예로 기능별 구조의 수직적 위계와 프로젝트 중심의 수평적 의사소통 경로가 결합된 매트릭스(matrix) 조직이나 프로젝트 중심의 팀제 구조는 기업 내 정보유통의 개방성을 증대시키고 조정활동이 용이하게 되어 유연한 활동이 가능하다. 유기적이고 수평적인 기업구조는 제품의 생산과 판매에 직접 종사하는 라인기능의 권한을 강화한다. 고객의 변화하는 요구에 따라 시장에 민첩하고 유연하게 적응할 필요가 있기 때문이다.

둘째, 네트워크 조직은 시장가격이나 기업 위계질서의 감독이 아닌 상호이해관계와 상호의존성에 기초한 새로운 조정형태의 조직이다. 네트워크 조직의 이점은 정보의 전달이 효율적이며 전달된 정보가 계층제 내에서 전달된 정보에 비해 신뢰도가 높고 풍부하다는 것이다. 또한, 네트워크 조직은 조직행위자 간의 조정과 통합을 원활히 하여 규모의 경제가 가지는 이점을 얻을 수 있는 동시에 소규모 기업이 갖는 혁신성과 유연성을 동시에 성취할 수 있다. 특히 복잡하고 불안정한 조직 환경은 이런 장점을 지닌 네트워크 조직의 유용성을 한층 높인다. 네트워크 조직에서 중요한 것은 상호이해를 달성하기 위해 명확한 커뮤니케이션에 의존하는 관계성이다. 정보와 커뮤니케이션은 자율적인 행위자들, 즉 개인 혹은 전체 조직이 함께 일할 수 있는지 여부를 결정한다. 커뮤니케이션은 참여자들 간의 상호이해를 촉진하기 위해 상호간에 정보를 창조하고 공유하는 과정으로 정의할 수 있으며 언제나 관계성을 내포한다.

이처럼 거래관계에서 '제3의 유형'으로 네트워크가 출현할 수 있었던 것은 정보통신기술이 상호의존성을 효과적으로 관리할 수 있는 방법을 제공하였기 때문이다. 즉 기존의 산업혁명이 기업에 의한 시장 대체라면, IT네트워크 기술진보는 네트워크에 의한 시장과 기업의 대체인 것이다. 기업조직과 다른 거래유형으로서 네트워크의 등장은 조직 구성원의 성격도 변화시켰다. 지금부터 반세기 전에 포천(Fortune)지의 편집장 윌리엄 화이트(William Whyte, 1956)가 자신의 저서 『조직인간(*The Organization Man*)』에서 말한 조직 중에서 특히 주목한 조직이 바로 왕조 시절이나 군대에서의 충성심처럼 복종과 충성을 장기간의 복무로 보상하였던 기업이었다. 즉 기업조직의 구성원을 조직인간으로 명명한 것이었다. 화이트는 이 책에서 개인주의에 대한 대중적 숭배를 가졌던 미국이 어떻게 조직 삶을 맹세하는 피고용주의 국가로 변했는가를 묘사하였다. 예를 들어, 2002년 오스카상(Oscar-winning film)과 전미비평가협회 선정 올해 최고의 영화로 선정된 〈디 아워스(The Hours)〉에서 1950년대 로스엔젤레스(Los Angeles) 교외에 살았던 남자 배우 존 레일리(John Reilly)의 캐릭터는 화이트의 조직인간의 모습을 잘 보여 주고 있다. 그러나 그 조직인간은 오늘날 하나의 새로운 종(species)인 '네트워크화된 인간(networked person)'으로 변형되었다. 네트워크화된 인간은 랩톱컴퓨터(laptop computer)를 조작하고 이동전화와 이메일을 사용하는 등 사람들과 항상 전자접촉을 하고 움직이고 있다. 조직인간이 자기 동기를 갖거나 리스크를 취할 필요가 제거된 위계 속에서 안락을 발견하고, 결정은 위에서 이루어지는 매우 구조화된 세계에서 살고 있는 반면, 네트워크화된 인간은 자신이 접속하고 있는 지식기반, 자신이 받아들이는 기업문화, 그리고 자신이 항상 소통하고 있는 동료들에 의해 인도되어 늘 결정을 해야 한다. 스탠리 밀그램(Stanley Milgram)은 1967년 "6단계 거리(Six Degrees of Separation)", 일명 '상호연결성에 대한 사회 연결망' 조사에서 네브래스카주의 오마하에 거주하는 160명에게 편지를 보내 보스턴에서 일하는 주식 중개인을 개인적으로 잘 알고 있다면 직접 우송하고, 개인적으로 알고 있지 않다면 당신이 알고 있는 사람들 중에 주식중개인을 더 잘 알 것 같은 사람에게 편지를 우송하라고 요청하였다. 그 결과 오마하에서 보스턴의 주식중개인까지 평균적으로 5.5단계를 거쳐 전달되었다. 이 연구를 통해 '6단계 거리'의 개념을 정립 · 발표하였다. 요약하면 "사람과 사람 간의 연결에서 그 누구와도 6단계 이내에서 연결된다"는 것이다. 그런데 최근의 연구에 따르면 이 연결고리는 4.6명까지 축소되었다. 이메일 등 기술을 통해 더욱 더 넓은 범위의 사람들과 접촉이 가능함을 보여 주고 있다.

조직구성원의 성격 변화에 따라 21세기 조직들은 21세기 노동자들에게 적합하지 않은 문제점을 드러내고 있다. 즉 수직화된 조직구조가 늘 전문작업을 보다 복잡하고 비효율적으로 만들기 때문에 오늘날 거대기업들은 기업 내 전문가들의 생산성을 향상시키지 못하고 있다. 유사하면서도 분리되어 운영되는 수많은 비즈니스 단위들로 구성되고, 전략을 결정하고 실행을 감시하는 사령부에 의해 통제되는 고전적 구조는 모든 사람이 자기 위치를 알았던 명령과 통제의 시스템으로 오늘날의 e-비즈니스와 영구혁신과 글로벌 경쟁의 시대에는 쓸모가 없게 되었기 때문이다. 물론 현실을 보면 오늘날 놀라울 정도로 많은 기업들이 여전히 반세기 이전과 같은 '명령-통제' 구조를 갖고 있고, 소위 '제국적 기업 센터'는 여전히 가장 일반적인 사령부이다. 게다가 의사결정과 책임을 분산시킨 기업들도 새로운 조직이 문제에 빠질 때마다 종종 예전의 중앙집중구조로 회귀하고 있는 실정이다. 그럼에도 불구하고 고전적 구조(혹은 '매트릭스구조')의 가장 큰 결점은 지식의 확산에 장애가 되고 축적될 수 있는 규모의 경제를 제약한다는 점으로 새로운 유형의 조직의 필요성을 부인할 수가 없다.[24]

〈그림 15-3〉은 완전경쟁시장, 시장-위계, 네트워크의 구조형태를 설명한 그림이다. (A)는 완전경쟁시장으로 경제주체인 개인은 요소시장으로부터 a에게서 생산에 필요한 원료를 구매하고 생산하며, 생산물 시장에서 b에게 판매함으로써 가치생산-가치실현에 있어서의 시장과정을 행위한다. 여기서는 가치생산(구매-생산), 가치실현(판매-소비)이 서로 다른 요소시장과 생산물시장으로 분리되어 있으며 가격이 각각의 시장 내에서의 거래와 각각의 시장을 연결하는 중심을 이룬다. (B)는 거래비용경제학에서 이야기하는 경제구조로써 거래에서 발생하는 거래비용을 피하기 위해 거래의 일부를 내부화한 것이다. 그림에서 알 수 있듯이 기업으로의 내부화(insourcing)는 주로 생산과정에서 발생하는 거래비용을 피하기 위해 발생하며, 가치실현을 위해서는 여전히 생산물시장에 의존하여야 한다. 따라서 가치생산과정에서 일부거래가 기업으로 내부화되었을 뿐 전반적인 구조는 완전경쟁시장과 유사하다.

반면, (C)는 네트워크구조를 의미한다. 여기서는 생산과정에서 요소시장이 아닌 생산자 네트워크를 통해 자원을 확보하고, 가치의 실현과정도 일회적인 시장거래가 아니라 지속적으로 소비자와 관계하는 '온라인 고객관계관리(e-CRM, Customer Relation Management)' 방식을 이용한다. 결국 가치생산-가치실현이라는 경제과정 일반이 시장이 아닌 네트워크를 통해 이루어지고 있는 것이다. 그리고 네트워크구조 안에서 생산자 네트워크와 소비자 네트워크는 시장의 요소시장과 생산물시장처럼 생산과 소비가 명확히 구분되지 않는다. 생산자는 소비자 네트워크와의 지속적인 피드백 과정을 통해 제품의 문제를 발견하고 아이디어를 수용하는 방식을 통해

24) Economist, "The new organization," January 21, 2006.

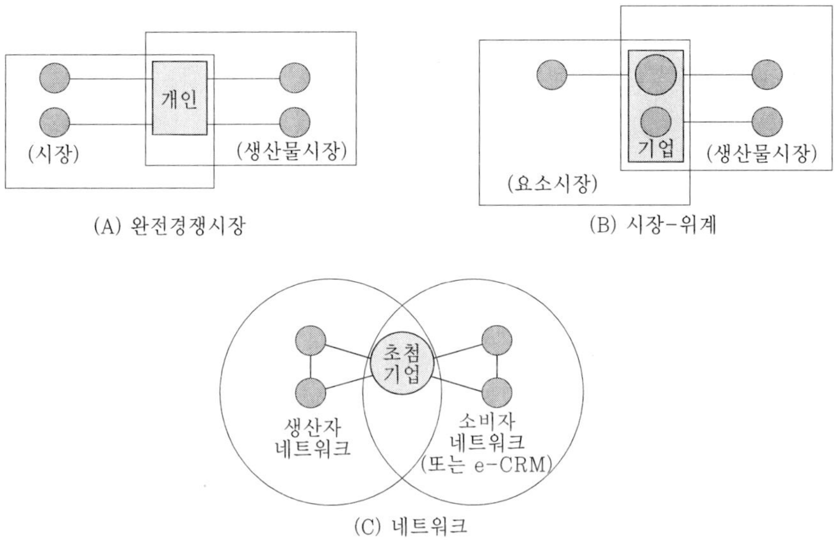

‖ **그림 15-3** ‖ 완전경쟁시장, 시장-위계, 네트워크의 구조형태

제품의 개발과 혁신에 소비자를 참여시킨다. 따라서 그림에서 생산자 네트워크와 소비자 네트워크는 점선으로 표시하였다. 여기서 특히 중요한 것은 전체 네트워크 안의 각 주체들의 연결과 소비자 네트워크와 생산자 네트워크 간의 연결을 매개하는 것은 네트워크라는 '관계' 자체이지 '가격'이 아니란 점이다. 네트워크구조에서 이처럼 '가격'이 주체들을 매개하는 중심적인 기능을 상실하게 되었다는 것이 네트워크를 시장과 다른 지배구조로 파악하는 중심적인 이유이다.

요약하면, IT네트워크 기술의 핵심기능은 경제행위자들 간의 상호작용의 효율성, 즉 경제행위자들 간 상호작용하는 데 소요되는 조정비용을 급격히 감소시킨다. 그러나 IT네트워크 기술이 (다국적 기업의 경우와 같이) 지리적으로 멀리 떨어져 있는 조직구성원들이 같은 팀 구성원으로 서로 협력하여 공동작업을 수행하는 것, 즉 시간과 공간의 제약을 초월하여 상호작용을 가능케 하는 반면, 직접 대면 접촉하여 상호작용할 수 없는 사람들을 어떻게 효과적으로 통제하고 관리할 수 있을 것인가 하는 통제의 효과성 문제에 직면, 즉 대리인비용을 발생시킬 위험에 처한다. 따라서 신뢰와 같은 대안적 통제메커니즘의 발전이 전제된다. IT네트워크는 거래비용 중 기술적 효율성의 문제인 조정비용은 감소시키는 반면, 경제행위자들의 기회주의적 속성에서 비롯하는 통제비용(예로 협상, 감시, 강제, 제재 비용 등)은 여전히 별개의 문제로 남기 때문이다. 경쟁이 심화되는 환경에서 핵심능력을 함께 모을 수 있는 협력관계(네트워크)를 형성할 필요성이 증대하는 반면, 협력은 신뢰에 기반할 수밖에 없기 때문이다.

이런 점에서 네트워크 조직은 복잡계를 대표하는 단위이기도 하다. 앞에서도 지적했듯이, 복잡계란 무한한 요소가 상호 간섭해서 어떤 패턴을 형성하거나 예상 외의 성질을 나타내거나 각 패턴이 각 요소 자체에 피드백(feedback)되는 시스템으로 이해할 수 있다. 따라서 복잡계는 공진화(co-evolution)와 상생의 원리를 특징으로 하고 있다. 공진화란 다양한 구성인자가 보이지 않게 미래를 만들어 가는 과정, 즉 끊임없이 계속되는 상호, 호혜관계 속에서 서로 의존하고 있는 점들이 함께 진화해 나가는 과정으로 이해한다. 따라서 갈등과 대립이 존재하는 것을 정상상태로 인정하고, 승자를 정하는 것이 아니라 무승부, 오히려 비김의 상태에서 서로 협동하고 공존하는 것을 통해 새로운 세계를 만들어 낼 수 있다고 본다. 예를 들어, 무어(James F. Moore, 1997)는 자신의 저서 『경쟁의 종언(*The death of competition : leadership, strategy in the age of business ecosystems*)』에서 비즈니스의 사고와 태도에서의 근본적 변화를 주목하면서 오늘날 경제와 비즈니스는 하나의 기계장치(mechanism)나 기계가 아니라 항상 움직이는 그래서 아무도 통제하지 못하는 비즈니스 생태계 안에서 공진화하는 예상할 수 없는 유기체라 역설한 바가 있다. 이런 점에서 복잡계는 적자생존의 원리가 아니라 상생의 원리를 바탕으로 하는 공진화의 체계라 할 수 있다.

따라서 네트워크 조직에서는 의사소통을 강화하고 지식과 정보를 공유함으로써 구성원들 간에 '적극적 되먹임 고리(positive feedback)'가 작동(수확체증의 법칙이 작동)할 수 있다. 반면 관료제 같은 기존의 위계조직은 기본적으로 무질서, 혼돈을 완전히 제거하는 것을 목표로 하기 때문에 끊임없이 '소극적 피드백(negative feedback)'이 발생하고, 그 결과 조직의 경직성, 복지부동, 무사안일, 구태의연 등이 만연하는 죽은 조직이 된다. 이처럼 네트워크 조직에서는 자율적 질서창출의 원천인 비평형상태를 용인해야 할 뿐만 아니라 조성할 필요도 있다. 복잡계 개념에 따르면 네트워크 조직에서 발생하는 통제비용은 기우에 불과하다. 네트워크 조직에서는 구성요소들이 혼돈과 질서가 경계를 이루는 경계면, 즉 혼돈의 가장자리에서 새로운 질서를 자발적으로 형성(자기조직화 현상의 발생), 즉 창발(emergency)해 내는 자기조직화 능력을 갖고 있기 때문에 환경에 적응할 수 있다고 본다. 달리 말하면 복잡계는 복잡적응계(complex adaptive system)이기도 하다. 이처럼 복잡계는 앞에서도 지적했듯이 요소환원주의가 아닌 전(총)포괄주의(Wholism)의 인식을 요구한다. 있는 그대로의 전체로서의 인식(복합성, 전체성)이 필요하기 때문이다. 복합화하면 새로운 성질을 획득하기 때문에 분석은 할 수 없고 전체를 통찰해야 한다. 전체는 개별의 합을 넘어 무언가 '플러스 알파(+α)'가 있다. 따라서 대상을 분할하면 상실되는 부분이 있다. 즉 전체에는 그 구성요인인 부분에서 볼 수 없는 새로운 성질이 있기 때문에 전체성에 주목을 해야 한다. 이런 점에서 혁신의 원천은 분석적이기보다는 직관과 통찰을 요구한다.

오늘날 국제상거래도 순수한 시장교환을 넘어서는 조정메커니즘을 포함하고 있다는 믿음이 확산되고 있다. 예를 들어, 국제상거래들은 기업 내 무역(intra-firm trade)을 포함한다. 거래의 양 당사자가 독립적 기업들인 경우 많은 거래들이 장기 계약의 합의를 수반하는 거버넌스시스템(systems of governance)을 통해 관련될 것이다. OECD에 의한 많은 연구들은 관련된 당사자 교역과 국제 주문이 확산되고 있다는 것을 보여 준다. 따라서 거래들은 동일 기업 내(순수위계)에서 혹은 공급자들을 대규모 구매자들의 생산주문에 묶어 두는 계약 의무로 이루어지기 때문에 오늘날 세계시장에서 수요와 공급은 결정은 궁극적으로 상호 관련되고 있다. 즉 오늘날 시장경제는 경제학자들이 시장제도가 운영하는 것이라고 생각하도록 훈련받아진 방식과는 다른 운영제도와 양식을 포함하고 있다. 이는 하나의 복잡계인 새로운 국제상거래 범주에서 무역을 통한 이득과 경제성장에 대한 함축이 전통적인 국제무역이론들에서 얻어진 결론과 일치하지 않을 수 있음을 보여 주는 것이다.[25)]

마지막으로 기업의 규모와 관련해서도 경제활동들 간의 조정비용은 조직경계 결정의 핵심적 변수다. 종래에는 가치사슬(value-chain)상에서 긴밀한 조정이 필요한, 상호 연계된 경제활동들이 조직들에 분산되어 수행하는 경우 이를 담당하는 각 조직 간의 조정에 높은 비용이 발생하였다. 그 결과 효율적인 조직경계의 설정을 위해 수직적 통합 등을 통해 이들 연계된 경제활동들이 동일 조직의 경계 안으로 묶어졌다. 반면, IT네트워크는 경제행위자들 간의 조정비용을 획기적으로 감소시킴으로써 효율적 조직경계의 결정에 중대한 영향을 미칠 가능성이 있다. 즉 IT네트워크는 상호 연계된 경제활동들 간의 조정비용을 감소시킴으로써 이들이 비효율성 때문에 동일한 조직의 경계 안에서 수행되어야 할 필요성을 줄인다. 그 결과 이들 상이한 원리에 기반한 경제활동들이 별도의 조직들로 분할되어 각 조직이 한가지의 경제적 원리에만 전문화하고, 이들 경제활동 간의 조정은 IT네트워크를 통해 이루어지게 되는 기업분할의 현상이 급속하게 진행될 가능성이 있다.[26)] 물론, IT네트워크에 기반한 기업분할의 경향성이 종래의 시너지나 다각화와 충돌하는 것은 아니다.

이러한 기업의 분자화(molecularization) 경향은 순수한 시장의 존재를 불가능하게 하고 기업조직을 출현시킨 것은 정보 획득의 시간과 비용에서 비롯한다. 그런데 정보와 조정비용이 감소함에 따라 산업적 위계와 경제가 분자적 조직과 경제구조로 대체된다. 즉 새로운 기업은 개인에 기초한 분

---

25) Vivianne Ventura-Dias, 2003(July), "What can we say about trade and growth when trade becomes a complex system?" *Comercio internacional* 27, CEPAL : International Trade and Integration Division, UN Publications : Chile, Santiago.

26) J. Hagel III & M. Singer, 1999, "Unbundling the corporation," *Harvard Business Review*, May-June. pp. 40~50.

자적 구조를 가진다. 인간 분자가 기업 단위로 기능하고, 동기화되고 스스로 학습하는 기업가적 노동자들이고 지식노동자다. 이들은 새로운 도구들에 의해 힘을 갖고 협력하는 노동자들로 가치를 창출하기 위해 자신의 지식과 창의성을 적용한다. 이처럼 새로운 경제는 인간 분자를 부의 창출을 위해 타인과 네트워크화한 클러스터(cluster)들로 통합하는 네트워크화한 경제이다. 새로운 기술네트워크는 소기업들로 하여금 규모의 경제와 자원에 대한 접근 등 대기업의 주요 이점을 극복할 수 있게 한다. 새로운 기업조직은 대기업의 단점들, 즉 사멸한 관료제와 질식하는 위계제, 그리고 변화에 대한 무능력의 부담이 존재하지 않는다. 대기업이 분해됨에 따라 신속성의 이점, 자치와 유연성의 이점을 얻게 된다. 인터넷 모델을 따라 네트워크는 기업들 사이에서 장벽을 파괴하기 시작했다.

이처럼 지식경제의 성장은 기업의 규모에 커다란 영향을 미치고 있다. 일부에서는 중요한 지적 자산으로 간주되는 것을 보호하려는 기업의 욕구가 거대한 지구적 규모의 대기업을 등장시키고 있다고 주장한다. 반면 시장에 기초를 둔 거래가 점차 쉽고 저렴해짐에 따라 소규모 기업들과 개별 기업들의 (가상의) 네트워크에 의해 제공되는 규모와 속도와 유연성의 이점이 대규모 기업의 필요를 제거할 것이라는 주장도 있다. 20세기 말에 목격했던 지구적인 메가 합병의 바람이 소규모 기업들이 더욱 소형화되는 경향과 맞물려 있다. 이는 단기적으로 시장이 메가 기업들과 초소형 기업들의 협력네트워크로 양분될 것임을 보여 준다.

그러나 장기적으로는 각 조직형태의 상대적 효율성이 각각의 생존을 결정할 것이다. 단기적으로 주요 이슈는, 기업 내부에 보유할 가치가 있는 지식이 어떤 것이고 시장거래의 비용은 얼마인지가 될 것이다. 기술향상으로 시장계약과 관련된 불확실성과 복잡성이 감소하고 있고, 계약당사자들 간 정보 비대칭성에서 비롯되는 시장에서의 기회주의 또한 감소하고 있다. 거래들이 기업에서 시장으로 이동함에 따라 기업에서 중간 과정은 완전히 소멸될 것이다. 즉 경제주체 간 상호접속성이 확대될수록 기업의 규모가 축소하고 가상기업과 네트워크 기업이 증가한다. 실제로 중간관리층이 축소되고 외주(outsourcing)나 분사형태의 방식으로 기업이 재편되면서 기업의 규모가 점차 축소하고 있다. 즉 네트워크경제에서는 대기업보다 중소기업이 효율적인 것이다. 제8장에서 지적했듯이, 이론적으로도 기술진보는 시장의 효율성을 증대시키고 이는 기업조직의 수요를 감소시킨다.

또한, 기업활동이 현실의 거래시장에서 사이버공간으로 이동하면 비용과 조직이 감소한다. 그 결과 지적능력 또는 핵심역량을 중심으로 한 경영자원의 재구축과 재배분이자 산업 차원의 새로운 분업화에 해당하는 모듈기업 또는 가상기업이 증대하는데 이들은 주로 핵심역량을 제외한 다른 경영 및 생산활동들이 그 기업 자체 내에서 수행하지 않고 다른 그 부분에서 비교우위를 가진 기업들과의 거래를 통해서 조달한다. 인터넷에서 파는 것은 실제 상품이 아니라 상품에 관련된 정보의 판매로 보다 적은 노력으로 같은 매출액과 생산성 달성이 가능하기 때문이다. 이처럼 전통적인 형태의 기업의 존재가치는 점차 약화되고 상호특징적인 핵심역량을 갖는 기업들 간의 합작형태인 가상 및 네트워크 기업이 증가하고 있다. 이러한 변화는 정보기술혁명으로 개인기업이 비즈니스의 주류로 부상하는 경향과 맞물려 있다. 일부에서는 다국적기업이 향후 20~30년간 국가의 힘이 빠지면서 더욱더 강해지다가 그 후 급격히 힘을 잃게 될 것으로 전망한다. 즉 전자민주주의, 개인 권력의 강화, 인간의 이동성 강화와 변화의 욕구 다변화로 대기업에서 일하면서 가상현실 속에서 직장을 구하거나 일을 하는 사람이 많아지면서 지금과 같은 형태의 대기업은 사라질 것으로 전망하는 것이다.

모듈기업(module corporation) 부품이나 완제품을 외부 기업으로부터 받아 최종 제품을 판매하는 기업을 일컫는다. 이러한 기업은 자기 회사 내에 생산시설을 전혀 갖고 있지 않거나 또는 최소한의 시설만 갖춘다. 이렇게 되면 생산설비에 드는 비용을 디자인이나 마케팅 등 경쟁의 핵심요소에 집중 투자하여 경쟁력을 키울 수 있는 장점이 있다. 이러한 형태의 기업은 최초로 패션산업에서 시작되었는데, 이것은 급변하는 환경에 쉽게 적응하기 위해서였다. 대표적인 모듈기업으로는 나이키, 리복 등이 있으며 국내에서는 이랜드가 대표적이다.

한편, 소유와 경영이 분리된 현대의 기업은 준공공적 성격을 갖고 있다. 주식회사형 기업은 단지 개인의 사적인 사업상 거래를 수행하는 법적 장치가 아니라 집단적인 재산을 운용하는 경제생활의 새로운 조직이기 때문이다. 게다가 지금까지 대규모 기업은 한 사회의 고용 창출에 크게 기여했다. 즉 기업은 하나의 사회적 제도였다. 그런데 오늘날 기업조직은 기관투자가들의 역할이 증대함에 따라 기업재산의 사회적 성격은 증대하고 있는 반면, 고용흡수의 효과적인 경제조직이나 경제적 안정장치 기능은 감소하고 있다. 예를 들어 정보기술혁명에 따라 등장한 새로운 기업들의 고용규모는 이전의 대규모 기업에 비해 크게 줄어들었다. 또한 노동의 외주계약의 증가나 다운사이징(downsizing)에서 보듯이 대부분의 사람들에게 평생직업과 같은 전통적인 고용제도는 더 이상 존재하지 않는다. 게다가 탈규제된 노동시장이 강요하는 유연성과 이동성의 요구는 전통적인 형태의 가족생활에 커다란 긴장을 불러일으키고 있다. 즉 기업은 더 이상 과거의 노동현장을 인간적으로 받아들이지 않는다. 특히 영어권 국가의 기업은 연금지급에 대한 책임을 개인으로서의 피고용자에게 전가함으로써 기업의 사회적 책임에서 벗어나고 있다. 즉 노동의 상품화가 진척됨에 따라 사회적인 제도로서의 기업은 점점 약화되고 있는 것이다. 따라서 기업에 대한 사회적 지원의 정당성도 약화될 수밖에 없다. 이처럼 오늘의 기업은 급변하고 있고, 산업사회의 기업이 계속 존속할지조차 의문이다.

제16장 무형재의 세계로 바라본 시장의 세계

1. 경합성이 없는 무형재의 세계

앞에서 살펴보았듯이 시장이 효율성을 보장해 주기 위해서는 시장에서 거래되는 상품이 경합성과 배제성이 있어야 하고, 각 경제주체는 자신의 선택행위가 다른 경제주체에게 영향을 미치지 않는 '독립적 최적화'의 원리가 작동해야 한다. 그런데 시장경쟁이 효율성을 보장해 주는 상품은 경합성과 배제성을 모두 가진 순수한 사적 재화에 한정된다. 첫째, 배제성이 없는 상품의 경우 소비자는 가격을 지불하지 않고 소비할 수 있기에 이런 상품은 시장에서 공급되지 않을 것이다. 특히 배제성이 없으면서 경합성도 없는 재화, 즉 '공공재'를 시장에서 공급하지 않고 정부 등 공공기관이 공급하는 이유다.

오늘날 한 기업이나 국민경제의 성장에서 가장 중요한 요인인 기술을 개선시키는 힘은 직접적으로는 아이디어에서 비롯한다. 그런데 새로운 아이디어에 대한 지식, 예로 기초연구개발의 결과를 갖는 자는 누구나 그 아이디어를 공유할 수 있고 대가를 치르지 않은 사람을 배제할 수 없다는 점에서 아이디어의 본질적 특징은 비경합적이고 배제가 불가능하다. 여타의 물질적 재화와 달리 무형자산은 그 물질적 속성 때문에 공공접근을 완전히 차단하는 것이 기술상 어렵고(공유의 용이성), 일단 정보를 소유하면 이를 타인에게 양도하더라도 이전되지 않고 소유주에게 계속 남아 있기에(비이전성) 완전하게 배타적 권리를 부여하기가 어렵다. 이런 점에서 볼 때 지식과 정보 재화는 오늘날의 사회에 있어서 가장 중요한 '공공재'라 할 수 있다.

둘째, 경합성은 있으나 배제성이 없는 재화, 즉 '공유자원(common resources)'의 경우에도 시장은 실패한다. 경제학에서 소유권이 없는 공유자원의 공동사용은 '공유(동)지의 비극(Tragedy of Common Land)'을 초래하기 때문에 자유경쟁은 효율성을 보장해 주지 못한다. 예를 들어 사막 한가운데에 발달한 오아시스 주위에 한 마을이 공동으로 소유하고 있는 공유지가 있다고 하자. 이 마을에는 50가구가 살고 있고 가구당 소 2마리를 방목한다. 이때 가구 A가 한 마리의 소를 더 방목하면 기존의 소 100마리에 돌아가는 풀의 양이 감소한다. 그런데 그에 따른 손해의 대부분은 다른 49가구에 돌아가므로 매 가구에 끼치는 피해는 적다. 따라서 한 마리 더 방목하는 것은 분명히 A에게 유리하다. 그런데 문제는 나머지 49가구도 모두 한 마리 더 방목하고자 하는 데 있다. 50가구가 모두 그렇게 하면 풀의 양이 부족해져 소들은 영양실조에 시달리고 모두 손해를 보게 된다. 또한 공유지도 완전히 파괴된다. 결국 모두가 손해를 보게 되는 이런 상황을 '공유(동)지의 비극'이라 한다. 이 문제는 누구도 독점적 재산권을 주장할 수 없는 '공유'의 자원을 공동으로 사용한다는 사실에 기인한다. 이러한 쌍방적 외부비경제의 예는 공동으로 소유하고 사용되는 공유자원이라면 어떤 것이나 쉽게 소멸하거나 오염될 수 있다는 사실을 시사한다. 경제학에서는 이 문제를 해결하기 위해 가구당 방목할 소의 수를 정하는 등의 규칙 제정, 즉 재산권 설정을 주장한다.

그러나 이는 자유경쟁의 원리와 시장에 의한 자원배분을 유지하기 위해 특정한 재산권을 획일화하는 방식이다. 여기서 '공유(동)지의 비극'은 공유자원이 경쟁의 원리와 서구 합리성의 원칙과 결합된 결과라는 점을 간과하고 있다. 만약 각 가구가 협력을 할 경우에는 비극이 아니라 가장 효율적인 결과를 달성할 수 있다. 다음의 예는 공유자원의 경우 협력이 경쟁보다 효율

‖ **표 16-1** ‖ 공유자원의 효율성 : 경쟁과 협력의 비교

		기업A의 선택		
		유공 1개	유공 2개	유공 3개
기업B의 선택	유공 1개	기업A 이윤 : 500만 달러 기업B 이윤 : 500만 달러	기업A 이윤 : 300만 달러 기업B 이윤 : 600만 달러	기업A 이윤 : 600만 달러 기업B 이윤 : 200만 달러
	유공 2개	기업A 이윤 : 600만 달러 기업B 이윤 : 300만 달러	기업A 이윤 : 400만 달러 기업B 이윤 : 400만 달러	기업A 이윤 : 280만 달러 기업B 이윤 : 420만 달러
	유공 3개	기업A 이윤 : 600만 달러 기업B 이윤 : 200만 달러	기업A 이윤 : 420만 달러 기업B 이윤 : 280만 달러	기업A 이윤 : 300만 달러 기업B 이윤 : 300만 달러

적인 결과를 만들어 낼 수 있음을 보여 준다. 공유하고 있는 매장 원유로부터 석유를 채취하는 두 회사의 이윤은 자기가 뚫은 유공의 개수뿐만 아니라 상대방 기업이 뚫은 유공의 개수에도 좌우된다. 두 석유회사는 인접한 유전을 소유하고 있고, 이 유전은 땅 밑으로 원유가 연결되어 매장되어 있다. 그리고 그 유전의 가치는 총 1,200만 달러라고 하고, 석유를 채취하기 위한 비용은 유공 당 100만 달러로 가정한다. 이제 각 회사가 자신들의 이기심에 기초해 각자의 이익 극대화를 추구할 경우, 즉 합리적으로 행동할 경우 두 회사는 유공을 3개씩 뚫어 각각 300만 달러씩 총 600만 달러의 이익을 실현한다.

그런데 두 회사가 서로 협력하여 1개씩 뚫을 경우에는 각각 500만 달러씩 총 1,000만 달러의 이익을 실현한다. 더 나아가 두 회사가 공동으로 운영하고 전체 이익을 똑같이 배분할 경우에는 각각 550만 달러씩 총 1,100만 달러의 이익을 실현할 수 있다. 경쟁하는 것이 협력하는 것보다 열등한 결과, 즉 자원의 비효율적 배분을 초래하는 것이다. 이처럼 공유자원이 남용된다는 주장은 경쟁의 문화를 가진 사회에서만 적용될 뿐 협력의 문화를 가진 사회에서는 적용되지 않는다. 이런 점에서 재산권이 정확히 배정될 때만이 경제적 효율성이 보증된다는 주류사회과학의 재산권이론은 서구의 경험을 보편화시킨 하나의 '신화' 혹은 '이데올로기'에 불과하다.

셋째, 경합성이 없고 배제성이 있는 재화의 경우 '자연독점(natural

monopoly)'이나 독점적 경쟁으로 귀결되어 시장은 효율성을 보장해 주지 못한다.

2. 외부성이 일반화된 무형재의 세계

시장의 효율성은 개별 경제주체의 합리적 선택, 즉 '독립적 최적화'가 가능하다는 것을 전제로 성립한다. 경제학에서는 어떤 사람의 행동이 제3자에게 의도하지 않은 혜택이나 손해를 가져다주면서 이에 대해 대가를 받거나 지불하지 않을 때 외부성이 발생했다고 말한다. 혜택을 가져다주는 경우는 '외부효과(긍정적 외부효과)', 손해를 가져다주는 경우를 '외부비효과(부정적 외부효과)'라 한다. 예를 들어, 소비에서 긍정적(부정적) 외부효과가 발생할 경우 아무런 가격을 지불하지 않는 사람들에게도 효용가치를 주기 때문에 소비의 사회적 가치는 사적 효용가치를 상회(하회)하는 반면, 사회적 최적소비량이 시장에서 결정되는 소비량보다 많게(적게) 된다. 즉 사적 의사결정(시장에서 결정되는 생산량)은 사회적으로 바람직한 수준보다 과소(과대) 생산되는 경향이 있다는 점에서 비효율적인 결과를 초래한다.

마찬가지로 긍정적(부정적) 외부효과를 갖는 재화의 경우 시장경쟁에 의한 공급량은 사회적 최적공급량에 비해 적게(많게) 된다. 즉 긍정적(부정적) 외부효과가 있는 기술재(오염유발재)를 생산하는 사회적 비용은 공급곡선에 반영되는 사적 비용보다 작다(크다). 기술재(오염유발재) 생산의 사회적 비용은 사적 비용에서 기술(오염) 파급효과의 가치(비용)를 뺀(합한) 금액과 같기 때문이다. 따라서 기술(오염)을 개발(유발)한 공급자는 신기술개발(오염유발)이 주는 사회적 혜택(사회적 비용)을 완전하게 보상받지 못하기(지불하지 않기) 때문에 연구개발(오염방지)에 충분한 자원을 투입할 유인이 약하다. 요약하면, 사적 비용(공급)과 사적 편익(수요)에 따라 기술재가 생산될 경우 그 공급량은 사회적으로 바람직한 수준보다 과소 생산된다.

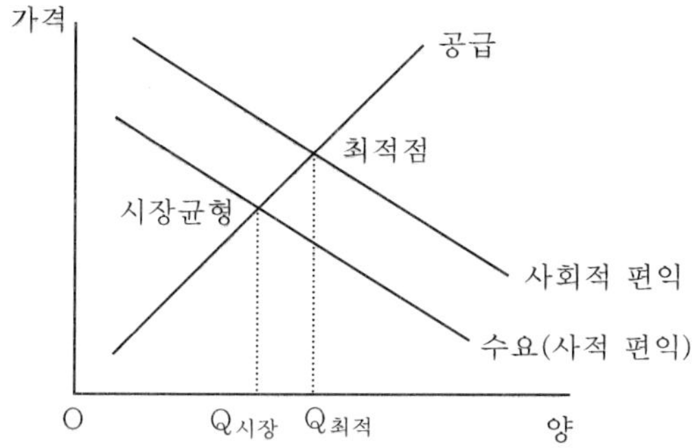

‖ **그림 16-1** ‖ 지식재화의 소비에서 긍정적 외부효과

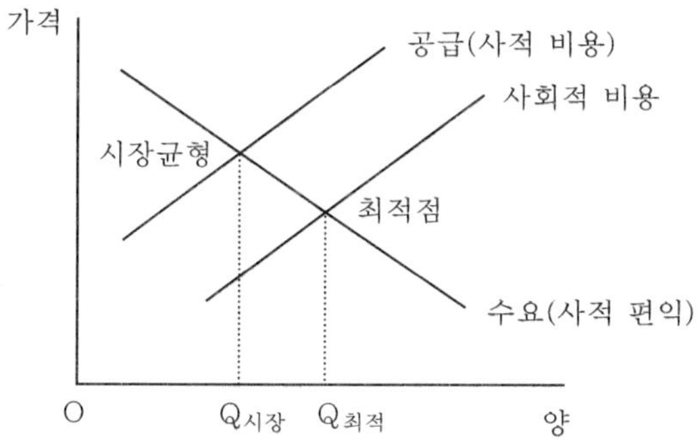

‖ **그림 16-2** ‖ 기술파급효과와 사회적 최적

사실, 외부성은 현실 경제에서 광범위하게 존재하는 현상이다. 제13장에서 소개한 수출 부문의 내수 부문에 대한 외부성이 그것이다.

3. 무형재의 세계와 소득분배

주류경제학에서는 소득분배를 생산에 대한 각 생산요소의 기여도로 설명하지만 이는 완전경쟁시장에서만 성립한다. 완전경쟁시장에서 각 생산요소는 그 생산요소의 한계생산력, 즉 기회비용만큼을 소득으로 분배받는다. 즉 장기 완전경쟁시장에서는 초과이윤이 0이기 때문에 각 생산요소는 기회비용(한계생산성)만큼을 소득으로 분배받는다.

그러나 독점시장에서는 독점이윤이 존재하기 때문에 각 생산요소는 그 생산요소의 기회비용과 독점이윤의 일부를 소득으로 분배받는다. 따라서 각 생산요소는 그 요소의 기회비용과 불일치하게 소득을 분배받으므로 독점시장은 경쟁시장보다 소득을 공평하게 배분하지 못한다. 독점적 경쟁시장의 경우 독점이나 과점시장에 비해 보다 많은 경쟁이 도입되었기 때문에 소득의 불평등 정도가 독점이나 과점보다는 약하다. 또한 독점이나 과점처럼 소비자로부터 생산자에게로 소득을 재분배하지만 그 정도는 두 시장보다 약하다.

〈그림 16－3〉은 한계비용의 체증이 작용하는 독점기업의 경우와 한계비용이 일정한 독점시장의 경우 경제적 순손실, 소비자잉여와 생산자잉여의 변화를 나타낸 것이다. 사회적으로 최적인 생산량은 수요곡선과 한계비용곡선이 교차하는 점에서 결정된다. 이 생산량보다 작은 생산량에서는 소비자가 누리는 효용가치가 재화를 생산하는 한계비용보다 크기 때문에 생산량을 늘리면 경제적 잉여가 증가한다. 이 수량보다 큰 생산량에서는 소비자가 누리는 한계편익보다 기업의 한계비용이 크기 때문에 생산량을 줄여

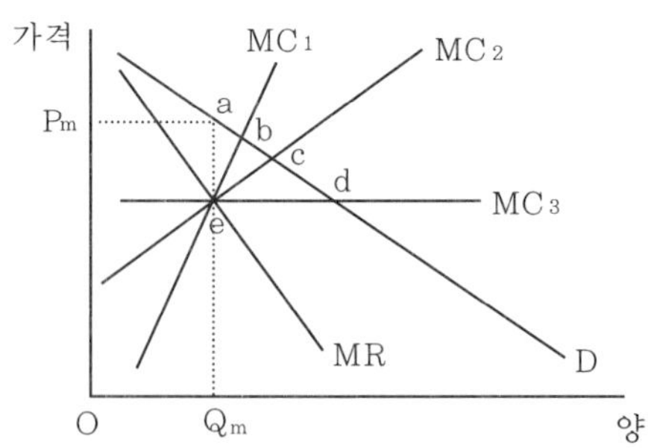

‖ **그림 16-3** ‖ 한계비용의 유형과 독점기업의 총잉여 구성

야 경제적 잉여가 증가한다.

그런데 독점기업은 가격을 한계비용에 일치시키는 경쟁시장의 기업과 달리 한계수입곡선과 한계비용곡선이 교차하는 점에서 생산량을 결정한다. 재화의 시장가격이 한계생산비보다 높으면 이 재화에 대해 한계생산비보다는 높은 가치를 부여하지만, 지불용의가 가격보다 낮은 소비자들은 소비를 포기하게 된다. 즉 이들이 이 재화의 소비로부터 누릴 수 있었던 효용가치가 그 재화의 한계생산비보다 크기 때문에 이 결과는 경제적으로 비효율적이다. 게다가 독점이윤의 존재만큼 생산자잉여는 증가하는 반면, 소비자잉여는 감소한다. 따라서 독점시장은 경쟁시장보다 생산자와 소비자 간의 소득분배를 악화시킨다. 게다가 독점기업은 가격차별을 통해 독점이윤과 경제적 총잉여를 증가시키고 소비자잉여를 감소시킬 수 있고, 이는 생산자와 소비자 간의 소득분배를 더욱 악화시킨다.

앞에서 지적했듯이 한계비용곡선의 기울기가 완만할수록 경제적 비효율성은 증대함을 알 수가 있다. 한계비용곡선의 기울기는 총비용(총투입물)에서 가변비용(가변투입물)의 비중이 작아질수록 완만해진다. 그리고 한계비용곡선의 기울기가 완만할수록 기업의 최적생산규모는 증가하기 때문에 독점적이 될 가능성이 높아진다. 다시 말해, 공급자의 수가 적을수록 경제적 비효율성이 커진다는 점을 알 수가 있다.

오늘날 '디지털 디바이드(digital divide)'가 소득분배를 악화시키는 커다란 요인으로 작용하고 있는 이유가 여기에 있다. '정보격차'를 심화시키는 주요 원인은 교육의 소외와 관련이 있고, 교육의 소외는 경제적 소외에서 비롯하고 있다. 예를 들어 저소득가구일수록 집에 컴퓨터가 없고 인터넷을 쓸 줄 모르는 경우가 많듯 컴맹과 넷맹의 비율은 소득의 수준과 반비례하고 있다.

디지털 디바이드 컴퓨터를 통해 정보를 손쉽게 획득할 수 있는 사람과 그렇지 못한 사람 간의 격차에 의해 재화가 분배되는 사회의 양분화 현상.

이런 점에서 자유방임의 시장경제가 야기할 소득불평등의 심화는 교육불평등과 정보불평등을 심화시키고 다시 소득불평등을 심화시키는 악순환 구조를 만들 가능성이 높다. 정보기술혁명에 따른 사회 전체적인 신기술의 도입은 신기술 학습에 따른 비용을 수반하고, 고소득층인 숙련노동자는 학습에서 상대적으로 이점을 가진다. 따라서 기술의 진보는 그것을 실행하는 데 필요한 숙련의 수요를 증가시키고, 그 결과 숙련노동력의 임금이 미숙련 노동력의 임금보다 상대적으로 증가함으로써 소득불평등이 확대된다.[1] 이렇게 볼 때 기술혁명으로 실현된 경제적 이득을 분배할 새로운 법적 제도나 사회장치 그리고 완전히 새로운 개념의 공공정책 마련이 시급하다. 이는 정보사회에 적합한 새로운 자원배분방식과 재산권체계의 확립을 의미한다.

4. 신경제와 필립스곡선의 변화

한편 1992~1998년 필립스곡선은 새로운 모습을 보여 주고 있다. 이른바 저물가와 저실업의 신경제 호황을 누린 이 기간 동안 물가상승률과 실업률 사이에는 정(+)의 관계가 나타났다. 참고로 신경제론(new economy 또는 new paradigm)은 1990년대 미국 경제의 지속적인 장기호황(long boom) 현상을 규명하는 데 한계를 보이는 정통경제론적 시각에 대비되는 견해로 미국 경제에 대한 낙관론과 일본, 독일 등 여타 선진국에 비해 미국 시스템이 성과에서 우월함을 부각하는 과정에서 등장했다.[2] 즉 미국경제는 1991년 3월에 경기저점을 통과한 이후 1999년까지 9년째 경기확장국면이 지속되었고 1999년의 실업률은 29년 만에 최저수준(4.2%)을 나타냈던 반면,[3] 소비자물가 상승률은 1990년대 중반 이후 계속 하락하여 1999년(1~4

1) J. Greenwood, 1997, *The Third Industrial Revolution : Technology, Productivity, and Income Inequality*, AEI Press.

2) "The American Economy: Beautiful or Boastful?," Foreign Affairs, May/June 1998.

3) 과거 최장 경기호황기간은 1961~1969년(106개월 : 8.8년)이었다.

월) 중에는 평균 1.8%(전년동기비) 상승에 그치는 등 물가상승이 미미한 상태로서 기업의 수익성이 향상되고 국내경제의 장래에 대한 낙관적인 전망으로 주식시장도 활황세를 지속했다. 예를 들어 다우존스(Dow Jones)지수는 1999년 3월 29일자로 1만 포인트를 상회(10,006.78)하는 등 1995년 이후 약 2배 수준으로 상승했다. 이처럼 1990년대에 들어 미국 경제는 '고성장-저실업률-저인플레이션'의 이상적 균형경제(Goldilocks Economy)가 유지되는 과정에서 이제까지 거시경제지표 간에 정착되어 온 전통적인 관계(fundamental law)로는 더 이상 설명할 수 없는 이례적인 현상이 빈번히 발생했다. 이는 실업률이 일정 수준 이하로 하락하면 임금(또는 일반물가)이 상승하는 것이 일반적인 경제현상이었던 점과 실업률을 일정수준 낮추기 위해서는 어느 정도의 인플레이션을 용인할 수밖에 없다는 경험적 관계가 약화되고 있음을 의미했다. 즉 주류경제학에 따르면 실업률이 낮아지면 한계노동력의 질이 낮아짐에 따라 생산성(시간당 산출물)이 하락할 수밖에 없다.

Goldilocks 영국의 전래동화인 "Goldilocks and the Three Bears"에 나오는 황금색 머리를 가진 소녀의 이름이다. 어느 날 소녀가 숲속의 곰들이 맛있게 차려놓은 너무 뜨겁지도 차갑지도 않은 죽을 맛있게 먹었다는 데서 유래한 말.

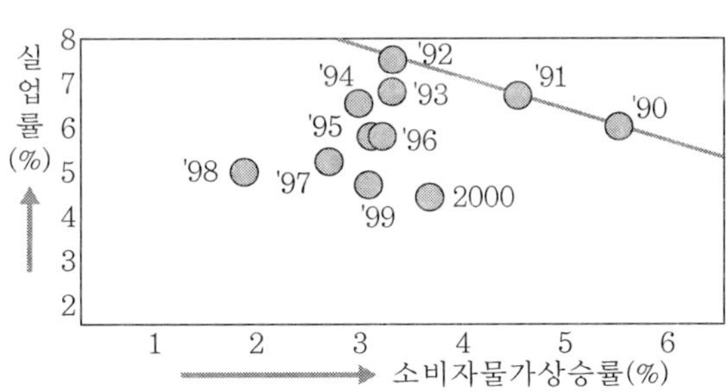

자료 : 한국은행-통계청.

‖ 그림 16-4 ‖ 신경제에서 인플레율과 실업률의 관계

‖ 표 16-2 ‖ 1990년대 미국 신경제의 지표들

	1990	1991	1992	1993	1994	1995	1996	1997	1998	1999	2000
실질GDP증가율	0.8	−1.0	2.7	2.2	3.5	2.0	3.7	3.9	3.9	4.1	4.1
소비자물가상승률	5.4	4.2	3.0	3.0	2.6	2.8	3.0	2.3	1.6	2.7	3.4
실업률	5.6	6.8	7.5	6.9	6.1	5.6	5.4	4.9	4.5	4.2	4.0
노동생산성	0.5	0.7	3.1	0.1	0.5	0.6	2.4	1.2	2.2	2.3	3.3

주 : 전년동기대비 기준이고, 생산성은 비농림 부문 기준임.
자료 : Bureau of Labor Statistics, Bureau of Economic Analysis.

신경제 현상에 대해서 당시(1999년 11월 30일) 미국의 FRB는 산업생산 및 설비 가동률 보고서를 통해 컴퓨터와 반도체 등 첨단업종이 미국 산업생산 증가분의 절반 이상을 담당하면서 미국의 경기호황을 가능케 했다고 밝혔다. 즉 FRB는 지난 1995~1999년까지 5년간 산업생산증가율이 연평균 4.5%로 상당히 높았는데 컴퓨터 반도체 등을 제외할 경우 이 기간 중 산업생산 증가율은 연평균 2%에 불과하다고 밝혔다. 또 1998년 증가율은 0%였으며 1999년은 0.9%에 그칠 것으로 추정했다. 이와 관련, FRB는 컴퓨터와 반도체 통신 등 3대 산업의 생산증가가 산업전체 생산증가분의 절반 이상을 차지했다고 밝혔다. 즉 첨단업종이 1990년대 후반 산업 전반의 최대 활력소였던 것이다.

신경제 현상에 대해서는 총수요와 총공급의 양 측면에서 설명이 가능하다. 첫째, 첨단업종에 대한 투자 확대, 그리고 닷컴기업(dotcom)이 주도한 주식시장의 활황세, 즉 자산효과(wealth effect)에 따른 소비 증가로 총수요의 증대가 있었다. 둘째, 총산출량에서 정보기술(IT)산업의 비중이 증대함에 따라 총공급곡선의 기울기, 즉 물가에 대한 총공급의 탄력성이 증가했다. 이 경우 동일한 총수요의 변화에 따른 물가 상승은 적을 것이기 때문이다.

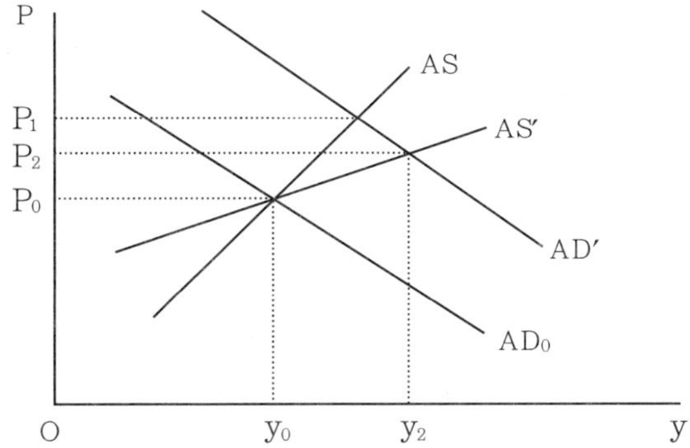

‖ **그림 16-5** ‖ 무형재 산업의 비중 증대와 신경제

즉 전통적인 경제이론에 따르면 높은 성장은 수요 측면에서 소비의 증가를 가져오고 공급 측면에서는 수확체감의 법칙으로 물가상승을 수반하기 때문에 고성장과 저물가는 공존할 수 없게 된다. 그런데 IT기술혁명으로 생산성이 높아지면 고용을 늘리면서도 가격을 올리지 않을 수 있다. (주로 IT산업에만 집중되었지만) 정보기술혁명은 노동생산성의 상승을 가져왔고, 생산성이 오른 만큼 원가상승 요인을 흡수할 수 있었다. 다시 말해 수확체증의 법칙이 적용되는 상품 혹은 정보통신시대를 주도하는 상품의 경우, 생산량이 늘어날수록 비용이 떨어지고 계속해서 비슷한 용도의 신상품이 출현한다.

소프트웨어를 보자. 1년이 멀다 하고 더 강력한 성능을 가진 새로운 버전이 출현된다. 이러한 성능의 상승을 뒤집어 비용의 하락으로 생각할 수 있다. 이를 비용곡선으로 표현하면 우하향하는 평균비용(AC)곡선이 하향 이동함을 의미한다. 즉 계속 생산량을 늘리면 새로 그려진 더 낮은 평균비용곡선에서 생산할 수 있다. 신경제에서는 계속 새 상품, 새 기계, 새 생산시설이 등장하여 기존 상품, 기존 시설을 수명이 다하도록 사용할 여유가 없게 되고, 이렇게 끊임없이 혁신이 일어나니 불황이 오지 않는다고 볼 수 있다. 실제로 정보통신시대를 특징짓는 현상 중의 하나는 제품수명의 단축이다.

그렇다면 신경제는 왜 종지부를 찍었는가? 미국의 신경제 현상은 2000년 3/4분기를 전후로 막을 내렸다. 미국의 실업률은 2000년 10월에 3.9%까지 떨어진 후 그 후 상승하여 2001년 9월에는 5.0%를 기록하고 2001년 12월 현재 5.8%까지 상승했다. GDP 성장률도 2000년도 2/4분기 5.7%를 정점으로 3/4분기 1.3%, 4/4분기 1.9%, 2001년도 1/4분기 1.3%, 2/4분기 0.3%, 3/4분기 −1.3%를 기록했다. 신경제의 종지부는 구경제와는 다른 논리로 작동하는 디지털경제와 기존 자본주의 시장질서와의 부조응과 관련을 맺고 있다. 앞에서 언급했듯이 '소프트웨어 갭(software gap, 소프트웨어에 대한 수요 불충족의 정도)'의 문제가 하나의 예다. 이러한 문제는 정보기술(IT)산업에서의 수확체증효과가 다른 산업에 미치는 정도, 즉 생산성 증대의 확산효과에서 확인된다. 신경제론에 따르면, 정보기술(IT) 활용에 의한 노동생산성 증대 및 재고관리의 효율화, 경제의 서비스 · 소프트화로 인한 경기변동 완화 등이 장기성장의 원인으로 지적되고 있다. 즉, 생산성 향상에 의해 경기호황 속에서도 인플레율이 낮으며, 이에 의해 이자율이 낮아지면서 다시 투자를 유발하여 생산성이 더욱 높아지는 선순환이 형성되므로 경기변동은 더 이상 문제가 되지 않을 것이라는 주장이다. 그러나 이른바 '생산성 역설(productivity paradox)'을 주장하는 이들에 따르면 IT투자의 규모와 노동생산성 수준 간에 유의미한 상관관계가 발견되지 않는다. 즉 개별기업 수준에서는 양자 간에 정(+)의 상관관계가 발견되기도 하나, 산업 전체 수준, 특히 서비스 부문에서는 오히려 부(−)의 상관관계가 관찰되는 경우도 많다는 것이다.[4)]

또한, 1990년대 미국의 장기호황에 대해 신경제론자들은 IT혁명으로 '고성장-저물가-경상수지 흑자'가 가능하다고 주장했다. 그러나 예상과 달리 IT산업의 높은 생산성 증대로 고성장과 저물가는 달성되었으나 경상

4) Erik Brynjolfsson & Shinkyu Yang, 1996, "Information Technology and Productivity: A Review of the Literature," *Advances in Computers*, Vol. 43.

수지 적자는 전혀 개선되지 않았다. 이는 호황기 동안 IT산업 부문의 생산성이 매우 높아진 것과 달리 내구재 부문을 제외한 다른 제조업 부문의 생산성은 거의 증대하지 않았기 때문이다. 즉 1990년대 후반(1995~1999) 미국의 비농업 부문 전체의 노동생산성은 연평균 2.65%의 괄목할 만한 성장을 기록했는데 이는 주변기기를 포함한 컴퓨터 하드웨어와 통신장비, 그리고 이들의 성장에 따른 확산효과에 힘입은 제조업의 나머지 내구재 부문들의 성장에 집중된 것이었고, 이들을 제외한 나머지 부분은 생산성 측면에서 1990년대 후반 들어 변동이 없거나 오히려 더 하락했다.[5] 다시 말해 IT산업의 생산성 증대가 다른 산업의 생산성 증대로 확산되지 않고 있는 것이다.

5. 시장과 네트워크 그리고 경제학의 관계

시장경제시스템은 역사적으로 특정한 시간과 공간에 제한된 합리성을 지니는 것이다. 제1, 2차 산업혁명에 의한 공장시스템의 등장은 효율적인 대량생산을 가능케 함으로써 보편적인 의미로써의 생산은 사용을 위한 것에서 판매를 위한 것으로 전화되었다. 이러한 생산행위 목적의 변화는 생산과 관계된 사회적 관계의 근본적인 변화를 의미하는 것이기도 했다. 즉 시장을 통해 모든 생산물의 전면적인 상호교환관계를 확립하는 시장경제가 사회의 보편적 경제행위로 확립됨으로써 자본과 노동, 생산과 소비, 요소시장과 생산물시장 등 경제영역들의 분할 관계에 기초한 사회적 관계가 수립되었고 각각의 분리된 경제영역들은 오로지 시장가격을 통해서만이 조정 · 유지될 수 있었고, 또 그렇게 되어야만 했다. 따라서 전통적으로 경제와 구분할 수 없었던 자연, 정치, 관습 등 사회의 다양한 요소들이 시장

5) Robert J. Gordon, 2000(August), "Does the 'New Economy' Measure up to the Great Inventions of the Past?," *NBER Working Paper* 7833.

외적인 요인들로써 경제영역으로부터 분리됨으로써 시장의 자기조정성이 확립될 수 있었고, 특히 노동, 토지, 화폐의 '허구적 상품화'를 통해 시장의 자기조정성은 지속적으로 순환 가능한 메커니즘을 지니게 된다. 경제학은 이러한 시장경제의 역사적 형성과정에서 발생하는 문제들을 발견하고 해결하는 과정에서 형성되었으며 따라서 시장경제의 역사적 제약을 자신의 학문적 제약으로써 공유한다.

한편, 제2차 세계대전 이후부터 1960년대 후반까지 시장실패에 대한 케인스주의적인 정부개입이 이룩한 고도성장이 1970년대 들어 위기에 봉착하면서 신자유주의라 불리는 강력한 시장지상주의가 사회의 전 영역에서 새롭게 대두되었다. 이는 정치적으로 보수주의의 부활이었고 이론적으로는 경제학의 극단적 가정으로의 후퇴였다. 즉 외부성이 현실적으로 경제영역에서 배제될 수 없는 현실에서 신자유주의의 대두는 시장논리가 시장 외부의 사회 모든 영역으로 공격적으로 확대되는 것을 의미했다. 그런데 이러한 신자유주의의 대두와 함께 산업구조의 측면에서 발생한 네트워크구조의 등장은 많은 부분에서 시장논리와는 상충되는 것이었다. 외부성을 효율성의 메커니즘으로 구성하는 네트워크가 외부성을 경제의 부정적 요인으로 철저히 부인하는 시장지상주의의 활개와 함께 형성되어 공존하고 있다는 것은 분명 하나의 아이러니다. 즉 네트워크와 시장은 서로 상이한 생산관계의 효율성을 지니며 네트워크의 효율성이 시장의 외부에서 창출될 수 있는 '네트워크 외부성'인 이상 네트워크의 시장 내부화는 네트워크 고유의 효율성을 파괴하는 것일 뿐 아니라 시장의 가격메커니즘의 효율성을 파괴하고 시장실패를 야기할 뿐이다.[6] 그럼에도 불구하고 네트워크의 문제가 경제학 내에서 기업 이윤의 극대화라는 경영전략의 측면에서 적극적으로 연구되고 있는 것은 이러한 외부성이 기업 이윤의 새로운 원천이 된다는 사실 때문이다. 그러나 앞에서 살펴보았듯이, 이는 이윤의 극대화에는

6) 최배근 · 최윤식, 2007, 「네트워크와 시장 : 신고전학파 시장이론 비판을 중심으로」, 『상경연구』, 제31집 2호.

부합할지 모르지만 개인의 이윤극대화가 사회적인 수익극대화, 즉 경제적 총잉여의 극대화로 수렴된다는 시장경제의 효율성에는 위배되는 것이다. 1970년대부터 급속히 심화되어 온 세계적인 소득분배의 악화는 이러한 사실들과 무관하지 않다.

예를 들어 마이크로소프트(Microsoft, MS)사에서 개발한 컴퓨터 운영체제(computer operating system)인 윈도우(Windows)의 경우 작동과정에서 오류를 발생시킬 경우 사용자가 자동으로 오류내용을 MS사로 전달할 수 있도록 전송 여부를 묻는 메시지 창이 뜨도록 설계되어 있다. 컴퓨터 운영체제처럼 복잡한 소프트웨어일수록 프로그램의 개발에 못지않게 프로그램의 오작동을 발견하는 일(debugging)은 매우 방대하고 많은 비용이 소모되는 일인데 Microsoft는 소비자와의 네트워크를 통하여 사용자를 생산자로 참여시키는 네트워크효과를 창출함으로써 이러한 비용을 절감시키고 있다. 그런데 이렇듯 사용자의 네트워크 참여로 인해 증가된 후생의 분배는 가격을 기준으로 한 시장분배하에서는 전적으로 MS사에 수취될 수밖에 없다. 왜냐하면 이러한 디버깅(debugging)에 기초해 개발된 신 버전은 이후 시장에서 새롭게 판매됨으로써 Windows 개발에 함께 참여한 생산소비자는 다시 구매를 위한 모든 비용을 지불해야만 하기 때문이다. 결국 생산-소비과정에서 창출된 네트워크 외부성은 MS사에 배타적으로 귀속될 뿐이다. 물론 MS사는 버그(bug)를 수정하는 패치(patch) 프로그램을 무료로 이전 사용자들에게 배포하거나 치명적인 문제를 발견한 사용자에게 무료로 다음 버전의 프로그램을 제공할 수도 있을 것이다. 그러나 이러한 네트워크효과의 분배는 공유되는 것이 아니라 기업에 의해 분배되는 것이다.

지금까지 기존의 경제학이 네트워크경제라는 새로운 경제환경을 이해하는 데 일정한 한계를 지니고 있음을 살펴보았다. 네트워크경제는 경쟁과 배타적인 사유재산권을 수단으로 모든 과정이 가격에 의해 매개되고 조정되는 시장시스템과는 달리 참여와 신뢰에 기반한 협력, 그리고 지식과 정보의 공유를 통해 효율성을 발생시키고 이러한 모든 과정이 상호간의 '관계' 에 의해 매개되는 메커니즘이다. 특히 네트워크경제에서의 효율성은 네트워크 참여자가 크면 클수록 그 가치가 증가하는 네트워크효과가 발생하기 때문에 네트워크 규모가 클수록 유리하게 작용하고, 행위의 동기 역시 이윤추구뿐 아니라 사회적 명성과 공동체의 배태된 장기적 이익에 기초를 둔다. 이처럼 '네트워크 외부성'으로부터 발생하는 네트워크 효율성은 '시장의 외부' 이기에 이것이 시장으로 내부화될 경우 네트워크 고유의 효율성은 파괴될 수밖에 없다.

이러한 이유들로 네트워크는 시장경제의 일환이 아닌 시장 및 위계구조를 대체하는 성격이 짙다. 가격의 중심적 역할이 급격히 후퇴하고 최근의 경제환경이 예측하기 어려운 급격한 변화 속에 놓이게 된 이유도 여기에 있다. 그럼에도 불구하고 여전히 일부의 논자들은 인터넷의 등장과 전자상거래(e-commerce)로 인한 유통과정 혁신이 거래비용을 극적으로 축소시키고 시장에 대한 물리적 진입장벽을 대폭 낮추었으며 기존의 경제에 존재했던 정보의 비대칭성이 인터넷으로 인해 소비자가 공급자와 대등한 수준의 정보를 보유하게 됨으로써 정보의 비대칭성이 제거되고 불확실성이 사라짐으로써 앞으로 시장마찰이 없는 완전경쟁의 상황이 도래할 것이라고 주장한다. 그러나 이러한 주장들은 거래비용과 같은 시장마찰이 단순히 기술적 환경에 의해 시장에서 제거되고 있는 것이 아니라 시장 자체가 네트워크로 대체되는 환경에서 발생하고 있다는 점을 간과하고 있다. 즉 정보통신기술이 거래비용의 절감을 가져옴으로써 사적 소유에 기초한 재산권 설정의 강화와 외부성의 시장 내부화를 통해 시장경제의 성장에 기여하고 있다고 평가하고 있으나, 이러한 시각은 네트워크경제의 근본적 특징을 단순한 기술발달의 측면으로 이해할 뿐 사회적인 생산관계의 근본적인 변화로써 고려하지 않는 것이다. 네트워크경제에서 발생하는 거래비용의 절감은 단순히 기술발달과 상대가격 변화에 의한 것이 아니라 시장관계와는 다른 네트워크의 사회적 관계가 창출한 외부성의 결과이기 때문이다. 즉 '거래비용 절감 → 외부성의 시장 내부화' 가 아니라 그와는 정 반대로 '외부성의 창출 → 거래비용의 절감' 이 발생한 것이다.

실제로 네트워크경제의 등장 이후 시장가격이 경제활동에서 차지하는 위상은 근본적으로 위협받고 있다. 이러한 위협은 다음의 세 가지 이유 때문인 것으로 보인다. 첫째는 앞에서 지적했듯이 경제활동에서 가격의 중심적 역할이 해체되고 있다는 점이다. 포스트모던적 소비는 더 이상 가격을 중심으로 형성되는 것이 아니라 보다 다양화되고 개성화된 소비자의 선호를 기준으로 형성되고 있다. 공급 역시도 대량생산의 테일러-포디즘적 형태를 넘어서 다양화되고 개성화된 소비자의 선호에 능동적으로 적응할 수 있는 형태로 개선되어 왔다. 또한 네트워크 조직의 등장에 의해 수요와 공급의 분할이 해체되고 이 분할에 매개되어 있던 가격을 대신해 '관계' 자체가 네트워크의 중심을 이루게 되면서 가격의 중심적 역할은 급격히 해체되고 있다.

둘째는 무형재 가격설정의 어려움이다. 이는 우선 무형재 생산의 기술적 특성에 의한 것으로 무형재 생산은 생산량이 증가할수록 한계생산비용이 감소하고 점점 0에 가까워지는 비용구조를 갖기 때문에 경쟁시장을 통해 가격을 부여받을 경우 가격을 형성하기 어렵게 된다. 즉 공급 측면의 가격 결정 요소가 부재하다. 그리고 마지막으로 무형재 상품화의 어려움이다. 지식과 정보는 네트워크경제의 핵심을 이루지만 상품화할 경우 비배제성, 비경합성, 비투명성이 발생하고 이로 인해 시장을 통해 생산/분배되기 어렵고 더불어 가격설정 자체가 어려워진다. 시장 내부화에 어려움을 겪고 있는 상품으로 대표적인 것이 컴퓨터 소프트웨어이다. 한국 소프트웨어 저작권협회의 발표에 따르면 불법 소프트웨어 복제율이 매년 조금씩 감소 추세를 보이고 있기는 하지만 개인 사용자들의 불법 복제까지 고려할 경우 여전히 전체 소프트웨어의 절반 혹은 그 이상이 시장이 아닌 불법 복제를 통해 사용되고 있는 것으로 추정된다.

그리하여 일부에서는 무형재의 경우 평균생산이 체감하는 비용구조의 특성으로 인해 비용에 기초한 가격설정이 불가능하므로 소비자 측의 가치에 따라 정보재의 가격을 설정해야 한다고 주장하거나 혹은 무형재의 세계에서는 재화의 희소성이 더 이상 적용되지 않는 풍부성의 세계이고 유일하게 희소한 요소는 인간의 '어텐션(attention)'[7]밖에 없다고 주장한다. 이처럼 지금까지는 가격의 배후에서 교환비율을 결정짓는 본질이 무엇인가에 관한 것이 논의의 중심을 이루었다면 네트워크경제에서는 가치를 어떻게 가격으로 형성시킬 것인가에 관한 것이 논의의 중심을 이루고 있다.

7) 예를 들어, Thomas H. Davenport and John C. Beck, 2001, *The Attention Economy*, Harvard Business School Press.

찾아보기

ㄱ

ㄴ

ㅅ

ㅇ

ㅈ

ㅊ

ㅋ

ㅌ

ㅍ

ㅎ

최배근(崔培根)
건국대학교 경상학부 교수(현)
건국대학교 민족통일연구소 소장(현)
경제사학회 이사(현)
코리아글로브(KG) 운영위원장(현)

MBC 자문위원
한겨레21, 지구촌경제 고정칼럼 집필
한국경제TV '최배근의 글로벌 이슈' 고정출연 해설
행정자치부 자문위원
하남민주연대 대표
대안학교 민들레학교 교장
전국사립대학교교수협의회 사무총장
학교법인 지산학원 임시이사(공익관선이사)

주요 저서
한국경제의 새로운 길, 박영사, 2007.
헌법 다시 보기 : 87년헌법, 무엇이 문제인가(공저), 창비, 2007.
시장경제와 민주주의의 유형 : 영미형과 동아시아형의 비교, 집문당, 2005.
네트워크사회의 경제학, 한울아카데미, 2003.
디지털시대, 새로 쓰는 경제학, 한울아카데미, 2002.
인터넷한국의 10가지 쟁점(공저), 역사넷, 2002.
시장경제들의 역사적 기원과 특성, 법문사, 2000.
한국경제의 역사적 인식 : 유럽중심적 사고의 극복, 박영사, 1998.
참여민주주의와 한국 사회(공저), 창작과비평사, 1997.
우리가 바로잡아야 할 39가지 개혁과제(공저), 도서출판 푸른숲, 1997.
한반도통일론 : 전망과 과제(공저), 건국대학교출판부, 1997.
한국경제의 이해 : 한국경제성장의 회고와 전망(공저), 법문사, 1997.

정 오 표

<table>
<tr><th>쪽</th><th>행수</th><th>誤</th><th>正</th></tr>
<tr><td>19쪽</td><td>上 9행</td><td>제4장</td><td>제4부</td></tr>
<tr><td>29쪽</td><td>上 3~4행</td><td>한번 사용으로 소모되는 **내구재화(耐久財貨)**와 그렇지 않은 **단용재화(單用財貨)**</td><td>한번 사용으로 소모되는 **단용재화(單用財貨)**와 그렇지 않은 **내구재화(耐久財貨)**</td></tr>
<tr><td>30쪽</td><td>上 6행</td><td>다름</td><td>다른</td></tr>
<tr><td>44쪽</td><td>그림 3-2</td><td colspan="2">D와 S의 위치가 바뀌었음</td></tr>
<tr><td>54쪽</td><td>3번째 문단 上 2행</td><td>X재의 소비가 **증대**함에 따라 X재의 한계효용은 **감소**하게 되고,</td><td>X재의 소비가 **감소**함에 따라 X재의 한계효용은 **증가**하게 되고,</td></tr>
<tr><td>54쪽</td><td>3번째 문단 아래 수식 부분</td><td>$\frac{MU_X}{P_{X2}} < \frac{MU_Y}{P_{Y1}} = \frac{MU_Z}{P_{Z1}}$</td><td>$\frac{MU_X}{P_{X2}} = \frac{MU_Y}{P_{Y1}} = \frac{MU_Z}{P_{Z1}}$</td></tr>
<tr><td>56쪽</td><td>2번째 수식 부분</td><td>$MRS(= \frac{MU_X}{MU_Y}) = \frac{P_X}{P_Y}$</td><td>$MRS(\equiv \frac{MU_X}{MU_Y}) = \frac{P_X}{P_Y}$</td></tr>
<tr><td>59쪽</td><td>下 7행</td><td>저축률</td><td>이자율</td></tr>
<tr><td>65쪽</td><td>上 12행</td><td>작을</td><td>클</td></tr>
<tr><td>68쪽</td><td>上 15~16행</td><td>**큰** 영역(규모의 경제 영역)에서는 비용탄력성이 1보다 **크**고 반대(규모의 비경제 영역)의 경우 비용탄력성은 1보다 **작**게 된다.</td><td>**작은** 영역(규모의 경제 영역)에서는 비용탄력성이 1보다 **작**고 반대(규모의 비경제 영역)의 경우 비용탄력성은 1보다 **크**게 된다.</td></tr>
<tr><td>68쪽</td><td>수식의 분모부분</td><td>산출량의 **변화율** 변화율(%)</td><td>산출량의 변화율(%)</td></tr>
<tr><td>70쪽</td><td>1번째 수식에 내용 추가</td><td>$RTS \equiv \frac{MP_L}{MP_K}$</td><td>$RTS \equiv \frac{\triangle K}{\triangle L} = \frac{MP_L}{MP_K}$</td></tr>
<tr><td>92쪽</td><td>표 6-2</td><td><table><tr><td colspan="2" rowspan="2"></td><td colspan="2">용의자 I</td></tr><tr><td>부인</td><td>자백</td></tr><tr><td rowspan="2">용의자 II</td><td>부인</td><td>둘 다 1년형</td><td>I=15년형, II=방면</td></tr><tr><td>자백</td><td>I=방면, II=15년형</td><td>둘 다 5년형</td></tr></table></td><td><table><tr><td colspan="2" rowspan="2"></td><td colspan="2">용의자 I</td></tr><tr><td>부인</td><td>자백</td></tr><tr><td rowspan="2">용의자 II</td><td>부인</td><td>둘 다 1년형</td><td>I=방면, II=15년형</td></tr><tr><td>자백</td><td>I=15년형, II=방면</td><td>둘 다 5년형</td></tr></table></td></tr>
<tr><td>98쪽</td><td>마지막 문단 下 3행</td><td>시장의</td><td>시장이</td></tr>
<tr><td>110쪽</td><td>下 11행</td><td>완전시장</td><td>완전경쟁시장</td></tr>
<tr><td>114쪽</td><td>上 13~14행</td><td>**5분위 소득분배율은** 상위 20%의 소득을 하위 20% 소득으로 나눈 값으로 정의되고 이론상 **0**에서 무한대의 값을 가진다.</td><td>**소득5분위 배율은** 상위 20%의 소득을 하위 20% 소득으로 나눈 값으로 정의되고 이론상 **1**에서 무한대의 값을 가진다.</td></tr>
<tr><td>254쪽</td><td>上 2행</td><td>'무역수지 흑자', 반대의 경우 '무역수지 적자'라 부른다.</td><td>'무역**외**수지 흑자', 반대의 경우 '무역**외**수지 적자'라 부른다.</td></tr>
<tr><td>285쪽</td><td>上 8~9행</td><td>'완전고용산출량(full-employment output, **YF**)'</td><td>'완전고용산출량(full-employment output, Y_F)'</td></tr>
<tr><td>288쪽</td><td>두 번째 그림(실질임금 표시의 노동시장)</td><td colspan="2">y축의 **W**는 모두 **w**로</td></tr>
<tr><td>334쪽</td><td>블랙박스 안의 上 9~10행</td><td>한국은행 금융통화위원회는 **콜금리 목표를 2005년 10월부터 5개월간 세 차례에 걸쳐 총 0.75%p 인상하여 현재 4.0%다.**</td><td>한국은행 금융통화위원회는 **2005년 10월 11일 이전까지 3.25%였던 콜금리 목표를 그 후 2005년에 두 차례, 2006년에 세 차례, 2007년에 두 차례 각 0.25%씩 인상하여 2007년 8월 9일부터 현재까지 5.0%로 설정하고 있다.**</td></tr>
<tr><td>341쪽</td><td>下 5행</td><td>2007년부터</td><td>2008년부터</td></tr>
<tr><td>353쪽</td><td>上 3행</td><td>본원통화의공급</td><td>본원통화의 공급</td></tr>
<tr><td>373쪽</td><td>上 8행</td><td>재할인인</td><td>재할인율</td></tr>
<tr><td>463쪽</td><td>下 6행</td><td>역관계하에서</td><td>역학관계하에서</td></tr>
<tr><td>492쪽</td><td>블랙박스 안의 上 2행</td><td>1875년</td><td>1857년</td></tr>
</table>

시장과 네트워크 그리고 경제학

-유형재 대 무형재의 경제학-　　　　값 23,000원

2007년 3월 5일 1판 1쇄

저 자 최 배 근
발행인 임 경 환
발행인 **집 문 당**

413-756 경기도 파주시 교하읍 문발리 514-7
등 록 1971. 3. 23. 제 2-304호
영 업 부 02)743-3192~3 팩스 02)742-4657
전자우편 sale@jipmoon.co.kr
편 집 부 02)743-3096 팩스 02)743-3097
전자우편 edit@jipmoon.co.kr
홈페이지 www.jipmoon.co.kr

ISBN 89-303-1302-7

이 도서의 국립중앙도서관 출판시도서목록(CIP)은 e-CIP 홈페이지 (http://www.nl.go.kr/cip.php)에서 이용하실 수 있습니다.
(CIP제어번호: CIP2007000433)